Demetrius Augustinus von Gallitzin

Andreas Oberdorf

Demetrius Augustinus von Gallitzin

Bildungspionier zwischen Münster und Pennsylvania
1770-1840

Ferdinand Schöningh

Dieser Band entstand an der Arbeitsstelle für Deutsch-
Amerikanische Bildungsgeschichte der Westfälischen
Wilhelms-Universität Münster.

Arbeitsstelle für
Deutsch-Amerikanische
Bildungsgeschichte

Gedruckt mit Unterstützung der Gerda Henkel Stiftung, Düsseldorf.

Umschlagabbildung:
Ausschnitt aus dem Ölgemälde „Die Fürstin von Gallitzin im Kreise ihrer Freunde auf ihrem Landsitz in
Angelmodde" (1863/64) des Historienmalers Theobald von Oer, im Besitz des Bistums Münster, General-
vikariat, Abtlg. Kunst und Kultur, Foto: Stephan Kube, Greven.

Bibliografische Information der Deutschen Nationalbibliothek

Die Deutsche Nationalbibliothek verzeichnet diese Publikation in der Deutschen Nationalbibliografie;
detaillierte bibliografische Daten sind im Internet über http://dnb.d-nb.de abrufbar.

Zugl.: Münster, Univ., Diss., 2019.

© 2020 Verlag Ferdinand Schöningh, ein Imprint der Brill-Gruppe
(Koninklijke Brill NV, Leiden, Niederlande; Brill USA Inc., Boston MA, USA; Brill Asia Pte Ltd, Singapore;
Brill Deutschland GmbH, Paderborn, Deutschland)

Internet: www.schoeningh.de

Einbandgestaltung: Evelyn Ziegler, München
Herstellung: Brill Deutschland GmbH, Paderborn

ISBN 978-3-506-70425-2 (hardback)
ISBN 978-3-657-70425-5 (e-book)

Inhalt

TEIL I
Demetrius von Gallitzins Jugend und Bildungsgang im Fürstbistum Münster: Erziehung zwischen Wissenschaft und Religiosität

Vorwort

Die vorliegende Studie wurde vom Fachbereich Erziehungswissenschaft und Sozialwissenschaften der Westfälischen Wilhelms-Universität Münster im Wintersemester 2018/19 als Dissertation angenommen.

Die Idee für diese Arbeit ergab sich aus einer Vorlesung zur „Katholischen Aufklärung und Schulreform im Fürstbistum Münster", die ich im Sommersemester 2014 im Rahmen meines erziehungswissenschaftlichen Studiums an der Universität Münster besuchte. Damals brachte ich zur selben Zeit meine Masterarbeit zum Abschluss, in der ich mich aus landes- und bildungsgeschichtlicher Perspektive mit den aufklärerischen Bildungsreformen zweier katholischer Staaten des Alten Reiches – Mainz und Münster – befasste. Bei der Lektüre älterer Schriften, die sich mit Amalia von Gallitzin und ihrem münsterschen Freundeskreis beschäftigten, erfuhr ich einiges über die Erziehung ihres Sohnes Demetrius und auch, dass dieser einige Jahre später als Missionar in Amerika wirkte. Neugierig geworden, ging ich diesen spärlichen Hinweisen nach und musste feststellen, wie wenig über seine Lebensgeschichte bekannt ist. Dass aus diesem anfänglichen Interesse ein Dissertationsprojekt in der Historischen Bildungsforschung hervorgehen konnte, verdanke ich den vielseitigen Bemühungen und Anregungen von Professor Dr. Jürgen Overhoff. Ihm gilt mein Dank für seine Zuversicht, seine stets aufmerksame Betreuung und seine fachlichen Ratschläge. Außerdem möchte ich Professor Dr. Markus Friedrich für die Annahme dieser Dissertation als Zweitgutachter danken. Auch für seine Einladung, meine Ergebnisse in seinem Oberseminar zur Geschichte der Frühen Neuzeit an der Universität Hamburg zur Diskussion stellen zu dürfen, bin ich ihm sehr dankbar.

Für die großzügige finanzielle Förderung meines Forschungsvorhabens möchte ich mich bei der Gerda Henkel Stiftung herzlich bedanken. Sie verschaffte mir durch ein Promotionsstipendium die Möglichkeit, mich in den Jahren 2016 bis 2018 der Bearbeitung dieses Forschungsvorhabens intensiv widmen zu können. Darüber hinaus leisteten weitere Institutionen einen wesentlichen Beitrag zum Gelingen der vorliegenden Arbeit. Ich danke dem Deutschen Historischen Institut in Washington, DC für seine Förderung im Rahmen eines zweiwöchigen Kurzzeitstipendiums an der Joseph P. Horner Memorial Library der German Society of Pennsylvania in Philadelphia. Dort möchte ich mich vor allem bei Professor Dr. Frank Trommler, Maria Sturm und Bettina Hess für ihre freundliche Unterstützung bedanken. Dem Graduate Centre der Universität Münster gilt mein Dank für die Unterstützung eines zweiwöchigen Aufenthalts in den Archiven des St. Mary's

Seminary & University in Baltimore, wo mir Dr. Tricia T. Pyne und Alison Foley vor Ort eine große Hilfe waren. Ich danke dem Deutschen Akademischen Aus- tauschdienst für die Finanzierung einer Kongressreise zur Jahrestagung der American Society for Eighteenth-Century Studies nach Pittsburgh, der Vrije Universiteit Amsterdam sowie dem Victoria College der University of Toronto, die mir allesamt die Möglichkeit verschafften, auf Tagungen und Kongressen mein Projekt vor einem großen internationalen Fachpublikum vorstellen zu dürfen. Für die Unterstützung im Rahmen eines kleinen Forschungsprojekts zur Recherche, Erschließung und Digitalisierung relevanter Handschriften aus den historischen Archiven Russlands danke ich der Geschäftsführung des Instituts für Erziehungswissenschaft, dem Deutschen Historischen Institut in Moskau sowie Esther Marx als meine Wissenschaftliche Hilfskraft in dieser Zeit.

Darüber hinaus danke ich allen Mitarbeiterinnen und Mitarbeitern der von mir kontaktierten oder besuchten Archive und Bibliotheken in Aachen, Balti- more, Basel, Berlin, Braunschweig, Brüssel, Cambridge/Ma., Frankfurt a. M., Harrisburg, Krakau, Leiden, Loretto, Leuven, Mannheim, Moskau, München, Münster, Notre Dame/In., Paris, Regensburg, Rom, Stonyhurst, St. Petersburg, Philadelphia, Washington, DC, Weimar und Wien. Für die freie Einsichtnahme in die Archivalien, die oftmals unkomplizierte und unentgeltliche Bereit- stellung digitaler Reproduktionen sowie die Anfertigung von Fotografien für dieses Buch möchte ich an dieser Stelle meinen besonderen Dank aus- sprechen. Zudem danke ich Dr. Luis F. Escalante als Postulator der römischen Kongregation für Selig- und Heiligsprechungsverfahren für seine hilfreichen Auskünfte gleich zu Beginn meiner Promotionszeit. Auch möchte ich mich bei Elisabeth und Wolf Lammers sowie bei Betty und Frank Seymour bedanken, die mit großem Enthusiasmus das Andenken an Demetrius von Gallitzin in Münster-Angelmodde und in Loretto wachhalten. Ich danke Dr. Art Remillard, Associate Professor of Religious Studies an der St. Francis University, Loretto, Pennsylvania, und seiner Familie für seine Gastfreundschaft und die Gelegen- heit eines öffentlichen Vortrags über mein Projekt während meines ersten Auf- enthalts in Loretto. Schließlich gilt mein Dank der Gallitzin-Stiftung, die diese Arbeit bereits im März 2019 mit einem Preis in der Sparte „Kulturwissenschaft" ausgezeichnet hat.

Danken möchte ich meinen Kolleginnen und Kollegen vom Institut für Er- ziehungswissenschaft, insbesondere allen von der Arbeitsgruppe Historische Bildungsforschung, die mein Forschungsvorhaben tagtäglich begleitet und mir stets durch ihre Diskussionsbereitschaft, Literaturempfehlungen und manche Denkanstöße eine große Hilfe waren, namentlich Dr. Anne Overbeck, Nicholas K. Johnson und Dr. Tim Zumhof.

Ein ganz besonderer Dank gilt meiner Familie, meiner Frau Christina –
für ihre uneingeschränkte Unterstützung, ihre Geduld und Nachsicht – und
meinen Eltern, die mich durch mein Studium und meine Promotionszeit stets
mit großem Interesse und mit vielen lieben Worten begleitet haben. Ihnen ist
diese Arbeit gewidmet.

Münster, im Juni 2019
Andreas Oberdorf

Verzeichnis der Siglen und Abkürzungen

Bibliotheken und Archive

AAB	Archives of the Archdiocese of Baltimore
AAQ	Archives de l'Archidiocèse de Québec
AASUS	Archives of the Associated Sulpicians of the United States, Baltimore
AOPM	Archives d'Œuvre Pontificales Missionnaires, Lyon
APF	Archivio Storico di Propaganda Fide, Vatikanstadt/Rom
APSS	Archives de la Compagnie des Prêtres de Saint-Sulpice, Paris
AS Darfeld	Archiv Schloss Darfeld, Familie Droste zu Vischering, Lüdinghausen
AS Dyck	Archiv Schloss Dyck, Sammlung zu Unterlagen und Angehörigen der Altgrafen und Fürsten Salm-Reifferscheidt-Bedburg und Dyck, Depositum Schloss Ehreshoven, Engelskirchen
AS Stammheim	Archiv Schloss Stammheim, Familienarchiv der Freiherren von Fürstenberg-Stammheim, Depositum Schloss Ehreshoven, Engelskirchen
AVPRI	Arkiv Vneshnei Politiki Rossiiskoi Imperii (Archiv der Außenpolitik des russischen Kaiserreichs), Moskau
BAM	Bistumsarchiv Münster
BSB	Bayerische Staatsbibliothek, München
BJK	Biblioteka Jagiellonska, Krakau
CHRC	Catholic Historical Research Center, Archdiocese of Philadelphia
DAW	Archiv der Erzdiözese Wien
DBM	Diözesanbibliothek Münster
FTB	Familienarchiv Teusner/Brosius, Essen
GARF	Gosudarstvennyj Archiv Rossijskoj Federacii (Staatliches Archiv der Russischen Föderation), Moskau
GHS	Germantown Historical Society, Philadelphia
GSA	Goethe- und Schiller-Archiv, Weimar
GStA PK	Geheimes Staatsarchiv Preußischer Kulturbesitz Berlin
GUL	Georgetown University Library, Special Collections, Washington, DC
HHStAW	Haus-, Hof- und Staatsarchiv Wien
HUA	Harvard University Archives, Cambridge (Ma.)
KUL	Katholieke Universiteit Leuven
LAM	Landesarchiv NRW, Abt. Münster
LTA	Landesmuseum für Technik und Arbeit, Mannheim („Technoseum")
PAA	Pennsylvania State Archives, Harrisburg

RGADA	Rossijskij Gosudarstvennyj Archiv Drevnich Aktov (Russisches Staatsarchiv alter Akten), Moskau
RGIA	Rossiiskij Gosudarstvennyj Istoricheskij Arkhiv (Russisches Staatliches Historisches Archiv), St. Petersburg
StAA	Stadtarchiv Aachen
StABr	Stadtarchiv Braunschweig
StABS	Staatsarchiv Basel
StAM	Stadtarchiv Münster
ULB	Universitäts- und Landesbibliothek Münster, Handschriftenabteilung
UNDA	University of Notre Dame Archives, Notre Dame/In.

Zeitschriften, Periodika, Nachschlagewerke

ACHR	The American Catholic Historical Researches
ADB	Allgemeine Deutsche Biographie
AfS	Archiv für Sippenforschung
AHL	Annuaire d'Histoire Liègeois
AHVN	Annalen des Historischen Vereins für den Niederrhein
AJGLKU	Aschaffenburger Jahrbuch für Geschichte, Landeskunde und Kunst des Untermaingebietes
ANTW	Algemeen Nederlands Tijdschrift voor Wijsbegeerte
APH	Acta Poloniae Historica
BDLG	Blätter für deutsche Landesgeschichte
BZGA	Basler Zeitschrift für Geschichte und Altertumskunde
CEH	Central European History
CH	Church History
CHR	Catholic Historical Review
DAJ	Das achtzehnte Jahrhundert
DJ	Düsseldorfer Jahrbuch. Beiträge zur Geschichte des Niederrheins
DWG	Die Welt als Geschichte
ECS	Eighteenth-Century Studies
GJB	Göttinger Jahrbuch
HRS	Historical Records and Studies
HZ	Historische Zeitschrift
IO	International Organization
JBS	Journal of British Studies
JCP	John Carroll Papers
JEH	The Journal of Economic History
JGsozLE	Jahrbuch für die Geschichte der sozialistischen Länder Europas

JSFWUBr	Jahrbuch der Schlesischen Friedrich-Wilhelms-Universität zu Breslau
KLE	Klinkhardt-Lexikon Erziehungswissenschaft
LPHB	Lippstädter Heimatblätter
MF	Möser-Forum
NDB	Neue Deutsche Biographie
PAPhS	Proceedings of the American Philosophical Society
RACHS	Records of the American Catholic Historical Society of Philadelphia
RGG	Religion in Geschichte und Gegenwart
SGEAJ	Jahrbuch der Schweizerischen Gesellschaft für die Erforschung des 18. Jahrhunderts
SSH	Soviet Studies in History. A Journal of Translations
USCH	U.S. Catholic Historian
WDGB	Würzburger Diözesangeschichtsblätter
WF	Westfälische Forschungen
WZ	Westfälische Zeitschrift
ZAGV	Zeitschrift des Aachener Geschichtsvereins
ZDKG	Zeitschrift für Deutsche Kulturgeschichte
ZHG	Zeitschrift des Vereins für Hamburgische Geschichte
ZIG	Zeitschrift für Ideengeschichte
ZNS	Zentrum für Niederlande-Studien
ZThK	Zeitschrift für Theologie und Kirche

Historische Zeitschriften und Periodika

AErzk	Archiv für die ausübende Erziehungskunst
AGrBadG	Annalen der Großherzoglich-Badischen Gerichte
AllBSErzT	Allgemeine Bibliothek für das Schul- und Erziehungswesen in Teutschland
AllDB	Allgemeine Deutsche Bibliothek
BerM	Berlinische Monatsschrift
DMus	Deutsches Museum
DNWBott	Der Neue Welt-Bott mit allerhand Nachrichten deren Missionarien Soc. Iesu. Allerhand Lehr- und Geist-Reiche Brief, Schrifften und Reis-Beschreibungen, Welche von den Missionariies der Gesellschaft Jesu Aus Beyden Indien, Und anderen Über Meer gelegenen Ländern ... in Europa angelangt seynd
DTMerk	Der Teutsche Merkur
EphdM	Ephemeriden der Menschheit oder Bibliothek der Sittenlehre, der Politik und der Gesetzgebung

ErfGZ	Erfurtische Gelehrte Zeitung
GöttA	Göttingische Anzeigen von gelehrten Sachen
HistJMGött	Historisches Journal von Mitgliedern des Königlichen Historischen Instituts zu Göttingen
JvufD	Journal von und für Deutschland
KMagWuL	Katholisches Magazin für Wissenschaft und Leben
MaiMgS	Mainzer Monatsschrift von geistlichen Sachen
MsgWbl	Münsterisches gemeinnütziges Wochenblatt
SalzIbl	Salzburger Intelligenzblatt
StAnz	Stats-Anzeigen
UnivMKnPl	Universal Magazine of Knowledge and Pleasure
WBeyNV	Westphälische Beyträge zum Nutzen und Vergnügen

Weitere Abkürzungen

abgedr.	abgedruckt
amerik.	amerikanisch
Bd., Bde.	Band, Bände
bzw.	beziehungsweise
Diss.	Dissertation
dt.	deutsch
ebd.	ebenda
f.	folgende Seite
F.	Aktenfundus (*Fond*)
Fasz.	Faszikel
fol.	Folioblatt (Seite)
frz.	französisch
griech.	griechisch
H.	Heft
Hg.	Herausgeber/-in, Herausgeber/-innen
Inv.	Inventar
lat.	lateinisch
mschr.	maschinenschriftlich
Nr.	Nummer
o.D.	ohne Datum
op.	Inventarnummer (*Opis'*)
r	Vorderseite (*recto*)
russ.	Russisch
S.	Seite

Sp.	Spalte
St.	Stück
Suppl.	Supplement
T.	Teil
u. d. T.	unter dem Titel
u. a.	und andere
Übers.	Übersetzung
v	Rückseite (*verso*)
v. a.	vor allem
vgl.	vergleiche
Vrtl.	Viertel
zit. n.	zitiert nach

Einleitung

1 Forschungsstand, Problemstellung und Forschungsaufgabe

Für die Historische Bildungsforschung ist das 18. Jahrhundert von besonderer Bedeutung. Es wurde nicht nur von Zeitgenossen als ein „pädagogisches Jahrhundert" bezeichnet, auch der Stellenwert dieser Epoche für die moderne Pädagogik steht heute außer Frage. Die Aufklärung war in ihrer ganzen Vielfalt, auch mit ihren Ambivalenzen und Widersprüchen, die sie kennzeichnet, eine geistige und gesellschaftliche Reform- und Erneuerungsbewegung, die der Erziehung und Bildung eine zentrale Bedeutung zusprach. Die Aufforderung zum kritischen Vernunftgebrauch machte auf die von Tradition und Autorität geprägten Zwänge und Bevormundungen aufmerksam, die alle Bereiche des gesellschaftlichen Lebens beeinflussten und die es im Zeichen der Aufklärung zu befragen, überwinden und zu erneuern galt. Die Aufklärung wird dabei sichtbar in der Gesamtheit ihrer vielfältigen regionalen Erscheinungs- und Verlaufsformen, auch verbunden mit den Medien und Kommunikationsformen ihrer Zeit, die den produktiven Gedanken- und Wissensaustausch stützten. Sie war verantwortlich für Revolutionen und Reformen, ermöglichte und beschleunigte politische und gesellschaftliche Wandlungsprozesse.[1]

Eine enorme Strahlkraft hatte die Aufklärung auf Theologie, Glaube und Kirche und brachte überall dort, wo sie sich der Religion nicht gänzlich entledigt hatte, vielfältige konfessionelle und religiöse Spielarten hervor. Konfliktreiche Dynamiken der Gleichzeitigkeit von Tradition und Erneuerung kommen in diesen zum Vorschein.[2] Hier lassen sich vielfältige protestantische, katholische und jüdische Aufklärungsvarianten ermitteln, die das 18. und frühe 19. Jahrhundert prägten und eigene pädagogische Akzente setzten. Während die Historische Bildungsforschung sowohl für die vorwiegend von Protestanten geprägte aufklärerische Erziehungsbewegung des Philanthropismus – dem wohl wichtigsten Zweig der deutschen Aufklärungspädagogik – als auch für die jüdische Aufklärungsbewegung (Haskala) mittlerweile fundierte Forschungsarbeiten vorweisen kann, wurde die Reform- und Erneuerungsbewegung,

---

1 Vgl. grundl. Herrmann, Pädagogische Jahrhundert; Vierhaus, Aufklärung; Hammerstein/ Herrmann, Handbuch; Hardtwig, Aufklärung; Stollberg-Rilinger, Aufklärung.
2 Vgl. grundl. Sorkin, Enlightenment.

© VERLAG FERDINAND SCHÖNINGH, 2020 | DOI:10.30965/9783657704255_002

die sich auf katholischer Seite formierte, lange Zeit unterschätzt und vernachlässigt.[3]

Ein Grund lag hierfür in der Tatsache, dass sowohl die Protestanten den Katholiken jeden Willen zur Erneuerung absprachen als auch die katholische Kirche selbst die zersetzenden Kräfte der Aufklärung fürchtete und mit Zurückhaltung bis Ablehnung reagierte. Eine Neubewertung der Aufklärungszeit und daher einen grundlegenden Perspektivwechsel in ihrer Erforschung forderte schon der Würzburger Kirchenhistoriker Sebastian Merkle (1862-1945) und sprach anlässlich eines Berliner Historikerkongresses im Jahr 1908 erstmals über die in der Forschung allzu sehr vernachlässigte Katholische Aufklärung.[4] Während sich diese Bezeichnung als Forschungsbegriff erst in der zweiten Hälfte des 20. Jahrhunderts etablierte, deutete Merkle damals schon auf das vornehmliche Erkenntnisinteresse ihrer Erforschung hin, nämlich der Beschreibung einer vielfältigen und vielgestaltigen Reform- und Erneuerungsbewegung, deren Folge für das katholische Bildungswesen gravierend waren. Für die Historische Bildungsforschung ist die eingehende Erforschung der Katholischen Aufklärung als „breit angelegte Bildungsbewegung"[5] daher von besonderer Wichtigkeit.

Nachdem sich Notker Hammerstein und Elisabeth Kovács in den ausgehenden 1970er Jahren diesem Forschungsdesiderat erstmals wieder annahmen, wurde erst Anfang der 1990er Jahre durch den wegweisenden Sammelband von Harm Klueting die Katholische Aufklärung als eigener Zweig der deutschen Aufklärungsforschung ausgewiesen.[6] Grundlegend waren hierfür eine Reihe neuerer Arbeiten und Studien, die aus religions- und landesgeschichtlicher Perspektive die reformpolitischen Programme und Initiativen beleuchteten, die in den katholisch verfassten Staaten des älteren deutschen Reiches im ausgehenden 18. Jahrhundert entwickelt und umgesetzt wurden. Vergleiche zu anderen europäischen Regionen und Staaten wurden zwar auch gezogen, allerdings noch ohne transfergeschichtliche Untersuchungen miteinzubeziehen oder anzuregen. Seit rund zehn Jahren wird die Katholische Aufklärung nunmehr als europäisches Phänomen intensiv erforscht. Zu nennen

---

3 Vgl. zum *Philanthropismus* Schmitt, Pädagogen; Overhoff, Frühgeschichte; Benner/Kemper, Theorie, S. 85-187; zur *jüdischen Aufklärung*: Sorkin, Berlin Haskalah; Behm/Lohmann/ Lohmann, Jüdische Aufklärung; zur *islamischen Aufklärung* im 19. Jhd. vgl. Bellaigue, Islamische Aufklärung.

4 Vgl. Merkle, Beurteilung.

5 Holzem, Christentum, Bd. 2, S. 777-801, hier 777.

6 Vgl. Hammerstein, Aufklärung; Kovács, Katholische Aufklärung; Klueting, Katholische Aufklärung. Zur *Forschungsgeschichte* auch Schneider, Katholische Aufklärung, S. 354-397; Wolf, Katholische Aufklärung, S. 83-95.

sind hier vor allem die Studien des Kirchenhistorikers Ulrich L. Lehner.[7] Er hat mehrfach die grenzüberschreitenden Verflechtungen der Katholischen Aufklärung herausgearbeitet und dabei auch auf Forschungsergebnisse aus weiteren europäischen Ländern und Regionen zurückgreifen können.[8]

Der gegenwärtige Forschungsstand verdeutlicht, dass der Terminus „Katholische Aufklärung" gerade dann erkenntnisleitend ist, wenn „Aufklärung" in einem sehr weiten und offenen Sinne verstanden wird, weder als eine abgeschlossene und in sich schlüssige *Epoche*, noch als ein in sich widerspruchsfreies *Programm*, das allein aus dem „emanzipatorischen Pathos der Entkonfessionalisierung lebte"[9]. Aufklärung war vor allem *Bewegung* – in jeglicher Hinsicht – und wesentlich mehr als bloß ein „Selbstverständlichkeitsverlust der traditionellen Ordnungen des Handelns, Wissens und Glaubens"[10]. Sie bewirkte Fortschritt und Erneuerung in Politik, Gesellschaft, Religion und Wissenschaft, sie war verantwortlich für eine Vielzahl „religiöser Energetisierungen, die das 18. Jahrhundert durchzog"[11] und trug dort immer mehr zur Vergewisserung und Beglaubigung eigener Grundsätze bei, als dass sie Zerstreuung und Verunsicherungen hervorbrachte.

Nicht nur für das Verständnis der Katholischen Aufklärung hat daher ein prozessualer und offener Aufklärungsbegriff einen größeren Nutzen, auch prinzipiell bietet er unter neueren, globalgeschichtlichen Perspektiven eine unverzichtbare Voraussetzung und fruchtbare Grundlage für die Erforschung des 18. Jahrhunderts.[12] Gegenwärtig richtet sich der Blick zunehmend auf außereuropäische Wirkungsfelder und grenzüberschreitende Verflechtungen der Katholischen Aufklärung. Ein wichtiger Bezugspunkt stellt die von Ulrich L. Lehner vorgelegte Studie dar, in der er die Katholische Aufklärung erstmals als Globalgeschichte neu vermisst.[13] Auf die Frage, inwiefern sich die Katholische Aufklärung als eine Reform- und Erneuerungsbewegung beschreiben lässt, die nicht nur räumlich grenzüberschreitend wirkte, sondern auch über Epochengrenzen hinweg, soll an dieser Stelle allerdings nicht weiter eingegangen werden. Es ist umstritten, inwiefern die

---

7   Vgl. Lehner/Printy, Companion; Burson/Lehner, Enlightenment; Lehner, Enlightened Monks.

8   Vgl. Chinnici, Catholic Enlightenment; Goldie, Catholic Enlightenment; Bendel/Spannenberger, Katholische Aufklärung; Johns, Visual Culture.

9   Graf, Wiederkehr der Götter, S. 43; vgl. Graf, Theologische Aufklärung.

10   Fulda, Aufklärung, S. 23.

11   Osterhammel, Verwandlung, S. 1252 f.

12   Vgl. D'Aprile, Aufklärung, S. 159–164.

13   Lehner, Catholic Enlightenment; auch in dt. Sprache erschienen: Lehner, Katholische Aufklärung.

ideengeschichtlichen Wurzeln der Katholischen Aufklärung schon in den Beschlüssen des Trienter Konzils zu suchen sind und in gleicher Weise auch das Zweite Vatikanum beeinflussten.[14] Vielmehr richtet sich das Interesse auf den nordamerikanischen Raum und die dortigen Erscheinungs- und Verlaufsformen der Katholischen Aufklärung, die dort eng mit den Dynamiken des strukturellen Aufbaus einer eigenen Ortskirche und eines entsprechenden Bildungswesens in Verbindung stand. Lehner verweist in seiner Globalgeschichte bereits auf die treuhänderische Verwaltung katholischer Kirchengemeinden und die Bildungsinitiativen des ersten amerikanischen Bischofs John Carroll, dessen Episkopat (1789-1815) als Kernphase der Katholischen Aufklärung in Nordamerika angesehen werden muss.[15]

Während die Herausbildung des amerikanischen Katholizismus als Prozess der „Amerikanisierung"[16] immer Vorrang hatte und daher insgesamt gut erforscht ist, wurde bisher noch keine Studie vorgelegt, die sich explizit mit der Katholischen Aufklärung in den Vereinigten Staaten von Amerika befasst. Dies ist gerade deswegen erstaunlich, da schon der französische Historiker Bernard Plongeron in seiner umfassenden Einleitung in Elisabeth Kovács' Sammelband den nordamerikanischen Raum als Untersuchungsfeld explizit benannt und auch auf seine bildungsgeschichtliche Relevanz hinwiesen hat. So stellte Plongeron fest: „Gemäß einem von der Aufklärung inspirierten Programm entwickelten die amerikanischen Kirchen erzieherische und karitative Aktionen, die eine gesamtnationale Auffassung Amerikas, jenseits der Grenzen der ehemaligen Kolonien, bekunden."[17] In ihrer „Position als Minderheit" habe die katholische Kirche in Amerika dabei eine ganz eigene „Originalität" bewiesen, „die von der gesamten ‚Katholischen Aufklärung' in Europa einstimmig verworfen wird"[18]. Sondierungen und Vorstudien zur Katholischen Aufklärung in den Vereinigten Staaten von Amerika bieten erst die neueren Studien von Jay P. Dolan und Patrick W. Carey. Beide haben den konfessionellen und ethnisch-kulturellen Pluralismus der amerikanischen Gesellschaft sowie der interkonfessionellen Kontaktzonen für die Herausbildung einer eigenständigen Katholischen Aufklärung in Nordamerika allerdings zu

---

14   Vgl. Schindling/Schmidt, Trient.
15   Vgl. Lehner, Katholische Aufklärung, S. 126-129; hierzu auch Overhoff, Katholische Aufklärung.
16   Vgl. Hennesey, Catholics; vgl. hierzu auch Zöllner, Washington.
17   Plonderon, Katholische Aufklärung, S. 32.
18   Ebd.

wenig Aufmerksamkeit geschenkt. Dies gilt auch für die transatlantischen Verflechtungen der Katholischen Aufklärung.[19]

Da die Katholische Aufklärung in Nordamerika in der Forschung bisher nur am Rande thematisiert wurde, ergibt sich nunmehr die dringende Notwendigkeit einer gründlicheren Betrachtung. Das Leben und Wirken von Demetrius Augustinus von Gallitzin (1770-1840) lädt ein zu einer bildungsgeschichtlichen Untersuchung, in der die transatlantischen Ausläufer der Katholischen Aufklärung deutlich sichtbar werden. Gallitzin wurde in Den Haag geboren, wuchs dann im westfälischen Münster auf und wurde dort von seiner bildungsbeflissenen Mutter erzogen, während das Fürstbistum im Zeichen einer Katholischen Aufklärung umfassende bildungs- und wohlfahrtspolitische Reformen erfuhr. Erst in Baltimore wurde Gallitzin Priester und wirkte als Missionar, Pfarrer und Publizist ab 1792 – anfangs noch als Protegé des amerikanischen Bischofs Carroll – über vierzig Jahre in dem Bundesstaat Pennsylvania. Dass Gallitzin noch für viele Jahre den Kontakt zu seiner Familie und seinen Freunden in Westfalen hielt, ist von der älteren Gallitzin-Forschung lange Zeit übersehen worden. Sein konkretes Wirken als Pfarrer von Loretto, seine Missionstätigkeit in der amerikanischen Frontiergesellschaft wie auch seine umfangreichen Schriften, die er gegen die antikatholische Propaganda in Pennsylvania veröffentlichte, sind von der neueren Forschung noch völlig unzureichend erfasst und untersucht worden. Für das vorliegende Forschungsvorhaben stellen sich daher gleich mehrere Herausforderungen, aber auch lohnende Anknüpfungspunkte, um am Beispiel seines Lebens und Wirkens die nordamerikanische und letztlich immer auch transatlantisch wirksame Katholische Aufklärung eingehend erschließen, analysieren und deuten zu können.

Vor diesem Hintergrund stellt sich die Frage, inwiefern es überhaupt geleistet werden kann, die vielfältigen Wirkungsphänomene und -zusammenhänge der Katholischen Aufklärung – noch dazu in ihrem transatlantischen Verhältnis – in angemessener Weise zu beschreiben. Sicherlich darf hier nicht von einem einseitigen Transfer katholisch-aufklärerischer Ideen und Konzepte ausgegangen werden, der ursächlich war für eine entsprechende Entwicklung in Amerika. Einer Katholischen Aufklärung in Nordamerika müssen größere Zugeständnisse gemacht werden, als die der Rezeption und Adaption von bereits in Europa erprobten katholisch-aufklärerischen Ideen und Reforminitiativen. Sie war nicht nur „angewandte Aufklärung"[20], sondern Ergebnis

---

19   Vgl. Dolan, American Catholicism, S. 13-45; Dolan, Catholicism and American Culture; Carey, Catholics, S. 17-25.

20   Dahrendorf, Angewandte Aufklärung; hierzu auch Depkat, Angewandte Aufklärung.

gemeinsamer Verflechtungen und baute darüber hinaus auf eigene Traditionen
auf. Die Historische Bildungsforschung hat zusammen mit weiteren historisch
arbeitenden Disziplinen für die Erforschung solcher Kommunikations- und
Transferprozesse wie auch für die Beschreibung weiterer raumbezogener
Entwicklungen und Konstellationen den Begriff des „Bildungsraumes" zur
Diskussion gestellt, auf den an anderer Stelle noch gezielt eingegangen wird.
Zudem bleibt zu fragen, worin die von Bernard Plongeron angeführte „Originalität" dieser spezifischen Variante der Katholischen Aufklärung begründet liegt.
Vermutlich spielen hierfür die konfessionelle und ethnisch-kulturelle Diversität sowie die spannungsreichen konfessionellen Grenzzonen und Konkurrenzsituationen eine wesentliche Rolle, die einer weitgehend ungehinderten
Etablierung katholischer Gemeindestrukturen und Bildungseinrichtungen
von Anfang an entgegenwirkten und ganz eigene Reformanstrengungen unter
aufklärerischen Gesichtspunkten erforderten. Immerhin brachte die Aufklärung auch in Amerika unterschiedliche, wenn auch nie gänzlich gegensätz-
liche konfessionskulturelle Strömungen hervor, die um das rechte Verständnis
und Verhältnis von Aufklärung und katholischer Frömmigkeit rangen.[21]

Ausgehend hiervon richtet sich das Interesse auf die konkreten Ausdrucksformen der jeweiligen konfessionskulturellen Lebensführung, ihrer
Glaubens- und Erziehungspraktiken, die sich zwischen Tradition und Erneuerung fortwährend wandelten. Den Begriff der Frömmigkeit gilt es hierfür noch näher zu definieren. Bislang existiert noch keine eingehende Studie
über die Frage, wie aus pädagogischer Perspektive der Frömmigkeitsbegriff
historisch-problemgeschichtlich bestimmt werden könnte. Auch der Theologe Friedrich Wilhelm Graf hat auf diese Problematik hingewiesen und
gefordert, dass kulturgeschichtliche Forschung stets „die komplexen Zusammenhänge zwischen der reflexiven Religionssemantik und dem Wandel
religiöser Deutungskulturen" stärker thematisieren muss. In spezifischen
Frömmigkeitskonzepten „reflektieren sich spezifische kulturelle Erfahrungen
und Hoffnungen, Deutungen von Vergangenheit und Zukunft, Entwürfe des
gelingenden Lebens."[22] Sie sind niemals statisch, sondern dynamisch und
korrespondieren mit der konfessionellen Kultur, die sie selbst hervorbringen.
Hierbei erscheint Frömmigkeit in Verbindung von religiösen Praktiken, einer
stark individualisierten Haltung gegenüber Gott und Welt und eines dis-

---

21   Mit dem Begriff „Konfessionskultur" kann auf neuere Forschungsergebnisse rekurriert
     werden, die aus der Konfessionalisierungsforschung, der religionssoziologischen und
     kulturgeschichtlichen Forschung hervorgegangen sind, vgl. Pohlig, Luthertum; Graf,
     Wiederkehr der Götter, S. 91; zuletzt Maurer, Konfessionskulturen.
22   Graf, Wiederkehr der Götter, S. 95.

kursiv ausgehandelten Bildungsideals, in dem religiöse, sittliche und ethische Normen und Ordnungsvorstellungen miteinander verschmelzen.[23] Das für die vorliegende Studie ausgewiesene Spannungsfeld von Aufklärung und katholischer Frömmigkeit eröffnet dabei einen notwendigen Interpretationsspielraum, um sowohl innere Konflikte als auch katholisch-aufklärerische Reformversuche im Spiegel der protestantischen Kritik zu beleuchten.

Zusammenfassend lässt sich festhalten, dass die Katholische Aufklärung – trotz verdienstvoller Vorarbeiten – im transatlantischen Raum noch ganz unzureichend beschrieben und beurteilt worden ist.[24] Ihre Erforschung leistet einen wichtigen Beitrag zur Erforschung der Aufklärung, zumal auf ihrer Grundlage weitere konfessionelle Spielarten der Aufklärung besser verstanden und erforscht werden können. Das Leben und Wirken von Demetrius Augustinus von Gallitzin in diesem Kontext aufzuarbeiten, macht umfangreiche Nachforschungen notwendig. Wie im Folgenden gezeigt wird, kann hierfür kaum auf hinreichende Vorarbeiten zurückgegriffen werden.

2 Quellenlage

Die Quellenlage zur Erforschung des Lebens und Wirkens von Demetrius von Gallitzin lässt sich im Allgemeinen als reichhaltig und differenziert beurteilen, wobei die amerikanische und deutsche Überlieferung voneinander unterschieden werden muss. Bislang wurde noch kein Versuch unternommen, eine historisch-kritische Studie zu Demetrius von Gallitzin anzufertigen, die seine Erziehung und Bildung im Fürstbistum Münster sowie seinen Werdegang als Missionar, Pfarrer und Bildungspionier in Pennsylvania in gleicher Weise berücksichtigt und in Beziehung zueinander setzt. Auch eine maßgebliche Quellensammlung, die wissenschaftlichen Ansprüchen genügt, steht nicht zur Verfügung. Zwar wurden im Zuge eines im Jahr 2007 von der Diözese Altoona-Johnstown eröffneten Seligsprechungsverfahrens des dort als „Apostle of the Alleghanys" verehrten Demetrius von Gallitzin eine große Zahl der archivalisch überlieferten Handschriften zusammengetragen, allerdings ohne eine systematische Aufarbeitung des Bestandes voranzutreiben, noch eine historisch-kritische Edition in Erwägung zu ziehen. Zahlreiche Handschriften liegen daher als einfache Transkripte vor, die jedoch für die vorliegende Arbeit

---

23 Ausführlich hierzu Müller, Frömmigkeit, S. 165 f; auch Brückner, Frömmigkeit; Hersche, Muße und Verschwendung, Bd. 1, S. 75 f.

24 Vgl. Overhoff/Oberdorf, Katholische Aufklärung.

keine quellenkritisch gesicherte Grundlage bieten konnten.[25] Stattdessen bestand im Rahmen der umfassenden Quellenrecherchen die dringende Notwendigkeit, diese Handschriftenbestände erneut eingehend zu sichten, auszuwerten und durch weitere Dokumente zu ergänzen. Im Rahmen intensiver Recherchen für diese Arbeit konnte dadurch erstmals eine beträchtliche Quellensammlung zusammengetragen werden, die das Leben und Wirken von Demetrius von Gallitzin dokumentiert, der vorliegenden Studie eine reichhaltige Grundlage bietet und dadurch die Bearbeitung des Forschungsvorhabens sicherstellt. Auch wenn es sich um eine vorwiegend archivgestützte Studie handelt, muss in Einzelfällen auf ältere Literatur verwiesen werden, in der einzelne Briefe und Brieffragmente überliefert werden, deren handschriftliche Originale archivalisch nicht mehr auffindbar sind.

Auf amerikanischer Seite ist zunächst eine Reihe biografischer Schriften zu Demetrius von Gallitzin anzuführen, die allerdings in weiten Teilen dem biografisch-hagiographischen Schrifttum zugerechnet werden müssen und für die vorliegende Studie daher ungeeignet sind. Diese Arbeiten stammen von Heinrich Lemcke (1861), Thomas Heyden (1869), Sarah M. Brownson (1873), Daniel Sargent (1945), Stasys Maziliauskas (1982) sowie von Margret und Matthew Bunson (1999), die den pastoralen Dienst von Gallitzin zumeist als hingebungsvolles und heroisch-tugendhaftes Wirken für die Mission und die katholische Kirche in Amerika verklärt haben.[26] Der Zeit, die Gallitzin im Fürstbistum Münster (1779-1792) verbrachte, wurde in diesen Arbeiten kaum eine Bedeutung zugemessen. Wenngleich ihr Nutzen für die vorliegende Studie marginal ist, stellt dennoch die frühe Arbeit von Heinrich Lemcke (1796-1882) eine unverzichtbare Fundgrube für zahlreiche private und familiäre Korrespondenzen dar. Der Benediktiner trat 1840 nach Gallitzins Tod das Pfarramt von Loretto an, nachdem er dort schon einige Jahre als Hilfspriester gewirkt hatte. Ihm lagen sämtliche Briefwechsel vor, die Gallitzin mit Familienmitgliedern und Freunden über Jahre unterhalten hatte. In seiner Biografie bezieht er sich an mehreren Stellen auf diese Aufzeichnungen und gibt dabei auch längere Textpassagen wieder, die er für seine Lebensbeschreibung als wichtig erachtete. Der Bestand wurde später in der Bibliothek der St. Francis University in Loretto überführt und dort durch zwei verheerende Bibliotheksbrände 1942 und 1958 zerstört.

---

25   Vgl. Escalante, Epistolary; Escalante, Letters.
26   Vgl. Lemcke, Gallitzin; Heyden, Memoir; Brownson, Life; Sargent, Mitri; Maziliauskas, Prince; Bunson/Bunson, Apostle. Die Lebensbeschreibung von Wolf und Elisabeth Lammers greift vielfach auf diese Arbeiten zurück, lässt jedoch auch neuere Quellen sprechen, vgl. Lammers/Lammers, Lebensgeschichte.

Die archivalische Überlieferung zum Wirken von Gallitzin in Pennsylvania ergibt sich daher aus den Handschriftenbeständen der Erzdiözese Baltimore und des Sulpizianerordens, die im Archiv der St. Mary's University and Seminary in Baltimore aufbewahrt werden. Dort befinden sich auch die John Carroll Papers, aus denen Thomas O. Hanley bereits 1976 eine Edition der Briefe und Aufzeichnung in drei Bänden zusammenstellte. Diese Auswahl ergänzte Thomas W. Spalding im Jahr 2000 mit einem Band weiterer relevanter Briefe aus diesem umfangreichen Archivbestand.[27] Die Editionen beinhalten einschlägige Quellen zu Demetrius von Gallitzin, bieten jedoch weder einen textkritischen noch einen hinreichenden kommentierenden Apparat. Außerdem beherbergt das Catholic Historical Research Center der Erzdiözese Philadelphia eine kleine Sammlung von Gallitzin-Handschriften sowie einige Bände seiner einst umfangreichen Hausbibliothek. Das CHRC verwaltet auch eine Sammlung unterschiedlicher Objekte, die aus dem persönlichen Besitz von Demetrius von Gallitzin in Loretto stammen. Als Dauerleihgabe wird diese Realiensammlung im Gallitzin Chapel House in Loretto verwahrt und öffentlich ausgestellt.

Hinsichtlich der deutschen Überlieferung richtet sich der Blick zunächst auf die bisherigen Forschungsergebnisse und Quellenausgaben zum Kreis von Münster. Hier bilden die von Siegfried Sudhof (1962) und Erich Trunz (1971, 2. Aufl. 1974) besorgten Editionen der Briefe und Aufzeichnungen von Amalia von Gallitzin und ihrem engsten Freundeskreis immer noch eine wichtige Quellenbasis.[28] Sie erlauben vor allem aus literatur- und kulturgeschichtlicher Sicht eine fundierte Einordnung des Kreises von Münster in das deutsche Geistesleben der Aufklärung. Allerdings handelt es sich bei beiden Editionen nicht um Gesamtausgaben des vorhandenen Schriftguts, sondern wiederum um eine Auswahl. Sudhof beschränkte sich auf die Jahre bis 1788, während Trunz, der an Sudhof zeitlich anknüpfte, für seine Edition einen thematischen Schwerpunkt auf die wechselvolle Beziehung des Gallitzin-Kreises zu Goethe legte und dadurch andere Aspekte der 1790er und 1800er Jahre unberücksichtigt ließ. Doch nicht nur die unterschiedlichen Anlagen der beiden Quelleneditionen sind dafür verantwortlich, dass den frühen nordamerikanischen Bezügen des Gallitzin-Kreises, den Plänen einer Bildungsreise nach Amerika und dem Werdegang von Demetrius von Gallitzin in Pennsylvania kaum Beachtung geschenkt wurde. Selbst die umfangreichen Handschriftenbestände in den entsprechenden Nachlässen und Sammlungen – die in der Universitäts- und Landesbibliothek, dem Bistumsarchiv und dem Landesarchiv Münster

---

27   Vgl. Hanley, Papers; Spalding, Abstracts.
28   Vgl. Sudhof, Briefe; Trunz, Briefe.

verwahrt werden –, beinhalten nur wenige oder keine Zeugnisse über
Demetrius von Gallitzin in Amerika. Eine Ausnahme bilden die Nachlässe der
Brüder Droste zu Vischering, in denen einzelne Briefwechsel immer wieder von
dem Austausch mit Gallitzin in Amerika zeugen. Dem ersten Biographen der
Fürstin Gallitzin, dem münsterschen Kirchenhistoriker Theodor Katerkamp
(1764-1834), lagen noch weitere Briefe aus Amerika vor, aus denen er 1828/39
für seine Biographie über Amalia von Gallitzin schöpfen konnte.[29] Auch
durch die Abschriften zahlreicher Briefe und Tagebuchnotizen, die von Ernst
Christian von Kitzing (1868) und von Christoph Bernhard Schlüter (1874/76)
herausgegeben wurden, sind weitere Dokumente erhalten, die von den Reisevorbereitungen im Jahr 1792 zeugen.[30] Viele dieser Quellen, die Katerkamp,
Kitzing und Schlüter ihren Arbeiten noch zugrunde legen konnten, sind heute
nicht mehr archivalisch auffindbar. Sie müssen den immensen Verlusten der
Universitätsbibliothek Münster im Zweiten Weltkrieg zugerechnet werden.
     Weitere Archivalien, die in dieser Arbeit in Betracht kommen, stammen
aus den Archiven der Kardinalskongregation zur Verbreitung des Glaubens
(Propaganda Fide) in Rom, des Sulpizianerordens in Paris, der habsburgisch-
österreichischen Leopoldinenstiftung in Wien, der Georgetown University Library in Washington, DC, der Germantown Historical Society in
Philadelphia, der University of Notre Dame/In., der Katholischen Universität
Leuven sowie aus mehreren historischen Archiven in Moskau und St. Petersburg. Zudem konnten mehrere Einzelfunde aus verschiedenen Archiven und
Handschriftensammlungen in Europa und Nordamerika zusammengetragen
werden. Ein völlig neuer Quellenbestand, der auch für die zukünftige Erforschung des Gallitzin-Kreises größere Aufmerksamkeit auf sich ziehen wird,
tritt mit dem Nachlass von Marianne von Gallitzin (1769-1823) hervor. Die
Schwester von Demetrius von Gallitzin blieb nach dem Tod ihrer Mutter in
Münster wohnen, bis sie 1818, im Alter von fast 49 Jahren, den Fürsten Franz
Wilhelm von Salm-Reifferscheidt-Krautheim heiratete und nach Düsseldorf zog. Als sie nur fünf Jahre später starb, fiel ihr Nachlass, der auch Aufzeichnungen ihrer Eltern enthielt, dem Archiv Schloss Dyck zu. Bislang
wurden diese Dokumente noch nicht erschlossen oder in anderer Weise von
der Forschung erfasst. Sie enthalten neben vereinzelten Briefen und Aufzeichnungen von Demetrius von Gallitzin zahlreiche Unterlagen, die sich mit
den juristischen Auseinandersetzungen um das väterliche Erbe in Russland
befassen. Zum Nachlass ihrer Mutter Amalia zählen die Briefe von Johann
Caspar Lavater und Matthias Claudius, die zwar schon einmal chronologisch

---

29   Vgl. Katerkamp, Denkwürdigkeiten.
30   Vgl. Kitzing, Mittheilungen; Schlüter, Briefwechsel.

sortiert und maschinenschriflich transkribiert wurden, deren Verbleib jedoch
weitgehend unklar war. Der Nachlass ihres Vaters, des bedeutenden russischen
Diplomaten, Wissenschaftlers und Kunstagenten Dimitri Alexejewitsch
Gallitzin, lässt einerseits Rückschlüsse auf dessen Braunschweiger Jahre zu,
andererseits weist er auch vereinzelt frühere Schriftzeugnisse aus den 1760er
Jahren auf, galt jedoch insgesamt als verschollen.[31] Diese Unterlagen zur
Familie Gallitzin würden auch über die vorliegende Studie hinaus eine an-
gemessene Erschließung mehr als verdienen.

Neben handschriftlichen Textzeugnissen bilden zahlreiche Druckschriften
des ausgehenden 18. und frühen 19. Jahrhunderts einen zweiten maßgeblichen
Quellenbestand. So erschließt sich etwa die Bedeutung der münsterschen Schulordnung von 1776 als Dreh- und Angelpunkt der katholisch-
aufklärerischen Bildungspolitik Franz von Fürstenbergs vor allem aus der zeitgenössischen Publizistik, genauer: aus den Zeitschriften der Aufklärung. Diese
und weitere in dieser Arbeiten angeführten Zeitschriftenbeiträge können
mittlerweile über die Universitätsbibliothek Bielefeld online abgerufen
werden.[32] Auf weitere Druckschriften, die bis zur Mitte des 19. Jahrhunderts
veröffentlicht wurden und auf die im Folgenden zurückgegriffen wird, kann
durch die fortschreitende Digitalisierung alter und schützenswerter Drucke
mit wenigen oder keinen Einschränkungen ebenfalls online frei zugegriffen
werden. Der Rückgriff auf nur unzureichende Editionen ist daher nicht notwendig. Dies gilt auch für die Kontroversschriften Gallitzins, wobei in diesem
Fall aus der verlässlichen, wenn auch nicht kommentierten Edition von Grace
Murphy zitiert wird, die sich an den jeweiligen Erstausgaben von Gallitzins
Schriften orientiert.[33]

Quellenzitate werden im Folgenden in ihrer zeitgenössischen Orthografie
und Interpunktion aufgenommen und daher, wie auch sonst üblich, nicht der
neuen Rechtschreibung angepasst. Dies gilt auch für fremdsprachliche Text-
stellen. Sofern keine deutschen Übersetzungen vorhanden sind, werden diese
in der Regel vom Verfasser selbst angefertigt. Um dabei dem zeitgenössischen
Begriffsverständnis nahe zu kommen, werden stets entsprechende Wörter-
bücher zurate gezogen.[34]

---

31   Vgl. Dulac/Karp, Archives, S. 55.
32   Hervorgegangen aus dem Projekt „Retrospektive Digitalisierung wissenschaftlicher
      Rezensionsorgane und Literaturzeitschriften des 18. und 19. Jahrunderts aus dem
      deutschen Sprachraum", URL: http://ds.ub.uni-bielefeld.de.
33   Vgl. Murphy, Letters.
34   Vgl. Frisch, Dictionnaire; Ebers, Dictionary.

3   Methodische Reflexion und Untersuchungsgang

Auf Grundlage dieser Quellen kann das Leben und Wirken von Demetrius von Gallitzin nun erstmals weitaus differenzierter betrachtet werden, als es die älteren biografischen Arbeiten vermuten lassen. Dabei soll eben keine konventionelle Biografie vorgelegt werden, die eine historische Person nur „als ein individuelles, in sich geschlossenes Selbst", weitgehend losgelöst von ihren „gesellschaftlichen Strukturen" betrachten will, „in denen sie lebte, die sie prägten und auf die sie andererseits selbst einwirkte"[35]. In Anlehnung an die neuere biografische Forschung gilt es vielmehr, die „Matrix der objektiven Relationen" zu berücksichtigen, der die historische Person „mit der Gesamtheit der im selben Feld tätigen und mit demselben Raum des Möglichen konfrontierten anderen Akteuren verbindet"[36].

Die Erschließung solcher Denk-, Handlungs- und Entscheidungsräume geschieht in der vorliegenden Studie durch die eingehende Analyse und Auswertung der zusammengetragenen Briefe und Brieffragmente, die durch einen quellenkritisch-hermeneutischen Zugriff eingehend gesichtet, ausgewertet und chronologisch sortiert wurden. Im besten Fall konnten darüber hinaus die ursprünglichen Briefwechsel rekonstruiert werden. Bei diesem Analysevorgang muss berücksichtigt werden, dass die beträchtliche zeitliche Dauer des Postwegs zwischen Europa und Nordamerika durchaus unterschritten wurde, dass noch vor dem Eintreffen einer Antwort weitere Briefe aufgesetzt wurden, um die Frequenz des Briefwechsels und die Dichte des Informationsflusses zu erhöhen. Diese asynchronen Vorgänge der transatlantischen Kommunikation lassen sich vor dem Hintergrund eines möglichen Ereignisses, eines Orts- oder Kontextwechsels des Briefeschreibers deuten. Die Relevanz und Auswahl einer Quelle für die vorliegende Studie erschließt sich daher einerseits über ihre inhaltlich-semantische Bedeutung, einschließlich ihrer kontextuellen und interkontextuellen Bezüge. Andererseits ist ein Brief nicht nur Träger von Informationen, sondern auch Kommunikationsmedium und gibt daher ebenso Aufschluss über die Beziehung der Korrespondenten zueinander sowie über die individuellen Kommunikationsanlässe und -bedürfnisse, aufgrund derer der Kontakt zueinander gesucht und ausgebaut wurde.[37] Jenseits heroisierender und mythisierender Lebensbeschreibungen erschließt sich die bildungsgeschichtliche Bedeutung des Lebens und Wirkens von Demetrius von Gallitzin aus seinen Initiativen als aufgeklärter Missionar, Pfarrer und

---

35   Bödeker, Biographie, S. 19.
36   Bourdieu, Illusion, S. 82 f.
37   Vgl. Bödeker, Aufklärung, S. 89-111.

Publizist sowie aus seiner dichten kommunikativen Verflechtung innerhalb einer transatlantisch wirksamen katholisch-aufklärerischen Reform- und Bildungsbewegung.

Als eine transatlantische Verflechtungsgeschichte verfolgt die Arbeit jedoch nicht das Ziel, die wechselseitige Einflussnahme zwischen dem Fürstbistum Münster und dem Bundesstaat Pennsylvania durch klar definierbare Einzeltransfers am Beispiel von Demetrius von Gallitzin zu erläutern, sondern vielmehr die weitgehende Verschmelzung der transatlantischen Transfer- und Austauschprozesse kenntlich zu machen, in der Ausgangs- und Rezeptionskultur nicht mehr eindeutig voneinander zu trennen sind.[38] Immerhin lässt sich kaum mehr feststellen, inwiefern etwa die Wahrnehmung und Beschreibung der Neuen Welt durch ein bereits in Europa vermitteltes Amerikabild vorgefertigt wurde, das zudem wesentlich auf den Vorstellungen, Erwartungen und Sehnsüchten basierte, die zahlreiche adlige und bürgerliche Intellektuelle, literarische Freidenker, Abenteurer und Naturforscher, politisch-philosophische Beobachter, eifernde Missionare, Revolutionäre und Flüchtlinge von einer besseren Welt und fortschrittlicheren Gesellschaftsordnung erwarteten und auf dem nordamerikanischen Kontinent zu finden suchten.[39] Aus einer derartig engen transatlantischen Verflechtung lassen sich kaum einzelne Transfers herauslesen, aus denen substantielle Ergebnisse gezogen werden können. Ebenso hat sich die Idee eines transatlantischen Netzwerkes für die vorliegende Studie nicht als fruchtbarer methodischer Ansatz erwiesen, zumal – wie schon Jürgen Osterhammel beobachtete – „nicht alles, was auf den ersten Blick wie ein reguläres Muster von Beziehungen aussieht, gleich schon ein Netzwerk im technischen Sinn der soziologischen Netzwerktheorie [ist]. Einige dieser Muster mögen zu locker gefügt oder zu dünn im Raum verteilt sein, um als funktionierendes Netzwerk gelten zu können."[40]

Die kulturwissenschaftliche Neuorientierung am Raum („spatial turn"[41]) – vor rund zwanzig Jahren noch eine völlig „vernachlässigte Dimension erziehungswissenschaftlicher und sozialwissenschaftlicher Forschung und Theoriebildung"[42] – kommt in der Historischen Bildungsforschung zum einen durch die mal theoretisch reflektierte, mal unbewusste Anwendung

---

38 Zum Konzept der Verflechtungsgeschichte vgl. grundl. Pernau, Geschichte, S. 56-66; zur deutsch-amerikanischen Verflechtungsgeschichte im Bildungswesen vgl. Overhoff/ Overbeck, Perspectives.

39 Zur „Erfindung" der Neuen Welt durch die Europäer vgl. hier Schlögel, Raume, S. 177-188.

40 Osterhammel, Globalisierungen, S. 13.

41 Vgl. grundl. Bachmann-Medick, Cultural Turns, S. 285-329.

42 Ecarius/Löw, Raum.

entsprechender Analysebegriffe und „Denkfiguren"[43] zum Ausdruck, mit denen grenzüberschreitende Bildungsprozesse und raumgreifende Dynamiken im Bildungswesen treffend beschrieben werden können: Expansion, Verdichtung, Zirkulation, Vernetzung, Transfer, Diaspora, Hybridität, Asymmetrie, Frontier. Zum anderen hat sich schon seit einigen Jahren in der Bildungsgeschichte das Konzept der „Bildungsräume" zur Analyse vielfältiger Kommunikations-, Austausch- und Transferprozesse bewährt und auch gegenüber dem Konzept der „Bildungslandschaft" durchgesetzt.[44] Gerade weil die Beschreibung von Bildungsräumen jede nationalgeschichtliche Engführung überwinden möchte, lässt sich dieses Konzept auch jenseits seiner Verankerung in der weitgehend national und transnational orientierten Bildungsgeschichtsschreibung für die Analyse grenzüberschreitender Bildungsbewegungen in der Vormoderne heranziehen. Schon vor der Herausbildung der Nationalstaaten des 19. Jahrhunderts und auch bevor Missionsvereine, Buchgesellschaften und andere Institutionen für eine stärkere Standardisierung und Universalisierung transatlantischer Beziehungen und Austauschprozesse sorgten, können Kommunikations- und Ideenräume als Bildungsräume beschrieben und kenntlich gemacht werden, sofern in diesen zu einer bestimmten Zeit und für eine gewisse Dauer über Erziehung und Bildung und in einem medial gestützten Diskurs diskutiert, gestritten und verhandelt wurde.[45] Für diesen ideengeschichtlichen Ansatz stellen der Historiker Quentin Skinner und der Literaturwissenschaftler Stephen Greenblatt schon seit einigen Jahren eine Methodologie der Diskursgeschichte zur Debatte, die in der Historischen Bildungsforschung bereits erste Ergebnisse vorweisen konnte.[46] Dass in der „vornationale[n] Welt" eine „kosmopolitische Ordnung des pädagogischen Wissens"[47] bestand, kann daher nur mit Einschränkungen zugestimmt werden. Ein derartiger Anspruch lässt sich vielleicht nur auf das Selbstverständnis des Jesuitenordens[48] – mit seinem globalen Wirken und seiner universellen Missionspädagogik – übertragen, während sich schon in der Frühen Neuzeit und noch bis weit in die „Sattelzeit"[49] hinein Bildungsräume entlang politischer, sozio-ökonomischer, ethnischer und konfessionskultureller

---

43   Osterhammel, Globalifizierung.
44   Vgl. grundl. Kesper-Biermann, Kommunikation; Töpfer, Bildungsgeschichte, S. 115.
45   Vgl. Maurer, Europa; Häberlein, Kommunikationsraum; Dorschel, Ideengeschichte, S. 23-29; Foucault, Archäologie, S. 183 f.
46   Vgl. Overhoff, Ideengeschichte.
47   Caruso/Tenorth, Internationalisierung, S. 20; Fuchs, Bildungsgeschichte.
48   Zu den globalen Verflechtungen des Jesuitenordens vgl. Friedrich, Globale Verwaltung.
49   Vgl. grundl. Koselleck, Einleitung; hier anknüpfend auch Fulda, Sattelzeit.

Grenzen und Barrieren formierten, lange bevor diese von nationalstaatlichen oder transnationalen Bildungssystemen überformt wurden.

Die Darstellung der Ergebnisse dieser Arbeit folgt chronologisch dem Leben und Wirken von Demetrius von Gallitzin und vollzieht mit ihm auch einen entsprechenden räumlichen Perspektivwechsel. Gelegentlich müssen historische Rückblenden und Exkurse eingefügt werden, um auf ideengeschichtliche Zusammenhänge hinzuweisen, einzelne historische Entwicklungslinien nachzuzeichnen und manchen transatlantischen Nebenschauplatz in die Betrachtung miteinzubeziehen. Der erste Teil der Arbeit nimmt die Erziehung und Bildung von Demetrius von Gallitzin im Fürstbistum Münster in den Blick und befasst sich dabei in den ersten drei Kapiteln zunächst mit Franz von Fürstenbergs Bildungsreformen im Fürstbistum Münster, der politisch-rechtlichen Verfasstheit dieses katholischen Staates und seiner konfessionskulturellen Prägung. Immerhin war Fürstenberg mit seinem aufklärerischen Bildungsreformkonzept dafür verantwortlich, dass Amalia von Gallitzin mit ihren Kindern überhaupt von Den Haag in das katholische Münster übersiedelte. Dieser Bildungsraum bedarf daher einer eingehenden Beschreibung und Analyse, vor allem unter der Fragestellung, inwiefern Fürstenberg aufklärerische Elemente und Forderungen in seiner Aufmerksamkeit erregenden Schulordnung von 1776 berücksichtigte. Diese breit angelegte Hinführung ist notwendig, um eine möglichst präzise Vorstellung davon zu gewinnen, in welchem spezifisch katholisch-aufklärerischen Umfeld Demetrius von Gallitzin aufwuchs und erzogen wurde, zumal ältere biografische Arbeiten genau dieser Lebensphase kaum Beachtung schenkten. Das vierte Kapitel wendet sich dann dem Leben seiner Mutter, Amalia von Gallitzin, zu und erläutert ihre Motivation für die Kindererziehung, in der ihr Sohn immer im Mittelpunkt stand, zunächst noch in Den Haag, dann von 1779 bis 1792 in Münster. Dabei wird auch hier die Frage aufgeworfen, inwiefern sie aufklärerische Erziehungsziele, etwa die freiheitliche Selbstbestimmung und Toleranz, berücksichtigte und wie sie sowohl eine wissenschaftlich fundierte als auch eine religiös geprägte Erziehung miteinander in Einklang zu bringen gedachte. Das fünfte Kapitel schließt mit dieser Betrachtung den ersten Teil der Arbeit ab.

Der zweite Teil widmet sich – ausgehend von dem bislang noch völlig unzureichend erforschten Amerikabild im Kreis von Münster – zunächst den kurzweiligen Reisevorbereitungen von Demetrius von Gallitzin, ehe sich die Betrachtung ganz seinem weiteren Bildungs- und Werdegang in Amerika zuwendet. Das zweite Kapitel verschafft einleitend einen Überblick zu den unterschiedlichen Entstehungsgeschichten der Kolonien Maryland und Pennsylvania sowie deren ethnischer und konfessioneller Vielfalt, mit denen sich katholische Siedler und Missionare beim Aufbau eines katholischen

Missions- und Bildungswesens konfrontiert sahen. Hieran anknüpfend
widmet sich das dritte Kapitel den unterschiedlichen Etappen und Stationen,
die Gallitzin durchlief, bis er 1799 Pfarrer von Loretto wurde. Der Bedeutung
des amerikanischen Bischofs John Carroll – als wichtigster Vertreter der
Katholischen Aufklärung in dieser entscheidenden Phase der noch jungen Vereinigten Staaten von Amerika – wird zum Abschluss dieses dritten Kapitels Aufmerksamkeit geschenkt. Das vierte Kapitel kann nun erstmals auf Grundlage
einer breiten Quellenbasis das pastorale Wirken von Demetrius Augustinus
von Gallitzin in Loretto rekonstruieren. Hauptanliegen dieses Kapitels ist es
daher, den Aufbau seiner Gemeinde und Schule vor dem Hintergrund seines
Bildungs- und Werdegangs zu deuten sowie die weiterhin bestehenden transatlantischen Verflechtungen ebenfalls in die Betrachtung miteinzubeziehen.
Die Beschreibung von Gallitzins Wirken als Publizist richtet dann im fünften
und letzten Kapitel den Blick auf die von ihm vertretenen und verteidigten
katholisch-aufklärerischen Positionen im Rahmen interkonfessioneller Aushandlungsprozesse in Pennsylvania. Als Vergleichsfolie wird an dieser Stelle
mit Franz Xaver Brosius noch auf einen weiteren katholischen Publizisten
verwiesen, der sich mit einer anderen Stoßrichtung gegen die antikatholische
Kritik der Protestanten wandte. Brosius gehört dabei – wie Gallitzin
auch – zu den bislang noch weitgehend unbekannten historischen Figuren der
deutsch-amerikanischen Bildungsgeschichte.

TEIL I

*Demetrius von Gallitzins Jugend und
Bildungsgang im Fürstbistum Münster:
Erziehung zwischen Wissenschaft und Religiosität*

KAPITEL 1

Das Fürstbistum Münster als Bildungsraum des ausgehenden 18. Jahrhunderts

Das Fürstbistum (oder auch Hochstift) Münster stellte im ausgehenden 18. Jahrhundert ein Zentrum katholisch-aufgeklärter Reformpolitik und Pädagogik dar. Die umfangreichen und tiefgehenden Reformen des Schul- und Bildungswesens waren zentraler Bestandteil der nach dem Siebenjährigen Krieg (1756-63) ergriffenen innenpolitischen Maßnahmen, die Fortschritt und neuen Wohlstand versprachen und insbesondere durch die überall im Reich aufkeimenden Ideen der Aufklärung befördert wurden.[1] Franz Freiherr von Fürstenberg (1729-1810) bestimmte als Premierminister von 1762 bis 1780 sowie als Generalvikar zwischen 1770 und 1807 über vierzig Jahre die Politik und Verwaltung eines der flächenmäßig größten und bedeutendsten geistlichen Fürstentümer im Reich, das seit 1723 bis 1801 – aufgrund entsprechender Wahlen der beiden Domkapitel – von den in Bonn residierenden kurkölnischen Erzbischöfen in Personalunion regiert wurde.[2] Für die Bildung- und Erziehungspolitik des Fürstbistums Münster erhielt Fürstenberg durch die ihm vom Kurfürsten übertragenen Rechte als Minister weitgehend freie Hand. Seine Konzepte und Maßnahmen zur Verbesserung des Schul- und Bildungswesens waren dabei nur ein Teil seiner umfassenden reformpolitischen Agenda und bildeten dennoch Kern und Herzstück seiner politischen Tätigkeit.[3]

Konkret schlugen sich Fürstenbergs ehrgeizigen Ziele in der Entwicklung und Ausarbeitung eines umfangreichen Reformprogramms nieder, das alle Schulstufen umfasste und auch die Gründung einer Landesuniversität vorsah. Vor allem die von ihm zwischen 1768 und 1776 entwickelte Gymnasialordnung, die Münstersche Schulordnung[4], weckte im gesamten Reich ein beachtliches Interesse an den reformpolitischen Entwicklungen des Fürstbistums Münster und an den pädagogischen Ideen des reformwilligen Ministers Fürstenberg. Der Drang nach Reform und Innovation sprengte nicht nur dort „die Fesseln

---

1 Vgl. einf. Duchhardt, Die geistlichen Staaten; Freitag, Fürstbistum Münster.
2 Vgl. Kohl, Bistum Münster, S. 291-319.
3 Vgl. Hanschmidt, Glückseligkeit.
4 Die „Verordnung die Lehrart in den unteren Schulen des Hochstifts Münster betreffend" wird im Folgenden aus der Abschrift von Esch, Franz von Fürstenberg, S. 155-186, als „Schulordnung 1776" zitiert.

© VERLAG FERDINAND SCHÖNINGH, 2020 | DOI:10.30965/9783657704255_003

des Schlendrians"[5]. Auch in anderen Staaten des Reiches wurde intensiv an einer Verbesserung des Schul- und Bildungswesens gearbeitet. Die Vielfalt an Reformen und die Konkurrenz unterschiedlicher bildungspolitischer und pädagogischer Konzepte, Maßnahmen und Einrichtungen war bezeichnend für das auf föderative Prinzipien gegründete konfessionell vielfältig geprägte Reich und beförderte die kommunikative Vernetzung und den gelehrten Austausch über Erziehung, Schule und Unterricht.[6] Schon dem zeitgenössischen Urteil zufolge habe es aufgrund der „Zertheilung Deutschlands" dort „mehrere und bessere Lehranstalten"[7] als in anderen europäischen Staaten gegeben. Auch einschlägige Forschungsarbeiten bekräftigen, dass die im föderalen System begründete Vielfalt und Konkurrenz ein lebendiges Geistes- und Gesellschaftsleben im Zeitalter der Aufklärung beförderte.[8] Jenseits der Grenzen des Reiches wirkte die Aufklärung ebenso als wirkmächtiger Impulsgeber für Reformen und Veränderungen in vielen katholisch geprägten Ländern Europas, wobei deren jeweilige regionale Verlaufs- und Erscheinungsformen schließlich ein facettenreiches Bild unterschiedlicher katholischer Reform- und Erneuerungsversuche liefern.[9] In diesem Kontext erscheint das Fürstbistum Münster durch das reformpolitische Wirken Franz von Fürstenbergs als bedeutsamer Bildungsraum, der seine Wirkung auch über die eigenen Grenzen hinaus entfaltete.

Daher steht die Münstersche Schulordnung nicht nur exemplarisch für die breite Masse der durch die Aufklärung beförderten Reformkonzepte. Ihre Bedeutung erschließt sich gerade aus ihrer zeitgenössischen Rezeption vieler gelehrter Denker aus Politik, Kultur und Wissenschaft, die ihre Einschätzung privat oder öffentlich zum Ausdruck brachten. Allein die grenzüberschreitende Rezeption – ihrerseits Zeugnis und Beispiel eines fruchtbaren Dialogs und interdisziplinären Austausches über bildungspolitische und reformpädagogische Ideen, Bildungskonzepte und Schriften – war einige Jahre später Anlass und Auslöser dafür, dass auch Amalia von Gallitzin auf Fürstenberg aufmerksam wurde, Gefallen an seinem Bildungsreformprogramm fand und schließlich mit ihren beiden Kindern Demetrius und Marianne, die als Kinder Mitri und Mimi genannt wurden, 1779 nach Münster übersiedelte. Abseits der politischen und administrativen Verpflichtungen, aber untrennbar

---

5 Vgl. Weiss/Dethlefs, Fesseln. Der in diesem Zusammenhang häufig gewählte Ausdruck
   „Fesseln des Schlendrians" stammt von Arnold Mallinckrodt, als er in einem Beitrag im Westfälischen Anzeiger vom 2.1.1801 das neue Jahrhundert begrüßte.
6 Vgl. Burkhardt, Geschichte, S. 7-10.
7 Häberlin, Güte, S. 32.
8 Vgl. Schmale, Schule, S. 631-632; Martus, Aufklärung, S. 203-206, 726-727.
9 Vgl. Hersche, Muße und Verschwendung, Bd. 2, S. 960-979; Lehner, Introduction.

mit seinen ehrgeizigen pädagogischen Ideen und Vorhaben verbunden, erscheint Fürstenberg in den 1780er Jahren als engster Vertrauter von Amalia von Gallitzin und als väterlicher Berater ihrer Kinder, deren Erziehung er nunmehr mitbestimmte und begleitete. Der Blick in die zeitgenössische Rezeption ist daher aufschlussreich, um den Stellenwert der Schulordnung sowie die Bildungs- und Erziehungsvorstellungen Fürstenbergs zu ergründen, auch vor dem Hintergrund der anderenorts im Reich wirksamen aufklärerischen Bildungskonzepte reformfreudiger Pädagogen und Schulmänner. Nur so erklärt sich auch, in welchem katholisch-aufklärerischen Umfeld Demetrius von Gallitzin aufwuchs und erzogen wurde.

1.1 Zur „Verbreitung der Erkänntniße" und „Aufklärung" – Fürstenbergs Schulordnung im Spiegel ihrer zeitgenössischen Rezeption

Franz von Fürstenberg, der in der deutschen „Gelehrtenrepublik"[10] bereits gut vernetzt war, hatte die Verbreitung der Schulordnung mit Nachdruck vorangetrieben. Zur Begutachtung verschickte er sie an ausgewählte Denker, Pädagogen und Theologen, an Politiker und Publizisten im gesamten Reich und jenseits der deutschen Grenzen. In den Antwortschreiben und Dankesbriefen, die Fürstenberg bereits nach wenigen Wochen erhielt, hoben die Absender oftmals nur wenige Aspekte der Schulordnung hervor, die sie für bedeutsam hielten und richteten ihren Dank für das übermittelte Exemplar aus. Aus der Bekräftigung des Guten, Schönen und Lobenswerten an der Schulordnung bestand das Urteil der Korrespondenten. Sie entsprach darüber hinaus der gängigen Praxis gelehrter Briefkommunikation.[11] Eine detaillierte Auseinandersetzung oder eine theoretische Reflexion fand auf diese Weise nicht statt. Eher verwiesen die Verfasser auf die gemeinnützigen und gelehrten Zeitschriften, für die sie als Herausgeber, Autoren oder Rezensenten tätig waren. Sie versprachen einen Abdruck oder eine Besprechung, die früher oder später erfolgen sollte. Aus den eingegangenen Antwortschreiben und Dankesbriefen ist ersichtlich, dass Fürstenberg eine beträchtliche Anzahl der neuen Schulordnung an ausgewählte Gutachter verschickt hatte.[12] Dafür hatte er in

---

10   Vgl. Füssel, Einleitung.
11   Vgl. die allgemeinen Anmerkungen bei Ziche/Bornschlegell, Wissenschaftskommunikation, S. 256.
12   Die eingegangenen Dankesbriefe sind überliefert: BAM, Nachlass Fürstenberg, 165A, 191. Sudhof nahm lediglich eine repräsentative Auswahl der Briefe in seine Quellensammlung auf, vgl. Sudhof, Briefe, Nr. 20-23 und 25.

der Fürstlich-Münsterischen Hofdruckerei Koerdinck eigens Exemplare im
kompakten Quartformat auf zweiundzwanzig Seiten anfertigen lassen, das ihm
sowohl für den Versand als auch als Arbeitsgrundlage zweckmäßiger erschien.[13]
Während eine genaue Liste der Empfänger nicht mehr rekonstruierbar ist,
geben die eingegangenen Antwortschreiben einen Eindruck von der Expertise
und Profession der einzelnen Gutachter. Dabei wird ersichtlich, dass der Kreis
der Empfänger weder räumlich, konfessionell noch fachlich begrenzt war.

Im ersten Jahr nach der Veröffentlichung der Schulordnung entstanden
bereits teils umfangreiche Rezensionen, aber auch nicht minder ausdrucksstarke kleinere Anzeigen und Kommentare zur Schulordnung, die in den gelehrten und gemeinnützigen deutschsprachigen Zeitschriften zu lesen waren.[14]
Der Zeitpunkt für die Verbreitung der Schulordnung erwies sich als überaus
günstig, da seit Anfang der 1770er Jahre das Interesse an der Reform von Schule
und Unterricht beträchtlich zugenommen und sich eine regelrechte „Bildungsrevolution"[15] in Gang gesetzt hatte. Die starke Verbreitung bildungspolitischer
Konzepte, reformpädagogischer Programme, Schulschriften und Lehrbücher
sowie die zunehmende Ausdifferenzierung des Schulbuchmarktes ermöglichten erst, dass sich ein entsprechender Diskurs auch begrifflich-sprachlich
etablieren konnte. Hier sind neben den Schriften von Johann Bernhard
Basedow (1724-1790), etwa seine „Vorstellung an Menschenfreunde" (1768), die
„Allgemeine Schulordnung für die Normal-, Haupt- und Trivialschulen" (1774)
von Johann Ignaz von Felbiger (1724-1788) oder der „Kinderfreund" (1776/79)
von Friedrich Eberhard von Rochow (1734-1805) hervorzuheben.[16] Auch der
Münsterschen Schulordnung kann in genau dieser äußerst produktiven
Epoche durch ihre überregionale Rezeption namhafter Pädagogen und Schul-
männer ein ebenso bedeutsamer Beitrag an der Entwicklung von Erziehung
und Bildung in Deutschland zugesprochen werden. Zudem kannte und nutzte
Fürstenberg selbst sämtliche reformpädagogische und bildungspolitische
Schriften seiner Zeit, wofür ihn zahlreiche seiner Mitstreiter Respekt und

---

13   In den Geschäftsbüchern der Hofdruckerei Koerdinck finden sich keine weiteren An-
     gaben zu dem Umfang der von Fürstenberg beauftragten Nachdrucke, wie eine ein-
     gehende Überprüfung ergeben hat, vgl. StAM, Firmenarchiv Regensberg, Nr. 629, 633, 700,
     713. Eines der wenigen erhaltenen Quartexemplare befindet sich in einer von Fürstenberg
     angelegten Sammlung: LAM, Fürstbistum Münster, Kabinettsregistratur, Nr. 2953, 1-22.
14   Für eine Übersicht der Rezensionen und Abdrucke vgl. Sudhof, Nachwort, S. 15; hier-
     zu auch die bildungsgeschichtlich bedeutsame, wenn auch nicht fehlerfreie Arbeit von
     Hardewig, Tätigkeit.
15   Vgl. Bosse, Bildungsrevolution, S. 68.
16   Vgl. ebd.; Schmitt, Modernisierer.

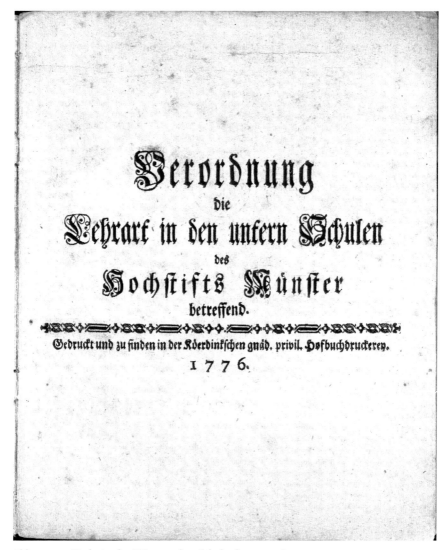

Abb. 1   Titelseite der Münsterschen Schulordnung, 1776

Anerkennung zollten.[17] Aufklärung war vor allem ein Kommunikationsprozess, der zwar auch über persönliche Briefwechsel möglich war, allgemeineren

---

17   Dies spiegelt sich im beträchtlichen Umfang pädagogischer Schriften in Fürstenbergs
      Privatbibliothek wider, die sich heute Teil der Bibliothek Fürstenberg-Stammheim im
      Besitz in der ULB ist. Fürstenberg bat Rochow zudem 1780 um die Zusendung einiger
      empfehlenswerter Bücher, vgl. BAM, Nachlass Fürstenberg, 165A.

Nutzen jedoch durch Besprechungen in den einschlägigen Zeitschriften und Periodika stiften konnte.[18]

Ein herausragender Korrespondent war bereits Ende der 1760er Jahre der angesehene Basler Ratsschreiber und Pädagoge Isaak Iselin (1728-1782). Als Vertreter der Philanthropen, einer der führenden an der Aufklärung orientierten Erziehungsbewegungen, förderte er nach Basedows Vorbild die Gründung eines Philanthropins von Marschlins im Kanton Graubünden.[19] Ihm hatte Fürstenberg schon 1769 den ersten Entwurf der Schulordnung zugeschickt, und zwar mit der Bitte, ihm seine persönlichen Anmerkungen mitzuteilen.[20] Iselin, der die Reformen des Schulwesens im Fürstbistum Münster mit großem Interesse verfolgte, war Calvinist, doch unterstützte er als weitherziger Protestant auch die katholischen Reformbemühungen, die sich in der Schweiz ebenso seit den späten 1760er Jahren in den Kantonen Solothurn und Luzern vollzogen. Auch aus diesem Grund erschien Iselin als ein wichtiger Ansprechpartner für Fürstenberg.[21] Den ersten Abdruck der Schulordnung verdankte Fürstenberg seiner langjährigen Bekanntschaft mit Iselin, der die Verordnung in drei Teilen in der Basler Monatsschrift „Ephemeriden der Menschheit" abdrucken wollte. Hinter den „Ephemeriden" stand Iselins ehrgeiziges Projekt, nicht nur aktuelle ökonomisch-politische, sondern auch pädagogische und religiöse Beiträge der breiten Öffentlichkeit zur Diskussion zu stellen, wobei Lob und Kritik zu Stand und Reform der katholischen Regionen und Staaten gleichermaßen berücksichtigt werden sollten. Fürstenbergs und Iselins gegenseitige Wertschätzung gründete nicht nur in den Bemühungen beider um die Reform des Schulwesens.[22] Fürstenberg sah in Iselin einen verlässlichen Ratgeber, der sich mit stoischer Gelassenheit und gewissenhaftem Beobachtungsgeist, abwartend und prüfend, von langsamen Veränderungen mehr erhoffte als von überstürztem Reformeifer. Dem Abdruck in den „Ephemeriden" gingen ein Briefwechsel sowie ein Austausch weiterer Schriften zum Schulwesen voraus.

---

18   Vgl. Bödeker, Kommunikationsprozeß; Stollberg-Rilinger, Aufklärung, S. 114-146; Stockhorst, Enlightenment.

19   Vgl. Naas, Methode; Iselin, Schreiben.

20   Vgl. Iselin an Fürstenberg, 24.1.1772, in: BAM, Nachlass Fürstenberg, 191. Iselin spricht über Fürstenberg als „homme adorable", vgl. Iselin an J. R. Frey, 17.8.1769, in: StABS, Nachlass Iselin, PA 98a-54, 445; Iselin an S. Hirzel, 10.8.1769/28.3.1773, in: StABS, PA 98a-61, 54, 260; Iselin an F. v. Balthasar, 29.2.1776, in: Schwarz, Briefwechsel, S. 242-244.

21   Fürstenberg erhielt ebenso eine Antwort von Michael Denis (1729-1800) aus Wien, der ihm die Schriften Basedows und das Lehrbuch der Berliner Realschule zur Lektüre empfahl, vgl. Sudhof, Briefe, Nr. 3. Auch der Göttinger Philosoph Johann Georg Heinrich Feder (1740-1821) und der Bibelwissenschaftler Johann Gertz (1744-1824) aus dem katholischen Trier antworteten Fürstenberg, vgl. BAM, Nachlass Fürstenberg, 191.

22   Vgl. Im Hof, Iselin, S. 65, 190-197; vgl. auch Hogrebe, Reform, S. 52.

Der Brief von Fürstenberg an Iselin vom 2. März 1776 war der Forschung bislang weitgehend unbekannt. Er zeigt im Kern starke Parallelen zu dem Anschreiben, das Fürstenberg am gleichen Tag mit der Schulordnung an Friedrich Gottlieb Klopstock (1724-1803) nach Hamburg übersandte.[23] Daraus kann geschlossen werden, dass auch die weiteren Anschreiben Fürstenbergs mit ganz ähnlichem Wortlaut verfasst wurden:

> Ich habe schon ehedem die Ehre gehabt, Ew. Wohlgebohr. das wesentliche von der Vorschrift zustellen zu lassen, nach welcher die Lehrart in den Gymnasien des hiesigen Hochstifts eingerichtet worden. Ich nehme mir die Freyheit Ihnen von dieser auf Kurfürstlichem Befehl nunmehro abgedruckten Vorschrift ein Exemplar zuzuschicken; da ich weiß, wie sehr Ew. Wohlgebohr. die Verbreitung der Erkänntnisse, und die Aufklärung wünschen, so habe ich geglaubt, daß es Ihnen nicht unangenehm seyn würde, unsere erste Bestrebungen zu erfahren, insonderheit, da ich es meinen Landsleuten zur Ehre sagen muß, daß der größte Theil derselben im Adel und Gelehrten Stande für diese Veränderung eifern.
>
> Ich habe die von Ew. Wohlgebohr. damals mir darüber mitgetheilte Anmerkungen zu nutzen gesuchet, und erstatte den verbindlichsten Dank für dieselbe; und obgleich die Verordnung abgedruckt ist, so wünsche ich doch sehr, die Erinnerungen, die Ihnen darüber noch beyfallen mögen zu erhalten. Vielleicht werden Ew. Wohlgebohr. finden, daß dieselbe mehr hätte entwickelt werden können, allein für die hiesigen Lehrer, für welche sie gegeben ist, und denen sie bekannt war, war sie weitläufig genug, und man fürchtete durch weitere Auseinandersetzung der Grundsätze den auswärtigen Kennern nur Langeweile zu mehren.
>
> Für die kleine Schrift über das Philanthropinum zu Marschlins welche ich von Ew. Wohlgebohr. erhalten zu haben glaube, erstatte ich den gehorsamsten Dank. Ich verehre den Gedanken, und werde Ihnen sehr verbunden seyn, wenn Sie mir die darin angeführten Ephemeriden der Menschheit zufertigen zu lassen belieben wollen.[24]

Nur zwei Wochen später erhielt Fürstenberg eine Antwort von Iselin, der die Schulordnung zu einem „vortreffliche[n] Muster"[25] für ganz Deutschland kürte. In seinem kurzen wie prägnanten Kommentar erläuterte Iselin ihren allgemeinen Nutzen, der darin bestünde, „die alten Missbräuche verdächtig zu machen", wobei schon die „Entkräftung eines Übels [...] der Anfang zu einem wichtigen Siege werden"[26] könne. In drei Teilen ließ Iselin die Schulordnung im Mai, November und Dezember 1776 auf rund 65 Seiten neben vornehmlich

---

23   Vgl. Fürstenberg an Klopstock, 2.3.1776, in: Riege, Briefe, Nr. 8.

24   Fürstenberg an Iselin, 2.3.1776, StABS, Nachlass Iselin, PA 98a-35, 56-57.

25   Vgl. EphdM (1776), 5. St., S. 186; Iselin an Fürstenberg, 18.3.1776, in: BAM, Nachlass Fürstenberg, 191.

26   EphdM (1776), 5. St., S. 184-199, hier 185. Für einen weiteren Verweis auf die Schulordnung vgl. ebd. (1777), 2. St., S. 155.

aktuellen wirtschaftlichen und politischen Beiträgen abdrucken.[27] Dazu gehörte auch die amerikanische Unabhängigkeitserklärung, die auf diese Weise
im Oktober 1776 erstmals in einer deutschsprachigen Zeitschrift veröffentlicht
und einem breiten Lesepublikum zur Diskussion gestellt wurde.[28]

In demselben Monat, in dem Iselin die Schulordnung abdruckte, erschien
auch in der renommierten Zeitschrift „Göttingischen Anzeigen von gelehrten
Sachen" eine weitere Anzeige, die der Göttinger Mathematikprofessor und
Literat Abraham Gotthelf Kästner (1719-1800) verfasste hatte. Eher flüchtig
umriss Kästner die Lehrgegenstände der Schulordnung und zeigte sich beeindruckt von dem hohen Stellenwert der Mathematik, die Fürstenberg auch
schon für die unteren Klassen vorsah. Das abschließende Urteil galt dann voll
und ganz der Anerkennung Fürstenbergs, der nur in dieser Anzeige namentlich gewürdigt wurde: „Das Hochstift hat auch diesen so wichtigen Theil seiner
Glückseligkeit vorzüglich dem erleuchteten Eifer des Herrn von Fürstenberg zu
verdanken."[29] Fürstenberg pflegte mit den Professoren der protestantischen,
kurhannoverschen Universitätsstadt Göttingen einen engen Austausch. Daher
sandte Fürstenberg gleich mehrere Exemplare der Schulordnung zur Begutachtung nach Göttingen und erhielt innerhalb weniger Wochen die erwarteten
Antwortschreiben und Danksagungen von August Ludwig von Schlözer
(1735-1809), Johann Stephan Pütter (1725-1809), Johann Georg Heinrich Feder
(1740-1821) und Christoph Meiners[30] (1747-1810).[31] Schlözer lobte Fürstenbergs
„außerordentliche und bereits notorisch gelungene Sorgfalt" bei der Durchführung der „gesegneten Münsterschen Schulen-Reformations-Werke", die
ein „kostbares Geschenk [...] für Publicum und Paedagogik"[32] seien. Weniger
emphatisch, aber mit ungeteilter Anerkennung und „Beyfall [...] bis zur
Bewunderung"[33] für das „verehrungswürdige Geschenk"[34], stieß die Zusendung
der Schulordnung bei den anderen Göttingern auf ein durchweg positives
Echo. Ähnliche Stimmen vernahm Fürstenberg aus Berlin, wo der preußische
Minister Karl Abraham von Zedlitz (1731-1793) trotz seiner „Abneigung gegen

---

27 Vgl. EphdM (1776), 5. St., S. 184-199; 11. St., S. 175-201; 12. St., S. 274-296. In diesem Zu-
    sammenhang sind die weiteren Drucke der Schulordnung zu nennen, z. B. im AErzk
    (1777), S. 92-170.
28 Vgl. EphdM (1776), 10. St., S. 82-92.
29 GöttA (1776), 51. St., S. 439-440; vgl. hierzu auch im Historisches Journal von Mitgliedern
    des Königlichen Historischen Instituts zu Göttingen (1776), S. 120.
30 Meiners an Fürstenberg, 24.5.1777, in: BAM, Nachlass Fürstenberg, 165A.
31 Vgl. Reinhard, Familia sacra, S. 29, 72.
32 Schlözer an Fürstenberg, 8.4.1776, in: Sudhof, Briefe, Nr. 20.
33 Pütter an Fürstenberg, 12.5.1776, in: ebd., Nr. 22.
34 Feder an Fürstenberg, 13.4.1776, in: BAM, Nachlass Fürstenberg, 165A.

allgemeine Schul-Reglements"[35] die Schulordnung lobte und Fürstenberg um ein persönliches Kennenlernen bat.

Ende 1776 erschien dann die mit über dreißig Seiten umfangreichste Besprechung in der bedeutsamen „Allgemeinen Deutschen Bibliothek".[36] Ihr Herausgeber, der Berliner Publizist und Verleger Friedrich Nicolai (1733-1811), hatte Fürstenberg zwar schon in seinem Brief vom 21. April 1776 eine fachkundige Rezension der Schulordnung durch einen „Kenner des Erziehungswesens" versprochen, doch sei der vorgesehene Rezensent „auswärts, und ziemlich mit Geschäften überhäuft"[37], sodass sich die Besprechung um Monate verzögern würde. Die Mitarbeiterlisten von Nicolai zeigen deutlich, dass der Pädagoge Ernst Christian Trapp (1745-1818) als erster Lehrstuhlinhaber für Erziehungslehre in Halle mit 538 Besprechungen zu Nicolais Hauptrezensenten für pädagogische Schriften gehörte. Es ist wahrscheinlich, dass Trapp auch Verfasser der vorliegenden Rezension war.[38] Der beträchtliche Umfang der Rezension ist zunächst zu relativieren, da mehr als die Hälfte des Beitrags der Abdruck ausgewählter Textpassagen einnahm, von denen der überwiegende Teil unkommentiert blieb. Insgesamt handle es sich, so Trapp, um eine „vortreffliche Schulordnung, die zugleich für die Schulen, denen sie bestimmt ist, das brauchbarste, wenn gleich nicht vollständigste Methodenbuch"[39] sei. Kritikpunkte an der Schulordnung werden nicht geäußert. Vielmehr sind es offene Fragen, Beobachtungen und Anregungen, die den Lesern der Allgemeinen Deutschen Bibliothek zur Diskussion gestellt wurden. Dies wird insbesondere in dem Abschnitt über die Frage deutlich, ob „Sprachen und Wissenschaften beim Unterricht voneinander getrennt werden" sollten. Er gab hierbei zu verstehen, dass „die hier vorgeschlagene Methode [...] ohne Zweifel die beste"[40] sei, zumal Fürstenberg auch „die neuern und besten Erziehungsschriften und Vorschläge zur Verbesserung des gesamten Unterrichts [...] gelesen und durchdacht"[41] habe. Es sei jedoch zu bedenken, ob dies „notwendig" und „der Natur der Sache angemessen"[42] sei. Trapp schlug eine Prüfung dieser Frage vor und wollte damit eine öffentliche Diskussion anregen. Es folgt ein kurzer Einschub über das „Ideal einer guten Schule"[43], der dem Leser der Rezension

---

35 Zedlitz an Fürstenberg, 7.3.1777, in: Sudhof, Briefe, Nr. 25.
36 Vgl. AllDB 29 (1776), 2. St., S. 330-366.
37 Nicolai an Fürstenberg, 21.4.1776, in: Sudhof, Briefe, Nr. 21.
38 Vgl. Parthey, Mitarbeiter, 4 f., 28 f.
39 AllDB 29 (1776), 2. St., S. 340.
40 Ebd., S. 342.
41 Ebd., S. 331.
42 Ebd., S. 343.
43 Ebd., S. 343 f.

als zusätzliche Reflexionsgrundlage vorgelegt wurde. Dabei verwies Trapp auf
wesentliche Grundlagen der philanthropischen Unterrichtsmethodik, auf die
Gestaltung, Größe und Ausstattung der Unterrichtsräume mit Naturalien, Gemälden, Kupferstichen, Landkarten und Büchern, die bei den Kindern Neugier und Lust am Lernen wecken sollten. Diesen Absatz fügte Trapp jedoch
nicht als Gegenentwurf zu den in der Schulordnung angebrachten Unterrichtsmethoden an, sondern vielmehr als deren Bestätigung. Als Trapp 1787
für die „Allgemeine Revision des gesamten Schul- und Erziehungswesens"
von Joachim Heinrich Campe (1746-1818) einen Beitrag „Vom Unterricht überhaupt" verfasste, zitierte er erneut eine Textpassage aus der Schulordnung und
bezog sich auf Fürstenberg, „den unser Vaterland längst als groß verehrt"[44].

In der Schulordnung traten an mehreren Stellen die Methoden der philanthropischen Pädagogik hervor, und zwar allein überall dort, wo starres
Auswendiglernen zugunsten anschaulicher Übungen und praktischer Beispiele zurückgedrängt wurde.[45] Selbst beim Religionsunterricht näherte sich
Fürstenberg dem Verständnis vieler Philanthropen an, ohne die eigenen
katholischen Grundsätze infrage zu stellen. So sei der Katholizismus weiterhin „nach Vorschrift des katechetischen Unterrichts" zu lehren und zu lernen,
doch geschehe dies nunmehr unter der Maxime, dass der „wahre Eifer der
Religion ein Geist der Liebe [sei], von Hass, Abneigung und Verfolgung weit
entfernt"[46]. Eine solche religiöse und sittliche Erziehung, die nicht bloß auf
den Erwerb und blinden Gehorsam katechetischer Glaubenssätze abzielte,
sondern vielmehr von Anfang an zu einem vernünftigen und verantwortungs-
vollen Umgang untereinander befähigen sollte, stellte eine für Fürstenberg
entscheidende Voraussetzung für ein friedliches und tolerantes Zusammenleben aller Menschen mit dem Ziel der allgemeinen Wohlfahrt dar. Nur ein
katholisch-konfessioneller Religionsunterricht erschien für Fürstenberg daher
die vernünftigen und nützlichen Voraussetzungen zu schaffen.[47] Aus den Reihen
der Philanthropen fanden sich in den Zeitschriften keine nennenswerten Ent-
gegnungen auf die eher konfessionsspezifisch-katholischen Ansichten Fürstenbergs und der daraus folgenden unterrichtlichen Konsequenzen. Eine staatlich
bedingte Konfessionalität sollte von der aufklärerischen Publizistik[48] erst im
Laufe der 1780er Jahren als ein grundsätzliches Gebrechen und Problem der
geistlichen Staaten nicht weiterhin hingenommen, sondern mit aller Schärfe

---

44   Trapp, Unterricht, S. 23.
45   Vgl. Schulordnung 1776, S. 173.
46   Ebd., S. 157 f.
47   Vgl. Hardewig, Tätigkeit, S. 33-39.
48   Vgl. Wende, Staaten.

angeprangert werden. Rund zehn Jahre zuvor, als Trapp seine Rezension in der „Allgemeinen Deutschen Bibliothek" verfasste, sah er im Fürstbistum Münster einen Staat, der sich auf vorbildhafte Weise der Verbesserung des Schulunterrichts verpflichtet hatte. Er musste eingestehen,

> daß unter den Protestanten hie und da ein einsichtsvoller Mann über die Mängel und Gebrechen der Erziehung und der öffentlichen Schulen stille und laute Klagen führet, [...] erscheint in einem katholischen Lande zu unserer Beschämung, die wir uns für so viel klüger halten, eine der besten Schulordnungen [...].[49]

Erstaunlicherweise finden sich kaum Hinweise, dass sich Fürstenberg mit gleicher Intensität auch um eine Verbreitung der Schulordnung in anderen katholischen Staaten und Regionen des Reiches bemühte, etwa in den drei einflussreichen rheinischen Kurfürstentümern oder in den katholisch dominierten, oberdeutschen Fürstentümern. Zwar gingen vom kurfürstlichen Konferenzminister Christoph Willibald von Hohenfeld (1743-1822) aus Kurtrier sowie von seinem kurkölnischen Amtskollegen Franz Carl Joseph von Hillesheim[50] (1730-1803) bereits nach kurzer Zeit die obligatorischen Dankbriefe bei Fürstenberg ein, doch bestand keineswegs Anlass zu einer näheren Auseinandersetzung. Fürstenberg hatte beide Minister schon im Zuge des Kölner Nuntiaturstreits und des Koblenzer Kongresses um 1768/69 kennen gelernt, als er seine neutrale Haltung zu episkopalistischen Reformentwürfen beteuerte. Die Zusendung der Schulordnung verstand sich daher als reine Höflichkeitsgeste, die er seinen kurfürstlichen Amtskollegen entgegenbrachte, ohne dass er sich von deren Antworten einen Nutzen für die Weiterentwicklung der Schulordnung versprach.[51] In der Tat dankte Hohenfeld lediglich für das „aggreable présent"[52]. Hillesheim bat ihn darum, eine lateinische Übersetzung anzufertigen, die für ihre Anwendung in anderen Ländern, etwa Frankreich, Italien, Spanien oder Portugal, nützlich sein könnte.[53]

In einer weitaus engeren Verbundenheit als mit Hohenfeld und Hillesheim stand Fürstenberg mit dem kurmainzischen Statthalter von Erfurt, dem Minister Karl Theodor von Dalberg (1744-1817). Beide bekleideten nicht nur das Amt des kurfürstlichen Ministers, sondern bemühten sich ebenso um

---

49   AllDB 29 (1776), 2. St., S. 330.
50   Vgl. Stelzmann, Hillesheim.
51   Vgl. Hanschmidt, Fürstenberg als Staatsmann, S. 193-199; Tilgner, Lesegesellschaften, S. 326-329.
52   Hohenfeld an Fürstenberg, 16.4.1776, in: BAM, Nachlass Fürstenberg, 165A.
53   Hillesheim an Fürstenberg, 25.3.1776, ebd.

eine verhältnismäßig gemäßigte katholisch-aufgeklärte Reformpolitik.[54] Dalbergs aufklärerischer Kurs war pro-französisch und entsprach der Haltung Fürstenbergs, der dem Wiener Hof immer kritisch gegenüberstand.[55] So erhielt Dalberg ein Exemplar der Schulordnung und stellte eine Rezension in der „Erfurtischen Gelehrten Zeitung" in Aussicht.[56] Das Interesse füreinander wurde in den 1780er Jahren mit der Wahl Dalbergs zum Koadjutor des Mainzer Kurfürst-Erzbischofs erneuert, wodurch dieser in absehbarer Zeit in eines der einflussreichsten Ämter des Reiches wechseln würde. 1787 führte Fürstenberg eine Bildungsreise, gemeinsam mit Amalia von Gallitzin und ihren Kindern, in die Rhein-Main-Gegend. Der Besuch bei Dalberg erschien als überaus sinnvoll, um abzuwägen zu können, ob der 17-jährige Sohn Mitri nicht in kurmainzische Dienste treten sollte.[57]

Dalberg, ein guter Freund von Christoph Martin Wieland (1733-1813) und Johann Wolfgang von Goethe (1749-1832), vermittelte die Schulordnung bereits im März 1776 nach Weimar. Der Literaturwissenschaftler Erich Trunz deutete diesen Schritt sogar als grundsätzlichen Beginn der über Jahre anhaltenden Beziehungen zwischen den Mitgliedern des Gallitzin-Kreises und des Weimarer Kreises.[58] Wieland war Empfänger der Schulordnung aus den Händen Dalbergs und versprach ihm als Herausgeber des „Teutschen Merkur" eine Besprechung derselben. Die Nachricht hierüber reichte Dalberg an Fürstenberg weiter, um ihn darüber in Kenntnis zu setzen.[59] Zwei Jahre später erfuhr Fürstenberg erneut die Anerkennung Dalbergs, als dieser ein weiteres Exemplar der Schulordnung anforderte. Bei dieser Gelegenheit gab Dalberg wiederum zu verstehen, wie sehr ihm diese als ein „wertvoller Leitfaden"[60] und Vorbild für seine eigene Reformtätigkeit gedient habe.

Die Rezension in der „Erfurtischen Gelehrten Zeitung" verfasste der kurmainzische Regierungsrat und Staatsrechtler Johann Christoph Erich von Springer (1727-1798). Diesem hatte Fürstenberg ebenfalls ein Exemplar der Schulordnung zur Begutachtung zugesandt. Sein Lob ist überschwänglich. Springer hält sie aus dreierlei Gründen für bedeutsam, nämlich „wegen ihrer

---

54   Vgl. Reinhardt, Familia sacra, S. 22; Hömig, Dalberg, S. 77-84.

55   Vgl. ferner Christ, Fürsten, S. 300-310.

56   Dalberg an Fürstenberg, 26.3.1776, in: Trunz, Briefe, Nr. 3. Zur ErfGZ vgl. Kiefer, Rolle.

57   A. v. Gallitzin an Hemsterhuis, 15.10.1787, in: Kitzing, Mittheilungen, S. 77; vgl. Sudhof, Aufklärung, S. 189-191.

58   Vgl. Trunz, Vorwort, S. XVI. Ein Exemplar der Schulordnung findet sich außerdem an erster Stelle in der kleinen Weimarer Sammlung „Acten, die Schulanstalten in Münster betr.", in: GSA, Johann Wolfang v. Goethe, Akten, Dokumente zu Goethes amtlicher Tätigkeit, 30/90.

59   Wieland an Dalberg, 25.3.1776, in: Trunz, Briefe, Nr. 1.

60   Dalberg an Fürstenberg, 3.4.1778, in: Sudhof, Briefe, Nr. 30.

durch die Erfahrung bewährten Nutzbarkeit, als auch wegen ihrer meister-
haften Einrichtung und wegen der aus allen Zeiten hervorleuchtenden vortrefflichen Art zu denken und zu schreiben"[61]. Bemerkenswert an Springers
Rezension ist die längere Passage zur „Religion und Sittenlehre", während
andere Rezensenten ihr Augenmerk auf die Unterrichtsmethodik, die deutsche
Sprache und die weltlichen Wissenschaften legten.

> Könnte wohl der beredteste Theolog, von welcher Religionsparthey er auch
> wäre, sich geistvoller, würdiger und erhabener ausdrücken? [...] Gesegnet sey
> uns indessen der edle Menschenfreund, dessen Geist auf diesen Schulgesetzen
> ruhet, er sey Kurfürst, Minister oder Lehrer, daß doch jeder Fürst, jede Obrigkeit,
> die nicht schon auf diesem Wege war, durch dieses glückliche Beyspiel erbauet
> werden möge! Und unser werthes Vaterland wird in allen folgenden Zeugungen
> reiche Früchte davon einernden.[62]

Springer wertet den Abschnitt „Religion und Sittenlehre" keinesfalls vor dem
Hintergrund eines katholisch-konfessionellen Religionsunterrichts. Vielmehr
würdigt er ihn als einen mustergültigen Beitrag, den sich auch protestantische
Theologen und Pädagogen zum Vorbild nehmen sollten. Dies war auch gerade
in Erfurt von lokalpolitischer Relevanz. Den Reformbemühungen Dalbergs als
kurmainzisch-katholischer Statthalter wirkten dort die einflussreichen Stadt-
magistrate der vorwiegend protestantischen Bürgerschaft entgegen.[63] Zudem
lag der Erfurter Staat als kurmainzische Exklave inmitten protestantischer
sächsisch-thüringischer Staaten. Springer appellierte an die Protestanten
zu einer grundsätzlichen Offenheit und Reflexionsbereitschaft gegenüber
Fürstenbergs Schulordnung und reagierte damit auf die antikatholischen
Tendenzen im Erfurter Staat. Die „Erfurtische Gelehrte Zeitung" blieb in
ihrer Breitenwirkung zwar hinter anderen gelehrten Zeitungen und gelehrten
Periodika zurück, doch wurden ihre Preisfragen und gelehrten Beiträge in ganz
Europa und Nordamerika wahrgenommen.[64] Springer wusste darüber hinaus
von der Bedeutung der Reformbestrebungen, die sich bereits seit einigen
Jahren im Fürstbistum Münster unter Fürstenbergs vollzogen. Von 1767 bis 1771
war Springer von Göttingen aus als Ausbilder in den Dienst des münsterschen
Gouverneurs Philipp Ernst zu Schaumburg-Lippe getreten und hatte Fürsten-
berg persönlich kennengelernt. Auf dessen Anregung hin übermittelte ihm

---

61 ErfGZ, 11.4.1776, 30. St., S. 234-238, hier 235; vgl. Dalberg an Fürstenberg, 26.3.1776, in:
    Trunz, Briefe, Nr. 3; Springer an Fürstenberg, 18.5.1776, in: ebd., Nr. 23.
62 ErfGZ, 11.4.1776, 30. St., S. 234-238, hier 238.
63 Vgl. Freyh, Dalberg, S. 298-304.
64 Vgl. Kiefer, Rolle, S. 211.

Springer die Gründungsunterlagen der Universitäten Göttingen und Erlangen, die ihm für Münster als Vorbild dienen sollten.[65]

Im selben Monat veröffentlichte auch der „Teutsche Merkur" – auf Dalbergs Vermittlung und Empfehlung hin – einen Beitrag zur Schulordnung, den der Darmstädter Literat Johann Heinrich Merck (1741-1791) beisteuerte.[66] Wieland hatte Merck gebeten, eine „Anzeige mit wohlverdientem elogio"[67] zu verfassen. Doch Merck blieb zurückhaltend und sah sich keinesfalls der Empfehlung Wielands verpflichtet. Vielmehr ergriff Merck die Gelegenheit, sich grundsätzlich zum Erziehungswesen zu äußern und sich in einem eher essayistischen Beitrag dem „allgemeine[n] wohlthätige[n] Geist"[68] zu widmen sowie den „Geist der Nacheiferung"[69] zu bekräftigen, der schon in ganz Deutschland zur Reform des Schulwesens beigetragen habe. Er pocht auf die Verbesserung der Lehrerbildung, die sich schließlich durch die Beherrschung und Anwendung nützlicher Unterrichtsmethoden äußere. Nur durch gute Lehrer und einen öffentlichen Unterricht sei es möglich, für eine vollkommene, sowohl geistige als auch moralische und körperliche Bildung zu sorgen und dadurch „für jedes Alter wahre Menschen [zu] bilden"[70].

Letztlich zeichnen Mercks Forderungen die methodischen Empfehlungen und Vorschriften der Schulordnung nach, sodass er diese unausgesprochen als einen mustergültigen Entwurf zur Verbesserung des Schulwesens belobigt. Merck verzichtet darüber hinaus auf die obligatorische Angabe des besprochenen Werkes und bezieht sich lediglich auf ein Exemplar „der uns von Münster aus zugekommenen Chur-Cöllnischen neuen Schulordnung"[71]. Zwar ist diese Umschreibung nicht falsch, da die Schulordnung vom kurkölnischen Erzbischof als Landesherrn des Fürstbistums Münster erlassen wurde, doch bestand weder eine Notwendigkeit noch Bedarf, dies in einer Besprechung zu betonen. Trotz dieser irreführenden Angabe dürfte es dem aufmerksamen, kundigen Leser und Kenner der Reformbemühungen im Reich offensichtlich gewesen sein, dass sich hinter dieser Angabe das Werk Fürstenbergs verbarg. Merck beabsichtigte keinesfalls eine Verschleierung der Herkunft der ihm vorliegenden Schulordnung aus dem Fürstbistum Münster, sondern wollte

---

65   Springer an Fürstenberg, 4.6.1770, in: Sudhof, Briefe, Nr. 2.
66   DTMerk (1776), 2. Vrtl., S. 109-111.
67   Wieland an Merck, 25.3.1776, in: Sudhof, Briefe, Nr. 19; ferner vgl. Stoll, Wieland.
68   DTMerk (1776), 2. Vrtl., S. 109-111, hier 109.
69   Ebd., 110.
70   Ebd., 111.
71   Ebd., 109.

lediglich dem Wunsch Fürstenbergs nachkommen, seinen Namen in den Besprechungen nicht ausdrücklich preiszugeben.[72]

Als eine weitere literarische Zeitschrift, die jedoch – weitaus „moderner"[73] –
eine jüngere Schriftstellergeneration ansprechen wollte, veröffentlichte das
„Deutsche Museum" zahlreiche, vornehmlich historisch-politische Beiträge
über das Fürstbistum Münster, etwa zur neuen Medizinalordnung (1777), zur
„Verordnung die Studien in Klöstern betreffend" (1778) oder zur grundsätzlichen Beschaffenheit des Fürstbistums.[74] Erich Trunz hat darauf hingewiesen,
dass im „Deutschen Museum" „kein anderes katholisches Gebiet auch nur annähernd so ausführlich und so lobend dargestellt"[75] wurde wie das Fürstbistum Münster. Hier zahlte sich die enge Freundschaft aus, die der münstersche
Literat, Jurist und Privatsekretär Fürstenbergs Anton Mathias Sprickmann
(1749-1833) zu dem Herausgeber des „Deutschen Museums" Heinrich Christian
Boie (1744-1806) pflegte.[76] Sprickmann war der engste Mitarbeiter Fürstenbergs, beriet ihn in juristischen Fragen und redigierte seine politischen Entwürfe, darunter auch die Schulordnung.[77] Während sich sein Freund Boie
von Hannover aus um das „Deutsche Museum" bemühte, war Sprickmann in
Münster maßgeblich an der Gründung eines Theaters beteiligt und steuerte
selbst mehrere Bühnenstücke bei. Boie und Sprickmann gehörten beide einst
dem Göttinger Hainbund an und waren immer noch freundschaftlich verbunden. Das „Deutsche Museum" ermöglichte Sprickmann, seine dichterisch-
literarischen Werke, aber auch Texte mit philosophischen Inhalten im großen
Umfang zu publizieren. Zudem versorgte er das „Museum" regelmäßig mit
neuen Nachrichten und Beiträgen aus dem Fürstbistum Münster. Auch die
Besprechung der Schulordnung war für das „Deutsche Museum" vorgesehen,
spiegelte diese doch jenen fortschrittlichen Zeitgeist wider, dem die Herausgeber der Zeitschrift nacheiferten. Voller Hast und Eile, dennoch mit un-
getrübtem Enthusiasmus für das „Museum", schrieb Boie schon im Herbst 1776
an Sprickmann:

> Ueber die Erzählung, die Sie in petto haben, kann ich nicht anders als mich
> freuen. Vergeßen Sie aber auch den Wallner nicht. Die Nachrichten aus Amerika
> kommen in den November, die Klosterscene im Dezember. Die Untreu aus

---

72 Vgl. Wieland an Merck, 25.3.1776, in: Sudhof, Briefe, Nr. 19; Springer an Fürstenberg,
    18.5.1776, in: ebd., Nr. 23.

73 Trunz, Vorwort, S. XVI.

74 Vgl. DMus (1777), 11. St., S. 386-400; ebd. (1778), 5. St., S. 460-474; 6. St., S. 555-563; ebd.
    (1779), S. 93-96; ebd. (1780), 6. St., S. 541-547; ebd. (1781), 11. St., S. 476-478.

75 Trunz, Vorwort, S. XVI.

76 Vgl. Hasenkamp, Sprickmann. Juristischer Lehrer; vgl. grundl. Gödden, Schwärmer.

77 Vgl. Fürstenberg an Hemsterhuis, 21.3.1779, in: Galland, Fürstin, S. 33.

Zärtlichkeit heb ich auf den Anfang des neuen Jahres. Ich habe herrliche
Sachen zum Anfang und noch beßere Aussichten. Bürger hat an Stolberg ein gar
originelles Gedicht über den Homer gemacht. Im Dezember sollen Sie's lesen.
Ich habe dazu Vorschläge gethan, die er hoffentlich billig finden wird. Ich muß
das Museum mehr in meiner Hand haben. [...] Wie sind Sie zufrieden mit der
Beurtheilung der Schulordnung in der Algemeinen Bibliothek? Sextroh, der Sie
herzlich grüßt, will etwas darüber im Museo sagen. Denken Sie an die Exemplare,
die Sie mir versprochen haben. Können Sie mir nicht eins in Quart schaffen?[78]

Heinrich Philipp Sextroh (1746-1838) war ein lutherischer Theologe und seit
1772 Rektor der Alstädter Schule zu Hannover.[79] Er widmete sich mit großem
Interesse der Verbesserung des Schulwesens und wollte daher eine Besprechung der Schulordnung an das „Museum" liefern. Im Sommer 1777 gab
Sextroh jedoch die ernüchternde Mitteilung an Sprickmann, dass er seinen
Plan aufgrund anderer Verpflichtungen bereits aufgeben musste. Zudem habe
er Zweifel gehabt, ob er der Schulordnung und dem „Museum" in gebührender
Weise gerecht werden könne, um nicht nur das „allgemeine Geschwätz"[80]
vieler Rezensenten fortzuführen. Somit scheiterte der Plan, die Schulordnung
im „Deutschen Museum" zu bringen, nachdem schon viele andere Zeitschriften entsprechende Anzeichen und Besprechungen veröffentlicht hatten.

Sprickmann selbst steuerte insgesamt neun, teils umfangreiche Beiträge
für das „Deutschen Museum" bei. Dazu zählten auch seine „Nachrichten aus
Amerika", eine Liebeserzählung, in welcher der Kaufmannssohn Fritz Fleck-
mann mit dem Hausmädchen Marie die rigiden Standesgrenzen durchbricht,
nach Amerika flieht, um sich dort, frei und unabhängig, eine nunmehr glückliche Zukunft aufzubauen und dort „den Himmel auf Erden"[81] zu erleben. Die
Novelle erschien im November 1776 und damit ganz offensichtlich im Wind-
schatten der amerikanischen Unabhängigkeitserklärung. Sprickmann wurde
damit den Lesebedürfnissen des relativ jungen und freigeistigen Lesepublikums
des „Museums" gerecht und gehörte selbst zu denjenigen, die bald mit Eifer,
bald mit großer Sehnsucht die Entwicklungen auf dem amerikanischen
Kontinent verfolgten und literarisch verarbeiteten. Der Osnabrücker Justizrat
Justus Möser (1720-1794) beschrieb den 25-jährigen Sprickmann als „eine gefüllte Rose auf einem wilden Stocke"[82] und lobte vor allem sein literarisches
Werk. Möser hatte den jungen Sprickmann zuvor nur flüchtig kennen gelernt.
Sein Urteil sollte sich auch nicht ändern, als sich Ende der 1770er Jahre eine

---

78   Boie an Sprickmann, 29.11.1776, in: Grywatsch, Briefwechsel, Nr. 11.
79   Vgl. Zimmermann, Sextro.
80   Sextro an Sprickmann, 8.8.1777, in: ULB, Nachlass Sprickmann, Kps. 31, Nr. 29.
81   Löffler, Erzählungen, S. 12-23, 124-126 (Kommentar), hier 23.
82   Möser an Nicolai, 14.11.1774, in: Beins/Pleister, Briefe, Nr. 162.

engere Beziehung zwischen Sprickmann und Mösers Tochter Jenny von Voigts (1749-1814) anbahnte.[83]

Als protestantisch-fürstbischöflicher Minister enthielt der in ganz Deutschland bekannte Verfassungsrechtler Möser im Jahr 1776 ebenfalls ein Exemplar der Schulordnung, jedoch nicht von Sprickmann.[84] Auch engere Beziehungen zu Fürstenberg, die über das politische Alltagsgeschäft hinausgingen, sind nicht überliefert, doch zeigte sich Möser überaus dankbar und angetan von der zugesandten Schulordnung. Er wertete sie sogar als bedeutenden Beitrag zu ihrem gemeinsamen Projekt, in dem „so zurückgebliebenen Westfalen"[85] Wohlstand und Fortschrift herbeiführen zu wollen. Zudem bat er Fürstenberg, „den Schulplan unter einer neuen Gestalt und mit einer kleinen Anzeige ans Publicum"[86] zu geben, sofern er ihm die Erlaubnis dazu erteile. Doch Fürstenberg blieb Möser eine Antwort schuldig, da er für dessen einseitig verstandenen westfälischen Patriotismus, den Möser in seinen „Patriotischen Phantasien"[87] zum Ausdruck brachte, nur wenig übrighatte und sich von einer Anzeige in Mösers gemeinnütziger Zeitschrift „Westphälische Beyträge zum Nutzen und Vergnügen" nur wenig versprach. Durch die fehlende Zusage Fürstenbergs verlor Möser in seinem Wochenblatt kein Wort über die Schulordnung. Stattdessen druckte er in den Ausgaben vom 30. März und 6. April 1776 andere Beiträge zum Erziehungswesen ab, die seiner Einschätzung zufolge in adäquater Form zum Diskurs beitragen konnten.[88]

1777 erschien die letzte Rezension der Schulordnung in der „Allgemeinen Bibliothek für das Schul- und Erziehungswesen in Deutschland", die von dem protestantischen Theologen Christian Gottfried Boeckh (1732-1792) herausgegeben wurde.[89] Die Einschätzung des unbekannten Rezensenten ist insgesamt kritisch. Zwar wertet er die Reformbemühungen „geschickte[r] und eifrige[r] Lehrer"[90] grundsätzlich positiv, hinsichtlich der Unterrichtsinhalte und -methodik hat er dennoch einige offensichtliche Mängel zu beanstanden. Dies betrifft zum einen die formale, sprachliche Ausgestaltung der

---

83 Vgl. Gödden, Möser, S. 156-175.
84 Möser an Fürstenberg, 27.3.1776, in: Sheldon, Möser, Nr. 457.
85 Möser an Fürstenberg, 17.6.1777, in: ebd., Nr. 470.
86 Möser an Fürstenberg, 27.3.1776, in: ebd., Nr. 457.
87 Vgl. Möser, Phantasien.
88 WBeyNV, 30.3.1776, 13. St., S. 97-104; ebd., 6.4.1776, 14. St., S. 109-112. Weder vorher noch nachher hat Möser Beiträge zu pädagogischen Themen veröffentlicht, sondern eher praktisch-nützliche Aufsätze zu Landwirtschaft und Viehzucht, über das Branntweinbrennen, über medizinische Hausmittel sowie Kurzprosa mit volksaufklärerischem Charakter.
89 Vgl. AllBSErzT (1777), S. 79-98.
90 Vgl. ebd., S. 79.

Schulordnung, und zwar dort, wo der Autor „so von der Würde und dem Werth der Sache eingenommen [sei], daß er manchmal aus dem Lehrton in den rednerischen, wo nicht gar in den dichterischen, [verfalle]"[91]. Zum anderen kritisiert er inhaltlich, dass in den unteren Klassen schon zu viel verlangt werde, dass etwa jüngere Schüler schon zu früh zu selbstständigem Nachdenken ermuntert werden und eigene Schlüsse ziehen müssen. Hinsichtlich des Fachs Psychologie, dem Fürstenberg besondere Aufmerksamkeit widmete, sei „Nachdenken über sich selbst [...] insgemein kein Werk der ersten Jahre" und Psychologie sei überhaupt eine „zu starke Speise für den Zögling der untern Schulen" und könne wohl „gedankenlose Nachbeter, aber kein Menschenkenner bilden"[92]. So komme es darauf an, dass ein Lehrer den Schülern die richtigen Begriffe beibringe, dass er sie „selbst Wahrheiten aus Erfahrungen folgen lehrt"[93] sowie Missverständnisse und Irrtümer tunlichst vermeide. Als ein verlässliches Mittel schlägt der Rezensent eine Ordnung der Begriffe in Tabellen vor, die auf die bekannte Tabellenmethode des in österreichisch-habsburgischen Dienste stehenden schlesischen Schulreformers Johann Ignaz von Felbiger hindeutet. Insgesamt muss der Rezensent Folgendes feststellen: „Entweder sind die Lehrer zu Münster ganz ausserordentlich geschickte Männer, und ihre Schüler ausserordentliche Köpfe, oder die Erfahrung wird sie lehren, wie viel von diesen an sich guten und schönen Vorschriften bey der Anwendung und Ausübung wegfallen muß."[94]

Das differenzierte Urteil des unbekannten Rezensenten gegenüber der in der Schulordnung entworfenen Unterrichtsgestaltung spiegelt die grundsätzlich kritische Haltung der Zeitschrift und ihres Heraushebers gegenüber dem Philanthropismus wider. Es entspricht dem „eigenwilligen Kurs einer österreichischen josephinischen Pädagogik, die sich sowohl von barocker (jesuitischer) Frömmigkeit als auch von philanthropischen Einflüssen abzuheben versucht[e]"[95], wie es bereits der Germanist Ernst Seibert anhand Boeckhs „Wochenschrift zum Besten der Erziehung der Jugend" verdeutlichte. So wendete sich Boeckh wie auch sein Rezensent keinesfalls grundsätzlich gegen die aufklärerische Pädagogik der Schulordnung, sondern kritisierte lediglich die allzu deutliche Adaption der protestantisch geprägten philanthropischen Unterrichtsmethodik. Während sich die josephinische Variante einer katholischen Reform, die Boeckh als Protestant befürwortet,

---

91   Ebd.
92   Ebd., S. 80.
93   Ebd., S. 86.
94   Vgl. ebd., S. 81.
95   Seibert, Jugendliteratur, S. 141.

auf entschiedene Weise von jeglichem philanthropischen Einfluss loszu-
sagen versuchte, so bestand bei Fürstenberg doch eine größere Offenheit
und Bereitschaft, sich mit den Ideen der Philanthropen auseinanderzusetzen
und aus deren Konzepten, Schriften und Einrichtungen einen Gewinn für
die eigenen Schulverbesserungen zu ziehen. Insgesamt handelt es sich um
die einzige Rezension, in der sich der Verfasser eindeutig als Kritiker identifizieren lässt, der sich gegen den aufklärerischen Kurs aussprach, den Fürstenberg mit seinem Bildungsreformprogramm für das Fürstbistum Münster
eingeschlagen hatte.

Keine Rezension, sondern eine französische Übersetzung von Fürstenbergs Schulordnung ließ der erste Sekretär der holländischen Generalstaaten
Frans Hemsterhuis[96] (1721-1790) von seiner engen Freundin Amalia von
Gallitzin (1748-1806) anfertigen. Hemsterhuis hatte Fürstenberg während eines
diplomatischen Aufenthaltes in Den Haag im April 1778 kennengelernt. Voll
glühender Begeisterung berichtete er Amalia von Gallitzin:

> Ich habe noch keinen begabteren und für Euch geschaffenen Mann gesehen.
> Er ist von genialem Geist. Er ist außerordentlich bewandert in allen Zweigen
> der Mathematik, was ihm die Grundlage für seine weiteren Kenntnisse bildet,
> die sehr weitreichend sind. Er liebt alle Künste und, obwohl er in der alten
> Geschichte und den Dichtern bewandert ist, kein Anhänger des Alten. Sein
> großes Studium gilt der experimentellen Psychologie, die er allein auf die Er-
> ziehung und die verschiedenen Wege der Menschenbildung anwendet. Seit vier
> oder fünf Jahren ist er damit zugange, eine Universität in Münster zu schaffen,
> von der ich schon mit größtem Lob sprechen gehört habe. Ich glaube nicht,
> dass es möglich ist, einen ausgezeichneteren Mann für solch eine Aufgabe zu
> finden. Sieh an, ein wahrhaftes Gemälde, wenn ich mich in dem Herrn nicht
> täusche, der in dem verwerflichsten Teil (wie er selbst behauptet) Eurer Heimat
> geboren, Diotima, aber darauf versessen ist, den Westfalen Sitten, Geschmack,
> Kenntnisse und Künste zu geben.[97]

---

96 Vgl. Trunz, Briefe, S. 204-211 (Kurzbiografie).

97 Hemsterhuis an A. v. Gallitzin, 18.4.1778, in: Fresco, Lettres, Nr. 47: „[Je] n'ai vu d'homme
    mieux conditionné pour lui être présenté. C'est un fort beau génie. Il est extrêmement
    versé dans toutes les branches du mathématiques, ce qui fait la base de ses autres
    connaissances, qui sont fort étendues. [...] Il aime tous les arts et, quoique versé dans
    l'histoire ancienne et dans les poètes, il n'est pas antiquaire. [...] Sa grande étude, c'est la
    psychologie expérimentale, qu'il applique uniquement à l'éducation et aux différentes
    manières de former les hommes. Depuis quatre ou cinq ans il est occupé à créer une uni-
    versité à Munster, dont j'avais entendu parler déjà avec les plus grands éloges. Je ne crois
    pas qu'il soit possible de trouver un sujet plus excellent pour une telle besogne. [...] Voilà
    le tableau véritable, si je ne me trompe d'un homme né dans la partie (à ce qu'il m'a dit
    lui-même) la plus abjecte de votre patrie, Diotime, mais qui brûle d'envie de donner aux
    Westphaliens des mœurs, du goût, des connaissances et des arts." Hierauf nimmt auch
    Bezug: Muller, Charakterschilderung, S. 50-52.

Noch im selben Jahr hatte Hemsterhuis ein Exemplar der Schulordnung erhalten, welches er nach eingängigem Studium an die Fürstin Gallitzin weiterreichte. Sie sollte für ihn eine französische Übersetzung anfertigen, wie sie es auch in anderen Fällen für ihn tat. Den ersten Entwurf schickte Hemsterhuis im Frühjahr 1779 an Fürstenberg. Ihm gefiel die Übersetzung. Sie erschien ihm „oft besser und deutlicher als das Original", gerade dort, wo die deutschsprachige Vorlage „rätselhaft und bisweilen zweideutig war". Aus reiner Bescheidenheit und dankbarer Anerkennung resümierte Fürstenberg schließlich, dass die französische Übersetzung nun wohl „mehr gelesen" und „mehr Gutes stiften" werde als die deutsche Fassung, „wenn von derselben überhaupt solches zu erwarten [sei]"[98]. Die Übersetzung erwuchs vorübergehend zu einem gemeinsamen Projekt und verdichtete den Briefwechsel zwischen Den Haag und Münster, zumal sowohl Fürstenberg als auch Amalia von Gallitzin großes Interesse an den pädagogischen Ideen des jeweils anderen hegten. Nach einem kurzfristig organisierten Treffen von Fürstenberg, Hemsterhuis und der Fürstin Gallitzin in Münster, das auf Einladung Fürstenbergs im Mai 1779 zur Vertiefung gemeinsamer pädagogischer Interessen stattfand, beschloss die Fürstin kurzerhand, nicht nach Genf zu ziehen, sondern sich in Münster niederzulassen, um den Erziehungsplan von Fürstenberg genauer kennenzulernen und sich in seinem Umfeld voll und ganz der Kindererziehung zu widmen. Im August zog sie mit ihren Kindern nach Münster.[99]

Der beständige Dialog mit Gleichgesinnten, gegenseitige Beurteilungen, kritische Stellungnahmen und der Austausch von Ideen und Schriften erwiesen sich für Fürstenberg in vielerlei Hinsicht als nützlich und notwendig. Es entsprach der optimistischen Grundhaltung der Aufklärer, dass schon ein gemeinsamer, fruchtbarer Diskurs eine Verbesserung der allgemeinen Wohlfahrt des Staates und der konkreten Lebensverhältnisse seiner Einwohner herbeiführen könne. Der Vorwurf von Alwin Hanschmidt, dass Fürstenberg bei der Verbreitung der Schulordnung „nicht ganz frei von Eitelkeit"[100] gehandelt habe, darf hier entschieden zurückgewiesen werden, denn Fürstenberg beabsichtigte keineswegs, allein seinen Namen im Reich bekannter machen zu wollen. Er erwartete vielmehr eine intensive inhaltliche Auseinandersetzung mit substantiellen Fortschritten und einen größtmöglichen Nutzen für seine zukünftigen Reformbemühungen. Hierzu wandte sich Fürstenberg an gelehrte

---

98   Fürstenberg an Hemsterhuis, 21.3.1779, in: Sudhof, Briefe, Nr. 36; eine dt. Übers. liefert
      schon Galland, Fürstin, S. 33-35.

99   Vgl. Sudhof, Briefe, Nr. 36-38, 40-44, 46; Fresco, Lettres, Nr. 63-66; Sluis, Lettres, Bd. 1,
      Nr. 129, 158, 160.

100 Vgl. Hanschmidt, Fürstenberg als Staatsmann, S. 141.

Denker aus Politik, Kultur und Wissenschaft, von denen er ein sachliches Urteil erwartete. Diese Gutachter wirkten vielfach in den geistigen Zentren der deutschen Aufklärung, die in ihrer Dichte, Gestaltungskraft und in ihrem vorhandenen Ideenreichtum nicht nur im deutschsprachigen Raum, sondern auch in Europa einen ersten Rang einnahmen. Hierzu zählten Berlin, Hannover, Braunschweig, Erfurt, Göttingen, Halle, Leipzig und auch Weimar als Orte, die nicht nur geographisch, sondern vor allem hinsichtlich ihrer kommunikativen Verflechtung einen Bildungsraum mit europäischer und transatlantischer Ausstrahlung kennzeichneten.[101]

Der Blick auf die zeitgenössische Rezeption der Schulordnung hat verdeutlicht, dass Fürstenberg sich intensiv darum bemühte, gerade zu diesem Bildungsraum und Netzwerk führender Aufklärer entsprechende Kontakte zu knüpfen. Der vom Katholizismus dominierte oberdeutsche Raum des Reiches hat für Fürstenberg zu keiner Zeit eine annähernd so bedeutsame und entscheidende Rolle gespielt. Zwar sollte es auch dort an neuen Ideen, Schriften und Konzepten nicht mangeln, die reformwillige Katholiken für ihre Schulen, Universitäten und andere Bildungseinrichtungen entworfen hatten. Ebenso existierte hier eine dichte und äußerst facettenreiche „kirchliche Kommunikationslandschaft"[102], in der unterschiedlich gefärbte aufklärerische Bildungsdiskurse durchaus ihren Platz fanden. Doch Fürstenberg sah dort keinen geistlichen Staat, dessen bildungspolitische Initiativen und reformpädagogische Einrichtungen als Vorbild für eigene Reforminitiativen im Fürstbistum Münster dienen konnten. Zudem ging er auf Abstand zu der zunehmend aufrührerischen und intransparenten Gemengelage kirchenpolitischer Positionen, Debatten und überstürzter Reformimpulse, die er mit Sorge beobachtete. Während sich die kirchenpolitischen Grundeinstellungen dort offensichtlich von genau von dem entfremdet hatten, was Fürstenberg als eine katholische Reform und Aufklärung verstand, boten ihm die Ideen und Konzepte aus Göttingen, Braunschweig, Erfurt, Halle, Dessau und Berlin vielfältige Anknüpfungspunkte und mustergültige Vorlagen. Diese dienten ihm zu einer gründlichen Konzeption und produktiven Ausgestaltung seines ganz eigenen Reformprogramms, das sich nicht an kirchenpolitischen und staatskirchenrechtlichen Diskussionen aufhielt, sondern darauf abzielte, konkrete Verbesserungen, Wohlstand und Fortschritt im Fürstbistum herbeizuführen.[103] Dass sich kaum Berichte, Anzeigen oder Nachrichten über Fürstenberg und das Fürstbistum Münster in der süddeutschen katholischen Publizistik finden,

---

101   Vgl. Whaley, Reich, Bd. 2, S. 531; Weigl, Schauplätze, S. 17; François, Network, S. 96.
102   Vgl. grundl. Krenz, Konturen.
103   Vgl. Holzem, Christentum, Bd. 2, S. 801-833.

verdeutlicht jene „erhebliche Kommunikationsschwelle"[104], die auch noch im letzten Drittel des 18. Jahrhunderts entlang konfessioneller Zugehörigkeiten bestand und das deutsche Zeitschriftenwesen und den Buchmarkt in einen protestantisch dominierten Norden und einen katholisch geprägten Süden geographisch spaltete. Bis in die 1820er Jahre hinein existierte daher in den nord- und nordwestdeutschen geistlichen Staaten des Reiches, wozu insbesondere das Fürstbistum Münster zählte, keine mit der südlichen Kommunikationslandschaft vergleichbare katholische Publizistik.[105] Dies lag an dem Überangebot protestantisch geprägter Zeitungen und Zeitschriften, die den Diskurs über gelehrte und gemeinnützige Fragen, ebenso über bildungspolitisch und pädagogisch relevante Themen, konfessionsübergreifend und grenzüberschreitend bestimmten.

Die Rezensionen der Schulordnung geben darüber hinaus einen Eindruck von den Möglichkeiten und der Reichweite einer intellektuellen Vernetzung und Wissenskommunikation, in der sich das gestiegene Lesebedürfnis und das sich expandierende und ausdifferenzierende Zeitschriftenwesen gegenseitig beeinflussten. Auch die private Briefkommunikation blieb trotz eines stärkeren Formalisierungsgrades von Bedeutung, indem sie persönliche Kontakte herstellen und festigen konnte, selbst wenn sie immer weniger dem gestiegenen Bedürfnis nach einem öffentlichen Informations-, Meinungs- und Wissens-austausch gerecht wurde. Der rege Austausch von Zeitschriften und Briefen, so Hans Erich Bödeker, bildete die „Signatur des aufklärerischen Zeitalters"[106]. Während bereits seit den 1760er Jahren das gesamte Zeitschriftenwesen rasch zunahm, erlebte die gesamte Publizistik vor allem in den 1770er Jahren einen beachtenswerten Aufschwung im Zeichen der Aufklärung.[107] Die Zeitschrift wurde „der wichtigste Popularisator aufklärerischen Denkens"[108], wobei sich ihre Beiträge zunehmend nicht mehr nur auf die Bündelung von Wissen und auf die Besprechung literarischer, naturwissenschaftlicher oder moralisch-philosophischer Fragen beschränkten. Man bediente sich des politisch-kritischen Lesepublikums, um aktuelle Reformkonzepte zur Diskussion zu stellen, auf ihre Tauglichkeit und – nach zeitgenössischem Verständnis – vor dem Richterstuhl der Vernunft zu prüfen, auf dem die öffentliche Meinung längst selbst ihren Platz eingenommen hatte.

---

104   Weigl, Schauplätze, S. 24; auch die Rezension in Boeckhs AllBSErzT erschien erst verspätet im Jahr 1777.

105   Vgl. Schneider, Katholische Aufklärung, S. 217 f.

106   Bödeker, Kommunikationsprozeß, S. 92.

107   Vgl. Demel, Reich, S. 147-156.

108   Hocks/Schmidt, Zeitschrift, S. 1.

Dabei galt es im Wettbewerb miteinander, sich aus der immer wieder neu gewonnenen Kritik neue Verbesserungsmöglichkeiten zu erschließen und sich durch Lob und Anerkennung zu weiteren Bemühungen anspornen zu lassen. Das Wirkungsvermögen einer Zeitschrift hing zum einen davon ab, ob der Herausgeber namenhafte Autoren gewinnen konnte, die in dem jeweiligen Fachgebiet für ihre Expertise anerkannt waren. Zum anderen wurde der Erfolg einer jeden Ausgabe auch schon in dieser Zeit durch die Aktualität und Exklusivität ihrer Inhalte bestimmt. Technische Innovationen, organisatorische Neuerungen und dichtere Kommunikationsnetze durch die Verbesserung der Chausseen, Postwege und Schifffahrtsrouten trugen dazu bei, dass Nachrichten und Berichte zuverlässiger und schneller auch aus weit entfernten Regionen außerhalb Deutschlands und Europas ihren Weg in deutschsprachige Zeitschriften fanden. Dies betraf nicht nur Beiträge aus dem nahen Frankreich, aus England und Italien, sondern insbesondere die Berichterstattung aus der Neuen Welt, etwa über die Entdeckung und Erschließung neuer Räume und Kulturen, über die Jesuitenmissionen im fernen Südamerika oder auch über die nordamerikanische Revolution und Unabhängigkeit.[109] Gerade die Nachrichten aus und zu den ehemaligen britischen, nordamerikanischen Kolonien waren von 1776 an bald in jeder Zeitschrift zu lesen, die sich einem fortschrittlichen Zeitgeist widmen und den Lesebedürfnis ihres aufgeklärten Publikums nachkommen wollte. Dies war eben der Grund dafür, dass auch die Schulordnung einen ebenbürtigen Platz in vielen Zeitschriften der Aufklärung erhielt. Letztlich bildete die Verschränkung vielfältiger Begebenheiten, Chancen und Erfordernisse die Grundlage dafür, dass die Münstersche Schulordnung „die pädagogisch und publizistisch bedeutendste [...] der Aufklärung"[110] werden konnte, wie auch der Literaturwissenschaftler Heinrich Bosse resümierte.

Als die kritischen Stimmen gegen die geistlichen Staaten zunehmend lauter und rauer wurden und noch dazu der katholischen Bevölkerung ein vermeintlicher Bildungsrückstand gegenüber den Protestanten attestiert wurde, wirkte der gute Ruf Fürstenbergs in der aufgeklärten Publizistik fort. Sein Wirken stand für eine katholisch-aufgeklärte Reformpolitik, die mittlerweile tiefgreifende Veränderungen im Fürstbistum Münster nach sich zog. Fast schwärmerisch fragt daher der Jöllenbecker Landprediger Johann Moritz Schwager (1738-1804): „Wenn der große Minister Fürstenberg lange freie Hand gehabt und behalten hätte, was hätte nicht aus diesem Lande werden

---

109   Vgl. Brenner, Reisebericht, S. 216-274; Borja González, Berichterstattung; Depkat, Amerika-
       bilder, S. 68-72.
110   Bosse, Dichter, S. 229.

müssen?"[111] Sein „Versuch einer Schutzschrift für die Westphälinger erschien 1783 im ersten Jahrgang der renommierten „Berlinischen Monatsschrift". Da Schwager vorwiegend das protestantische Westfalen vor Augen hatte, ist die Würdigung Fürstenbergs bemerkenswert. In einem Brief an Sprickmann verlieh er schon 1775 seiner Bewunderung besonderen Ausdruck:

> Westphalen wird uns noch das liebste Land in der Welt werden, wenn uns ein freudiges Bewußtseyn einst sagen wird: wir haben uns um das Vaterland verdient gemacht. Wie schön sind die Aussichten in Münster! Gott erhalt' uns lange Ihren Fürsten und Ihren großen Fürstenberg, und können uns dann noch Schwierigkeiten unüberwindlich seyn?[112]

Ebenso berief sich der evangelische Prediger und Volksaufklärer Moritz Kasimir Pothmann (1765-1842) aus Lippstadt in seinem „Versuch einer kurzen Apologie Westfalens überhaupt" (1786) auf die Verdienste Fürstenbergs, der sich seiner Meinung nach „ganz vorzüglich um die Cultur der Jugend"[113] verdient gemacht habe. Der Beitrag Pothmanns im „Journal von und für Deutschland" steht demonstrativ für die Grundhaltung dieses Journals, welches der Historiker Max Braubach als „Organ der katholischen Aufklärung"[114] bezeichnete. Sigmund von Bibra (1733-1804) beabsichtigte als Herausgeber, die Vorurteile gegenüber katholischer Religiosität und Kirchlichkeit, insbesondere jene vermeintliche Rückständigkeit der geistlichen Staaten, zu hinterfragen und mittelfristig aus dem Weg zu räumen.[115] 1788 widmete Bibra ein Titelkupfer dem Portrait Franz von Fürstenbergs, das von dem Nürnberger Kupferstecher Christoph Wilhelm Bock (1755-1835) angefertigt wurde.[116] Zwar finden sich innerhalb der Ausgabe keine ausdrücklichen Bezüge zu Fürstenberg, doch verbindet sich mit dem Abdruck seines Portraits für den aufmerksamen Leser der Zeitschrift dennoch eine ausdrucksstarke Botschaft. Bibra hatte zuvor eine Preisfrage abgedruckt, anhand der die Schwächen und Mängel der geistlichen Staaten offengelegt und diskutiert werden sollten.[117] Doch als die eingesandten Beiträge den Fürstbistümern vor allem Rückständigkeit und Reformunfähigkeit bescheinigten, setzte Bibra ein deutliches Zeichen und verwies mit dem Portrait Fürstenbergs auf dessen umfangreiches

---

111 BerM 1 (1783), S. 487-500, hier 493 f.; vgl. grundl. Gödden/Heßelmann/Stückemann, Schwager.
112 Schwager an Sprickmann, 21.2.1775, in: ULB, Nachlass Sprickmann, Kps. 31, 14.
113 JvufD 3 (1786), 3. St., S. 398-405, hier 402.
114 Braubach, Die kirchliche Aufklärung, S. 573 f.
115 Vgl. ebd., S. 563-659.
116 Vgl. JvufD 5 (1788), 2. St., Titelkupfer.
117 Vgl. Wende, Staaten.

katholisch-aufgeklärtes Reformkonzept. Das pädagogische Werk Fürstenbergs, das mit der Schulordnung ihren Anfang genommen hatte, wirkte auch noch über die 1780er Jahre hinaus und blieb mit dem Fürstbistum Münster als einem besonderen katholisch-aufgeklärten Bildungsraum eng verbunden.

1.2 Das föderale deutsche Reich

1.2.1 „Es ist ein Stekenpferd des Jarhunderts, über die Regierungen urteilen zu wollen" – Deutsches Verfassungsdenken von 1648 bis zum Ende des 18. Jahrhunderts

Jahre der Verwüstung und Verelendung, erbitterte Kämpfe um Glaube, Macht, Land und Besitz sowie verheerende Kriegsfolgen bestimmten im Verlauf des 17. Jahrhunderts die wohl düsterste Epoche der Frühen Neuzeit. Die politische Lage war lange Zeit undurchsichtig und aussichtslos gewesen, die Fronten zwischen den europäischen Mächten waren verhärtet und erweckten zu keiner Zeit den Anschein einer baldigen friedlichen Einigung. Im Dreißig-jährigen Krieg (1618-1648) verschränkten sich konfessionelle Gegensätze mit machtpolitischen Interessen und schufen wechselnde Allianzen und Rivali-täten sowohl innerhalb als auch außerhalb des Reiches. Erst nach etlichen Jahren langatmiger und kräftezehrender Verhandlungen besiegelte der West-fälische Friede am 24. Oktober 1648 ein Ende des Krieges, der ein zaghaftes Gefühl von Frieden und Sicherheit weckte und von einem Aufbruch in eine neue Zeit kündete.[118] Die Beschlüsse des Westfälischen Friedenskongresses, der seit Mai 1648 in Münster und Osnabrück getagt hatte, waren revolutionär. Sie erneuerten das europäische Staatssystem und stabilisierten gleichzeitig das gesamteuropäische Kräftegefüge nach den ordnungsstiftenden Prinzipien der Territorialität und staatlichen Selbstbestimmung.[119] Damit wollten die Unterzeichner eine Friedensgarantie erreichen, die in der wechselseitigen Anerkennung der europäischen Staaten als gleichberechtigte politische Akteure begründet lag und damit zur Grundlage der völkerrechtlichen Ordnung Europas erwachsen sollte. Durch diesen Ausgleich der Kräfte auf dem europäischen Kontinent sollten Sicherheit und Frieden dauerhaft be-wahrt werden.[120]

---

118 Vgl. grundl. Burkhardt, Krieg; Münkler, Dreißigjährige Krieg; Duchhardt, Schlagzeilen; Pieper/Saltzwedel, Dreißigjährige Krieg.
119 Zu dem in der deutschen Geschichtswissenschaft wenig beachteten politikwissenschaft-lichen Modell des „Westphalian System" vgl. Krasner, Westphalia.
120 Vgl. Aretin, Reich, S. 20-26; Overhoff, Verfassungen.

Nicht minder bedeutsam und zukunftsweisend waren die Auswirkungen auf die verfassungsrechtliche Situation des Reiches. Die einzelnen weltlichen und geistlichen Fürstentümer sowie die Reichsstädte bildeten gemäß der ihnen gewährten Rechte und auferlegten Pflichten weitgehend selbstständige Staaten. Über der Ebene dieser staatlichen Selbstverwaltung standen auf Reichsebene der Reichstag als gemeinsame Vertretung der Reichsstände, das Reichskammergericht sowie der vom Kurfürstenkolleg gewählte Kaiser. Eine derartige „Doppelstaatlichkeit"[121], oder auch „komplementäre Staatlichkeit"[122], hatte sich zwar schon vor dem Dreißigjährigen Krieg allmählich herausgebildet, erhielt jedoch erst mit dem Friedensschluss und Vertrag von 1648 ihre endgültige, präzise und verfassungsrechtlich bindende Bestimmung, wodurch das Reich als ein föderales System oder fester Bund weitgehend selbstständiger Staaten seine zukunftsweisende Prägung erhielt.

Zu Anfang des 18. Jahrhunderts überzeugte sich der Rechtsphilosoph, Satiriker und Literat Charles-Louis de Montesquieu (1689-1755) auf seinen Reisen durch Deutschland 1728/29 von den Vorzügen der föderalen Reichsverfassung.[123] Das Reich verstand er, wie in „De L'Esprit de Loix" (1748) beschrieben, als „Bundesstaat Deutschland" („république fédérative d'Allemagne"), der wie auch andere föderal verfasste europäische Staaten, etwa die Schweiz oder Niederlande, seinen Bewohnern vor allem eine größtmögliche Sicherheit („sûreté") bot.[124] Im Anschluss daran zeigte auch Jean-Jacques Rousseau (1712-1778) in seinem „Plan vom Ewigen Frieden" („Project de Paix perpétuelle", 1756/61) die Vorzüge des deutschen Staatskörpers („le Corps Germanique") auf, der aufgrund seiner Größe und Vielfalt zu einem Gleichgewicht der Mächte in Europa beitrage, wodurch der Westfälische Friede fortwährend die Grundlage der europäischen Staatenordnung bilden könne.[125] Die Frage, ob die Reichsverfassung auch als Modell und Beispiel für andere Verfassungen dienen könne, stellte sich für Rousseau indes nicht.[126]

Erstaunlich oft wurde der deutsche Föderalismus im 18. Jahrhundert von auswärtigen Beobachtern, Diplomaten und Reisenden als Spiegel ihrer eigenen Verfassungssituation herangezogen. Dies galt insbesondere für die amerikanischen Gründerväter und deren Ringen um eine Verfassung für die nordamerikanischen Staaten bis in die 1780er Jahre hinein. Das föderale deutsche Reich wurde dort zwar nicht zum einzigen, aber wohl

---

121 Vgl. Burkhardt, Vollendung, S. 25-54.
122 Vgl. grundl. Schmidt, Reich.
123 Vgl. grundl. Overhoff, Montesquieu.
124 [Montesquieu], De L'esprit, S. 204-212.
125 Rousseau, Extrait de Project de Paix perpétuelle, S. 31 f.
126 Vgl. Asbach, Reichsverfassung, S. 174-176.

wichtigsten Bezugssystem. Es war von Bedeutung, um sich in Amerika „der eigenen, präzedenzlosen verfassungsrechtlichen Grundpositionen zu vergewissern", wie es in den einschlägigen Passagen der 1787/88 erschienenen Federalist Papers zum Ausdruck gebracht wurde.[127] In Deutschland stießen die amerikanischen Bemühungen um eine föderale Verfassung ebenfalls auf ein breites Interesse. Zu dem erforderlichen Ideen- und Wissensaustausch verhalfen nicht nur private Briefwechsel, der Bezug ausländischer Schriften, politischer Berichte oder das international expandierende Zeitungswesen, sondern auch persönliche Kontakte zu deutschen Rechtsgelehrten. Besonders deutlich wird dies durch die Reise Benjamin Franklins (1706-1790) im Sommer 1766 nach Deutschland. Der amerikanische Erfinder, Wissenschaftler, Politiker und Diplomat besuchte die kurhannoversche Universitätsstadt Göttingen und tauschte sich dort unter anderem mit dem angesehenen deutschen Staatsrechtler Johann Stephan Pütter über die föderale deutsche Reichsverfassung aus.[128]

Schon seit dem ausgehenden 17. Jahrhundert hatte sich im Reich die Idee eines kaiserlich-ständischen deutschen Bundesreiches gefestigt. Neben Samuel von Pufendorf (1632-1694), dessen Beschreibung des Reiches als „monstro simile" lange Zeit zu einseitig interpretiert wurde, legte der Bundesstaatstheoretiker und kurhannoversche Rechtsgelehrte Ludolf Hugo (1632-1704) die erste theoretisch ausgereifte Konzeption eines bundesstaatlich organisierten Reiches vor und leistete damit einen wegweisenden Beitrag für die Reichspublizistik der folgenden Jahrzehnte.[129] Wenn schon Johann Stephan Pütter, der rund einhundert Jahre später als Göttinger Professor zum einflussreichsten und publizistisch produktivsten Staatsrechtler des 18. Jahrhunderts aufstieg, Deutschland nicht als ein System verbundener Staaten („systema foederatarum civitatum"), sondern tatsächlich als einen zusammengesetzten Staatskörper („republica composita") beschrieb, gab er damit in sehr überzeugender Formulierung nur das wieder, was schon Hugo gedanklich vorbereitet hatte.[130] Pütters Beurteilung nach bestehe Deutschland „aus lauter besonderen Staaten", die einerseits selbstständig waren, andererseits „einem höchsten gemeinschaftlichen Oberhaupte", dem Kaiser, sowie „allgemeinen Reichsgrundgesetzen"[131] unterlegen waren. Auch sein

---

127 Depkat, Alte Reich, S. 19; vgl. Hamilton/Madison/Jay, Federalist Papers, S. 141-146; Neuhaus, Prinzip, S. 29-53.

128 Vgl. Overhoff, Franklin, S. 226 f.

129 Vgl. Pufendorf, Verfassung, Kap. VI, §9; Hugo, Rechtsstellung; Pfannenschmid, Bundesstaatstheoretiker.

130 Pütter, Kurzer Begriff, S. 15; zu Pütter vgl. Whaley, Reich, S. 507-511.

131 Pütter, Kurzer Begriff, S. 15.

Schüler, der Publizist, Staatsrechtler und spätere Professor in Erlangen und
Helmstedt Carl Friedrich Häberlin (1756-1808), äußerte sich zu den Vorzügen
des föderalen deutschen Gemeinwesens. Obwohl das Reich hinsichtlich der
einzelstaatlichen Regierungen überaus facettenreich und kleingliedrig war,
verstand Häberlin diese „Zertheilung Deutschlands in so viele voneinander
unabhängige Staaten und Gebiete"[132] keinesfalls als Nachteil für die Funktionsfähigkeit des Reiches. Im Gegenteil, er sah in einem derartig verfassten Reich
eine bessere Verteilung der ökonomischen und kulturellen Güter, die seiner
Deutung nach einen erstrebenswerten Wettbewerb erzeugen, bessere Lehranstalten und die Förderung der Wissenschaften und Künste.[133] Mitte der 1790er
Jahre zog Häberlin dann einen Vergleich zur Verfassung der noch jungen Vereinigten Staaten von Amerika. Dieser „Amerikanische Freystaat aus dreyzehn
verschiedenen Provinzen" war genauso wie das Reich nicht ein einzelner Staat,
sondern ebenfalls „ein verbundener Staatskörper („systema foederatarum
civitatum")"[134].

Darüber hinaus meldete sich auch der fränkische Publizistik Ernst von
Klenk (1760-1791) zu Wort, der in seinen Schriften als vehementer Verfechter
republikanischer Staatsordnungen auftrat. Klenk hatte einige Jahre im Dienst
des Fuldaer Regierungspräsidenten Sigmund von Bibra gestanden und
schon zu dessen Preisfrage im katholisch-aufgeklärten „Journal von und für
Deutschland" – wie auch der angesehene Reichsjurist Friedrich Carl von
Moser (1723-1798)[135] – über die Mängel der geistlichen Staaten ausführlich und
kritisch Stellung bezogen.[136] In seinen „Philosophischen Bemerkungen über
die Republiken", die er zur selben Zeit im fränkischen Ansbach verfasste, teilte
Klenk die Ansichten Pütters, dass das Reich von „ganz besonderer Art"[137] sei
und deren Verfassung als eine „republikanische"[138] im Vergleich zu anderen
„in die Augen fallende, unläugbare, unerreichbare Vorzüge"[139] habe. Doch die
einzig wahre, wenn auch noch labile, aber „ohne Zweifel die grösste Republik"[140]
seiner Zeit bildeten seiner Meinung nach die föderalen Vereinigten Staaten,

---

132   Häberlin, Güte, S. 32.
133   Vgl. ebd., 32 f.
134   Häberlin, Handbuch, S. 122 f.
135   Vgl. Moser, Ueber die Regierung; dazu vgl. Wende, Staaten.
136   Vgl. Klenk, Preisfrage.
137   Klenk, Philosophische Bemerkungen, S. 19. Klenk liefert hier ein eigenes Werk, wobei
      er seinem frz. Alter Ego, dem Serieux le Sonnant, buchstäblich einen seriös klingenden
      Namen verlieh. Der Druckort ist fiktiv; der tatsächliche war Ansbach, vgl. Meusel, Lexikon,
      S. 78 f.
138   Klenk, Preisfrage, S. 27.
139   Klenk, Philosophische Bemerkungen, S. 30 f.
140   Ebd., S. 25.

wie Klenk zu verstehen gab, „vieleicht werden sie auch die mächtigste, wenn sie nicht, unfähig, ire Freiheiten behaupten zu können, unter das Joch zurükfallen". Doch nur wenig Konkretes wusste Klenk von den Einzelheiten der amerikanischen Verfassung zu berichten, zumal er dem, „was Zeitungen ausplaudern"[141], kein Vertrauen schenken mochte.

Im Gegensatz zu Pütter und Häberlin, die dem Kaiser des föderalen deutschen Reiches eine integrative Bedeutung zusprachen, bestärkte Klenk die für ihn historisch gut begründeten republikanischen Prinzipien der Reichsverfassung als eigentliche ordnungsstiftende und systemstabilisierende Kräfte des Reiches. Diese kämen jedoch nicht vollends zur Geltung, da die Regierungen den ihnen übertragenden Pflichten nur unzureichend gerecht werden würden. So seien die Freien und Reichsstädte, von denen er Hamburg, Frankfurt, Nürnberg und Aachen im weiteren Verlauf seiner Abhandlung ins Auge fasst, nicht in der Lage, einen Gewinn und Nutzen aus den Vorzügen ihrer bürgerlichen Regierungen zu ziehen, da Korruption, Streit, Zwietracht und Aberglaube jenen Drang nach Fortschritt, allgemeiner Wohlfahrt und wahrer Aufklärung zunichtemachen.[142] Klenk ist davon überzeugt, dass die beste staatsbürgerliche Ordnung eine republikanische sei, die sich das Volk selbst gegeben habe und in der es sein eigener Souverän sei. So beschrieb es auch wenige Jahre später Immanuel Kant (1724-1804) – ein „begnadeter Werbetexter"[143] der Aufklärung – in seiner Schrift „Zum ewigen Frieden" (1795) unter dem Leitspruch: „Die bürgerliche Verfassung in jedem Staate soll republikanisch seyn."[144] Klenk lieferte mit seinen „Philosophischen Bemerkungen" weder eine ausgereifte Analyse noch einen staatsphilosophischen Entwurf, sondern lediglich eine persönliche Stellungnahme zu den Staats- und Reichsverfassungen seiner Zeit. Seine persönlichen Ansichten wollte er, teils verbunden mit harscher Kritik, in den reichs- und staatsphilosophischen Diskursen seiner Zeit berücksichtigt wissen. Überhaupt sei es doch, so Klenk, „ein Stekenpferd des Jarhunderts, über die Regierungen urteilen zu wollen"[145].

Mit Pütter, Häberlin und Klenk können an dieser Stelle nur ausgewählte Stimmen aus der umfangreichen Reichspublizistik des 18. Jahrhunderts exemplarisch und in aller Kürze aufgegriffen werden. Sie machen jedoch schon deutlich, dass das Reich aufgrund seiner besonderen Verfassungssituation in der zeitgenössischen Wahrnehmung und Beurteilung zufolge grundsätzlich

---

141 Ebd.
142 Ebd., S. 41-49.
143 Martus, Aufklärung, S. 19.
144 Kant, Frieden, S. 349.
145 Klenk, Philosophische Bemerkungen, S. 7 (Vorrede).

als ein begünstigter Raum für die Entstehung und Verbreitung aufklärerischen
Gedankenguts aufgefasst wurde. Auch die Frage, inwiefern die Verfassung
jene im Rahmen des Westfälischen Friedens beabsichtigten Sicherheits- und
Friedensgarantien in Europa überhaupt wahren konnte, ist von zeitgenössischen Gelehrten aufgeworfen und diskutiert worden. So merkte der Weimarer
Literat und Aufklärer Christoph Martin Wieland an, dass die „Zertheilung des
Deutschen Reichs" der Grund dafür sei, dass es zwar „nie zu dem blühenden
Wohlstand und dem Ansehen und Gewicht unter den Europäischen Mächten,
woran es unter einer anderen Verfassung Anspruch zu machen hätte, gelangen
werde", doch im gleichen Atemzug fügte er noch hinzu, dass „die Vortheile,
welche aus dieser Zertheilung im Ganzen für uns entspringen, das Nacht-
heilige bey weitem überwiegen; oder vielmehr, daß sie gerade es ist, der wir
diese Vortheile zu verdanken haben"[146]. Die innere politische, religiöse und
kulturelle Vielfalt mitsamt ihrem bisweilen unkalkulierbaren Spannungs- und
Konfliktpotential musste keinesfalls unfreiwillig in Kauf genommen werden,
auch wurde sie nicht als ein generelles Problem für den Zusammenhalt des
Bundesreiches angesehen. Vielmehr können diese Diversität und Komplexität als eine grundlegende innere Signatur des Reiches und seiner Epoche
aufgefasst werden und war lebendiger Ausdruck eben jenes föderalen Gemeinwesens, das auch im ausgehenden 18. Jahrhundert eine erstaunliche
Lebendigkeit, Stabilität und Funktionsfähigkeit verzeichnete. Auch Johann
Gottfried Herder (1744-1803) berief sich 1793 auf die „Zerteilung" des Reiches
durch „Religionen, Sekten, Dialekte, Provinzen, Regierungen, Gebräuche und
Rechte"[147], die einst die Beförderung der Humanität behindert habe. Doch
diese Umstände waren auch für ihn nicht grundsätzlich kritikwürdig. Vielmehr
konnte dies dem „leidige[n] Staatsinteresse" oder dem ungestümen „Wetteifer
verschiedner Provinzen gegen einander" geschuldet sein. Nun aber könne
durch den Einfluss aufklärerischer Männer die „Zusammenwirkung und Anerkennung mehrerer und der verschiedensten Kräfte" gefördert werden, die
das föderative Gemeinwesen letztlich „durch geistige und also die stärksten
Bande"[148] festigen.

Die preußisch dominierte Geschichtsschreibung des 19. und frühen
20. Jahrhunderts hat dieses Bild dann weitgehend ins Gegenteil verkehrt
und anstelle des föderalen deutschen Reiches den preußischen Nationalstaat als ideale Staatsform gesetzt. Dem Aufstieg der Preußen und ihren
hegemonialen Ansprüchen folgend, wurde ein Geschichtsbild konstruiert und

---

146   Wieland, Vorrede, S. 389.
147   Herder, Briefe, 6. Brief, S. 33-35, hier 33.
148   Ebd., S. 34.

politisch-ideologisch instrumentalisiert, das den deutschen Einzelstaaten – von Preußen abgesehen – wie auch dem gesamten Reich eine grundsätzliche Rückständigkeit und Reformunfähigkeit, ein „Durcheinander verrotteter Reichsformen und unfertiger Territorien" und eine „längst schon brüchige Reichsverfassung"[149] attestierte, was schließlich zum Verfall und Niedergang der alten Ordnung geführt habe. Dieses Bild vom Reich als einem ‚Flickenteppich' wirkt durch historisches Kartenmaterial, vor allem aber durch tradierte Geschichtsbilder bis in die Gegenwart fort. Während die Erforschung der föderativen Traditionen und Grundlagen als „Konstante der deutschen Verfassungsgeschichte" angesehen werden kann, wurde diese „Föderalismusfähigkeit" erst vor kurzem von dem Historiker Johannes Burkhardt als „politische Kernkompetenz der deutschen Geschichte"[150] gewürdigt. Dahinter steht die Anerkennung der historisch gewachsenen politischen, religiösen und kulturellen Vielfalt des Reiches, die bis zum Ende des 18. Jahrhunderts stets genügend Kraft zur inneren Erneuerung und Reform freisetzen konnte und die letztlich gar nicht für jenen Untergang des Reiches verantwortlich war, sondern nach seiner unabwendbaren Auflösung zu einem völligen Wandel und Neubeginn verhalf.[151] Treffend charakterisierte auch der Historiker Albert Funk diesen Transformationsprozess als „Zerfall mit Aussicht auf Erneuerung"[152].

Der Blick auf die Kontinuität föderativer Prinzipien einerseits und auf die entschiedene Abkehr von preußisch-nationalen Deutungstraditionen andererseits, hat jenen Paradigmenwechsel herbeigeführt, der eine grundsätzliche Neubestimmung des frühneuzeitlichen, föderal verfassten deutschen Reiches befördern konnte. Eine weitere Variante zur Erforschung des deutschen Bundesreiches erschließt sich darüber hinaus zusehends aus den komparatistischen und transfergeschichtlichen Ansätzen einer transnational, insbesondere transatlantisch ausgerichteten Verfassungsgeschichtsschreibung, in der gerade deutsch-amerikanischen Bezügen aufgrund ihrer gemeinsamen, durch die Aufklärung begründeten föderalen Verfassungssituation und -tradition besondere Aufmerksamkeit zuteilwird.[153] Dass die Stabilität des älteren föderalen Reiches auch durch einen weitgehenden Ausgleich konfessioneller Kräften gewährleistet wurde, wird dabei häufig übersehen. Nicht nur der verfassungsrechtliche Rahmen als Bundesreich wurde schließlich zum Vorbild – zumindest zu einem wichtigen Referenzrahmen – für andere föderale Staaten, sondern auch

---

149 Treitschke, Deutsche Geschichte, Bd. 1, S. 7.
150 Burkhardt, Deutsche Geschichte, S. 8; vgl. Becker, Föderalismus, S. 23-38.
151 Vgl. Whaley, Reich, S. 716-730.
152 Funk, Kleine Geschichte, S. 138.
153 Vgl. Wellenreuther/Schnurmann, Verfassungsdenken; Depkat, Alte Reich; Overhoff, Verfassungen; zuletzt Auderset, Föderalismus.

die in ihm gelebte und immer wieder neu verhandelte konfessionelle Vielfalt als Grundlage für ein friedliches und fortschrittliches Gemeinwesen.

1.2.2   *Aufbau und Signatur des Reiches von „ganz besondrer Art"*

Im Jahr 1792 zählte das föderale deutsche Reich insgesamt 294 Reichsstände.[154] Dem zeitgenössischen Verständnis nach bezeichnete ein Reichsstand „eine Person, oder Commun, welche 1. ein unmittelbares Land oder Gebiet besitzt, und 2. in Ansehung desselbigen Sitz und Stimme auf allgemeinen Reichs-Versammlungen hat"[155]. Der Staatsrechtler und Publizist Johann Jacob Moser (1707-1785), der dieser Definition lieferte, fügte noch hinzu: „Dieses ist die Regel; welche aber ihre Abfälle leidet"[156]. Die Reichsmatrikel von 1521, die ursprünglich lediglich die Truppenstärke der einzelnen deutschen Herrschaften abbilden sollte, wurde für die gesamte Frühe Neuzeit zum maßgeblichen Verzeichnis jener Herrschaften, die als Reichsstände Sitz und Stimme im Reichstag besaßen. Diese Ordnung wies anfangs zahlreiche Irrtümer auf und war im Laufe der Jahrhunderte durch den Aufstieg und Abstieg, aber auch durch die Säkularisierung oder Mediatisierung einzelner Herrschaften immer wieder korrektur- und verbesserungsbedürftig geworden, blieb jedoch stets gültig.[157] Grundsätzlich setzte der Status der Reichsstandschaft die Reichsunmittelbarkeit der jeweiligen Herrschaft voraus, wodurch sie keiner anderen Instanz als dem Kaiser und den Reichsgrundgesetzen unterstand.

Die Ständevertretung des Reiches, die von 1663 an als Immerwährender Reichstag im Regensburger Rathaus tagte, stellte eine der bedeutendsten Institutionen der deutschen Geschichte dar. Doch der Reichstag war kein Parlament, das sich aus gewählten Volksvertretern zusammensetzte, sondern ein reiner Gesandtenkongress, wobei die reichsständischen Vertreter durchaus vergleichbare politische Aufgaben und parlamentarische Funktionen wahrnahmen. Darüber hinaus war der Reichstag immer auch Ort symbolischer Kommunikation, indem sich die innere Struktur des Reiches nach Stand, Rang und Status seiner Gesandten in den Sitzordnungen und zeremoniellen Verfahren widerspiegelte und die ständische Ordnung damit bestätigte. Außerdem stellte der Reichstag ein wichtiges Informations- und Kommunikationszentrum dar, ein Umschlagplatz für politische Ideen und Konzepte und ein Knotenpunkt der Beziehungen zwischen den Höfen von London, Paris,

---

154   Vgl. Pütter, Institutiones, §§83-104.
155   Moser, Von denen Teutschen Reichs-Ständen, §3.
156   Ebd.
157   Vgl. Schulze, Kampf, S. 137-162; Oestreich/Holzer, Übersicht, S. 769-784.

St. Petersburg, Berlin und Wien.[158] Daneben existierte das Reichskammer-gericht in Wetzlar als Berufungsgericht und höchste juristische Instanz der Reichsstände sowie der Reichshofrat in Wien, der als oberste Schiedsinstanz für Verfassungsfragen fungierte und voll und ganz den kaiserlichen Interessen und Ansprüchen gerecht wurde. Mit der Konkurrenz beider Gerichte verband sich eine gewisse gegenseitige Kontrollfunktion und schuf eine Garantie, die das ausufernde Begehren der Reichsfürsten einerseits sowie willkürliches Handeln des Kaisers andererseits weitgehend einzudämmen und in Balance zu halten vermochte.[159]

Nach den verheerenden Erfahrungen des Dreißigjährigen Krieges war es vor allem die Angst vor einem erneut aufflammenden Religionskrieg im Reich, den es entschieden abzuwehren galt. Mit dem Westfälischen Frieden wurden die einst unlösbaren Religionsfehden innerhalb des Reiches zumindest juristisch aus dem Weg geräumt, indem das Prinzip der Parität für ein gleichberechtigtes Nebeneinander der Religionsparteien im Reich und im Reichstag sorgen sollte.[160] Obwohl sich zum Ende des 18. Jahrhunderts hin eine annähernd gleich starke Verteilung katholischer und protestantischer Reichsstände herauskristallisiert hatte, besagte das seit dem Westfälischen Frieden geltende Prinzip der Verfahrensparität, dass bei konfessionsrelevanten Verhandlungen alle Reichsstände nach dem „ius eundi in partes" ihrer Konfession gemäß zu-sammentreten sollten, um dann in gleichen Teilen zueinander eine gütliche Einigung auszuhandeln.[161] Zwischen 1672 und 1806 musste dieses aufwendige Verfahren zur Wahrung des Friedens und Kräftegleichgewichts jedoch nur zehnmal angewendet werden.[162]

In den Fürstbistümern und Fürsterzbistümern des Reiches wurde der Landesherr, der die geistliche Macht eines Episcopus (Bischof) und die welt-liche Macht eines Princeps (Fürst) in sich vereinte, vom ansässigen Dom-kapitel gewählt.[163] Im 18. Jahrhundert waren diese geistlichen Fürsten samt der von ihnen regierten Staaten fast ausnahmslos katholisch. Sonderfälle bildeten das Fürstbistum Lübeck, das als Sekundogenitur vom reformierten Haus Holstein-Gottorf besetzt wurde, sowie das Fürstbistum Osnabrück, das als bikonfessioneller Staat seit den Bestimmungen des Westfälischen Friedens

---

158 Zu diesen drei Deutungsvarianten vgl. Burkhardt, Vollendung, S. 90-98; Funk, Kleine Geschichte, S. 116-117; 120-124; Stollberg-Rilinger, Verfassungsgeschichte, S. 137-226, 246-249; Friedrich, Drehscheibe.

159 Vgl. Whaley, Reich, S. 81-84; Burkhardt, Vollendung, S. 62-70.

160 Vgl. Burkhardt, Vollendung, S. 45-54.

161 Vgl. ebd., S. 49-50.

162 Vgl. Härter, Corpus Catholicorum, S. 76.

163 Vgl. Braun, Princeps et episcopus; Andermann, Die geistlichen Staaten.

abwechselnd von einem gewählten katholischen Fürstbischof oder einem
lutherischen Fürstbischof aus dem Herzogtum Braunschweig-Lüneburg besetzt wurde.[164] Grundsätzlich entsprachen die geistlichen Staaten jedoch
eben jenen unabhängigen kirchlichen Gebieten des Reiches, die als „Germania
sacra" einen bedeutenden Einfluss auf die Reichspolitik geltend machen
konnten. Dabei war die Existenz der Reichskirche eng mit der Stellung des
Katholizismus im Reich und dem Kaisertum verknüpft, zumal sich der Kaiser
selbst als „advocatus ecclesiae" und damit als Oberhaupt der deutschen Kirche
verstand.[165] Die mächtigsten katholischen Landesherren des Reiches bildeten
die Fürsterzbischöfe von Köln, Trier und Mainz, denen zusammen mit den
weltlichen Kurfürsten das alleinige Recht zur Wahl des römisch-deutschen
Königs und damit des designierten Kaisers zustand. Den Vorsitz des Kurfürstenkollegs hatte der Fürsterzbischof von Mainz als Reichserzkanzler, der
auch noch nach 1806 als Fürstprimas eine führende Rolle in Deutschland
spielte.

Auch die weiteren geistlichen Fürsten hatten einen nicht unerheblichen
Einfluss auf die Reichspolitik, selbst wenn die geistlichen Staaten mit nur 14
Prozent einen relativ geringen flächenmäßigen Anteil an der Reichsfläche
hatten und gerade einmal 12 Prozent der Bevölkerung ausmachten. Mehrere
fürstbischöfliche Besitzungen waren dennoch gerade hinsichtlich ihrer
strategischen Lage, militärischen oder wirtschaftlichen Stärke von besonderer
Bedeutung für das gesamte Reich. Hier sind das Fürsterzbistum Salzburg und
das Fürstbistum Münster zu nennen, ihnen folgten die fränkischen Fürstbistümer Würzburg und Bamberg. Doch auch kleinere geistliche Herrschaften,
wie Regensburg, Paderborn, Speyer oder Freising, waren im Fürstenrat gleich-
rangig mit einer Virilstimme (Einzelstimme) vertreten. 1792 zählten die geistlichen Reichsstände, deren Zahl sich seit der Reformation bereits beträchtlich
verringert hatte, nur noch 38 Stimmen. Davon entfielen drei Stimmen auf
die Kurfürsten innerhalb des Kurfürstenkollegs, 24 auf die Fürst- und Fürsterzbischöfe, sieben auf die gefürsteten Reichsäbte sowie eine jeweils auf
den Hoch- und Deutschmeister des Deutschen Ordens und den Großprior
des Johanniterordens als Virilstimmen im Fürstenrat. Zwei Kuriatstimmen
(Gesamtstimmen), die dem Stimmgewicht von nur zwei Virilstimmen entsprachen, verteilten sich auf die insgesamt 42 rheinischen und schwäbischen

---

164   Der britische König Georg III. (1738-1820), zugleich Kurfürst von Braunschweig-Lüneburg,
       ernannte seinen zweiten Sohn Friedrich August (1763-1827), Herzog von York und Albany,
       als Säugling zum Fürstbischof von Osnabrück. Dieser regierte 1764 bis 1802.
165   Vgl. Whaley, Reich, S. 344 f.

Prälaten, Äbte und Äbtissinnen.[166] Darüber hinaus zählten sich der Herzog von Burgund und der Erzherzog von Österreich – der seit 1437 bis auf eine Ausnahme zum römisch-deutschen König gewählt wurde – zur geistlichen Bank des Fürstenrates. Letzterer war im Ringen um den Vorsitz der weltlichen Bank im Reichstag am Herzog von Bayern gescheitert und beanspruchte daher den Vorsitz der geistlichen Bank.

Von besonderer reichskirchenpolitischer Brisanz erwies sich stets die Besetzung vakanter Bischofssitze. Da in den Fürstbistümern kein dynastisches Prinzip die Nachfolge regelte – die katholischen Bischöfe waren als Priester dem Zölibat verpflichtet –, bestimmte die Wahl des ansässigen Domkapitels den zukünftigen Landesherrn. Im Vorfeld brachten dafür oft mehrere Grafen- und Fürstengeschlechter ihre Bewerber in Position, um das jeweilige Bistum als Sekundogenitur zu gewinnen, während die Erstgeborenen das heimische Territorium regierten und als Stammhalter der Familie nicht in den geistlichen Stand traten. Man schuf Allianzen und buhlte um die Gunst und Unterstützung der Mitglieder des Domkapitels, deren Parteinahme durchaus flexibel war, sich jedoch häufig an Familien-, Verwandtschafts- und Freundschaftsbeziehungen orientierte oder durch die Zusicherung von Privilegien im Falle einer Wahl beeinflusst wurde. Darüber hinaus war die Besetzung einflussreicher Bischofssitze immer auch Gegenstand der habsburgisch-kaiserlichen Reichskirchen- und Interessenpolitik, wobei der direkte Einfluss des Wiener Hofs verhältnismäßig gering ausfiel.[167] Im 18. Jahrhundert wurde es schließlich zur gängigen Praxis, sich gleich in mehreren Fürstbistümern zum Landesherrn wählen zu lassen, um Macht, Prestige und Stimmen im Reichstag zu kumulieren.

Im Gegensatz zur dynastischen Herrschaftsfolge in den weltlichen Staaten bestand in den geistlichen Wahlstaaten nicht die Gefahr, dass durch Erbteilungen oder das Aussterben des regierenden Fürstengeschlechtes das Territorium zerschlagen wurde. Dennoch wurde das Wahlsystem von seinen Kritikern als „großes Gebrechen der Geistlichen Regierungen"[168] und als „Quelle der meisten, die Verfassung der geistlichen Länder zerstörenden, Übel"[169] ausnahmslos und als ein grundsätzliches Problem der geistlichen Staaten angeprangert. Dabei blieb völlig unbeachtet, dass die gewählten geistlichen Landesherren ihren Ministern und Geheimräten große Handlungs- und Entscheidungskompetenzen übertrugen oder diese aus der Zeit des Vorgängers

166   Die Zahlen für 1792 liefert Pütter, Institutiones, §§83-104, vgl. Zeumer, Quellensammlung,
       S. 552-555.
167   Vgl. Keinemann, Domkapitel, S. 113-185.
168   Moser, Ueber die Regierung, S. 103.
169   Schnaubert, Vorschläge, S. 103.

häufig im Amt bestätigt wurden. Zudem wurden den Landständen, die sich vornehmlich aus der landansässigen Ritterschaft, den geistlichen Prälaten und städtischen Vertretern zusammensetzten, traditionell umfassende Mitwirkungs- und Mitspracherechte gewährt, deren wachsender Einfluss nur in einigen wenigen Staaten des Reiches durch absolutistische Machtansprüche des Landesherrn gehemmt wurden.

Einflussreiche Adelsfamilien besaßen zudem Ansprüche auf einen Sitz im jeweiligen Domkapitel, der sie einerseits zur Wahl des Landesherrn privilegierte, andererseits einen Sitz auf der geistlichen Bank des Landtags verschaffte. Entgegen den zeitgenössischen Vorwürfen mangelnder Kontinuität und Effizienz in den geistlichen Staaten, insbesondere durch den vermeintlich allzu häufigen Wechsel zu immer neuen, oftmals völlig unbekannten und möglicherweise ganz andersdenkenden Landesherren, existierten gleichwohl ständische Strukturen und Verbindlichkeiten, die die Funktionsfähigkeit des Staates auch über den Tod eines Landesherrn hinaus gewährleisten konnten. Im Inneren besaßen einige Staaten schon leistungsstarke und ausdifferenzierte Regierungs- und Verwaltungsapparate, die das öffentliche Leben, das Finanz-, Wirtschafts-, Kultur- und Bildungswesen lenkten und steuerten und sich mitunter auch der Militär- und Außenpolitik widmeten. Gerade für die mittleren und die meisten größeren Staaten des Reiches ist die Vorstellung eines absolutistischen Herrschers mittlerweile hinreichend widerlegt und der landständischen Partizipation an der fürstbischöflichen Macht größere Aufmerksamkeit verliehen worden.[170] Immerhin fungierten die ansässige Ritterschaft und das Domkapitel keinesfalls nur als langer Arm des Fürsten, indem sie für administrative Aufgaben und eine verwaltungstechnische Durchdringung des Herrschaftsgebietes unentbehrlich waren, sondern konnten an Landtagen auch eigene Initiativen vorbringen, Reformentwürfe verhandeln und Entscheidungen treffen.[171]

Nicht viel anders stellte sich die Situation in den von weltlichen Fürsten regierten Staaten dar. Im Regensburger Reichstag besaßen wiederum die Kurfürsten den größten Einfluss: der Markgraf von Brandenburg, der Herzog von Sachsen, der Pfalzgraf bei Rhein, der König von Böhmen, ab 1692 der Herzog von Braunschweig-Lüneburg sowie seit 1623 auch der Herzog von Bayern, an den 1777 die pfälzische Kurwürde fiel. In der Reichsmatrikel von 1792 zählten die weltlichen Kurfürsten damit fünf der acht Stimmen im Kurfürstenkolleg. Weitaus komplexer als bei den geistlichen Fürsten gestaltete sich die Zusammensetzung der weltlichen Bank des Fürstenrates. Durch verschiedene

---

170   Vgl. Demel, Der aufgeklärte Absolutismus.
171   Vgl. Neu, Inszenieren.

Nebenlinien und Besitzungen kamen die 25 regierenden Fürstengeschlechter (einschließlich Österreich und Burgund) auf 61 der insgesamt 94 Sitze und Stimmen im Fürstenrat, von denen 27 wiederum den fünf weltlichen Kurfürsten zufielen. Weitere vier Kuriatstimmen verteilten sich auf die 109 reichsunmittelbaren Grafen der schwäbischen, fränkischen, wettauischen und westfälischen Grafenbänke. Ein eigenes, drittes Kollegium bildete, neben Kurfürstenkolleg und Fürstenrat, der Städterat als Vertretung der 51 Freien und Reichsstädte innerhalb des Reichstags, deren Einflussnahme auf die Reichspolitik sich zwar als schwindend gering erwies, jedoch durch eigene Städtetage eigene Organe reichsständisch-städtischer Selbstverwaltung institutionalisierte. Im Hinblick auf die konfessionelle Verteilung der Stimmen in Kurfürstenkolleg und Fürstenrat waren nunmehr 58 katholisch und 44 protestantisch.

Zwischen der einzelstaatlichen Selbstverwaltung und dem Gesamtreich stellten die zehn Reichskreise die wichtigsten Verwaltungseinheiten des Reiches dar. Eine derartige geographische Gliederung des Reiches und Einkreisung stützte zum einen die Strukturen für eine wirksame Durchsetzung von Reichstagsbeschlüssen und gerichtlichen Urteilen, zum anderen galten die von den jeweiligen Landesherrschaften selbst einberufenen Kreistage als „regionale Garanten von Friede und Recht"[172] und nahmen daher für das föderale Gemeinwesen des Reiches fördernde und systemstabilisierende Funktionen wahr. Im Laufe der Jahrhunderte hatten sich in diesen – hinsichtlich ihrer geographischen Ausdehnung, politischen Macht und inneren Struktur – ganz verschiedenartig zusammengesetzten Reichskreisen unterschiedliche Machtkonstellationen herauskristallisiert. Insgesamt bildeten die Kreise damit eine Scharnierfunktion zwischen dem Reich und den einzelnen Landesherrschaften aus. Sie übernahmen nicht nur auf vertikaler Ebene wichtige administrative und exekutive Aufgaben des Reiches, sondern konnten auch auf horizontaler Ebene zu einer engeren Vernetzung der Landesherrschaften beitragen und verhalfen den kleineren Herrschaften zu einer gemeinsamen Interessenpolitik.

Die weitreichende Selbstständigkeit der Reichsstände innerhalb des Bundesreiches hatte insgesamt den Weg zur Genese einer frühmodernen Staatlichkeit der einzelnen Glieder des Reiches geebnet, deren föderative Prinzipien schon in den Einungen und Bünden des Mittelalters begründet lagen.[173] Nach dem Westfälischen Frieden von 1648 verzeichneten viele Staaten einen beachtenswerten wirtschaftlichen und kulturellen Aufschwung, der sich an einigen Orten etwa in der Renaissance des höfischen Lebens, im Wesentlichen jedoch

---

172   Burkhardt, Deutsche Geschichte, S. 16; vgl. Funk, Kleine Geschichte, S. 93-95.
173   Vgl. Bahlcke, Landesherrschaft; Funk, Kleine Geschichte, S. 22-23.

in der Wiederbelebung der einzelstaatlichen Regierungen niederschlug. Das
Reichssystem in seiner Gesamtheit stand jedoch zu keinem Zeitpunkt auf
dem Spiel. Vielmehr sorgten die gezielten politischen Reformen der Einzelstaaten dafür, einen inneren Wandel des gesamten Reichs zu befördern und
die Funktionsfähigkeit und Stabilität der miteinander verbundenen Staaten zu
sichern und weiter auszubauen. Ob Ernst von Klenk, Johann Stephan Pütter,
Karl Friedrich Häberlin oder Christoph Martin Wieland: Sie alle lebten und
wirkten in diesem föderalen deutschen Reich und waren sich einig, dass eben
diese bundesstaatliche Reichsverfassung den Weg in eine freiheitliche und
sichere Zukunft ebnen würde. Die Verfassung des Reiches schuf die Voraussetzungen dafür, dass sich Pläne und Bestrebungen um eine Reform und Aufklärung in Politik, Gesellschaft, Religion und Wissenschaft – wenn sie auch
im öffentlichen Diskurs grenzüberschreitend verhandelt wurden – letztlich
nur auf einzelstaatlicher Ebene entfalten konnten. Nicht jeder Staat sah sich
in dieser Zeit den Problemen und Herausforderungen in gleicher Weise gewachsen noch konnte entsprechende Fortschritte verzeichnen. Manche
Reformbemühungen blieben vergebens, zeitlich begrenzt oder wirkten sich
nur auf lokaler Ebene aus. Dies galt für weltliche Staaten in ganz ähnlicher
Weise wie für manche geistlichen Staaten. Im Fürstbistum Münster waren die
Voraussetzung für die Aufklärung im Allgemeinen günstig, wenn auch nicht
völlig frei von Widerständen.

KAPITEL 2

Das Fürstbistum Münster: Die Verfassung eines geistlichen Staates

2.1 „Wenn wir von Westfalen reden, so begreifen wir darunter einen großen, sehr verschiedenen Landstrich" – Lage und Ausdehnung des Fürstbistums Münster

Nicht nur das föderale deutsche Reich zeichnete sich durch eine günstige „Zertheilung in so viele voneinander unabhängige Staaten und Gebiete"[1] aus, auch Westfalen wurde von seinen zeitgenössischen Betrachtern schon als ein überaus vielfältiger Raum wahrgenommen und beschrieben. Dabei bestand noch nicht einmal Einigkeit darüber, welche Herrschaftsgebiete im nordwestdeutschen Raum überhaupt zu Westfalen gerechnet werden sollten, etwa ob neben den geistlichen Staaten und kleineren protestantischen Grafschaften auch die preußischen Gebiete im Norden und Süden hinzugezählt werden müssten.[2] Neben Johann Moritz Schwager und Moritz Kasimir Pothmann, die in ihren Aufsätzen ein lebhaftes Abbild unterschiedlicher westfälischer Regionen und Städte, deren Sitten, Gebräuche, Bildung und Kultur lieferten[3], sind ebenfalls die mit höherem Anspruch verfassten literarischen Beschreibungen des aus Osnabrück stammenden und späteren preußischen Verwaltungsbeamten Justus Gruner (1777-1820) sowie die „Bilder aus Westfalen" der bedeutenden westfälischen Dichterin Annette von Droste-Hülshoff (1797-1848) anzuführen. Die ersten Worte von Droste-Hülshoff können an dieser Stelle fast programmatisch genannt werden: „Wenn wir von Westfalen reden, so begreifen wir darunter einen großen, sehr verschiedenen Landstrich, verschieden nicht nur den weit auseinanderliegenden Stammwurzeln seiner Bevölkerung nach, sondern auch in allem, was die Physiognomie des Landes bildet oder wesentlich darauf zurückwirkt, in Klima, Naturform, Erwerbsquellen und, als Folge dessen, in Kultur, Sitten, Charakter und selbst Körperbildung seiner Bewohner: daher möchten wohl wenige Teile unsers Deutschlands einer so vielseitigen Beleuchtung bedürfen."[4]

---

1 Häberlin, Güte, S. 32; auch Wieland, Vorrede, S. 389.
2 Vgl. Teske, Westfalen.
3 Vgl. JvufD 3 (1786), 3. St., S. 398-405 (Pothmann); BerM 1 (1783), S. 487-500 (Schwager).
4 Droste-Hülshoff, Bilder, S. 68; vgl. Gruner, Wallfahrt.

© VERLAG FERDINAND SCHÖNINGH, 2020 | DOI:10.30965/9783657704255_004

Lage und Umfang des Fürstbistums Münster innerhalb Westfalens und im Reich schufen besondere Rahmenbedingungen, die sich im ausgehenden 18. Jahrhundert als überaus vorteilhaft für eben jene reformpolitische Initiativen herausstellten, die das Fürstbistum als katholisch-aufgeklärten Staat kennzeichnen und nachhaltig prägen sollten. Die Grenzen des Fürstbistums erstreckten sich von der Lippe im Süden bis annähernd zur Emsmündung im Norden. Die Ausdehnung des südlichen Teils, des Oberstifts, entsprach recht genau den Grenzen des heutigen Münsterlandes. Der nördliche Teil, das Niederstift, setzte sich aus den Ämtern Meppen, Cloppenburg und Vechta zusammen, die durch eine enge Passage entlang der Ems mit dem Oberstift verbunden waren. Damit bildete Münster nicht nur das größte nordwestdeutsche Fürstbistum, den dominierenden geistlichen Stand des Niederrheinisch-Westfälischen Kreises, sondern auch den flächenmäßig größten geistlichen Staat des Reiches überhaupt.[5]

Neben gemeinsamen Grenzen mit dem bikonfessionellen Fürstbistum Osnabrück und dem unter kurkölnischer Herrschaft stehenden Vest Recklinghausen sowie dem Herzogtum Westfalen im Süden, die beide als weltliche Herrschaftsgebiete katholisch waren, grenzte Münster auch an Gebiete, die vornehmlich von protestantischen Landesherren regiert wurden, wobei deren Bevölkerung zumeist lutherisch war, aber ebenso reformatorisch oder teilweise katholisch sein konnte. Im ausgehenden 18. Jahrhundert waren die kurhannoverschen Herzöge sowie der brandenburgisch-preußische Kurfürst die wohl bedeutendsten unmittelbaren Nachbarn. Mit Brandenburg-Preußen hatte das Fürstbistum Münster mittlerweile seine längste gemeinsame Grenze innerhalb des Reiches, da durch Abtretungen, Erwerbungen und Heimfallungen benachbarte Herrschaften nunmehr dem preußischen König unterstanden, wie Lingen-Tecklenburg, Minden-Ravensberg, Kleve-Mark und Ostfriesland. Zahlreiche Herrschaftsgebiete des Niederrheinisch-Westfälischen Kreises verband somit dasselbe Schicksal, dass sie – unberücksichtigt ihrer landständischen inneren Verfassungen und weitgehenden Selbstverwaltung – von fremden Dynastien beherrscht wurden, deren fürstliche Herrscher sich vorwiegend außerhalb der Grenzen aufhielten.[6]

Dass die lange Grenze zu den protestantischen Niederlanden im Westen des Fürstbistums als grundsätzlich „belastend" oder gar als „gefährlich"[7] gedeutet

---

5 Nach der zeitgenössischen Aufstellung in Reichards Reisehandbuch von 1801 besaß das Fürstbistum Münster eine Fläche von 230 Quadratmeilen, gefolgt von den Fürsterzbistümern Salzburg (180), Mainz (171) und Köln (130), vgl. Reichard, Passagier, S. 291-296,
6 Vgl. Hanschmidt, Das 18. Jahrhundert, S. 606.
7 Vgl. Braubach, Politik und Kultur, S. 67.

werden müsse, wie es der Historiker Max Braubach beteuerte, entsprach vorwiegend der Wahrnehmung der kaisertreuen-habsburgischen katholischen
Liga im Reich, galt jedoch weniger für die fürstbischöfliche Regierung in
Münster, deren Annäherungen an andere europäische Mächte – insbesondere
an die Niederlande, dann auch an das revolutionäre Frankreich, an Hannover
oder auch Preußen – immer auch bewusst gegen kaiserlich-habsburgische
Interessen gerichtet waren. Die Möglichkeit, eigene außenpolitische Wege zu
gehen, ergab sich aus den Grundsätzen des föderalen Reiches. Trotz der vielbeschworenen Einheit der Reichskirche als Germania sacra, ist das Fürstbistum Münster für die 1760er und 70er Jahre ein deutliches Beispiel für eine eher
asymbiotische Verbindung zwischen dem habsburgischen Kaiserhaus und
einem geistlichen Staat.[8]

Franz von Fürstenberg hatte als noch junger Premierminister in den 1760er
Jahren bei seinem kurkölnischen Landesherrn schon weitreichende Befugnisse auch für außenpolitische Angelegenheiten durchsetzen können und
hat dadurch selbstständig die Interessen des Fürstbistums nach außen vertreten können. Fürstenberg behielt dabei stets das Fürstbistum und Westfalen im Blick. Politische Entscheidungen hatten sich für ihn stets an deren
Nutzen und Wohl für das Fürstbistum, für dessen Wirtschaft, Wissenschaften
und Kultur zu richten und sollten nach dem Siebenjährigen Krieg dauerhaften
Frieden, Ordnung und Wohlstand gewährleisten. Die Lage im Reich zwischen
den Niederlanden, kurhannoverschen und preußischen Besitzungen erforderte daher umso mehr eine „Politik der guten Nachbarschaft"[9], wie Alwin
Hanschmidt treffend formulierte. Auch für die europäischen Mächte stellte
das Fürstbistum Münster aufgrund seiner Lage und Ausdehnung ein ernstzu-
nehmender Bündnispartner dar. Dies galt nicht nur mit Blick auf diplomatische
Aushandlungen. Auch die nicht unerheblichen militärisch-strategischen
Ressourcen und wirtschaftlichen Einkünfte des Fürstbistums waren für auswärtige Staaten von Belang. So besaß es allein aufgrund seiner besonderen
strategisch-geographischen Verortung und seiner räumlichen Distanz zum
unmittelbaren kaiserlich-habsburgischen Macht- und Geltungsbereich eine
nicht zu unterschätzende Bedeutung für einen Ausgleich der Kräfte diesseits
und jenseits der Reichsgrenzen.[10]

Wie schon ein kursorischer Blick auf die Lage und Ausdehnung des
Fürstbistums Münster verdeutlicht, fristete es zusammen mit den anderen

---

8   Vgl. ebd., S. 40.
9   Hanschmidt, Fürstenberg als Staatsmann, S. 186-249, hier 187; vgl. auch Duchhardt, Fürst-
     bistum Münster.
10   Vgl. Braun, Die geistlichen Fürsten, S. 41.

westfälischen Fürstbistümern Osnabrück und Paderborn kein kärgliches Da-
sein „im ziemlich isolierten, von protestantischen Territorien umgebenen
westfälisch-norddeutschen Raum"[11], wie es Peter Hersche anmuten lässt. Vielmehr begünstigte die Lage eine engere Verflechtung und Anbindung an die hier
eher protestantisch geprägten Diskurse und kommunikativen Netzwerke der
Aufklärung, während zum vorwiegend katholisch dominierten oberdeutschen
Raum eine „erhebliche Kommunikationsschwelle"[12] den Austausch nicht
nur erschwerte, sondern deren potentieller Mehrwert für die Ausgestaltung
eigener Reformkonzepte von Fürstenberg überhaupt als gering eingeschätzt
wurde. Dies zeigte sich bereits im Zusammenhang mit der Rezeption der
Schulordnung, bestimmte jedoch auch grundsätzlich die Ausrichtung der
reformpolitischen Initiativen Fürstenbergs in den 1770er Jahren.

Hier drängt sich die Frage auf, ob die Nähe und Ferne zu anderen, vermeintlich „besonders aufgeklärten oder aufklärungsbereiten" weltlichen Staaten die
politischen und kulturellen Entwicklungen in den geistlichen Staaten beeinflusst haben könnte und dabei, so Heinz Duchhardt, „einen besonderen Druck
erzeugte, hinter dem Nachbarn nicht überdeutlich hinterherzuhinken"[13].
Gerade im Hinblick auf die bildungspolitischen Konzepte und Maßnahmen im
Fürstbistum Münster lässt sich die kommunikative Verflechtung und günstige
Anbindung an die zumeist protestantisch geprägten geistigen Zentren der Aufklärung nicht verkennen. Es wäre ein Trugschluss, die aufklärerischen Impulse
im Fürstbistum Münster und in anderen geistlichen Staaten grundsätzlich
als überstürzte Reaktion auf die aufklärerischen Reformen in den weltlichen
Staaten zu deuten, dem Topos der katholischen „Rückständigkeit"[14] neuen
Auftrieb zu verleihen und letztlich die Eigenleistungen aufklärerischer Eliten
zu unterschätzen. Vielmehr begegneten sich diese, ungeachtet der wirkungs-
vollen, zumeist abschätzigen Ansichten protestantischer Publizisten, von
katholischer und protestantischer Seite auf Augenhöhe und sahen in einem
räumlich wie konfessionell grenzüberschreitenden Austausch einen größeren
Nutzen für das gemeinsame Projekt der Aufklärung und der allgemeinen
Wohlfahrtsförderung. Nachvollziehbar ist hingegen, dass sich dieser Befund
nicht mit den Verhältnissen in einigen Staaten und Grenzregionen innerhalb des Reiches deckt, in denen das Aufeinandertreffen von Katholiken und
Protestanten eine stärkere Selbstbehauptung und Abgrenzung erforderte.[15]

---

11   Hersche, Muße und Verschwendung, Bd. 2, S. 916.
12   Weigl, Schauplätze, S. 24.
13   Duchhardt, Die geistlichen Staaten, S. 65.
14   Vgl. Hersche, Rückständigkeit.
15   Vgl. François, Die unsichtbare Grenze; ferner Seiderer, Formen der Aufklärung; Rüffer,
      Disziplinierung des Glaubens; Holzem, Religiöse Erfahrung.

Die Teilhabe am aufgeklärten Diskurs setzte nicht nur Kritikbereitschaft und Offenheit voraus, sondern zu allererst ein generelles Bewusstsein für die fruchtbare Vielfalt und Konkurrenz, die das föderale Reich an unterschiedlichen reformpolitischen Auffassungen und Konzepten und Programmen in Bildung, Kultur und Wissenschaften bot und die sich auch im unmittelbaren westfälischen Raum widerspiegelte. Dass es in Westfalen aufgrund seiner „territoriale[n] Zerklüftung"[16] grundsätzlich an vielem gemangelt habe, etwa an einem mächtigen Landesherrn oder einem politischen Zentrum, entspricht hingegen jener Lesart, die der historischen Wahrnehmung weder gerecht wird, noch die Vielfalt des westfälischen Raumes in gebührender Weise würdigt. Das Fürstbistum Münster bildete aufgrund seiner Lage und Ausdehnung fortwährend eine treibende Kraft im nordwestdeutschen Raum – eine Position, die es durch das katholisch-aufklärerische Wirken Franz von Fürstenbergs auch im ausgehenden 18. Jahrhunderts nicht einbüßen musste.

2.2 „Unterm Krummstab ist gut wohnen" – Fürstbischöfliche und landständische Politik und Herrschaft

Das alte Sprichwort über das vermeintlich gute Leben „unterm Krummstab" – dem Zeichen der Bischofswürde – hat das Ende des Alten Reiches längst überlebt und wird seitdem immer wieder in den vielfältigen Darstellungen über den inneren Zustand der geistlichen Staaten im ausgehenden 18. Jahrhundert angeführt.[17] Erstmals erschien dieses Sprichwort jedoch schon 1548 in der zu Eisleben gedruckten Sammlung „Fünfhundert neue deutsche Sprichwörter" des evangelischen Theologen und Erziehers Johann Agricola[18] (1494-1566): „Unter dem krummen Stabe und unter den Grafen ist gut wohnen"[19], lautet es dort in seiner ursprünglichen Form. Agricolas prägnanter Deutung zufolge herrschen sowohl Grafen als auch Bischöfe und Äbte mit großer Milde und Rücksicht und erweisen sich daher ihren Untertanen als vornehmlich gutherzige Regenten. Hiervon habe sich, so Agricola, das Sprichwort abgeleitet.[20] Den Stab mit der charakteristischen Krümmung am oberen Ende tragen

---

16 Hanschmidt, Das 18. Jahrhundert, S. 606; Klueting spricht hinsichtlich der politischen Zentren von einer Zweiteilung Westfalens, nämlich einerseits „nach Bonn für das hochstiftisch-katholische und nach Berlin für das preußisch-protestantische Westfalen", vgl. Klueting, Geschichte Westfalens, S. 143.

17 Vgl. Lahrkamp, Krummstab; Hausberger, Krummstab.

18 Vgl. Hammann, Agricola.

19 Agricola, Sprichwörter, Nr. 190.

20 Vgl. ebd.

Bischöfe als Zeichen ihres Hirtenamtes und damit als Symbol für die an sie übertragenen geistlichen Macht- und Amtsbefugnisse. Vorrangig wurde ihnen damit der seelsorgerische Dienst übertragen, einem Hirten gleich für die Gläubigen als Herde Christi zu sorgen. Als ein guter Hirte lässt er diese niemals im Stich, er ist stets bei ihnen und kümmert sich aufopferungsvoll um sie.[21]

Das Leitbild des guten Hirten („pastor bonus") wurde in den Beschlüssen des Konzils von Trient (1545-1563) in Bezug auf die bischöflichen Pflichten hin bestärkt und sollte fortan die verbreitete Vernachlässigung pastoraler Aufgaben, den Missbrauch und die Anhäufung von Ämtern unter den Bischöfen fortan strengstens unterbinden. Das Spenden der Sakramente, das Weihen und Predigen waren die Hauptaufgaben der Bischöfe. Allzu häufig widersprach dies jedoch dem Amtsverständnis und den persönlichen Ambitionen vieler Fürstbischöfe im 17. und 18. Jahrhundert, die sich mehr ihren weltlichen Angelegenheiten verpflichtet sahen, als sich mit dem bloßen Hirtenamt zufrieden zu geben.[22] Eine derartige Reform des Bischofamtes, wie sie das Konzil von Trient vorsah, scheiterte im Reich zudem an den verfassungsrechtlichen und institutionellen Verhältnissen, die sich unausweichlich aus der Stellung der Fürstbischöfe als Reichsfürsten ergaben.[23] Trotz dieser prekären Ausgangslage bildeten die zahlreichen Reformimpulse des Konzils von Trient die geistige Grundlegung für eine beachtliche konfessionelle Kräftigung – oder auch „Rekatholisierung"[24] – in den geistlichen Staaten des Reiches, etwa durch Niederlassungen des Jesuitenordens, durch Verbesserungen in der Priesterbildung und der praktischen Seelsorge sowie durch den Erlass neuer Schul- und Kirchenordnungen. Dies galt insbesondere für das Fürstbistum Münster, wo eben jene tridentinischen Reformen das religiöse und geistliche Leben ‚unter dem krummen Stabe' kennzeichnen sollten und am Ende des 18. Jahrhunderts nicht unwesentlich in die katholische Reform und die Bestrebungen um eine Aufklärung einwirkten.[25]

Als einer der bedeutendsten, wenn auch umstrittensten Fürstbischöfe nach dem Westfälischem Frieden, hat Christoph Bernhard von Galen (1606-1678)

---

21 Vgl. Joh 10,11-16: „Ich bin der gute Hirt. Der gute Hirt gibt sein Leben hin für die Schafe. […] Ich habe noch andere Schafe […]; auch sie muss ich führen und sie werden auf meine Stimme hören; dann wird es nur eine Herde geben und einen Hirten.".

22 Die maßgebliche Edition der Trienter Beschlüsse liefert Wohlmuth, Dekrete der ökumenischen Konzilien, Bd. 3, hier Sess. XXIV de ref., cap. 1; Sess. XXIII de ref.; vgl. auch Jürgensmeier, Geistliche Leitung; Bischof, Die Konzilien, S. 532-543.

23 Vgl. Printy, Enlightenment, S. 166-185, hier v.a. S. 169. Die weltliche Macht war den Bischöfen mit dem Wormser Konkordat im Jahr 1122 übertragen worden, vgl. Braun, Princeps et episcopus, S. 20 f.

24 Klueting, Geschichte Westfalens, S. 134 f.

25 Vgl. Freitag, Tridentinische Reformen, S. 43-57; Holzem, Konfessionsstaat, S. 83-117.

eben jene tridentinischen Reformen im Fürstbistum Münster durchzusetzen versucht. Er selbst tauschte Krummstab und Mitra jedoch allzu oft gegen das Schwert aus, zwang zunächst die Stadt Münster nach Belagerungen und Bombardierungen mit neuartigen Feuerkugeln zur Kapitulation und zog später als Feldherr mit seinen Truppen mehrmals gegen die Niederlande, dann auch gegen Schweden und die Türken in den Krieg.[26] Trotz seiner Verdienste als ehrgeiziger Reformbischof, der zudem seinen Weihepflichten im Fürstbistum nachkommen und sich um die Bildung und Katechese seiner frommkatholischen und gehorsamen Untertanen sorgen wollte, blieb er dennoch als ruhmsüchtiger, dem Absolutismus zugeneigter ‚Bomben-Bernd‘ in lebhafter Erinnerung.[27] Die Nachwirkungen der von ihm angestoßenen Impulse dürfen im Hinblick auf die misslichen Zustände im Schulwesen rund einhundert Jahre später sicherlich nicht allzu hoch eingeschätzt werden. Hier hatte es nicht nur an der Kontinuität, Aufsicht und Durchsetzungskraft der Reforminitiativen gemangelt, sondern insbesondere an der Einhaltung der allgemeinen Schulpflicht, an ausgebildeten Lehrkräften und an einer entsprechenden Lehrerbesoldung. Ein umfangreiches Reformkonzept, wie es eigentlich notwendig war, haben weder Christoph Bernhard von Galen noch seine Nachfolger bewältigen können.[28]

Ab 1723 wurde das Fürstbistum Münster dann in Personalunion von den kölnischen Kurfürst-Erzbischöfen regiert, die sich nur noch sporadisch, bald gar nicht mehr in Münster aufhielten. Der aus dem Haus Wittelsbach stammende Clemens August von Bayern (1700-1761) residierte in Brühl bei Köln, wo sich der Kirchenfürst des Rokoko als „Sonnenkönig"[29] seinem üppigen höfischen und kirchlichen Zeremoniell zur Macht- und Herrschaftsrepräsentation hingab und dabei stillschweigend seine bischöflichen Pflichten aus den Augen verlor. Dies war nicht nur für das Erzbistum Köln und das Bistum Münster der Fall, sondern auch für Paderborn, Osnabrück und Hildesheim, wo Clemens August ebenfalls zum Fürstbischof gewählt worden war und in Personalunion regierte. Weihbischöfe übernahmen dort die Pontifikalhandlungen und die Generalvikare begaben sich auf Visitationsreisen in die Pfarreien seiner Bistümer. Als Clemens August im Jahr 1761 starb, war Westfalen immer noch ein Nebenkriegsschauplatz des Siebenjährigen Krieges. Nachdem die Stadt Münster 1757/58 aufgrund ihrer guten Befestigungsanlagen

---

26 Vgl. Lahrkamp, Krummstab, S. 11-29.
27 Vgl. ebd., 28; Braun, Princeps et episcopus, S. 285-291.
28 Vgl. Schönemann, Bildungsinstitutionen, S. 708.
29 Vgl. Miersch, Electeur Soleil; Reinking, Selbstverständnis; Braun, Princeps et episcopus, S. 275-280.

für die vom Niederrhein vorgerückten Franzosen einen strategischen Fixpunkt geboten hatte, gelang den kurhannoversch-preußischen Truppen schließlich die Besetzung des Fürstbistums. Die Bevölkerung bekam die wirtschaftliche Notlage durch steigende Preise für Lebensmittel hart zu spüren, während der kurhannoversche Herzog Ferdinand (1721-1792) als Oberbefehlshaber der alliierten Streitkräfte im Erbdrostenhof festliche Bankette abhielt.[30] Münsters strategische Lage im Nordwesten des Reiches sowie das Bündnis von Clemens August mit Frankreich war in dieser Zeit verantwortlich für eine kurze, wenn auch einschneidende Kriegserfahrung, die sich noch über Jahre hinweg in Wirtschaft, Gesellschaft und Kultur deutlich bemerkbar machte.

Erst als nach dem Tod des alten Fürstbischofs die Idee einer Säkularisierung der westfälischen Fürstbistümer durch das Intervenieren der habsburgischen Erzherzogin und Kaiserin Maria Theresia (1717-1780)[31] nicht weiter verfolgt wurde, konnte das münstersche Domkapitel 1762 die Wahl eines neuen Fürstbischofs vornehmen. Die Entscheidung fiel auf den schwäbischen Reichsgrafen Maximilian Friedrich von Königsegg-Rothenfels (1708-1784), der im Jahr zuvor zum kölnischen Kurfürst-Erzbischof gewählt worden war. Wahlberechtigt waren in Münster wie auch in den anderen geistlichen Staaten des Reiches ausschließlich die in das Domkapitel gewählten Adligen. Die Besetzung der Domherrenstellen orientierte sich dabei streng an dem Kriterium ihrer Stiftsfähigkeit. Dies mussten die Kandidaten durch das Aufschwören ihrer adligen Vorfahren entsprechend nachweisen, wodurch die Exklusivität des Domkapitels bewahrt und der Erwerb der lukrativen Domherrenpfründe und besonderer Dignitäten beschränkt wurden.[32] Damit verbunden waren immer auch Herrschaftsrechte, Aufsichtspflichten sowie die geistliche Gerichtsbarkeit für zugewiesene Regionen des Bistums (Archidiakonate).

In Westfalen wurden die Domherrenstellen aus den eigenen Reihen der ansässigen Ritterschaft besetzt.[33] Das Fürstbistum Münster besaß dabei mit insgesamt 41 Domherrenstellen nach Liège das zweitgrößte Domkapitel im Reich. Die Dominanz weniger westfälischer Adelsfamilien war hier unverkennbar, wobei die Kumulierung mehrerer Präbenden in westfälischen oder auch außerwestfälischen Domkapiteln zudem eher eine gängige Praxis als eine Ausnahme für den stiftsfähigen Adel darstellte.[34] Dieser hatte darüber hinaus,

---

30 Zur Chronologie des Krieges in Westfalen vgl. Klueting, Westfälische Geschichte, S. 187-191; Lahrkamp, Krummstab, S. 156-161.
31 Vgl. Stollberg-Rilinger, Maria Theresia.
32 Vgl. hierzu die umfangreichen Studien von Reif, Westfälischer Adel; Weidner, Landadel in Münster.
33 Vgl. hierzu auch Kremer, Herkunft.
34 Vgl. Reif, Westfälischer Adel, S. 50-58.

sofern er im Fürstbistum landsässig war, Zugang und Berechtigung zu Sitz und Stimme im Landtag, der sich aus dem Domkapitel, der Ritterschaft und Vertretern der Städte zusammensetzte. Der westfälische Adel konnte durch eben diese Verbindung geistlicher und weltlicher Privilegien und Rechte seinen Einfluss und seine Exklusivität nachhaltig sicherstellen und in dieser Form bis zum Ende des Alten Reiches einen bedeutenden Einfluss auf die Politik und Verwaltung des Fürstbistums ausüben.

1762 war die Wahl des neuen kölnischen Kurfürst-Erzbischofs Königsegg-Rothenfels zum münsterschen Fürstbischof keinesfalls selbstverständlich und stand im Domkapitel zunächst gar nicht zur Debatte. Erst auf Drängen Englands und der niederländischen Generalstaaten, die an ihrer deutschen Grenze lieber einen starken geistlichen Staat unter Führung des kölnischen Kurfürsten aus reichsgräflichem Hause als ein schwächeres – wohlmöglich doch bald säkularisiertes – Territorium unter preußischer Führung sahen, erreichte Franz von Fürstenberg, der seit 1748 Domkapitular in Münster und Paderborn war, die Mehrheit der Stimmen für eine Unterstützung des kölnischen Kandidaten zu gewinnen.[35] Dabei galt dieser nach den tridentinischen Vorgaben eigentlich als ungeeignet für das Hirtenamt, da er seinen geistlichen wie auch weltlichen Pflichten überhaupt nicht nachkommen wollte.[36] Erst eine Zahlung von 35.000 Gulden[37] an den Domprobst Friedrich Wilhelm Nicolaus Anton von Boeselager (1713-1782), der seine Kandidatur daraufhin zurückzog, sowie an weitere Domherren sorgte für eine nunmehr reibungslose Wahl des Kurfürst-Erzbischofs zum neuen Fürstbischof von Münster. Die Beweggründe für diese Wahlpolitik Fürstenbergs lassen sich nicht mehr vollends erschließen. Dass familiäre und persönliche Rivalitäten im Domkapitel eine Rolle gespielt haben dürften, kann sicherlich als eine konstante Erscheinung innerhalb des stiftsfähigen Adels gedeutet werden. Fürstenberg verwies hingegen noch im Frühjahr 1762 explizit auf die Sparsamkeit des neuen Kurfürsten, die er unter fiskalisch-wirtschaftlichen Gesichtspunkten nach dem Siebenjährigen Krieg nur gutheißen konnte.[38]

Neuen Wind – auch im übertragenen Sinne – brachte dann die Regierungszeit des neuen Fürstbischofs mit sich, als Stadtmauern und Wallanlagen geebnet, die nassen Gräben trocken gelegt und die Zitadelle für den Bau eines Residenzschlosses abgetragen wurde.[39] Für die Landstände sollte Münster

---

35   Vgl. Hanschmidt, Fürstenberg, S. 43-80; Keinemann, Domkapitel, S. 160-168.
36   Vgl. Braun, Princeps et episcopus, S. 280 f.
37   Vgl. Holzem, Konfessionsstaat, S. 243; Reif, Westfälischer Adel, S. 69.
38   Vgl. Hanschmidt, Fürstenberg als Staatsmann, S. 67.
39   Vgl. Oer, Residenzstadt, S. 365-409; zuletzt Dethlefs, Sinnbild milder Herrschaft.

wieder eine Residenzstadt mit eigener Hofhaltung werden, ein prächtiges Barockschloss daher den Bedürfnissen und gestiegenen Erwartungen eines Fürstbischofs entsprechen und nicht zuletzt für einen wirtschaftlichen und kulturellen Aufschwung sorgen. Doch weniger der neue Fürstbischof als vielmehr der von ihm als Premierminister eingesetzte Franz von Fürstenberg veränderte ab 1762 die Politik und Verwaltung des Fürstbistums maßgeblich. Mit der Ernennung zum Generalvikar 1770 erhielt Fürstenberg dann zusätzlich die Verantwortung für die Leitung sowie für die geistliche Gerichtsbarkeit der Diözese. Der Fürstbischof selbst sah daher keinen Anlass, in Münster als Landesherr und Bischof in Erscheinung treten zu müssen, noch sich in irgendeiner Weise in die Geschicke seines pflichtbewussten Ministers Fürstenberg einzumischen, zumal dieser sich das Vertrauen des Fürstbischofs durch seine Fürsprache bei der Wahl allemal erworben hatte. Die Gegenwart eines Premierministers, der allein und direkt dem Fürstbischof unterstand, rüttelte jedoch keineswegs an den Herrschaftsverhältnissen innerhalb des Fürstbistums und damit ebenso wenig an der Dominanz des westfälischen, versippten Stiftsadels, dem Fürstenberg selbst angehörte. Der weitgehende Mangel an verlässlichen Formen und Strukturen zur Verwaltung der auch entlegensten Regionen des Fürstbistums machte es geradezu unumgänglich, auf eine solide Zusammenarbeit mit den Landständen zu bauen. Darüber hinaus bestand auch bei diesen ein hinreichendes Interesse, eigene Reforminitiativen anzustoßen. Doch hatte es hier bislang an der entscheidenden Expertise für eine sowohl umfassende und weitsichtige als auch sach- und fachbezogene Politik gefehlt, die das gesamte Fürstbistum in den Blick nahm und zu durchdringen versuchte.

Max Franz von Österreich (1756-1801) wurde 1784 zum letzten Fürstbischof von Münster gewählt, nachdem er bereits vier Jahre zuvor von seinem Vorgänger zum Koadjutor für Köln und Münster auserkoren und von den Domkapiteln gewählt worden war. Der neue Kurfürst-Erzbischof von Köln und Fürstbischof von Münster war das sechzehnte und jüngste Kind der habsburgischen Erzherzogin Maria Theresia und ihres bereits verstorbenen Gatten, dem Kaiser Franz I. Stephan (1708-1765). Durch Max Franz versuchte das Haus Habsburg, sich wieder eine einflussreiche Stellung im Nordwesten des Reiches zu sichern. Fürstenberg, der die Wahl dieses Kandidaten nicht befürwortete und zudem auf die Unterstützung des Preußenkönigs Friedrich II. (1712-1786)[40] baute,

---

40   Vgl. Friedrich II. an Finckenstein und Wolffersdorff (1.10.1779), in: Droysen, Die politische Correspondenz, Nr. 22579 f.

wurde noch 1780 als Minister entlassen, blieb jedoch als Generalvikar bis 1807 für die Reform des Schulwesens im Fürstbistum zuständig und verantwortlich.[41]

Spätestens im ausgehenden 18. Jahrhundert konnte sich das Fürstbistum Münster als katholisch-aufgeklärter Staat auch mit den weltlichen Staaten vergleichbarer Größe messen und seine Konkurrenzfähigkeit im Reich behaupten. Als Premierminister und als Generalvikar betrieb Fürstenberg eine umfassende Reformpolitik, die seit Ende des Siebenjährigen Krieges erforderlich war, etwa die Finanzkonsolidierung und Schuldentilgung sowie die Förderung von Manufakturen, Handel, Verkehr und Landwirtschaft. Mittelpunkt seines Reformstrebens blieb jedoch zeitlebens die Reform des Bildungswesens.[42] Nicht minder bedeutsam und bisweilen unmittelbar mit staatlich-utilitaristischen Zielsetzungen verknüpft, setzte Fürstenberg gezielte Impulse im geistlich-kirchlichen Bereich, um den vielerorts ausufernden Formen barocker Volksfrömmigkeit Einhalt zu gebieten und im Zeichen der Aufklärung zu läutern.[43] Damit verbunden war die beständige Sorge um eine immerwährende Erneuerung des gelebten Glaubens, der insbesondere die konfessionelle Homogenität des Fürstbistums erhalten und bestärken sollte. Schon der Historiker Georg Schmidt hat verdeutlicht, dass der Zusammenhalt in den geistlichen Staaten insbesondere durch das „Fortbestehen der alten loyalitätsstiftenden Bindungen, allen voran der Kirche"[44], gesichert wurde, die sich in ihren religiösen Ritualen und kulturellem Brauchtum widerspiegeln. Dem gegenüber konnte der Fürstbischof durch das Fehlen einer dynastischen Herrschaftsfolge sowie durch seine grundsätzliche Abwesenheit zu keiner Zeit eine vergleichbare identitätsstiftende Kraft besitzen. Das Fürstbistum Münster war kein Fürstenstaat, sondern blieb stets ein Ständestaat unter der Vormachtstellung der westfälischen Adelsfamilien.

In Bezug auf das zu Beginn angeführte Sprichwort über das gute Leben „unterm Krummstab" kann an dieser Stelle nun festgehalten werden, dass diese Zuschreibung für das Fürstbistum Münster im ausgehenden 18. Jahrhundert durchaus ihre Berechtigung hatte. Der Historiker Helmut Lahrkamp, der dies in seinem Band „Unter dem Krummstab" zur Geschichte des Münsterlandes zwischen Westfälischem Frieden und Säkularisation nur implizit zum Ausdruck brachte, gibt erst am Ende zu bedenken, wie gern die Bevölkerung

---

41 Vgl. Lahrkamp, Krummstab, S. 168-174; Hanschmidt, Fürstenberg als Staatsmann, S. 249-298.

42 Vgl. Holzem, Konfessionsstaat, S. 244-264; zur Wirtschaftspolitik vgl. Reininghaus, Fürstenberg.

43 Vgl. Weitlauff, Staat, S. 25.

44 Schmidt, Integration, S. 10.

doch „an den alten vertrauten Verhältnissen"[45] festgehalten hätte, als unter preußischer Herrschaft ein völlig neuer Herrschaftsstil Einzug hielt. In der Tat waren die Gegebenheiten zu fürstbischöflicher Zeit keinesfalls derart rückständig oder reformbedürftig, wie sie die preußische Historiographie später zu vermitteln pflegte. Die verfassungsrechtliche Beschaffenheit des Fürstbistums gewährleistete eine verlässliche und größtmögliche Kontinuität in Politik und Verwaltung, gewährte den Landständen – die sich auf den Landtagen sehr regelmäßig versammelten – auf Basis einer zunehmend konsensualen Kommunikations- und Entscheidungskultur umfangreiche Mitsprache- und Mitbestimmungsrechte und schuf dadurch vielfältige Möglichkeiten, auf Missstände reagieren zu können, sofern dies nicht die Rechte und Privilegien des Adels infrage stellte.

Die landständische Verfassung bot Schutz vor jeglicher fürstlich-absolutistischer Willkür und schuf Beständigkeit auch über den Tod des Landesherrn hinaus. Wie Heribert Raab treffend ausführte, wirkte in den geistlichen Staaten vorwiegend eben jener politische Geist, „ein erträgliches, der natürlichen Ordnung entsprechendes Verhältnis zwischen Staat und Mensch, zwischen Individuum und Gemeinschaft zu schaffen"[46]. So wie die Kirche den Jahres- und Lebenszyklus der Menschen begleitete, ließ das gemeinsame Streben nach jenseitiger Glückseligkeit und Vollkommenheit die irdischen Güter und Begierden eher in den Hintergrund rücken und schuf dadurch den notwendigen Rückhalt und Zusammenhalt auch in schwierigen Zeiten. Dies bedeutete jedoch nicht, sich nunmehr einem frömmelnden Müßiggang hingeben zu können, sondern vielmehr, dass sich jegliche Reformen in den geistlichen Staaten stets unter dem Schutzmantel von Glaube und Kirche vollzogen und im Gegensatz zu manch derben Formen der Sozialdisziplinierung in den weltlichen Staaten eine „im christlichen Ethos wurzelnde menschenfreundliche Alternative"[47] suchten. Selbst in der Strafjustiz „unterm Krummstab" setzte sich dies fort, da geistliche Sanktionsinstanzen zweifelsohne für ein mildes Regiment standen.[48] Ungeachtet dessen lässt es insbesondere die Reformpolitik Franz von Fürstenbergs im Fürstbistum Münster zu, der Geltung des guten Lebens ‚unterm Krummstab' größeres Gewicht zu verleihen. So bestand dort durch verminderte Militäraufwendungen letztlich eine niedrigere Steuerlast bei einer insgesamt besseren Finanzverwaltung als in den weltlichen Staaten. Während größere wirtschaftliche Erfolge im Fürstbis-

---

45   Lahrkamp, Krummstab, S. 175.
46   Raab, Bischof und Fürst, S. 317.
47   Vgl. Andermann, Die geistlichen Staaten, S. 612.
48   Vgl. Rudolph, Mildes Regiment, S. 123 f.

tum Münster ausblieben und auch die Armenfürsorge weiterhin innerhalb der Pfarreien geregelt wurde, lässt sich dennoch kein nennenswertes „Wohlstandsgefälle"[49] zu den weltlichen Staaten ermitteln. Die Fortschritte im Schul- und Bildungswesen sowie die Förderung von Kunst und Kultur stellten sich hingegen als geradezu vorbildlich dar.

2.3   „Ich glaube, Gott, mit Zuversicht ..." – Glaube und Frömmigkeit zwischen Aufklärung und Beharrung

Die Grundlage für eine Reform des Schul- und Bildungswesens bildeten im Fürstbistum Münster wie auch in den anderen Staaten des Reiches die jeweiligen konfessionsspezifischen Voraussetzungen. Alle deutschen Staaten hatten ja ihre „je besonderen konfessionskulturellen Herkunftsgeschichten"[50], die bis heute noch als wirkmächtige Hintergrundströmungen in Politik und Gesellschaft fortbestehen. So war das frühneuzeitliche deutsche Reich gekennzeichnet durch ganz verschiedenartige Konfessionsräume. Das Fürstbistum Münster wurde im ausgehenden 18. Jahrhundert noch stark von jener Ausrichtung der katholischen Kirche geprägt, die für die Zeit der Konfessionalisierung zwischen Reformation und Westfälischem Frieden kennzeichnend war. Die Bemühungen der Fürstbischöfe wie auch der meisten katholischen Landesherren um eine entsprechende konfessionelle Homogenisierung ihrer Untertanen beförderten im Fürstbistum Münster bewusst antiprotestantische Einstellungen[51], strikte konfessionelle Grenzziehungen und Bekenntniszwänge. Die ergriffenen Maßnahmen einer solchen Konfessionalisierung besaßen für die bestehende religiöse, soziale und politische Ordnung eine stärkende und daher eine in vielerlei Hinsicht herrschaftsstabilisierende Funktion und Wirkung für Staat und Kirche.[52] Zahlreiche Reformen, die im engeren Sinne den kirchlich-geistlichen Bereich betrafen, beruhten noch auf den Beschlüssen des Trienter Konzils (1545-1563), deren Wirkungen sich in den folgenden Jahrzehnten allerdings langsamer,

---

49   Schmidt, Integration, S. 10; vgl. Hanschmidt, Fürstenberg als Staatsmann; Hausberger, Krummstab, S. 44.

50   Graf, Wiederkehr der Götter, S. 91.

51   Dabei spielte die lebendige Erinnerung an die Täuferzeit (1534/35), seitdem der Protestantismus mit Aufruhr, Chaos und Umsturz gleichgesetzt wurde, gewiss eine wichtige Rolle, vgl. hierzu Rommé, Königreich der Täufer.

52   Vor diesem Hintergrund ist bereits vielfach diskutiert worden, inwieweit die Reformen immer auch der Disziplinierung der Gesellschaft galten, vgl. Oestreich, Strukturprobleme; Schilling, Disziplinierung.

weniger tiefgreifend und nachhaltig entfaltet hatten als dies ursprünglich be-
absichtigt war.

Erst die Aufklärung verhalf dann im letzten Drittel des 18. Jahrhunderts
der katholischen Staatenwelt zu neuen Ideen, Einsichten und Erziehungs-
methoden, die wesentliche Anliegen des tridentinischen Reformprogramms
wieder aufgriffen, etwa die Bemühungen zur Verbesserung der Seelsorge,
Predigt und Katechese durch eine bessere Priesterausbildung. Nach wie vor
war auch die Erziehung des Volkes zur Frömmigkeit von zentraler Bedeutung.
Doch die nach dem Tridentinum mit aller Kraft deutlich intensivierten
Frömmigkeitsformen waren vielerorts derart ausgeufert, dass sie bei aufgeklärten Katholiken zunehmend auf harsche Kritik und Ablehnung trafen, zumal sie auch als ökonomisch irrational galten.[53] Die Erneuerung des Glaubens,
die Läuterung und Verinnerlichung der bislang vornehmlich veräußerlichten
Volksfrömmigkeit und damit die Sensibilisierung der Gläubigen für an-
gemessenere Formen der Spiritualität, Andacht und Liturgie bildeten hier
wesentliche Kernelemente der Katholischen Aufklärung. Vom frommen Volk
wurden derartige obrigkeitliche Reform- und Disziplinierungsbemühungen
als Gefahr für die allgemeine Wohlfahrt, die Stabilität und den Frieden innerhalb des Gemeinwesens wahrgenommen. Ernsthafte Spannungen bis zu
handfesten Auseinandersetzungen ergaben sich im letzten Drittel des 18. Jahrhunderts, als die aufklärerischen Ideen und Forderungen nunmehr zielsicher
und vernunftgeleitet in die althergebrachten Glaubenspraktiken, Frömmigkeitsformen und gewohnten Lebensweisen vorstießen. Hier prallten mitunter völlig entgegengesetzte Vorstellungen davon aufeinander, was als wahr
und falsch, als rechtmäßig und abergläubisch angesehen werden müsse. Die
verordneten Reformen zur Feiertagsreduzierung[54], zur Verlegung oder Abschaffung bestimmter Prozessionen und Wallfahrten, die Eindämmung der
Bilderverehrung, die Einführung neuer Gebet- und Gesangbücher sowie die
Verbesserung des Bildungswesens sollten dabei keineswegs die konfessionelle
Identität leichtfertig aufs Spiel setzen. Vielmehr galt es einen durch Vernunft
geläuterten Glauben und eine verinnerlichte Religiosität zu befördern, die den
blinden Traditionalismus zu durchbrechen und den katholischen Glaubens-
lehren neue Geltung und Glaubwürdigkeit zurückzugewinnen vermochte.

Die Frage, auf welche Weise katholisch-aufklärerische Reformen zur Veränderung von Glaube und Frömmigkeit in den katholischen Staaten bei-
trugen und ob sie dort die erforderlichen Tiefenwirkungen erzielten, ist bereits

---

53   Vgl. Ganzer, Das Konzil von Trient, S. 22.
54   1770 wurden 19 Feiertage gestrichen, vgl. Freitag, Fürstbistum Münster, S. 34-36.

in mehreren Studien aufgeworfen worden.[55] Wenn der Historiker Thomas Nipperdey für den Anfang des 19. Jahrhunderts feststellt, dass „das Volk" zu dieser Zeit noch „in einer weitgehend noch ungebrochenen Selbstverständlichkeit des Christen- und Kirchenglaubens" lebte und auch die Kirchen „halb traditionalistisch, halb aufgeklärt"[56] in einem unabgeschlossenen Wandlungsprozess stecken geblieben waren, so vermittelt dies den Eindruck, dass ein Großteil der Gesellschaft – mehr einfältig als aufgeklärt – weiterhin mit traditionellen Mitteln ihren Glaubensüberzeugungen nacheiferte. Die Wirkung aufklärerischen Gedankenguts war allerdings vielfältig, ambivalent und widersprüchlich gewesen und kann daher weder für die katholischen Staaten insgesamt noch innerhalb eines einzelnen Staates auf einen gemeinsamen Nenner gebracht werden. Sie variierte stark innerhalb der unterschiedlichen konfessionskulturellen, herrschaftlichen und ökonomisch-sozialen Verhältnisse, die in den Gemeinden und Regionen wirksam waren und konnte vielerorts daher eine erstaunliche Eigendynamik entfalten.

Erst der Blick in die „lokalen dorfgemeindlichen oder (klein)städtischen Kräftegefüge"[57], wie es Wolfgang Neugebauer für das Elementarschulwesen vorschlug, ermöglicht es, differenziertere Aussagen über die Wirksamkeit aufklärerischer Reformen zu treffen. Schon hinsichtlich der Frömmigkeitsformen konnten die Voraussetzungen von Gemeinde zu Gemeinde verschieden sein, etwa durch die besondere Verehrung des Pfarrpatrons, eines Schutzpatrons oder der Maria als Mutter Gottes. Manche Marienfeste waren mit lokalen Bräuchen eng verknüpft. Marienwallfahrtsorte wie Telgte, Vinnenberg, Eggerode und Stadtlohn erreichten im Fürstbistum Münster immer größere Einzugsgebiete und traten nicht selten in Konkurrenz zueinander. Bildstöcke und Wegkreuze säumten die Prozessionswege der Gläubigen und sorgten ebenso im Alltags- und Arbeitsleben für eine ungebrochene „Vergegenwärtigung heilsgeschichtlicher Ereignisse"[58]. Sie bildeten schließlich Sakrallandschaften, in denen die jeweiligen konfessionskulturellen Eigenheiten und Gewohnheiten erfahrbar und sinnfällig wurden. Eben dies setzte sich beim Besuch des Gottesdienstes in der Architektur und im Bildprogramm des Kirchenraumes fort. Hinzu trat der jeweilige Pfarrer, der durch Predigt und Katechese nach und nach bestimmte Frömmigkeitsformen in der Gemeinde intensivieren konnte, um etwa einer antiprotestantischen Haltung besonderen

---

55   Für das Fürstbistum Münster vgl. grundl. Freitag, Volks- und Elitenfrömmigkeit.
56   Nipperdey, Deutsche Geschichte, S. 403.
57   Neugebauer, Kultureller Lokalismus, S. 386 f.
58   Freitag, Volks- und Elitenfrömmigkeit, S. 264; vgl. ebd., S. 238-295; Ganzer, Das Konzil von Trient, S. 24 f.

Ausdruck zu verleihen. Hierzu zählten die Verehrung und der Empfang Jesu Christi unter den eucharistischen Gestalten von Brot und Wein, die Verehrung Mariens durch eigene Gebetsformen, Gesänge, Wallfahrten und Bräuche sowie die Heiligen- und Reliquienverehrung. Dabei verbanden sich in dem oftmals noch recht begrenzten Lebensbereich der Gemeinde „kulturell traditionelle Lebensweisen mit den gepredigten und zeremoniell erfahrbaren und erlernten konfessionellen Sittlichkeitsnormen der jeweiligen Kirche zu einer eigenen Identität"[59]. Das von diesen sehr verschiedenen Glaubenspraktiken durchdrungene Fürstbistum Münster erscheint daher nur auf dem ersten Blick als ein einheitlicher katholischer Konfessionsraum.

Gegenüber protestantischen Frömmigkeitsformen, die sich nach Einschätzung des Theologen Friedrich Wilhelm Graf insgesamt durch eine schwächere Kirchlichkeit und stärkere Individualität auszeichnen, sei katholische Frömmigkeit „stärker kultisch und gemeinschaftsorientiert"[60]. Auf eben diese hintergründige Gemeinschaftlichkeit[61] konnten dann auch die katholischen Reformer bauen, sofern die ergriffenen Maßnahmen eine hinreichende Tiefenwirkung erreichten. In einer Studie über die Gemeinden des Amtes Vechta im Niederstift Münster hat der Landeshistoriker Werner Freitag treffenderweise die Bedeutung der Pfarrer hervorgehoben, die – nunmehr ausgestattet mit einer am tridentinischen Priesterideal orientierten Erziehung und Bildung, später zudem als Absolventen von Universität und Priesterseminar in Münster – zu einem „neuen geistlichen Fachbeamtentum"[62] heranreiften. In den Gemeinden hatten die Pfarrer umfangreiche Aufgaben zu bewältigen, die neben der Feier des Gottesdienstes, der Predigt und Katechese, der Verwaltung der Kirchengüter, der Aufsicht des Schulwesens und der Pflege des lokalen Brauchtums, insbesondere für die Umsetzung der fürstbischöflichen Reformen verantwortlich waren, was nunmehr auch die Eindämmung der barocken Frömmigkeitsformen miteinschloss.

Einer dieser neuen Pfarrer war Franz Darup (1756-1836), der 1788 die Pfarrstelle in der Kleinstadt Sendenhorst antrat.[63] Zuvor hatte er einige Jahre in Münster verbracht, an der erst 1773 gegründeten Universität studiert und auch das dortige Priesterseminar besucht, das nach Aufhebung des Benediktinerinnenstifts Überwasser gegründet worden war. Darüber hinaus

---

59   Rüffer, Disziplinierung des Glaubens, S. 235; Holzem, Religiöse Erfahrung.
60   Graf, Wiederkehr der Götter, S. 76 f.
61   Vgl. Martus, Aufklärung, S. 604; Holzem, Konfessionsstaat, S. 275; Graf, Wiederkehr der Götter, S. 91.
62   Freitag, Tridentinische Pfarrer, S. 112; vgl. Luise Schorn-Schütte, Priest; Schulte-Umberg, Profession und Charisma, S. 33-59.
63   Vgl. Ribhegge, Franz Darup.

verzeichnete die Stadt in den 1770er Jahren einen regelrechten Aufschwung[64] des kulturellen, geistigen und literarischen Lebens, der sich etwa im Bau des Ball- und Komödienhauses am Roggenmarkt oder im städtischen Buchhandel widerspiegelte. Darups pastorales Wirken in Sendenhorst zeichnete sich durch seine katholisch-aufklärerischen Initiativen aus, mit denen er gegen jegliche ausschweifende Frömmigkeitsformen vorgehen wollte und um eine nunmehr geläuterte, geistig-emotionale Verinnerlichung des Glaubens warb. Er leistete dies insbesondere durch seine Tätigkeit als Publizist, Autor und Herausgeber volksaufklärerischer Andachts- und Gebetbücher.[65] Dennoch konnte er in seiner eigenen Gemeinde nicht verhindern, dass die längst verbotene und zwischenzeitlich „wegen der übermütigen Ausgelassenheit"[66] abgeschaffte Karfreitagsprozession wieder eingeführt wurde, bei der die Gläubigen die Leidensgeschichte Jesu Christi in einem bunten Schauspiel in Szene setzten und die jüdische Gemeinde das Kreuz durch das Dorf tragen ließ. Schon 1770 wurde die verordnete Feiertagsverminderung im Sendenhorster Kirchspiel St. Martin nur „mit großem Murren des Volkes" angenommen, ebenso die Abschaffung von Tauffeiern an Sonn- und Feiertagen, an denen „die Leute sich vollsaufen und gar die Heilige Messe auslassen"[67], wie Darups Vorgänger Heinrich Andres Kuiper (1759-1779) im Kirchenbuch verärgert anmerkte.

Auch in anderen Gemeinden des Fürstbistums sahen sich die Pfarrer – selbst wenn sie wenig für Veränderungen übrighatten, doch zumindest gehorsam und obrigkeitshörig den fürstbischöflichen Anordnungen nachkommen wollten – mit der Beharrlichkeit und Kompromisslosigkeit des Volkes konfrontiert. Ein regelrechter Aufstand trug sich im Juni 1791 in Rheine an der Ems zu, als der Pfarrer über Nacht die barocke Bilderpracht sowie alle Heiligenstatuen aus der Kirche entfernen ließ. Bei den Gläubigen wurde aus anfänglichem Unmut bald Angst und Wut. Nach der Sonntagsmesse zog man in die Bier- und Fuselhäuser und machte seinem Unmut lautstark Luft: „Heilige Tage weg, Bilder weg, lutherisch werden"[68], ersann man als äußerste, erschreckende Konsequenz. Man rottete sich zusammen, zog zum Pastorat und machte mit Geschrei, wütendem Lärm und heftigem Schlagen an die Tür des Pastorats auf sich aufmerksam. Am nächsten Tag brachten sie die Bilder und Statuen an ihren angestammten Platz in der Kirche zurück. Dem Pfarrer Jacob Kümpers

---

64 Vgl. Hasenkamp, Sprickmann, Schwick; Bödeker, Buchhandel.

65 Vgl. hierzu Darups Beitrag zur Frage „Wie kann ein angehender Landgeistlicher gleich beym Antritte seines Amtes Aufklärung in seiner neuen Gemeinde verbreiten?" im MsgWbl 5 (1789), S. 35-42; Raßmann, Nachrichten, S. 70 f.

66 Vgl. Petzmeyer, Sendenhorst, S. 189.

67 Randbemerkungen Pfarrer Kuipers im Kirchenbuch, zit. n. ebd.

68 Coeverden, Bildergeschichte, S. 174.

drohten sie zuvor, so berichtet dieser der fürstbischöflichen Regierung, „mit Mord und Totschlag"[69], sollte es erneut Ärger geben.

Die Reaktion der Gläubigen auf Veränderungen konnte unberechenbar sein. Dort, wo die Pfarrer besonders fortschrittlich und gewissenhaft den aufklärerischen Ideen und Forderungen Nachdruck verleihen wollten, bedurfte es häufig eines viel längeren Aushandlungsprozesses, wobei die Pfarrer bei allzu großem Widerstand aufgrund mangelnden Geschicks und fehlender Durchsetzungskraft häufig resignierten. Auch im Fürstbistum Hildesheim, wo 1788 eine umfassende Landschulverordnung nach dem Vorbild der münsterschen Schulreform erlassen wurde, kam es zu heftigen Auseinandersetzungen bei der Einführung eines neuen Gesangbuchs, dessen Gebrauch vom Generalvikar Franz Egon von Fürstenberg (1737-1825) angeordnet wurde. Während einige Pfarrer der Einführung ohne Zögern nachkamen, sahen andere „auf gen Himmel und seufzeten über den Verlust des alten echten Katholizismus" und trugen der Gemeinde auf, sich beim Generalvikar über die „neue heidnische, abgöttische, freigeisterische Religion"[70] zu beschweren. Da die Pfarrer aus reiner Bequemlichkeit und Desinteresse nur wenig unternahmen und die Gesangbücher dennoch verwenden wollten, mussten sie sich dem Hohn und Spott der ungestümen Gläubigen aussetzen. Trotz der Androhung von Geld- und Leibesstrafen eskalierte die Lage dermaßen, dass der Gottesdienst gestört, Fenster eingeworfen, der Pfarrer angepöbelt und getreten wurde und erst Soldaten den Ausschreitungen wieder Einhalt gebieten konnten.[71]

Gebet- und Gesangbücher wurden in der Katholischen Aufklärung zu einem wichtigen Medium zur Verinnerlichung des Glaubens, indem sie fortan sowohl das private Familien- und Hausgebet als auch den aktiven Mitvollzug des Gemeindegottesdienstes begleiten sollten.[72] Die stärkere Berücksichtigung volkssprachigen Liedguts, ein einfacher und klarer Ausdruck sowie die Synthese von alten und neuen Texten und Liedern stellen wesentliche Merkmale katholisch-aufklärerischer Gesangbücher dar. Die Reichweite aufklärerischer Ideen und Forderungen innerhalb der Texte war hingegen durchaus unterschiedlich. So erschien im neuen Landshuter Gesangbuch 1777 noch ein Glaubenslied mit dem Text: „Ich glaube, Gott, mit Zuversicht, was deine Kirche lehrt. Es sei geschrieben oder nicht, denn du hast ihr's erkläret."[73] Der Publizist und Staatsrechtler August Ludwig von Schlözer kritisierte

---

69   Vgl. Pfr. B. Jacob Kümpers an einen Geheimen Rat, in: Büld, Rheine, S. 182-184.
70   Zit. n. Braubach, Die kirchliche Aufklärung, S. 655.
71   Vgl. ebd., S. 654 f.; hierzu vgl. JvufD 6 (1789), S. 111-121.
72   Vgl. Kohlschein, Diözesane Gesang- und Gebetbücher, S. 6; vgl. Schmuhl, Klang aufgeklärter Frömmigkeit.
73   Hauner/Kohlbrenner, Landshuter Gesangbuch, S. 53 f.

in seinen „Stats-Anzeigen", dass dieses Lied so keinesfalls zur kritischen Prüfung und zum Gebrauch der Vernunft auffordere.[74] Dahingegen erschien einige Jahre später in dem von Joseph Sperl (1761-1837) herausgegebenen katholisch-aufklärerischen Gesangbuch „Christliche Gesänge" dasselbe Lied mit angepasstem Text: „Ich glaube, Gott, mit Zuversicht, was Jesus Christus lehret. Er kam und sprach ‚Es werde Licht!' Da ward es aufgekläret."[75] Über die Umstände, die eine Einführung der Gesangbücher in den jeweiligen Diözesen mit sich brachte, wie auch deren Wirkung auf Glaube und Frömmigkeit, ist bedauerlicherweise nur wenig bekannt.

Die obrigkeitlichen Reform- und Disziplinierungsbemühungen, die im letzten Drittel des 18. Jahrhunderts im Fürstbistum Münster verstärkt auf die soziale und religiöse Lebenswelt der Gläubigen einwirkten, stießen in vielen Gemeinden auf Ablehnung und Widerstand, wo die neuen, aufklärerischen Ideen und Forderungen mit den alten, bewährten Traditionen, Bräuchen und Gewohnheiten als nicht vereinbar erschienen. Die Wirksamkeit der Reformen konnte nur durch eine zumindest geringfügige Zusammenarbeit von Bevölkerung, Pfarrern und Obrigkeit befördert werden. Dabei sind Einfluss und Beharrlichkeit der über Generationen eingeübten Glaubensüberzeugungen und Frömmigkeitspraktiken – jene konfessionskulturelle Identität, der man sich im Aushandlungsprozess von Aufklärung und Tradition bewusst wurde[76] – keinesfalls zu unterschätzen.[77] Westfalen bot eine reiche konfessioneskulturelle Vielfalt, die im Wesentlichen aus der Konfessionalisierung hervorgegangen waren, jedoch von Anfang an und fortwährend von den politischen und sozialen Rahmenbedingungen mitgeprägt wurden.[78] Auch die Katholische Aufklärung hinterließ hier im ausgehenden 18. Jahrhundert deutliche Spuren. Wiewohl ihre Wirkung auf Glauben und Frömmigkeit nicht einfach erzwungen werden konnte, führte ein umfassendes Bildungsreformkonzept – wie es seit den 1770er Jahren von Fürstenberg für das Fürstbistum Münster entwickelt und schrittweise umgesetzt wurde – jedoch allmählich dazu, die erwünschten Verbesserungen einzuleiten und einen Wandel zu ermöglichen.

---

74 Nachschrift des Herausgebers August Ludwig von Schlözer zum vorhergehenden anonymen Beitrag in StAnz, Bd. 4 (1784), S. 400-404, hier S. 404.

75 Sperl, Christliche Gesänge, S. 11.

76 Zu Identität, Bewusstsein, Reflexivität vgl. grundl. Assmann, Das kulturelle Gedächtnis, S. 130-144; hierzu auch Graf, Wiederkehr der Götter, S. 91 f.

77 Vgl. Holzem, Konfessionskultur.

78 Vgl. Freitag, Fromme Traditionen.

KAPITEL 3

Franz von Fürstenberg und sein Bildungsreformkonzept

Fürstenberg lebte in bewegten Zeiten, die auch das Fürstbistum Münster nicht unberührt ließen. Das über vierzig Jahre während Wirken des westfälischen Freiherrn als fürstbischöflicher Premierminister und Generalvikar schlug sich in vielfältiger Weise in Politik, Kultur und Gesellschaft nieder, sodass es keineswegs als einfältig erscheint, diese letzte Epoche des Fürstbistums Münster als die „Ära Fürstenberg"[1] zu bezeichnen. Als Franz von Fürstenberg im Jahr 1807 das Amt des Generalvikars niederlegte und sich ins Privatleben zurückzog, war er 78 Jahre alt. Das Fürstbistum war 1802 säkularisiert und den Preußen zugeschlagen worden, der Krummstab wurde gegen das preußische Zepter eingetauscht, die gewohnte Ordnung des Reiches unterlag einem unvorhersehbaren und unaufhaltsamen Wandel. Doch es bestand kein Zweifel daran, dass geistliche Fürsten in diesem Reich keine Rolle mehr spielen sollten. Trotz aller Irrungen und Wirrungen, die diese Übergangszeit vom geistlichen Staat zur mediatisierten weltlichen Provinz Westfalen erfassten, sollten sich im Inneren die konfessionskulturellen Bindungen der katholischen Kirche bewahren und im Laufe des 19. Jahrhunderts für die allmähliche Genese eines starken katholischen Milieus sorgen.[2]

Der Bedeutung des Schulwesens für den allgemeinen Fortschritt und Wohlstand des Volkes verlieh Fürstenberg am Ende seiner aktiven Laufbahn noch einmal besonderen Ausdruck, als er die Ergebnisse seiner Schulreform der preußischen Regierung vorlegte. In seinem Bericht kam er zu dem Ergebnis, dass „die Institute der Nationalerziehung im hiesigen Lande ein einziges, systematisch geordnetes Ganze ausmachen, wovon alle Teile ineinander eingreifen und sich wechselseitig voraussetzen"[3]. Die Anerkennung Fürstenbergs als westfälischer Staatsmann blieb in Münster auch in preußischer Zeit ungebrochen und wurde selbstredend von katholischen Kreisen besonders befördert.[4] Über die letzten Jahre seines Lebens, insbesondere nach

---

1 Vgl. Lahrkamp, Krummstab, S. 165-167; Hanschmidt, Fürstbistum Münster, S. 61-79;
2 Vgl. Demel, Reich, S. 322-353; Kill, Bürgertum, S. 57-74.
3 LAM, Fürstbistum Münster, Kabinettsregistratur, Nr. 2953, S. 91-111, hier 111.
4 Zur Errichtung des von Heinrich Fleige im Jahr 1875 geschaffenen Fürstenberg-Denkmals auf dem Domplatz, heute vor dem Fürstenberghaus vgl. Trox, Fürstenberg-Denkmal, S. 308-315.

© VERLAG FERDINAND SCHÖNINGH, 2020 | DOI:10.30965/9783657704255_005

Abb. 2   Porträt von Franz von Fürstenberg, um 1780/85

dem frühen Tod der Amalia von Gallitzin im Jahr 1806, wird nur noch wenig über ihn berichtet. Ein eindrucksvolles und zudem aussagekräftiges Bild des greisen Fürstenberg entwarf der aus Kleve stammende Geograph und Schriftsteller Heinrich Berghaus (1797-1884), Sohn eines protestantisch-preußischen Verwaltungsbeamten, der als Schüler das nach Fürstenbergs Plänen erneuerte

Gymnasium Paulinum in Münster besuchte. In den autobiographischen Erinnerungen, die Berghaus 1862 zu Papier brachte, schrieb er über Fürstenberg:

> Fürstenberg war ein kleines, hageres Männchen. Selten sah man ihn auf der Straße, und wenn es geschah, stets um die Mittagszeit zu Pferde, einen Spazierritt zu machen. Gebeugten Hauptes saß der alte Herr hoch zu Ross, in einem dunkelfarbigen Überrock gekleidet, eine Kappe auf dem Kopfe und mächtige Silbersporen an die hohen Stiefel geschnallt; hinter sich einen Reitknecht in ganz einfacher Livrée. Öfters sah man ihn in seiner Curie im Fenster liegen, ein kleines schwarzes Käppsel auf dem haarlosen Scheitel. Gingen dann Studenten, vom Gymnasium kommend oder dahin gehend, an ihm vorüber und zogen vor dem berühmten Minister ehrerbietig ihre Kappen, so hielt er sie nicht selten an und erkundigte sich nach ihren Studien, ihrem Fleiß, ihren Lehrern. Rührend war es, wie der Greis mit seinen klugen, lebhaften Augen in einem kleinen runzligen Gesicht vom hohen Fenster herabblickte, sich mit der Jugend zu unterhalten. Mit den Worten: Seid fleißig, nächstens werde ich Euch in den Klassen besuchen, pflegte er die Studenten zu entlassen. Er ist aber nie gekommen.[5]

Diese beachtenswerte Schilderung dürfte wohl auf eine persönliche Begegnung des Schülers Heinrich Berghaus zurückgehen, zumal schon dessen Vater „die Freundlichkeit und Liebenswürdigkeit des alten Herrn"[6] zu schätzen wusste, den er bei zahlreichen Gelegenheiten hatte kennenlernen dürfen. Zudem wird in Berghaus' Urteil eben das deutlich, was Fürstenberg in preußischer Zeit nur allzu gut personifizierte. Er gehörte nämlich nicht nur zu jenen „Altmünsterschen"[7], wie sie Berghaus bezeichnete und gegenüber der neuen, eher preußisch gesinnten Verwaltungselite abzugrenzen pflegte. Der gebrechliche, müde Greis mit dem für einen katholischen Geistlichen typischen Scheitelkäppchen stand für ihn sinnbildlich für die vergangene geistliche Macht des katholischen Stiftadels im einstigen Fürstbistum Münster. Dahingegen waren Fürstenbergs Verdienste im Schulwesen wie auch in der Verwaltung des Fürstbistums immer noch anerkannt. Vor allem für die Reform des Gymnasiums, für das er sich auch im hohen Alter noch zu interessieren schien, hatte er sich „mächtige Silbersporen"[8] verdient.

---

5   [Berghaus], Wallfahrt durch's Leben, Bd. 2, S. 201 f.; vgl. Hantzsch, Berghaus. Wie Hanschmidt aufzeigt, kam es am Gymnasium Paulinum seit 1802 während der Preußen- und Franzosenzeit (1806-13) kaum zu Veränderungen, vgl. Hanschmidt, Jesuitengymnasium, S. 82-90. Nach Jeismann hatte Fürstenberg „günstige Voraussetzungen" für eine Reorganisation der Gymnasien durch die Preußen geschaffen, doch kam diese in Westfalen „zunächst nur langsam voran", vgl. Jeismann, Das preußische Gymnasium, Bd. 1, S. 414.

6   [Berghaus], Wallfahrt durch's Leben, Bd. 2, S. 201 f.

7   Ebd., S. 200.

8   Ebd., S. 201.

Anknüpfend an die zeitgenössische Rezeption der Schulordnung, wurde Fürstenbergs bildungspolitisches Wirken auch im 19. Jahrhundert in zahlreichen biografisch-historischen Studien gewürdigt. Neue Impulse und Fragestellungen für die Forschung wurden erst durch die Studien von Alwin Hanschmidt in den 1960er Jahren angeregt, dem nach wie vor wichtigsten Fürstenberg-Biografen.[9] Dennoch ließ seine Anerkennung als Aufklärer auf sich warten, da die Aufklärungsforschung lange Zeit allzu leichtfertig dahin tendierte, ausschließlich den religionskritischen Rationalisten als Aufklärer zu bezeichnen, der Fürstenberg allerdings nicht war.[10] Einige nannten ihn einen „aufgeklärten, aber religiös gebundenen patriotisch-fortschrittlichen Konservativen"[11] oder auch einen „prélat eclairé"[12], andere machten deutlich, dass Fürstenberg „eigentlich kein Aufklärer"[13] gewesen sei. Erst ein 2012 erschienener Sammelband anlässlich seines 200. Todestages wies Fürstenberg auf Grundlage neuerer wissenschaftlicher Studien erstmals unmissverständlich als „Aufklärer"[14] aus.

Es waren und blieben bewegte Zeiten, in denen Fürstenberg heranwuchs und zunächst als Diplomat, dann als Premierminister und Generalvikar einflussreiche politische Aufgaben und Ämter zugeteilt wurden. Sein Leben und Wirken umfasst die Zeit des Siebenjährigen Krieges, der Reformen und Revolutionen im letzten Drittel des 18. Jahrhunderts sowie die Anfänge der preußischen Herrschaft in Münster. Die allgegenwärtigen Ideen und Forderungen der Aufklärung bestimmten zu dieser Zeit die politische und geistig-kulturelle Entwicklung in Europa und Nordamerika. Sie hinterließen auch bei Fürstenberg ihre markanten Spuren.

3.1   Leben und Bildungsgang Franz von Fürstenbergs bis zur Ernennung zum Premierminister

Die Familie von Fürstenberg gehörte seit dem frühen 16. Jahrhundert zu den einflussreichsten westfälischen Adelsfamilien. Ihr Erfolg gründete in einer

---

9   Neben den bereits zitierten Werken von Hardewig und Esser sind noch zu nennen Sökeland, Umgestaltung; Esch, Franz von Fürstenberg; Hanschmidt, Fürstenberg als Staatsmann; Hanschmidt, Aufgeklärte Reformen.
10   Vgl. Dainat, Epochen.
11   Hanschmidt, Fürstenberg als Staatsmann, S. 305.
12   Vgl. Thulemeyer an A. v. Gallitzin, 28.7.1780, in: Kitzing, Mittheilungen, S. 83-85, hier 85; Genevois, Un prélat éclairé.
13   Kohl, Das Bistum Münster, Bd. 7,2, S. 119.
14   Vgl. Flammer/Freitag/Hanschmidt, Franz von Fürstenberg.

konsequenten Standes- und Familienpolitik, die allein darauf abzielte, die adlige Exklusivität und Stiftsfähigkeit zu erhalten und den Söhnen durch den Erwerb von Domherrenstellen zu einer geistlichen Laufbahn zu verhelfen. Einige gelangten nach ihrer erfolgreichen Emanzipation gleich in mehreren Domkapiteln in Amt und Würden, sei es als Domprobst oder Domdechant, andere als Generalvikar oder Fürstbischof, wodurch die Familie von Fürstenberg im späten 17. bis zur Mitte des 18. Jahrhunderts zur geistlichen Führungselite im westfälischen Raum aufgestiegen war.[15] Trotz der vorgezeichneten Karriere eines Fürstenbergs, war der tatsächliche Erwerb einer entsprechenden Führungsposition keinesfalls selbstverständlich. Es galt zuvor einen entsprechenden Bildungsweg zu durchlaufen, um zumindest die formalen Voraussetzungen eines Domherrn erfüllen und sich zur Wahl in höhere geistliche Ämter aufstellen lassen zu können. Über das Ergebnis einer solchen Wahl entschieden dann auch weitere Faktoren als ausschließlich hervorragende Qualifikationen und persönliche Fähigkeiten.[16]

Franz Friedrich Wilhelm von Fürstenberg wurde am 7. August 1729 auf Schloss Herdringen im Herzogtum Westfalen, dem kurkölnisch-weltlichen Herrschaftsgebiet, als erstes Kind aus der dritten Ehe des Freiherrn Christian Franz Theodor von Fürstenberg (1689-1755) mit Anna Maria von Galen (1709-1739), Erbherrin zu Sythen, geboren. Getreu der Familientradition und dem Ruhm der Vorfahren nacheifernd, bestimmte Christian von Fürstenberg, ein ehrgeiziger und stoischer Vater, den jungen Franz von Fürstenberg und seine Brüder für die geistliche Laufbahn. Zunächst übernahm der örtliche Pfarrer den Unterricht, bis ihr Vater den Theologen und Fuhrmann Hallmann als eifrigen, jedoch strafsüchtigen Hauslehrer gewinnen konnte. Fürstenberg erhielt die Tonsur, besuchte für zwei Jahre das von Jesuiten geleitete und der Universität angeschlossene Gymnasium in Köln und studierte Philosophie. Seine Lehrer bescheinigten ihm dort ausgezeichnete Kenntnisse und Begabungen („in Philosophia studio versatus atque in publicis concertationibus magna excellentissimi ingenii et praestantis doctrinae specimina") und waren auch hinsichtlich seiner ausgezeichneten moralischen Eigenschaften („indoles plaeclarissima et mores suavissimi") voll des Lobes.[17]

---

15   Vgl. Hanschmidt, Fürstenberg als Staatsmann, S. 5-8; Keinemann, Fürstenberg, S. 101-224.

16   Zu den Faktoren im Einzelnen vgl. Kremer, Herkunft und Werdegang, S. 383-446; zur Erziehung des katholischen Adels in Westfalen vgl. Reif, Adel, S. 122-155, 315-369.

17   In seinem Zeugnis (BAM, Nachlass Fürstenberg, 221A) heißt es in dt. Übers.: „Deshalb bezeugen wir, dass jener sich zwei volle Jahre lang mit der Philosophie und mit öffentlichen Wortgefechten beschäftigte, dass er sehr oft Beispiele seines vortrefflichen Verstandes und vorzüglicher Gelehrsamkeit ablegte; [...] ferner, dass er sich wegen seiner überaus

Im selben Jahr wurden Fürstenberg die Domherrenstellen in Paderborn und Münster zugesprochen, wodurch er nunmehr die finanzielle Absicherung auf Lebenszeit in Aussicht hatte. Sein Bildungsgang setzte sich durch den Besuch der Salzburger Ritterakademie und der dortigen Reitschule fort, bis er an der Würzburger Universität juristische und mathematische Studien aufnahm. Die obligatorische Kavalierstour für westfälische Adlige führte ihn und seine Brüder dann 1751 bis 1753 nach Italien, wo er sich an der Universität Sapienza in Rom dem Studium des römischen und kanonischen Rechts widmete und die antike Kultur studierte. Bald nach seiner Rückkehr war es an der Zeit, sich als vollberechtigtes Mitglied in den Domkapiteln zu emanzipieren. Mit der Subdiakonatsweihe am 20. März 1757 wurde Fürstenberg schließlich Domherr in Münster und Paderborn und damit zugleich Mitglied der Landtage dieser beiden Fürstbistümer.

Im Frühjahr 1757 war das Fürstbistum Münster zu einem Nebenschauplatz des Siebenjährigen Krieges geworden, den Preußen mit dem kurhannoverschen Großbritannien gegen Österreich und Frankreich sowie alliierten Kräften auf beiden Seiten des Atlantiks, in Europa und Nordamerika, führte.[18] Der kölnische Kurfürst-Erzbischof Clemens August von Bayern geriet als Landesherr der nordwestdeutschen Fürstbistümer bald zwischen die Fronten. Aus dem umkämpften Münster bestimmte er Fürstenberg zum Vermittler und Unterhändler für die Fürstbistümer Münster, Paderborn sowie für das kurkölnische Westfalen. Fürstenberg erschien als Kenner der französischen und sogar englischen Sprache für diese Aufgabe als hervorragend geeignet. Zwar waren solche diplomatischen Dienste für junge Adlige durchaus üblich, um neue Beziehungen zu knüpfen, doch erwies sich der Kreis an bedeutenden Diplomaten, Strategen und Staatsphilosophen, mit denen Fürstenberg an beiden Fronten in Kontakt trat, als überaus anregend für den aufstrebenden Domherrn. Seine Verdienste und Erfahrungen während dieser politisch-diplomatischen Lehrzeit qualifizierten ihn nur wenige Jahre später für seine staatsmännische Tätigkeit als Premierminister.[19] Ein aussagekräftiges Zeugnis dieser Zeit stellt sein Tagebuch dar, in dem er seine Eindrücke und Begegnungen, Ideen und Ansichten zwischen 1758 und 1762 eindrucksvoll dokumentierte.[20]

---

glänzenden Begabung und seines höchst angenehmen Charakters um jedes Lob verdient machte."

18   Vgl. Füssel, Der Siebenjährige Krieg.
19   Vgl. Brühl, Die Tätigkeit des Ministers, S. 17 f.
20   Vgl. ULB, Nachlass Gallitzin, Bd. 12, Tagebuch.

Fürstenberg nutzte die Form des Tagebuches vornehmlich zur Selbst-
erziehung, als „Mittel zur Erkenntnis seiner selbst"[21], mit dem er sich durch
den läuternden Akt täglicher Selbstreflektion seine Schwächen und Laster,
die ihn allzu oft plagten und von seiner gewissenhaften Pflichterfüllung ab-
zuhalten schienen, zu bewältigen suchte. Zwischen der immer wiederkehrenden erbitterten Selbstkritik schilderte Fürstenberg fortlaufend seine
Eindrücke der Begegnungen mit den Offizieren und Regenten an beiden
Fronten, etwa mit dem kurhannoverschen Herzog Ferdinand von Braunschweig, dem französischen Generalfeldmarschall Victor-François de Broglie,
dem britischen Militärtheoretiker und Geschichtsschreiber Henry Lloyd und
mit dem Reichsgrafen Wilhelm Friedrich zu Schaumburg-Lippe.[22] Daneben
hielt er seine eigenen politischen, strategischen und philosophischen Ideen
und Reflektionen fest, zu denen ihn einzelne Unterhaltungen angeregt hatten.
Fürstenberg dachte europäisch: Nüchtern schilderte er die unterschiedlichen
Allianzen und Rivalitäten, die sich an den europäischen Kriegsschauplätzen
abzeichneten und wusste die politische Stärke, die strategischen Geschicke
und Ansprüche der Machthaber präzise einzuschätzen und Entscheidungen
einander abzuwägen. Nicht nur die Fürstbistümer Münster und Paderborn
waren für Fürstenberg von Bedeutung, deren Lage zwischen den Fronten der
Großmächte durchaus verhängnisvoll war. Vielmehr stand in diesem Krieg
wieder einmal die gesamte europäische Staatenordnung auf dem Spiel, die
eigentlich Wohlstand, Frieden und Sicherheit gewähren sollte.[23]
    Mit besonderem Interesse verfolgte Fürstenberg stets die Begegnungen
mit den Engländern, die in seinem Tagebuch deutliche Spuren hinterließen.
Er schrieb auf Französisch oder Deutsch, wechselte jedoch an einigen Tagen
auch ins Englische, offensichtlich um sich auf die nächsten Gespräche vorzubereiten und seine Sprachfertigkeit zu verbessern. Gelegentlich notierte sich
Fürstenberg auch die Titel französisch- und englischsprachiger Bücher, die ihm
zur weiteren Lektüre dienlich erschienen. Mit den Schriften des schottischen
Philosophen David Hume (1711-1776) und des Historiografen William Robertson
(1721-1793) machte sich Fürstenberg vertraut, aber auch die Titel praktischer
Abhandlungen über Ackerbau und Landschaftsgestaltung finden sich in
seinen Aufzeichnungen.[24] Die Engländer, die Fürstenberg durch zahlreiche

---

21   Marquardt, Charakterstudie, S. 58.
22   Vgl. Mediger/Klingebiel, Herzog Ferdinand; Veddeler, Duc de Broglie; Speelman, General
     Lloyd; Steinwascher, Graf Wilhelm.
23   Vgl. ULB, Nachlass Gallitzin, Bd. 12, Tagebuch, I, S. 24-30.
24   Ebd., S. 90, S. 366.

Gespräche kennenlernte, waren ihm allesamt „sehr vernarrt in süße, innere Empfindungen"[25], was ihn einerseits faszinierte, andererseits befremdete.

Doch nicht allein das Auftreten der Engländer, deren galante Sprache und ihr feinsinniger Charakter weckten sein Interesse. Zudem beobachtete er bei ihnen einen beispiellosen Patriotismus, der sich durch eine fast aufopferungsvolle Vaterlandsliebe und Loyalität zwischen Untertanen und König ausdrückte.[26] Fürstenberg kannte die englischen und auch französischen Kolonien in Amerika, doch die dortigen Begebenheiten beschäftigten ihn zu dieser Zeit noch verhältnismäßig wenig. Zwar hatte sich der Krieg an der noch ungeklärten französisch-englischen Grenze in Nordamerika entzündet, in Europa äußerte sich dieser jedoch vielmehr als „Kabinettskrieg"[27], der vor Ort und eben nicht in den Gebieten jenseits des Atlantiks entschieden werden würde. Einzig die Leselust und der Wissensdurst, mehr über die Neue Welt erfahren zu wollen – auch um irgendwann die größeren Zusammenhänge verstehen zu können –, bewegten ihn 1761 zu der flüchtigen Notiz eines Aufsatztitels aus dem „Universal Magazine of Knowledge and Pleasure", den er noch studieren wollte: „An Account of the English, Spanish, French, and Dutch Colonies in the West-Indies, etc. With an accurate Map of the West-Indies, and the adjacent Parts of North and South America".[28]

Die Jahre im diplomatischen Dienst waren für Fürstenberg auch deshalb von Bedeutung, als dass er in dieser Zeit seine erkenntnistheoretischen und bildungsphilosophischen Grundauffassungen entwickelte. In seinen Tagebuchaufzeichnungen wird immer wieder deutlich, wodurch Fürstenberg zu der für ihn wahren Erkenntnis strebte. Es waren keinesfalls jene Vernunftgründe, auf die er durch eine geschärfte Urteilskraft und durch rationale

25   Ebd., S. 295 f., 18.1.1761: „I find the English very fond of sweet internal sensations. Their music, their song, their discourse, have the most part this object and the same tenderness of their nerfs [!] that makes them so subject to consumption, gives them this great sensibility. And the English are very fond of this character, they have. I feel for my friends very seldom this tenderness, I love them because I think it is a duty, but so I am not warm enough for them."

26   Ebd., S. 296: „Love for the Country in Common-Wealth, and principally when they are small, is often selfish; but I find often attachment to the sovereign springing out of a much greater principle: It is love for the sovereign, contempt to the private interest; [...] it springs from [...] an inward feeling and the persuasion to be bound to sacrifice by duty and by honor, himself to his sovereign." Fürstenberg kritisierte allerdings in einer späteren Abhandlung über die Verfassungen der europäischen Staaten das britische Parlament, das sich vor notwendigen Reformen verschließe: „Le vrai intérêt des Parlements est le maintien de la Constitution présente ...", s. BAM, Nachlass Fürstenberg, 195/1.

27   Vgl. Externbrink, Grenzen des „Kabinettskrieges".

28   Vgl. ULB, Nachlass Gallitzin, Bd. 12, Tagebuch, I, S. 294, 16.1.1761. Der anonyme Aufsatz befindet sich im UnivMKnPl 17 (1755), Nr. 119, 241-249.

Ableitungen vordringen wollte, um durch sie allein klare Vorstellungen von Dingen und Begriffen zu erhalten. Die wahre Erkenntnis erschloss sich für Fürstenberg vielmehr aus dem Lernen aus Erfahrungen, aus dem gewissenhaften Beobachten, dem sinnlichen Wahrnehmen der Außenwelt und aus einer möglichst präzisen Selbsterforschung der eigenen Seelen-, Gefühls- und Bewusstseinszustände. Für ihn gründeten Erkenntnisse in Tatsachen, die auf eigene Erfahrungen basierten. Spricht er dennoch von „Räsonieren"[29], so deutet er lediglich auf das Vermögen zur logischen Schlussfolgerung hin. Denn die Empfindsamkeit der Aufklärung, jene neue Sinnlichkeit, „war keine Tendenz *gegen* die Vernunft, sondern sie war der Versuch, mit Hilfe der Vernunft auch die Empfindungen aufzuklären"[30]. Aus der Lektüre der Schriften englischer und schottischer Moralphilosophen – wie Anthony Ashley-Cooper, Third Earl of Shaftesbury (1671-1713) und David Hume – erhielt Fürstenberg seine Anregungen. Noch einige Jahre später bediente er sich in seinen Reflektionen „Über die Entwickelung und Vervollkommnung meines Begrifs von Gott" dieser empirisch-analytischen Methode des Sensualismus, als er sich nach der gewissenhaften Lektüre der Schriften Mendelssohns, Jacobis, Herders und Humes in den sogenannten Spinoza- oder Pantheismusstreit einmischte.[31] Im Vorbericht des unveröffentlichten Manuskripts erklärt er sein Vorgehen folgendermaßen: „Ich betrat daher von neuen den Weg der Induction, um aus dem Innersten meiner Seele zu erforschen: wie und wodurch Ich am Ersten zur Idee von Gott gelangt, und wie sich dieser Begrif allmählich vervollkommet habe."[32]

Als oberstes Ziel trieb Fürstenberg der Gedanke der Selbstvervollkommnung an, doch die Erfahrung seiner Schwächen und Laster, die Empfindung tiefer Schwermut und Gleichgültigkeit sowie sein Hang zur Schwärmerei, Überheblichkeit und Völlerei ließen ihn allzu oft daran zweifeln. Einen Ausweg aus diesem Dilemma bot Fürstenberg der christliche Glaube und die gehorsame Pflichterfüllung als rechtschaffener Christ in den Werken der Nächstenliebe und in der Sorge um das christliche Gemeinwohl. Damit teilte er die Grundannahme anderer katholischer Aufklärer, die von der Perfektibilität der

---

29   Er betonte, dass mit dem Herzog v. Braunschweig „gut zu räsonieren" sei, vgl. ULB, Nachlass Gallitzin, Bd. 12, Tagebuch, I, S. 87, 18.2.1759: „il fait bon raisonner avec lui".

30   Sauder, Empfindsamkeit, XV; vgl. hierzu Sauder, Theorie der Empfindsamkeit, S. 14-21.

31   Zum Spinozastreit vgl. Whaley, Reich, S. 545-547. [Fürstenberg, Franz v.], Über die Entwickelung und Vervollkommnung meines Begrifs von Gott [um 1787], in: BAM, Nachlass Fürstenberg, 195/2; hier transkrib. v. Irmgard Niehaus, in: Niehaus, Aufklärung und Religiosität, Nr. 22 [Die Nummern verweisen hier stets auf den von Niehaus angelegten Materialband (= Bd. 3), Seitenangaben auf den Textteil].

32   Ebd., auch Niehaus, Aufklärung und Religiosität, S. 271-273.

Religiosität und Moral eines jeden Menschen überzeugt waren, sofern man seine Verstandes- und Seelenkräfte verantwortungsvoll für sich selbst und für die Gemeinschaft einzusetzen wusste. Hierdurch könne jeder einen eigenen Beitrag zur christlichen Welt- und Heilsverantwortung leisten. Diese „Selbsterfahrung des aufgeklärten Menschen" konnte, wie der Kirchenhistoriker Andreas Holzem ausführt, für die Pädagogik der Aufklärung und „die Rolle Jesu Christi im Heilsgeschehen nicht ohne Folgen bleiben"[33], die in Jesus Christus nunmehr ihre Führungsfigur, ihren Lehrer und Erzieher entdeckte. Fürstenberg war in dieser Zeit zwar weniger christuszentriert, doch er war allemal davon überzeugt, dass jeder Mensch die natürliche, von Gott gegebene Veranlagung habe, sich durch Selbsterkenntnis stetig bessern zu können. Ein Leben in Müßiggang und Schwelgerei lehnte er entschieden ab:

> Der Mensch ist ein törichtes Lebewesen, als solches wird er geboren. Wir sollten unseren Geist mit Dingen befassen, die uns gute Gedanken einflößen und das Herz erfüllen mit den richtigen Vorsätzen und lobenswerten Regungen: wer nicht danach strebt, sich zu bessern, verfällt dem Übel. Wir müssen der Stimme Gottes gehorchen und ihm unaufhörlich danken für jede Schlechtigkeit, die wir unterlassen.[34]

Aus dieser Überzeugung heraus entwickelte Fürstenberg seine Vorstellungen von einer nützlichen und fortschrittlichen Erziehung und Bildung, wie sie sich in seinen unermüdlichen Bemühungen um eine Schulreform in Münster wenige Jahre später widerspiegeln sollten.

Die Ernennung des 33-jährigen Franz von Fürstenberg zum Minister am 27. November 1762 kam durchaus unterwartet, zumal ein derartiges Amt im Fürstbistum Münster zuvor niemand bekleidet hatte. Ganz offensichtlich geschah dies nicht allein aus Dankbarkeit für die Unterstützung bei der vorhergegangenen Wahl des neuen Fürstbischofs, sondern stellte vielmehr „ein neues Instrument zur Machterhöhung des Landesherrn"[35] dar, da dieser einen Kandidaten seiner Wahl einsetzte, der nicht zum Geheimen Rat gehören sollte und in seinem Amt mit weitreichenden Kompetenzen ausgestattet war. Als ein gewisses Vorbild konnte dem jungen Minister zumindest sein Onkel Friedrich Christian von Fürstenberg (1700-42) dienen, der 1736 als Domherr in Paderborn zum kurkölnischen Minister für das Fürstbistum ernannt worden war und dort einige Jahre als Statthalter eine vergleichbare Position besessen hatte. Gleichwohl hinterließ die Ernennung bei Franz von Fürstenberg den Eindruck, ein

---

33   Holzem, Christentum, Bd. 2, S. 762.
34   Zit. n. Marquardt, Charakterstudie, S. 59.
35   Keinemann, Fürstenberg, S. 110.

„Danaergeschenk"[36] erhalten zu haben, so der Historiker Heinrich Brühl, da der neue Landesherr nach dem Siebenjährigen Krieg die Verantwortung für den langwierigen und schwierigen Wiederaufbau des Fürstbistums in Politik und Verwaltung offenkundig auf einen ehrgeizigen, pflichtbewussten und loyalen Minister abwälzen wollte. Immerhin war der Zustand des Fürstbistums verheerend und – wie auch in vielen anderen Staaten des Reiches – äußerst beklagenswert. Auf den letzten Seiten des Tagebuchs brachte Fürstenberg in einer wohl um 1761 entstanden Notiz seine Abneigung voll zum Ausdruck:

> Man könnte versuchen, auch ‚Über den Geist der Gesetze Deutschlands'[37] zu schreiben. Es müsste eine treffliche Satire werden. Man würde dabei den Despotismus und einen Soldatenstaat entdecken, an manchen Stellen auch Ehrenhaftigkeit, anderswo aber die vollkommenste Verwahrlosung aller Grundsätze. Man könnte Länder finden, wo die Verderbtheit so weit geht, dass der Despotismus sich der Finanzen, die Anarchie aber des Rechtswesens bemächtigt hat, am Hofe und im Ministerium herrscht ein Wesir im orientalischen Sinn und im Heere römischer Geist neuzeitlicher Prägung.[38]

Fürstenberg sah sich mit seiner Ernennung zum Minister dazu verpflichtet, die Reform von Politik und Verwaltung voranzutreiben. Er bezeichnete es stets als „die Bürde des Fürstbistums Münster" („la chargé du département de l'Evêché de Munster")[39] und verwies damit auf seine alleinige Rolle als Verwalter des Fürstbistums. Die ihm übertragenen umfangreichen politischen Handlungs- und Entscheidungskompetenzen schlugen sich bis zu seiner Entlassung aus dem Ministeramt im Jahr 1780 in allen denkbaren Bereichen der Politik und Verwaltung nieder.[40] Durch die Ernennung zum Generalvikar („vicarius in

---

36 Brühl, Franz von Fürstenberg, S. 7.

37 Ganz offensichtlich eine Anspielung auf Montesquieus „De L'Esprit des Lois", vgl. hierzu Overhoff, Montesquieu, S. 24-35.

38 ULB, Nachlass Gallitzin, Bd. 12, Tagebuch, I, S. 401: „On pourrait faire un esprit des lois de l'Allemagne lequel serait une bonne satire. On y verrait le despotisme, le gouvernement militaire, quelque part de l'honneur, d'auteur part une parfaite corruption de tous les principes. Peut-être trouverait on des Pays ou la corruption serait si grande, que le despotisme se trouverait de fait dans la partie des finances, l'anarchie dans la partie de jugement ; un vizir et un esprit oriental à la Cour et dans le Ministère, et l'esprit des Romains moderne dans la partie Militaire", dt. Übers. zit. n. Marquardt, Charakterstudie, S. 64. Zu Beginn des Krieges hatte sich Fürstenberg zum Zustand des Reiches geäußert. Es sei „un ballot de laine que ne choque qu'avec peu d'effet" (Tagebuch, I, S. 25) – ein Wollknäul mit wenig Stoßkraft.

39 „chargé du département de l'Evêché de Munster", vgl. Brühl, Die Tätigkeit des Ministers, S. 19, Anm. 4.

40 Vgl. Hanschmidt, Fürstenberg als Staatsmann.

spiritualibus") im Jahr 1770 dehnten sich seine Befugnisse auf die geistliche Administration des Fürstbistums aus.[41]

Nachdem Fürstenberg zunächst den für einen katholischen Adligen aus Westfalen recht typischen Bildungsgang absolviert hatte, waren es die Umstände und Begegnungen, die den jungen Domherrn hinter den Fronten des Siebenjährigen Krieges herausforderten. Dort schien er zur richtigen Zeit am richtigen Ort gewesen zu sein, wo er sich als Diplomat mit den wesentlichen Aufgaben der Heeres- und Staatsleitung vertraut machen und auf höhere Staatsämter vorbereiten konnte. Auch die Schriften der englischen und französischen Aufklärer lernte er in dieser Zeit kennen und schätzen. Mit Beobachtungsgabe, mit diplomatischem Geschick, sprachlicher Gewandtheit, Pflichtbewusstsein und Besonnenheit trat er den vielfältig miteinander konkurrierenden politischen und staatsphilosophischen Auffassungen offen gegenüber und verspürte bald selbst den Drang politisch aktiv zu werden. Fürstenbergs Bildungsgang mündete in eben diese entscheidende Phase, die den zukünftigen Minister bereits durchscheinen lässt. Hinsichtlich seiner Herkunft und bevorstehenden politischen Tätigkeit blieb Fürstenberg stets ein westfälischer Staatsmann, doch seine Aufmerksamkeit galt ebenso dem föderalen Reich und ganz Europa, dessen Zusammenhalt, innerer Friede und Gleichgewicht er im Siebenjährigen Krieg nur mit größter Sorge betrachten konnte. Nach dem Krieg stand im Fürstbistum Münster keinesfalls nur eine Restauration in Gesellschaft und Politik auf der Agenda des jungen Ministers, sondern ein umfassendes Reformprogramm, das im Kern auf eine Verbesserung der Wohlfahrt und Bildung des Volkes abzielte und damit einhergehend allgemeinen Fortschritt und Wohlstand bewirken sollte.

3.2   „Aufgeklärte Religion, warme thätige erhabene Menschen- und Vaterlandsliebe" – Eine aufklärerische katholische Schulordnung

Zunächst waren es grobe Ideen und Vorschläge, die Fürstenberg 1768 zur Verbesserung der Schulen, Lehrkräfte, Unterrichtsmethoden und -inhalte den Landständen und dem Fürstbischof vorlegte.[42] Erst nach der gründlichen Prüfung, Erprobung und behutsamen Weiterentwicklung des Entwurfs sollte eine verbindliche Verordnung für alle Schulen des Fürstbistums erlassen

---

41   Zuvor war sein Onkel Franz Egon v. Fürstenberg (1702-1761) einige Jahre Generalvikar des Fürstbistums Münster, vgl. Keinemann, Domkapitel, S. 270 f.

42   Vgl. „Ohnmaßgebliche Vorschläge zu Verbesserung der Schulanstalten aufm Lande ...", erstmals abgedr. bei Kahle, Der erste Entwurf, S. 75-104.

werden. Dabei war die zeitliche Abfolge und Dauer der Gymnasialreform (1768-1776), der Elementarschulreform (1772-1784) sowie der Zeitpunkt der Universitätsgründung (1773) auf die Erfordernisse abgestimmt, die einen derartigen Aufbau und eine hinreichende Erprobungsphase des Bildungssystems bedurften. Fürstenbergs reformpolitisches Handeln zeigt ihn als einen entschiedenen Gegner jeglichen überschwänglichen Reformeifers, den er in dieser Zeit allzu oft in anderen Staaten des Reiches beobachten musste. Dort versprachen sich viele aufklärerische Denker bessere Ergebnisse von einer „schnellen Revolution" – wie es Immanuel Kant in Bezug auf das Dessauer Philanthropin 1776 zum Ausdruck brachte – als eine „langsame Reform" oder einer „allmähliche Schulverbesserung"[43] bewirken konnte, wie es Fürstenberg anstrebte. Vielmehr orientierte er sich an der Prämisse, die allgemeine Wohlfahrt, Ruhe und Ordnung im Fürstbistum nicht zusätzlich gefährden zu wollen, sondern zu bewahren und zu fördern.

Ein Meilenstein dieses Reformwerkes bildete die nach rund sechsjähriger Erprobungszeit erlassene „Verordnung die Lehrart in den unteren Schulen des Hochstifts Münster betreffend", die am 22. Januar 1776 veröffentlicht und als Münstersche Schulordnung bekannt wurde.[44] Die Reform des Gymnasiums stellte nicht nur ein konzeptionelles Bindeglied zwischen der Elementarschulreform und der Universitätsgründung dar. Vielmehr war es jene Erziehungsanstalt, die im öffentlichen Diskurs verhältnismäßig wenig Beachtung fand, sodass sich Fürstenberg der Aufmerksamkeit und dem Interesse vieler Bildungsreformer, Pädagogen und Schulmänner beinahe sicher sein konnte. Davon abgesehen, sah Fürstenberg im Gymnasium eine Bildungsinstitution, in der die grundlegenden Inhalte und Schlüsselqualifikationen für ein anschließendes Studium oder eine vergleichbare Berufsausbildung erworben werden sollten. Daher war es seine Absicht, jeden nach seinem Stand und Beruf in der Religion und Sittenlehre, in den Sprachen sowie in den weltlichen Wissenschaften zu gescheiten, tugendhaften, sittlich und moralisch guten sowie geistig und körperlich tüchtigen Bürgern zu bilden.

Der Zustand des seit 1588 von Jesuiten geführten Gymnasiums in Münster – so wie es Fürstenberg zu Beginn seiner politischen Tätigkeit vorfand und unter aufklärerisch-fortschrittlichen Kriterien begutachtete – war für ihn in vielerlei Hinsicht nicht länger tragbar. Im Fürstbistum Münster existierten insgesamt sieben Gymnasien, von denen drei bis zur Auflösung des Ordens von Jesuiten (Münster, Coesfeld, Meppen) und vier von Franziskanern (Rheine, Warendorf,

---

43   Kant, Aufsätze, S. 445-452, hier 449; vgl. Overhoff, Kant.
44   Vgl. Hanschmidt, Fürstenberg als Staatsmann, S. 135-142; vgl. Esch, Franz von Fürstenberg, S. 86-107.

Vreden, Vechta) geführt wurden.[45] Kurz nach dem Druck der Schulordnung brachte Fürstenberg seine Kritik an den überkommenen Lehrmethoden und Unterrichtsinhalten der Ordensschulen mit der „Verordnung, was und wie die Mönche studieren sollen" (1778) zum Ausdruck. Demnach sei in den Schulen der Franziskaner und vor allem der Jesuiten die Dogmatik „bis zu einem Inbegriff von Terminologien, Spitzfindigkeiten und Sophismen" zu bloßem „Wörterkram" abgeflacht. In der Sittenlehre herrsche darüber hinaus eine „öde Schulterminologie, Zänkereien, Distinktionen", man könne sich untereinander nicht mehr verstehen und habe sich auf die „trockene Abzählung der Scholastiker und Kasuisten pro und contra"[46] beschränkt. Auch wenn sich Fürstenberg vornehmlich gegen die rückständige scholastische Bildungstradition der Orden richtete, lässt sich seine Beurteilung ohne weiteres der harschen Kritik zuordnen, die das Kloster- und Mönchswesen bei zahlreichen Aufklärern entfachte.[47] Die einen fragten nach der staatlichen und gesellschaftlichen Nützlichkeit der Orden und warfen ihnen vor, sich hinter den Mauern und Türen der Klöster der Muße und Verschwendung hinzugeben und immer noch barocken Frömmigkeitsformen nachzuhängen. Andere kritisierten, dass sich die Orden zu sehr in die Seelsorge der Weltgeistlichen einmischten und mitunter auch administrativen Tätigkeiten nachgehen würden, für die sie nicht zuständig waren. Obwohl die Debatte in erster Linie in der aufgeklärten Publizistik ausgetragen wurde, standen bald konkrete politische Maßnahmen im Lichte dieser Kritik.[48] Schon 1765 hatten die Landstände des Fürstbistums an ihren Landesherren einen Antrag zur Aufhebung des adligen Benediktinerinnenstifts Überwasser in Münster gerichtet, dem der Nachwuchs fehlte und dessen Vermögen zur Gründung einer Universität eingesetzt werden sollte. Erst unter Fürstenberg erhielt dieser Vorschlag neuen Aufwind, der auch die Auflösung der Prämonstratenserstifte Cappenberg und Varlar ins Gespräch brachte, doch auf erheblichen Widerstand stieß.[49] Für Fürstenberg waren es vor allem ökonomisch-utilitaristische sowie subtile disziplinarische Absichten, die ihn dazu antrieben, die Aufhebung von Klöstern voranzutreiben. Dahinter standen die unterschiedlichen Forderungen nach einer inneren, katholischen Erneuerung und Aufklärung der Verhältnisse, die auch das Mönchs- und Klosterwesen miteinschließen sollte. Da die Möglichkeiten

---

45   Vgl. Kahle, Der erste Entwurf, S. 75.
46   „Verordnung, was und wie die Mönche studieren sollen" vom 24.10.1778, in: Esser, Leben und Schriften, S. 137-144, hier 138.
47   Vgl. Jäger, Mönchskritik.
48   Vgl. Olschewski, Der Einfluß der geistlichen Gemeinschaften, S. 403-434; Hersche, Muße und Verschwendung, Bd. 1, S. 342-349.
49   Zur Gründung der Universität vgl. Hanschmidt, Die erste münstersche Universität.

hierfür jedoch begrenzt waren, sollte das Vermögen nunmehr dem Gemeinwesen zufallen.

Das humanistische Bildungskonzept der Jesuiten, das mit der 1599 verordneten Ratio Studiorum ein wirkmächtiges Regelwerk erhielt, entsprach
in dieser Zeit den internen Erfordernissen des Ordens zur Bildung des Nach-
wuchses und hatte sich im Zuge der Konfessionalisierung in der europäischen
Bildungslandschaft verbreitet und fest etabliert. Erst die Aufklärung brachte
tragende Säulen des jesuitischen Bildungsprogramms ins Wanken und ließ
auch in katholischen Kreisen in der Auseinandersetzung um die rechte christliche Bildung zunehmend Kritik und Missgunst anwachsen. Zwar bedienten
sich seit Mitte des 18. Jahrhunderts zahlreiche Jesuiten der Ideen der Aufklärung und versuchten „bestimmte Versatzstücke der neuen Philosophie
für die Zwecke einer katholischen Aufklärung zu vereinnahmen"[50], doch
änderte dies nichts an einer radikalen Entwicklung, die im Jahr 1773 mit der
von Papst Clemens XIV verfügten Aufhebung des Ordens ihren Abschluss
fand.[51] Das Fortwirken der jesuitischen Patres hing dann vornehmlich davon
ab, mit welcher Konsequenz die Obrigkeiten sowie die aufgeklärte Öffentlichkeit diesem Verbot der ansässigen Ordensgemeinschaft nachkamen. Längst
wirkten Jesuiten auch als Missionare in der ganzen Welt und unterhielten ein
dichtes kommunikatives Netzwerk. Ihre Missionsstationen lagen im fernen
Asien, in Nord- und vor allem Südamerika.

Im Fürstbistum Münster fiel die Aufhebung des Ordens in die Zeit, als
Fürstenberg die neue Schulordnung für die Gymnasien vorbereitete und
bereits erprobte. Das Ausscheiden der Jesuiten aus dem Schuldienst erforderte
keine erneute Veränderung oder Anpassung in Fürstenbergs Bildungsreformkonzept, das nicht nur organisatorische und curriculare Umgestaltungen,
sondern vor allem eine Verbesserung und Modernisierung der überkommenen
jesuitischen Lehr- und Lernmethoden vorsah. Dabei blieben Aufbau und Verfassung des Gymnasiums beim Übergang in nachjesuitische Zeit unberührt.
Auch hinsichtlich des Lehrpersonals wurden keinesfalls die zu erwartenden
tiefgreifenden Eingriffe unternommen. Die Exjesuiten waren nunmehr Welt-
geistliche und wurden als ordentliche Lehrer an den Gymnasien im Fürstbistum angestellt oder als Professoren an die Universität berufen, die im
selben Moment aus dem Vermögen der aufgelösten Jesuitenkollegs und des

---

50 Friedrich, Die Jesuiten, S. 334-341, hier 336.
51 Die Aufhebung des Ordens war vor allem machtpolitisch motiviert und galt letztlich der
    „Stärkung der königlichen Autorität gegen alle widerständigen und unkontrollierbaren
    gesellschaftlichen Gruppen" (Friedrich, Die Jesuiten, S. 546). Über die unterschiedlichen
    Ereignisse und Verlaufsformen in Portugal, Spanien und Frankreich, vgl. ebd., S. 538-547.

Überwasserstifts gegründet worden war und bereits im Wintersemester 1773/74 ihren Vorlesungsbetrieb aufnahm. Fürstenberg stand zu dieser Zeit noch kein anderes, annähernd qualifiziertes Lehrpersonal zur Verfügung, mit dem er eine Erneuerung des Gymnasiums unter katholisch-aufklärerischen Gesichtspunkten hätte vorantreiben können. Auch bestanden Versorgungsansprüche, die durch eine adäquate Beschäftigung samt kostenloser Unterkunft und Verköstigung im ehemaligen Jesuitenkolleg ebenso abgegolten werden konnten.[52] Die Exjesuiten bewiesen insofern eine erstaunliche Fähigkeit und Aufgeschlossenheit, sich in die neuen Organisationsstrukturen von Schule und Universität zu integrieren, auch kann ihnen im Vergleich zu anderen Orden eine grundsätzliche Offenheit für aufklärerische Gedanken nicht abgestritten werden.[53]

Die Jesuiten hatten sich seit ihrer Ankunft in Münster mit aller Kraft und Ausdauer für eine am Tridentinum ausgerichtete katholische Bildung eingesetzt und dadurch im Zeitalter der Konfessionalisierung einen wesentlichen Anteil an der Erneuerung und Festigung des katholischen Glaubens gehabt. Auch außerhalb der Jesuitenkollegs war ihr Einfluss beträchtlich. Sie beaufsichtigten bisweilen nach eigenem Gutdünken die lokalen Kirchspielschulen, übernahmen Aufgaben in der Seelsorge und Katechese in den Gemeinden und wirkten bei Festen, Prozessionen und durch das Schultheater auf die Religiosität und Volksfrömmigkeit ein.[54] Fürstenberg sah in ihnen rechtschaffende und fleißige Christen, die sich pflichtbewusst und aufopferungsvoll für die Bildung, den Glauben und das Gemeinwohl einsetzten, deren scholastische Lehrart für ihn jedoch nicht mehr zeitgemäß war. Einige Exjesuiten schienen Fürstenberg durchaus gescheite und reformwillige Pädagogen zu sein, denen auch nach 1773 eine Aufgabe an den Gymnasien und an der Universität des Landes zugewiesen werden konnte, etwa dem zum Direktor des Gymnasiums ernannten und späteren Mathematikprofessor Kaspar Zumkley (1733-1794) sowie Anton Bruchausen (1735-1815) als Professor für Physik und Landwirtschaft. Beide pflegten zudem Kontakte zum Kreis der Amalia von Gallitzin.[55] Der fließende Übergang vom Jesuitengymnasium in die nachjesuitische Zeit entsprach der für Fürstenberg geltenden Maxime, stets für einen geordneten Wandel zu sorgen und dadurch schrittweise Veränderungen in Schule und Gesellschaft herbeizuführen.[56]

---

52   Vgl. LAM, Fürstbistum Münster, Studienfonds, Nr. 9953-9968.
53   Vgl. Friedrich, Die Jesuiten, S. 334-341; Lehner, Enlightened Monks.
54   Vgl. Holzem, Konfessionsstaat, S. 95-102.
55   Vgl. Reinhard, Familia sacra, S. 23, 59 f.; Pieper, Die alte Universität, S. 8-27.
56   Vgl. grundl. Hanschmidt, Jesuitengymnasium, S. 43-98.

Zur Erweiterung der Unterrichtsfächer und zur Einführung neuer Unterrichtsmethoden war eine umfangreiche Reform unabwendbar, wie die Kernpunkte der Schulordnung widerspiegeln. Religion und Sittenlehre, Psychologie, Naturgeschichte, Mathematik, Geschichte, Geographie, Logik, die deutsche, lateinische und griechische Sprache sowie Rede- und Dichtkunst sah Fürstenberg schon für die niederen Klassen des Gymnasiums als Unterrichtsgegenstände vor. Die deutsche Sprache sollte gegenüber den alten Sprachen eine Aufwertung erfahren und erste Unterrichtssprache werden. Dem naturwissenschaftlichen und mathematischen Realienunterricht kam fortan eine stärkere Berücksichtigung zugute. Völlig neu war eine Leibeserziehung, die an eigens eingerichteten „Spieltagen" zur Freude und körperlichen Ertüchtigung der Schüler angeordnet wurden und die der Lehrer seinerseits nutzen sollte, um „seinen Schüler näher kennen zu lernen, ihn zu gesellschaftlichen Tugenden, zur Höflichkeit und zur Freundschaft zu gewöhnen und unbemerkt durch mancherlei Beobachtungen mit der Natur bekannt zu machen"[57]. Seit der englische Philosoph und Aufklärer John Locke (1632-1704) in seiner Erziehungsschrift „Some Thoughts Concerning Education" (1693) das ungezwungene und natürliche „Spiel im Freien"[58] als eine unentbehrliche Voraussetzung für die geistliche Entwicklung der Schüler gewertet hatte, wurde die sportlich-spielerische Entfaltung in der Kindererziehung zu einer zentralen Forderung der Aufklärung. Doch schon Jahre bevor der Philanthrop und preußische Schulreformer Johann Stuve (1752-1793) die Ertüchtigung des Körpers in den Lehrplan der musterhaften Bürger- und Gelehrtenschule in Neuruppin aufnahm und auch der thüringische Pädagoge Johann Christoph Friedrich GutsMuths (1759-1839) seinen richtungsweisenden Leitfaden für einen modernen Sportunterricht „Gymnastik für die Jugend" (1793) auf den Weg brachte, waren Leibesübungen ein fester Bestandteil von Fürstenbergs Schulordnung.[59]

Vor dem Hintergrund einer aufklärerischen Reform im Fürstbistum Münster erscheinen vor allem die im neuen Lehrplan für die niederen Schulen verordneten Richtlinien zu „Religion und Sittenlehre" von besonderer Bedeutung. Zwar sei „nach Vorschrift des katechetischen Unterrichts" zu lehren, doch der Lehrer soll „das Kalte, das Trockne des abstrakten Vortrags" meiden, „der dem Schüler nichts zu denken, noch zu empfinden"[60] gebe. Kein „leerer Schwall von Worten" noch „künstlich-gedrehte Sentenzen", sondern „mit der

---

57 Schulordnung 1776, S. 174.
58 Vgl. Locke, Gedanken über Erziehung, S. 15; vgl. Overhoff/Schmitt, Locke, S. 60-62.
59 Vgl. hierzu Stuve, Ueber das Schulwesen, S. 137-186 („Ueber die Vernachläßigung der Sorgfalt für die Gesundheit der Schuljugend"); auch Overhoff, Johann Stuve, S. 173 f. GutsMuths, Gymnastik; hierzu auch Schmitt, Die Anfänge des Schulsports, S. 208-222.
60 Schulordnung 1776, S. 157.

ganzen hinreißenden Macht der intuitivsten Darstellung"[61] sollen biblische
Geschichten, aber auch Begebenheiten des täglichen Lebens die Moral des
Schülers bilden und verfeinern, damit er selbst zu entscheiden lerne, was sitt-
lich gut und schlecht sei. Der Lehrer „lasse ihn selbst sehen und hören, wo er
kann; und wo er nicht kann, keine Beschreibung, [sondern] warme, lebendige
Darstellung. So werde die Empfindsamkeit des Jünglings erhöht", die „seiner
Seele das Mark und die Festigkeit" verleihe, ihn „mit brennender Sehnsucht
Taten der Größe" anstreben und „die glückliche Biegsamkeit und Nachsicht
der sich selbst fühlenden Menschenliebe"[62] erfahren lasse. Durch Offenbarung
und Vernunft erreiche der Schüler die wahre Anbetung und erlebe hierdurch
seine innere Beglückung. Dabei solle ihm die aufklärerische Toleranzformel
beigebracht werden, dass „der wahre Eifer der Religion ein Geist der Liebe ist,
von Hass, Abneigung und Verfolgung weit entfernt."[63]

Hinsichtlich der inhaltlichen Bestimmung als auch der sprachlichen
Ausgestaltung tritt der Abschnitt über „Religion und Sittenlehre" gegenüber anderen Punkten in der Schulordnung klar hervor, wie schon der
kurmainzische Regierungsrat und Staatsrechtler Johann Christoph Erich von
Springer in seiner Rezension anmerkte.[64] Für Fürstenberg galt es in diesem
Punkt präzise auszuführen, wie Aufklärung und Religiosität in Einklang gebracht werden können. Seiner Meinung nach lag allein in ihrer Verbindung
der Schlüssel zur wahren Erkenntnis, der man sich durch eine gewissenhafte
Übung und Verfeinerung der Empfindsamkeit stetig nähern könne. Als vornehmliches Ziel ersann Fürstenberg weder bloße Gelehrsamkeit, noch eine
überspannte, eifernde Religiosität oder einen abstrakten Vernunftglauben,
sondern die Werke praktischer Menschenliebe. Dazu gehörte auch die „Biegsamkeit und Nachsicht"[65] mit den eigenen Überzeugungen, Erwartungen
und Ansprüchen, und zwar gerade in Anbetracht der konfessionskulturellen
Vielfalt im Reich. Toleranz wurde daher zur praktischen Konsequenz vorurteilsfreier Menschenfreundschaft. Mit dieser Stoßrichtung wendete sich
Fürstenberg klar gegen einen als repressiv und einseitig verstandenen und
gelebten Katholizismus und forderte ein höheres Maß an Toleranz. Seine
persönlichen Aufzeichnungen enthalten folgendes eindrückliches Bekenntnis, wobei Fürstenberg uneindeutig blieb, ob er die unterschiedlichen christlichen Konfessionen meinte oder – durch den Verweis auf den gemeinsam

---

61   Ebd., S. 157-158.
62   Ebd., S. 158.
63   Ebd.
64   ErfGZ, 11.4.1776, 30. St., S. 234-238.
65   Schulordnung 1776, S. 158.

Stamm aller drei monotheistischen Religionen – den Islam und das Judentum in seine Überlegungen miteinschloss: „Zwar sind in den mannichfachen GottesVerehrungen anscheinende Verschiedenheiten – doch alle sind Zweige eines Stammes, komme alle darin überein, dass Sie zu Gott führen und den Menschen durch Moral und Humanität Gott ähnlicher machen, sind alle Gott gefällig, wenn der Mensch die Pflichten erfüllet so Sie ihn lehren.“[66] Der wahre Religionseifer äußere sich daher vor allem in der Haltung eines jeden Gläubigen zur Toleranz. Dieser Gedanke erwuchs in der Schulordnung zum moralischen Leitmotiv des zukünftigen Religionsunterrichts. Die gesamtgesellschaftliche Bedeutung, die sich hieraus ableiten lässt, ist unverkennbar.

In anderen Staaten des Reiches verlangten die Voraussetzungen und Erfordernisse, dem aufklärerischen Geist religiöser Toleranz Geltung zu verschaffen. Manche Landesherren hegten den Anspruch, den Forderungen nach mehr Toleranz dadurch nachzukommen, indem sie konfessionelle Abweichler und Grenzgänger wieder in die bestehenden konfessionskulturellen Gesellschaftsformen zu integrieren versuchten.[67] Anderswo hatte man sich bereits seit langem an die konfessionelle Vielfalt und an den täglichen Umgang mit Gläubigen anderer Konfessionen und Religionen gewöhnt. Doch um die eigene konfessionelle Homogenität und Geschlossenheit zu bewahren oder gar einer synkretischen Vermischung vorzubeugen, führte der Drang nach religiöser Toleranz mancherorts ebenso zu erbitterten Kontroversen und Auseinandersetzungen, die allzu oft die unvereinbaren konfessionellen Gegensätze nur noch verhärten ließen.[68]

Wie schon der münstersche Bildungshistoriker Hubert Steinhaus anmerkte, ging Fürstenberg selbst mit gutem Beispiel voran, indem er sich „wie selbstverständlich“[69] auch mit protestantischer Literatur beschäftigte. Auch bei der Auswahl seiner engsten Mitarbeiter für die Ausarbeitung der Schulordnung kannte er „keine konfessionellen oder eng-moralistischen Grenzen“[70]. Hierzu zählen ebenso die beharrlichen Bemühungen Fürstenbergs im Sommer 1775, einen der einflussreichsten Denker zu einem Umzug nach Münster zu bewegen: Friedrich Gottlieb Klopstock (1724-1803). Der Dichter hatte bereits im ganzen Reich höchste Anerkennung für seinen „Messias“ erfahren, an dem er seit den 1740er Jahren gearbeitet hatte. Der vierte und letzte Teil dieses religiösen Epos über die Heilsgeschichte Jesu Christi war erst 1773 in Halle erschienen. Mit

---

66   [Fürstenberg], Über die Entwickelung, S. 34.
67   Vgl. Rüffer, Disziplinierung des Glaubens.
68   Zu den Auswirkungen vgl. Schilling/Ehrenpreis, Erziehung und Schulwesen.
69   Steinhaus, Schulreform, S. 18.
70   Ebd., S. 20.

dem „Messias" rief Klopstock seine Leser zu mehr Mitmenschlichkeit und Ver-
söhnungsbereitschaft auf, die jede engherzige und überbordende Religiosität
überwinden und zu echter Menschenliebe, frommer Humanität und zu einer
neuen Verinnerlichung des Glaubens führen sollte.[71] Mit dieser schlichten Botschaft gab sich Klopstock auch mit den Katholiken versöhnlich. „Die Religion
der Herren Catholiken hat sich von mir alle Ruhe zu versprechen"[72], schrieb
er schon 1748 an den Schweizer Literaten Johann Jakob Bodmer (1698-1783).
In der Tat vermied Klopstock jegliche Zuspitzung lutherischer Ansichten,
die für Unmut sorgen und das Mitgefühl der katholischen Mitmenschen
hätte kränken können.[73] Der „Messias" wurde unter den Mitgliedern des
Gallitzin-Kreises zum wichtigsten Werk, das von einem deutschsprachigen
Literaten verfasst wurde. Es war eine beliebte Wiederholungslektüre, die gelegentlich zur poetischen Anregung, vor allem jedoch zur religiösen Erbauung,
gelesen und besprochen wurde.[74] Amalia von Gallitzin hielt noch im Jahr 1791
in ihrem Tagebuch fest, dass sie mit ihren Kindern Klopstocks „Messias" las:
„Gestern und vorgestern Abend versucht ich an den Kindern wieder einmal
die Messiade und fand ihre Herzen insonderheit Mitri's seines sehr offen dazu,
welches zu der Rührung [...] vieles beitrug"[75].

Die Initiative für einen intensiven Austausch zwischen Fürstenberg und
Klopstock über die Bildungsreform im Fürstbistum Münster ging anfangs
allerdings gar nicht von dem münsterschen Minister aus. Als Klopstock nach
tüchtigen Helfern suchte, um sein utopisches Werk „Die deutsche Gelehrtenrepublik" (1774) im Reich bekannt zu machen und Subskribenten zusammen-
zutragen, fand er unter seinen Bewunderern den jungen Juristen Anton
Mathias Sprickmann. Dieser stammte aus Münster und war von seinen Eltern
1767 für ein zweijähriges Studium der Rechtswissenschaft nach Göttingen geschickt worden, wohl auch um seiner ungestümen Theaterleidenschaft etwas
entgegenzusetzen. Gerade in der Universitätsstadt Göttingen durchlebte
Sprickmann allerdings Jahre voller Sturm und Drang, las mit Enthusiasmus die
Werke von Klopstock, Lessing, Herder und Goethe, hielt sich mehrere Monate
auch in Mannheim auf, um Theaterschauspieler zu werden, doch kam er
zurück und wurde schließlich zum Mitbegründer einer Gruppe gleichgesinnter
Literaten, die sich als Göttinger Hainbund bezeichnete.[76] Nach Sprickmanns
Rückkehr nach Münster wurde er zum Referendar der fürstbischöflichen

---

71 Vgl. Overhoff, Frühgeschichte, S. 61-64.
72 Klopstock an Bodmer, 19.10./5.11./2.12.1748, in: Riege, Briefe, Nr. 18.
73 Vgl. Overhoff, Frühgeschichte, S. 64.
74 Vgl. Bödeker, Lesen als kulturelle Praxis, S. 361 f.; vgl. Reinhard, Familia sacra, S. 123.
75 Tagebuch A. v. Gallitzin, 9.5.1791, in: Schlüter, Briefwechsel, II, S. 446-452, hier 452.
76 Vgl. Gödden, Schwärmer, S. 18 f.

Regierung und zum Privatsekretär des Ministers Fürstenberg ernannt und dadurch auch mit dem Lektorat der Schulordnung betraut.

Für Klopstock, den er immer noch verehrte, sammelte Sprickmann im Sommer 1773 allein in Münster 56 Subskribenten, die sich an Klopstocks „Gelehrtenrepublik" interessiert zeigten. Für die besonders hohe Anzahl richtete ihm Klopstock seinen verbindlichsten Dank aus. Nur in Göttingen, Hamburg, Hildesheim, Tübingen und Mannheim war die Zahl angeforderter Exemplare höher, wie Klopstock durch eine beigefügte Aufstellung verdeutlichte.[77] Dass die Katholiken an seinem neuen Werk derart interessiert waren, hatte ihn so sehr überrascht, dass es seine Vorurteile, die er gegenüber den Münsteranern und deren katholischen Glauben hegte, bald zerstreute: „Denn ich muß es gestehn", antwortete er am 15. Oktober 1773, „daß auch ich Vorurtheile eingesogen hatte, u[nd] eine solche Zahl von Münster nicht erwartete". Der Grund hierfür schien sich ihm nicht gleich zu erschließen, doch vermutete er, dass der dortige Minister hieran seinen Anteil hatte. So schrieb Klopstock weiter: „Ich suchte gleich [in der Liste der Subskribenten] mit begierigem Auge den Namen Fürstenberg; u[nd] es war mir kein kleines Vergnügen ihn zu finden". Zwar kenne er ihn noch nicht, doch habe er schon von dem „Patrioten Fürstenberg" gehört, „von Schulen, u[nd] von einer künftigen Universität, [...] das mir nicht wenig gefiel"[78]. Dennoch wurde eine persönliche Begegnung mit Fürstenberg nicht in Aussicht gestellt. Nur Sprickmann versuchte als fleißiger Briefeschreiber, beide einander bekannter zu machen.[79]

Erst im Mai 1775, als die Arbeit an der Schulordnung bereits weit fortgeschritten war, bemühte sich Fürstenberg darum, Klopstock zu einem längeren Besuch in Münster zu bewegen, um mit ihm gemeinsam über die Bildungsreform nachzudenken, seinen „freundschaftlichen Rath" zu nutzen und dadurch „mehr Geist und Aufklärung"[80] zu verbreiten. Doch Klopstock zögerte. Für ihn war die Frage nach der Art und Weise, wie sich das religiöse Leben im Fürstbistum nun wirklich darstellte und wie tolerant und aufgeklärt sich die Katholiken in Münster gegenüber Andersgläubigen und -denkenden verhielten, zur eigentlichen Gretchenfrage geworden, um deren Beantwortung er den münsterschen Minister bat. Zwar blieb diese Bitte unausgesprochen, doch Fürstenberg ahnte, dass Klopstock von ihm hinsichtlich des Grades der Toleranz der Katholiken in Kenntnis gesetzt zu werden wünschte. Am 2. August 1775 nahm Fürstenberg klar Stellung:

---

77   Klopstock an Sprickmann, 15.10.1773, in: Riege, Briefe, Nr. 96.
78   Ebd.
79   Vgl. Sprickmann an Klopstock, 24.11.1773/20.4.1775, in: ebd., Nr. 103, 198.
80   Fürstenberg an Klopstock, 27.5.1775, in: ebd., Nr. 211.

Ein unchristlicher ReligionsEifer ist der Fehler des besten Theils meiner Lands-
leute nicht: es bleibt allzeit etwas übrig, aber im ganzen ist man sehr tolerant.
[...] Unser philosophischer ErziehungsPlan ist viele Menschen, und zu Gelehrten diejenigen zu bilden, welche dazu berufen sind. Aufgeklärte Religion,
warme thätige erhabene Menschen- und Vaterlandsliebe, folglich richtige Begriffe von Recht, Sitten, Freyheit, und Ehre, gemeinnützige Wissenschaften
und Künste, und dem zufolge den Unterricht so einzurichten, daß weder die
Empfindungen die deutlichen Begriffe verdrängen, noch die Abstractionen die
Experimental-Erkänntniße – oder gar das Herz austrokknen.[81]

Mit Klopstock teilte Fürstenberg seinen Hang zur aufklärerischen Empfindsamkeit. Die Verschmelzung von Sinnlichkeit, Religion und Poesie, die sich
in Klopstocks Werk selbst dem höheren menschlichen Erkenntnisvermögen
zu entziehen vermochte, hatte Fürstenberg tief beeindruckt und den Wunsch
eines persönlichen Kennenlernens nur bestärkt.[82] In dem einzigen erhaltenen
Brief von Klopstock an Fürstenberg stellte er ihm am 22. August 1775 den Besuch in Münster für Mitte Oktober in Aussicht. Dass es zu dem Treffen jedoch
nicht kam, erschließt sich aus einer Antwort Fürstenbergs, in der er sein Bedauern ausdrückte: „Sie wissen nicht, wie hoch ich Sie schätze; wie sehr ich
folglich Ihre persönliche Bekanntschaft wünsche."[83] Noch 1800 berichtet Friedrich Leopold zu Stolberg (1750-1819) aus dem Gallitzin-Kreis in Münster, dass
sich Fürstenberg „mit großem Vergnügen der Zeit erinnere, in welcher er die
Hoffnung hatte, daß Sie [Klopstock] in hiesigen Gegenden wohnen wollten"[84].
Die erst aufgeschobenen Pläne für einen Besuch in Münster wurden offen-
sichtlich nicht erneut angegangen, der Grund dafür ist nicht mehr ersichtlich.
Sprickmann blieb zeitlebens ein glühender Verehrer der Werke Klopstocks.
Einen Höhepunkt in dieser Beziehung bildete seine achttägige Reise nach
Hamburg im März 1776, wo er nicht nur Klopstock traf, sondern mit ihm
auch den Lyriker Matthias Claudius (1740-1815) in Wandsbek besuchte.[85] Der
Briefwechsel zwischen Fürstenberg und Klopstock brach allerdings nach der
Zusendung der Schulordnung im April 1776 ab. Man widmete sich nunmehr
anderen Projekten.

Dass eine engere Verbindung Klopstocks mit Fürstenbergs Plänen „eine
geistes- und literarhistorische Epoche für das Hochstift"[86] bedeutet hätte,
wie einst Sudhof mutmaßte, ist rein spekulativ und schmälert nur die

---

81   Fürstenberg an Klopstock, 2.8.1775, in: ebd., Nr. 16.
82   Vgl. Martus, Aufklärung, S. 535 f.; vgl. Bosse, Dichter, S. 228 f., Anm. 155.
83   Fürstenberg an Klopstock, 28.10.1775, in: Riege, Briefe, Nr. 225.
84   Stolberg an Klopstock, 30.12.1800, in: ebd., Nr. 165.
85   Vgl. Sudhof, Klopstock; vgl. Gödden, Schwärmer, S. 53.
86   Siegfried Sudhof, Von der Aufklärung zur Romantik, S. 85.

Eigenleistungen Fürstenbergs, die er auch ohne Klopstocks Unterstützung hervorbrachte. Sicher ist, dass der Austausch zwischen Fürstenberg und Klopstock auf gegenseitigem Interesse beruhte. Klopstock, der immer wieder seine tolerante Haltung bekundete, sah schon früh die Möglichkeiten eines aufklärerischen Katholizismus, der sich vom Ballast dogmatischer, traditionalistischer und institutioneller Überformung lossagen und bereinigen wollte.[87] In dem tätigen münsterschen Minister erkannte Klopstock einen aufgeklärten Katholiken, der den starren Glaubens- und Bekenntniszwängen trotzte und die Konfessionsgrenzen gelegentlich zu übertreten neigte. Für beide war Religion buchstäblich eine Herzensangelegenheit, denn der wahre Glaube erschloss sich ihnen vornehmlich aus der Verfeinerung der Empfindungen des Herzens und äußere sich in schlichter Menschenfreundschaft und christlicher Nächstenliebe.

Neben der Religion und Sittenlehre bildeten die deutsche Sprache, Mathematik und Geschichte Kernfächer der Schulordnung. Obwohl die Bedeutung der lateinischen und griechischen Sprache keinesfalls angezweifelt wurde, sollte nunmehr die deutsche Sprache eine deutliche Vorrangstellung einnehmen: „Diese Sprache ist es, in der ein jeder Schüler denken und reden, ein jeder beim künftigen Berufe arbeiten und insbesondere das künftige Genie sich zeigen soll."[88] Neben der Bildung zur Menschenliebe setzte Fürstenberg ebenso auf die Bildung zur Vaterlandsliebe. Für eine staatsbürgerliche Erziehung übernahm der Geschichtsunterricht die tragende Rolle. Dieser sollte dem Schüler „den ganzen Wert der Tugend und der Vaterlandsliebe zeigen, um ihn zum guten Menschen und zum guten Bürger zu bilden"[89]. Die gleichwertige Betonung von Bürger- und Menschenbildung war ein grundsätzliches Merkmal der Schulordnung. Nur durch die Verbindung einer utilitaristisch-staatsbürgerlichen und christlich-philanthropischen Bildung konnten ökonomische Fortschritte, Wohlstand und das allseits anzustrebende Ziel der Glückseligkeit erreicht werden. Wie auch andere katholische Aufklärer übertrug Fürstenberg auf seine Weise – so Andreas Holzem – „das allgemeine Bildungspathos der Aufklärung in einen christlich bestimmten Lehr- und Lernkodex", der den eng miteinander verschränkten „Zusammenhang von christlichem Glauben und weltlicher Verantwortung"[90] deutlich werden lässt.

Auch hinsichtlich der Unterrichtsmethoden gibt die Schulordnung klare Anweisungen und Ratschläge. Einen besonderen Wert legte Fürstenberg auf

87   Vgl. hierzu auch Holzem, Christentum, Bd. 2, S. 795.
88   Schulordnung 1776, S. 166.
89   Ebd., S. 163; vgl. Hanschmidt, Fürstenberg als Staatsmann, S. 140 f.
90   Holzem, Christentum, Bd. 2, S. 797; vgl. Lehner, Catholic Enlightenment, S. 7.

das Lernen aus Erfahrungen. Kein bloßes Faktenwissen oder fahles Auswendiglernen, sondern ein kreativer und anschaulicher Unterricht soll die Schüler zu
selbstständigem Denken und Handeln anregen. Der Lehrer habe sich daher
verstärkt an den Schülern zu orientieren und solle deren „reiche Einbildungskraft in ihrem jugendlichen Feuer"[91] zu schätzen und nutzen wissen. Die
zahlreichen Parallelen zu der sensualistisch-spielerischen von Locke beeinflussten philanthropischen Erziehungslehre[92] – des wohl wichtigsten Zweigs
der deutschen Aufklärungspädagogik – belegen hier Fürstenbergs grundsätzliche Bereitschaft, auch Impulse aus den protestantisch geprägten Bildungsräumen in die Schulordnung aufzunehmen. Dennoch stand die Übertretung
und Einführung des in den Philanthropinen bereits gängigen konfessionsübergreifenden Religionsunterrichts[93] nie zur Diskussion.

Mit der Schulordnung arbeitete Fürstenberg zwischen 1768 und 1776 den
Kern seines Bildungsreformprogramms aus. Die Gründung einer Universität,
den Prozess einer Reform des Landschulwesens, die Einrichtung einer
Normalschule (1783) als Ausbildungsstätte für die Elementarschullehrer sowie
die Neugründung des Priesterseminars[94] (1776) bildeten weitere tragende
Säulen dieses umfangreichen Reformprogramms, in dem das Wirken aufklärerischen Gedankenguts deutlich spürbar war. Dabei waren die Elementarschulreform und die Lehrerbildung eng mit dem Leben und Werk des Priesters
und Pädagogen Bernard Overberg (1754-1826) verknüpft, der von Fürstenberg
1783 zum Leiter des Elementarschulwesens im Fürstbistum ernannt wurde.
Vor diesem Hintergrund ist nicht verwunderlich, warum die Fürstin Gallitzin
den Lehrer und Landschulreformer einige Jahre später in ihr Haus holte und
ihre eigene religiöse Erziehung wie auch die ihrer Kinder weitgehend in seine
Hände legte.

3.3   Bernard Overberg und die Reform des Landschulwesens

Bernard Overberg stammte aus einer Krämerfamilie, wuchs in Voltlage im
Fürstbistum Osnabrück auf und besuchte später das bereits nach Fürstenbergs Entwürfen umgestaltete Franziskanergymnasium in Rheine, um schließlich von 1774 bis 1779 die Fächer Theologie und Philosophie an der soeben

---

91   Schulordnung 1776, S. 168.
92   Vgl. Overhoff/Schmitt, Locke, S. 59-73.
93   Vgl. Overhoff, Kant.
94   Vgl. Schröer, Die Kirche von Münster, S. 389-391 („Die Neugründung des Seminars aus
      dem Fraterherrenvermögen 1776").

gegründeten Universität Münster zu studieren. Als Kaplan in Everswinkel erwies sich Overberg anschließend in seiner Gemeinde als ein hervorragender Katechet, Seelsorger und Lehrer. Fürstenberg schätzte an ihm seine vorbildlichen Charaktereigenschaften sowie seine pädagogischen Ansichten und Fähigkeiten. Viel von sich selbst fand er in dem 25 Jahre jüngeren Priester wieder, der sich die Bildung des Landvolkes zur Aufgabe gemacht hatte und eigentlich einfacher Landpfarrer werden wollte. Die Ernennung zum Leiter des Elementarschulwesens erfolgte durch Fürstenberg als Generalvikar am 1. März 1783. Eine ausgedehnte Visitationsreise ins Niederstift Münster – dem nördlicheren Teil des Fürstbistums, das bereits weite Gebiete des späteren Oldenburger Münsterlands umfasste – bewegte Overberg zu einer akribischen Untersuchung der Schulverhältnisse in den Ämtern Meppen, Cloppenburg und Vechta, auf deren Grundlage die Reform des Elementarschulwesens erfolgen sollte.[95]

Als ein erster Leitfaden diente eine provisorische Verordnung, nach der die Lerninhalte und Lehrart zunächst vereinheitlicht und den zeitgemäßen Ansichten nach verbessert werden sollten. Diese „Provisional-Verordnung die Landschulen betreffend" (1782) sah für die Landschulkinder die Unterweisung im Katechismus und der Sittenlehre, das Lesen, Schreiben, Rechnen und Verfassen von Geschäftsbriefen und Rechnungen sowie Grundkenntnisse in Ackerbau und Landwirtschaft vor.[96] Diese Inhalte waren voll und ganz auf den Erhalt und auf die Kräftigung der gelebten religiös-kirchlichen, soziokulturellen wie auch vornehmlich agrarisch geprägten ökonomischen Ordnung der ländlichen Gesellschaft ausgerichtet. Letztlich verstand sich die Reform des Bildungswesens und die Bemühung um eine geistige und kulturelle Hebung der ländlichen Bevölkerung als eine katholische Volksaufklärung, in der die gelebte konfessionskulturelle Lebenswelt nicht nur von barocken Frömmigkeitsformen bereinigt, sondern auch im Ökonomischen die vermeintlich abergläubischen Bauernweisheiten zugunsten neuer, wissenschaftlich fundierter Erkenntnisse ausgemerzt werden sollten.[97]

Zur selben Zeit nahm Overberg seine Tätigkeit im Lehrerbildungsseminar auf, wo er fortan regelmäßig zwei- bis dreimonatige Kurse zur Aus- und

---

95   Hinsichtlich der niederen Schulen des Oberstifts bestanden Aufsichtsrechte und -pflichten auf Seiten des Domkapitels, insb. der jeweils zuständigen Archidiakone, vgl. grundl. Hanschmidt, Bernard Overberg; Hanschmidt, Elementarschulverhältnisse; Hanschmidt, Lehrerexistenz; Stapper, Overberg; Heuveldop, Leben und Wirken; Alexander, Overberg.

96   Vgl. Provisional-Verordnung die Landschulen betreffend, in: LAM, Fürstbistum Münster, Kabinettsregistratur, Nr. 2953; Faksimilewiedergabe bei Hanschmidt, Elementarschulverhältnisse, S. 2-14.

97   Vgl. Siegert, Höhepunkt der Volksaufklärung, S. XXVI-XLIV.

Weiterbildung anbot, in denen die Lehrer die neue Lehrart kennenlernen sollten. Als Rektor und Beichtvater im Lotharinger Kloster, einer höheren Mädchenschule in Münster, in der Overberg selbst bis 1811 unterrichtete, bot er seinen Seminaristen anschauliche Unterrichtsbeispiele. Fürstenberg schätzte an ihm seinen Ernst, seine Milde, Bescheidenheit, Geduld und Toleranz. Er sei „der toleranteste, versöhnlichste, der liebevollste unter den Männern"[98] im Kreis der Fürstin, wie Fürstenberg einmal an den Bruder der Fürstin schrieb. Ab 1789 lebte Overberg bei der Fürstin Gallitzin in der Grünen Gasse. Der überaus fromme und gottesfürchtige Pädagoge und Priester wurde als Seelsorger und Beichtvater einer ihrer engsten Vertrauten und Ratgeber bei der Erziehung und Bildung ihrer Kinder.[99] Bei der Organisation des niederen Schulwesens und der Normalschule orientierten sich Overberg und Fürstenberg einerseits an den Entwürfen des ehemaligen Abtes von Sagan, Johann Ignaz von Felbiger, der im Dienst Maria Theresias das Bildungswesen des habsburgischen Erzherzogtums umgestaltet hatte. Doch dessen tatsächlicher Einfluss auf Fürstenberg, Overberg und die Erneuerung des Landschulwesens im Fürstbistum Münster wurde in vielen älteren Studien „zu stark betont"[100], wie schon August Schröder aufzeigte. Hinsichtlich der pädagogischen Ansichten und Grundsätze gingen Overberg und Fürstenberg nämlich durchaus eigene Wege und studierten dafür ebenso die Werke anderer Pädagogen und Schulreformer.

Von besonderer Bedeutung erschienen Overberg die Schriften des preußischen Gutsherrn, Philanthropen und Gründers der Dorfschule zu Reckahn Friedrich Eberhard von Rochow, dessen pädagogische Ideen in zahlreiche Schriften Overbergs wörtlich oder sinngemäß wiederzufinden sind.[101] Eine besondere Berücksichtigung erhielt Rochows Schul- und Lesebuch „Der Kinderfreund", das zahlreiche Lesestücke aus der bäuerlich-ländlichen Lebenswelt bot und sich deshalb auch zum Einsatz im Fürstbistum Münster eignete. Overberg fertigte daher eine eigene Ausgabe an, die den konfessionellen Rahmenbedingungen eines katholischen Fürstbistums entsprach und – „mit Genehmigung des Herrn Verfassers für katholische Landschulen eingerichtet"[102] – auch von Rochow abgesegnet wurde. Ein Vergleich

---

98   Fürstenberg an Friedrich Wilhelm Carl v. Schmettau, in: Schlüter, Briefwechsel, I, S. 235-237, hier 237.
99   Vgl. A. v. Gallitzin an Hemsterhuis, 5.2.1790, in: Sluis, Lettres, Bd. 3, Nr. 245.
100 Schröder, Overberg und Fürstenberg, S. 34.
101 Vgl. Steinhaus, Overbergs „Anweisung"; Schröder, Overberg und Fürstenberg, S. 36-38, 46, 73 f. Schröder zeigt ferner Parallelen zu Felbiger, Villaume, Campe, Rist, Resewitz u.a. auf.
102 Die Münstersche Ausgabe erschien unter dem Titel: „Der Kinderfreund. Ein Lesebuch zum Gebrauche in Landschulen. Mit Genehmigung des Herrn Verfassers für katholische Landschulen eingerichtet von einem katholischen Pfarrer" in zwei Bänden, Münster 1799.

mit der Rochowschen Originalausgabe führt vor Augen, dass Overberg bei der Bearbeitung durchaus differenziert und behutsam vorging. Der Großteil wurde wörtlich übernommen, nur ausgewählte Wörter und Ausdrücke wurden ausgetauscht oder eben auf das katholische Profil hin geschärft, andere Lesestücke fielen wiederum vollständig heraus oder wurden radikal gekürzt.[103]

Obwohl Overberg die pädagogischen Schriften Rochows „mit großem Fleiße benutzte" und „ein warmer Verehrer"[104] des Reckahner Bildungsreformers war, wie der Overberg-Schüler Caspar Franz Krabbe berichtet, hielt Overberg an einer katechetischen Religions- und Sittenlehre eisern fest. Die Philanthropen strebten zur Beförderung größtmöglicher religiöser Toleranz einen konfessionsübergreifenden Religionsunterricht an, der „nichts als [die] natürliche Erkenntnis Gottes und allgemeine christliche Tugend"[105] vermitteln sollte. Dies widersprach Overbergs religionspädagogischen Ansichten grundlegend, da er die Glaubensunterweisung nicht allein den sonntäglichen Katechesen des Seelsorgers oder der oft nur unzureichenden religiösen Erziehung im Elternhaus überlassen wollte.[106] Immerhin sollte die durch eine verbesserte Priester- und Lehrerbildung, durch den Einsatz neuer Lehrmethoden, Lerninhalte und Schulbücher eingeprägte sowie vom Aberglauben bereinigte und aufgeklärte Religiosität sich nach und nach auf allen Ebenen des gelebten Glaubens niederschlagen und zu einer tragenden Rolle innerhalb der ländlich-dörflichen Lebenswelt erwachsen. Während Rochow im „Kinderfreund" die Pflege der häuslichen Bibellektüre anregte, bekräftigte Overberg hingegen die biblische Katechese, die in einem schulischen Religionsunterricht vom Seelsorger vorgenommen werden sollte.

F. E. v. Rochow (1779)	B. Overberg (1799)
„Der Bibeleser"	„Der fromme Rath eines Vaters"
„Wilhelm sprach oft zu seinen Kindern:	„Wilhelm sprach oft zu seinen Kindern:

Eine Erstausgabe des ersten Bandes (Münster 1796) ist nicht mehr erhalten. Ein Nachdruck erschien ebenfalls bei Aschendorff im Jahr 1803. Die einzigen bekannten Exemplare werden verwahrt im LTA, Magazin: Libri Rari 1988/212.

103   Aus „Prediger" wurde „Pfarrer", aus „Bibel" wurde „Heilige Schrift"; beträchtlich gekürzt wurde Nr. 89 („Von recht thun"). Es entfielen die Lesestücke Nr. 60, 61, 79.

104   Krabbe, Leben Overberg's, S. 32.

105   Rochow an Zedlitz, 27.2.1773, in: Jonas/Wienecke, Rochows sämtliche Schriften, Nr. 25.

106   Vgl. Kruchen, Bibel Overbergs, S. 174 f.; Schmidt-Heinen, Die Pädagogik Overbergs, S. 200-206.

‚Liebe Kinder, wenn ihr rechten Nutzen davon haben wollt, daß ihr in der Bibel leset; so denkt vorher daran, ob ihr das, was ihr darin geboten findet, auch t h u n, und das darin Verbotene auch l a s s e n wollet. In den Sprüchen Salomonis, und dem Buche, was Sirach geschrieben hat, sind z. B. viele Regeln zur wahren Weisheit gegeben, die ihr leicht verstehen könnt; desgleichen in den Psalmen. Und im neuen Testament, welches euch, als Christen, besonders angeht, seht hauptsächlich auf die Stellen, wonach ihr euer Leben einrichten müßt.'"

‚Liebe Kinder! Wenn ihr rechten Nutzen vom christlichen Unterrichte eurer Seelsorger haben wollet, oder zu Hause die Evangelien oder die heilige Schrift des neuen Testaments leset; so denkt vorher daran, ob ihr das, was ihr darin gebothen findet, auch t h u n, und das darin Verbothene auch l a s s e n wollet. In der ganzen heiligen Schrift sind euch zwar viele Regeln zur wahren Gottseligkeit gegeben; aber im neuen Testamente, welches euch, als Christen, besonders angeht, sehet hauptsächlich auf die Stellen, wonach ihr euer Leben einreichten müsset.'"

In der Auswahl der Bibeltexte, die von den Kindern wie auch vom einfachen Volk zur eigenen Lektüre und individuellen Erbauung studiert werden sollten, waren Overberg und Rochow offenbar geteilter Meinung. Auch John Locke warnte davor, mit Kindern die ganze Bibel zu lesen, wenn man ihnen die biblische Geschichte und alle Religionskenntnisse vermitteln wollte. Viele Texte des Alten Testaments und die Offenbarung des Johannes erschienen ihm für die Auffassungskraft und den Verstand der Kinder als überaus unangemessen, unverständlich und unzweckmäßig, zumal „dies bei manchen Menschen der eigentliche Grund gewesen ist, warum sie niemals in ihrem ganzen Leben klare und bestimmte Gedanken darüber gehabt haben"[107]. Nicht nur aus didaktischer Perspektive, auch aufgrund moralischer Bedenken gegenüber der allzu freien Darstellung der Bräuche und Rituale des Volkes Israel, die für die Jugend wie auch für das einfache, ungebildete Volks schädlich sein und den Aberglauben befördern könne, lehnte es Overberg entschieden ab, „die ganze Bibel dem westfälischen Landvolk zu überreichen"[108].

---

107 Locke, Gedanken über Erziehung, §158.
108 [Reinermann], Bernard Overberg, S. 70; vgl. Kruchen, Bibel Overbergs, hier S. 212-222.

Auch der Philanthrop und Gründer des Philanthropins in Schnepfenthal Christian Gotthilf Salzmann (1744-1811) stellte sich eben diese Frage: „Was mag sie [die Jugend] wohl dabei denken, wenn sie Judas, Loths, Davids, Salomons Geschichte liest?"[109]

Schon ein kursorischer Blick in die Bearbeitung von Rochows „Kinderfreund" macht deutlich, inwieweit Overberg die Ideen des Reckahner Pädagogen teils befürwortete, teils ablehnte. Das Interesse an seinen Schriften beschränkte sich vornehmlich auf die allgemeinpädagogischen Prinzipien und Ausführungen, während er die Initiativen Rochows im Hinblick auf die religiöse Erziehung in keiner Weise unterstützte. Gleichwohl erschien Overberg nicht als vehementer Verfechter eines katholischen Traditionalismus, der sich jeglichen Neuerungen verschloss. Die formelhafte Unterweisung oder das strenge Auswendiglernen eines katechetischen Religionsunterrichts, wie es vielerorts üblich war, sah Overberg kritisch. Ausgewählte und leicht fassbare Lehrinhalte sollten vielmehr den eher ungebildeten Landbewohnern zu einem vernünftigen Umgang mit der Bibel, mit frommen Praktiken und dem religiösen Wissen verhelfen. Die neuen, besseren Einsichten, die auf der eigenen Urteilskraft der Gläubigen beruhten, sollten schließlich fromme, tugendhafte, sittlich und moralisch gute Christen hervorbringen. Die Verbindung von Katechese und aufklärerischer Pädagogik stellte die bewährte ständische Ordnung jedoch nicht infrage, sondern verhalf dazu, diese durch eine bessere Bildung zu bestärken und zu kontrollieren.[110] Overbergs Religionspädagogik zielte daher nicht nur auf eine Verinnerlichung des Glaubens ab, sondern berücksichtigte ebenso utilitaristisch-moralische Aspekte.[111] Die Verantwortung für das Gemeinwohl, die Overberg stets antrieb und auf die Lehrer[112] zu übertragen pflegte, gründete überwiegend in der beständigen Sorge um die „Vervollkommnung des standesgemäßen Lebensvollzugs"[113] der Gläubigen und blieb daher ganz in der Erfüllung des göttlichen Heilsplans begründet.

Das Bildungsreformkonzept war auf die konfessionskulturellen und verfassungsrechtlichen Voraussetzungen abgestimmt, die das Fürstbistum als katholischen Staat auszeichnete. Eine Aufklärung nach katholischem Selbstverständnis lässt sich als Bildungsbewegung daher keinesfalls als „(teil) säkularisierendes Einströmen des religiösen Wissens in einen Mainstream des mit fortschrittlicher Nationalkultur identifizierten protestantischen

---

109 Salzmann, Sünden der Jugend, S. 154 f.
110 Vgl. Holzem, Christentum, Bd. 2, S. 800.
111 Vgl. Kruchen, Bibel Overbergs, S. 221 f.; Steinhaus, Schulreform, 18.
112 Vgl. Hanschmidt, Lehrerexistenz, S. 67-84.
113 Vgl. Steinhaus, Overbergs „Anweisung", S. 123.

Bildungskanons"[114] definieren, wie Andreas Holzem mit Nachdruck betonte.
Die Gewissheit, dem weltumspannenden Katholizismus anzugehören wie
auch Teil eines christlichen Universalismus zu sein, ließ zu keiner Zeit an der
theozentrischen Weltordnung und -deutung zweifeln. Selbst die allmähliche
Hinwendung zu einer aufklärerisch-anthropozentrischen Weltsicht bewirkte
nur eine seichte Akzentverschiebung, konnte jedoch den tiefen Glauben an
die Allgegenwart Gottes und das Vertrauen in sein unergründliches Wirken in
der Welt und den göttlichen Heilsplan nicht erschüttern. Die Bildungsreform
vollzog sich daher auch im Fürstbistum Münster nicht nur institutionell im
Rahmen der bewährten kirchlichen Strukturen und Ordnungsvorstellungen,
sondern blieb auch inhaltlich darauf ausgerichtet, gottgefällige Menschen für
ein christliches Gemeinwesen zu bilden und zu erziehen.

Die Aufklärung in ihrer katholischen Variante sollte für Fürstenberg und
weitere katholische Aufklärer eine reinigende Kraft in der konfessionellen Kultur
entfalten und sich zeitgemäß weiterentwickeln. Dazu gehörte die Erneuerung
des gelebten Glaubens, die Ablehnung der barocken Frömmigkeitsformen,
des müßigen Mönchtums, der spröden Scholastik, kontroverstheologische
Zänkereien und eine grundlegende Verbesserung der Priester- und Lehrerbildung, die allseitige Hinwendung zu den weltlichen Wissenschaften sowie
die Förderung von Menschenfreundschaft und christlicher Nächstenliebe,
wie sie Fürstenberg in der Schulordnung zum Ausdruck brachte.[115] Mit
gutem Beispiel ging Fürstenberg voran und bediente sich dabei mit großem
Enthusiasmus der Ideen, Konzepte und Unterrichtsentwürfe protestantischer
Pädagogen und Schulmänner. In der beständigen Sorge um das Gemeinwohl
sollte sich eine solche „internationale und transkonfessionelle Aneignung
kultureller Errungenschaften"[116] – wie etwa im Bildungswesen – als nützlich
und vernünftig erweisen und bedeutete keinesfalls, die eigenen konfessionskulturellen Bindungen zu hintergehen oder infrage stellen zu müssen. Dabei
war es das vorrangige Ziel, einen allmählichen gesamtgesellschaftlichen
Wandel zu befördern, der eine Anpassung an neue, wohlmöglich fremdartige
religiös-weltanschauliche Ansichten keinesfalls erzwingen wollte. Dies entsprach Fürstenbergs pädagogischem Menschenbild, denn nur durch eigene
Erfahrungen und Empfindungen könne ganz allmählich das verinnerlicht
werden, was im Denken und Handeln zur Gewohnheit und im Glauben zur
Überzeugung werden sollte.

---

114   Holzem, Christentum, Bd. 2, S. 800.
115   Vgl. ebd.; Klueting, Der Genius der Zeit; Overhoff, Katholische Aufklärung.
116   Holzem, Christentum, Bd. 2, 800.

KAPITEL 4

Amalia von Gallitzin, ihr Sohn Demetrius und der münstersche Freundeskreis

4.1 „Es war, als ob eine Kruste von meinen Augen fiele" – Amalias Kindheit und Jugend

Das Bild des Schmetterlings, der seinen Kokon durchbricht, sich dem Himmel entgegenstreckt, im Licht der aufgehenden und wärmenden Sonne seine Flügel ausbreitet, um in vollendeter Erhabenheit gleichsam schwerelos dahinzugleiten, wählte Amalia von Gallitzin zu ihrem persönlichen Siegelbild.[1] Seit der Antike war der Schmetterling ein Symbol für die Unsterblichkeit der Seele. Das frühe Christentum hatte das Sinnbild aufgegriffen und mit dem christlichen Auferstehungsgedanken verknüpft. Seine Rezeption und Wirkung ist noch im 18. Jahrhundert spürbar, als sich zahlreiche Denker und Dichter der Schmetterlingssymbolik bedienten. Es wurde dort zum anschaulichen Beispiel in der Auseinandersetzung um die Frage, ob man aus der aufmerksamen Betrachtung und Erfahrung der Natur Analogien über die christliche Auferstehung und das Leben nach dem Tod ableiten könne. Da der Schmetterling nach seiner Verpuppung jedoch seine sterbliche Hülle verlässt, widersprach das Sinnbild der biblischen Lehre von der leiblichen Auferstehung, sodass es gerade unter jenen, die sich für physikotheologische Spielarten weniger empfänglich zeigten, allen Anlass zur Diskussion gab.[2]

Abb. 3
Petschaft der Amalia von Gallitzin
als Titelvignette der Biografie von
Th. Katerkamp, 1828/39

---

1   A. v. Gallitzin an Hemsterhuis, 13.1.1783, in: Sluis (Hg.), Lettres, Bd. 2, Nr. 99. Eine Abbildung befindet sich im Anhang dieser Arbeit.
2   Vgl. Klamt, Der Schmetterling.

© VERLAG FERDINAND SCHÖNINGH, 2020 | DOI:10.30965/9783657704255_006

Solchen strittigen Fragen widmete sich gerne Amalia von Gallitzin, die das Symbol des Schmetterlings bei ihrem geistigen Mentor und langjährigen „Seelenfreund" in Den Haag, dem niederländischen Philosophen Frans Hemsterhuis, kennengelernt hatte. Sie war die Mutter von Demetrius von Gallitzin, deren Vorstellungen von einer vernünftigen Kindererziehung ganz wesentlich davon bestimmt wurden, wie sie ihre eigene Erziehung erfahren hatte und von welchen religiösen und philosophischen Strömungen sie beeinflusst wurde. In Den Haag hatte sie Hemsterhuis für einige Zeit zu ihrem Lehrer für das Studium der antiken Philosophie erwählt. Dass sie sich viele Jahre später an die Schmetterlingssymbolik erinnerte und ihn darum bat, wie sie 1783 schrieb, ihr Siegelbild durch einen passenden Wahlspruch zu ergänzen, war für Hemsterhuis wie eine Referenz an ihre gemeinsamen Jahre in Den Haag und eine stille Würdigung seines Unterrichts, zumal er in seinem viel beachteten Traktat „Lettre sur l'homme et ses rapports" (1772) auf einen derartigen Falter verwiesen hatte.[3] Die Wahl fiel auf eben jene beschwörende Formel, die Theodor Katerkamp noch Jahre später als münsterscher Theologieprofessor und erster Biograf der Fürstin Gallitzin zusammen mit einem entsprechenden Emblem als Titelvignette verwendete: „Sume, Psyche, immortalis esto."[4]

Die Tatsache, dass Hemsterhuis den Wahlspruch hinzufügte, wird jede Vermutung schwächen, dass mit der Wahl des Siegelbildes die Fürstin einen wie auch immer geprägten christlichen Auferstehungsgedanken zum Ausdruck bringen wollte. Der Bezug zur antiken Mythologie lässt sich kaum abwenden, zumal er ihrer Begeisterung für die antike Philosophie und Mythologie entsprach. Inwiefern ihre wachsende Hinwendung zum Katholizismus eine allmähliche Umdeutung des Emblems anregte, lässt sich indes nicht mehr rekonstruieren. Die Ambivalenz der Schmetterlingssymbolik, die das Siegelbild in sich trägt, spiegelt dabei nur allzu gut wider, dass sich auch das Leben und Wirken der Fürstin Gallitzin nur schwer in eindeutige Kategorien fassen und beschreiben lässt. Ihr beständiges Streben nach Freiheit, innerer Erneuerung und Selbstvervollkommnung vollzog sich in den einengenden sozialen Räumen der höfischen und bürgerlichen Lebenswelten, deren Grenzen sie zu überschreiten suchte.

---

3 Vgl. Hemsterhuis, Lettre; Denis Diderot, Observations; Fresco, Platonismus, S. 173-176.

4 Der Wahlspruch (dt.: „Trink, o Seele, und du sollst unsterblich werden!") stammt aus der Geschichte über „Amor und Psyche" in den „Metamorphosen" des Apuleius (dort 6,23). Die enge Verknüpfung zur Schmetterlingssymbolik wird dadurch sinnfällig, als dass das griechische Wort „Psyche" sowohl „Seele" als auch „Schmetterling" bedeutet. Vgl. Katerkamp, Denkwürdigkeiten, Titelvignette.

Amalia Fürstin Gallitzin wurde am 28. August 1748 in Berlin, der Residenz-stadt des preußischen Königs Friedrich II., als Adelheid Amalia Gräfin von Schmettau geboren. Ihr Vater war der bereits 64-jährige Generalfeldmarschall und Kurator der Akademie der Wissenschaften Samuel von Schmettau (1684-1751). In zweiter Ehe war dieser mit der böhmischen Adligen Marie Johanna von Riffer (1718-1771), einer Katholikin, verheiratet. Diese konfessionelle Mischehe war ein sinnfälliger Ausdruck der preußischen Toleranzpolitik, wie sie auch bei der Eingliederung der katholischen Bevölkerung Schlesiens Anwendung fand. Nach dem Tod des alten Grafen blieb seine Frau eng mit dem preußischen Hof verbunden, wo man sie selbst – auch aufgrund ihres ungestümen Auftretens – weiterhin als ‚Marschallin' anzureden pflegte. Für ihre Kinder, die aus dieser Ehe hervorgegangen waren, sah sie eine standesgemäße Erziehung vor und beabsichtigte, sie allesamt im Umfeld des königlichen Hofes zu verheiraten und lukrative Verbindungen anzubahnen, um ihre eigene Stellung und die ihrer Familie am königlichen Hof zu behaupten. Während ihre beiden älteren Brüder zunächst die preußische Ritterakademie besuchten, wurde Amalia, die ebenfalls reformiert getauft worden war, im Alter von vier Jahren an die Ursulinenschule ins schlesische Breslau geschickt.

Breslau war seit seiner Eroberung 1741 durch Friedrich II. preußische Residenz- und Garnisonsstadt und stellte ein überregional bedeutsames wirtschaftliches und kulturelles Zentrum dar. Das gesellschaftliche und kulturelle Leben der traditionsreichen Stadt Breslau wurde gleichermaßen von der lebendigen Konkurrenz zwischen der lutherischen Bürgerschaft und der katholischen Geistlichkeit und Aristokratie geprägt. Für die ostmittel-europäische Bildungslandschaft nahm das Breslauer Schulwesen schon seit dem 17. Jahrhundert eine herausragende Stellung ein und präsentierte sich dann vor allem im ausgehenden 18. Jahrhundert als außerordentlich vielfältig. Die Verbesserung des Schul- und Bildungswesens wurde insbesondere durch die reformpolitischen Bemühungen Friedrichs II. vorangetrieben. Durch den Abt Johann Ignaz von Felbiger erfuhr das katholische Schulwesen der Stadt zwischen 1763 und 1776 eine umfangreiche Reform. Die konfessionskulturelle Vielfalt und Konkurrenz war in der schlesischen Metropole allgegenwärtig und spiegelte sich auch in dem Nebeneinander konfessionell unterschiedlich geprägter Schulen wider. Sie wurden zum Ausdruck der Toleranzpolitik des preußischen Königs.[5]

Die Ursulinen hatten sich als katholische Ordensgemeinschaft bereits 1687 in Breslau niedergelassen und konnten mit ihrer Elementarschule und einer ihr angeschlossenen höheren Töchterschule dazu beitragen, dass sich

---

5   Vgl. Czarnecka, Breslau; Baumgart, Felbiger.

in Breslau eine selbstständige Mädchenschulbildung entfaltete.[6] Ihr Schul-
konzept orientierte sich stark an der jesuitischen Bildung. Neben der Katechese, dem Lesen, Schreiben, Rechnen und Handarbeiten wurden die
Schülerinnen der höheren Klassen, die dem Adel und einflussreichen höheren
Bürgertum entstammten, ebenso in Fremdsprachen, vor allem in Französisch
und Latein, in Musik, Tanz und Stickkunst unterrichtet. Der Erfolg dieser
Schulgründung ließ in Breslau nicht lange auf sich warten. Wie in der Kloster-
chronik berichtet wird, besuchten bereits in den ersten Jahrzehnten nach
ihrer Gründung „viel über tausende katholische wie lutherische Kinder" die
Schule, darunter „fast unzählige lutherische Stadttöchter"[7]. Die Ursulinenschule in Breslau entwickelte sich zur Mitte des 18. Jahrhunderts hin zu einer
renommierten Bildungseinrichtung für Mädchen und junge Frauen aus den
höheren Ständen, ungeachtet ihres konfessionellen Bekenntnisses. Während
die Elementarbildung keine nennenswerten Unterschiede zu vergleichbaren
Bildungseinrichtungen aufwies, hatte vor allem das angeschlossene Pensionat
der Schule zu größerer Bekanntheit verholfen. Die Ursulinen verfolgten dort
eine katholische Erziehung mit gelehrter Bildung, die auf Frömmigkeit, Sittsamkeit und Tugendhaftigkeit ausgerichtet war, was den Erwartungen des
Adels und des aufstrebenden Bürgertums und dem traditionellen Rollenbild
einer Mutter, Gattin und Hausfrau entsprach.

Von 1752 bis 1760 besuchte Amalia von Schmettau zunächst die Elementarschule, dann das Pensionat der Ursulinen.[8] Als sich die Fürstin im Jahr 1787
in einem langen Antwortbrief auf Hemsterhuis' „Lettre sur l'athéisme" an
ihre Schulzeit erinnerte, so hatte sie zu diesem Zeitpunkt bereits die umfangreichen Bildungsreformen Franz von Fürstenbergs vor Augen, in denen sie die
Möglichkeiten einer aufklärerischen katholischen Schulbildung verwirklicht
sah. Vor dieser Vergleichsfolie konnte sie ihre Schulzeit bei den Ursulinen nur
beklagen, die ihre persönliche Entwicklung und Entfaltung behindert und vom
ersten Tag ihrer Erziehung an betäubt habe. Die Lernbedingungen seien überaus einfältig, zerrüttet und unausgeglichen, die Beispiele und Einflüsse mehr
als unglücklich und gefährlich gewesen, sodass sie schließlich in purer Ver-
zweiflung versunken sei.[9] Zurückblickend konnte sie ihrer Schulzeit bei den
Ursulinen nur wenig abgewinnen, was sie für ihr späteres Leben als nützlich

---

6 Vgl. Czarnecka, Breslau, S. 215; Czarnecka, Das „gelehrte" Frauenzimmer.
7 Ebd., S. 69.
8 In Breslau lebte ebenfalls eine Schwester der Mutter, die sich um Amalia gelegentlich
   kümmerte. Die Erinnerungen an diese Zeit sind abgedr. bei Kitzing, Mittheilungen, S. 192-201.
9 Vgl. A. v. Gallitzin an Hemsterhuis, ca. 1787, in: LAM, Nachlass Bucholtz, 1161; hier zit. n.
   Niehaus, Aufklärung und Religiosität, Nr. 24: „... je considéré comment mon développement
   arrêté et comme engourdi dès le 1ers pas par l'éducation la plus absurde suspendue,

und hilfreich erachtete. Schon der elementare Lese- und Schreibunterricht sei
nicht darauf ausgerichtet gewesen, sich Texte selbst zu erschließen oder gar
eigene Gedanken zu Papier zu bringen, sondern bestand aus dem richtigen
Vorlesen und Schönschreiben.[10]

Auch der Religionsunterricht beschränkte sich auf die strenge kate-
chetische Unterweisung und vermittelte kein tieferes Verständnis vom christlichen Glauben. Im persönlichen Gebet und in der Andacht wurde sie einmal,
wie sie Hemsterhuis eindrücklich schildert, von so großer Ergriffenheit und
tiefer Demut überwältigt, dass es sie einmal selbst zu Tränen gerührt habe.[11]
So wie Katerkamp in seinen „Denkwürdigkeiten" berichtet, war es vor allem
„die Furcht vor der Hölle und dem Teufel"[12], die ihr bei den Ursulinen ein-
geflößt wurde und derartige Gefühlsausbrüche verursachte, ohne jemals
zu den wahren Inhalten des Christentums vorgedrungen zu sein. Dies entsprach weder einem aufgeklärten katholischen Glauben, wie ihn Fürstenberg später im Sinn verfolgte, noch wurde eine derartige Schulbildung den
intellektuellen Bedürfnissen und persönlichen Neigungen der jungen Gräfin
gerecht, die – mit Ausnahme der Musikerziehung – nur sehr widerwillig den
Aufgaben und Pflichten nachkam, die von ihr in der Schule erwartet wurden.
Als Amalia von Schmettau aus dem beinah klösterlichen Leben in das belebte
elterliche Wohnhaus nach Berlin zurückkehrte, fiel sie „aus allen Wolken"[13].
Nach der erzkonservativen katholischen Erziehung bei den Ursulinen, in der
andere konfessionelle Bekenntnisse und philosophisch-weltanschauliche Gedanken keine Berücksichtigung fanden, wurde sie nun in die freie Schule des
französischen Philosophen, Mathematikers und Sprachtheoretikers André
Pièrre le Guay de Premontval (1716-1764) geschickt, um die höfische Kon-
versation sowie die antike Mythologie verstehen zu lernen. Premontval war
als Hugenotte von Paris nach Berlin geflohen, wo er ein hohes Ansehen genoss
und in die Königlich-Preußische Akademie der Wissenschaften aufgenommen
wurde.[14] In dieser Zeit kam die junge Gräfin in Kontakt mit den Ideen der
französischen Aufklärung. Sie erschloss sich selbst mit großer Neugier die

---

disloquée, disharmonisée par les circonstances, les exemples et les influences le plus
tristes et les plus dangereuses, dévié ensuite entièrement d'un état pur désespoir …".

10 Vgl. Niehaus, Aufklärung und Religiosität, S. 364.

11 Vgl. A. v. Gallitzin an Hemsterhuis (ca. 1787), in: LAM, Nachlass Bucholtz, 1161; hier zit. n.
Niehaus, Aufklärung und Religiosität, Nr. 24.

12 Vgl. Katerkamp, Denkwürdigkeiten, S. 3-11, hier 11.

13 Vgl. A. v. Gallitzin an Hemsterhuis, ca. 1787, in: LAM, Nachlass Bucholtz, 1161; hier zit. n.
Niehaus, Aufklärung und Religiosität, Nr. 24: „… tombé comme des nuées dans la maison
de ma Mère, l'une des plus fréquentées de Berlin …".

14 Vgl. Meusel, Lexikon, Bd. 10, S. 538-541; Böhm, Sprachenwechsel, S. 83-94; Grau, Die
Berliner Akademie.

Schriften des Genfer Philosophen Jean-Jacques Rousseau (1712-1778)[15] und studierte noch eingehender das Werk „De l'esprit" (1758) des französischen Philosophen Claude Adrien Helvétius (1715-1771).[16]

Wie ein Geistesblitz durchfuhr es den Geist der jungen Gräfin, als sie Helvétius Abhandlung „De l'esprit" in den Händen hielt.[17] Die Schrift war radikal und provokativ. Im vorrevolutionären Paris hatte ihre Veröffentlichung einen öffentlichen Skandal ausgelöst. Für Helvétius lag der religiöse Glaube der Menschen allein in der Unfähigkeit der Menschen begründet, die Gesetzmäßigkeiten der Natur richtig zu erkennen und verstehen zu lernen. Seine offensive Religionsfeindlichkeit, seine Ablehnung des Absolutismus und Hinwendung zu republikanischen Idealen ließ seine Schrift zu einer Gefahr für Kirche und Staat werden. Doch eh sie von der staatlichen und kirchlichen Obrigkeit im Jahr 1759 auf den Index gesetzt und in Paris öffentlich verbrannt wurde, hatte sie ihre Wirkung schon in allen europäischen Zentren der Aufklärung entfaltet.[18] Je mehr sich Amalia von Schmettau durch die Lektüre dieses Buches und weiterer französischer Aufklärungsschriften die neuen und überaus anregenden Ideen- und Erkenntniswelten der Aufklärung erschloss, desto stärkere Abneigungen hegte sie gegenüber der preußischen Hofkultur, in der sie nichts als Intrigen und Eitelkeiten erkannte, von denen sie sich bald mehr und mehr abzuwenden hoffte. Über den Moment, in dem sie zum ersten Mal „De l'esprit" in den Händen hielt, schrieb sie 1787 an Hemsterhuis:

> Ich kann Ihnen nicht sagen, was ich davon gut, schlecht oder überhaupt nicht verstanden habe. Aber es war entscheidend, dass ich von diesem Moment an wie verschlugen in das neue Schauspiel war, das diese Ideen vor meinen Augen auftaten. Es war, als ob eine Kruste von meinen Augen fiel, die beide noch schwach und unsicher es kaum wagten, den geblendeten Blick auf so manche neuen und verworrenen Gegenstände zu richten. Ich dachte und träumte von nichts, als von diesen Ideen.[19]

---

15   Vgl. A. v. Gallitzin an Hemsterhuis, ca. 1787, in: Niehaus, Aufklärung und Religiosität, Nr. 24:
      „... j'étais si rapasié de Romans que je n'en ai près lire ni presque voir sans dégoût depuis
      (excepté Rousseau) [...] passion pour le beau en tout genre me donna un développement
      prématuré de gout pour les beaux-arts et la musique ...".

16   Vgl. Helvétius, Vom Geist.

17   Vgl. hierzu Geier, Geistesblitze.

18   Vgl. Israel, Democratic Enlightenment, S. 70-72.

19   A. v. Gallitzin an Hemsterhuis, ca. 1787, in: LAM, Nachlass Bucholtz, 1161; hier zit. n.
      Niehaus, Aufklärung und Religiosität, Nr. 24: „... je ne vous dirai pas ce que j'en com-
      pris bien, mal, ou point du tout. L'essentiel fut que depuis ce moment comme absorbée
      dans le nouveau spectacle que ces idées ouvrirent devant mes yeux, c'était comme s'il
      en était tombé une croute, des yeux et que faibles et nie certains encore, ils n'osoit finir
      leurs regards éblouis par tant d'objets nouveaux et confus. Je ne rêvai, je n'étais rempli

Helvétius' „De l'esprit" sollte nur einer von vielen Funken sein, der das Licht der Aufklärung entzünden und in ganz Europa verbreiten sollte, doch für Amalia von Schmettau war dieses Buch von einschneidender Bedeutung. Es inspirierte und elektrisierte sie und sollte den Blick auf all jene Verkrustungen freigeben, denen sie am Hofe des preußischen Königs und am Pensionat der Breslauer Ursulinen ausgesetzt war und die eine Vervollkommnung ihrer Persönlichkeit und freien Entfaltung ihrer Leidenschaften behinderten. Helvétius stellte ihr ein geradezu revolutionäres Erziehungskonzept zur Seite, das ihr zu diesem Zeitpunkt zur Reflektion und Bewältigung ihrer Lebenskrise verhelfen sollte und noch Jahre später als Leitfaden für ihre eigene Erziehungstätigkeit dienen konnte. Im letzten Kapitel im „De l'esprit" legt Helvétius seine Gedanken und Empfehlung für eine staatsbürgerliche Erziehung vor, in denen er Kritik an der absolutistischen Herrschaft äußerte:

> Die Kunst, Menschen heranzubilden, hängt in jedem Land so eng mit der Regierungsform zusammen, dass es vielleicht nicht möglich ist, irgendeine bedeutende Veränderung in der öffentlichen Erziehung herbeizuführen, ohne eine Veränderung in der Verfassung der Staaten selbst zu bewirken. Die Kunst der Erziehung ist nichts anderes als die Kenntnis der Mittel, die geeignet sind, kräftigere und widerstandsfähige Körper, aufgeklärte Geister und tugendhafte Seelen hervorzubringen. Was die zuerst genannte Aufgabe der Erziehung betrifft, so muss man sich die Griechen zum Vorbild nehmen, da sie die Leibesübungen in Ehren hielten und solche Übungen sogar einen Teil ihrer Heilkunde bildeten. Was die Mittel betrifft, um die Geister aufgeklärter und die Seelen stärker und tugendhafter zu machen, so habe ich wohl klargemacht, wie wichtig die Auswahl der Gegenstände ist, die man in sein Gedächtnis aufnimmt, und wie leicht man in uns starke Leidenschaften entflammen und sie auf das allgemeine Wohl hinlenken kann.[20]

Es war weniger seine Konzeption von Erziehung als vielmehr seine Kritik am Absolutismus, durch die Helvétius in Missgunst fiel. Dennoch gaben seine Gedanken zur Erziehung ebenso Anlass zur Diskussion. Seine Betrachtungen

---

que de cela ...". Einen Auszug in zeitgenössischer Übersetzung liefert auch Katerkamp, Denkwürdigkeiten, S. 29 f.

20 Helvétius, Vom Geist, S. 506. Im frz. Original: „L'art de l'éducation n'est autre chose que la connaissance des moyens propres à former des corps plus robustes et plus forts, des esprits plus éclairés, et des amés plus vertueuses. Quant au premier objet de l'éducation, c'est sur les Grecs qu'il faut prendre exemple, puisqu'ils honoraient les exercices du corps, et que ces exercices faisaient même une partie de leur médecine. Quant aux moyens de rendre et les esprits plus éclairés, et les amés plus fortes et plus vertueuses, je crois qu'ayant fait sentir et l'importance du choix des objets qu'on place dans sa mémoire, et la facilité avec laquelle on peur allumer en nous des passions fortes, et les diriger au bien général ...", vgl. Helvetius, De l'esprit, S. 258 f.

über den menschlichen Geist gründeten im Sensualismus von John Locke, doch wurde die pädagogisch-anthropologische Disposition des Menschen von Helvétius insofern pointiert, als dass für ihn alle menschlichen Ideen allein aus dem Zusammenspiel sinnlicher Empfindungen mit den im Gedächtnis eingeprägten Erfahrungen hervorgingen und es keinen Raum für spontane Gedanken oder für die Freiheit des Willens gebe.[21] Seiner Deutung zufolge werde die geistig-moralische Beschaffenheit eines Menschen voll und ganz durch sein Vermögen bestimmt, sich die Umwelt mit seinen eigenen Sinnen erschließen und mit seinen Erfahrungen in Verbindung setzen zu können. Nach Helvétius könnte Erziehung alles bewirken, da alle Menschen im Allgemeinen von Geburt an mit denselben Fähigkeiten und Fertigkeiten ausgestattet seien. Dies hat zur Folge, dass für Helvétius kein „angeborenes Prinzip der Gerechtigkeit und Tugend" („un principe inné de justice et de vertu") existiere und damit keine geistige Anlage, die Rousseau in seinem aufklärerischen Erziehungsroman „Émile ou De l'éducation" als „Gewissen" („conscience")[22] bezeichnete.

Nach der Einschätzung von Ernst Cassierer lässt sich die Wirkung von Helvétius' „De l'esprit" auf die Philosophie der Aufklärung dadurch erklären, dass „die Epoche hier einen Grundzug ihres Denkens in prägnanter Bestimmtheit, und freilich auch in einer fast parodistischen Übertreibung, ausgeprägt fand"[23]. Die junge Amalia von Schmettau hat sich in der Tat durch Helvétius' „De l'esprit" ein erstes aufklärungsspezifisches Vokabular erschließen können, mit dem sie die höfische Gesellschaft aufmischte:

> Bisher hatte ich noch gar keine klare Vorstellung von einer genauen Unterscheidung der Begriffe von Körper, Seele, Geist, Sinn, Materie; ein neues Licht schien mir aufzugehen, ich hatte tausende Fragen, die mir zuvor nie in den Sinn gekommen waren; und in diesem Eifer, meine Wissbegierde zu befriedigen, stellte ich sie einem jeden ohne Unterschied. Ich sprach kreuz und quer von Metaphysik, worüber die Jüngeren am Hofe mir gern ins Gesicht lachten, die Prinzessin sagte mir, es seien Dummheiten, mein Bruder, dass es sich für ein junges Mädchen nicht gehöre, über diese Dinge zu sprechen.[24]

---

21   Vgl. Bolle, Rousseau, S. 91 f.; Geier, Aufklärung, S. 155-159.

22   Vgl. Rousseau, Emil, S. 303.

23   Cassierer, Philosophie der Aufklärung, S. 26.

24   A. v. Gallitzin an Hemsterhuis, ca. 1787, in: LAM, Nachlass Bucholtz, 1161; hier zit. n. Niehaus, Aufklärung und Religiosität, Nr. 24: „... jusqu'ici je n'avais eu aucune idée de distinction précise et claire de ces mots Corps, Ame, Esprit, Sens, Matière, un nouveau jour semblait me luire j'avais mille questions à faire, que ne m'étais jamais venu à l'esprit, et dans l'ardeur de me satisfaire je les faisons indistinctement a tout le Monde. Je parlai métaphysique a tort et à travers, les jeunes gens de la Cour qui me riaient au nez, la Princesse me droit que ce toit des sottises, mon frère, qu'il ne convenait pas à une jeune fille de parler de ces choses ...".

Als Hofdame in der Entourage von Anna Elisabeth Luise von Brandenburg-
Schwedt (1738-1820), seit 1755 Prinzessin von Preußen, veränderten sich ihre
Möglichkeiten nur geringfügig. Ihrem Wunsch nach einer selbstgestalteten
Zukunft, fernab vom preußischen Hof, kam sie durch ihre neue Aufgabe, der
sie ab 1765 nachging, jedenfalls nicht näher. Immerhin ergaben sich neue
Freiräume und Gelegenheiten, in denen sie sich der intensiven Lektüre der
Schriften aufklärerischer Denker widmen konnte. Erst ihre Begegnung mit
Dimitri Alexejewitsch Gallitzin (1734-1803) wirkte auf sie wie ein Befreiungs-
schlag. Sie traf den vierzehn Jahre älteren russischen Fürsten im Jahr 1768 bei
einem Empfang im Kur- und Badeort Spa im Fürstbistum Liège, unweit von
Aachen, den sie als Hofdame zusammen mit der Prinzessin Luise besuchte. Es
waren dort weniger die warmen Quellen, der sich zahlreiche Gäste aus dem
Adel sowie aus dem aufstrebenden Bürgertum aus ganz Europa hingaben. Dort
widmete man sich neben dem Baden und Kuren vielmehr der Anbahnung
und Pflege sozialer, wirtschaftlicher und politischer Kontakte, wodurch Spa
neben anderen Kur- und Badeorten zu einem bedeutsamen Schauplatz der
europäischen Aufklärung wurde.[25]

Der Fürst Gallitzin wirkte bereits seit 1763 als russischer Botschafter in Paris
und befand sich nun auf einer Reise zurück nach St. Petersburg, wo er nun zum
Botschafter in Den Haag ernannt werden sollte. In Paris hatte er sich neben
seinen diplomatischen Aufgaben insbesondere der Förderung der Wissenschaften und der Künste gewidmet. Seine persönlichen naturwissenschaftlichen Neigungen galten vor allem der Mineralogie sowie der Erforschung der
Elektrizität, wobei er erst nach Ende seiner diplomatischen Laufbahn seinen
Interessen voll nachgehen konnte und unter anderem mit Benjamin Franklin,
dem Erfinder des Blitzableiters, eine Korrespondenz unterhielt. Im Laufe
seines Lebens wurde er Mitglied zahlreicher wissenschaftlicher Akademien
und Gesellschaften in Berlin, Stockholm, Brüssel, London und St. Petersburg. Daneben stand er ebenso im Dienst der Zarin Katharina II., um eine
Sammlung von Gemälden bedeutender Künstler zusammenzustellen, die in
St. Petersburg zu repräsentativen Zwecken zur Schau gestellt werden sollten.
Hierdurch kam er in Kontakt mit zahlreichen Bildhauern und Malern, aber
auch mit Kunsthändlern und Sammlern seiner Zeit.[26] Darüber hinaus verkehrte er regelmäßig in den Pariser Salons und war mit den Enzyklopädisten,
allen voran mit Voltaire und Diderot, eng befreundet. Für kaum einen anderen

---

25   Vgl. zuletzt Eßer/Fuchs, Bäder und Kuren.
26   Zu den Erwerbungen zählen bedeutende Einzelstücke, etwa Rembrandts „Die Rückkehr
      des verlorenen Sohnes", ein Ölgemälde, das Gallitzin 1766/67 vom Kurfürst-Erzbischof
      Clemens August von Bayern erwarb, vgl. Descargues, Die Eremitage, S. 21.

Russen seiner Zeit lässt sich ein derartiges Beziehungsnetzwerk nach-
zeichnen, das neben den diplomatischen und politischen Kontakten auch die
Wissenschaften und Künste mit einschloss, sodass er zurecht als „ein echter
russischer Europäer, ein in seiner Art einzigartiger Ideenvermittler"[27], wie ihn
der Historiker Erich Donnert nannte, im europäischen Kulturaustausch der
Aufklärung bezeichnet werden kann. Trotz dieser herausragenden Bedeutung
des Fürsten fehlt es noch immer an einer fundierten Studie über sein Leben
und Wirken.[28] Sein Nachlass galt lange Zeit als verschollen, zumal sein persönlicher Besitz nach seinem Tod am 17. März 1803 in Braunschweig öffentlich
veräußert wurde.[29] Einzig seine umfangreiche Mineraliensammlung hatte er
zuvor an die „Societät für die gesamte Mineralogie zu Jena" übergeben, der er
selbst als Präsident viele Jahre vorstand.[30]

Amalia von Schmettau sah in dem Fürsten Gallitzin zunächst nur den
liebenswürdigen und überaus wissbegierigen Mann („un aimable homme,
très savant"), mit dem sie ihr Interesse für die Musik und die französischen
Aufklärer teilen konnte. Als dieser bereits nach wenigen Wochen um ihre
Hand anhielt, lehnte sie seinen Heiratsantrag nicht ab, da sie sich erhoffte,
durch eine Ehe mit einem Fürsten, der exzellente Verbindungen nach Paris besaß, in persönlichen Kontakt mit all jenen großen Denkern treten zu können,
die ihr Streben nach Selbstvervollkommnung und wissenschaftlichem Fortschritt nur anerkennen konnten. Dass der Fürst sogar eine enge Freundschaft
mit Voltaire („ami intime de Voltaire") pflegte, den sie so sehr für seine Ideen
und seine Schauspiele verehrte, schob jeden Zweifel an ihrer Entscheidung
beiseite.[31] Naiv, nüchtern und zweckrational kalkulierend entschied sie sich
für den russischen Fürsten, wodurch sie sich, als sie endlich das Einverständnis ihrer Mutter eingeholt hatte, aus der gesellschaftlichen wie intellektuellen
Isolation und Bevormundung am preußischen Hof befreien konnte und von
der Gräfin zur Fürstin aufstieg. Die Hochzeit geschah nicht aus Liebe, sondern
aus der ungestümen Sehnsucht heraus, endlich eine erfüllte Seelenfreundschaft eingehen zu können.[32] Die Trauung fand am 14. August 1768 in Aachen

---

27   Donnert, Golicyn, S. 7.
28   Eine vorerst hinreichende, jedoch keinesfalls vollständige Lebensskizze lieferte Grant K.
      Cverava, Golicyn.
29   Auskunft erteilen hierüber die wenigen Schriftstücke zu Gallitzin im StABr, H VIII A: 1235.
30   Goethe, selbst Mineraloge, berichtet 1802 von der Schenkung der umfangreichen
      Mineraliensammlung des Fürsten, vgl. Goethe, Tag- und Jahres-Hefte, S. 96.
31   Vgl. A. v. Gallitzin an Hemsterhuis, ca. 1787, in: LAM, Nachlass Bucholtz, 1161; hier zit. n.
      Niehaus, Aufklärung und Religiosität, Nr. 24.
32   Ebd., S. 39 f.: „... j'attendais l'époque de nos épanchements libres comme l'aurore de
      l'accomplissement des hautes destinées dont je m'étais formée l'idéal dans mon imagina-
      tion, sondés sur les lumières et sur le développement que j'alois devoir au Prince ...".

in der Kapelle des städtischen Waisen- und Armenhauses statt und wurde vom Aachener Erzpriester Franz Anton Tewis nach katholischem Ritus vollzogen.[33]

Die Schließung einer religiös-konfessionell gemischten Ehe war im europäischen Hochadel in der zweiten Hälfte des 18. Jahrhunderts längst keine Seltenheit mehr. Selbst die Beibehaltung der konfessionellen Verschiedenheit wurde entgegen der rechtlichen Bestimmungen der katholischen Kirche von vielen Geistlichen stillschweigend geduldet, zumal sich für ein Brautpaar immer die Alternative bot, die Ehe vor einem protestantischen Pfarrer zu schließen.[34] Die genauen Hintergründe der Vermählung des griechisch-orthodoxen Fürsten und der reformierten preußischen Komtess lassen sich diesbezüglich nicht mehr darlegen.[35] Dennoch dürfte die Tatsache, dass der Erzpriester Franz Anton Tewis die Trauung zelebrierte, den reibungslosen Verlauf gefördert haben, da dieser zugleich dem Aachener Synodalgericht vorstand, das Fragen der Eheschließung erörterte. Für das Brautpaar spielte die konfessionelle Uneinigkeit gewiss keine Rolle, zumal der Fürst sein orthodoxes Bekenntnis stärker als Teil seiner russischen Identität und Herkunft ansah als dass er sich jemals zu Glaubensfragen geäußert oder gar durch religiöse Praktiken und Rituale zum Ausdruck gebracht hätte.

Die Fürstin Gallitzin hingegen verharrte in ihrem recht unbefriedigenden Zustand religiös-konfessioneller Unbestimmtheit und Uneindeutigkeit, den sie durch ihren beharrlichen Glauben an die menschliche Vernunft und an die verheißungsvollen Ideen der Aufklärung zu überwinden suchte. Sie gab sich dabei ganz dem optimistischen Fortschrittsdenken der Aufklärung hin und ersann für sich und ihren Gatten eine gemeinsame Zukunft, in der sich jeder seinem eigenen Streben nach individueller Vervollkommnung widmen konnte. Doch das prekäre Glaubens- und Weltwissen[36] der Fürstin, das sie aus Breslau und Berlin mitgebracht hatte, bildete zu dieser Zeit einen nur unzureichenden Verstehens-, Erfahrungs- und Deutungshorizont für eine angemessene Reflektion und kritische Entschlüsselung der teils radikalen Ideen, Forderungen und Weltdeutungsversuche, die sich ihr in den Schriften Voltaires, Helvétius' und Diderots offenbarten. Diesem Dilemma, einer „tiefen Kluft zwischen dieser Ideenwelt und ihrer Wirklichkeit"[37], wie es Niehaus treffend formulierte, sollte sie sich erst nach ihrer Hochzeit bewusst werden.

---

33 Vgl. StAA, Kirchenbuch St. Foillan, KBE 1-61, 63.
34 Vgl. Freist, Glaube – Liebe – Zwietracht, S. 48.
35 Vgl. Grau, Golicyn und Gallitzin, S. 109.
36 Vgl. hierzu Mulsow, Prekäres Wissen.
37 Niehaus, Aufklärung und Religiosität, S. 284.

4.2   „Nur selbstständige Weiblichkeit, nur sanfte Männlichkeit,
       ist gut und schön" – Die Familie Gallitzin in Den Haag

Über den genauen Verlauf der ersten Ehejahre fehlen gesicherte Erkenntnisse
und Aufzeichnungen der Familie Gallitzin. Bald nach der Hochzeit begaben
sie sich offenbar auf eine ausgedehnte Reise, die rund zwei Jahre beanspruchte
und sie an die prächtigen Fürstenhöfe und Residenzstädte Europas führte.
Sie besuchten Brüssel, Mannheim, Stuttgart, München, Wien, Prag, Dresden,
Berlin, Königsberg und St. Petersburg, wo der Fürst endlich seine Ernennung
zum russischen Botschafter in Den Haag entgegennahm. Im Gegensatz zu
seinen Jahren in Paris, der pulsierenden Metropole der Aufklärung, bedeutete
für ihn eine Versetzung nach Den Haag, in Zukunft mehr Zeit für seine persönlichen Leidenschaften aufbringen zu können, für die Wissenschaften, Künste
und die Philosophie. Ein wohlhabendes und behagliches Leben („le voilà riche
et paresseux à jamais") sollte es werden, wie es Gallitzins Freund Diderot an
seine Freundin Sophie Volland schrieb.[38] Die Zarin Katharina II. hatte den
Fürsten bewusst nach Den Haag geschickt, der sich in politischen Angelegenheiten immer wieder als ein eher unbequemer Freigeist erwiesen hatte, was
der Zarin missfiel. Dennoch wollte sie nicht auf seine exzellenten Kontakte mit
Paris verzichten, die er auch noch von Den Haag aus pflegen konnte.
     Amalia von Gallitzin lernte auf ihrer Reise durch Europa nicht nur die
Zarin persönlich kennen, sondern trat ebenso in Verbindung mit den Pariser
Freunden ihres Mannes. Schon kurz nach ihrer Hochzeit verfasste sie voller
Enthusiasmus für die neuen Möglichkeiten, die sich ihr eröffneten, einen Brief
an Diderot. Dieser zeigte sich jedoch keineswegs begeistert. Voller Unverständnis für die beißende, wenig maßvolle und überaus schamlose Selbstironie –
wie sie sich ihm mit spitzer Feder vorstellte –, bezweifelte Diderot stark, dass
der Fürst mit seiner Gattin, einem völligen Sturkopf („une mauvaise tête"), eine
gute Wahl getroffen habe. Doch um den Ruf des Fürsten nicht zu schädigen,
sollte kein weiteres Wort über das sonderbare Paar verbreitet werden, wie
Diderot an Volland schrieb.[39] Ihm lag dabei weniger die Ehe als das Wohl
seines Freundes am Herzen, den er für seinen schlichten, liebenswürdigen
Charakter und seine ruhige, gewissenhafte Art sehr schätzte. Gerade deswegen

---

38   Vgl. Diderot an Volland, 22.9.1769, in: Assézat/Tourneux, Œuvres complètes, Bd. 19, Nr. 126.
39   Vgl. Diderot an Volland, 24.8.1768, in: ebd., Bd. 19, Nr. 109: „J'ai reçu trois lettres d'Aix-
      la-Chapelle; deux du prince, une de sa femme. J'ai bien peur que Mme la princesse de
      Galitzin ne soit une mauvaise tête. Imaginez [...] qu'elle contient la satire d'elle-même
      la plus sanglante, la moins ménagée et la plus indécente; [...] On ne recommande fort de
      ne la communiquer à personne, parce qu'elle pourrait compromettre la réputation de la
      femme et du mari."

hatte seine überstürzte Heirat bei seinen Pariser Freunden für Verwunderung und Unverständnis gesorgt[40], sie war jedoch alles andere als ein „Skandal"[41]. Noch auf der Hochzeitsreise, nämlich auf dem Rückweg von St. Petersburg nach Den Haag, brachte die Fürstin am 7. Dezember 1769 in Berlin ihre Tochter Marianne zur Welt.[42] Im nächsten Frühjahr führte sie ihre Reise nach Paris, wo Amalia von Gallitzin offenbar die Freunde ihres Gatten kennenlernte. So erwähnte Voltaire am 10. März 1770 in einem Brief an die Zarin, dass der Fürst Gallitzin bei ihm in Ferney gerade zu Gast sei und dort übernachte.[43] Ob ihn die Fürstin indes begleitete, ist nicht belegt, doch sie hätte es sicherlich nicht ausgeschlagen. Am 22. Dezember 1770 wurde dann ihr gemeinsamer Sohn Demetrius in Den Haag geboren. Die Familie bewohnte dort eines der zahlreichen herrschaftlichen Stadthäuser am Kneuterdijk, unweit des Regierungssitzes und Parlamentes der republikanischen Niederlande.

Bei der Fürstin folgte auf die anfängliche Euphorie über die neu gewonnenen Freiheiten nun nach und nach die ernüchternde Erkenntnis, als Frau, Gattin und Mutter nunmehr neuen Rollen, Aufgaben und Erwartungen gerecht werden zu müssen. Zwar konnte sie sich recht frei ihren persönlichen Interessen hingeben, die vor allem der Mathematik, der Philosophie, den alten Sprachen und den modernen Wissenschaften galten, doch blieb ihr bei den öffentlichen Empfängen und festlichen Banketten, zu denen sie ihren Gatten in seiner Tätigkeit als Botschafter begleitete, stets die Rolle der sittsamen Ehefrau als das ,schöne Geschlecht' vorbehalten, die ihr keinen Raum zur Entfaltung ihrer Kenntnisse und zur Pflege ausgedehnter Konversationen bot. Vielmehr hatte sie sich allabendlich in das enge Korsett zu schnüren, das die gesellschaftlichen Konventionen vorsahen, um den adligen und großbürgerlichen Gesellschaften beizuwohnen, ohne ihre eigenen intellektuellen Fähigkeiten und wissenschaftlichen Kenntnisse vorbringen zu können. Wieder hatte sie sich den Zwängen und den Erwartungen zu unterwerfen, die für eine standesgemäße Repräsentation zweckdienlich sein sollte.[44] Doch dem „ewigen Kreis von Spielen und Besuchen und Schauspielen und Tänzen und Nichtigkeiten" wurde sie bald überdrüssig, denn es blieb „nur ein vermehrtes vergebliches Streben nach etwas Besserem"[45]. Zudem erinnerte sie die übertriebene affektierte Galanterie, die sie dort weiterhin umgab, an ihre Zeit zu Hofe. Sie lehnte diese Verhaltensweisen entschieden ab, da sie die natürliche

---

40   Vgl. hierzu Diderot an Falconet, Mai 1768, in: ebd., Bd. 18, Nr. 15.
41   Hier setzt Mathilde Köhler in ihrer Biografie an, vgl. Köhler, Gallitzin, S. 11-20.
42   Über diese Zeit in Berlin berichtet Lehndorff, Tagebücher, S. 141, 174.
43   Voltaire an Katharina II., 10.3.1770, in: Schumann, Briefwechsel, S. 104-108, hier 106.
44   Vgl. ferner Stollberg-Rilinger, Ein Unding.
45   A. v. Gallitzin, zit. n. Katerkamp, Denkwürdigkeiten, S. 41.

Entfaltung der Empfindungen und Leidenschaften behinderten. Das Licht
der Aufklärung erschien ihr – jedenfalls was die Geschlechterordnung
anbelangte – nur eine begrenzte Strahlkraft zu besitzen: „Mir war, wie jenen
Schauspielern, die auf der Bühne Andere belustigen, indes sie selber bittere
Tränen vergießen"[46]. Schon nach den ersten Monaten, die sie auf Reisen und
in Den Haag zubrachte, wurden ihr auf diese Weise die Grenzen und Widersprüche der Aufklärung zwischen Ideal und Wirklichkeit bewusst. Anstelle der
verlockenden Aussichten auf ein selbstbestimmtes Leben traten die jähen Einsichten, nur unzureichend die Ideen der Aufklärung verwirklichen zu können.
Vieles blieb ihr in dieser Zeit „verdunkelt und vermischt"[47]. Selbst die Pariser
Freunde Voltaire und Diderot schienen ihr offensichtlich keine neuen Anreize
oder Auswege aus ihrer Misere aufzeigen zu können. Immerhin sieht es nicht
danach aus, als wenn sie nach ihrem persönlichen Kennenlernen noch einmal
Kontakt zu den Pariser Philosophen gesucht hätte.[48]

   „Nur selbstständige Weiblichkeit, nur sanfte Männlichkeit, ist gut und
schön"[49], lautet eine zentrale These in Friedrich Schlegels (1772-1829) Abhandlung „Über die Diotima", die 1795 in der „Berlinischen Monatsschrift"
erschien.[50] Seine provokante Aussage, in der er die gängigen Geschlechter-
merkmale umkehrte und so mit den Rollenbildern und Geschlechter-
differenzen seiner Zeit brach, kann als ein Motto gelesen werden, das den
Wunsch und die Sehnsucht der Amalia von Gallitzin „nach Einheit und Vollkommenheit durch die Angleichung von Frau und Mann"[51] treffend beschreibt.
Eine derartige Beziehung erhoffte sie sich von ihrer Ehe mit dem Fürsten, doch
diese Erwartungen wurden bald getrübt. Aus ihrer gemeinsamen Zeit in Den
Haag berichtet Diderot in seinen Briefen an Sophie Volland. Mehrere Monate
wohnte Diderot bei den Gallitzins, als er sich auf einer Reise von Paris nach
St. Petersburg befand, wo er der Zarin seine Enzyklopädie vorstellen wollte. Als
aufmerksamer Beobachter lieferte er zwei eindrückliche Momentaufnahmen,
in denen er die Beziehung der Fürstin Gallitzin zu ihrem Gatten schilderte.

> Die Fürstin [...] ist eine sehr lebhafte, fröhliche, geistreiche Frau von an-
> genehmem Äußeren; jung, gebildet und vielseitig talentiert. Sie ist belesen
> und kennt mehrere Sprachen, wie es bei deutschen Frauen üblich ist. Auch
> spielt sie Cembalo und hat eine himmlische Stimme. Sie verfügt über einen
> großen Vorrat von drolligen und pikanten Sätzen. Und sie ist sehr gütig. [...]

---

46   Ebd.
47   Ebd.
48   Vgl. hierzu Opitz, Aufklärung der Geschlechter.
49   Schlegel, Diotima, S. 93; vgl. hierzu Matuschek, Diotima.
50   Vgl. Rehme-Iffert, Schlegel über Emanzipation.
51   Trepp, Sanfte Männlichkeit, S. 9.

Ihre Empfindsamkeit ist außerordentlich; im Hinblick auf ihr Glück besitzt sie sogar ein bisschen zu viel davon. Dank ihrer Kenntnisse und ihres Urteilsvermögens disputiert sie wie ein kleiner Löwe. Ich bin richtig vernarrt in sie und lebe zwischen dem Fürsten und ihr wie zwischen einem guten Bruder und einer guten Schwester.[52]

Von den anfänglichen Vorbehalten Diderots gegenüber der Fürstin ist hier nichts mehr zu hören, sowohl die Beziehung der Gallitzins zu Diderot als auch der Umgang des Ehepaars miteinander erschien ihm hingegen schon bald wie ein geschwisterliches Verhältnis. Auf seinem Rückweg nach Paris weilte Diderot erneut längere Zeit im Haus der Gallitzins in Den Haag. Wieder berichtet er an Sophie Volland:

Der Fürst obliegt seiner politischen Arbeit; die Fürstin führt ein Leben, das eigentlich nicht mit ihren jungen Jahren, der Leichtigkeit ihres Geistes und der natürlichen Frivolität ihres Alters vereinbar ist. Sie geht selten aus, empfängt fast keine Gesellschaft, hält sich Lehrer für Geschichte, Mathematik und Sprachen, macht sich nichts daraus, ein großes Galadiner zu verlassen, um nicht zu Hause ihre Stunde zu versäumen, tut alles, um ihrem Gatten zu gefallen, wacht selbst über die Erziehung ihrer Kinder, hat auf große Toilette verzichtet, steht früh auf und geht früh schlafen; und mein Leben richtet sich nach den Spielregeln im Hause meiner Gastgeber.[53]

Von der inneren Zerrissenheit der Fürstin scheint Diderot nichts zu ahnen, zumal ihre Lesesucht und Bildungswut in dieser Zeit kein ungewöhnliches Phänomen unter bürgerlichen und adligen Damen darstellte. Ihre Unterhaltungen mit Diderot, die von großer „Heiterkeit, Lebhaftigkeit und Scherzen"[54] bestimmt waren, bereiteten der Fürstin nicht nur Vergnügen, sondern dienten ihr auch der kritischen Selbstreflektion. Dazu zählten die gemeinsamen Gespräche über die Schauspielkunst, wie es Diderot in seiner zu gleichen Zeit verfassten Abhandlung „Paradoxe sur le comédien" (1773/74) dokumentierte.[55]
Der Fürst Gallitzin widmete sich hingegen nur zeitweilig den gemeinsamen Gesprächen. In den Aufzeichnungen Diderots erscheint der Fürst zumeist als vielbeschäftigter Diplomat und starrköpfiger Diskutant: „Homer ist ein Schafskopf, Plinius ein ausgemachter Dummerjan, die Chinesen die rechtschaffensten Menschen auf der Erde"[56], zitierte Diderot den Fürsten aus gemeinsamen

---

52   Diderot an Volland, 22.6.1773, in: Hinterhäuser, Briefe, Nr. 167.
53   Diderot an Volland, Ende April/Anfang Mai 1774, in: ebd., Nr. 181.
54   Ebd.
55   Hierzu die Erwähnung der Fürstin Gallitzin in Diderots „Paradoxe sur le comédien" (1773/74; gedruckt Paris 1830), vgl. Fresco, Amalias Jahre, S. 29.
56   Diderot an Volland, Ende April/Anfang Mai 1774, in: Hinterhäuser, Briefe, Nr. 181.

Gesprächen. Gallitzins Hauptinteressen lagen in den Naturwissenschaften, vor allem in physikalischen und meteorologischen Experimenten sowie elektrischen Apparaten, später auch verstärkt in der Mineralogie.[57] Daneben veröffentlichte er die Werke seines 1771 verstorbenen Freundes Helvétius, unter anderem auch die zuvor unveröffentlichte Schrift „De l'homme, de ses facultés intellectuelles & de son éducation" (London 1773). Nach seiner Versetzung von Paris nach Den Haag bemühte sich Gallitzin umso mehr, seine Pariser Kontakte aufrechtzuerhalten, wobei er sich weiterhin ohne Einschränkungen um die politisch-diplomatischen Alltagsgeschäfte zu kümmern hatte.

Als Mitte der 1770er Jahre der amerikanische Unabhängigkeitskrieg auch das Machtgefüge auf dem europäischen Kontinent in Bewegung brachte, wurde Gallitzin nunmehr zu einem bedeutsamen Mittler zwischen Russland und Amerika. Mit großer Aufmerksamkeit und Sympathie verfolgte er die Unabhängigkeitsbestrebungen der nordamerikanischen Kolonien, selbst wenn der Zarin seine Haltung zu den vermeintlichen Rebellen jenseits des Atlantiks missfiel. Einmal mehr überschätzte Gallitzin seine Kompetenzen, als er erste diplomatische Beziehungen mit Amerika aufnahm. Bereits Anfang der 1770er Jahre unterhielt er einen regelmäßigen Austausch mit Charles W. F. Dumas (1721-1796), später auch mit John Adams (1735-1826), der 1797 zum Präsidenten der Vereinigten Staaten gewählt werden sollte. Beide warben zusammen als Gesandte in Frankreich und den Niederlanden um die Anerkennung der Vereinigten Staaten.[58] Während des amerikanischen Unabhängigkeitskriegs stand Gallitzin in engem Austausch mit dem russischen Vizekanzler und Außenminister Iwan Andrejewitsch Ostermann (1725-1811), dem er schon 1777 eine ausführliche Einschätzung zu der vortrefflichen politischen und verfassungsrechtlichen Beschaffenheit der Vereinigten Staaten und über deren Wirkung auf Gesellschaft und Kultur lieferte.[59] Ab 1780 spielte Gallitzin dann eine federführende Rolle bei der von der Zarin erlassenen Erklärung zur

---

57 Die detaillierten Inventarlisten in seinem Nachlass geben u. a. darüber Aufschluss, dass Gallitzin ein Barometer, mehrere Thermometer, eine elektrische Maschine sowie ein englisches Mikroskop besessen haben muss, vgl. AS Dyck, Kps. 9b: gebundene Inventarliste, Nr. 11, 13 f. Eine weitere elektrische Maschine und eine elektrische Lampe hatte Gallitzin dem Offizier, Mathematiker und Literaten Heinrich Wilhelm von Stamford (1740-1804) überlassen, der nach einem Studium in Göttingen von 1772-75 am Königlichen Pädagogium zu Ilefeld/Harz unterrichtete, anschließend in preußische und niederländische Dienste trat. Ab 1782 in Den Haag, unterrichtete er dort Wilhelm von Oranien-Nassau (1772-1843), den Sohn des niederländischen Erbstatthalters. Zuletzt wählte Stamford – wie auch Gallitzin – Braunschweig zu seinem Alterssitz.

58 Vgl. Bolkhovitinov, Russian Diplomacy; Bolkhovitinov, Beginnings.

59 Vgl. D. v. Gallitzin an I. A. Ostermann, 28.11.1777, in : AVPRI, F. 50, op. 6, Nr. 183, S. 58-61; vgl. hierzu Dulac/Karp, Les Archives de l'Est, Bd. 1, S. 104 f.

bewaffneten Seeneutralität, die ihre politische, wirtschaftliche und völker-
rechtliche Bedeutung in den folgenden Jahren auf globaler Ebene entfalteten
und die Stellung der Vereinigten Staaten stärkte.[60] Mit dem amerikanischen
Chefdiplomaten in Paris, Benjamin Franklin, verband Gallitzin zudem das
Interesse für die Naturwissenschaften. Seine Anerkennung für die wissenschaftliche Leistung Franklins brachte Gallitzin in einem persönlichen Brief
überschwänglich zum Ausdruck.[61]

Den Erwartungen seiner Gattin konnte er auf diese Weise jedoch nicht gerecht werden. Bereits die Hochzeitsnacht schien für seine Gattin ein zutiefst
verstörendes Erlebnis gewesen zu sein, da es ihren Vorstellungen von Sinnlichkeit und Intimität keinesfalls entsprach. Dort erlebte die Fürstin Gallitzin
ihren Gatten wie ein fleischfressendes Tier, so schrecklich und brutal („un
animal si carnassier, si horrible, si brutal"), dass sie noch in derselben Nacht
fluchtartig das Haus verließ.[62] Eine derartige Erfahrung war sicher auch das
leidvolle Ergebnis mangelnder sexueller Aufklärung und stand insofern am
Anfang ihrer allmählichen Entfremdung von ihrem Gatten.[63] Sie suchte fortan eigene Wege, um ohne ihn dem ehrgeizigen Ziel persönlicher Freiheit
und Selbstbestimmung näher zu kommen, denn was ihr widerfahren war,
entsprach weder ihren persönlichen Vorstellungen von sanfter Männlichkeit
noch dem komplementären Geschlechterverhältnis, das sie in Rousseaus Erziehungsroman „Émile" kennengelernt hatte: „Der freieste und süßeste aller
Akte lässt keine wirkliche Gewalt zu: Natur und Vernunft widerstreben ihr"[64],
hatte Rousseau dort geschrieben. Seinem Urteil zufolge forderte die weibliche
Schwachheit und Scham die männliche Stärke und Begierde geradezu heraus,
wodurch sich Mann und Frau durch ihre Vereinigung als Ehepaar jedoch ergänzen und dadurch gemeinsam eine stabile und harmonische Verbindung
befördern würden. Die Fürstin hat dennoch am eigenen Leibe erfahren
müssen, wie weit ab von ihren eigenen Erfahrungen sich diese Vorstellung
befand. Vor diesem Hintergrund scheint die Tatsache, dass sie anschließend
weder weitere intime Beziehungen einging noch die auch von vielen frommen
Aufklärungspädagogen gepriesene „sinnliche Liebe"[65] auf eine andere Weise
suchte, mehr als offensichtlich. Vielmehr beschränkte sich die Ausbildung

---

60   Vgl. Donnert, Golicyn, S. 26 f.; Winkler, Geschichte des Westens, S. 310-314.

61   Vgl. D. v. Gallitzin (sen.) an Franklin, 28.1.1777, in: Willcox, Papers of Franklin, Bd. 23,
     S. 250.

62   Vgl. A. v. Gallitzin an Hemsterhuis, ca. 1787, in: LAM, Nachlass Bucholtz, 1161; hier zit. n.
     Niehaus, Aufklärung und Religiosität, Nr. 24.

63   Vgl. Niehaus, Aufklärung und Religiosität, S. 17.

64   Rousseau, Emil, S. 385-392, hier 388.

65   Vgl. hierzu Gellert, Leben, S. 38 f.

ihres Empfindungsvermögens und ihrer Sinnlichkeit auf die seelischen und geistigen Gemüts- und Bewusstseinszustände, schloss jedoch jede Erfahrung körperlich-intimer Sinnlichkeit weitestgehend aus.

Mit Frans Hemsterhuis, der als erster Sekretär der niederländischen Generalstaaten für auswärtige Angelegenheiten von Anfang an regelmäßig im Hause Gallitzin verkehrte, fand die Fürstin einen scharfsinnigen Denker und Gesprächspartner, der fest in der griechischen Philosophie und Mythologie verwurzelt war und sich ihrem Streben nach Vervollkommnung annahm. Sie schätzte an ihm nicht nur seinen sanftmütigen Charakter und seinen ausgezeichneten Intellekt, sondern erkannte in ihrer gegenseitigen Zuneigung eine tiefer gründende Seelenfreundschaft. Als ihr geistiger Mentor konnte er sie darin unterstützen, die Welt des Guten, Schönen und Wahren nicht allein über abstrakte Denkmodelle und Beweisführungen zu ergründen, sondern auch reine sinnliche Empfindungen und Erfahrungen miteinzubeziehen. Dies allein deutet darauf hin, wie offen und empfänglich Hemsterhuis für verschiedene philosophische Strömungen seiner Zeit war und kaum einer einzigen Aufklärungsphilosophie eindeutig zuzurechnen ist. Auch in seinen Schriften vermag er nicht nur die Rolle eines geschickten Vermittlers zwischen Rationalismus und Sensualismus einzunehmen, sondern strebte letztlich eine eklektische Verbindung beider Strömungen an, was ihm einerseits Kritik, andererseits auch Lob einbrachte und ihn über die Grenzen der Niederlande hinaus bekannt machte. Selbst Franklin besaß sechs Bücher von Hemsterhuis, die er auf seiner Reise durch Europa in den Niederlanden erworben hatte.[66] Gewiss ist hingegen Hemsterhuis' tiefe Verbundenheit mit der Ideenwelt der griechischen Antike, vor allem mit den Abhandlungen Platons, von denen er sich zeitlebens nicht mehr abwendete. Dabei stand Hemsterhuis in der Tradition der neuplatonischen Religionsphilosophie. Er vertrat die Auffassung der Existenz eines Gottes als transzendentes Wesen und zweifelte ebenso wenig an der Unsterblichkeit der Seele. Einem religiösen Bekenntnis oder gar dem christlichen Offenbarungsglauben konnte er aber nichts abgewinnen.[67]

Zum besonderen Ausdruck dieser tief empfundenen Seelenfreundschaft zwischen Amalia von Gallitzin und dem 27 Jahre älteren Frans Hemsterhuis wurde schließlich ihre gegenseitige Anrede als „Socrate" und „Diotima", wie sie es in ihrem regelmäßigen Briefwechsel zum Ausdruck brachten. Die Wahl dieser antiken Figuren aus Platons „Symposion" war keinesfalls zufällig. Diotima war dort die Lehrende, die als Priesterin den platonischen Sokrates als ihren Zögling über die Liebe und das Verlangen aufklärte und in das Wesen

---

66   Vgl. Wolf/Hayes, Library of Franklin, S. 406 f.; vgl. Overhoff, Franklin, S. 277-286.
67   Vgl. Hemsterhuis, Lettre, S. 262-275; Hammacher, Hemsterhuis.

Abb. 4
Brustbild der Amalia von Gallitzin

des Eros einführte.[68] In Anlehnung an diese Vorlage wurde auch die Fürstin Gallitzin zur musenhaften „Seelenführerin"[69] des Hemsterhuis. Dieses Verhältnis war bezeichnend für die jahrelange Beziehung zwischen beiden, wobei Hemsterhuis – anders als ihr Ehemann – sie in ihrem Streben nach Freiheit, Selbstständigkeit, Bildung und höchster Vervollkommnung bestärkte, selbst wenn es dem gesellschaftlichen Ideal von Weiblichkeit widersprach: „Nur selbstständige Weiblichkeit, nur sanfte Männlichkeit, ist gut und schön"[70], schrieb später Schlegel über ein ausgewogenes Geschlechterverhältnis. Dieses schien die Fürstin in ihrer Seelenfreundschaft mit Hemsterhuis vorerst gefunden zu haben.

Bereits 1775 verließ die Fürstin Gallitzin den Haushalt ihres Mannes und bezog mit ihren Kindern ein Bauernhaus an der Chaussee zwischen Den Haag und Scheveningen vor den Toren der Stadt. Dort führte sie ein einfaches Leben, das sie in aller Abgeschiedenheit und im beständigen Dialog mit Hemsterhuis der Erziehung ihrer Kinder widmete. Nur sehr selten empfing sie

---

68   Vgl. Platon, Gastmahl.
69   Vgl. Goethe an Charlotte v. Stein, 9.11.1784, in: Trunz, Briefe, Nr. 46.
70   Schlegel, Diotima, S. 93.

fremden Besuch. Neben ihrem Gatten und Hemsterhuis zählte zu ihren einzigen Gästen Wilhelmine von Preußen (1751-1820), die durch Heirat Erbstatt-
halterin der Niederlande geworden war. Auch sie kümmerte sich zu dieser Zeit
selbst um die Erziehung ihrer Kinder. Ihr Sohn Wilhelm, der spätere König der
Niederlande, stellte für den nur zwei Jahre älteren Demetrius einen geeigneten
Spielgefährten dar. Nur wenige Jahre verbrachte die Fürstin mit ihren Kindern
in Den Haag, bis Hemsterhuis sie 1779 auf Fürstenbergs Schulordnung aufmerksam machte.

Im Streben nach größtmöglicher Freiheit, Unabhängigkeit, innerer Erneuerung und Vervollkommnung stieß Amalia von Gallitzin immer wieder an
Grenzen, die ihr gesellschaftliche Konventionen und Erwartungen vorgaben.
Allein ihre privilegierte soziale und ökonomische Stellung ermöglichte es ihr,
diese Grenzen zu überwinden und Freiräume für eigenes Denken und Handeln
zu schaffen und zu nutzen. Doch ihre Zeit in Den Haag wurde nicht allein von
ihrer Umkehrung traditioneller Geschlechterverhältnisse bestimmt, die eine
allmähliche, wenn auch nie allumfassende Emanzipation von ihrem Ehemann
ermöglichte. Erst zu dieser Zeit – als sie mit all jenen Denkern der République
des Lettres in Kontakt getreten war, die sich auf unterschiedliche Weise
einer Aufklärung verpflichtet sahen – entwickelte sich eine tiefere Kenntnis von der Ambivalenz und Ambiguität aufklärerischer Ideen, Forderungen
und Überzeugungen, deren Wirkung sich nie in einem voraussetzungslosen
Raum entfaltet, sondern stets in Beziehung tritt zu politischen, gesellschaftlichen, institutionellen und schließlich auch religiösen Normen, Regeln, Gewohnheiten und Erwartungen, die miteinander in Einklang gebracht werden
müssen, um schließlich selbst zum Träger und Ausdruck dieses aufklärerischen
Gedankenguts zu werden.

Vor diesem Hintergrund erklärt sich die Offenheit der Fürstin für die aufklärerische Reformpolitik im Fürstbistum Münster, einem katholischen Staat,
gegenüber dem sie keine nennenswerten Vorbehalte hegte, wenn auch ein
religiöser Glaube oder gar ein konfessionelles Bekenntnis weder im Umgang
mit ihrem Ehemann noch mit Frans Hemsterhuis für sie von Bedeutung gewesen war. Vielmehr hatte sie sich in den Jahren in Den Haag von jeglicher
Religiosität und Spiritualität distanziert und sich unter dem Eindruck des um
sich greifenden materialistischen Rationalismus der Enzyklopädisten Diderot
und Helvétius freigesprochen. Wie ihr Sohn Demetrius später berichtete[71],

---

71   Vgl. Gallitzin, Letter to a Protestant Friend, S. 140: „… an intimacy which existed between
      our family and a certain celebrated French philosopher, had produced a contempt for re-
      vealed religion. Raised in prejudices against revelation, I felt every disposition to ridicule
      those very principles and practices which I have adopted since".

habe gerade die enge Verbundenheit seiner Familie mit Diderot dazu geführt, starke Aversionen gegenüber jede Offenbarungsreligion zu empfinden. Eben diese ablehnende Haltung hatte auch Rousseau in seinem „Glaubensbekenntnis eines savoyischen Vikars" im vierten Buch des „Émile" zum Ausdruck gebracht, als er den katholischen Vikar sagen ließ, dass ein Offenbarungsglaube wie auch religiöse Rituale und Kulte nicht für die Religiosität eines Menschen entscheidend sind. Er verharrte, so der Vikar, „in einem respektvollen Zweifel"[72]. Der Fürstin Gallitzin, die den „Émile" schon in ihrer Jugend gelesen hatte, stellte sich die Synthese von aufklärerischen Ideen und Forderungen mit den konfessionellen Überzeugungen und Prinzipien des katholischen Glaubens – so wie es Fürstenberg mit seiner Schulordnung und seinem gesamten Bildungsreformkonzept beabsichtigte – als ein neues, anregendes und lohnenswertes Beobachtungsfeld dar, das eine nähere Auseinandersetzung erforderte und zudem das Potential hatte, eigene Zweifel aus dem Weg zu räumen. Sodann wählte sie das Fürstbistum Münster zu ihrem neuen Aufenthaltsort, an dem sie auch ihre Kinder aufziehen wollte. Sie versprach sich durch diesen Schritt neue Erkenntnisse und Einsichten sowie ein noch klareres und noch besseres Verständnis zu erhalten: von der Welt, den Menschen und was sie umgibt und antreibt.

4.3   „Es sind interessante Menschen, wunderbar, sie miteinander zu sehen" – Amalia von Gallitzin und der Kreis von Münster

Im Sommer 1779 erreichte die Fürstin Gallitzin mit ihren Kindern Marianne und Demetrius die fürstbischöfliche Residenzstadt Münster, um den berühmten Minister, Bildungsreformer und Universitätsgründer Franz von Fürstenberg kennenzulernen.[73] Eigentlich hatte sie zuvor den Plan gehegt, nach Genf umzusiedeln, wo sie den Schriften Rousseaus nachsinnen wollte, doch Fürstenbergs herausragende Bildungsreformen sah sie dann für die Erziehung ihres Sohnes als ein noch besseres intellektuelles Umfeld an. In Münster bezog sie den ehemaligen Drostenhof in der Grünen Gasse. Es war ein großzügiges Wohnhaus mit weitläufigem Garten, das bis zur Errichtung des herrschaftlichen Erbdrostenhofs zwischen 1753 bis 1757 als städtischer Wohnsitz der westfälischen Adelsfamilie Droste zu Vischering genutzt worden war. Zunächst wohnte sie zur Miete im oberen Geschoss des Hauses, bevor sie noch im selben Jahr das gesamte Wohnhaus samt Hinterhof und Garten

---

72   Vgl. Rousseau, Emil, S. 275-334, hier 326.
73   Vgl. Hemsterhuis an A. v. Gallitzin, 18.4.1778, in: Fresco, Lettres, Nr. 47.

erwarb. Der Saal im Obergeschoss, dessen tiefe Fenster zur Südseite den Blick
in den großen Garten, über die Schützenstraße und den Stadtwall hinaus
in die Natur freigaben, wurde zum Studier- und Arbeitszimmer der Fürstin.
An der hinteren Wand des Raumes ragten drei hohe Bücherschränke empor,
deren obere Regale nur über eine verstellbare Holzleiter erreicht werden
konnten. Der steinerne Kamin an der Südwand wurde zum bevorzugten Ort
geselligen Beisammenseins und bildete somit den Mittelpunkt des Raumes,
der im Laufe der Jahre mit den Gipsbüsten Homers, Alexander des Großen,
Hemsterhuis', Jacobis, Herders und Goethes ausgestattet wurde. Spätestens
in den 1790er Jahren richtete die Fürstin im selben Geschoss des Hauses
eine kleine Kapelle ein, deren Fenster ebenso zum Garten ausgerichtet
waren. Mehrmals war das repräsentative Stadthaus mit seinen ehemaligen
Stallungen, Remisen und dem Durchfahrtstor von der Straße verändert und zu
einem großzügigen Wohnhaus umgebaut worden, das seinen Bewohnern und
Besuchern viel Platz bot. Allein die architektonische Gestaltung im Inneren
des sonst doch so sehr unscheinbaren Wohnkomplexes – jene Kombination
von alten verstuckten Balkendecken mit den klaren geometrischen Linien und
Figuren des Klassizismus – war Ausdruck jener lebendigen Wohnkultur und
Raumgestaltung, in der alte und neue Elemente gleichermaßen berücksichtigt
wurden, ineinander übergingen und miteinander verschmolzen.[74] Dies war
die anregende Umgebung, in der die Fürstin Gallitzin regelmäßig ihre Gäste
empfing, wo auch Goethe 1792 in Münster übernachtete und der Philosoph
Hamann vor seinem Tod weilte. Dort erzog die Fürstin tagsüber ihre Kinder
und versammelte abends ihren literarisch-philosophischen Zirkel um sich, um
pädagogische und philosophische Fragen zu erörtern, Reflexionen anzustellen
und gemeinsam Lektüre zu betreiben.

Weder die Irrungen und Wirrungen ihrer Kindheit und Jugend noch die
Jahre der intensiven Auseinandersetzung mit den Ideen der Aufklärung in
Den Haag wurden im Gegensatz zu ihrer Zeit in Münster hinreichend breit
nacherzählt und gedeutet, weder von Theologen noch Historikern. Auch aus
dem Blickwinkel der westfälischen Landesgeschichte und für die deutsche
Literaturgeschichte schien der Zeitpunkt, als die Fürstin Gallitzin westfälischen Boden betrat und von Münster aus ihr dichtes Korrespondenznetz
mit zahlreichen Dichtern und Denkern der Aufklärung betrieb, bislang ein
geeigneter Anknüpfungspunkt gewesen zu sein, zumal ihre Bedeutung vielfach auf ihr Wirken im Kreis von Münster hin zugespitzt wurde. Doch für

---

74   Vgl. Geisberg, Stadt Münster, S. 447-449; Baumstark-Schöningh, Haus in der Grünen
      Gasse. Das Gebäude wurde am 10.10.1943 bei einem der vielen verheerenden Luftangriffe
      auf Münster vollständig zerstört.

die Erforschung ihrer persönlichen Entwicklung im Spannungsfeld von Aufklärung und Religiosität müssen alle Stationen ihres Lebens gleichermaßen berücksichtigt werden. Aus den vorhandenen biografischen Studien über die Fürstin Gallitzin – deren älteste wohl die Arbeit von Theodor Katerkamp aus dem Jahr 1828 darstellt[75] – kann keine angeführt werden, die heutigen wissenschaftlichen Anforderungen genügen oder für bildungsgeschichtlich relevante Fragestellungen fruchtbar gemacht werden könnte.[76] Auch die letzte biografische Arbeit von Mathilde Köhler über das Leben der Fürstin Gallitzin „zwischen Skandal und Legende"[77], kann diesen Umstand nicht mildern, da auch sie lediglich ausgewählte biografische Versatzstücke aus älteren Darstellungen aufgriff und mit neuen Quellenzitaten anreicherte. Zwar hatten die Literaturwissenschaftler Ewald Reinhard, Siegfried Sudhof und Erich Trunz bereits in den 1950er bis 70er Jahren die Erforschung und Neubewertung des Gallitzin-Kreises als literarisch-philosophischer Zirkel im Zeitalter der Aufklärung vorangetrieben. Auch ergänzten die in dieser Zeit entstandenen Quelleneditionen die von Christian Ernst Theodor von Kitzing im Jahr 1868 und von Christoph Bernhard Schlüter zwischen 1874 und 1876 herausgegebenen Briefe und Tagebuchaufzeichnungen der Fürstin ganz erheblich, jedoch hatten sie andererseits weder einen Anspruch auf Vollständigkeit noch gaben sie Raum für neue Fragen oder gar innovative Forschungsperspektiven.[78]

Obwohl die Fürstin zu Recht als eine einflussreiche und bedeutsame Figur im dicht vernetzten Geistesleben der deutschen Spätaufklärung angesehen werden kann, blieben andere Aspekte ihres Lebens und Wirkens von der Forschung lange Zeit weitgehend unberührt.[79] Erst die breit angelegte Studie der münsterschen Kirchenhistorikerin Irmgard Niehaus zum Verhältnis von Religiosität und Aufklärung bei der Fürstin Gallitzin hat auf neue, bis dahin unberücksichtigte Quellenbestände wieder aufmerksam gemacht.[80] Niehaus leistete auch einen wegweisenden Beitrag für eine Neubestimmung des Gallitzin-Kreises im Hinblick auf eine im Fürstbistum Münster wirksame aufklärerische Religiosität, die sich eben nicht nur in der Wohlfahrtspolitik des Aufklärers Fürstenberg entfaltete, sondern gleichermaßen im Gallitzin-Kreis ihren Ausdruck fand. Der literarisch-philosophische Zirkel der Fürstin

---

75 Vgl. dazu auch der rezeptionsgeschichtliche Überblick von Hänsel-Hohenhausen, Bedeutung und Wirkung, S. 172 f.
76 Vgl. ebd., S. 49-67.
77 Köhler, Gallitzin.
78 Vgl. Sudhof, Briefe; Trunz, Briefe; Schlüter, Briefwechsel; Kitzing, Mittheilungen.
79 Vgl. hierzu Schulz/Bell, Gallitzin.
80 Vgl. Niehaus, Aufklärung und Religiosität.

wurde jedoch auch mit ihrer stärkeren Hinwendung zum Katholizismus kein „religiöser Salon"[81], wie Hans Erich Bödeker aufzeigte und betonte. So hat er davor gewarnt, bei der Beurteilung des Kreises die Bedeutung der Seelenfreundschaft zwischen der Fürstin und Fürstenberg nicht aus dem Blick zu verlieren.[82] Ganz im Gegensatz zur Beziehung der Fürstin Gallitzin zu Hemsterhuis oder auch zu anderen Protagonisten ihres Kreises begegneten sich die Fürstin und Fürstenberg auf Augenhöhe, wobei die allzu offensichtlichen Unterschiede von Stand, Herkunft, Religion und Geschlecht in ihrem fast familiären Umgang miteinander gänzlich zu verblassen schienen. In einem regelmäßigen, oft täglichen Briefwechsel teilten sie einander ihre Gedanken und Empfindungen mit, die sich ihnen durch die aufmerksame Beobachtung der eigenen Gefühls- und Seelenzustände erschlossen. Diese besondere Konstellation erschwert die genaue Einordnung des Gallitzin-Kreises in das deutsche Geistesleben der Spätaufklärung.[83]

Zusammen bildeten Fürstenberg und die Fürstin mit ihren beiden Kindern den Kern des Kreises, der gelegentlich auch scherzhaft „familia sacra" genannt wurde. Zu ihrem näheren Umfeld zählten die wichtigsten Mitarbeiter der Fürstenbergschen Bildungsreform, der Priester, Religionspädagoge und Normalschullehrer Bernard Overberg sowie Anton Mathias Sprickmann als Fürstenbergs Sekretär und Jurist sowie engagierter Förderer des münsterschen Theaters.[84] Bei den Abendunterhaltungen nahmen mit fortgeschrittenem Alter, vor allem während ihrer Studienzeit an der Universität Münster, auch die vier Brüder Adolf Heidenreich (1769-1824), Caspar Max (1770-1846), Franz Otto (1771-1826) und Clemens August Droste zu Vischering (1773-1845) teil, denen als Hauslehrer die beiden jungen Geistlichen Johann Theodor Katerkamp (1764-1834) und Franz Xaver Brosius (1768-1843) zur Seite gestellt wurden.[85] Sie alle waren seit den späten 1780er Jahren regelmäßige Teilnehmer an den Abendunterhaltungen der Fürstin und gehörten ebenso wie Demetrius und Marianne von Gallitzin zur jüngeren Generation des Kreises. Mit Kaspar Zumkley, Johann Hyazinth Kistemaker (1754-1834), Ferdinand Überwasser (1752-1812) und Aloys Havichhorst, der bereits 1783 verstarb, zählten zudem einige Exjesuiten zum Kreis, denen Fürstenberg als arbeitsame Theologen, Philosophen, Psychologen und Pädagogen neue Aufgaben und Stellungen am umgeschaffenen Gymnasium und an der 1773 gegründeten Landesuniversität

81   Vgl. Bödeker, Kreis von Münster; Niehaus, Die religiöse Dimension.
82   Niehaus, Die religiöse Dimension, S. 160.
83   Vgl. Holzem, Konfessionalisierung, S. 982.
84   Vgl. Hasenkamp, Sprickmann. Juristischer Lehrer; Gödden, Schwärmer.
85   Vgl. grundl. Hänsel-Hohenhausen, Droste zu Vischering.

zugewiesen hatte. Doch neben diesen Teilnehmern, die regelmäßig den philosophisch-pädagogischen Gesprächen in der Grünen Gasse beiwohnten oder auch im Landhaus der Fürstin im benachbarten Dorf Angelmodde verkehrten, wurden mitunter auch jene auswärtigen Dichter und Denker, Theologen und Pädagogen zum Gallitzin-Kreis gezählt, mit denen die Fürstin nur gelegentlich oder über einen kurzen Zeitraum hinweg einen Austausch pflegte. Reinhard fasst zu dieser „Peripherie des Kreises"[86] etwa Frans Hemsterhuis, mit dem die Fürstin noch bis zu seinem Tod 1790 in engem Kontakt stand, Friedrich Heinrich Jacobi (1743-1819)[87], der langjährige Freund Fürstenbergs aus Pempelfort, Johann Georg Hamann (1730-1788)[88], der berühmte „Magus des Nordens", der 1787 auf Einladung des Gutsbesitzers Franz Kaspar Buchholtz (1760-1812) aus dem preußischen Königsberg nach Münster zog. Zudem unterhielt Amalia von Gallitzin zeitweilig Kontakte mit Johann Caspar Lavater (1741-1801), Matthias Claudius (1740-1815), Johann Wolfgang von Goethe sowie mit weiteren namenhaften Theologen, Philosophen und Literaten des ausgehenden 18. und frühen 19. Jahrhunderts.

Wird die Bedeutsamkeit des Kreises vorwiegend anhand der zahlreichen Kontakte der Fürstin Gallitzin bemessen, so wird dadurch die konstitutive Bedeutung der regelmäßigen Abendunterhaltungen für die Genese des Gallitzin-Kreises verkannt.[89] Weniger das weitreichende Korrespondenznetz der Fürstin als vielmehr die soziale Praxis der abendlichen Geselligkeit ermöglichte eine dynamisch-diskursive und reflexive Auseinandersetzung mit den sich aufdrängenden Fragen und Themen der Aufklärung. Der Gallitzin-Kreis entstand neben anderen aufklärerischen Geselligkeitsformen aus den gestiegenen Kommunikationsbedürfnissen seiner Teilnehmer, die das gemeinsame Interesse an der Aufklärung verband. Dem zeitgenössischen Verständnis nach bedurfte es solch privater Zirkel, freier Zusammenschlüsse und Freundschaftsbünde, um die individuellen intellektuell-geistigen Verstandeskräfte und deren Erkenntnisvermögen zu bündeln, zu schärfen und zu erweitern, sofern man, vernunftbegabt, frei und selbstständig, sich seine Denk-, Gefühls- und Lebenswelt mithilfe eines aufklärerischen Verstandes und Herzens erschließen wollte.

Die ältere Forschung des 19. und frühen 20. Jahrhunderts lieferte nur ein romantisiert-verklärtes Bild des Gallitzin-Kreises, dem der westfälische Historienmaler Theobald von Oer (1807-1885) mit seinem Gemälde „Die Fürstin

---

86 Reinhard, Familia sacra, S. 62-72.
87 Vgl. Götz, Jacobi.
88 Vgl. Geier, Der monströse Hamann.
89 Vgl. hierzu Peter, Geselligkeiten.

Abb. 5   „Die Fürstin Gallitzin im Kreise ihrer Freunde auf ihrem Landsitz in
            Angelmodde", Stich von Paul Dröhmer (1867/68) nach dem gleichnamigen
            Ölgemälde des Historienmalers Theobald von Oer

von Gallitzin im Kreise ihrer Freunde" (1863/64) ein wirkmächtiges Denkmal
setzte.[90] Der Gallitzin-Kreis bildete weder einen in sich geschlossenen Zirkel
noch gab er Raum für eine empfindsame Entfaltung und Pflege persönlicher
Freundschaften mit einer ausgeprägten Gefühlskultur – er blieb stets ein
offenes Gefüge von Beziehungen, das sich vorwiegend auf geistig-intellektueller
Ebene durch sich wechselnde Erwartungen und Verbindlichkeiten zwischen
der Fürstin und ihren Gästen herausbildete, veränderte und erneuerte. Der
Kreis schuf für seine Mitglieder eine öffentliche Sphäre zur kollektiven Urteilsbildung, die später auch die Suche nach spiritueller Erneuerung und Verinnerlichung im Streben individueller Vervollkommnung einbezog. Er diente stets
der Pflege eines geselligen Miteinanders, das jede Form von Patronage durch
die Fürstin ausschloss.

So wenig wie der Gallitzin-Kreis daher als Salon bezeichnet werden kann, so
wenig entsprach er auch dem Ideal jener Freundschaftsbünde, wie sie im Zeitalter der Aufklärung überschwänglich und empathisch gelobt und zelebriert

---

90   Vgl. Fechner, Historiengemälde.

wurden. Es handelte sich im Gallitzin-Kreis vor allem „um eine universale, zur Schau gestellte Geselligkeit", mit der man seine „allgemeine Verbundenheit" für aufklärerische Gedanken zum Ausdruck brachte, ohne „die Beziehung von Mensch zu Mensch"[91] wirklich in den Vordergrund zu rücken. Schon die Entscheidung, wen die Fürstin Gallitzin zu ihren Abendunterhaltungen einlud, machte sie allein davon abhängig, ob dieser potentielle Gast ihren hohen Erwartungen gerecht werden konnte, im Kreis wirklich Fortschritt und Aufklärung voranzutreiben.[92] Ob es sich dabei um einen Adligen, Kleriker, Kaufmann oder Kleinbürger handelte – der bei ihr etwa ebenso als Hauslehrer tätig war –, oder ob sie gar gegenüber dem Kandidaten wirklich eine besondere Zuneigung empfand, spielte für die Zusammensetzung wie auch für die innere Ordnung des Kreises keine ersichtliche Rolle.[93] Durch das Eintreten und Ausscheiden einzelner Teilnehmer, insbesondere ab den 1790er Jahren, sowie durch die Einbeziehung neuer Ideen, Themenkreise und Interessen wandelte sich die Zusammensetzung und das Erscheinungsbild des Gallitzin-Kreises. Nach wie vor bildeten die Fürstin Gallitzin und Franz von Fürstenberg – der nicht in seiner Funktion als Generalvikar, ehemaliger Premierminister oder Kurator der Universität, sondern stets nur als scharfsinniger, aufklärerischer Denker und aufmerksamer Beobachter zugegen war – den Dreh- und Angelpunkt sowie den festen Kern des Kreises.

Eben diese häufig beleuchtete Rolle der Fürstin Gallitzin als Mittelpunkt des Kreises hat den Blick auf andere Stationen und Aspekte ihres Lebens in den Hintergrund treten lassen. Dazu gehört – neben ihrer eigenen Kindheit und Jugend sowie ihren Jahren in Den Haag – die Kindererziehung, der sie zeitlebens große Aufmerksamkeit widmete und die viele Jahre lebendiger Ausdruck ihrer pädagogischen Reflexionen war. Es ist nicht zu ergründen, warum dieser wichtige Aspekt in der Gallitzin-Forschung derart wenig Beachtung gefunden hat. Es betrifft zum einen insbesondere ihre eigenen Kinder Marianne und Demetrius, zum anderen aber auch weitere Kinder, die bei der Fürstin aufwuchsen. Nur wenig ist bekannt, dass auch Georg Arnold Jacobi (1768-1845)[94], der Sohn des Pempelforter Literaten, von 1780 bis 1784 im Haus der Fürstin lebte, um von ihr gemeinsam mit ihren eigenen Kindern erzogen zu werden. Anschließend nahm die Fürstin ihre Nichte Luise Amalie von Schmettau (1781-1856), deren Taufpatin sie war, als Pflegekind zu sich, die auch nach ihrem Tod

---

91   Nötzoldt-Linden, Freundschaft, S. 54; vgl. A. v. Gallitzin an F. H. Jacobi, 21.10.1784, in: Sudhof, Briefe, Nr. 208.

92   Vgl. Brandes, Freundschaft.

93   Vgl. Niehaus, Aufklärung und Religiosität, S. 227-238.

94   Vgl. Jacobi, Eigenhändige Aufzeichnungen.

im Jahr 1806 noch einige Zeit im Haus in der Grünen Gasse wohnen blieb. Mehrere Geistliche unterstützten die Fürstin in ihrer Kindererziehung, zunächst Wilhelm Gerz, dann August Clemens Haas, Anton Wiggermann und schließlich Theodor Katerkamp, der zuvor bis 1797 Hofmeister bei der Familie Droste zu Vischering war. Als Hauslehrer lebten sie mit im Wohnhaus in der Grünen Gasse und gehörten als solche zum Hausstand der Fürstin.[95] Dennoch nahmen sie ebenfalls an den abendlichen Treffen teil, zumal die Reflexion pädagogischer Fragen und Sachverhalte immer einen besonderen Stellenwert hatte. Dasselbe galt für Bernard Overberg, der 1789 als Beichtvater der Fürstin in das Haus in der Grüne Gasse einzog. Die Fürstin schätze ihn vor allem für sein pädagogisches Geschick und für seine sokratische Methode, die sie bei ihm häufig beobachtete.[96] Die geistliche Führung der Kinder Marianne und Demetrius übernahm hingegen nicht Overberg, sondern der Franziskaner Kasimir Schnösenberg (1740-1799), dem Fürstenberg 1783 den Lehrstuhl für Moraltheologie an der Universität zugeteilt hatte.[97]

Vor dem Hintergrund dieser Zusammensetzung des Kreises mit der Fürstin Gallitzin als dessen zentrale Figur, drängt sich die Frage auf, inwiefern sie die Ideen und Forderungen einer Aufklärung katholischer Prägung begrüße und verfolgte, wie es Franz von Fürstenberg etwa im Rahmen seines umfassenden Bildungsreformprogramms tat. Bevor die Fürstin nach Münster zog, war die entschiedene Ablehnung jeglicher Spiritualität und Religiosität bezeichnend für ihre kompromisslose Haltung gegenüber jedem religiösen Glauben und der Institution der Kirche. Selbst den Kontakt mit Geistlichen hat die Fürstin offensichtlich vermieden, den sie zumindest für ihre Kinder als gefährlich ansah. Ihr Sohn Demetrius schrieb über ihre gemeinsame Zeit in Den Haag, dass „besondere Sorge dafür getragen wurde, dass kein Geistlicher ihm zu nahe trat"[98]. In Münster begegnete die Fürstin einer Variante des Katholizismus, die ihren eigenen Erwartungen auf überraschende Weise zuwiderlief. Fürstenberg zeigte ihr die Möglichkeiten eines aufklärerischen, reformorientierten

---

95   Haas (1758-1831; auch Haase oder Hase) war ab 1783 Lehrer bei den Gallitzins und begleitete sie ebenfalls in diesem Jahr nach Weimar, vgl. die Anmerkungen bei Sudhof, Briefe, Nr. 107, 169. Anton Wiggermann (1764-1825), der in Münster Theologie und Philosophie studiert hatte, folgte ihm nach seiner Priesterweihe 1788 in das Haus an der Grünen Gasse und blieb dort, bis er 1795 – auf Fürstenbergs Empfehlung hin – zum Normallehrer und Schulvisitator ins kürkölnische Vest Recklinghausen berufen wurde, vgl. Börger, Wiggermann.

96   Vgl. A. v. Gallitzin an Hemsterhuis, 5.2.1790, in: Sluis, Lettres, Bd. 3, Nr. 245.

97   Vgl. Groeteken, Die Professoren, S. 119-121; Hegel, Geschichte der katholisch-theologischen Fakultät, Bd. 1, S. 55.

98   D. v. Gallitzin, Letter to a Protestant Friend, S. 140: „... particular care was taken not to permit any clergyman to come near me."

Katholizismus auf, den sie später als „echte Religion"[99] bezeichnen würde. Zudem fand sie in Münster mit den von Fürstenberg entwickelten Bildungskonzepten und umgeschaffenen Schulen konkrete Werke aufklärerischen Reformdenkens vor, die ihr als anschauliche und lebensnahe Beispiele dienten. Für ihre eigene Hinwendung zum Katholizismus war eben jene Einsicht, dass Religiosität und Aufklärung miteinander vereinbart werden konnten, von entscheidender Bedeutung, zumal sie hierfür ihre persönlichen erstrebenswerten Ideale von Freiheit, Selbstständigkeit und selbstbestimmter Bildung nicht aufgeben musste: „Aus ihrer Haltung und Gedankenwelt sprechen Eigenständigkeit und Mündigkeit in der Glaubenslehre, die Freiheit von Berührungsängsten mit anderen Konfessionen und die Wertschätzung der Arbeit am Urgestein der Bibel"[100], wie Niehaus es schon auf den Punkt brachte. Gerade ihr unerlässliches Bildungsstreben, das sie seit ihrer Kindheit und Jugend verfolgte, hatte sie dabei mit zahlreichen katholischen Frauen gemeinsam, die im Zeitalter der Aufklärung die gesellschaftliche Stellung von Frauen verbessern wollten und in ihren jeweiligen politischen, sozialen und religionskulturellen Milieus für gleichberechtigte Bildungschancen eintraten.[101] Mit großer Offenheit ließ sich die Fürstin Gallitzin auf die neuen Ideen und Erfahrungen ein, die sich ihr aus dem persönlichen Umgang mit all jenen Geistlichen und Pädagogen ergaben, die Fürstenbergs Bildungsreformen repräsentierten und in ihrem Kreis über Jahre hinweg verkehrten.

Ein bemerkenswertes Zeugnis für ihren aufgeklärten Umgang mit katholischen Glaubensinhalten und den Grundlagen der Kirche erschließt sich aus ihrer Begegnung mit dem preußischen Gesandten am kurkölnischen Hof, dem Geheimrat Christian Wilhelm von Dohm (1751-1820) im Februar 1787. Sie diskutierten gemeinsam „bei dieser Gelegenheit über Protestantismus und Katholizismus"[102], wie die Fürstin in ihrem Tagebuch festhielt:

> Ich bestritt sie [die Unfehlbarkeit des Papstes] und nahm überhaupt die Partei des Katholizismus. Er behauptete, es wäre meine Meinung nur die der aufgeklärten Katholiken, nicht der Kirche. Ich zitierte das Trident[inum] Concilium und die Kirchengeschichte mit ziemlicher Besinnung; doch ging ich zu weit, indem ich sagte, der kein Bedürfnis nach den Kirchenentscheidungen hätte, für den wäre sie gleichgültig, für die andern aber notwendig zu ihrer Beruhigung und der Selbständigkeit der von Christum gegründeten Kirche. Dohm sagte, Protestantismus wäre Freiheit von allen Banden.[103]

---

99   A. v. Gallitzin, Tagebucheintrag, 24.4.1787, in: Kitzing, Mittheilungen, S. 6 f.
100   Niehaus, Aufklärung und Religiosität, S. 316.
101   Vgl. grundl. Lehner, Catholic Enlightenment, S. 74-103.
102   A. v. Gallitzin, Tagebucheintrag, 19.2.1787, in: Schlüter, Briefwechsel, II, S. 87-90, hier 88.
103   Ebd.

Der Verweis der Fürstin auf die Beschlüsse des Konzils von Trient (1545-1563) deutet auf ein Verständnis eines aufklärerischen Katholizismus hin, dessen ideengeschichtliche Wurzeln nicht erst im 17. und 18. Jahrhundert zu suchen sind, sondern die bereits auf die tridentinischen Reformbeschlüsse zurückweisen können. Selbst wenn diese nicht vollständig zur Geltung kamen, hatten sie dennoch auf das Fürstbistum Münster wie auch auf andere Krummstab-Staaten eine beachtliche Wirkung und sorgten bei einigen katholischen Geistlichen für eine grundsätzliche Reformgesinnung, die dann für das Zeitalter der Aufklärung ebenso kennzeichnend war.[104] Ihre Anhänger versuchten weniger eine völlige Aussöhnung oder gar eine Verschmelzung der zumeist kirchenfeindlichen und religionskritischen Aufklärung mit jenen althergebrachten Traditionen und unumstößlichen Prinzipien der Kirche zu erreichen – wodurch man sich einer bloßen Illusion[105] hingegeben hätte –, vielmehr beabsichtigten sie eine tiefgreifende innere Erneuerung, die jedoch innerhalb der unumstößlichen Mauern der katholischen Glaubenslehre zu einer neuen Sensibilisierung, Verinnerlichung und Stärkung der Religiosität und des Glaubens sowie zu einer verbesserten Kirchenorganisation beitragen sollte. Die Mittel und Wege hierfür waren durchaus unterschiedlich und wurden vielerorts nur selten ohne Widerstände und innere Konflikte ausgefochten. Die Aufklärungsbewegung gab einerseits mit ihrer teils heftigen Religionskritik und Kirchenfeindlichkeit den notwendigen Anstoß und stellte andererseits den katholischen Aufklärern das notwendige Vokabular und Rüstzeug zur Seite, um auf die neuen Herausforderungen und Aufgaben angemessener und mit zeitgemäßer Art und Weise zu reagieren.[106]

In Fürstenbergs umfassendem Reformprogramm sah die Fürstin Gallitzin eine Aufklärung verwirklicht, die sich aus den besonderen Möglichkeiten und Grenzen ergab, welche die verfassungsrechtlichen und konfessionskulturellen Voraussetzungen des Fürstbistums Münster als katholisch verfasster Staat bot. Durch ihre Freundschaft mit Franz von Fürstenberg knüpfte sie in Münster neue Kontakte, die für die Entwicklung und Zusammensetzung ihres Kreises ausschlaggebend waren. Dies war das Umfeld, in dem die Fürstin zahlreiche Befürworter der Reformen Fürstenbergs fand. Sie alle hatten entweder – wie die Geistlichen Overberg, Katerkamp und Wiggermann – bereits als Schüler und Studenten die umgestalteten Bildungseinrichtungen selbst besucht oder hatten dort als Lehrende eine neue Anstellung gefunden, wie die Exjesuiten Zumkley,

---

104   Vgl. Schindling, Theresianismus, S. 218 f.
105   Vgl. Klueting, Der Genius der Zeit, S. 9; vgl. Schindling/Schmidt, Trient.
106   Vgl. Lehner, Catholic Enlightenment, S. 4-13. Zur Beurteilung des Konzils von Trient vgl.
       Klueting, Tridentinischer Katholizismus.

Kistemaker und Überwasser sowie einige Franziskaner, von denen aber nur Kasimir Schnösenberg mit der Fürstin in Kontakt stand. Sie waren allesamt Geistliche, denen Fürstenberg sein Verständnis von „aufgeklärter Religion"[107] vermittelt hatte und an denen es nun lag, sein katholisch-aufklärerisches Bildungskonzept in Schule, Lehrerbildung und Wissenschaft weiterzutragen.

Auch für die Fürstin Gallitzin waren aufklärerische Gedanken und Impulse dafür verantwortlich, dass sie sich im Laufe der 1780er Jahre der katholischen Religiosität öffnete, bis sie sich 1786 schließlich voll und ganz zum Katholizismus bekannte. Als ein erster Schritt in diese Richtung kann die Überwindung des von ihr als rigide und einseitig empfundenen französischen Rationalismus angesehen werden, was ihr nun gestattete, dem Gefühl, den Empfindungen und Wahrnehmungen zur eigenen Selbsterkenntnis neuen Raum und Geltung zu verschaffen. Diderot hatte die große Empfindsamkeit der Fürstin schon in Den Haag – durchaus kritisch – wahrgenommen, Hemsterhuis hatte sich ihr dann als ihr erster wohlwollender Förderer erwiesen. Doch erst in Fürstenberg fand Amalia von Gallitzin einen gleichgesinnten Anhänger, dessen pädagogisches Grundverständnis ganz wesentlich auf das Lernen aus sinnlicher Erkenntnis und aus Erfahrungen ausgerichtet war. Dies betraf auch den katholischen Religionsunterricht, der bei den Zöglingen rechtschaffene, verstandes- und gefühlsgemäß aufgeklärte Religiosität bewirken sowie christliche Humanität und wahre Menschenfreundschaft befördern sollte. Dieses Vorhaben richtete sich keinesfalls gegen die Lehrsätze der Kirche, wohl aber gegen die blinde Folgsamkeit fahler katechetischer Unterweisungen, die jedes eigenständige und selbstkritische Hinterfragen der individuellen Glaubenszeugnisse ausschloss.

Diese vielversprechenden Aussichten eines aufklärerischen Glaubens bewirkten bei der Fürstin Gallitzin eine intensivere Auseinandersetzung mit den Grundsätzen des katholischen Glaubens, die Verstand und Gefühl gleichermaßen ansprechen sollten. Es sollte zum Ausdruck ihrer aufgeklärten Religiosität werden. „Die Fürstin hatte in der katholischen Sinnesart, innerhalb der Ritualitäten der Kirche, die Möglichkeit gefunden, ihren edlen Zwecken gemäß zu leben und zu handeln."[108] So definierte Goethe ihre Haltung zur katholischen Kirche. Zurecht kann ihr einerseits eine gewisse Selbstständigkeit und Mündigkeit in Glaubensfragen attestiert werden, was schon gegenüber Dohm deutlich wurde. Dennoch reagierte sie beim gemeinsamen Debattieren über Glaubensfragen bisweilen leichtfertig, unbedacht und trotzig und gab sich manchmal voreilig einem Urteil hin, um ihre eigene Unsicherheit zu überspielen. Diesen Eindruck hatte zumindest Dohm, als er der Fürstin „religiöse

---

107 Fürstenberg an Klopstock, 2.8.1775, in: Riege, Briefe, Nr. 16.
108 Goethe, Tag- und Jahres-Hefte, S. 32 f.

Ängstlichkeit"[109] bescheinigte. Den Winter 1792/93 verbrachte der preußische Gesandte vom kurkölnischen Hof mit seiner Frau in Münster, nachdem beide vor den vorrückenden Franzosen geflohen waren. Am Tag seiner Abreise aus Münster im April 1793 hielt Dohm seinen persönlichen Eindruck von der Fürstin und ihrem Kreis in seinem Tagebuch fest:

> Ungeachtet mancher Sonderbarkeiten, die wir an ihnen tadeln, haben wir doch große Verehrung für ihren moralischen Sinn, und ihren Geist erhalte, von ihnen gelernt, wie man mit Festigkeit seinen eignen, auch vom Gewöhnlichen abweichenden, Weg gehen könne, ohne selbst vom allgemeinen Urteil sehr zu leiden, wenn man nur durch wirklich moralischen, inneren Wert wahre Achtung einflößt. So sonderbar Fürstenberg und die Gallitzin auch leben, habe ich doch nie einen zweideutigen Ausdruck über sie und ihr Verhältnis gehört. Die religiöse Ängstlichkeit der Gallitzin, eine gewisse Einseitigkeit ihrer Begriffe, daher entstehendes hartes Urteil über Andere, ein Mangel früh erworbenen, allgemeiner Kenntnisse, ein gewisser Stolz auf ihre Aufopferungen, der gänzliche Mangel an weiblichen, ökonomischen Kenntnissen – sind, nach meiner Empfindung, die Hauptmängel derselben. Groß sind dagegen ihre Vorzüge; ihr feines moralisches Gefühl, ihr Drang und rastloses Streben Gutes zu stiften und überall auf alle Weise zu wirken, ihre Aufopferung selbst ihrer Wissbegierde, ihr richtiger Blick, ihr feiner Verstand, ihre Herzlichkeit u. s. w.[110]

Der unvoreingenommene Umgang mit zahlreichen Gästen unterschiedlichen Glaubens war Ausdruck religiöser Toleranz, die aus dem Bekenntnis der Fürstin zum Katholizismus und zur Aufklärung hervorging. Zugleich dienten die Abendunterhaltungen – neben der Förderung der Erkenntnisse und des allgemeinen Fortschritts – immer auch der Vervollkommnung und Selbstvergewisserung der eigenen katholisch-aufklärerischen Standpunkte. Zu den Gästen der Fürstin gehörten ihr Gatte Dimitri Alexejewitsch Gallitzin, Frans Hemsterhuis, Franz Kaspar Buchholtz sowie Friedrich Heinrich Jacobi, dessen Pempelforter Musenhof die Fürstin Gallitzin gelegentlich besuchte.[111]

Als ihr wohl berühmtester Gast weilte Johann Wolfgang von Goethe im November 1792 für einige Tage in der Grünen Gasse. Es war ein Aufenthalt, dem

---

109 C. W. v. Dohm, Tagebucheintrag, Anfang April 1793, zit. n. Gronau, Dohm, S. 258 f. Das Zedler'sche Universallexikon beschreibt Ängstlichkeit als „diejenige Beschaffenheit eines aufgeweckten Gewissens, welche sowohl in Ungewissheit des vorhergehenden, als sonderlich in Unrichtigkeit des nachfolgenden Gewissens, und darin gegründeten Schrecken desselben besteht", vgl. Zedler, Universal-Lexicon, Suppl.-Bd. 1, Sp. 641.

110 C. W. v. Dohm, Tagebucheintrag, Anfang April 1793, zit. n. Gronau, Dohm, S. 258 f. Über den Besuch Dohms berichtet auch F. H. Jacobi an Goethe, 7.4.1793, in: Trunz, Briefe, Nr. 203.

111 Vgl. Jaeschke/Sandkaulen, Jacobi; ebenso Götz, Jacobi.

ein Besuch der Fürstin in Weimar vorausgegangen war.[112] Ihre Verbindung miteinander hatte einst Jacobi vermittelt und auf beiden Seiten das Interesse an einem persönlichen Kennenlernen geweckt. Erst im Frühjahr 1785 wurden die Reisepläne konkreter, als die Fürstin auch Hemsterhuis auf Goethe und Herder als „zwei seiner großen Bewunderer"[113] aufmerksam machte. Zusammen mit ihren beiden Kindern, mit Fürstenberg, Sprickmann, Hemsterhuis und dem Hauslehrer Haas reiste die Fürstin nach ihrem gemeinsamen sommerlichen Kuraufenthalt in Hofgeismar zunächst nach Kassel, dann über Eisenach nach Gotha, Erfurt, Jena, Weimar, Halle, Dessau-Wörlitz und Leipzig bis nach Dresden. Es war eine ausgedehnte Reise, die keinesfalls zum bloßen Vergnügen unternommen wurde als vielmehr den pädagogischen und wissenschaftlichen Studien der Fürstin und Fürstenbergs dienen sollte.[114] Hierfür sprechen zum einen Fürstenbergs Pläne, „einige Universitäten und Erziehungshäuser"[115] besuchen zu wollen, zum anderen verweist schon die Auswahl der Reiseziele auf bedeutende Orte und Einrichtungen der Aufklärungsbewegung, die von der Reisegesellschaft aufgesucht wurden.[116] Sie besuchten die Universitäten in Erfurt, Jena und Halle sowie ebenda das Pädagogium der Frankeschen Stiftungen, wo auch die Fürstin dem Mathematikunterricht beiwohnte und selbst Anweisungen gab.[117] Ferner führte sie der Weg bis zur „pädagogischen Provinz"[118] Dessau-Wörlitz mit ihrer aufklärerischen Gartenlandschaft und dem von Basedow gegründeten Philanthropin, dann zur Leipziger Messe und schließlich nach Weimar. Allein dem dortigen, verlängerten Aufenthalt ist es geschuldet, vor der Heimreise nach Münster nicht auch noch das Philanthropin in Schnepfenthal besucht haben zu können.[119]

Während ihres Aufenthalts in Weimar lernten sie nicht nur Goethe kennen und schätzen, sondern ebenso den Literaten Wieland und Goethes Seelenfreundin Charlotte von Stein (1742-1827). Auch Dalberg, der als kurmainzischer Statthalter und Rektor der Universität Erfurt regelmäßig den Kontakt nach Weimar suchte, war in dieser Zeit vor Ort. Mit Herder, der als Generalsuperintendent das Schulwesen in Weimar beaufsichtigte, diskutierte Fürstenberg über das Theologiestudium und über die Rolle der hebräischen Sprache für die

---

112 Vgl. auch Bruford, Fürstin Gallitzin.
113 A. v. Gallitzin an Hemsterhuis, 8.4.1785, in: Sluis, Lettres, Bd. 3, Nr. 24: „... un tour à Weimar pour voir deux de vos grands admirateurs Goethe et Herder ...".
114 Vgl. grundl. Sudhof, Von der Aufklärung zur Romantik, S. 170-183.
115 Fürstenberg an Kurfürst Max Friedrich, 5.8.1785, in: Sudhof, Briefe, Nr. 244.
116 Vgl. Hemsterhuis an Cornelis Ploos van Amstel, 31.12.1785, in: Trunz, Briefe, Anhang II.
117 Niemeyer, Beobachtungen, S. 270 f.
118 Vgl. Hirsch, Kleine Schriften, S. 433-456.
119 Vgl. C. K. André an Sprickmann, 9.11.1785, in: Sudhof, Briefe, Nr. 263.

Ausbildung guter Seelsorger.[120] Seinen Eindruck von den münsterschen Besuchern schilderte Herder schließlich dem Philosophen Hamann. Die Fürstin
sei seiner Meinung nach ein „sonderbares Wesen, voll Kenntnisse in und aus
allen Wissenschaften", die „jetzt in einer simplen Tracht, die durch sich selbst
dem Hofe und allen Puppengesellschaften unzugänglich geworden ist, sich in
der Erziehung ihrer Kinder und dem Zirkel ihrer Freunde selbst eine Quelle
des Genusses bereitet. Der gewesene Minister Fürstenberg, Hemsterhuis und
Sprickmann waren mit ihr, die sie alle zu führen scheint."[121] Herder ließ keinen
Zweifel an der tragenden Rolle der Fürstin für ihren Kreis und für die Reisegesellschaft insbesondere.

Goethe schrieb später über ihre gemeinsamen Gespräche in Weimar, dass
„man sich schon über gewisse Punkte [verglich] und schied, einiges zugebend,
anderes duldend, im besten Vernehmen." Die Fürstin war für ihn „eines der
Individuen, von denen man sich gar keinen Begriff machen kann, wenn man
sie nicht gesehen hat, die man nicht richtig beurteilt, wenn man eben diese
Individualität nicht in Verbindung, so wie im Konflikt mit ihrer Zeitumgebung
betrachtet."[122] An Charlotte von Stein schrieb Goethe nach Abreise der Fürstin
sein allzu schlichtes Urteil: „Es sind interessante Menschen und wunderbar sie
miteinander zu sehen."[123] Die Reisegesellschaft hinterließ bei den Weimarer
Gastgebern wie auch bei ihren Gästen einen einmütig positiven Eindruck, von
dem sie auch noch in den folgenden Monaten und Jahren zehrten.

Der Besuch in Weimar fiel in den Zeitraum des aufsehenerregenden
Spinoza- bzw. Pantheismusstreits, in den die Fürstin Gallitzin, Fürstenberg und
Hemsterhuis eher unfreiwillig hineingezogen wurden. Die materialistische
Lehre des niederländischen Philosophen Baruch Spinoza (1632-1677) besaß
eine enorme Bedeutung für die Aufklärung, insbesondere für ihre radikalen
Anhänger, die selbst der Vorstellung eines Schöpfergottes nichts abgewinnen
konnten. Doch auch für die Vertreter und Befürworter der zahlreichen gemäßigten Varianten der Aufklärung, die religiöse Glaubenssätze mit säkular
fundierten Deutungsstrategien und Weltvorstellungen miteinander zu verhandeln suchten, blieb die Lehre Spinozas nicht ohne Folgen. Sie bot „eine
beständige Quelle radikaler theologischer Inspiration"[124], der man sich ins-
geheim gerne bediente. Eine theologische Kontroverse größten Ausmaßes

---

120 Vgl. Trunz, Briefe, XXIV (Vorwort); Reichard, Bürgerliches Humanitätsideal; Namowicz,
     Der Aufklärer Herder.
121 Herder an Hamann, Anfang Oktober 1785, in: Henkel, Briefwechsel, Bd. 6, Nr. 875.
122 Goethe, Campagne in Frankreich, S. 490.
123 Goethe an Ch. v. Stein, 20.9.1785, in: Trunz, Briefe, Nr. 69.
124 Whaley, Reich, S. 545; vgl. Lehner, Catholic Enlightenment, S. 5-7; Israel, Democratic
     Enlightenment, S. 684-720.

stieß dann Jacobi in den 1780er Jahren mit seiner Behauptung an, der Spinozismus habe sich mittlerweile unter zahlreichen Theologen und Philosophen ausgebreitet und Anklang gefunden, ja der verstorbene Lessing wäre sogar selbst Spinozist gewesen. Schließlich spitzte sich der Streit auf die essentielle Frage zu, inwieweit die Existenz Gottes rational bewiesen werden könnte. Mit Jacobi, Hemsterhuis, Herder und Goethe bewegte sich der Spinozastreit jedoch allenfalls an den Rändern des Gallitzin-Kreises, so wie auch die Gottesfrage als rein theologisches Thema nie in den Kern des Kreises vordrang.[125] Dennoch befeuerte der Spinozastreit, wie Niehaus anhand autobiografische Zeugnisse aus dem Kreis aufzeigte, die „lebendige Auseinandersetzung des Individuums mit den Ansprüchen der Aufklärung an Glaube und Lebensgestaltung."[126] In diesen Kontext ist Fürstenbergs Reflektion „Über die Entwickelung und Vervollkommnung meines Begrifs von Gott" oder auch der Antwortbrief der Fürstin Gallitzin auf Hemsterhuis' „Lettre sur l'Athéisme" einzuordnen.[127]

Der Königsberger Philosoph Johann Georg Hamann nahm die Fürstin Gallitzin und ihren Kreis nicht erst durch Herders ausführliche Schilderung ihres Weimarbesuchs oder durch den Spinozastreit wahr. Vielmehr war es wiederum der Literat Jacobi, der schon einige Monate zuvor „von diesem vortrefflichen ganz eigenen Weibe"[128] gesprochen hatte und ihm berichtete, dass sie einige seiner Schriften, insbesondere die „Sokratischen Denkwürdigkeiten" (1759), mit großem Interesse studierte. Die Begeisterung Hamanns für die eigenartige Fürstin brach nicht ab, zumal er „von ihrer gegenwärtigen Lage" wie auch von ihrem „geänderten Geschmack an Religion"[129] so viel Interessantes vernahm, dass es nunmehr eine persönliche Bekanntschaft unausweichlicher machte.[130] „Sie lebt zu Münster und ihr Gemahl in Holland, jeder nach seinem Geschmack in einer sehr vernünftigen Toleranz"[131], schrieb Hamann an den preußischen Kriegsrat Johann Georg Scheffner. Auch Franz Kaspar Buchholtz, der wohlhabende Gutsherr von Haus Welbergen, hatte Hamann bereits 1784 zu sich eingeladen. Doch schon in diesem Jahr war die Reise an seiner schwachen Gesundheit, an familiären Verpflichtungen und finanziellen Engpässen gescheitert und musste auf unbestimmte Zeit verschoben werden.[132] Mehr noch

125   Vgl. Niehaus, Aufklärung und Religiosität, S. 250-296, hier 250.
126   Ebd., 253.
127   Vgl. A. v. Gallitzin an Hemsterhuis, ca. 1787, in: LAM, Nachlass Bucholtz, 1161.
128   F. H. Jacobi an Hamann, 1.2.1785, in: Henkel, Briefwechsel, Bd. 5, Nr. 805.
129   Hamann an Scheffner, 6.6.1785, in: ebd., S. 841.
130   Hamann an Scheffner, 22.4.1785, in: ebd., Nr. 829.
131   Hamann an Scheffner, 6.6.1785, in: ebd., Nr. 841.
132   Hamann an Buchholtz, 15.12.1784, in: ebd., Nr. 787; Hamann an Reichardt, 19.11.1786, in: ebd., Bd. 7, Nr. 1032.

als die Einladung des gutmütigen Buchholtz und seiner Familie war es schließlich die Fürstin Gallitzin, deren Anziehungskraft sich der Königsberger Philosoph nicht länger entziehen konnte und die ihn schließlich 1787 nach Münster
führte.

Hamann war ein Außenseiter und Freigeist, ein scharfsinniger Kritiker,
Sprachgenie und stilsicherer Verfasser hochkomplexer philosophischer Abhandlungen, deren eindrucksvoller Reichtum an Sprachfiguren, ironischen
Anspielungen, Anekdoten und Gedankenfetzen von der nahezu unergründ-
baren Vorstellungswelt Hamanns zeugen. Manchem zeitgenössischen Leser
dürften seine Ideen verborgen geblieben sein, sofern er sich nicht auf den
verschlungenen, bisweilen mystischen Pfaden seiner Gedankenwelt verlieren
wollte. Für Goethe war Hamann gewiss „der hellste Kopf seiner Zeit"[133] –
ein Urteil, das in seiner Bedeutung für die Anhänger des Sturm und Drang
gründete. Immerhin wendete er sich mit seiner Metakritik an Immanuel Kants
„Kritik der reinen Vernunft" (1781) gegen den Rationalismus seiner Zeit und
damit gegen die wohl wirkmächtigste Strömung in der Aufklärungsbewegung,
die all das zu unterdrücken und abzuwenden vermochte, was Hamann für
sich selbst und die Vervollkommnung des Menschen grundsätzlich als unentbehrlich hielt: Überlieferung, Tradition, Geselligkeit, Körperlichkeit, Sinnlichkeit, Glaube, Erfahrung und vor allem Sprache.[134] Hamann hatte im Alter
von 27 Jahren durch die intensive Bibellektüre sein christliches Erweckungserlebnis gehabt, das für sein philosophisches Werk, angefangen mit den
„Sokratischen Denkwürdigkeiten", bezeichnend war. Er „hielt immer biblische
Sprüche und Stellen aus den Alten vor wie Masken"[135], schrieb Goethe über
Hamann. Dies waren Masken, die dem von Krankheit und Lebenskrisen
gebeutelten Philosophen seine halt- und planlose Suche nach innerer Erneuerung und Aufklärung zu ertragen und überwinden halfen. Erst in Münster
konnte Hamann – rund dreißig Jahre nach der ersten Bibellektüre – all seine
Masken fallen lassen, die er sich im Laufe seines Lebens auferlegt hatte. Am
9. August 1787 besuchte Hamann erstmals das Haus in der Grünen Gasse
und lernte Amalia von Gallitzin, die weiteren Bewohner des Hauses und den
Minister Fürstenberg kennen.[136] Hamann schätze ihre Bibliothek, wo er seltene
englische Übersetzungen vorfand und sich während der Lektüre am Ausblick
in den schönen Garten erfreute.[137] Doch noch mehr faszinierte ihn die Fürstin

---

133   Johann Wolfang v. Goethe, 29.12.1824, in: Burkhardt, Goethes Unterhaltungen, S. 78.
134   Vgl. grundl. Geier, Geistesblitze, S. 143-181, hier 144.
135   Ebd.
136   Hamann an J. F. Reichardt, 17.8.1787, in: Henkel, Briefwechsel, Nr. 1088.
137   Hamann an F. H. Jacobi, 2.12.1787, in: ebd., Nr. 1119; Hamann an Ch. J. Kraus, 2.6.1788, in:
       ebd., Nr. 1169.

selbst, „eine so merkwürdige und einzige Erscheinung ihrer Art", „ein Wunder ihres Geschlechts"[138], die für ihn zum lebendigen Ausdruck einer durch die Aufklärung erneuerten und geläuterten Religiosität und christlichen Lebensführung erwuchs. Als Hamann der Fürstin eine „sehr vernünftige Toleranz"[139] zusprach, so hatte er dabei nicht das Toleranzverständnis der Aufklärer und deren religionsfeindliche, restriktive Intoleranz vor Augen, die Hamann allzu sehr verabscheute. Toleranz war für ihn keine Errungenschaft der Aufklärung an sich, sondern lag vielmehr theologisch in der Trias von Glaube, Liebe und Hoffnung (1 Kor 13,13) begründet, den Gnadengaben des Heiligen Geistes, die auch Herders Humanitätsidee beeinflusst hatte.[140] Vor diesem Hintergrund spielten die konfessionellen Differenzen, die sich zwischen der zum Katholizismus bekennenden Fürstin Gallitzin und dem lutherischen Pietisten Hamann auftaten, keine nennenswerte Rolle und erschienen beiden als eitel und nichtig. Hamanns Aufenthalt im Münster sollte sein Bekenntnis zu keiner Zeit beeinflussen, zumal in der Suche nach wahrer Religion und Glückseligkeit, im Drang nach Bildung und Vervollkommnung sowie in der Erforschung der Bewusstseins-, Seelen- und Gemütszustände die konfessionellen Unterschiede zugunsten ihrer Gemeinsamkeiten verblassten. Wie der Fürstin einst die Schriften Diderots, Rousseaus und Helvétius' die Augen geöffnet hatten, so war es nun Hamann, der ihr für ihre religiöse Bildung und im Streben nach Vervollkommnung einen wichtigen Impuls brachte. Sie schrieb in ihr Tagebuch am 6. Mai 1789 folgenden Eintrag:

> [Hamann] begeisterte mich über alles, was ich bis dahin gesehen hatte, für die Religion Christi, indem er mir das Bild ihrer wahren Anhänger von der erhabensten Seite lebendig an sich wahrnehmen ließ. Ihm allein bis dorthin war es gegeben, mir die schwerste Kruste von den Augen zu reißen – er allein sah auch darin eine Kruste. Alle übrigen Freunde, Fürstenberg nicht ausgenommen, hatten bisher meinen starken Vervollkommnungstrieb als das liebenswürdigste, ja als etwas bewundernswürdig Schönes an mir betrachtet. Weit entfernt also, selbst darin etwas Böses zu sehen, war dieses beständige Gefühl ein Ruhkissen in drohender Mutlosigkeit für mich. Hamann aber sah darin Stolz und sagte es mir. Die Haut riss er mir mit dieser Erklärung von den Knochen ...[141]

---

138   Hamann an J. F. Reichardt, 17.8.1787, in: Henkel, Briefwechsel, Nr. 1088; Hamann an Ch. J. Kraus, 23.9.1787, in: ebd., Nr. 1101.

139   Hamann an Scheffner, 6.6.1785, in: ebd., Bd. 5, Nr. 841.

140   Vgl. Lüpke, Konfessionelle Vielfalt, S. 188-190; Ebeling, Die Toleranz Gottes; Herder, Die Torheit des Zeitalters, S. 110.

141   A. v. Gallitzin, Tagebucheintrag, 6.5.1789, in: Kitzing, Mittheilungen, S. 55.

Wiewohl die Bedeutung Hamanns für das Vervollkommnungsstreben der
Fürstin nicht überbewertet werden darf – wie Sudhof kritisch anmerkte[142] – so
wird allemal deutlich, dass Hamann, der am 21. Juni 1788 völlig überraschend
in Münster starb, am Beginn eines allmählichen Wandlungsprozesses des
Gallitzin-Kreises stand.[143] So geschah der Einzug des Priesters und Pädagogen
Bernhard Overberg in ihr Haus in der Grüne Gasse im Jahr darauf offensichtlich unter dem Eindruck der erstarkten Religiosität der Fürstin, die nunmehr
einen Beichtvater und geistlichen Ratgeber um sich wissen wollte. 1790 starb
ihr früherer ‚Seelenfreund' Frans Hemsterhuis in Den Haag. Neue Kontakte
taten sich ab 1791 zu dem Lyriker Matthias Claudius in Wandsbek bei Hamburg
auf, der zunächst noch als Grenzgänger zwischen christlicher Mystik und
Glaubenserneuerung bald zum erbitterten Revolutions- und Aufklärungs-
gegner avancierte.[144] 1792 fand der bereits erwähnte Gegenbesuch Goethes
in Münster auf seiner Rückreise von der Schlacht bei Valmy statt, worüber er
später in seiner „Campagne in Frankreich 1792" ausführlich berichtete.[145] Die
Beziehungen zum Weimarer Kreis wurden durch seinen Besuch in Münster in
den folgenden Jahren wieder verstärkt. Im Sommer 1792 war zudem der Sohn
der Fürstin, Demetrius, auf seine Bildungsreise nach Amerika aufgebrochen,
wodurch der Kindererziehung, der sich die Fürstin jahrelang intensiv gewidmet hatte, ein jähes und unverhofftes Ende gesetzt wurde. Der Kreis von
Münster blieb auch später – etwa im Zuge der Konversion des holsteinischen
Grafen Friedrich Leopold zu Stolberg (1750-1819), der die Fürstin 1791 erstmals
in Münster aufsuchte – hinsichtlich seiner Teilnehmer und Themen in Bewegung. Dabei waren es immer auch äußere Einflüsse, etwa politische Ereignisse und Entwicklungen innerhalb und außerhalb des Fürstbistums, die auf
den Kreis und seine Teilnehmer einwirkten, selbst wenn politische Themen
als solche nie diskutiert wurden. Hierzu zählten vor allem die Auswirkungen
der Französische Revolution und die darauf folgende Aufnahme der aus
Frankreich emigrierten katholischen Geistlichen und Adligen im Fürstbistum

---

142 Vgl. den Kommentar von Siegfried Sudhof zu Bruford, Fürstin Gallitzin, S. 33 f.
143 Zu Hamanns Lebensende vgl. das Kapitel bei Folkerts, Ein Vorgeschmack des Himmels,
     S. 31-40. Hamann starb im Stadthaus seines Gönners F. K. Buchholtz am Alten Fisch-
     markt. Fürstenberg und Overberg brachten den Leichnam persönlich mit einem Karren
     zur Grünen Gasse, wo er im hinteren linken Winkel des Gartens bestattet wurde. Im 19. Jh.
     wurde das vergessene Grab auf den Überwasserfriedhof verlegt, wo es sich noch heute
     befindet.
144 Vgl. Sudhof, Fürstin Gallitzin; Zimmermann, Die Menschen sind Brüder.
145 Goethe, Campagne in Frankreich. Vgl. Gustav Seibt, Mit einer Art von Wut.

Münster.[146] Doch auch die Amerikanische Revolution und die Unabhängigkeit der nordamerikanischen Staaten fanden im Fürstbistum Münster einen
gewissen Widerhall, der schließlich zur Amerikareise von Demetrius von
Gallitzin führen sollte. Rund siebenundzwanzig Jahre verbrachte die Fürstin
Gallitzin in Münster. Dort starb sie am 27. April 1806 und wurde an der Außen-
mauer der St. Agatha-Kirche in Angelmodde beigesetzt. In eben diesem Ort
vor den Toren der Stadt hatte sie in einem einfachen Bauernhaus die Sommer-
monate verbracht und sich dort mit großer Hingabe und Begeisterung der Erziehung ihrer Kinder gewidmet.

Es galt ihrem großen Interesse für Erziehungsfragen, dass sie in Münster
einen großen Kreis von Geistlichen, Philosophen, Pädagogen und Literaten
um sich scharte, die mit Fürstenbergs Schulordnung in Verbindung standen.
Mit ihren pädagogisch-philosophischen Reflexionen, die sie in ihrem geselligen Kreis anstellte, überwand sie die einseitige Vernunftgläubigkeit des
aufklärerischen Rationalismus und verfolgte eine stärkere Berücksichtigung
von Wahrnehmungen und Empfindungen im Erkenntnisprozess, um einen
„gesunden Fortschritt mit aufrichtiger Gläubigkeit"[147] zu bewirken. Es galt
dabei nicht, den Gegensatz von Vernunft- und Offenbarungsglauben aufzu-
heben, sondern durch die Aufklärung zu einer verbesserten, tragfähigeren
und geläuterten Religiosität zu gelangen, wodurch weder die Geltungskraft
der Aufklärung gemindert noch die Grundpfeiler des katholischen Glaubens
prinzipiell infrage gestellt wurden. Dies war „kein reaktionärer, kein die geistesgeschichtliche Entwicklung verneinender Akt, sondern ein zivilisatorischer
Fortschritt"[148], wie es Hänsel-Hohenhausen in Bezug auf den Gallitzin-Kreis
betonte. Dazu zählte auch, sich nicht mit bloßer Gelehrsamkeit abzufinden
oder gar weiterhin rückständigen barocken Frömmigkeitspraktiken nach-
zueifern, sondern sich für sich selbst und für das christliche Gemeinwohl
einzusetzen und im beständigen Dialog mit anderen Philosophen, Geistlichen, Pädagogen und Literaten ein gründlicheres, reflexives Verständnis von
Religion, Kirche und Glaube auszuformen, weiterzuentwickeln und zu erneuern. Anhaltende Kontakte, intensive Gespräche mit auswärtigen Gästen,
ausgedehnte Reisen zu nahen und entfernten Bildungsstätten und Auf-
klärungszentren sowie ein grundsätzlich offener und vorurteilsfreier Umgang
mit Andersdenkenden und -gläubigen war Ausdruck einer toleranten und
menschenfreundlichen Gesinnung als auch aufklärerischen Geselligkeit des

---

146   Vgl. Kröger, Der französische Exilklerus.
147   Kranz, Herausgefordert von ihrer Zeit, S. 170.
148   Hänsel-Hohenhausen, Bedeutung und Wirkung, S. 29.

Gallitzin-Kreises. All dies wirkte sich auf die Erziehung der Gallitzin-Kinder aus, denen bislang in der Erforschung des Kreises nur eine beiläufige Rolle zugewiesen wurde. Gerade die Erziehung und der Bildungsgang des Sohnes Demetrius von Gallitzin, der sich nicht selten als unbequemer Zögling der recht überspannten Erziehungspraktiken seiner Mutter erwies, rückt im Hinblick auf seine zukünftige Tätigkeit und Bedeutung als katholischer Missionar in den Mittelpunkt des Interesses.

KAPITEL 5

„Der Hauptzweck, den die Fürstin durch Erziehung zu erreichen hatte, betraf ihren Sohn" – Die Erziehung von Demetrius von Gallitzin

5.1 Erziehung und Bildung im Einklang von Körper, Geist und Seele

Nach dem Umzug nach Münster im Sommer 1779 widmete sich Amalia von Gallitzin mehr als zuvor der Erziehung ihrer beiden Kinder Marianne und Demetrius, deren Spitznamen Mimi und Mitri bald auch im Kreis von Münster vielfach Verwendung fanden. Befreit von den äußeren gesellschaftlichen Zwängen und persönlichen Einschränkungen, welchen sie sich noch in Den Haag ausgesetzt sah, äußerte sich ihre beständige Lesesucht und Bildungswut nun umso mehr in ihrem Drang individueller Selbstvervollkommnung und in ihrer unaufhörlichen Sorge um die Erziehung und Bildung ihrer Kinder. Als wirkmächtige Reflexionsgrundlage dienten ihr die vielfältigen, in der Aufklärung erneuerten oder gänzlich neu geschaffenen pädagogischen Konzepte, Methoden und Einrichtungen, die sie durch die ehrgeizige Lektüre und kritische Diskussion pädagogischer Abhandlungen oder auch bei persönlichen Gesprächen auf Reisen zu anerkannten Pädagogen, Schulgründern und Bildungspolitikern ihrer Zeit kennenlernte. Neben Reisen und persönlichen Korrespondenznetzen war es auch der aufstrebende Buch- und Zeitschriftenmarkt, der seit Mitte des 18. Jahrhunderts neue Formen und Möglichkeiten für einen diskursiven Austausch pädagogischen Wissens bot. Das Angebot war vielfältig und kaum überschaubar. Mit der Schulordnung Fürstenbergs hatte Amalia von Gallitzin noch in Den Haag einen vielgelobten Entwurf eines umfangreichen Bildungsreformkonzeptes kennen und schätzen gelernt, der im pädagogischen und bildungspolitischen Wettbewerb auch noch Jahre später von Bedeutung sein sollte. Doch sich auf einen einzigen Entwurf zu beschränken, noch dazu ohne dessen Wirkung wirklich zu kennen, wäre auch für Amalia von Gallitzin allzu leichtfertig gewesen. Es galt, möglichst viele Eindrücke, Erfahrungen und neue Erkenntnisse zu sammeln und in Verbindung zu setzen, um ein umfassenderes Bild und ein reflektiertes Bewusstsein für eine gute, vernünftige und zweckmäßige Kindererziehung zu erhalten. Schließlich strebte Amalia von Gallitzin danach, sich auch die Fehler und Mängel ihrer eigenen, als unzureichend empfundene Schulbildung und Adelserziehung am brandenburgisch-preußischen Hof zu erschließen.

© VERLAG FERDINAND SCHÖNINGH, 2020 | DOI:10.30965/9783657704255_007

Das Streben nach höherer Vervollkommnung durch die Verbindung von Wissenschaft und moderner Erziehung entsprach dem aufklärerischen Verständnis ihrer Zeit, dass ein jeder Mensch von Geburt an das Potential besäße, seine Fähigkeiten auszubilden und zu verfeinern. Diese Vervollkommnungsfähigkeit wurde zugleich als Mittel und Ziel eines jeden vernunftbegabten Menschen angesehen und war sowohl auf den Einzelnen als auch auf die Gesellschaft und die gesamte Menschheit ausgerichtet. Denn „bloß zum Leben und zum Verfaulen", so heißt es in einem anonym verfassten Beitrag in Schlözers „Stats-Anzeigen", „kann doch wohl ein Geschöpf nicht mit der Fähigkeit, den Lauf der Sterne zu berechnen, die Größe der Himmelskörper zu messen und die Gewitter abzuleiten, ausgerüstet sein". Was die „Bestimmung des Menschen" und seine „künftige Vervollkommnung"[1] anbelangte – da waren sich die meisten deutschen Aufklärer einig, die den radikalen Weg der französischen Deisten und Atheisten eben nicht befürworteten –, wandte sich die Aufklärung vehement gegen jeden Unglauben und Aberglauben, doch vollzog sie sich dafür umso mehr *mit* und *durch* Religion, Glaube und Kirche.[2] Das Vervollkommnungspotential des Menschen, wie es viele Aufklärer verstanden, mündete schließlich in der Vorstellung einer transzendentalen, jenseitigen Vollendung, einer individuellen Vervollkommnung unter göttlicher Führung und Vorsehung.

Amalia von Gallitzin hatte in ihren Jahren in Den Haag etwa durch ihre Helvétius-Lektüre oder durch die Bekanntschaft mit Diderot die radikalen religionskritischen und kirchenfeindlichen Seiten der Aufklärung kennengelernt, in der Glaube und Frömmigkeit mit Vernunft und wissenschaftlicher Erkenntnis nicht vereinbart werden konnten. Erst nach ihrem Umzug in das Fürstbistum Münster, in einen katholischen Staat, sollte sich die Frage nach der Vereinbarkeit von Religiosität und Aufklärung erneut stellen. Diese nur allmähliche Entwicklung nachzuzeichnen, die anfangs keinesfalls das katholische Bekenntnis zum Ziel hatte, sondern vielmehr in ihrem Streben nach höherer Vervollkommnung begründet lag, erforderte zunächst den Blick zurück nach Den Haag, wo sie im Dialog mit Hemsterhuis wesentliche anthropologisch-pädagogische Begriffe und Ansichten entwickelte, die sich auf ihre Vorstellungen der Kindererziehung auswirkten. Dennoch kann ihrer pädagogischen Praxis kaum ein konkretes Konzept zugrunde gelegt oder ihr ein systematisches Vorgehen in ihrer Kindererziehung bescheinigt werden. Es waren immer wieder Zweifel, Probleme und Rückschläge, die sich ihr in

---

1 StAnz, Bd. 11 (1787), S. 455-489, hier 460.
2 Vgl. Cassirer, Philosophie der Aufklärung, S. 140-143; Martus, Aufklärung, S. 400-403.

den Weg stellten und dazu bewegten, ihre Maßnahmen an die gegebenen Umstände anzupassen.[3]

Die wesentliche Grundlage für ihre Kindererziehung in Den Haag bildeten die erziehungsphilosophischen Reflexionen, die Amalia von Gallitzin unter Anleitung ihres Mentors Frans Hemsterhuis anstellte. Ihr vornehmliches Ziel war zunächst, ihre eigenen Neigungen und Leidenschaften zu ergründen und ebenso die natürlichen Anlagen ihrer moralischen Begriffe, Ansichten und Überzeugungen zu erforschen. Wie Irmgard Niehaus bereits ausführlich dargelegt hat, bildeten hierfür die Lehre der Seelenvermögen und das sich daraus hervorgehende Verfahren, die individuelle seelische Disposition eines Menschen durch das aufmerksame Studium seiner Willens- und Verstandeskräfte, seines Einbildungsvermögens sowie seines *organe morale* zu erschließen, die grundlegende Methode individueller Selbstreflektion.[4] Das „organe morale" – die enge ideengeschichtliche Verwandtschaft zum „moral sense" der englischen Moralphilosophen ihrer Zeit liegt hier auf der Hand – stellte für Frans Hemsterhuis und Amalia von Gallitzin eine nur dem Menschen eigene Instanz dar, die im Zusammenspiel von Wille, Verstand und Einbildungskraft die individuellen Gefühlsregungen und Empfindungen zu bestimmen und steuern vermochte. Daraus ergab sich das erstrebenswerte Ziel, durch bewusste Zurückdrängung und gezielte Förderung alle Seelenvermögen in Einklang und Harmonie zu bringen. Für Amalia von Gallitzin waren dieser Akt der reflexiven Selbstklärung und die Fähigkeit zur kritischen Urteilsbildung essentieller Bestandteil ihres Vervollkommnungsstrebens. Doch im Gegensatz zu dieser zumindest im Diesseits nicht möglichen Vervollkommnung war, ihrer Vorstellung nach, eine Harmonie der Seelenvermögen durchaus zu erreichen. Sie habe eine derart treffliche Seelendisposition etwa bei Johann Wolfgang von Goethe beobachten können, den die Fürstin aus diesem Grund in ihrem Briefwechsel als „lieber Schöner"[5] anzusprechen pflegte.

Die Lehre der Seelenvermögen wurde von Frans Hemsterhuis zum pädagogischen Programm für die Kindererziehung der Fürstin ausgearbeitet. Hemsterhuis betonte ihren dreifachen Nutzen: „Sie dient zur besseren Kenntnis der menschlichen Natur, zur Vervollkommnung der Erziehung, und zur Verbesserung unserer Selbst"[6]. Anhand einer „Erziehungstafel" („Table d'éducation") veranschaulichte er, wie alle Seelenvermögen zusammenwirken

---

3 Das autodidaktische Lernen ist programmatisch für die Pädagogik der Aufklärung, vgl. Bosse, Die Erfindung der Bildung.

4 Vgl. Niehaus, Aufklärung und Religiosität, S. 129-149.

5 Vgl. A. v. Gallitzin an J. W. v. Goethe, 27.12.1792, in: Trunz, Briefe, Nr. 196.

6 Vgl. die frz.-dt. Edition von Hemsterhuis' Simon ou des facultés de l'âme/Simon, oder von den Kräften der Seele (1781/92) in: Sluis, Œuvres philosophiques, S. 498-573, hier 566 f.: „Son

und sich gegenseitig bedingen. Er gab dabei gezielte Anweisungen, welche Fähigkeiten bei einer entsprechenden Seelendisposition jeweils eingeübt und gestärkt oder welche verringert und unterdrückt werden sollten, um dadurch ein möglichst ausgeglichenes Ganzes zu bewirken.[7] Hemsterhuis schrieb sodann in seinem „Simon ou Des facultés de l'âme" (1781), den er im Dialog mit der Fürstin Gallitzin in Den Haag entworfen hatte, über den pädagogischen Nutzen und Wert dieses Verfahrens:

> Was die Erziehung anbetrifft: so kannst Du, wenn Du es als Grundlage annimmst, dass diese vier Fähigkeiten das Wesentliche der menschlichen Seele in diesem Leben ausmachen, in einem Kinde, diese vier Theile, leicht und jeden besonders studieren, und den Gehalt, und die gegenseitigen Unvollkommenheiten derselben kennen lernen, und dann kannst Du diese Fähigkeiten, auf solche Art, gegen einander modifizieren, dass das möglichst größte Gut, und das möglichst kleinste Übel daraus entsprießt.[8]

Amalia von Gallitzin bemühte sich, die Erziehung ihrer beiden Kinder an Hemsterhuis' Vorschlägen auszurichten. Dies verlangte von ihr nicht nur das Vermögen, die individuellen geistigen und moralischen Zustände und Entwicklungen ihrer Kinder zu beobachten und präzise einzuschätzen, sondern auch geeignete Mittel und Methoden auszuwählen, die für eine entsprechende Angleichung der Seelenvermögen als nützlich und notwendig erschienen. Ihre persönlichen Ansprüche erhob sie dabei zum Maßstab für ihre Kindererziehung. Eine gleichwertige Ausbildung der Willens-, Verstandes- und Einbildungskräfte sowie die Weckung eines moralischen Gefühls („organe morale") erforderte letztlich verlässliche Methoden sowie pädagogische Erfahrung, die sich die Fürstin im Laufe der Jahre durchaus aneignete. Wenn sie bei ihren Kindern eine ungewöhnliche Gefühlsregung oder ungewolltes Verhalten wahrnahm, suchte sie stets das gemeinsame, vertraute Gespräch, um so eine Verbesserung zu erreichen.

---

utilité est triple. Elle sert à mieux connoître les hommes, à perfectionner l'éducation, et à nous rectifier nous-mêmes."

7 Vgl. LAM, Nachlass Bucholtz, 1158, f. 87v; transkr. bei Niehaus, Aufklärung und Religiosität, S. 147.

8 Vgl. Hemsterhuis, Simon, S. 566 f.: „Pour ce qui concerne l'éducation, en prenant pour base que ces quatre facultés constituent l'essentiel de l'ame humaine dans cette vie, vous pouvez étudier dans un enfant avec facilité, ces quatre parties separement, et en connoître la valeur et les imperfections reciproques, et cous pouvez modifier ensuite ces facultés tellement vis-à-vis l'une de l'autre, qu'il en resultera le plus grand bien et le moindre mal qui soit possible."

> Mit dem Mitri gelangte ich auch, nach vielem Ringen, Sonntagabends zu einigen
> der seligsten Stunden der zutraulichsten Ganzheit und Offenheit, die ich in
> meinem ganzen Leben genossen hatte.
> Wir brachten vor Tisch [...] noch eine halbe Stunde [...] ineinander ver-
> schlungen zu, sprachen vieles von den Freuden und Unschuld und den Leiden
> des Lasters. Ich erzählte ihnen von meinen Leiden bei Hof zwischen meinem
> Bruder, der Prinzessin und meiner Mutter, von meiner Heirat usw.[9]

Amalia von Gallitzin sah nicht nur für sich selbst, sondern auch für ihre
Kinder das sorgfältige Führen eines Tagebuches vor. Doch dies war nicht nur
ein geeignetes Mittel zur stillen Gewissenserforschung, denn auch das gegenseitige Vorlesen der Aufzeichnungen bot eine nützliche Grundlage, um über
Tugenden und Laster, Leidenschaften und Verfehlungen mit den Kindern ins
Gespräch zu kommen. Völlige Offenheit, Vertrauen, Liebe und Aufrichtigkeit
sollten die Entwicklung der Kinder, ihren täglichen Umgang miteinander und
das gesamte Familienleben bestimmen.[10] Zugleich trug dieses Vorgehen der
Gewissenserforschung jedoch auch die subtilen Züge einer Geständnispraktik,
wie sie auch in der Enthüllung intimer Geheimnisse und im Bekenntnis zu
Schuld und Sünde in der christlichen Buße zum Ausdruck kam. In der fürsorg-
lichen Belehrung und Erziehung der Kinder zur wachsamen Selbstsorge – mit
dem fernen Ziel der individuellen, jenseitigen Vervollkommnung – offenbarten sich zugleich die pastoralen Führungstechniken, die die Kinder dazu
bewegten, sich der Deutungshoheit und dem Wahrheitsanspruch ihrer Mutter
zu unterwerfen und zu fügen.[11] Zur Gewissenserforschung waren immerhin
alle Fragen und Themen zulässig, selbst wenn diese mit den aufklärerischen
Maximen nach Gewissensfreiheit, Selbstbestimmung und Individualität in
einen offenen Widerspruch traten.

Das Erziehungsprogramm der Amalia von Gallitzin entsprach in ihren
Grundanlagen in weiten Teilen einer traditionellen Adelserziehung, deren
Strukturen und Inhalte sich durch die neuen Anforderungen an eine kindgerechte Erziehung ab 1770 merklich veränderten. Im münsterschen Stiftsadel
übte der Gallitzin-Kreis in den 1780er bis 1790er Jahren zudem einen nicht un-
wesentlichen Einfluss auf die standesinterne Diskussion über eine vernünftige,
den sich wandelnden gesellschaftlichen Verhältnissen aufgeschlossene
Adelserziehung aus.[12] Man las Fénelon, Locke und Rousseau und versuchte
nach bestem Wissen und Gewissen den neuartigen Ansätzen etwas für die
eigene Kindererziehung und insbesondere für den Hauslehrerunterricht

---

9   Schlüter, Briefwechsel, II, S. 123, 134.
10   Vgl. Sahner, Die Fürstin Gallitzin, S. 32-35.
11   Zur Pastoralmacht vgl. Foucault, Subjekt und Macht, S. 249.
12   Vgl. Reif, Adel, S. 324-336.

abzugewinnen. Letztlich gehörte es zum guten Ton, sich dem fortschrittlichen Zeitgeist anzupassen, allerdings ohne mit den tradierten ständischen Konventionen zu brechen. Gemeinsam mit ihren Kindern studierte Amalia von Gallitzin auch das „Elementarwerk" von Basedow, „Lienhard und Gertrud" von Pestalozzi, die Abhandlung „Über die heimlichen Sünden der Jugend" von Salzmann und wohl noch einige weitere Schriften, die ihr für eine ganzheitliche Erziehung und Bildung als nützlich und notwendig erschienen. Während die Abhandlungen eines Fénelon, Locke oder Rousseau für den breiten katholischen Adel anschlussfähig waren, erschienen die philanthropisch-protestantischen Arbeiten als zu liberal, bürgerlich und progressiv. Allerdings schloss dies grundsätzlich den Kauf solcher wohlmöglich gefährlichen, zumindest in konservativen Kreisen verpönten Schriften nicht aus, selbst wenn diese auf dem lokalen münsterschen Buchmarkt insgesamt nur einen geringen Teil ausmachten.[13]

Das Erziehungsverständnis von Amalia von Gallitzin orientierte sich letztlich keinesfalls an den spezifischen Erziehungszielen, an denen sich eine stiftsadlige Familien-, Standes- und Gesellschaftsordnung weiterhin orientierte. Vielmehr durfte ihrem Verständnis nach eine allgemeine und ganzheitliche Menschenbildung nicht durch ständische oder berufliche Lebensentwürfe zu früh beeinträchtigt werden. Auch Franz Kaspar Buchholtz hatte die Fürstin einmal ermahnt, „Mitri müsse standesgemäß erzogen werden und einst standesgemäß leben". Doch sie antwortete ihm, es käme darauf an, aus ihm „einen Menschen zu bilden und seine künftige Bestimmung, die der Vater mir ganz überlassen hatte, solle durch Nichts, als durch seine Fähigkeiten, sich und andern nützlich zu sein, entschieden werden"[14]. Die verheißungsvollen Ideen und das pädagogische Programm der Aufklärung trieb die Fürstin Gallitzin an, ihre aus Überlegungen und Reflexion gewonnenen Erkenntnisse möglichst präzise in konkrete Maßnahmen für die alltägliche Erziehungs- und Unterrichtspraxis zu übersetzen. Dabei stieß sie immer wieder auf neue Herausforderungen, Grenzen und Zweifel, die es zu bewältigen galt.

Fürstenberg war durch sein umfangreiches Bildungsreformkonzept zwar ein geeigneter Gesprächspartner, doch der private Hausunterricht stellte ein anderes pädagogisches Handlungsfeld dar als der von ihm geförderte öffentliche Schulunterricht. Über die Vorteile und den allgemeinen Nutzen, aber auch über die offensichtlichen Gefahren und Risiken des Hofmeister- und Hauslehrerunterrichts entbrannte schon am Ende des 18. Jahrhunderts in Deutschland eine rege Kontroverse, als das aufstrebende, wohlhabende

---

13   Vgl. Reinhard, Familia sacra, S. 95; Bödeker, Buchhandel in Münster.
14   Tagebucheintrag, 13.12.1786, in: Sudhof, Briefe, Nr. 355.

Bürgertum seine Kindererziehung als Ausdruck ständischer Exklusivität an den Formen einer aristokratischen Hauslehrererziehung auszurichten begann.[15] Dass der Pempelforter Literat Friedrich Heinrich Jacobi seinen Sohn Georg zu Erziehungszwecken in die Obhut der Fürstin Gallitzin schickte, ist hierfür bezeichnend, zumal anfängliche Pläne, den Jungen ans Dessauer Philanthropin oder auch ans münstersche Gymnasium zu schicken, bald verworfen wurden.[16] Aber auch im münsterschen Adel, der seine prestige-trächtige Stellung auch im 19. Jahrhundert behaupten konnte, standen die Vor- und Nachteile des Hausunterrichts zur Debatte, für die der Gallitzin-Kreis zum Austragungsort wurde. Zwar barg der private Hauslehrerunterricht Herausforderungen und Probleme in sich, die mit den früheren Verhältnissen im niederen Schulwesen vergleichbar waren. Dennoch votierte der Kreis für die Beibehaltung einer Erziehung durch Hofmeister und Hauslehrer.[17] Da die Fürstin Gallitzin den Unterricht jedoch vorrangig selbst erteilte und auch nur sehr unfreiwillig einzelne Fächer und Disziplinen an ihre Hauslehrer[18] abzu-geben schien, drängten sich andere Fragen auf, etwa nach der Verbindung von Unterricht und Familienalltag oder nach der Organisation einer geeigneten, kindgerechten Lernumgebung im häuslichen Umfeld, die das Interesse an den Lerninhalten und bei den Kindern Freude am Lernen wecken sollte. Die Fürstin war Mutter, Erzieherin und Lehrerin und übernahm schließlich auch die väterliche Rolle des Familienoberhauptes.

Gerade ihr Sohn Mitri konnte den Ansprüchen seiner bildungsbeflissenen Mutter wohl nur wenig abgewinnen. In ihren Augen schien er erst viel zu spät die erwünschten Fortschritte und Besserungen zu erzielen und blieb auch von daher länger in der Obhut seiner Mutter als es etwa bei anderen Adelsfamilien üblich war. Seine nur wenig ältere Schwester Mimi sollte hingegen in vieler-lei Hinsicht ihrer Mutter nacheifern, wenn auch die Frage nach dem weiteren Bildungsgang ihres Bruders gegen Ende der 1780er Jahren immer stärker in den Vordergrund rückte. Schon Katerkamp wies darauf hin: „Der Hauptzweck, den die Fürstin durch Erziehung zu erreichen hatte, betraf ihren Sohn."[19] Die un-gewisse Zukunft ihres Sohnes Mitri beschäftigte die Fürstin gerade deswegen,

---

15   Vgl. Nebel, Hausunterricht; Fischer/Ladenthin, Homeschooling.
16   Vgl. Götz, Jacobi, S. 186; Jacobi, Eigenhändige Aufzeichnungen, S. 32.
17   Hierzu vgl. die Diskussion über die Denkschrift des Abbé Marie über die Erziehung der Kinder des Herrn Baron von Landsberg-Velen 1796/97, vgl. Reif, Adel, S. 619.
18   Der erste Hauslehrer waren Wilhelm Gerz (1751-1814), Exjesuit, Lehrer für Mathematik und Geschichte am Münsterschen Gymnasium, der später Nachfolger von Zumkley als Mathematikprofessor wurde. 1783 folgte auf Gerz der Geistliche Haas, ab 1790 sind Anton Wiggermann und später Theodor Katerkamp als Hauslehrer bezeugt.
19   Katerkamp, Denkwürdigkeiten, S. 84.

da sie bei ihm über lange Zeit kaum positive Eigenschaften und Fähigkeiten beobachten konnte. Selbst die Anstellung eines neuen, jüngeren Hauslehrers änderte wenig an den Lernfortschritten und dem Benehmen ihres Sohnes, zumal man dem Hauslehrer August Clemens Haas, der zwar, „mehr heitern Gemüts, sich unserer Jugend besser anbequemte und ohne andere Berufsgeschäfte sich der übernommenen Stelle ausschließlich widmen konnte"[20], wie Georg Jacobi später berichtete, jedoch seine Aufgaben offensichtlich mehr schlecht als recht erfüllte und der erwünschte Erfolg ausblieb. So schrieb Fürstenberg an die Fürstin Gallitzin über den Hauslehrer Haas:

> Wenn ich mich in ihn [A. C. Haas] hineindenke, so scheint er mir ein Mann zu sein, welcher in seiner natürlichen Anlage sowohl, als auch durch Fehler der Erziehung nicht Energie genug im Willen hat, zu passiv ist. Und hieraus scheint mir seine Nachlässigkeit her zu kommen. Sollte es nicht möglich sein, dieser Schwachheit zu Hilfe zu kommen, ohne Dich [A. v. Gallitzin] mit einer Arbeit zu überhäufen? [...] Dadurch, scheint mir, würde auch dieses gewonnen, dass, da er nicht so viel Fehler tun könnte, man auch nicht so oft Ursache habe, Unzufriedenheiten zu bezeigen. Dadurch gewänne er wieder mehr Muth, käme lieber uns – denn Du weißt, je mutloser dergleichen Leute werden, je mehr Fehler sie sich vorzuwerfen haben, desto niedergeschlagener und untätiger sind sie.[21]

Die schlechte Qualifizierung der Lehrer, wenn nicht gar der Mangel an einer grundständigen Ausbildung der Lehrer überhaupt, hatte im Fürstbistum Münster wesentlich zur Gründung und Eröffnung einer Normalschule unter Bernard Overberg geführt. „Es fehlt ihm viel von dem, was seine Lage erfordert", schrieb Fürstenberg ein anderes Mal über August Clemens Haas: „Ich sagte ihm mit keinem Wort, dass er viel zu tun hätte, nur, was er in seinem eigenen Betragen gegen die Kinder beobachten müsste."[22] Die nur mangelhaften pädagogischen Fähigkeiten, die dessen Tauglichkeit für das Lehramt grundsätzlich infrage stellten, waren immer wieder Gegenstand der gemeinsamen pädagogischen Reflexionen. Dennoch lagen die von Amalia von Gallitzin beklagten, nur spärlichen Fortschritte in der Erziehung und Bildung ihres Sohnes nicht allein an dem unzureichenden Unterricht des Hauslehrers Haas. Mitri war – darin stimmte sie mit Fürstenberg überein – „von Natur schwach"[23] und

---

20 Jacobi, Eigenhändige Aufzeichnungen, S. 34.

21 Fürstenberg an A. v. Gallitzin, in: Schlüter, Briefwechsel, I, S. 32 f.

22 Fürstenberg an A. v. Gallitzin, 2.11.1787, in: Sudhof, Briefe, Nr. 444. Haas wurde später Lehrer und 1817 Professor für physikalische Wissenschaften in Paderborn.

23 Vgl. A. v. Gallitzin an Fürstenberg, 13.11.1785, in: Sudhof, Briefe, Nr. 264; auch wieder bei Fürstenberg an A. v. Gallitzin, 8.3.1788, in: ebd., Nr. 473.

stets „schwankend"[24], was sein persönliches Urteilsvermögen betraf, faul und feige, noch dazu bei den Mahlzeiten „gefräßig"[25]. Nur wenige Momente im Verhalten ihres Sohnes ließ sie dennoch hoffen, dass ihre Erziehung noch die erwünschten Ergebnisse bewirken sollte: „In diesen Tagen habe ich über Mitri nachgedacht, der mir bewies, dass es bis zu einem bestimmten Punkt wahr ist, dass die Erziehung Menschen schaffen kann."[26] Einzig ihr Pflegekind Georg Jacobi schien im Vergleich zu ihrem Sohn noch weniger den Erwartungen der Fürstin entsprochen zu haben, was sie dazu bewegte, sich regelmäßig an seinen Vater zu wenden, um über weitere Erziehungsschritte zu beraten. Einmal war Georg durch seine Maßlosigkeit und Trunkenheit aufgefallen, als er bei Matthias Claudius – wo er sich einige Zeit zu Erziehungszwecken aufgehalten hatte – acht verschiedene Weine getrunken hatte. Kurze Zeit später schrieb die Fürstin erneut an Jacobi und teilt ihm mit, dass sein Sohn in Münster unerlaubt Bücher auf Rechnung seines Großvaters gekauft habe und sich sogar weigere, seine Schuld einzugestehen.[27] Nach nur vier Jahren in Münster nahm Friedrich Heinrich Jacobi 1784 seinen Sohn wieder zu sich und ließ ihn unter der Aufsicht seines vormaligen Hauslehrers Heinrich Schenk (1748-1813) unterrichten. Dieser berichtete seinem engen Freund Hamann über die Erziehung des Jungen und wusste dabei auch das Erziehungskonzept der Fürstin Gallitzin einzuschätzen:

> Auch weiß ich, dass eine Erziehungsart wie die ihrige [der Fürstin Gallitzin], wenn sie gleich mit der ersten Kindheit in Ausübung gebracht wird, die besten Wirkungen hervorbringen kann. Aber George war schon zu alt, als er zu ihr kam (er hatte bereits das 12te Jahr zurückgelegt) um bei seiner ohnehin geringen Gelehrigkeit völlig gebessert zu werden; und die Unterdrückung der Äußerungen seiner Leidenschaften und Neigungen hat vielleicht bloß dazu gedient, diesen Leidenschaften und Neigungen selbst mehr Stärke und Elastizität zu geben. Auch der Vater scheint dieses dunkel zu fühlen, mag es sich aber aus einer sehr edlen Empfindung nicht aufklären.[28]

Eine Diskussion über die Gründe für die Leidenschaften und Neigungen der beiden heranwachsenden Jungen finden sich hingegen in keinen Aufzeichnungen der Fürstin oder ihres Kreises, wohl aber, dass die Fürstin – häufig

---

24 Vgl. Tagebucheintrag A. v. Gallitzin, 10.6.1786, in: ebd., Nr. 328.

25 Vgl. Tagebucheintrag A. v. Gallitzin, in: Schlüter, Briefwechsel, II, S. 288 f.

26 Vgl. A. v. Gallitzin an Hemsterhuis, 11.1.1782, in: Sluis, Lettres, Bd. 2, Nr. 5: „ jes jours ci j'ai fait une reflexion sur Mitri, qui me prouva jusqu'à un quel point il est vrai que l'education peut créer des hommes."

27 Vgl. die Briefwechsel zw. A. v. Gallitzin, Friedrich Jacobi und seinen Sohn, in: Jaeschke/ Sandkaulen, Briefwechsel, Bd. 2, Nr. 621 f., 624, 643, 644, 646.

28 Schenk an Hamann, 14.7.1786, in: Henkel, Briefwechsel, Nr. 995.

zu ihrem eigenen Entsetzen – die Verfehlungen und Ausschweifungen ihres Sohnes ahndete: „Ich stand auf, ließ ihn in die Stube gehen, und da er sich nun exkursieren wollte, gab ich ihm eine derbe Ohrfeige"[29], notierte sie 1787 in ihr Tagebuch.

Grundsätzlich wurden körperliche Strafen ebenso abgelehnt wie der maß-regelnde Zwang, denn dieser, so die Fürstin, könnte „wohl sichtbare augen-blickliche Wirkungen, Liebe allein aber Bewegungen, Lenkung des Willens, ohne welchen nichts Dauerhaftes im Menschen bewirkt werden, hervor-bringen"[30]. Daher gab es für Fürstin Gallitzin auch nur eine vernünftige Form der Bestrafung, keinen körperlichen Schmerz, sondern Liebesentzug.[31] Auch Fürstenberg riet ihr von jeder Zwangsmaßnahme ab, die sie dennoch ins Auge fasste: „Erziehung hat ihm durch Übung und Gewohnheit mehr Tätigkeit ge-geben", Zwang jedoch „bringt Kraftlosigkeit und durch sie Schwachheit und Furcht, oft Niederträchtigkeit und Heuchelei."[32] In welchem Zusammenhang Fürstenberg die Fürstin darauf hinwies, dass „die Natur in der Pubertät mit Ge-walt erwacht"[33], wie Mathilde Köhler ihn paraphrasierte, lässt sich nicht mehr rekonstruieren. Es liegt auf der Hand, dass die Fürstin Gallitzin in ihrer Er-ziehung zur Empfindsamkeit, inneren Harmonie und Selbstvervollkommnung die Begierden jugendlicher Sexualität ebenso tabuisierte und auch mit harten Mitteln zurückzudrängen vermochte, wie sie auch grundsätzlich die zügellose Willenskraft der Heranwachsenden einzudämmen und in ein ausgewogenes Seelenverhältnis zu bringen suchte.[34] Ihre eigenen, wenig erfüllenden sexuellen Erfahrungen mögen hierfür eine Rolle gespielt haben. Daher war es weniger ihre fehlende Geduld an der Erziehung der Kinder, sondern vielmehr die „Angst vor der Stärke der Leidenschaften" und die „Angst, den Geboten der verinnerlichten Autorität nicht gehorsam zu sein."[35] Nicht die Begehren und Verfehlungen der Kinder, sondern ihre eigenen Zweifel, in angemessener Weise nicht reagieren zu können, waren Auslöser für Ängste und eine be-sondere Reizbarkeit, die sie selbst als Hypochondrie bezeichnete. Hypo-chondrie avancierte im 18. Jahrhundert zu einer regelrechten Modekrankheit der gebildeten Stände als „Leiden der Leute mit dem scharfen Verstand, der

---

29   Tagebucheintrag A. v. Gallitzin, 1.4.1787, in: Schlüter, Briefwechsel, II, S. 118.
30   Schlüter, Briefwechsel, II, S. 205.
31   So bereits Rousseau, vgl. Hentig, Rousseau, S. 47.
32   Fürstenberg an A. v. Gallitzin, 17.6.1786, in: Sudhof, Briefe, Nr. 332.
33   Vgl. Köhler, Gallitzin, S. 74.
34   Hierzu vgl. Götz, Jacobi, S. 210 f. Die Fürstin las mit ihren Kindern auch Salzmanns „Über die heimlichen Sünden der Jugend" (1785).
35   Vgl. Rutschky, Einleitung, S. XVII-LXXIV, hier LXII.

raschen Auffassung und der regen Vorstellungskraft"[36]. Eben hierin sah auch die Fürstin die Ursachen für ihre Hypochondrie.

Antworten auf ihre vielfältigen Erziehungsfragen fand die Fürstin Gallitzin nicht ausschließlich, aber doch in besonderem Maße in Rousseaus Erziehungs-roman „Émile", den sie seit ihrer Jugendzeit intensiv studierte. Sein Konzept einer natürlichen Erziehung bildete gerade für die Erziehung des jungen Mitri sowie mit Blick auf den harmonischen Ausgleich seiner Seelenvermögen – Wille, Verstand, Einbildungskraft, Weckung eines moralischen Gefühls – eine wirksame Reflexionsgrundlage. So galt es, eine Lernumwelt zu schaffen, die seine Leidenschaften zu lenken, seine Laster abzuwehren und seine Tugenden zu seinem Besten zu fördern und entwickeln vermochte, zumal die Fürstin bei ihrem Sohn nicht gerade die besten charakterlichen Anlagen beobachtete. Immerhin bestand ebenso die Gefahr, durch eine falsche Erziehung eine schlechtere Entwicklung zu erzielen. Entsprechende Herausforderungen er-gaben sich zwangsläufig durch die äußeren Einflüsse und gesellschaftlichen Verstrickungen, wie sie etwa die Aufnahme des unmanierlichen Bürgersohns Jacobi in das Hause Gallitzin mit sich gebracht hatten. Dies war eine Ent-scheidung gewesen, die die Fürstin zwar keinesfalls bereute, deren förderlicher Einfluss auf die Erziehung ihrer Kinder jedoch ausgeblieben war.[37] Auch die Hauslehrer der Fürstin Gallitzin hatten sich, jeder für sich, in irgendeiner Weise als ungeeignete Kandidaten herausgestellt, zumal die oftmals recht jungen und erfahrungslosen Theologen kaum aus persönlicher Überzeugung als viel-mehr zum eigenen Broterwerb die Stelle eines Hauslehrers angenommen hatten.[38] Die grundsätzliche Einbeziehung der Lern- und Lebenswelt ge-schah aus der Notwendigkeit heraus, sich früher oder später in eben diesem gesellschaftlichen, auch konfessionell definierten Umfeld zurechtzufinden und einer sinnvollen und nützlichen Tätigkeit widmen zu müssen, die in keiner Weise mehr ausschließlich ständisch vorbestimmt war, sondern immer stärker bürgerlich-utilitaristischen Lebens- und Gesellschaftsentwürfen zu entsprechen hatte. So blieb das Erziehungsprogramm der Fürstin Gallitzin für ihren Sohn stets offen und einer ganzheitlichen, geistig-moralischen Menschenbildung verpflichtet, die keine eindeutige frühzeitige Orientierung an dem berufsständischen Bildungsziel sichtbar werden ließ.

---

36 Vgl. die einf. Bemerkungen bei Gravenkamp, Geschichte eines elenden Körpers, S. 11. Zur Kindererziehung der Gallitzin bereits Brachin, Le Cercle, S. 355-371.

37 Georg Jacobi verließ das Haus der Gallitzin auf Wunsch seines Vaters und zum Bedauern der Fürstin, vgl. den Briefwechsel in: Jaeschke/Sandkaulen, Briefwechsel, Bd. 3, Nr. 1060, 1062.

38 Zur Erfahrungslosigkeit der Hauslehrer vgl. Rutschky, Einleitung, S. LV-LIX.

Zum wichtigsten Gegenstand dieses Erziehungsprogramms wurden natur-
wissenschaftliche Inhalte erhoben, wobei der Mathematik „als Leitstern im
Prüfstein aller Wissenschaft" besondere Aufmerksamkeit geschenkt wurde.
Die „immer neue Wiederholung bis zur vollkommensten Geläufigkeit"[39], wie
es Georg Jacobi beschrieb, war darauf ausgerichtet, die allgemeine Urteilsfähigkeit zu schulen, die dann auch in anderen wissenschaftlichen Disziplinen
nützliche Anwendung finden sollte. Amalia von Gallitzin unterrichtete die
mathematischen und realienkundlichen Fächer selbst, wie die Mechanik
und Sternenkunde (bzw. mechanische Kosmographie), die sie persönlich
interessierten. Während eines Besuchs bei Matthias Claudius in Wandsbek
hatte sie sich mit gewisser Selbstironie als „Schulmeisterin aus Westphalen"[40]
vorgestellt. Doch ihr vollständiges Erziehungsprogramm konnte sie aus
Mangel an Kenntnissen in allen Bereich kaum alleine durchsetzen. Fürstenberg nahm sich gelegentlich die Korrektur der von den Kindern bearbeiteten
Aufgaben vor. Auch übte er mit ihnen das Fechten und Reiten als fester Bestandteil einer adligen Erziehung, die zum Dienst im Militär befähigen konnte.
Sprickmann wurde ebenfalls eingebunden, indem er als Professor für Staats-
recht und Reichsgeschichte an der Universität Münster regelmäßig von der
Fürstin um Unterrichtsstunden im Fach Geschichte gebeten wurde, wobei
nicht nur die deutsche, sondern auch die russische Geschichte gelehrt wurde.[41]
Daneben übernahm der jeweils angestellte Hauslehrer den Unterricht in der
lateinischen Sprache, der die Kinder auch in deren Freizeit zu beaufsichtigen
hatte und dem die hauswirtschaftliche Verwaltung oblag. Während die
griechische Sprache, wie es auch in Fürstenbergs Schulordnung der Fall war,
als Sprache der Gelehrten vorerst gänzlich vernachlässigt werden konnte, gehörte im täglichen Unterricht von Anfang an das Lesen und Übersetzen der
lateinischen Klassiker zum festen Kanon einer gelehrten Bildung, die gleichsam den Zugang zu höheren Bildungswegen ermöglichen konnte. Ein ex-
pliziter Sprachunterricht war allerdings nicht vorgesehen, wobei alle Fächer
in deutscher Sprache unterrichtet und gelegentlich mit französischen Schreib-
aufgaben ergänzt wurden. Bemerkenswert ist die Erwähnung des englischen
Sprachunterrichts, den die Fürstin jedoch nur einmal, dafür schon im Jahr 1780,
gegenüber Hemsterhuis hervorhebt. Aus dem Kontext des Briefes wird deutlich, dass nicht nur die Kinder und die Fürstin, sondern wohl auch Fürstenberg
den Unterrichtsstunden beiwohnte: „Dreimal pro Woche haben wir von 5 bis

---

39   Jacobi, Eigenhändige Aufzeichnungen, S. 34.
40   Zit. n. Herbst, Matthias Claudius, S. 323. Herbst vermutet hinter dieser Bezeichnung ein
　　　 „scherzhaftes Incognito".
41   Vgl. ULB, Nachlass Sprickmann, Kps. 23, Nr. 66, 76, 95; vgl. Reinhard, Familia sacra, S. 91.

6 ½ [Uhr] einen gemeinsamen englischen Sprachlehrer bei uns und wir lesen ihm abwechselnd vor, um unsere Aussprache zu verbessern."[42]

Am Nachmittag wurden dann, wie Georg Jacobi in seinen Erinnerungen schrieb, „gymnastische Übungen" verrichtet. Dazu gehörte, je nach Jahreszeit, das Fechten, Voltigieren, Springen, Klettern, Balancieren auf einem gespannten Seil, Bogen- und Scheibenschießen sowie das Schwimmen – bis zum Winteranfang. Eindrücklich schildert ein befreundeter Theologe Thomas Wizenmann (1759-1787) seine Begegnung mit den Gallitzin-Kindern:

> Diese verrichten die schwersten Leibesübungen mit der größten Leichtigkeit: der Prinz klimmt auf einen haushohen, ganz abgeschälten Baum, und schlägt, wenn er oben ist, die Füße und Hände wechselweise zusammen; die Prinzessin sowohl, als er, springen über 4 bis 4½ Fuß hohe Standen, gehen auf dem Seile, reiten und setzen über erhöhte Stäbe, springen in allen möglichen Wendungen auf ein hölzernes Pferd, fechten, tanzen, jagen, schwimmen, gehen baarfuß und in einem leinenen Kleide, Winters wie Sommers, und sehen dabei aus wie das Leben selbst.[43]

Der Fechtmeister der hochfürstlichen Leibgarde und französischer Sprachlehrer an der münsterschen Militärakademie Anton Miquel, gelegentlich auch Mikel genannt, übernahm „in all diesen Dingen"[44] den Unterricht, wie Jacobi weiter berichtet. Amalia von Gallitzin beschrieb Miquel in einem Brief an Goethe als einen Mann „von ungewöhnlicher Biederkeit des Herzens und Bravheit, der sich durch seinen Charakter und Talent in allen Arten von Leibesübungen ein großes Ascendant über die münstersche Jugend und das wohl verdienteste Vertrauen ihrer Eltern erworben hat"[45]. Die körperliche Erziehung nahm im Erziehungsprogramm von Amalia von Gallitzin eine nicht minder bedeutsame Rolle ein wie die geistig-moralische Erziehung und Bildung. Ein gesunder Körper und die aufmerksame Schulung der natürlichen Sinne in der Kindheit verstand sie als eine grundlegende Voraussetzung, um im Jugendalter das Gedächtnis und die Einbildungskraft trainieren zu können. Erst im Erwachsenenalter sollte sich dann die Willenskraft vollends entfalten können, da sie dann von Verstand und „organe morale" entsprechend

---

42 A. v. Gallitzin an Hemsterhuis, 11.2.1780, in: Sluis (Hg.), Lettres, Bd. 1, S. 172: „3 fois la semaine nous avons de 5 à 6½ un maitre anglois ensemble et nous lisons tour à tour devant lui pour nous former la prononciation".

43 T. Wizenmann an P. W. G. Hausleutner, 10.6.1785, in: Sudhof (Hg.), Briefe, Nr. 238.

44 Vgl. Jacobi, Eigenhändige Aufzeichnungen, S. 33.

45 A. v. Gallitzin an Goethe, 25.3.1795, in: Trunz (Hg.), Briefe, Nr. 220; vgl. Warnecke, Die westfälischen Vorfahren, S. 254.

kontrolliert und gezügelt werden konnte.[46] Gymnastische Übungen, wie sie schließlich im zwanglosen und natürlichen „Spiel im Freien"[47] verrichtet werden sollten, waren unentbehrlich für eine gesunde, sowohl körperliche als auch geistig-moralische Entwicklung und waren daher Bestandteil zahlreicher reformpädagogischer Konzepte und Schulprogramme, etwa bei denen der philanthropischen Reformer oder auch in der Schulordnung Fürstenbergs. Für das Erziehungsprogramm der Fürstin Gallitzin stand die Bedeutung der Leibesübungen für eine vielseitige intellektuelle Bildung daher außer Frage.

Die geistige und körperliche Bildung wie auch die Vorstellung einer zeitlichen Abfolge von Entwicklungsstufen vom Kindesalter bis zum Erwachsenen erschloss sich aus dem vorherrschenden, aufklärerischen Verständnis in der Anthropologie, Pädagogik und Psychologie der Kindheit und Jugend.[48] Vor allem die Schriften Rousseaus, allen voran sein „Émile", bildeten eine unverkennbare Grundlage.[49] Amalia von Gallitzin diente der „Émile" jedoch nicht nur zur Reflexion über das Kindheitsalter und eine altersgemäße, natürliche Erziehung. Für die Leibeserziehung der Kinder verstand sie Rousseaus „Émile" als konkrete Handlungsanweisung, die vorsah, sich vor schädlichen gesellschaftlichen Einflüssen weitgehend abzuschirmen, um in einem möglichst naturnahen Umfeld körperliche Fähigkeiten und Fertigkeiten erlernen und ausbilden zu können.

Schon vor Rousseau war das Motiv des edlen oder guten Wilden („bon sauvage") zum Ausdruck der aufklärerischen Gesellschafts- und Zivilisationskritik des 18. Jahrhunderts geworden.[50] Eine derartige Lesart des „Émile"[51], die auch die Fürstin Gallitzin angetrieben hatte, war allerdings Ergebnis „einer unaufmerksamen Lektüre" und einer „nachhaltig verstellten Rezeptionsgeschichte"[52]. Das, was die Fürstin als ihren konkreten Handlungsauftrag annahm, galt zumindest in abgeschwächter Form ebenso für das weit verbreitete Rousseau-Verständnis des ausgehenden 18. Jahrhunderts. Anders als es der programmatische Leitspruch ‚Zurück zur Natur!' vorgibt, verstand Rousseau die Natur des Menschen, „in Interaktion mit seiner Umwelt Fähigkeiten zu er-

---

46   Vgl. A. v. Gallitzin, Ueber Wahrheit und Liebe, in: AS Darfeld, AVc140.

47   Vgl. Locke, Gedanken über Erziehung, S. 15; vgl. Overhoff/Schmitt, Locke, S. 60-62.

48   Hierzu auch Oelkers: „Die Trennung [von Körper und Geist] wird zu einem Nacheinander, erst müsse die körperliche (empirische, pragmatische) Erziehung der Natur erfolgen, dann könne es zu einer Bildung des Geistes (der selbstreflexiven, auch moralischen Fähigkeiten) kommen", vgl. Oelkers, Ästhetisierung, S. 277.

49   Vgl. Schultheis, Leiblichkeit, S. 54.

50   Vgl. Landgrebe, Zurück zur Natur; Becker, Die guten Wilden.

51   Reinhard hat den Rousseau-Bezug zu stark gemacht, vgl. Reinhard, Familia sacra, S. 85-91.

52   Zumhof, Der pädagogische Rousseau, S. 36.

lernen"[53], nicht jedoch einem Tier gleich „auf vier Füßen zu gehen"[54]. Der Einfluss des „Émile" auf das Erziehungsprogramm der Fürstin Gallitzin darf also bei Berücksichtigung des zeitgenössischen Missverständnisses nicht überbewertet werden, wonach man den jungen Mitri etwa als einen „Naturmenschen, nach Rousseaus Ideal"[55], zu beschreiben pflegte. Der Einfluss Rousseaus kam bei der Fürstin Gallitzin allerdings nicht durch eine verklärte Naturromantik zum Ausdruck, sondern in einer von körperlicher Abhärtung und spartanischer Strenge gekennzeichneten Leibeserziehung und Lebensführung.[56] Eindrücklich berichtet Georg Jacobi von seinem Aufenthalt im Hause Gallitzin:

> So unser Lager ein Strohsack mit gleichem Kissen, Leintüchern und Decken zu ebener Erde, die Kleidung über dem Hemde eine lange Hose, Weste und Rock von Drell, Schuhe ohne Strümpfe, der Kopf baar und das Haar kurz geschoren mehr als geschnitten. Vor 10 Uhr morgens, bis zu welcher Stunde wir in unsern Zimmern beschäftigt waren, keine Heizung im Winter, so dass nicht selten die Tinte zu Eis wurde.[57]

Eine derartige Lebensführung als Bestandteil einer auf körperliche Abhärtung ausgerichteten Erziehungspraxis wirkte sich nicht nur auf die Kinder aus, sondern auch auf die Fürstin selbst. Sie „trägt abgeschnittene Haare, Beinkleider und einen Talar, ungefähr wie die Türken"[58], wie Luise Mejer ihrem Ehemann Heinrich Boie nach deren Aufenthalt in Göttingen berichtete. Eine „Begleiterscheinung dieser Praxis war", so der Pädagoge Rainer Bolle, „dass sowohl die Zöglinge als auch die Erzieher unter ihr litten und letztere diese Qual nur mit Blick auf den „höheren Zweck" zu kompensieren wussten."[59] Für die Fürstin Gallitzin bestand der Zweck in ihrem Streben nach höherer Vervollkommnung.

Neben dem häuslichen Unterricht, der entweder in ihrem Wohnhaus und Garten in der Grünen Gasse oder in ihrem Sommerhaus in Angelmodde stattfand, unternahm die Fürstin regelmäßige Reisen in umliegende, aber auch weit entfernte Fürstentümer und Städte. Dies brachte neue Kontakte und festigte bestehende Beziehungen zu den dort wirkenden Philosophen und

---

53   Ebd., S. 37.
54   Voltaire an Rousseau, 30.8.1755, in: Weigand, Schriften, S. 301-309, hier S. 303.
55   C. K. André an Sprickmann, 9.11.1785, in: Sudhof (Hg.), Briefe, Nr. 263.
56   Auch Johann Heinrich Pestalozzi hat Rousseaus „Émile" als Anleitung gelesen, zum Schaden seines Sohnes Hans Jacob (1770-1801), der seine Leidensgeschichte aufschrieb, vgl. Keil, Lebensgeschichte und Erziehung.
57   Jacobi, Eigenhändige Aufzeichnungen, S. 32.
58   L. Mejer an H. Chr. Boie, 8.9.1781, in: Schreiber, Briefwechsel, S. 109.
59   Bolle, Rousseau, S. 236.

Pädagogen, Staatsmänner und Schulgründer, die sie mit ihrer Reisegesellschaft aufsuchte. Sie begab sich stets mit ihren Kindern und mit Fürstenberg,
gelegentlich auch in Begleitung von Sprickmann, Hemsterhuis und ihrem
Hauslehrer auf mehrtätige Bildungsreisen, häufig nach dem sommerlichen
Kuraufenthalt in Hofgeismar. Die Pflegekinder Georg Jacobi und Luise Amalie
von Schmettau haben hingegen an keiner der Unternehmungen jemals teil-
genommen, zumindest werden sie an keinem Ort als Gäste erwähnt. Die
Reisen wurden zwar auch zum allgemeinen Vergnügen unternommen, doch
galten sie vorrangig immer einem pädagogischen Interesse. Sie dienten der
Sammlung neuer Informationen an unterschiedlichen Bildungsstätten, Universitäten und Einrichtungen, vor deren Hintergrund man eigene Erziehungs-
konzepte und Entwürfe prüfen und weiterentwickeln konnte. Zudem erfüllten
sie den Zweck, dass die Kinder der Fürstin durch eigene Erkundungen, Beobachtungen und sinnliche Erfahrungen nach dem Prinzip der „anschauenden
Erkenntnis" wissenschaftliche und historische Inhalte kennen und verstehen
lernten.[60] Man besichtigte daher Bibliotheken, Naturalienkabinette, Ge-
mäldesammlungen, Einrichtungen mit wissenschaftlichen Apparaturen und
historische Stätten.

Eine ausgedehnte Bildungsreise im Herbst 1785, auf die bereits eingegangen
wurde, führte die münstersche Reisegesellschaft zu Goethe nach Weimar, aber
auch über Kassel, Eisenach, Gotha, Erfurt, Jena, Halle, Dessau-Wörlitz und
Leipzig bis nach Dresden. Im Herbst 1787 – als Hamann schon in Münster war –
besuchte die Reisegesellschaft dann die Rhein-Main-Gegend mit den Städten
und Residenzen von Aschaffenburg, Darmstadt, Mannheim und Mainz. In
Frankfurt besichtigten sie auch den Römer und man ließ sich die Goldene
Bulle zeigen.[61] Einen stärkeren naturwissenschaftlichen Einschlag hatten hingegen die früheren Reisen nach Göttingen (1781) und ins Harzgebirge (1784). In
Göttingen führte der Bibliothekar und Altphilologe Christian Gottlob Heyne
(1729-1812) die Gruppe durch die Universitätsbibliothek, sie besuchten Vorlesungen in deutscher Reichsgeschichte bei Johann Stephan Pütter und auch
die medizinische Abteilung des Chirurgen und Augenarztes August Gottlieb
Richter (1742-1812), über den Fürstenberg hinterher begeistert berichtete. Der
Göttinger Physiker Georg Christoph Lichtenberg (1742-1799) zeigte die Stern-
warte und organisierte für die Fürstin eine besondere Sternenbeobachtung.[62]

---

60   Vgl. Kesper-Biermann, Pädagogische Reisen; Schmitt, Naturalienkabinett.
61   Vgl. hierzu ausführlich Sudhof, Von der Aufklärung zur Romantik, S. 189-191.
62   Vgl. Lichtenberg an Sprickmann, 8.9.1781, in: Sudhof, Briefe, Nr. 134; Heyne an A. v.
     Gallitzin, 21.9.1781, in: ebd., Nr. 135; Fürstenberg und A. v. Gallitzin schildern ihre Ein-
     drücke von der Universität Göttingen an Hemsterhuis, 8.9.1781, in: Sluis, Lettres, Bd. 1,
     Nr. 239; Pütter, Versuch einer academischen Gelehrten-Geschichte, S. 16 f.

Als 1784 die geplante Fahrt nach Hamburg verschoben werden musste, unternahm die Fürstin mit ihren Kindern eine Reise von Hofgeismar aus in den Harz, wo sie einige Tage verweilten, um das Silberbergwerk bei Clausthal zu besichtigen und der Münzherstellung beizuwohnen.[63] Reisen wurden demnach immer als nützlich und notwendig angesehen, um „praktische Wahrheiten" und „anschauende Erkenntnis" zu erwerben. Schon 1792 stand erneut eine Bildungsreise zur Diskussion, die Amalia von Gallitzin für ihren Sohn vorsah. Bis zu diesem Zeitpunkt sollte sich ihre allmähliche Hinwendung zum katholischen Glauben auch auf ihre Kindererziehung auswirken.

5.2 Die Hinwendung zum aufklärerischen Katholizismus und die religiöse Erziehung von Demetrius von Gallitzin

Das Erziehungsprogramm der Amalia von Gallitzin erschloss sich aus der breiteren, öffentlichen Diskussion, die über philosophisch-pädagogische Fragen und Themen der Erziehung und Bildung als auch über konkrete bildungs- und schulpolitische Konzepte und Entwürfe geführt wurde, an dem der Gallitzin-Kreis nicht unwesentlich beteiligt war, da „dessen religiöse und philosophische Reflexionen", wie Reif deutlich machte, „immer wieder auf pädagogische Probleme hinausliefen"[64]. Die theoretische Basis der Kindererziehung der Fürstin Gallitzin basierte daher auf einer Synthese und produktiven Aneignung von Ideen, Konzepten und Schriften der pädagogischen Aufklärung seit den 1770er bis in die frühen 1790er Jahren hinein, die es vor dem Hintergrund persönlicher Erfahrungen und Vorstellungen zu reflektieren galt. Ihr Erziehungsprogramm zielte auf eine möglichst ganzheitliche Erziehung und Bildung von Geist, Körper und Seele ab, wobei Hemsterhuis' Lehre der Seelenvermögen auch noch in Münster eine tragfähige und überaus anschlussfähige Reflexionsgrundlage bot. Das Erziehungswerk von Rousseau, insbesondere sein „Émile", gehörte hingegen längst zum Allgemeingut in der anthropologisch-pädagogischen Diskussion um eine konventionelle, aber doch kindgerechte Erziehungspraxis und erfreute sich auch innerhalb des westfälischen Adels großer Beliebtheit.

Doch die wachsende Erkenntnis, trotz ihrer intensiven theoretischen Auseinandersetzung den Idealen einer vernünftigen Erziehung im eigenen erzieherischen Handeln nur nacheifern, nie jedoch vollends gerecht werden zu

---

63 Vgl. Sudhof, Von der Aufklärung zur Romantik, S. 173 f., auch Anm. 16. Hierüber berichtet die Fürstin an Hemsterhuis, in: Sluis, Lettres, Bd. 2, Nr. 228.
64 Reif, Adel, S. 327.

können, waren der Anlass für jene aufzehrende Selbstkritik und erbitterten Ängste, die Amalia von Gallitzin in ihrem persönlichen Briefwechsel mit Hemsterhuis und Fürstenberg zum Ausdruck brachte. Weder der Mangel an neuen, wissenschaftlichen Erkenntnissen noch unzureichende pädagogische Fähigkeiten lagen dieser Ausweglosigkeit offenbar zugrunde, sondern das Unvermögen, sich der Ambivalenz und Dialektik der Aufklärung[65] sowie der pädagogischen Obsession bewusst zu werden, dass Erziehung nämlich, wie Katharina Rutschky beschreibt, „als absichtsvolle Veranstaltung zur Entwicklung der in den Menschen, in das Kind gelegten Fähigkeiten" verstanden werden muss, als „Promoter dieser Vernunft und zugleich Ergebnis der aus dem Zwang zur Vernunft resultierenden Irrationalität"[66]. Die Zwanghaftigkeit eines Erziehers, die Kinder vernünftig erziehen sowie jegliches kindliches Verhalten, seine Begierden, Wünsche und Leidenschaften kontrollieren und reglementieren zu müssen, waren mit den aufklärerischen Forderungen nach einer freien und unbeschwerten Selbstbildung der Kinder durch das Lernen aus eigenen Erfahrungen nur schwerlich vereinbar. Es bildete einen Gegensatz, der kaum aufzulösen oder zu überwinden war. Neue Perspektiven eröffneten sich allerdings durch die neue Religiosität, die sich durch Fürstenberg, Hamann und weitere Mitglieder ihres Kreises in ihrem Leben entfaltete.

Die Notwendigkeit einer religiösen Bildung sah die Fürstin Gallitzin erst mit dem fortschreitenden Alter ihrer Kinder, was sie selbst zum eingängigen Studium der Bibel bewog. Kein religiöses Erweckungserlebnis, sondern vielmehr das unaufhörliche Streben nach einem höheren Grad der Vervollkommnung und die Erkenntnis, diese im Irdischen nicht erreichen zu können, bewirkten eine allmähliche Zuwendung zur Spiritualität und zum christlichen Glauben. Hier fand sie die Antworten auf jene Fragen, die sie sich zuvor durch Verstandeskräfte nicht zufriedenstellend beantworten konnte. Dort, wo die bloße Vernunft an ihre Grenzen stieß, begannen Gefühl, Hoffnung und Liebe zu wirken und der Glaube an eine höhere Macht tragfähige und zukunftsweisende Perspektiven zu eröffnen, die den Weg zu individueller Vervollkommnung ebnen konnten. Stärkster Befürworter und Förderer dieser Entwicklung wurde Franz von Fürstenberg, in dessen Briefwechsel mit Amalia von Gallitzin Freundschafts- und religiöse Meditationsbriefe miteinander verschmolzen, „denn die geistlich verstandene Vervollkommnung war immer unmittelbar mit dem reflektierenden Austausch und der Bewährung innerhalb der Freundschaft verbunden"[67], wie Irmgard Niehaus aufzeigte. Fürstenberg leitete sie

---

65 Vgl. Horkheimer/Adorno, Dialektik der Aufklärung, S. 1-49.
66 Rutschky, Einleitung, S. XXVI.
67 Vgl. Niehaus, Die religiöse Dimension, S. 152.

dazu an, sich der Gegenwart und dem Willen Gottes stets bewusst zu sein, um mit innerer Ruhe und in seelischer Harmonie wahre Vervollkommnung zu erfahren.[68] Derartig gefühlsbetonende Frömmigkeitspraktiken – wie sie sich auch im protestantischen Pietismus seit dem 17. Jahrhundert niederschlugen – gründeten in den empfindsamen Strömungen der aufklärerischen Philosophie und fanden im späten 18. Jahrhundert eine wirkmächtige konfessionsspezifische Übersetzung und Auslegung durch die Anhänger eines aufklärerischen Katholizismus.

Zwischen 1783 und 1786 lässt sich die Hinwendung von Amalia von Gallitzin zum katholischen Glauben zeitlich eingrenzen, wobei der Empfang der ersten Kommunion am 3. Juni 1787 nur noch ein letzter Schritt darstellte, auf den sich die Fürstin mit ihren Kindern vorbereitet hatte.[69] Im Unterschied zu der katholischen Konversion des Grafen Friedrich Leopold zu Stolberg im Kreis von Münster im Jahr 1800 geschah der Bekehrungsprozess der Fürstin Gallitzin nicht unter der besonderen Betonung des Konfessionell-Katholischen, sondern blieb gemäß dem Verständnis der Aufklärung einer überkonfessionellen Besinnung auf das Christentum verpflichtet.[70] Eben dies wurde auch in ihrer fortwährenden Lektüre der Schriften des Dichters und Philosophen Klopstock sinnfällig, der im gesamten Gallitzin-Kreis und im Göttinger Hainbund, dem Sprickmann angehörte, hohe Verehrung erfuhr. Sein monumentales Bibelepos „Messias", den die Fürstin mit ihren Kindern gelegentlich studierte, zielte darauf ab, fromme Menschenliebe und christliche Humanität zu befördern.[71] Eben dies verstand auch die Fürstin Gallitzin unter wahrer Religiosität und war Ausdruck eines aufklärerischen Christentums. Sie wurde daher weder zur Anhängerin eines barockfrommen, dogmatischen Katholizismus noch strebte sie später danach, aus ihrem christlichen Glaubenseifer heraus für die katholische Kirche aktiv zu werben.

Das Lesen in der Bibel, das eingängige Studium der biblischen Geschichte und ein altersgemäßer Katechismus stellten für den münsterschen Priester und Pädagogen Bernard Overberg den Kern eines guten Religionsunterrichtes dar, der zur inneren Erbauung und moralisch-sittlichen Bildung einen wesentlichen Beitrag leisten sollte. Mit der Fürstin Gallitzin, deren geistliche Führung er 1789 übernahm, als er mit ihren Kindern, ihrer Nichte Luise von Schmettau und dem Hauslehrer Anton Wiggermann in ihrem Haushalt lebte, trat er häufig

---

68   Vgl. Fürstenberg an A. v. Gallitzin, 9.4.1784, in: Sudhof, Briefe, Nr. 188.
69   Vgl. die „Aufzeichnung des Priesters, welcher den Kindern der Fürstin die erste heil. Communion reichte", in: Schlüter, Briefwechsel, I, S. 70 f.
70   Vgl. Niehaus, Aufklärung und Religiosität, S. 307-317.
71   Vgl. Overhoff, Frühgeschichte, S. 61-64.

ins Gespräch über bibelexegetische Fragen und formulierte mit ihr gemeinsam religionspädagogische Handlungsempfehlungen.[72] Auch Overberg war aufklärerischen Ideen zugewandt. Er wusste, wie man einzelne Fähigkeiten und Fertigkeiten durch den Einsatz verschiedener wissenschaftlicher Methoden einüben und verfeinern konnte, doch er erkannte ebenso, dass eine ganzheitliche Bildung von Körper und Geist nicht ohne Gott geschehen und ein lebendiger Glaube nicht ohne die in der Bibel geoffenbarten Heilswahrheiten erfahren werden konnte. Daher sollten Verstand und Gefühl nicht gegeneinander ausgespielt werden, sondern sich ergänzen und eine gleichwertige Berechtigung finden.[73] Erwähnenswert ist in diesem Zusammenhang, dass Overberg für seine Bibelbearbeitung und andere religionspädagogische Veröffentlichungen nicht nur manchen strittigen protestantischen Autor zurate zog.[74] Auch die Texte des Italieners Ludovico Muratori (1672-1750) waren nicht unbekannt, der seinen frommen Glauben fernab von jeglichen Polemiken mit den Methoden eines kritisch arbeitenden Historikers zu hinterfragen und verstehen suchte und daher zur Gruppe der frühen Vertreter einer gemäßigten Katholischen Aufklärung gezählt werden kann.[75] Allein der Theologe Gottfried Kruchen hat bislang aufgezeigt, dass Overberg die im Jahr 1785 vom Buchdrucker Aschendorff in Münster erschienene Übersetzung von Muratoris „Die Wahre Andacht des Christen" schon kurze Zeit später in die Bibliothek des münsterschen Priesterseminars aufgenommen hatte.[76]

Der Franziskaner Kasimir Schnösenberg, der seit 1783 als Theologieprofessor an der Universität Münster lehrte und die Familie Gallitzin nur gelegentlich aufsuchte, übernahm die geistliche Führung der Kinder, wenngleich es doch ihre Mutter war, die sie zum gemeinsamen täglichen Bibelstudium anhielt und den regelmäßigen Besuch der Messfeier förderte. Die katholische Sozialisation durch die Mitglieder des Kreises von Münster, die ganzheitliche Bildung zur individuellen Urteilsfähigkeit, das Einüben der Willens-, Verstandes-, Einbildungskräfte und eines moralischen Gefühls, die zielgerichtete Hinführung zum katholischen Glauben bildeten die Grundlage, auf der sich die religiöse Bildung der Kinder vollzog. Nur auf den ersten Blick scheint sich die Frage nach der Notwendigkeit eines Religionsunterrichts und einer umfassenden moralisch-sittlichen Erziehung zu einem verhältnismäßig späten Zeitpunkt gestellt zu haben, nämlich erst im frühen Jugendalter der Kinder. Zwar fehlte

---

72   Vgl. Kruchen, Bibel Overbergs, S. 49.
73   Vgl. Hoffmann, Bernard Overberg, S. 279.
74   Vgl. Kruchen, Bibel Overbergs, S. 170-192; Reents/Melchior, Geschichte der Kinder- und Schulbibel, S. 183-189.
75   Vgl. Braun, Reformprogramm.
76   Vgl. Kruchen, Bibel Overbergs, S. 107.

es ihnen vor ihrem Umzug nach Münster ohnehin an konkreten religiösen oder gar konfessionellen Prägungen und hatten auch ihre Eltern versucht, jegliche schädlichen Einflüsse abzuwehren, doch war es bezeichnend für die religionspädagogische Praxis in der Aufklärungsepoche, die Kinder nicht zu früh mit abstrakten Begriffen und Zusammenhängen konfrontieren zu wollen, sondern erst nach fundierter Ausbildung des Verstandes und eines moralischen Bewusstseins auf intellektueller und empfindsamer Ebene eine religiöse bzw. konfessionelle Bildung zu wagen. Hierin wird sinnfällig, dass man nunmehr weitgehend davon absah, möglichst im frühen Kindesalter das Auswendiglernen und Memorieren dogmatischer Lehrsätze zu forcieren. So schrieb Georg Jacobi in seinen Erinnerungen:

> Religionslehren waren bis dahin von dem Unterricht der Kinder ausgeschlossen geblieben, um dafür eine mit den Jahren gereifte Urtheilsfähigkeit zu erwarten, und es war mir daher bey meinem Zutritt streng verboten worden, mit ihnen darüber zu reden. Hauptursache aber war wohl, wie mir in der Folge gewiß geworden, daß Mama [die Fürstin Gallitzin] selbst in ihren Ueberzeugungen von positiver Religion noch nicht fest stand, und sie darauf beharrte, sich wissenschaftlich zu construiren, was sie lehren wollte.[77]

Ein grundsätzlich offener und vorurteilsfreier Umgang mit Andersdenken und Andersgläubigen war lebendiger Ausdruck eines aufklärerischen Katholizismus, den die Fürstin für sich und ihre Kinder verfolgte. Es war das Ergebnis einer Synthese von Aufklärung und katholischem Glauben, der die Vielfalt und Daseinsberechtigung unterschiedlicher Religionen und Konfessionen anerkannte und differenziert einzuschätzen wusste, der sich jedoch genauso dagegen richtete, konfessionelle Grenzen zu übersehen oder gar in religiösem Indifferentismus und Fanatismus abzugleiten. Daher sah die Fürstin auch die Wahrhaftigkeit eines religiösen Bekenntnisses als entscheidendes Merkmal an, das über die Art und Weise des Umgangs mit Andersdenkenden und -gläubigen entscheiden sollte. Diese Einstellung bewog auch Goethe dazu, die Fürstin Gallitzin zu besuchen. Am Tag seiner Abreise schrieb er an Jacobi, er habe in ihrem Kreis „sehr glückliche Stunden"[78] genossen. In ihr Tagebuch schrieb die Fürstin folgendes bemerkenswertes Bekenntnis:

> Ich beurtheile die Menschen bloß nach der Beschaffenheit ihres Willens; wäre dieser rein und ganz nach dem Bestreben auf beständige Besserung hingerichtet, so könnten seine Meinungen nie die geringste Veränderung in meinen Gesinnungen gegen ihn, in meiner Neigung und Liebe zu ihm zuwege bringen,

---

77   Jacobi, Eigenhändige Aufzeichnungen, S. 34 f.
78   Goethe an F. H. Jacobi, 10.12.1792, in: Trunz, Briefe, Nr. 193.

er könne katholisch, lutherisch, mahomedanisch, ein Idealist oder Realist, ein
Stoiker oder Epikuräer seinen Meinungen nach sein, wenn er nur mit Wahrhaftigkeit irrte [...]. Kurz, wenn nur seine Handlungen mit seinen Meinungen
übereinstimmten oder wenn er nur nach dieser Uebereinstimmung strebte, so
wäre er mir ehrwürdig.[79]

Das konfessionskulturell vielgestaltige Deutschland des 18. Jahrhunderts bot in
dieser Hinsicht ein starkes Gegengewicht zu den nüchternen deistischen oder
gar atheistischen Strömungen der französischen Aufklärung. So konfessionell
vielfältig wie sich das Alte Reich grundsätzlich darstellte, gestalteten sich
auch die Spielräume für die Vereinbarkeit von Glaube und Religion mit Vernunft und Aufklärung. Anhaltende Korrespondenzen und die Erfahrungen
auf Reisen machten dies immer wieder deutlich. Die aktive und aufmerksame
Auseinandersetzung mit fremden und fremdartigen Glaubensmeinungen und
Überzeugungen konnten dazu beitragen, für das gemeinsame Projekt der Aufklärung entsprechende Wege der konfessionellen Aussöhnung und Toleranz
auszuloten und zu befördern. Dies wurde von der Fürstin als konkrete Hand-
lungsempfehlung formuliert. In den sogenannten „Verhaltensregeln" für den
jungen Erbdrosten Adolf Heidenreich von Droste zu Vischering schrieb die
Fürstin daher folgendes:

> Kommt man in Gelegenheit, mit Menschen der anderen Religion umgehen
> zu müssen: so ist es gut, sich vorher zu erinnern, welche Punkte zum Wesent-
> lichen unserer Religion und welche nicht zu den wesentlichen gehören,
> z. B. Prozessieren, Bilder auf Altären u. s. f., um auch dann, wenn gegen letzteres
> gewendet wird, sich nicht einzulassen, damit man nicht verhindere das von
> ihnen zu lernen, was ein anderer Gutes von ihnen lernen könnte; hingegen,
> wenn gegen erstere gewendet wird, auch frei heraus reden und seine Religion
> nicht verleugnen.[80]

Eine solche Haltung entsprach nur allzu gut dem Vorgehen, das Rousseau mit
seinem „Glaubensbekenntnis des savoyischen Vikars" bei der calvinistischen
Bürgerschaft in Genf bezwecken wollte, das dort jedoch missbilligt und
öffentlich verbrannt wurde. Rousseaus Lebensweg verlief – wie jener der Fürstin
Gallitzin – zwischen den Konfessionen und selbst wenn er im Kontext seines
Religionsbegriffs immer wieder von „natürlicher Religion" sprach, so meinte

---

79   A. v. Gallitzin, Tagebucheintrag, 15.3.1787, in: Kitzing, Mittheilungen, S. 5 f.

80   Verhaltensregeln für Politik, Verwaltung und Leben von Fürstenberg, Overberg, Fürstin
      Gallitzin und Demetrius Gallitzin, Papa Stolberg, Lavater u.a. (1789-1792), in: AS Darfeld,
      AVc136, 9-52, hier 48. Die von Adolf Droste zu Vischering stammende Marginalnotiz ver-
      weist auf Amalia von Gallitzin als Urheberin dieses Eintrags.

er hiermit keinesfalls den nüchtern-rationalen Deismus der Aufklärung.[81]
Vielmehr wandte auch er sich gegen jede Form institutionalisierter Religiosität, die „unter Ausschaltung der Vernunft und letztlich auch des Gefühls den
Glauben auf ein bloßes für wahr halten autoritär vorgegebener ‚Wahrheiten‘
reduziert"[82]. Daher richtet sich auch Rousseau in dem „Glaubensbekenntnis"
nicht grundsätzlich gegen den katholischen Glauben als solchen, sondern
gegen die rigiden Bekenntnis- und Glaubenszwänge der Kirche. In dieser
Hinsicht erweist sich der savoyische Vikar als aufgeklärter Katholik, der zugleich Priester und Pädagoge war. Doch selbst wenn die Bezüge zu Amalia
von Gallitzin frappierend erscheinen, bleibt letztlich ungewiss, auf welche
Weise der „Émile" und die wegweisende Passage des savoyischen Vikars insbesondere die Toleranzerziehung der Kinder beeinflusste, zumal gerade
hinsichtlich der religiösen Bildung auch die hintergründigen konfessionskulturellen Sozialisationsprozesse im Kreis von Münster eine nicht unwesentlich geringere Bedeutung zugesprochen werden müsste.

Auch in diesem Umfeld bestand, wie schon gezeigt werden konnte, eine
große Offenheit für die Verbindung von katholischer Frömmigkeit mit den
Ideen und Forderungen der Aufklärung, zumal die Zusammensetzung
des Kreises auch konfessionell heterogen war. Wie tiefgreifend eine derartige Katholische Aufklärung verinnerlicht werden konnte, lässt sich
allerdings nur schwer bemessen und belegen. Denn schließlich darf nicht
unberücksichtigt bleiben, dass das Aufspüren von religiösen Identitäten wie
auch die Beschreibung einer „klar geschnittene[n] Gruppenidentität"[83] –
etwa die Frage nach einer kollektiven, des Gallitzin-Kreises eigenen auf-
klärerisch-katholischen Identität – gerade dort an ihre Grenzen stößt, wenn es
darum geht, individuelle Frömmigkeitskonzepte und religiöse Wandlungsvor-
gänge verstehen und deuten zu wollen.[84]

Mit ihrem eigenwilligen Erziehungsprojekt strebte die Fürstin Gallitzin
danach, für sich und ihre Kinder eine nach aufgeklärten Gesichtspunkten
möglichst ganzheitliche und wissenschaftlich fundierte Erziehung und
Bildung der intellektuellen Fähigkeiten, körperlichen Fertigkeiten und
moralisch-praktischen Urteilskraft zu verwirklichen. Damit brach sie mit
den rigiden ständischen Konventionen der herkömmlichen Adelserziehung,
die sich nur allmählich den Erfordernissen der Zeit anpassten. Gewöhnlich

---

81   Hierzu grundl. Bolle, Rousseau, S. 157-162.
82   Ebd., S. 160.
83   Habermas, Komplexe Gesellschaften, S. 99.
84   Vgl. Schweitzer, Religiöse Identitätsbildung; Graf, Wiederkehr der Götter, S. 95 f.; auch
      Assmann, Kollektives Gedächtnis, S. 9-19.

werden ihre Erziehungspraktiken als äußerst unkonventionell angesehen, doch bedarf es hier einer differenzierteren Einschätzung. Denn gerade dort, wo der traditionelle Hauslehrerunterricht weiter betrieben wurde und auch ihre Leibeserziehung in der Ausbildung der Ritterfertigkeiten („artes nobles")[85] bestand, erscheint ihr Erziehungsprogramm erstaunlich konventionell, zumal das Reiten und Fechten, die Handhabung von Waffen und die Jagd typische Vorbereitungsspiele darstellten, die auf praktische Kraft und Geschicklichkeit für eine spätere standesspezifische bzw. adlig-militärische Laufbahn abzielten. Das wohl wichtigste Unterscheidungsmerkmal zur Erziehung und Bildung der Fürstin Gallitzin war dann wohl jenes, dass ihr Erziehungsprojekt auf die individuelle Vervollkommnung abzielte und damit einem höheren Bildungsziel verpflichtet war als auf die körperliche Tauglichkeit eines zukünftigen Offiziers. Vielmehr bildeten die Leibesübungen – für die man neben der neuartigen Gymnastik[86] eben auch auf bewährte Methoden und Übungen des Strategiespiels zurückgriff – eine Vorbedingung und notwendige Grundlage für eine ganzheitliche und in sich stimmige geistig-moralische Bildung. Dies entsprach den gängigen anthropologisch-pädagogischen Grundannahmen der Aufklärung, mit denen die Fürstin vertraut war und die einen stufenweisen, am individuellen Entwicklungsgang des Kindes orientierten Unterricht vorsahen. Kein Auswendiglernen dogmatischer Lehrsätze, sondern das Lernen und Einprägen durch Erfahrungen und Beobachtungen stand für die Ausrichtung ihres Unterrichtes an modernen wissenschaftlichen Verfahren und Methoden. Weitreichende Freiräume, die sie durch ihre soziale wie auch finanzielle Unabhängigkeit und persönliche Selbstständigkeit gewonnen hatte, ermöglichten ihr, diese nach ihrem Ermessen für ein umfangreiches Erziehungsprojekt bestmöglich zu nutzen und zu gestalten.

Die Beförderung von tugendhaftem Verhalten und christlicher Humanität wirkte sich schließlich nicht nur auf das jeweilige individuelle Vervollkommnungsstreben aus, sondern entsprach ebenso dem Sinn und Nutzen für das Gemeinwohl. Dahinter stand allerdings keine offenkundige „Verbürgerlichung des Adels" als „Anpassung an generelle ‚bürgerliche' Leistungsnormen"[87] – selbst wenn sich gewisse bürgerlich-utilitaristische Leitvorstellungen auch im Adel verselbstständigten –, vielmehr entsprach es dem Selbstverständnis der Aufklärer, Menschenliebe, Freundschaft und Toleranz zur allgemeinen Wohlfahrt und zum gesellschaftlichen Fortschritt zu fördern. Eben diesem Selbstverständnis war auch die moralisch-sittliche

---

85 Vgl. grundl. Burgener, Frankreich, S. 165 f.
86 Vgl. GutsMuths, Gymnastik.
87 Vgl. Vierhaus, Absolutismus, S. 247.

und religiöse Bildung innerhalb der Kindererziehung geschuldet, die sich an jene grundlegende körperlich-physische und geistig-intellektuelle Vorbildung anschloss. Ein ausgesprochener Religionsunterricht fand innerhalb des Erziehungsprogramms der Amalia von Gallitzin daher nicht statt, jedenfalls keiner, der über den Erwerb der erforderlichen formalen Voraussetzungen für den Empfang der Sakramente hinausging. Vielmehr entsprach es dem aufklärerischen Verständnis der Fürstin, dass vernünftige Religiosität nicht gelehrt, sondern mit einem ausgebildeten kritisch-reflexiven Bewusstsein nur erfahren, individuell verstanden und verinnerlicht werden könnte.

Die Beschäftigung der Fürstin Gallitzin mit dem katholischen Glauben wurde im Laufe der 1790er Jahre – auch durch den Eintritt des holsteinischen Grafen Friedrich Leopold zu Stolberg in den Kreis – von immer größerer Bedeutung, zumal ihr münstersches Erziehungsprojekt als Mutter mit der Abreise ihres Sohnes Mitri nach Nordamerika zu dieser Zeit ein unerwartetes Ende gefunden hatte. Dennoch wurde in den Reisevorbereitungen im Frühjahr und Sommer 1792 die gesamte Programmatik der Gallitzin'schen Pädagogik noch einmal sinnfällig. Auch die Wahl einer derartigen Bildungsreise geschah gewiss weder aus Mangel an Alternativen noch ohne mit dem besonderen Reiseziel einen konkreten Bildungszweck zu verfolgen. Die deutsch-amerikanischen Verbindungslinien in Politik, Kultur und Gesellschaft stellten sich schon im ausgehenden 18. Jahrhundert als überaus vielfältig und weitreichend dar. Gerade von Pennsylvania aus führten sie nach Deutschland und bis zu den Mitgliedern des Gallitzin-Kreises nach Münster – und das nicht erst mit Demetrius Augustinus von Gallitzin.

TEIL II

Demetrius von Gallitzins Wirken in Pennsylvania:
Priester, Missionar, Bildungspionier

KAPITEL 1

Der Aufbruch in die Neue Welt

1.1   „Amerika ist jetzt … ein äußerst interessantes Land" –
Die Wahrnehmung der Amerikanischen Revolution im Kreis
von Münster

Als der münstersche Premierminister Franz von Fürstenberg im April 1778
mit Caspar Anton von Belderbusch (1722-1784), dem kurkölnischen Premier-,
Hof- und Staatsminister, am Bonner Hof zusammentraf, verlief ihr Gespräch anders als erwartet. Die Lage im Reich war angespannt. Nach dem
frühen Tod des Kurfürsten Max III. Joseph von Bayern war die Frage nach
der kurbayerischen Erbfolge ungeklärt geblieben und sorgte nunmehr dafür,
dass sich der österreichisch-preußische Gegensatz im Ringen um Macht,
Land und Einfluss erneut entfaltete. In dieser Gemengelage unterschiedlicher Positionen und Interessen hatten auch die kleineren Reichsstände als
souveräne Staaten Stellung zu beziehen oder eine neutrale Haltung zu wahren.
Fürstenberg und Belderbusch sahen ihrerseits durch das erneute Erstarken der
Großmächte Preußen und Österreich die bis dahin weitgehend ausbalancierte
föderative Verfassung des Reiches in Gefahr. Es galt, mit Bedachtsamkeit und
diplomatischem Geschick, die Risiken einer militärischen Eskalation, insbesondere für den nordwestdeutschen Raum, so gering wie möglich zu halten.[1]

Das Gespräch der beiden Staatsmänner, an dem auch der österreichische
Gesandtschaftssekretär Kornrumpf beteiligt war, nahm einen überraschenden
Verlauf. Weniger die neutrale Haltung, die Fürstenberg und Belderbusch als
Minister des kölnischen Kurfürsten aushandelten, als die „spekulativische Art
über den Zusammenhang der Umstände"[2], die Fürstenberg in dem eindring-
lichen Gespräch zu bedenken gab, erstaunten Kornrumpf und Belderbusch
gleichermaßen. Der westfälische Staatsmann sprach ausschweifend über
Amerika, insbesondere über die Anerkennung der Vereinigten Staaten
durch Frankreich.[3] Erst vor wenigen Wochen, am 6. Februar 1778, hatten die
Vereinigten Staaten mit dem König von Frankreich einen Freundschafts-,

---

1   Zu Belderbusch vgl. Braubach, Kurkölnische Miniaturen; Penning, Kurkölnischer Hofkammerpräsident. Zu Fürstenbergs Positionen im Erbfolgestreit vgl. Hanschmidt, Fürstenberg als Staatsmann, S. 201-249; aus reichspolitischer Sicht Aretin, Reich, S. 183-212.

2   HHStAW, RK Berichte aus dem Reich 125, fol. 443*r*-445*v*; hier 444*v*; vom 7.4.1778.

3   Zur Anerkennung der Vereinigten Staaten durch Frankreich vgl. Hochgeschwender,
Amerikanische Revolution, S. 232-257, hier 256.

© VERLAG FERDINAND SCHÖNINGH, 2020 | DOI:10.30965/9783657704255_008

Handels- und Allianzvertrag geschlossen, den, „nach allem Vermuten", so Fürstenberg, „diese Krone bereuen dürfte"[4]. Er tadelte den politischen Schritt der Franzosen zu Gunsten der amerikanischen Unabhängigkeitskämpfer und zum Nachteil des englischen Einflusses in Amerika. Es war ein offenes Geheimnis, dass Fürstenberg seit seiner Jugend zur englischen Philosophie und Politik neigte, genauso wie ihm auch gewisse Sympathien für Preußen nachgesagt wurden, zumindest wenn es darum ging, den kaiserlich-habsburgischen Einfluss zu schwächen und die Balance im Reich zu wahren.[5]

Das Zusammenspiel der Großmächte und die Konsequenzen ihrer Allianzen beschränkten sich schon längst nicht mehr nur auf Europa oder gar auf das Reich, sondern betrafen auch den amerikanischen Kontinent in zunehmender Weise. Mit seinen unerwarteten Ausführungen wich Fürstenberg der angespannten reichspolitischen Lage keinesfalls aus, sondern bewies einmal mehr sein scharfes Urteilsvermögen, seine Besonnenheit und politische Weitsicht. All sein Denken und Handeln wie auch seine politischen Entscheidungen richtete er zwar stets an ihrer Bedeutung für das Fürstbistum Münster, für Westfalen und das Reich aus, jedoch wusste er genauso die transatlantischen Entwicklungen als wichtige Einflussfaktoren gesamtpolitisch einzuordnen. Wöchentlich erhielt er zwischen 1775 und 1778 ausführliche Berichte des kurfürstlichen Gesandten aus Den Haag, Jakob Olivier Cornet (1710-1785), der ihn so aus diplomatischer Perspektive über die Entwicklungen in Amerika auf dem Laufenden hielt.[6] Die Revolution und die instabile politische Lage, die sich in Amerika abzeichnete, beunruhigte Fürstenberg. Seine Politik stand für Ruhe und Ordnung und blieb stets dem Ausgleich ihrer innewohnenden Kräfte verpflichtet. Doch Fürstenberg war ebenso bewusst, dass die Ideen der Aufklärung das Potential besaßen, die gewohnten Grenzen im Denken, Handeln, Glauben und Meinen zu sprengen, um innere Erneuerung und Fortschritt erlangen zu können. Dies ließ ihn jenes politische und gesellschaftliche Experiment – das konstitutionelle Ringen um eine neuartige föderative Verfassung[7] –, wie es sich nun schon seit geraumer Zeit auf dem nordamerikanischen Kontinent zutrug, mit großem Interesse verfolgen.

Etwa zur selben Zeit wurde dem münsterschen Dichter und Rechtgelehrten Anton Mathias Sprickmann ein verführerisches Angebot gemacht. Sein Dichterfreund Christian Adolf Overbeck (1755-1821), der in seinen Göttinger Studienjahren ebenfalls dem Hainbund nahe stand, berichtete ihm voller

---

4 HHStAW, RK Berichte aus dem Reich 125, 443r-445v, hier fol. 444v; vom 7.4.1778.
5 Vgl. Braubach, Außenpolitik, S. 342; Marquardt, Charakterstudie, S. 65.
6 Vgl. BAM, Nachlass Fürstenberg, 15/2A-15/3B.
7 Vgl. Auderset, Föderalismus; Overhoff, Föderale Verfassungen.

Enthusiasmus von seinem kühnen Plan, „die falsche Europæische Welt zu verlassen, und den glückseligen Gefilden eines zweyten Paradieses entgegen zu eilen"[8]. Die verlockende Vorstellung einer ausgedehnten Abenteuer- und Expeditionsreise in die entfernten Regionen der Südsee, worüber der Abenteurer und Naturforscher Georg Forster (1754-1794) in seinen Reiseberichten erst kurze Zeit zuvor geschrieben hatte, begeisterte Sprickmann.[9] Eine Kolonie der Dichter und Denker sollte es werden, dort auf Tahiti oder auf einer anderen Südseeinsel. Ausgestattet mit den Errungenschaften der Aufklärung und den „Einsichten der kultivierten Menschheit"[10] wollten sie – befreit von den Pflichten, Zwängen und Fehlern der alten Welt – von den Eingeborenen der Südsee jene erhabene Natürlichkeit, Reinheit und Unschuld zurückgewinnen, die sie in Europa nicht mehr finden konnten.[11] Wie empfänglich Sprickmann für derartige Ideen und Eindrücke war, belegen seine Gedankenfetzen, die ihn in jenen Jahren umtrieben: „Ich denke oft, so eine plötzliche Revolution im ganzen Kreise der Gedanken, so ein völlig Losreißen von allem, Neue Welt, neue Gefühle, neue Zukunft, wie sollte das nicht neues Leben geben?"[12] Doch nicht die ferne paradiesische Welt des Südpazifiks sprach Sprickmann an, sondern die viel greifbarere Welt, die sich mit den Vereinigten Staaten von Amerika jenseits des Atlantiks auftat, hatte ihn schon zuvor zu einer näheren Auseinandersetzung mit den nordamerikanischen Verhältnissen bewegt. Doch wenn es auch an Kritik an den europäischen Zuständen nicht mangelte, blieben für Sprickmann wie auch für die anderen Schwärmer des Hains ihre Gedanken bloße Träume, mit denen sie das Hier und Jetzt zu bewältigen suchten. Sprickmanns familiäre und berufliche Verpflichtungen, insbesondere seine zahlreichen Aufgaben, mit denen ihn Fürstenberg an den Schreibtisch fesselte, hielten ihn davon ab, sich über ein ernsthaftes Reisevorhaben Gedanken zu machen.[13] Eindrücklich schilderte Sprickmann seinem engen Dichterfreund Boie seinen ganzen Überdruss:

> Ich bin jetzt damit aufs reine gekommen, daß nun einmal der ganze Plunder hier auf der Welt, so weit sie mir ohne Gewalt zu gebrauchen offen steht, keinen Dreck werth ist; ich kann mir keine Stelle denken, auf der mir wohl sein könnte. Alles ist verdreht und nirgends Genuß für den ganzen Menschen, wenn nicht in Amerika Friede mit Freyheit kömmt – freyer Bürger auf eignem Acker, das,

---

8 Overbeck an Sprickmann, 11.11.1778, in: Jansen, Göttinger Hainbund, S. 159-161, hier 159.

9 Vgl. Goldstein, Georg Forster.

10 Ebd., S. 160.

11 Vgl. Gödden, Schwärmer, S. 98-107 („Otahitische Lesefrüchte"); ferner Jacobs, Aporien der Aufklärung, S. 65-83, hier 81 f.

12 Sprickmann an Bürger, Febr. 1777, in: Strodtmann, Briefe, Bd. 2, S. 28 f.

13 Zum Leben und Wirken Sprickmanns vgl. grundl. Gödden, Schwärmer.

Boie, ist das einzige! Da ist Beschäftigung für Körper, für Gefühl und Verstand zugleich; – alles andre, Wissenschaft und Ehre, und was wir sonst noch für schöne
Raritäten haben, ist alles einseitig und barer Quark: – und wenn ich dann nicht
aus all meinen Ausschweifungen, gegen all die Gewalt, mit der Erziehung und
Schicksal mich gedrückt haben, noch Stärke genug rette, und übrig behalte,
die Ketten zu zerbrechen, an denen ich geschmiedet liege, wie Prometheus
an seinem Felsen – ja wohl, wie Prometheus, auch mit dem Geyer, der mir das
immer wieder wachsende Herz zerfrisst, das er nicht abfressen kann.[14]

Als sich Fürstenberg der transatlantischen Welt noch mit gewisser Zurückhaltung öffnete, bezeugte Sprickmann schon ein lebendiges Interesse an der
Amerikanischen Revolution. Sein Enthusiasmus für Amerika entsprang dem
Sturm und Drang seiner Zeit und wurde durch seine Studienzeit in Göttingen
bestärkt und kultiviert. Hinter dieser Euphorie verbarg sich bei vielen deutschsprachigen Intellektuellen des ausgehenden 18. Jahrhunderts allerdings ein
nur einseitiges, stark idealisiertes und sehr abstraktes Amerikabild.[15] Amerika
diente vielen Denkern und Dichtern seit der Spätaufklärung als fruchtbare
Projektionsfläche für all die Hoffnungen, Sehnsüchte und Erwartungen, die
man mit einer neuen, viel besseren Welt verband, in der die Schwächen,
Fehler und Mängel der alten und lasterhaften europäischen Welt nicht
länger existierten. Diese Haltung vertrat auch Sprickmann, für den die kühle
Rationalität und fahle Vernunftgläubigkeit der Aufklärung den wahren Wert
individueller Empfindungen, Intuitionen und Einbildungskräfte verkannten
und so die Entfaltung individueller Begabungen behinderten. Amerika wurde
im Gegensatz zu der restriktiven europäischen Welt vorbehaltlos zum
Land der unbegrenzten Möglichkeiten, wo man wirkliche Freiheit zurückgewinnen konnte. Hierzu fügten sich die verheißungsvollen Aussichten, mit
Amerika endlich den geeigneten Ort gefunden zu haben, der dem Ur- und
Naturzustand entsprach, den einst Europa vor seiner Zivilisierung, Entfremdung und völligen Verheerung besessen hatte.[16] Dies galt nicht nur für
die ungezähmte und unkultivierte Beschaffenheit der Tier- und Pflanzenwelt,
sondern auch für ihre Bewohner, die indigenen Völker, in denen viele deutsche
Intellektuelle das Ideal des „edlen Wilden" erkannten, den sie für seine vorbild-
haften moralisch-praktischen Eigenschaften schätzten.[17]

---

14   Sprickmann an Boie, 10.6.1777, in: BJK, Autografen-Sammlung aus der ehemaligen
      Preußischen Staatsbibliothek zu Berlin, Autograf Sprickmann; nur in Auszügen schon bei
      Weinhold, Sprickmann, S. 267.

15   Vgl. Douglass, Sturm und Drang; Lerg, Amerika als Argument, S. 49 f.

16   Zur Wahrnehmung Amerikas im deutschen Bürgertum vgl. Dippel, Deutschland und die
      amerikanische Revolution; Depkat, Amerikabilder, S. 405-417.

17   Vgl. grundl. Usbeck, Kampf der Kulturen; Reusch, Germans as Noble Savages.

Während für Sprickmann die Sehnsucht nach Amerika immer größer wurde, sah Fürstenberg, der pflichtbewusste Staatslenker, durchaus noch Wege und Möglichkeiten, durch gezielte staatliche Reformen gesellschaftliche Veränderungen und Verbesserungen anstoßen zu können. Fürstenberg zog seine amerikakundlichen Kenntnisse vornehmlich aus seinen diplomatisch-politischen Kontakten, Gesprächen und Berichterstattungen, während für Sprickmann seine Göttinger Studienjahre prägend waren. In der norddeutschen Bildungslandschaft nahm die Universitätsstadt Göttingen in dieser Hinsicht eine äußerst beachtenswerte Rolle ein. So kann ihr als Ausdruck ihrer engen politischen Verbindungen zwischen dem Kurfürstentum Braunschweig-Lüneburg und dem Königreich Großbritannien eine intensive Auseinandersetzung mit den politischen Verhältnissen und gesellschaftlichen Entwicklungen in Nordamerika nachgewiesen werden, selbst wenn sich dies nicht unmittelbar in der regionalen Publizistik niederschlug.[18] Die Beziehungen zwischen Göttingen und Amerika kamen dort vielmehr in der noch einzigartigen akademischen Entfaltung einer frühen Amerikawissenschaft zum Ausdruck, die sich noch vor der Unabhängigkeit an der Universität Göttingen um den Historiker und Juristen Gottfried Achenwall (1719-1772) und seinen Schülerkreis herausbildete. So war es bezeichnend für die Göttinger Studenten, dass diese dort „ganz selbstverständlich eine schärfere und gegenwärtigere Wahrnehmung von Amerika"[19] erhielten als etwa an anderen deutschen Universitäten. Auch die Ausführungen Sprickmanns, der immerhin von 1766 bis 1768 und von 1775 bis 1776 in Göttingen rechtswissenschaftliche Studien betrieb, belegen, dass er offensichtlich nicht nur eine vage Vermutung von den amerikanischen Verhältnissen besaß. Recht beiläufig gelangte er etwa im genannten Brief zu der differenzierten Beurteilung, dass eigener Landbesitz den Nährboden für persönliche Freiheit, für gesellschaftlichen Wohlstand und Stabilität darstellte: „freyer Bürger auf eignem Acker"[20]. Im Jahr 1766, als Sprickmann in Göttingen sein Studium aufnahm, hatte gerade erst Benjamin Franklin der Universität seinen viel beachteten Besuch abgestattet.[21]

Neben dem individuellen Einfluss durch Fürstenberg und Sprickmann ist darüber hinaus der Buchmarkt als Einflussfaktor für das amerikakundliche Wissen im Kreis von Münster zu nennen. Wie Hans Erich Bödeker im Anschluss an Siegfried Sudhof bekräftigte, lag Münster „in der Übergangszone zwischen dem ‚modernen' von der Leipziger Buchmesse dominierten Buchhandel und

18   Vgl. Depkat, Die Neue Welt.
19   Vgl. Lerg, Amerika als Argument, S. 51-53, hier 53.
20   Vgl. Sprickmann an Boie, 10.6.1777, in: Weinhold, Sprickmann, S. 267.
21   Vgl. Overhoff, Franklin, S. 226 f.

dem ‚traditionellen' von der Frankfurt Buchmesse abhängigen west- und süddeutschen Buchhandel"[22], sodass die Voraussetzungen in der Hinsicht gegeben
waren, dass auch seltene und speziellere Bücher zum Kauf angeboten und erworben werden konnten. Dabei zählt es in der Tat zu den ausgesprochenen
Auffälligkeiten, dass die Mitglieder des Kreises von Münster – neben der hohen
Anzahl theologischer Abhandlungen sowie religiöser Erbauungsliteratur –
gerade auch die englischsprachigen Originalwerke englischer und schottischer
Moralphilosophen und Historiker für die persönliche Lektüre und die gemeinsamen Abendunterhaltungen erwarben. Nach den Aufzeichnungen
des münsterschen Verlagsbuchhändlers Theissing zählten Fürstenberg und
Sprickmann zu seinen häufigsten und besten Kunden.[23] Die Theissing'schen
Kundenkreditbücher verzeichnen die Namen aller Käufer mit Nachweisen
über die von ihnen erworbenen Bücher zwischen 1790 und 1823.[24] Fürstenberg bestellte etwa Adam Smiths „Moral Sentiments", David Humes „Essais"
und dessen beiden Traktate „Über das menschliche Wesen" und „Die menschliche Natur", die zusammen einmal mehr für Fürstenbergs Interesse an der
britischen Aufklärungsphilosophie belegen. Außerdem erwarb er „The Wealth
of Nations" von Adam Smith im englischen Original, die Fürstin Gallitzin eine
entsprechende deutsche Übersetzung. Häufig verzeichnete Theissing auch
die Ausgaben englischsprachiger Historiker, etwa die Werke von Robertson,
Ferguson und Gibbon. Wie es im Kreis von Münster durchaus üblich war,
wurden einzelne Exemplare auch untereinander ausgetauscht, verliehen oder
verschenkt. So erhielt Sprickmann von der Fürstin Gallitzin die Bitte, ihr eine
deutsche Übersetzung von Robertsons „History of America" zu beschaffen,
um daraus gemeinsam mit ihren Kindern lesen zu können.[25] Zwar ist der entsprechende Brief undatiert, jedoch handelt es sich wohl um den frühesten
Hinweis darauf, dass die Fürstin Gallitzin entsprechende Lesestücke über die
Geschichte Amerikas in ihren Unterricht aufzunehmen gedachte.[26] Auch die
anderen Werke boten darüber hinaus geeignete Grundlagen, um Reflexionen
über die Neue Welt anstellen zu können.

---

22   Bödeker, Buchhandel in Münster, S. 487.
23   Vgl. Bödeker, Lesen als kulturelle Praxis, S. 350.
24   StAM, Handschriften, Nr. 110: Kundenkreditbuch (bzw. Nachweis über eingekaufte
      Bücher) der Buchhandlung Friedrich Theissing in Münster; Bd. 1: 1790-1802; Bd. 2:
      1802-1823.
25   A. v. Gallitzin an Sprickmann, nach 1785, in: ULB, Nachlass Sprickmann, Kps. 23, Nr. 61.
      Eine Übersetzung existierte von Johann Friedrich Schiller (3 Bde., Leipzig 1777), einem
      Cousin des Dichters; hierzu vgl. auch Kontler, Translations.
26   Vgl. zur Robertson-Rezeption auch grundl. Knapp/Kronshage, Britisch-deutscher
      Literaturtransfer.

Im Vergleich zum Buchmarkt besaßen Zeitschriften für die Mitglieder des
Kreises von Münster eine verschwindend geringe Bedeutung. Einzelne Blätter,
wie das „Münsterische Gemeinnützige Wochenblatt", erreichten zwar für
kurze Zeit ein breites Lesepublikum, jedoch besaßen ihre Beiträge vornehmlich einen volksaufklärerischen Charakter, der die Verbundenheit mit
Westfalen ebenso betonte wie die Notwendigkeit praktisch-gemeinnütziger
Verbesserungen. Zeitschriften stellten ein nützliches erzieherisches Mittel
dar, um den einfachen Bürger und Landmann in geeigneter Weise unterhalten und belehren zu können. So traten in den westfälischen Wochen- und
Monatsschriften unter anderem Fürstenberg, Overberg, Sprickmann, Jacobi,
Buchholtz und Kistemaker als Autoren einzelner Beiträge hervor.[27] Diese
schufen allerdings wohl kaum eine angemessene Basis für die philosophisch-
pädagogisch anspruchsvollen Unterredungen im Kreis der Fürstin Gallitzin.

Erst recht spät drangen Lesestoffe in die Zeitschriften vor, die von den
Verhältnissen in Amerika berichteten. Lediglich zwei Beiträge verzeichnete
das „Gemeinnützige Wochenblatt", beide in Ausgaben des Jahres 1795. Im
zehnten Stück erschien ein kurzer Aufsatz über die „Beschreibung der Wald-
Amerikaner", der aus der Reisebeschreibung des französischen Literaten und
Amerikareisenden Jacques-Pierre Brissot de Warville (1754-1793) stammte.[28]
Auch die biografische Skizze „Franklin" über den bereits erwähnten Erfinder,
Freigeist und amerikanischen Staatsmann Benjamin Franklin, die in zwei
Teilen im sechzehnten und achtzehnten Stück des Wochenblattes gedruckt
wurde, geht vollständig auf Brissots Ausführungen zurück.[29] Mit beiden
Beiträgen verband sich ein ernsthaftes Interesse an Amerika, zumal das benachbarte Frankreich seit der blutigen Revolution, der massenhaften Flucht-
bewegung katholischer Geistliche nach Westfalen und der Grande Terreur
kein adäquates Vorbild mehr bot. Dennoch blieben amerikakundliche Beiträge im Fürstbistum Münster im Vergleich zu ihrer Präsenz in denen Zeitschriften anderer deutscher Druckorte stark unterrepräsentiert. Es mangelte
hierfür bereits an den notwendigen Voraussetzungen für eine differenziertere
Amerikawahrnehmung. Die süddeutschen Staaten und Reichsstädte – in
denen sich der Markt an Druckschriften ohnehin vielfältiger präsentierte[30] –
bestanden schon vielfältige Kommunikationskanäle in die Neue Welt, etwa
über wirtschaftliche Beziehungen, durch religiöse Missionsunternehmungen
und eine frühzeitig einsetzende Auswanderungsbewegung. Sie förderten die

27   Vgl. Kurzweg, Presse, S. 47-82.
28   Vgl. Oliver, Jacques Pierre Brissot; MsgWbl 11 (1795), 10. St., Nr. 17.
29   Ebd., 16. St., Nr. 28; 18. St., Nr. 31.
30   Vgl. grundl. Krenz, Konturen.

Genese von spezifischen „Kommunikations- und Wissensmilieus"[31], in denen Informationen über Amerika kursierten und den regionalen Zeitschriftenmarkt beeinflussten. Im Einzelnen sind hier etwa die dichten transatlantischen Netzwerke der Jesuiten, Benediktiner und Pietisten zu nennen, aber auch die in Augsburg und Nürnberg ansässigen Verleger und Drucker, die Universitäts- und Akademieprofessoren an den oberdeutschen Wissenszentren, ebenso die Gelehrten und gebildeten Beamte an den Höfen und Residenzen. Sie schufen individuelle Wissens- und Kommunikationszellen, die in ihrer Vielfalt und Beständigkeit in Westfalen und anderen Landschaften nördlich der Mainlinie nur schwerlich ausgemacht werden können. Eben dies galt auch für das Fürstbistum Münster und den Kreis von Münster, dessen Mitglieder im 18. Jahrhundert noch über keine eigenen Verbindungslinien in die Neue Welt verfügten. Der Blick über den Atlantik gelang häufig nur über prekäre Umwege, etwa durch die Lektüre von Reiseberichten, literarischen Erzählungen oder durch gelegentliche Gespräche mit Rückkehrern aus der fernen amerikanischen Welt, die jedoch oftmals ein nur verzerrtes oder idealisiertes Amerikabild vermittelten. Dies galt gewiss nicht für jene, die eigene Kommunikationswege und -netzwerke ausgebildet hatten, wie etwa Fürstenberg oder Sprickmann.

Es waren diese individuellen Begegnungen und lebensgeschichtlichen Verflechtungen, die auf den Kreis von Münster einwirkten und das Interesse an der Neuen Welt und an Amerika wachhielten. Fürstenberg begegnete den nordamerikanischen Verhältnissen als Premierminister und ehemaliger Diplomat mit Bedenken und Bedachtsamkeit, zumal er Großbritannien für seine politische Stärke, patriotische Gesinnung und einzigartige Loyalität zwischen Krone und Untertanen schätzte und sich dieser Haltung auch in unruhigen politisch-diplomatischen Zeiten immer wieder verpflichtet sah. Bis zum Ende der Amerikanischen Revolution blieb Fürstenbergs anglophile Amerika-Wahrnehmung durch den Blick seitwärts nach Großbritannien beeinflusst. Sprickmann, der Stürmer und Dränger, konnte hingegen einen unvoreingenommenen Blick über den Atlantik wagen. In seinem Amerikabild vermischten sich die Erkenntnis aus seiner akademischen Beschäftigung mit Amerika, die – ungetrübt der politischen Wirren um die amerikanische Unabhängigkeit – ein ganz eigenes Ergebnis seiner Göttinger Studienjahre waren, mit den Schwärmereien und Projektionen, die seine belletristische Lektüre zu fernen Ländern und Völkern bewirkte.

Allein die enge und langwierige Zusammenarbeit von Fürstenberg und Sprickmann an der Schulordnung legt die Vermutung nahe, dass sich beide wohl gelegentlich auch über die amerikanischen Verhältnisse austauscht

---

31   Becker, Nordamerika, S. 62.

haben dürften. Immerhin standen bei den Abendunterhaltungen im Kreis der Fürstin Gallitzin solche aktuellen Begebenheiten wie auch politische Überzeugungen zu keiner Zeit zur Debatte, um den Blick auf das gemeinsame Projekt der Aufklärung nicht zu behindern. Darüber hinaus sorgte jedoch manche Begegnung in Hofgeismar, dem von den Münsteranern recht häufig besuchten Kurbad des Landgrafen Friedrich II. von Hessen-Kassel, für allerhand Gesprächsstoff über die amerikanischen Verhältnisse. Hiervon berichtet etwa der Brief des hessischen Generals und Staatsministers Martin Ernst von Schlieffen (1732-1825) an die Fürstin Gallitzin, in dem er der Fürstin vom Einsatz hessischer Truppen im Amerika berichtete, ferner von dem dortigen Handel mit gefangenen Soldaten, von der Regierungsform in Amerika und der bemerkenswerten Vaterlandsliebe.[32] Schlieffen war 1776, im Auftrag des Landgrafen, als Gesandter in London tätig gewesen und hatte den Transport der hessischen Truppen nach Amerika begleitet, die dort britische Interessen unterstützen sollten. Ungeachtet des persönlichen Interesses von Fürstenberg und Sprickmann an Amerika sorgten die Ereignisse jenseits des Atlantiks im Kreis von Münster für ein eher schwaches, jedoch schon deutlich vernehmbares Hintergrundrauschen, das ebenso weite Kreise der deutschen Gesellschaft und Politik durchdrang und elektrisierte.

1.2 „Eine Reise nach Amerika halte ich für Mitri höchst nützlich" – Die Vorbereitungen auf eine Bildungsreise des Demetrius von Gallitzin nach Amerika

Für die Fürstin Amalia von Gallitzin traten ab etwa 1787 die Fragen nach dem weiteren Bildungsgang ihres Sohnes Demetrius und seiner zukünftigen Beschäftigung für Staat und Gesellschaft immer stärker in den Vordergrund. Sie hatte ihm eine für zeitgenössische Verhältnisse umfassende wissenschaftliche Bildung ermöglicht, die ihm zugleich die Einsichten einer aufklärerischen Religion vermittelte. Auch die alljährlichen Reisen, die in den Wochen des Spätsommers unternommen wurden, standen immer wieder unter den Vorzeichen der Suche nach einer zukünftigen Beschäftigung des jungen Fürsten. Zwar hatte sich sein Vater nach der Trennung auch aus der Kindererziehung weitgehend zurückgezogen, dennoch galt es, bei einer solchen wichtigen Entscheidung und Weichenstellung für das zukünftige Leben des Sohnes seinen Rat und sein Einverständnis einzuholen.

---

32 Vgl. M. E. v. Schlieffen an A. v. Gallitzin, 6.10.1783, in: Kitzing, Mittheilungen, S. 137-139; Friedländer, Schlieffen.

Der russische Staatsmann Dimitri Alexejewitsch Gallitzin hatte für seinen Sohn eine militärische Laufbahn vorgesehen, zumal für einen Fürsten die privilegierte Stellung eines Offiziers in Aussicht stand. Allerdings hatte hierfür sein Sohn eine nur äußerst bescheidene adlige Ausbildung bei dem französischen Fechtmeister Miquel erhalten, die ihn für einen derartigen Werdegang weitaus weniger qualifizierte als etwa einen Absolventen der adligen Ritterakademien und Kadettenanstalten Preußens und Russlands. Dennoch wurden im Laufe der Jahre unterschiedliche Möglichkeiten durchgespielt, abgewogen und Kontakte nach Russland gepflegt, die zumindest einen zeitlich begrenzten Einsatz im Heer ermöglichen sollten, um dem väterlichen Plan wenigstens in ihren Grundzügen gerecht zu werden. Die Risiken, den unerfahrenen Sohn noch vor Vollendung seines 18. Lebensjahres direkt in einen Krieg gegen die Türken zu schicken, erschienen seiner Mutter zu groß.[33] Einige Jahre später, im Mai 1792, zeichnete sich ein erneuter Versuch ab, Demetrius binnen kurzer Zeit in einem österreichischen Dragonerregiment unterbringen zu können, doch die Fürstin Gallitzin intervenierte und bat um einen weiteren Aufschub, um zunächst genauere Nachrichten über den vorgesehenen Einsatz ihres Sohnes einholen zu können.[34] Die bedächtige und abwartende Haltung der Fürstin deutet darauf hin, wie sehr sie eigentlich grundsätzlich eine militärische Laufbahn für ihren Sohn ablehnte, auf die sie ihn in keiner Weise vorbereitet hatte. Deutlicher wurde sie noch gegenüber Hemsterhuis, dem sie offen zu verstehen gab, wie sie den Eintritt ihres Sohnes in das russische Heer mit allen Mitteln zu umgehen suchte.[35] Auch die Pläne, ihrem Sohn Demetrius das Amt des Sekretärs und Adjutanten („aide-de-camp") des mainzischen Koadjutors Karl Theodor von Dalberg zu empfehlen, wurden bereits nach kurzer Zeit verworfen.[36]

Amalia von Gallitzin erkannte in ihrem Sohn keinen Offizier, Feldherrn oder Strategen, jedoch einen geeigneten Kandidaten für ein Amt in einer fürstlichen Verwaltung oder Regierung. Sie hoffte dabei auf die Vermittlung Fürstenbergs beim kölnischen Kurfürsten, der ihrem Sohn einen entsprechenden Posten zuweisen sollte. So schrieb sie an Fürstenberg ihre eindringliche Bitte:

> Empfehle mich doch dem biedern Fürsten recht angelegentlich, seine ehrwürdige, beibehaltene Einfalt attachiert mich ihm näher noch, als jemals. Mitri muß zu ihm, wenigstens zum ersten Ausflug, wenn mein Herzenswunsch erfüllt wird und er ihn aufnehmen will zum Secretair, wozu er (der Fürst nämlich) ihn

---

33   Vgl. Fürstenberg an A. v. Gallitzin, 24.4.1787, in: Sudhof, Briefe, Nr. 401.

34   Vgl. A. v. Gallitzin an Fürstenberg, 9.5.1792, in: Schlüter, Briefwechsel, I, S. 97-99.

35   Vgl. A. v. Gallitzin an Hemsterhuis, 13.11.1786, in: Sluis, Lettres, Bd. 3, Nr. 145.

36   Vgl. A. v. Gallitzin an Hemsterhuis, 15.10.1787, in: Kitzing, Mittheilungen, S. 77.

immer will und brauchen kann, vielleicht zu seinem Schul- und Finanzwesen irgendwo.[37]

Es ist nicht verwunderlich, dass die Fürstin Gallitzin einen derartigen Aufgabenbereich für ihren Sohn vorschlug, für die ihn gewiss weniger seine fürstliche Herkunft als vielmehr seine umfangreichen Kenntnisse und Fähigkeiten in sämtlichen Fächern und Disziplinen qualifizierten. Doch auch diese Vorstöße liefen bald ins Leere, zumal sich Fürstenberg zu Beginn der 1790er Jahre mit weniger Elan als erforderlich dieser Angelegenheit zu widmen schien. Dies lag weniger daran, dass das Verhältnis zu dem kölnischen Kurfürst-Erzbischof und münsterschen Fürstbischof Max Franz aus dem Hause Habsburg seit der Koadjutorwahl von 1780 durch Fürstenbergs eher pro-preußische Neigung belastet wurde. Es war vielmehr den sich abzeichnenden politischen Veränderungen geschuldet, denn die Auswirkungen der Französischen Revolution und der blutigen Terrorherrschaft sollten bald durch den unaufhörlichen Zustrom katholischer Geistlicher aus Frankreich nach Westfalen deutlich spürbar werden. Die aufgeheizte politische Situation erforderte einmal mehr Fürstenbergs Erfahrung und seinen vollen Einsatz als Staatsmann und Diplomat. Auch wenn er schon 1780 seinen Ministerposten nach der besagten, für ihn unglücklichen Koadjutorwahl verloren hatte, stand er weiterhin in regelmäßigem Kontakt mit den preußischen Generälen Martin Ernst von Schlieffen und Friedrich Wilhelm Carl von Schmettau (1743-1806), dem älteren Bruder der Fürstin Gallitzin.[38] Nach einem gemeinsamen Kuraufenthalt mit Schlieffen in Hofgeismar schrieb Fürstenberg an die Fürstin Gallitzin, dass ihn die politischen und militärischen Unterhaltungen, die ihn nun wieder umgaben, von „unendlich wichtigerem Nachdenken"[39] abhielten. Vor dem Hintergrund dieser unsicheren politischen Verhältnisse erschien es überdies mehr als leichtsinnig und schwierig, für den jungen Demetrius eine geeignete und sichere Beschäftigung finden zu können.

Ganz anders stellte sich etwa die Situation bei den Jugendfreunden von Demetrius von Gallitzin dar, die dem westfälischen Stiftsadel angehörten. Schon als Kinder erhielten die Nachkommen dieser adligen Familien – wenn sie nicht Stammhalter waren – ein ertragreiches Einkommen und eine aussichtsreiche wie prestigeträchtige Stellung durch die Zuweisung verfügbarer

---

37   A. v. Gallitzin an Fürstenberg, 16.5.1789, in: Schlüter, Briefwechsel, I, S. 85-87, hier 86 f.

38   Schlieffen stand seit 1789 wieder in preußischen Diensten. Zu seinen Verbindungen mit Fürstenberg vgl. Sudhof, Von der Aufklärung zur Romantik, S. 95 f.; Marquardt, Fürstenberg, S. 59-65.

39   So zitiert Marquardt aus einem undatierten, nicht weiter präzisierten Brief von Fürstenberg an A. v. Gallitzin, vgl. ebd., S. 61.

Präbenden in den westfälischen Domkapiteln. Dies galt für die einflussreiche
Adelsfamilie Droste zu Vischering in besonderer Weise, deren vier ältesten
Söhne die Fürstin als etwa gleichaltrige Spielgefährten ihres eigenen Sohnes
ansah und sie zu diesem Zweck regelmäßig in ihr Wohnhaus in der Grünen
Gasse einlud. Der Werdegang der Brüder Droste zu Vischering war daher im
Gegensatz zu Demetrius' vorbestimmt. Adolf Heidenreich wurde nach dem
Tod seines Vaters als ältester Sohn im Alter von 21 Jahren mit dem Amt des
Erbdrosten belehnt und zum Drosten der Ämter Horstmar und Ahaus be-
stellt, Caspar Max war bereits als Elfjähriger zum Dompropst in Minden ge-
wählt worden und Franz Otto hatte eine Domherrnstelle in Münster erhalten.
Der Bildungsgang der beiden älteren Brüder verlief noch einige Jahre lang in
ganz ähnlichen Bahnen. Sie unternahmen nach ihrem Studium ab Dezember
1791 eine ausgedehnte Reise nach Süddeutschland, in die Schweiz und bis
nach Italien, von wo sie erst Anfang 1793 zurückkehrten. Die jüngeren Brüder
Franz Otto und Clemens August wohnten ab 1790 in Münster im prächtigen
Erbdrostenhof und begannen ihr Studium an der Universität, bis auch sie 1796
zu einer Bildungsreise aufbrachten.[40] Bemerkenswert ist ihre enge Beziehung
zur Familie Gallitzin. Vor allem Adolf Heidenreich und Caspar Max pflegten
enge Freundschaften mit der Fürstin Gallitzin und ihrem Sohn. Die Fürstin
war es auch, die den beiden Freiherrn den Kontakt zu dem Dichter Matthias
Claudius und zu dem gefeierten Nationalökonomen und Pädagogen Johann
Georg Büsch (1728-1800) nach Hamburg vermittelte, bereits kurz nachdem sie
selbst aus Wandsbek und Hamburg im März 1791 zurückgekehrt war.[41]

Gemeinsam mit ihren Kindern konnte Amalia von Gallitzin auf der seit 1784
mehrfach aufgeschobenen Reise nicht nur Claudius, sondern auch den jungen
Alexander von Humboldt (1769-1859) kennenlernen, der sich in Hamburg aufhielt, um einige Studien an der von Büsch geleiteten Handelsakademie zu
betreiben. Dort beschäftigten sich die Professoren und Akademisten nicht
nur mit den gängigen Fragen erfolgreichen Wirtschaftens in Theorie und
Praxis. Man hatte sich dort einer ganzheitlichen ökonomischen, politischen
und historischen Bildung verpflichtet, die den Akademisten die besonderen
Wechselwirkungen zwischen Wirtschaft und Staatsbeschaffenheit vermittelte.
Dies schloss die Auseinandersetzung mit der Verfassung, Geschichte und

---

40   Zum Werdegang von Clemens August und Franz Otto vgl. Hänsel-Hohenhausen, Droste
      zu Vischering, hier insb. S. 75-78, 82-92.

41   Schon 1789 hatte Büsch gegenüber der Fürstin Gallitzin und Fürstenberg eine Einladung
      nach Hamburg ausgesprochen, die bei dieser Gelegenheit im Sommer 1790 auch dem
      Examen zweier Studenten beiwohnen sollte. Erst 1793 ist es zu einem derartigen Zu-
      sammentreffen gekommen, bei dem Klopstock besucht wurde, vgl. Sudhof, Gallitzin und
      Claudius, S. 77 f. Zu Büsch vgl. grundl. Hatje, Büsch.

Ökonomie der Vereinigten Staaten von Amerika nicht nur mit ein, sondern gerade diese wurde mit besonderem Nachdruck und großer Begeisterung betrieben.[42] Von Amerika wusste der junge Alexander von Humboldt der Reisegesellschaft – zu der die Fürstin, ihre beiden Kinder und Overberg gehörte – wohl einiges zu erzählen, wobei dies gewiss nicht nur aus seinem Studium hervorging. Sein ehemaliger Hauslehrer, der Pädagoge Joachim Heinrich Campe, hatte gerade in jenen Tagen, als die Familie Gallitzin in Hamburg zu Besuch war, ihm von dem großen Projekt berichtet, die politischen und gesellschaftlichen Verhältnisse in Amerika vor Ort näher zu studieren, zu wollen. Erst im Herbst 1789 hatte Campe mit Wilhelm von Humboldt (1767-1835), dem älteren Bruder, eine Bildungsreise ins revolutionäre Paris unternommen. Für das neue Projekt wollte sich nun Alexander von Humboldt selbst als Reisebegleiter ins Spiel bringen:

> Campe hat ein Projekt, nach Amerika zu reisen. Ob er es ausführt, ist noch ungewiß. Denken Sie sich aber, Lieber, die Veranlassung, die er angiebt, nicht etwa um die westind[ische] Jugend mit einem Transport seiner Kinderbibliotheken, Robinsonaden p. zu beglükken, nicht um den Wilden seinen neuen Beweis für die Unsterblichkeit der Seele zu predigen, nicht um das Tanzen in Philadelphia nach den Regeln der Keuschheit zu reguliren – nein, um die Verfassung des Nordamerikan[ische] Freistaats in der Nähe zu studiren, sie nach einem Jahre (denn so lange soll ihn Europa entbehren) der alten Welt laut zu verkündigen und so Freiheit und Wahrheit über die Menschheit zu verbreiten. Ist je eine drolligere Idee in eines Menschen Kopf gekommen! Ich erwarte täglich den Brief, worinn Campe mir das Mitreisen anbietet.[43]

Es blieb jedoch bei diesem schwärmerischen Plan, sodass Alexander von Humboldt erst 1804 die Vereinigten Staaten von Amerika betreten würde.[44] Die zufällige Begegnung mit der Fürstin Gallitzin und ihren Kindern in Hamburg hinterließ sowohl bei den Reisenden aus Münster als auch bei ihm selbst keinen bleibenden Eindruck, zumindest ist kein weiterer persönlicher Kontakt überliefert. Wahrscheinlich war hierfür auch der recht gute Kontakt Humboldts zu Dimitri Alexejewitsch von Gallitzin nicht unerheblich, von dem die Fürstin gerade in dieser Zeit größtmögliche Distanz wahren wollte. Humboldt hatte den Fürsten Gallitzin als Mineralogen während eines Aufenthalts in Holland und am mainzischen Hof in Aschaffenburg kennen und schätzen gelernt und pflegte noch immer einen regelmäßigen Briefwechsel mit ihm: „Gallitzin ist ein überaus gutmüthiger alter Mann", berichtete Humboldt im April 1791 an

---

42 Vgl. Overhoff, Die transatlantischen Bezüge.
43 A. v. Humboldt an Sömmering, 28.1.1791, in: Jahn/Gustav, Jugendbriefe, Nr. 65.
44 Vgl. Friis, Humboldts Besuch; Rebok, Humboldt and Jefferson.

Campe, „der erst in seinem 52 oder 54ten Jahre angefangen hat, Mineralogie zu studieren. Er besitzt schöne, recht schöne Kenntnisse, dabei aber auch, wie so viele verständige Menschen, etwas Hypothesensucht."[45] Warum die Reisegesellschaft zu einer derart ungewöhnlichen Jahreszeit nach Hamburg aufbrach, lässt sich nicht endgültig ermitteln. Es geschah mit Sicherheit spontan, denn es war keine Zeit geblieben, zuvor einen Brief aufzusetzen, um den Besuch bei Büsch in Hamburg rechtzeitig ankündigen zu können.

War es der Gedanke, den jungen Demetrius an die Handelsakademie nach Hamburg zu schicken, um ihn durch eine praktische Ausbildung und durch vielseitige Studien im Handels- und Staatswesen auf einen Posten in der Verwaltung und Regierung vorzubereiten, so blieb auch dieser Versuch vergebens. Denn als die Reisegesellschaft ganz unerwartet am Haus des Professors Büsch eintraf, um sich mit ihm über derartige Pläne zu beraten, begegneten sie nur seinem Studenten Alexander von Humboldt, der dort zu dieser Zeit wohnte und seine Studien betrieb.[46] Ein weiterer Versuch, den persönlichen Kontakt mit Büsch zu suchen, wurde nicht unternommen. Auch ein grundständisches Universitätsstudium in Göttingen wurde für Demetrius nicht in Betracht gezogen, selbst wenn Luise Mejer, die erste Frau des Dichters Boie, den Besuch der Familie Gallitzin in Göttingen schon 1781 in dieser Hinsicht zu deuten versuchte.[47] Die Verbindung nach Hamburg entwickelte sich allerdings für die Brüder Adolf Heidenreich und Caspar Max Droste zu Vischering zum Vorteil. Diese standen bald in persönlichem Kontakt mit Büsch und besuchten seinen Unterricht zwischen August und Oktober 1791.[48] Adolf Heidenreich forderte zu dieser Zeit seinen Freund Demetrius von Gallitzin in einem persönlichen Brief erneut dazu auf, nach Hamburg zu reisen und mit ihnen einige Wochen bei Büsch zu studieren. Demetrius zeigte jedoch kein Interesse und ließ den Sommer ohne eine Antwort an den Erbdrosten verstreichen. Erst am 9. Oktober verfasste Demetrius von Gallitzin endlich eine kurze Antwort, als es für den Vorschlag zu spät war.[49] Schon im November sollte nämlich das ausgedehnte Projekt einer Bildungsreise von Adolf Heidenreich und Caspar Max Droste zu Vischering in Angriff genommen werden.

Eine derartige Bildungsreise wurde bald auch für Demetrius von Gallitzin in Erwägung gezogen, auch um ihn durch eine möglichst weite Distanz dem

---

45   A. v. Humboldt an Campe, 5.4.1791, in: Schmitt, Briefe, Nr. 511.

46   Humboldt wohnte von August 1790 bis Mai 1791 im Haus von J. G. Büsch, vgl. ebd.

47   L. Mejer an H. Chr. Boie, 8.9.1781, in: Schreiber, Briefwechsel, S. 109.

48   Dies hatte nachweislich die Fürstin Gallitzin in die Wege geleitet, vgl. D. v. Gallitzin an A. H. Droste z. Vischering, AS Darfeld, AVc146, 82-84. Für den Kontakt der Droste-Brüder mit Büsch vgl. die Unterlagen in AS Darfeld, AVc10, e3.

49   D. v. Gallitzin an A. H. Droste z. Vischering, 9.10.1791, in: AS Darfeld, AVc146, 1-4.

direkten Einflussbereich seines Vaters zu entziehen und so einer möglichen Verpflichtung im russischen Heer zu entgehen. Im Herbst 1791 erkundigte sich Dimitri Alexejewitsch Gallitzin wieder einmal bei seiner Gattin, welchen Weg sie für ihren Sohn ausgewählt hatte. Dem Diplomaten Fürstenberg wurde das Verfassen eines Antwortschreibens überlassen, der bei dem Fürsten jeden Verdacht aus dem Weg räumen sollte, dass man seinen Sohn auf eine geistliche Laufbahn vorbereiten wollte. Er versicherte ihm vielmehr, dass sich Demetrius, wozu er sich auch immer entscheiden mag, seiner Familie Ehre machen werde:

> In unserer Zeit hängt alles von Sitten und Qualitäten ab, mit denen man seine Karriere macht. Die Fürstin wird den überstürzten Entschluss aufhalten, aber wenn sein Entschluss reif und entschieden ist, sehe ich weder das Mittel ihn aufzuhalten noch die Notwendigkeit. Es handelt sich um sein Glück. Schließlich bin ich der Meinung, dass die Fürstin weiterhin die Talente und das Herz von Mitri fördern muss. So wird er der Familie Ehre machen.[50]

Das Drängen des Fürsten konnte durch Fürstenbergs geschickte Vermittlung vorerst abgewendet werden. Allerdings gestaltete sich die Idee einer ausgedehnten Bildungsreise als schwer umsetzbar. Da die politischen Verhältnisse in Europa angespannt waren und man sich auch für traditionelle Reiserouten in die Schweiz und nach Italien nicht begeistern konnte, ergab sich bald der Gedanke einer Reise nach Amerika. Diese Möglichkeit hatten jedoch weder Fürstenberg noch Sprickmann ins Spiel gebracht, denn sie besaßen außer einem wirklichen Interesse keine eigenen Kontakte in der Neuen Welt, die sie für die Durchführung eines derartigen Projekts hätten aktivieren können.

Der wichtigste Förderer dieser Idee und die eigentliche Schlüsselfigur war ein junger Geistlicher, Franz Xaver Brosius (1768-1843), der gebürtig aus Luxemburg stammte und ab 1790 für wenige Monate mit Theodor Katerkamp als Hauslehrer vom Erbdrosten zu Vischering angestellt wurde.[51] Brosius wurde der Familie Gallitzin bekannt, als sich die jüngeren Brüder des Erbdrosten in fortgeschrittenem Jugendalter nicht mehr nur in Darfeld, sondern auch vermehrt in Münster aufhielten und dort bald in engerem Kontakt zum Gallitzin-Kreis standen. Vor seiner Hauslehrertätigkeit hatte Brosius einige Zeit am Jesuitenkolleg in Köln verbracht sowie ein umfassendes Studium an der Académie anglaise in Liège absolviert. Diese Bildungseinrichtung war die Neugründung eines 1773 aufgehobenen Kollegs englischer Jesuiten, das sich

---

50 Fürstenberg an D. v. Gallitzin (sen.), 15.9.1791, in: ULB, Nachlass Gallitzin, Kps. 36, Nr. 54. Die dt. Übers. des frz. Originals liefern hier Lammers/Lammers, Lebensgeschichte, S. 79 f.
51 Vgl. Katerkamp, Denkwürdigkeiten, S. 209; Hänsel-Hohenhausen, Droste zu Vischering, S. 70 f.; FTB, Stammbuch der Brosius. Abschrift des Originals, S. 2.

seit seiner Errichtung im Jahr 1614 vor allem durch die exzellente Förderung der Naturwissenschaften, der Mathematik, Physik und Astronomie, ausgezeichnet hatte und eine international anerkannte Bildungsstätte war. Ihre Umwandlung in eine Akademie erfolgte ab 1773 durch eine behutsame Revision des internen Curriculums, das zuvor von der Ratio Studiorum maßgeblich bestimmt war. Die Pädagogik der Aufklärung sowie die Bemühungen des liberalen Liègeer Fürstbischofs Franz Karl von Velbrück (1719-1784)[52] im Zuge der Aufhebung des Jesuitenordens um eine landesweite Bildungsreform, bewirkten zu dieser Zeit eine vorsichtige Erweiterung des Lehrplans der Akademie. Um 1780 gehörten zu den Lehrinhalten – neben dem eingängigen Studium der Theologie – das Lesen und Schreiben sämtlicher Literatur und Philosophie („toutes les parties de Belles-Lettres & de la Philosophie"), die englische, französische, deutsche, lateinische, griechische und hebräische Sprache, die biblische und profane Geschichte, die Geografie, Arithmetik, Algebra, Geometrie, Astronomie und weitere mathematische Teilgebiete. Darüber hinaus wurden Kurse in allgemeiner und spezieller Physik angeboten, in denen die Grundprinzipien den Studenten durch Experimente gezeigt und erfahrbar gemacht wurden („on les rendra sensibles par des experiences"). Hierfür stand der Akademie ein ganzes Arsenal aufwendiger mathematisch-physikalischer Apparaturen und Instrumente zur Verfügung („diverses machines & instrumens rassembles à grands frais & qui forment un Cabinet"), die teilweise auch in dem großzügigen Garten der Akademie einen Platz fanden.[53]

Das Jesuitenkolleg hatte sich als eine Gründung englischer Exiljesuiten die Ausbildung von Priestern für die katholische Mission in England zur Aufgabe gemacht. Auch nach der Umwandlung in eine Akademie blieb die Einrichtung diesem Zweck verpflichtet, wenngleich sich sowohl ihr Einzugsgebiet als auch der Bedarf an Priestern in den weltweiten Missionen vergrößert hatte. Der aus dem Bundesstaat Maryland stammende John Carroll (1736-1815), der unter anderem in Liège studiert und gelehrt hatte und seit 1784 als Apostolischer Präfekt für die katholische Mission in den Vereinigten Staaten von Amerika zuständig war, hegte große Erwartungen an die Akademie, von der er sich geeignete Priesteramtskandidaten erhoffte.[54] Bis zur Eröffnung des Georgetown College im Jahr 1789 besaß Amerika noch keine eigene Ausbildungsstätte für katholische Geistliche. Die Akademie in Liège war daher

---

52   Vgl. Baum, Velbrück; Parthoens, Velbrück.

53   Vgl. im Einzelnen die präzisen Ausführungen zur „Académie anglaise" bei Whitehead, Jesuit Secondary Education; Whitehead, English Jesuit Education, hier insb. S. 133.

54   Vgl. Whitehead, English Jesuit Education, S. 163 f.; Spalding, John Carroll.

für lange Zeit der ausgewiesene und bevorzugte Studienort für junge Geistliche, die in Amerika als Geistliche und Missionare wirken wollten. Zwischen
1773 und 1794 besuchten nachweislich mehr als fünfhundert Studenten die
Akademie, aus England, Irland, Belgien, Luxemburg, Frankreich, Spanien
sowie aus den Vereinigten Staaten von Amerika und aus der Karibik.[55]

Nach nur kurzer Tätigkeit im Dienst des Erbdrosten zu Vischering kehrte
Franz Xaver Brosius im Sommer 1790 an die Akademie nach Liège zurück,
um seine Priesterausbildung abzuschließen.[56] Zu diesem Zeitpunkt hatte er
bereits den Entschluss gefasst, sich sobald wie möglich der amerikanischen
Mission widmen zu wollen. Auch hatte er schon den Kontakt zu John Carroll,
der kurz vor seiner Weihe zum ersten Bischof von Baltimore stand, gesucht.
Wie aus seinem Brief vom 9. August 1790 hervorgeht, versuchte er ihn davon
zu überzeugen, ihm noch im selben Jahr die Reise nach Amerika zu ermöglichen. Seiner Meinung nach bereitete eine frühere Abreise keine zusätzlichen
Kosten, zudem hätte sie nur Vorteile. So könnte er seine englischen Sprachkenntnisse viel besser in Amerika verbessern als anderswo, zumal er dabei
die Mentalität der Amerikaner kennenlernen würde („le caractere national
des américains"). Darüber hinaus könnte er vor Beginn seiner Mission erste
Gottesdienste halten, den Gläubigen die Beichte abnehmen und schon auf
Französisch und Deutsch predigen. Doch die noch ausstehende Priesterweihe sowie seine nach kanonischem Recht nicht einfach zu erwirkende Ent-
pflichtung aus dem Bistum Münster sorgten dafür, dass Carroll der Abreise
nach Amerika noch Aufschub gewähren musste. Daran konnten auch seine
ausgezeichneten Referenzen nichts ändern, die Carroll über die Akademie zu
Liège beim Rektor des Kölner Jesuitenkollegs einholte.[57]

Als Brosius daraufhin im Frühjahr 1792 wieder nach Münster zurückkehrte,
um die verbleibenden Monate bis zu seiner Abreise in seinem münsterschen
Freundeskreis zu verbringen[58], fasste die Fürstin Gallitzin den Entschluss,
ihrem Sohn eine Reise nach Amerika vorzuschlagen. Nach der erfolglosen
Reise nach Hamburg waren wieder Monate ohne neue Projekte und Vorschläge
verstrichen und der alljährliche Besuch ihres Gatten in Münster kündigte
sich an. Die Fürstin beriet sich mit Fürstenberg, Overberg und auch Brosius,

---

55   Vgl. Whitehead, English Jesuit Education, S. 161.

56   Im Mai 1790 war Brosius nachweislich noch in Münster, vgl. D. v. Gallitzin an die Brüder
    Droste zu Vischering, 2.5.1790, in: AS Darfeld, AVc146. Auch hielt sich Brosius einige Zeit
    bei seinem Bruder Henri-Ignace Brosius in Leuven auf, zu ihm vgl. Kreins, La plume et la
    glaive.

57   Brosius an John Carroll, 9.8.1790, in: AAB, Carroll Papers, 2b2; Marmaduke Stone an John
    Carroll, 16.8.1790, in: AAB, Carroll Papers, 7V1; vgl. Spalding, John Carroll, Nr. 14 f.

58   Vgl. Katerkamp, Denkwürdigkeiten, S. 209 f.

noch bevor sie ihrem Sohn den Vorschlag unterbreitete. Sie alle waren ihrer
Meinung, dass Demetrius – mittlerweile in seinem 22. Lebensjahr – nur „durch
irgendein Abenteuer allein noch aufzuhelfen sei"[59]. Fürstenberg schrieb ihr in
dieser Zeit einen ausführlichen Brief, in dem er seine Meinung zu ihrem Vorschlag ausführlich begründete:

> Eine Reise nach Amerika halte ich für Mitri höchst nützlich. Sein Kopf ist durch
> gründliche Unterweisung und Uebung sehr ausgebildet. Die Energie muß in Be-
> wegung gesetzt werden. Was weite Reise, Seereise, fast ganz unter Fremden für
> eine Macht hat, um den Menschen zu entwickeln, seine Thätigkeit zu reizen,
> ihm zum Gebrauch seiner Kräfte zu nöthigen, ist bekannt.
> Amerika ist jetzt für einen, welcher mit Beobachtungsgeist reisen will,
> ein äußerst interessantes Land. – Nur das politische; der erste Versuch einer
> theoretisch calculierten ganz eigenen Verfassung mit ihren guten und mißlichen
> Folgen, Wirkungen auf Energie, Leidenschaften, Sitten, auch auf Industrie
> und Handel; jetzt vermuthlich der wahre Augenblick, um alles in Bewegung
> zu beobachten; ein äußerst reiches Feld für den politisch-philosophischen Be-
> obachter. Mitri hat viel reine Mathematik, ziemlich viel Astronomie, Mechanik
> und Physik, ist mit der alten und der Teutschen Geschichte sehr psychologisch
> bekannt, hat sehr viel Psychologie und sehr practisch, ist folglich durch die Er-
> ziehung sehr gut vorbereitet.[60]

Fürstenberg bewertete den Vorschlag zum einen vor dem Hintergrund der Erziehung und Bildung, die Demetrius in Münster erfahren hatte, zum anderen
in Bezug auf die politische Lage in Amerika. Nach Ende des Unabhängigkeits-
krieges stellten sich ihm die Vereinigten Staaten von Amerika nunmehr als
ein sicheres und äußerst anregendes Reiseziel dar. Von seinen einstigen Vorbehalten gegenüber der noch unklaren politischen Gesamtsituation war nichts
mehr zu spüren, zumal sich ihm die Lage in Europa nach der Französischen
Revolution weitaus verheerender darstellte als in Amerika. Die Wahl fiel jedoch
nicht durch den Ausschluss anderer möglicher Reiseziele auf die Vereinigten
Staaten. Vielmehr war dies eine bewusste Entscheidung, die durch das unaufhörliche Streben nach Fortschritt und Aufklärung befördert wurde.
    Eine Reise nach Italien wäre als letzter Schritt einer adligen Standesbildung
viel stärker traditionellen Bildungszielen verpflichtet gewesen.[61] Amerika
galt hingegen als ein Ort, an dem sich „der Fortschritt der Geschichte zur
Sichtbarkeit [verdichtete]"[62] und zwar mehr noch als in Frankreich oder im
industrialisierten Großbritannien. Fürstenbergs Begeisterung und Fürsprache

---

59   A. v. Gallitzin, Tagebucheintrag, 13.4.1792, in: Schlüter, Briefwechsel, II, S. 434-436, hier 434.
60   Fürstenberg an A. v. Gallitzin, 1792, in: Kitzing, Mittheilungen, S. 174 f.
61   Vgl. Reif, Adel, S. 364-368.
62   Brenner, Reisen in die Neue Welt, S. 254.

ergab sich aus dem Interesse der deutschen Spätaufklärung an den verfassungsrechtlichen Grundsätzen der Vereinigten Staaten von Amerika, das
seit den 1780er Jahren wie eine „zweite, politische Entdeckung Nordamerikas"[63]
wirkte und eben das aufzudecken vermochte, was sich hinter den bloßen
Projektionen und vagen Vorstellungen von Amerika verbarg. Während die süd-
amerikanische Neue Welt ihre betörende Wirkung durch ihre absolute Fremd-
heit und Exotik der Tier- und Pflanzenwelt nichts einbüßen musste, wurden
die Vereinigten Staaten auf dem nordamerikanischen Kontinent mit ihren
Menschen- und Bürgerrechtserklärungen wie auch mit ihrem grundlegenden
Demokratieverständnis zum Vorbild.[64] Amerika erschien als „das Land der
Zukunft"[65], wo sich jener gesellschaftliche Fortschritt abzeichnete, den sich
viele Intellektuelle im Zeitalter der Aufklärung auch für Deutschland und
Europa herbeisehnten. Die Schauplätze von Revolutionen als Stationen einer
Bildungsreise zu wählen, ermöglichten Einblicke in politische und soziale
Wandlungsprozesse, die sich an jenen Orten in zeitlich verdichteter und be-
schleunigter Weise abgespielt hatten.[66] Durch aufmerksame Beobachtung
ließen sich in Amerika wertvolle und umfassende Kenntnisse gewinnen, die
für alle Bereiche des öffentlichen Lebens für gesellschaftlichen Fortschritt und
ökonomischen Wohlstand nützlich sein konnten. Fürstenberg war sich sicher,
dass Demetrius alle notwendigen Kenntnisse und Fähigkeiten lange genug
eingeübt hatte, um aus dem ehrgeizigen Reiseprojekt den größten Nutzen
ziehen zu können. Dies galt für Fürstenberg nicht nur um seiner selbst willen,
sondern auch in Hinblick auf eine anschließende Tätigkeit im Staatsdienst, die
Demetrius nach seiner Rückkehr aus Amerika ergreifen sollte.

Mit Brosius hatte die Fürstin Gallitzin einen Begleiter gefunden, der die
erforderliche Nähe und Distanz zu ihrem Sohn besaß, ihm dennoch immer
freundschaftlich verbunden war und als Lehrer die Studien während der Reise
anleiten konnte. Gerade letzteres war entscheidend, denn man hatte den
jungen Fürsten in seiner Kindheit und Jugend öfter als schwach und faul wahrgenommen und ihm daher nicht immer die besten Anlagen und Charaktereigenschaften bescheinigt. Darüber schrieb Fürstenberg an die Fürstin
Gallitzin:

> [Demetrius] muß zu dem Ende einen Begleiter haben, welcher ihm zu den
> ersten Bekanntschaften nützlich sein und dessen Urtheil oder Vorurtheil auf
> das Urtheil von Mitri doch nicht zu viel Einfluß habe. Er muß da lernen selbst

---

63   Engelsing, Deutschland, S. 139; Douglass, Sturm und Drang.
64   Vgl. König/Rinke, Neue Welt, S. 122 f. Im Einzelnen vgl. Fraenkel, Amerika.
65   Hegel, Vorlesungen, S. 147.
66   Vgl. Glaubitz, Didaktik der Bildungsreise, S. 70.

urtheilen. Der Begleiter muß zugleich ein vernünftiger, moralisch guter Mann seyn, welcher für desselben Gesundheit ec. Sorge und Nachricht gebe.[67]

Für die Fürstin war Brosius ein „Spiegel der Gottseeligkeit"[68] und auch Overberg notierte in seinem Tagebuch, wie ihm Brosius' „hohe und thätige Reinheit"[69] sogar für seine persönliche Selbsterforschung als Vorbild diente. Beide brachten so auf ihre Weise zum Ausdruck, wie sehr sie Brosius beinah blind vertrauten, den sie für seine fachlichen Fähigkeiten und moralischen Anlagen besonders schätzten. Während der für eine Dauer von zwei Jahren veranschlagten Bildungsreise sollte Demetrius daher nicht nur Land und Leute kennenlernen, sondern auch seine wissenschaftlichen Studien unter der Aufsicht des zukünftigen Missionars Brosius weiterführen. Die Empfehlung seines Onkels, des preußischen Generals Friedrich Wilhelm Carl von Schmettau, Demetrius in die Obhut des amerikanischen Feldherrn und damaligen Präsidenten George Washington (1732-1799)[70] zu schicken, stieß bei Fürstenberg und der Fürstin allerdings auf Ablehnung:

> Der Vorschlag Mitri zum Washington zu schicken hat für mich etwas bedenkliches. Man hat zwar die ganze Erziehung hindurch getrachtet, Mitri in der Folge für blindes Annehmen fremder Meinungen und Vorurtheile zu bewahren, aber er ist noch jung, schwach und eitel, der Ruf von Washington ist für ihn zu imposant, desselben Meinung, auch wohl Sitten würde er aus Verehrung und Gefälligkeit vielleicht unüberlegt annehmen. Man weiß die Wirkung, welche ein großer Mann auf einen jungen Menschen thut. Und wer kennt unter uns Washingtons religiöse und sittliche Grundsätze, desselben politische Moral. Der Vorschlag hat Bedenklichkeiten.[71]

Fürstenbergs Ausführungen spiegeln nur zu gut wider, wie sehr ihn selbst die Vorstellung einer Amerikareise reizte, auf der er als ein erfahrener Diplomat und Staatsmann die Begegnung mit Washington hätte suchen können. Zwar bewertete Fürstenberg die amerikanische Verfassung durchaus positiv, jedoch schloss ihr republikanischer Geist nicht aus, dass ein Staatsmann wie Washington nicht auch von Ehrgeiz und Parteigeist erfüllt sein konnte. Diesen grundsätzlichen Gedanken hatte einst auch Hemsterhuis gegenüber Fürstenberg geäußert und ihm ausführlich dargelegt, inwiefern sich ein Parteigeist („l'esprit de parti") in guten und schlechten republikanischen Verfassungen

---

67   Fürstenberg an A. v. Gallitzin, 1792, in: Kitzing, Mittheilungen, S. 175.
68   A. v. Gallitzin an A. H. Erbdroste zu Vischering, 2.9.1792, in: AS Darfeld, AVc 142, S. 22.
69   Overbergs, Tagebucheintrag, 23.7.1792, in: DBM, Nachlass Overberg, Tagebücher 1792, H. 1.
70   Vgl. Overhoff, Friedrich der Große und George Washington.
71   Fürstenberg an A. v. Gallitzin, in: Kitzing, Mittheilungen, S. 175.

entfalten könnte.[72] Hier lagen Fürstenbergs Vorbehalte gegenüber Washington begründet, ohne nähere Kenntnisse von dessen Persönlichkeit zu besitzen. Demetrius entschied sich im vertrauten Gespräch mit seiner Mutter für die Reise nach Amerika und damit in jenes ferne Land, von dem in seiner Jugend immer wieder so begeistert gesprochen wurde. Die Fürstin war allerdings bestürzt denn sie hatte kaum erwartet, dass sich ihr Sohn auf das Projekt wirklich einlassen würde. Sie überließ es Fürstenberg, einen Brief zur Akademie nach Liège aufzusetzen, um die Abreise nach Amerika abzustimmen. Vorher hatte die Fürstin das Reiseprojekt noch ihrem Gatten darzulegen und sein Einverständnis einzuholen.[73] Dies konnte geschehen, als der Fürst seine Familie im Juni 1792 in Münster besuchte. Kurz notierte die Fürstin in ihrem Tagebuch, dass der Fürst „das Project von Amerika, wie alle übrigen, sehr gut aufgenommen"[74] habe. Noch wog man sich in der Gewissheit, bis zur Abreise genügend Zeit zu haben, um alle notwendigen Vorbereitungen treffen zu können.

Im Juli 1792 überschlugen sich dann die Ereignisse, Brief auf Brief folgte, in denen Fürstenberg aus Münster die Überfahrt für Demetrius von Rotterdam nach Baltimore auf den Weg brachte.[75] Die Abreise sollte nun schon in kurzer Zeit geschehen. Die Verhandlungen in Liège und Rotterdam gestalteten sich zunächst schwierig, denn der Fürst Gallitzin hatte bei seinem Besuch in Münster darum gebeten, seinen Sohn inkognito reisen zu lassen. Dies sollte seine hochadlige Abstammung verbergen und ihm möglichst wenig Irritationen in dem demokratisch-republikanisch verfassten Staat bereiten. Fürstenberg nutzte daher schon in seiner Korrespondenz mir Liège für Demetrius den Decknamen ‚Augustinus Schmidt'[76], den dieser noch viele Jahre in Amerika führte. Auch in Münster sollte die Abreise geheim gehalten werden und – so auch die Bitte an Sprickmann – „ohne Ausnahme unter uns"[77] bleiben. Die Fürstin bat Sprickmann zudem, dass er ihren Sohn noch schnell in den Grundlagen der amerikanischen Verfassung unterrichten möge, zumindest geeignete Bücher zu beschaffen, die ihm das Studium in Amerika ermöglichen sollten. Mit rascher Feder verfasste die Fürstin am 22. Juli 1792 einige Zeilen an Sprickmann:

---

72   Vgl. Hemsterhuis an Fürstenberg, 19.11.1782, in: Sluis, Briefwisseling, Nr. 125.
73   A. v. Gallitzin, Tagebucheinträge, 13.4./22.4.1792, in: Schlüter, Briefwechsel, II, S. 434, 436 f.
74   A. v. Gallitzin, Tagebucheintrag, 24.6.1792, in: ebd., S. 453-455, hier 454.
75   Trotz intensiver Recherchen konnte diese Korrespondenz nicht archivalisch nachgewiesen werden, Fragmente werden wiedergegeben bei Schlüter, Briefwechsel, I, S. 99-102.
76   Gewiss war dieser Name eine Anlehnung an den Geburtsnamen der Mutter: Schmettau.
77   A. v. Gallitzin an Sprickmann, 22.7.1792, in: ULB, Nachlass Gallitzin, Kps. 23, Nr. 76.

Denken sie also doch, ihm so viel von den wichtigsten Begrifen über Verfassung u.d.g. im Allgemeinen u. so viel möglich in Verbindung mit Moral und wahrer Glüchseligkeits-Lehre mit zu geben, daß ihm dadurch das Studieren der Verfassung in Büchern und unter Menschen selbst erleichtert werde, wenn er sich die von ihnen erhalten Begriffe aufschreibt. Ich gebe ihm de L'olmes Verfassung von Engelland u. Montesquieu – Schmidt und Büsch (die er schon mit mir studiert hat) über Commerz, National-Reichthum u. Geld-Umlauf Büschens[;] Politische Geschichte – Millot abrege de L'histoire ancienne et moderne et d'angelterres; Teucidides u. Xenophon u. Plato – Robertsons Entdekung von America und Voyages d'Anacharsis mit. Hr. Schmids deutsche Geschichte mag ihm nicht mitgeben, sie ist zu weitläufig als daß ich von ihm ein vollständiges Studium derselben wenn es ohne fremden Antrieb ist, erwarten könne und dabei wie sie oft gesagt haben, voll Vorurtheilen, die in einem unweg- und regsamen Kopf wie der seinige – wenn keiner zur Seite ist, der ihm Reflection reicht – wie Pech kleben.[78]

Die flüchtige Auswahl der Schriften gibt nicht nur einen Einblick in die umfangreiche Bibliothek der Fürstin Gallitzin, sondern auch in das Studienprogramm, das sie für ihren Sohn und seine historisch-politisch-philosophischen Beobachtungen vorsah. Hierzu zählte das Studium neuerer Schriften zur Geschichte, Verfassung und Ökonomie, die eine nützliche theoretische Grundlage für seine umfassenden Reflexionen in Amerika bilden sollten. Diesen stellte sie einige Werke griechischer Philosophen und Geschichtsschreiber zur Seite, die eine noch tiefere Reflexion über staatsphilosophische Zusammenhänge ermöglichten. Die eingehende Lektüre zielte keinesfalls darauf ab, sich nur gelehrtes Buchwissen anzueignen. Es sollte vielmehr eine nützliche Grundlage bilden, um auf der Reise aus den unmittelbaren Eindrücken, sinnlichen Erfahrungen und realen Anschauungen neue Erkenntnisse zu gewinnen und sich ein eigenständiges Urteil bilden zu können.[79] Eben dieses methodisch-didaktische Grundverständnis einer Bildungsreise brachte auch

---

78   Hier handelt es sich um die Werke von Jean-Louis Delolme, Die Staatsverfassung von England oder Nachricht von der englischen Regierung, worinn sie mit der republikanischen Form und gelegentlich mit den anderen Monarchien in Europa verglichen wird (Leipzig 1776); Charles-Louis de Secondat, Baron de Montesquieu, De L'esprit des Lois (Genf 1748); Johann Georg Büsch, Abhandlung von dem Geld-Umlauf in anhaltender Rücksicht auf Staatswirthschaft und Handlung (Hamburg 1780); Adam Smith, Untersuchungen der Natur und Ursachen von Nationalreichthümern. Aus dem Englischen übersetzt von J. F. Schiller und C. A. Wichmann (Leipzig 1776-1792). Es handelt sich hier wahrscheinlich um jenes Exemplar der deutschen Ausgabe von Adam Smiths „Wealth of Nations", das die Fürstin beim Münsterschen Buchhändler Theissing erworben hat und heute noch erhalten ist: CHRC, Gallitzin Collection, Nr. 47. Außerdem: Claude-François-Xavier Millot, Abrégé de l'histoire ancienne (Paris 1777), Élémens de l'Historie d'Angleterre (Paris 1769); Jean-Jacques Barthélemy, Voyage du jeune Anacharsis en Grèce (Paris 1788); Christian Heinrich Schmid, Anthologie der Deutschen (Leipzig 1770-1772).

79   Vgl. Glaubitz, Didaktik der Bildungsreise, S. 65-69.

Fürstenberg zum Ausdruck: „Nun kommt es darauf an, daß er [Demetrius] in Amerika so viel [wie] möglich, selbst beobachten, selbst urtheilen lerne; die Thatsachen muß er zu erfahren suchen, die Causalverbindungen selbst deduciren."[80] Hinsichtlich des umfassenden Erziehungsprogramms, das Demetrius von Gallitzin in Münster erfahren hatte, ist es nur naheliegend, dass Fürstenberg wie auch die Fürstin Gallitzin von ihm die Bereitschaft zur tiefgreifenden Analyse der inneren Verfassung, Gesellschaft und Kultur erwarteten.[81] Zur Vorbereitung seiner intensiven politisch-philosophischen Betrachtungen trug Fürstenberg auch insofern bei, als dass er Demetrius ein Exemplar der Münsterschen Schulordnung von 1776 schenkte.[82] Sie sollte ihm dazu dienen, das Schul- und Bildungswesens in Amerika näher zu er-kunden, das für Fürstenberg den Dreh- und Angelpunkt einer fortschrittlichen katholisch-aufklärerischen Reformpolitik darstellte.

Die verbleibenden Tage bis zur Abreise aus Münster ließen keine näheren Vorbereitungen zu. Während die Bücher für Demetrius, die ihm seine politisch-philosophischen Betrachtungen erleichtern sollten, recht zügig zu-sammengetragen werden konnten, galt es darüber hinaus für die religiöse Erziehung im Amerika zu sorgen. Die Fürstin wandte sich persönlich an den zuständigen Bischof John Carroll von Baltimore und bat ihn um seine Unter-stützung während des Aufenthaltes ihres Sohnes in Amerika. Diese sollte darin bestehen, den Geistlichen Brosius für einige Zeit von seinen Pflichten, welche die Mission betrafen, zu entbinden, damit dieser mit Demetrius nach Philadelphia reisen konnte. Sie versprach Carroll eine finanzielle Ent-schädigung und einen Bonus, den sie nach der Rückkehr ihres Sohnes zahlen wollte. Dafür bat sie Carroll auch um seelsorgerischen Beistand für ihren Sohn. Als Referenz verwies die Fürstin, die lediglich als „La Mère d'Augustin" ihren Brief unterzeichnete und dadurch auch ihre Identität verschleierte, auf eine Empfehlung des Fürstbischofs von Paderborn und Hildesheim.[83] Mehr Zeit blieb nicht, um nähere Absprachen zu treffen oder um auf eine Antwort von Carroll zu warten. In den ersten Augusttagen 1792 reiste die Fürstin mit ihrem Sohn und in Begleitung von Bernard Overberg nach Rotterdam. Fürstenberg hatte für die beiden Amerikareisenden eine gemeinsame Koje im Segelschiff

---

80 Fürstenberg an A. v. Gallitzin, in: Kitzing, Mittheilungen, S. 174 f.
81 Vgl. hierzu Friedenthal-Haase, Alexis de Tocquevilles Amerika.
82 Dieses Exemplar weist bereits Martin I. J. Griffin nach, das sich noch 1933 im Besitz der American Catholic Historical Society in Philadelphia befand. Im Archiv der heutigen Nachfolgeeinrichtung des CHRC war dieses Exemplar aber nicht mehr auffindbar. Es trug nachweisleich als Exlibris den Namen des Vorbesitzers „François, Baron de Fürstenberg", vgl. Griffin, List of Historic Treasures, S. 99.
83 Vgl. A. v. Gallitzin an Carroll, in: AAB, Carroll Papers, 8B-M7.

„Jane" reservieren lassen, das sie auf direktem Weg von Rotterdam nach Baltimore bringen sollte.[84] Die Abfahrt verspätete sich allerdings um fast zwei Wochen, sodass Demetrius von Gallitzin und Franz Xaver Brosius erst am 16. August 1792 in See stachen.[85]

Die Nachricht von der plötzlichen Abreise von Demetrius von Gallitzin nach Amerika wurde von seinen Freunden mit gemischten Gefühlen aufgenommen. Adolf Heidenreich und Caspar Max Droste zu Vischering waren zu dieser Zeit gemeinsam mit ihrem Hauslehrer Nikolaus Büngens[86] und dem Hauptmann Colson in Italien unterwegs, sodass sich keine Gelegenheit für einen persönlichen Abschied von ihrem gemeinsamen Freund bot. Erst kurz vor der Abreise nach Rotterdam, am 26. Juli 1792, hatte die Fürstin den Erbdrosten in die Reisepläne eingeweiht, und zwar mit der Bitte, nur seinem Bruder und dem Grafen von Stolberg davon zu berichten.[87] Der Dichter Friedrich Leopold zu Stolberg weilte mit seiner Familie zu dieser Zeit ebenfalls in Süditalien, teils um die antike Kultur zu erkunden, teils um sich an den klimatischen, landschaftlichen und kulinarischen Vorzügen zu erfreuen.[88] Gelegentlich trafen sie dort die Reisegesellschaft der Droste-Brüder, die sie bereits vor ihrer Abreise nach Italien in Münster kennengelernt hatten. Von der Insel Ischia schrieb Stolberg am 20. August 1792 an den Erbdrosten:

> Ich theile Ihren Schmerz über die verlorene Hoffnung, den lieben Mitri bei Ihrer Rückkehr zu finden. Aber ich verehre tief seinen und der edlen Mutter großen Entschluß und finde ihn sehr glücklich, sich schon hienieden so unmittelbar Gott und seinen Brüdern widmen zu können [...] und welcher Dienst ist so dem Herrn geweiht, als der eines Missionärs. Gott sei mit dem lieben Augustinus, und das wird Er sein![89]

Bemerkenswert sind in der Stolberg-Korrespondenz die deutlichen Verweise auf eine zukünftige Missionstätigkeit von Demetrius von Gallitzin. Auch gegenüber der Fürstin Gallitzin verweist Stolberg in diesem Zusammenhang

---

84   Fürstenberg an die Akademie zu Liège, 15.7.1792, in: Schlüter, Briefwechsel, I, S. 99-102, hier 102.

85   Vgl. M. v. Gallitzin an Sprickmann, in: ULB, Nachlass Gallitzin, Kps. 23, Nr. 96. Hierzu vgl. auch das mehrere Seiten umfassende „Journal", in dem Marianne v. Gallitzin ihrem Bruder die Begebenheiten in Münster schilderte, die sich unmittelbar nach seiner Abreise zutrugen: M. v. Gallitzin an D. v. Gallitzin, 21.8.1792, in: CHRC, Gallitzin Collection, o. Sign.

86   Nikolaus Otto Büngens (1748-1808), Exjesuit, nach 1773 Lehrer am Münsterschen Gymnasium, ab 1794 bis zu seinem Tod Ordinarius für Kirchengeschichte und -recht in Münster.

87   Vgl. A. v. Gallitzin an A. H. Droste z. Vischering, 26.7.1792, AS Darfeld, AVc142, S. 39-42.

88   Vgl. Stolberg, Reise, Bd. 4, S. 206-283; vgl. Janssen, Stolberg, S. 70-82.

89   Fr. L. z. Stolberg an A. H. Droste z. Vischering, 20.8.1792, in: Menge, Stolberg, Bd. 2, S. 294 f.

auf Demetrius, „der jetzt ein Arbeiter in dem Garten Gottes geworden ist"
und führt ein anderes Mal mit seinen besten Wünschen für die Fürstin und
ihren Sohn den Segensspruch an, den Stolbergs Schwester einem „hallischen
Missionarius, der nach Ostindien reiste, ins Stammbuch schrieb"[90]. Es lässt
sich nicht ausschließen, dass Demetrius von Gallitzin seine Jugendfreunde
einst in den geheimen Wunsch eingeweiht haben könnte, früher oder später
als Missionar tätig sein zu wollen. Immerhin standen sie alle auch in engem
Kontakt und freundschaftlichen Verhältnis zu Franz Xaver Brosius, der sich für
Amerika schon viel früher entschieden hatte und für die Mission ‚brannte'. Dass
Stolberg von einem solchen geheimen Plan gewusst haben könnte, zumal er
erst seit kurzer Zeit dem Kreis von Münster bekannt war, lässt sich bezweifeln.
Vielmehr scheint es für Stolberg eine logische Schlussfolgerung gewesen zu
sein, dass ein junger Adliger aus dem katholischen Fürstbistum Münster in der
Gesellschaft eines Missionars ebenfalls eine geistliche Laufbahn einschlagen
würde. Demetrius von Gallitzin und die Droste-Brüder verband eine enge
Freundschaft, die neben der Kultivierung gemeinsamer Reflexionen, Vorstellungen und Meinungen auch die Pflege von Geheimnissen vorsah, die im
vertrauensvollen Umgang miteinander das Freundschaftsband bestätigte und
bekräftigte.[91] Freundschaften zeichneten sich weniger durch wahre Zuneigung
als durch die gegenseitige Anerkennung der moralischen Eigenschaften, der
Rechtschaffenheit und Aufrichtigkeit aus und wurden dadurch im 18. Jahrhundert zum Ausdruck vollendeter Humanität.[92] Auch wenn Demetrius von
Gallitzin sich nun bald in Amerika aufhielt, wollten die Droste-Brüder das gemeinsame Freundschaftsband mit ihm aufrechterhalten.[93]

Nicht nur mit Stolberg und den Freiherren Droste zu Vischering stand die
Fürstin nach Abreise ihres Sohnes in Kontakt. Auch von Matthias Claudius aus
Wandsbek erhielt die Fürstin zu dieser Zeit eine beachtenswerte Nachricht:

> Von Herzen viel Glück zur Ausflucht Ihres Sohns! Da Sie die Welt kennen, so
> begreiffe ich: mit welchem Herzen Sie ihn hinein entlaßen haben. Ihr guter
> Engel wird über ihn wachen, und warlich so eines Engels bedarf auch ein junger
> Mensch wohl, selbst in Philadelphia. Es ist sehr traurig, daß unsre Gesinnungen
> und Denkart von den Dingen außer und um uns so mächtig abhängen, aber es
> ist doch gemeinhin mehr, und die Fälle sind nicht sehr häufig, wo ein Mensch
> unter entgegengesetzten Umständen einerley Gang geht und einerley Ding in
> sich zu Stande bringt. Nun, wenn Ihr Augustinus Schmidt nicht zu dieser Classe

---

90 Fr. L. z. Stolberg an A. v. Gallitzin, 31.8.1792, in: Schlüter, Briefwechsel, I, S. 104-106.
91 Vgl. D. v. Gallitzin an A. H. Droste z. Vischering, 25.2.1791, AS Darfeld, AVc146, S. 62-68.
92 Vgl. Hornstein, Jugend in ihrer Zeit, S. 160.
93 Vgl. die zahlreichen Briefe von D. v. Gallitzin an die Droste-Brüder in: AS Darfeld, AVc146,
S. 136.

gehört; so wolle der, der die Dinge außer und um uns in seiner Hand hat, alles für ihn zum besten leiten. Ich wünsche aufrichtig, daß die Philadelphier der übrigen Welt nicht gleich gestellt seyn mögen und ihret, und nun auch um seinet willen.[94]

Die Fürstin Gallitzin sprach häufig über die Schwächen und Bequemlichkeiten ihres Sohnes, die sie bei ihm immer wieder beobachtete und für die sie im Rahmen ihres Erziehungsprogramms geeignete Lösungen zu finden suchte. Doch Demetrius von Gallitzin war nun weitgehend auf sich gestellt und Matthias Claudius schloss aus den Bemerkungen seiner Mutter, dass die Anlagen des jungen Fürsten wohl nicht die besten waren, um sich in einem völlig fremden Land bewähren zu können. Zwar besaß Demetrius von Gallitzin nach Fürstenbergs präziser Einschätzung ein ausgebildetes Urteilsvermögen und umfangreiche Kenntnisse in den praktischen Wissenschaften, doch sollten ihn diese Fähigkeiten offenbar nicht vor den Gefahren und Verlockungen bewahren, die ihn in der Neuen Welt erwarteten. Dies galt auch für eine Stadt wie Philadelphia, die seit 1790 nicht nur Hauptstadt der Vereinigten Staaten von Amerika war, sondern die als Ort der ‚brüderlichen Liebe' im Sinne ihres visionären Gründers, des Quäkers William Penn (1644-1718), allen Bewohnern, Einwanderern und Flüchtlingen religiöse Toleranz und Menschenfreundschaft versprach.[95] Matthias Claudius wusste die Verhältnisse jenseits des Atlantiks genau zu beurteilen, vor allem durch die Verstrickungen des vermögenden Wandsbeker Gutsherrn und deutsch-dänischen Kaufmanns Heinrich Carl von Schimmelmann (1724-1782).[96]

Schimmelmann verfügte über ein einzigartiges Wirtschaftsnetzwerk, das auch den Handel mit westafrikanischen Sklaven für seine Zuckerrohr- und Baumwollplantagen in der Karibik in großem Stil miteinschloss. Der obrigkeitshörige Claudius wollte seinem Gutsherrn, der einerseits seine Sklaven auch in den Wandsbeker Besitzungen arbeiten ließ, andererseits aber auch Claudius' „Wandsbecker Bothen" großzügig förderte, nichts offen entgegensetzen. Doch Claudius war bewusst, dass Sklaverei und Menschenhandel – wie man ihn auch in den nordamerikanischen Staaten betrieb – vom Ideal einer menschenfreundlichen und freiheitlichen Gesellschaftsordnung weit entfernt war. Vor diesem Hintergrund erklärt sich seine zurückhaltende Euphorie gegenüber Amerika, an die sich eine unterschwellige Warnung anschloss. Denn neben der vielbeschworenen Toleranz, Freiheit und Humanität, die Claudius im pennsylvanischen Philadelphia pries, sah der scharfsinnige Freigeist und

---

94   M. Claudius an A. v. Gallitzin, 25.9.1792, in: AS Dyck, Kps. 9a, Nr. 4.
95   Vgl. Overhoff, William Penn.
96   Vgl. Degn, Claudius und die Obrigkeit; auch Mix, Zucker, Menschenglück und Peitsche.

Kosmopolit genauso manche Schattenseiten in der Neuen Welt, die für einen jungen, eher schwächlichen und manchmal einfältigen Reisenden äußerlich befremdlich oder gar verstörend sein konnten.

Demetrius von Gallitzin erfuhr von all dem nichts mehr, weder von den Vorbehalten des weltklugen Matthias Claudius, von dem ihm seine Mutter erst einige Zeit später etwas zur Lektüre schickte, noch von den guten Wünschen des Grafen Stolberg aus Süditalien, der ihn schon als katholischen Missionar in Amerika wirken sah. Ungeachtet dieser Nachrichten zweifelte die Fürstin Gallitzin zu keiner Zeit daran, dass eine zweijährige Amerikareise für die Erziehung ihres Sohnes überaus nützliche Fortschritte bewirken würde. Im Kreis von Münster waren hierfür mit Sprickmann und Fürstenberg zwei einflussreiche Fürsprecher Amerikas verantwortlich, die mit großem Interesse den praktischen Versuch der demokratisch-republikanischen Verfassung und Gesellschaftsordnung verfolgten. Für Fürstenberg stand die Reise des jungen Fürsten zudem nicht ganz uneigennützig im Zeichen seiner fortwährenden Reformbemühungen im Fürstbistum Münster, für die ihm die amerikanischen Verhältnisse durchaus eine geeignete Vergleichsfolie bieten konnten. Schließlich fehlte es nur an der notwendigen Zeit, um den erfolgreichen Verlauf einer Bildungsreise durch verlässlichere Pläne und Ansprechpartner vor Ort zu gewährleisten. Für die Fürstin Gallitzin galt dies nicht zuletzt hinsichtlich der moralischen und religiösen Erziehung ihres Sohnes, die sie auf ihre Empfehlung hin bei dem amerikanischen Bischof John Carroll sichern wollte. Für Demetrius von Gallitzin eröffneten sich nach seiner Ankunft in der Neuen Welt neue Möglichkeiten und Perspektiven, die sich aus dem unmittelbaren Kontakt mit dem eifrigen Missionar Franz Xaver Brosius und dem einflussreichen Bischof John Carroll ergaben. Für die Fürstin Gallitzin und die Mitglieder des Kreises von Münster war der zukünftige Bildungsgang von Demetrius von Gallitzin jedoch keinesfalls vorhersehbar.

Die Kolonien Maryland und Pennsylvania – Von ihrer Gründung bis zur Unabhängigkeit

Mit dem Eintreffen der ersten europäischen Segelschiffe aus Portugal, Spanien, England und Frankreich an den fruchtbaren Küsten jenseits des atlantischen Ozeans nahm die europäische Besiedlungs- und Kolonisierungsgeschichte des amerikanischen Kontinents ihren Anfang.[1] Die Neue Welt – so ungezähmt und unverfälscht wie sie sich vor den Augen der ersten Siedler auftat – bot genügend Raum zur freien Entfaltung und zur Kultivierung der wilden Landschaft. Zunächst fanden vor allem zahlreiche Siedler aus England und Frankreich eine neue Heimat, die zwischen dem Massachusetts Bay im Norden und dem Chesapeake Bay im Süden die sumpfigen Niederungen entlang der nordamerikanischen Ostküste urbar machten und rasch prosperierende Siedlungskolonien errichteten. Die Spanier und Portugiesen verfolgten in ihren süd- und mittelamerikanischen Eroberungen hingegen eine andere Kolonisierungsstrategie, da sie nicht nur enger mit dem europäischen Mutterland verbunden blieben, sondern auch zahlenmäßig kleinere Kolonien bildeten und sich dafür die indigene Bevölkerung untertan machten.

In den englischen und französischen Siedlungskolonien in Nordamerika standen zunächst ökonomische Motive im Vordergrund, die zu einer profitorientierten Ausplünderung der natürlichen Ressourcen des Landes führten. Die Erschließung weiterer Kolonien entlang der Küste galt daher der Suche nach geeigneten landwirtschaftlichen Nutzflächen, um neben Nahrungsmitteln für den expandierenden amerikanischen Markt auch Genussmittel, vor allem Tabak, für den noch lukrativeren Export nach Europa produzieren zu können. Als die Franzosen sich immer stärker auf die nördlicheren Siedlungsgebiete um den Sankt-Lorenz-Seeweg und die Großen Seen im Norden konzentrierten, entstanden südlich des Massachusetts Bays im Laufe des 17. Jahrhunderts eine ganze Reihe neuer englischer Kolonien. Sie bildeten aufstrebende Siedlergesellschaften, die aus ihren Selbstregierungsbefugnissen binnen weniger Jahre bemerkenswerte Gemeinwesen schufen und als sich selbstversorgende Brückenköpfe auch wirtschaftlich weitgehend ungebunden waren.

---

1 Vgl. hier und im Folgenden grundl. Depkat, Geschichte Nordamerikas, S. 68-210; Brogan, History of the USA, S. 73-109; Wende, Das Britische Empire, S. 37-62; Adams, Die USA, S. 18-36; Wellenreuther, Niedergang und Aufstieg; Wellenreuther, Ausbildung und Neubildung.

© VERLAG FERDINAND SCHÖNINGH, 2020 | DOI:10.30965/9783657704255_009

Diese englische Siedlungsstrategie erwies sich auf dem nordamerikanischen Kontinent somit als ein überaus erfolgreiches Kolonialisierungskonzept.

Neben den von englischen Handelsgesellschaften gegründeten Kolonien, wie etwa Virginia oder Massachusetts, entstanden zu dieser Zeit ebenso Niederlassungen, die durch eine vom König gewährte Charter (Freibrief) von einer Einzelperson als Eigentümer errichtet wurden. Als Beispiele für solche Eigentümerkolonien dienen Maryland und Pennsylvania, wobei jede Kolonie für sich eine individuelle Entstehungsgeschichte verzeichnet. Die einzige Gemeinsamkeit besteht darin, dass beide nicht aus rein wirtschaftlichem Interesse gegründet wurden, sondern vornehmlich als Zufluchtsorte fungieren sollten, an denen gläubige Christen aus Europa, die in ihrer Heimat aufgrund ihres religiösen Bekenntnisses unerwünscht waren, unterdrückt und verfolgt wurden, weitgehend selbstbestimmt und frei von Anfeindungen leben konnten.

Dieses Denken war nicht neu. Schon in der Provinz Florida, im Gebiet des späteren South Carolina, hatte es einst den missglückten Versuch französischer Hugenotten gegeben, eine Kolonie als Refugium aufzubauen.[2] Auch in den neuenglischen Kolonien New Plymouth, Massachusetts Bay und Rhode Island geschah die verdichtete Ansiedlung und Ausdehnung radikalprotestantischer Gemeinden (Kongregationalisten, Baptisten, Presbyterianer, Quäker) von Anfang an unter konfessionellen Vorzeichen, zumal sie dort kaum andersgläubige Christen in ihrem Umfeld duldeten.[3] Während die Kolonien Neuenglands somit von Puritanern kulturell geprägt wurden, verzeichneten die Kolonien am Mittleren Atlantik die höchste konfessionelle und ethnisch-kulturelle Diversität. Zu dieser Region gehörten neben Pennsylvania und Delaware auch die Kolonien New York und New Jersey, die ebenso die vormals niederländische Gründung Nieuw Nederland (1624-1667) am Hudson River und die schwedische Niederlassung Nya Sverige (1638-1655) am Unterlauf des Delaware River einschlossen. Während in New York und im Norden von New Jersey vor allem Anglikaner, Niederländisch-Reformierte und Kongregationalisten siedelten, ließen sich im übrigen New Jersey, in Pennsylvania und Delaware verbreitet Quäker, Anglikaner, Presbyterianer, Lutheraner und Reformierte nieder. Ferner fanden in Pennsylvania ebenso Anhänger freikirchlicher Gemeinden (Mennoniten, Amische, Hutterer) eigene Siedlungsgebiete.[4]

---

2   Vgl. Lachenicht, Hugenotten, S. 82-93.
3   Vgl. Wellenreuther, Niedergang und Aufstieg, S. 297-352.
4   Vgl. Depkat, Geschichte Nordamerikas, S. 56, 132 f., 192 f.; Landsman, Crossroads of Empire,
    S. 3.

Gegenüber diesem breiten, wenn auch stark heterogenen, protestantischen Spektrum war der Anteil katholischer Siedler gering. Hinzu trat, dass sich die konfessionelle Vielfalt mit der ethnischen Herkunft der Einwanderer potenzierte, denn in den englischen Kolonien siedelten nicht nur Engländer, Schotten und Iren, sondern ebenso Franzosen, Schweden und Niederländer sowie immer mehr Siedler aus deutschsprachigen Gebieten.[5] Maryland wurde erst ab dem 19. Jahrhundert den sogenannten Mittelatlantikstaaten hinzugerechnet, während es in der angloamerikanischen Kolonialzeit wirtschaftlich immer stark mit dem benachbarten Virginia in Verbindung stand.

Der unaufhörliche Zustrom neuer Siedler unterschiedlichen religiösen Bekenntnisses und ethnischer Herkunft brachte gewiss erhebliche Spannungen mit sich. Streitigkeiten gab es allein schon bei den Protestanten, von denen vor allem die Anglikaner mit den radikaleren Puritanern konkurrierten. Unter sie mischten sich einige Lutheraner und auch Reformierte, die allesamt um Freiheit und Selbstbestimmung, Landbesitz, politische Mitsprache und gesellschaftliche Anerkennung rangen. Alle Protestanten verband dabei eine mehr oder weniger starke Aversion gegenüber der katholischen Kirche, die das Zusammenleben mit den katholischen Siedlern belasten sollte.[6] In eben diesen Kontext ordnen sich die Entstehungsgeschichten der Kolonien Maryland und Pennsylvania ein, deren beiden Gründer und Eigentümer sich in unterschiedlichem Maß für religiöse Toleranz und Selbstbestimmung einsetzten. Während Maryland anfangs vorwiegend für die aus England vertriebenen Katholiken einen geeigneten Zufluchtsort darstellen sollte, der zugleich Protestanten genügend Raum zur Entfaltung bot, galt die Gründung von Pennsylvania mit ihrer Hauptstadt Philadelphia der Erfüllung höherer philanthropischer Ziele. Beide Entstehungsgeschichten verdienen daher eine genauere Betrachtung, zumal sie gemeinsam den Ausgangspunkt für die Entfaltung katholischen Lebens in den englischen Kolonien bildeten. Der Stellenwert Pennsylvanias innerhalb der dreizehn Gründungskolonien der Vereinigten Staaten kann auch in dieser Hinsicht nicht hoch genug bemessen werden.

---

5 Vgl. Fogleman, Hopeful Journeys.
6 Vgl. Farrelly, Anti-Catholicism; Farrelly, American Identity; Lockley, Trans-Atlantic Protestant Communalism; Stanwood, Catholics; Johnston, Papists; Heinz, Catholicism; Dolan, American Catholicism; Hennesey, American Catholics.

2.1   Maryland – Eine Kolonie für Katholiken?

Erst im Jahr 1624 bekannte sich der englische Staatssekretär George Calvert
(ca. 1580-1632) zum Katholizismus und wurde im darauffolgenden Jahr, als Anerkennung für seinen langjährigen ergebenen und pflichtbewussten Dienst
für Land und Krone, von seinem König Karl I. (1600-1649) mit Ländereien in
England und Irland belehnt und zum Lord Baltimore erhoben. Schon 1621
hatte Calvert ein Kolonisationsprojekt unternommen, das ihm jedoch miss-
lang. Ausgestattet mit einem königlichen Freibrief wollte er zu jener Zeit auf
der Peninsula Avalon, an der östlichen Seite der Insel Neufundland, die kleine
Fischersiedlung Ferryland zu einer strategisch wichtigen Kolonie auf der
transatlantischen Handelsroute ausbauen. Doch seine Bemühungen stießen
vor Ort sowohl bei französischen Seefahrern als auch bei den puritanischen
Siedlern im Süden auf erheblichen Widerstand, denn Calvert wollte seine
Kolonie mit und für englische Katholiken errichten. Unerwartete Schwierigkeiten bereiteten zudem die klimatischen Bedingungen an der schroffen
Atlantikküste, die Calvert für das Wohlergehen der Siedler als ungünstig bewertete. Das Projekt wurde nach nur kurzer Zeit wieder aufgegeben, um später
von anderer Hand fortgeführt zu werden.[7]
    Der König wies Calvert, nunmehr als Lord Baltimore, ein Gebiet zu, das
seinen Vorstellungen eher entsprach. 1632 erhielt er den erforderlichen Freibrief zur Gründung einer Kolonie nördlich von Virginia, auf dem nordamerikanischen Festland, zwischen dem Fluss Potomac und dem vierzigsten
Breitengrad im Norden. Doch Lord Baltimore starb, noch ehe der Freibrief
auf seinen Namen ausgestellt werden konnte. Sein Sohn Cecil (1605-1675),
Zweiter Lord Baltimore, führte die Unternehmung seines Vaters fort, obwohl
der erst 26-Jährige für ein solches Projekt recht unerfahren war. Der Kolonie
gab er den Namen Maryland, dessen doppelte Bedeutung offensichtlich war.
Denn einerseits verwies Maryland („Terra Mariae") auf den Namen der Ehefrau
des Königs, Henrietta Maria, einer Katholikin und Tochter des französischen
Königs Heinrich IV. (1535-1610), andererseits galt er offenbar auch der stillen
Verehrung der Maria als Mutter Jesu. Vor allem die drei englischen Jesuiten
Andrew White, John Altham und Thomas Gervase, die mit den ersten Siedlern
1634 die Mündung des Potomac in den Chesapeake Bay erreichten, deuteten
die Namensgebung eindeutig als Zeichen der Danksagung Mariens.[8]
    Lord Baltimore hat seine Kolonie selbst nie besucht. Zu groß waren die
Befürchtungen, dass sich die antikatholischen Ressentiments in London auf

---

7   Vgl. Starr, Continental Ambitions, S. 473-481; Pope, Fish into Wine.
8   Vgl. Starr, Continental Ambitions, S. 481 f.; Carey, Catholics in America, S. 10 f.

seine Kolonie auswirken könnten. Die absolutistischen Machtambitionen des englischen Königs Karl I., der ebenso Schottland und Irland regierte, belastete das ohnehin angespannte Verhältnis zwischen König und Parlament. Der Konflikt verschärfte sich durch die Initiativen des katholischen Königs, die anglikanische Kirche wieder stärker dem Katholizismus anzunähern, was nicht nur bei Anglikanern, sondern auch bei radikalprotestantischen Puritanern erheblichen Protest hervorrief. Die Krise mündetete 1642 in den Englischen Bürgerkrieg (1642-1648), der schließlich zur Hinrichtung des Königs (1649) und zur zeitweiligen Abschaffung der Monarchie führte. Zugleich trug er dazu bei, dass ab 1653 der puritanische Einfluss im Commonwealth anstieg und damit die feindliche Haltung gegenüber den Katholiken zunahm.

Zum ersten Gouverneur der neu errichteten Kolonie machte Lord Baltimore seinen Bruder Leonard Calvert (1606-1647), der rund zweihundert englische Siedler mit den ersten zwei Schiffen am 25. März 1634 nach Maryland brachte. Die meisten von ihnen waren einfache Arbeiter und Bauern protestantischen Glaubens, während rund zwanzig Siedler dem privilegierten englischen Landadel angehörten, katholisch waren und von Calvert handverlesen für das Projekt ausgesucht wurden. Bald nach der Ankunft galt es, die Landbesitzverhältnisse zu regeln, um das fruchtbare Land zügig für den Ackerbau zu bestellen. Nach englischem Vorbild privilegierte Baltimore die katholischen Familien aus dem niederen Landadel („gentry") mit Grundherrschaften („manors"), deren Mais- und Tabakplantagen vorwiegend von Indenturbediensteten („indentured servants") bewirtschaftet wurden, die zu diesem Zweck noch in Europa angeworben wurden. Die verlockenden Aussichten, nach einer zwei- bis siebenjährigen Dienstzeit mit einer Prämie und eigenem Land in Amerika entlassen zu werden, ließ anfangs zahlreiche neue Arbeiter nach Maryland strömen. Später wurden sie von afrikanischen Sklaven ersetzt, die für die beschwerlichen Feldarbeiten als geeignetere und zudem als weitaus günstigere Arbeitskräfte erschienen.[9] Bis etwa 1642 umfassten die Flächen der sechszehn katholischen Familien, die als Grundholden eingesetzt wurden, mehr als 80 Prozent der Gesamtfläche Marylands, während sich der große Teil der protestantischen Kleinbauern auf die restlichen Flächen verteilte.[10] Bis 1660 wuchs die Bevölkerung auf rund viertausend Siedler an, 1680 waren es zwanzigtausend und um 1700 dreißigtausend Siedler, von denen

---

9   Vgl. Starr, Continental Ambitions, S. 486-488.
10   Vgl. Starr, Continental Ambitions, S. 486. Der anfängliche Plan, etwa sechzig Grundherrschaften zu schaffen, konnte nicht verwirklicht werden, da sich nicht genügend Grundholden finden ließen. Es blieben freie Flächen, die von protestantischen Freibauern bewirtschaftet werden konnten, vgl. Reinhard, Die Unterwerfung der Welt, S. 516.

nur noch ein Zehntel katholischen Glaubens war. Die agrarisch-feudalen Strukturen, die Lord Baltimore allzu leichtfertig in die Neue Welt übertragen wollte, ließen sich kaum verwirklichen, da noch genügend Land zur freien Bewirtschaftung vorhanden war und die Bauern immer wieder auf ihr politisches Mitspracherecht pochten. Dem entgegen wirkte nur eine recht dünne, jedoch wohlhabende katholische Führungsriege, die der englische Lord mit weitgehenden Rechten und Ländereien privilegiert hatte. Die wirtschaftlichen und sozialen Gegensätze verschärften die antikatholischen Vorurteile der Protestanten und sorgten für ernsthafte Spannungen und instabile politische Verhältnisse.

Schon „Lord Baltimore's Instructions to the Colonists" (1633) sollten in Maryland von Anfang an für Ruhe und Ordnung zwischen den katholischen und protestantischen Siedlern sorgen, zumal in Virginia allein die Ankündigung, dass Katholiken in unmittelbarer Nachbarschaft siedeln würden, Unruhe stiftete. Baltimore wollte kein Risiko eingehen, zumal ein einvernehmliches Zusammenleben der Siedler wirtschaftliche Stabilität und Wohlstand versprach. Schon frühzeitig sicherte er den Protestanten zu, dass der Gouverneur und seine Anhänger dafür Sorge tragen werden, dass die Einheit und der Friede unter allen Passagieren an Bord bewahrt werde und dass keinem Protestanten, weder in Maryland noch in Virginia, etwas Anstößiges widerfahren werde. Zudem wies er die Protestanten darauf hin, dass die Katholiken ihre Religion zwar frei ausüben würden, jedoch nur im privaten Raum, um ihre protestantischen Nachbarn nicht durch eine offen zur Schau gestellte Frömmigkeit und Religiosität zu verschrecken, sondern mit Milde und Nachsicht zu begegnen.[11] Doch wie kurzsichtig und unbesonnen seine Pläne waren, zeigen die immer wiederkehrenden Zwischenfälle und Provokationen seitens der Katholiken in Maryland, die Baltimores Versprechungen bald hinfällig machten. Manche Protestanten zogen vor Gericht, da sie sich in ihrer freien Religionsausübung eingeschränkt sahen, wie etwa der Bedienstete William Lewis, dem das Lesen puritanischer Predigtsammlungen von seinem katholischen Grundherrn

---

11   Vgl. Lord Baltimore's Instructions to the Colonists, 13.11.1633, in: Murray, Calvert Papers, Bd. 1, S. 131-140, hier 132: „Imprimis: His Lordship requires his said Governor and Commissioners that in their voyage to Mary Land they be very careful to preserve unity and peace amongst all the passengers on shipboard, and that they suffer no scandal nor offence to be given to any of the Protestants, whereby any just complaint may hereafter be made, be them, in Virginia or in England, and that for that end, they cause all acts of Roman Catholic religion to be done as privately as may be, and that they instruct all the Roman Catholics to be silent upon all occasions of discourse concerning matters of religion; and that the said Governor and Commissioners treat the Protestants with as much mildness and favor as justice will permit. And this to be observed at land as well as at sea".

verweigert wurde. Ein anderes Mal sorgte ein Katholik namens Thomas Gerard für Unruhe, als er den Schlüssel für die Kapelle der Protestanten versteckte, sich der protestantischen Gebetbücher bemächtigte und damit den Gottesdienst zu verhindern versuchte.[12] Größere Probleme gab es mit den englischen Jesuiten, die nicht nur eine Kapelle im Herzen der Siedlung St. Mary errichteten, sondern sich ebenso um die Bekehrung protestantischer Kinder oder der indigenen Bevölkerung zum Katholizismus bemühten. Das Verhältnis der Jesuiten zu Lord Baltimore war angespannt, denn sie forderten von ihm größere Freiheiten und Privilegien zur Ausübung ihrer Pflichten, der Mission, die ihnen der Lord einerseits aufgrund der schwierigen Lage ohnehin nicht gewähren wollte und andererseits auch gar nicht billigen konnte. Die Kolonie war nach wie vor englisch und das geltende Recht hatte sich so nah wie möglich an der englischen Gesetzgebung zu orientieren.[13] Dies sah gerade in jenen Zeiten des politischen Umbruchs und des konfessionellen Umschwungs in England keinerlei Ausnahmen oder gar Sonderrechte für Katholiken vor.

An der antikatholischen Stimmung in Maryland und den Übergriffen der Katholiken änderte auch das Toleranzgesetz wenig, das der Landtag von Maryland („Maryland Assembly") als gesetzgebende Institution der Kolonie 1639 verabschiedete und allen Glaubensrichtungen fortan freie Religionsausübung gewähren sollte. Zwar war dieser Schritt bemerkenswert, doch ließ er nur kurze Zeit später eine Welle von Puritanern aus den angrenzenden Kolonien einwandern, die sich auf das neue Toleranzgebot beriefen und sich durch ihren in England gewonnen Einfluss bestärkt sahen. Vor allem das unkontrollierte Aufeinanderprallen von Puritanern und Jesuiten sorgte für zusätzliche Probleme. Militante Puritaner hetzten gegen die Jesuiten, besetzten ihre Ländereien und vertrieben die Patres für drei Jahre von ihren Besitzungen.[14] Der von Baltimore erlassene „Act Concerning Religion" vom 21. April 1649 relativierte daraufhin die vorherigen Bestimmungen des Landtags. Protestanten und Katholiken sollten ihre beiderseits gewonnen Freiheiten nicht dazu nutzen, sich weiterhin anzufeinden. Das Gesetz regelte nicht nur die gegenseitige Rücksichtnahme der Konfessionen, deren Missbilligung rigoros bestraft werden sollte, sondern sah auch vor, dass sich die Obrigkeit nicht mehr in religiöse Angelegenheiten

---

12   Vgl. Krugler, Lord Baltimore, S. 61-64.

13   Vgl. Farrelly, Anti-Catholicism, S. 55 f.

14   Von den vierzehn Jesuiten, die zwischen 1633 und 1645 in Maryland ankamen, reisten vier binnen des ersten Jahres wieder zurück nach Europa, vier weitere starben an Gelbfieber, drei im Exil im benachbarten Virginia, zwei wurden in Ketten zurück nach England gebracht und nach Flandern verbannt. Der Superior der Mission, Ferdinand Poulton (ca. 1601-1641), wurde noch in Maryland bei der Überquerung des St. Mary's River erschossen, hierzu vgl. Hennesey, American Catholics, S. 41.

einmischen sollte. Dies entsprach einem früheren Gedanken von Lord Baltimore, den er in seinen „Instructions to the Colonists" formuliert hatte, dass
nämlich das religiöse Bekenntnis eines jeden Siedlers im öffentlichen Raum
nämlich keine Rolle spielen sollte, um konfessionelle Konflikte gar nicht erst
zu riskieren.[15] So, wie sich die Gesamtsituation mit dem „Act Concerning
Religion" zu diesem Zeitpunkt darstellte, war die rechtliche Lage für die
Katholiken in Maryland verhältnismäßig gut, wenn man bedenkt, dass die
Puritaner in England erst wenige Monate zuvor König Karl I. aufgrund seines
katholischen Bekenntnisses und den daraus resultierenden Konsequenzen
hingerichtet hatten. Dennoch sollte es sich als ein verhängnisvoller Schritt
für Baltimore erweisen, da er nicht nur die Kompetenzen der gesetzgebenden
Instanz der Kolonie achtlos überging, sondern für die Katholiken einen Vorteil
herausspielte.

Die antikatholischen Feindbilder ließen sich gewiss nicht per Dekret
abschaffen. Es waren echte Ängste, die bei den Protestanten durch die
Provokationen und Erfahrungen in Maryland angefeuert wurden, wobei
antikatholische Grundtendenzen im konfessionellen Bewusstsein der
englischen Protestanten überaus fest verankert waren, die Selbst- und Fremd-
wahrnehmungen bestimmten und steuerten. Als Ausdruck fortlaufender
konfessionskultureller Sozialisationsprozesse führte das unausweichliche
Aufeinanderprallen mit Andersgläubigen, die andere Kirchlichkeitsstile und
Frömmigkeitsformen kultivierten, zu konfessioneller Abgrenzung bis hin zu
sozialer Ausgrenzung.[16] Gerade zwischen den konfessionellen ‚Eiferern' jener
Zeit – den Jesuiten und Puritanern –, die sich jeweils zur Verteidigung der
reinen christlichen Lehre berufen sahen, erschien die Bereitschaft und Entschlossenheit zur direkten Konfrontation als besonders groß.[17]

Bereits die ersten Jahre nach der Errichtung der Kolonie Maryland machen
deutlich, welche Konfliktfelder die Zeit bis zur Amerikanischen Revolution
bestimmten. Verhärtete Fronten zwischen Katholiken und Protestanten sowie
deren ungünstige Verkettung mit politischen und ökonomischen Absichten,
sorgten für angespannte gesellschaftliche Verhältnisse. Lord Baltimores Versuch war daran gescheitert, mit der Kolonie Maryland ein fortschrittliches Gemeinwesen zu errichten, das alle Konfessionen frei von Bekenntniszwängen
und in gegenseitigem Respekt einvernehmlich gestalten sollte. Doch auch die
instabilen politischen Verhältnisse und konfessionellen Grabenkämpfe im
englischen Mutterland sorgten immer wieder für Verunsicherungen, sowohl

---

15   Vgl. Wellenreuther, Niedergang und Aufstieg, S. 296; Farrelly, Anti-Catholicism, S. 59.
16   Vgl. Graf, Wiederkehr der Götter, S. 91 f.; Schmidt, Konfessionalisierung, S. 103 f.
17   Vgl. Wellenreuther, Niedergang und Aufstieg, S. 296.

bei Protestanten als auch bei Katholiken. Für fünf weitere Generationen blieben die Nachkommen von Cecil Calvert – bis auf ein kurzes Interregnum, als Maryland englische Kronkolonie war (1690-1715) – die rechtmäßigen Eigentümer der Kolonie („Lord Proprietors"), bis sich Maryland 1776 endgültig von der englischen Krone lossagte.

Mit dem wachsenden Einfluss der Protestanten hatten die Katholiken schon im 17. Jahrhundert politisch immer stärker an Bedeutung verloren, während sie sich im Oberhaus der Maryland Assembly, in dem der Gouverneur mit seinem Rat die Interessen des Lord Proprietor vertrat, noch einige Zeit behaupten konnten. 1688 waren sechs der acht Ratsmitglieder katholisch, fünf von ihnen sogar entfernt mit Lord Baltimore verwandt. Mit der Glorious Revolution und dem konfessionellen Umschwung in England kam die bis dahin zumindest noch formell zugesicherte religiöse Toleranz gegenüber den Katholiken an ein Ende. Die Einführung der anglikanischen Staatskirche sprach den Katholiken sämtliche Rechte ab und verweigerte ihnen nunmehr den Zugang zu öffentlichen Ämtern und Positionen in Maryland. 1715 konvertierten auch die Calverts zum Protestantismus, um sich beim neuen König Georg I. (1660-1727)[18] wieder das Recht zur Inbesitznahme der Kolonie zu erwirken.

Diese Umbruchzeit erlebte auch Charles Carroll ‚the Settler' (1661-1720), der kurz vor Beginn der Glorious Revolution von Lord Baltimore noch die aussichtsreiche Stellung eines Generalanwalts („Attorney General") für die gesamte Kolonie Maryland erhielt, die sich im Laufe der Zeit immer mehr auf die Güter und Ländereien des Lord Proprietor beschränkte. Carroll stammte aus Irland, war bekennender Katholik und enger Vertrauter der Familie Calvert. Seine bemerkenswerte Karriere in Maryland ist deswegen von Bedeutung, weil er sich trotz der vorherrschenden konfessionellen Spannungen und Anfeindungen immer wieder gegen die protestantische Mehrheit mit mehr oder weniger Erfolg auflehnte, um öffentliche Ämter in Verwaltung und Politik stritt und sogar nach zwei Gefangennahmen seinen Einfluss noch lautstark einforderte. Als geschäftiger Rechtsberater, Anwalt, Plantagenbesitzer, Sklavenhalter und Kreditgeber an katholische Kleinbauern sowie durch geschickte Eheschließungen erlangte Charles Carroll ein beachtenswertes Vermögen und wurde Marylands reichster Einwohner und bekanntester Katholik.

---

18 Im Act of Settlement (1714) wurden die Grundlagen der zukünftigen britischen Königsherrschaft mit protestantischer Thronfolge festgeschrieben. Mit dem Ende der Stuart-Herrschaft und nach Ausschluss sämtlicher Katholiken aus der Thronfolge, wurde Georg I., Kurfürst von Braunschweig-Lüneburg, als nächster rechtmäßiger König bestimmt. Er begründete die Personalunion zwischen Großbritannien und dem Haus Hannover, die bis 1837 bestand.

Trotz unermüdlicher Versuche konnte auch er für die Katholiken das Recht politischer Partizipation nicht zurückgewinnen.[19] Ihr politischer Einfluss blieb im Laufe des 18. Jahrhunderts marginal, dennoch versuchten sie ebenso ein gesellschaftliches Leben zu kultivieren wie ihre protestantischen Nachbarn, allerdings in den engen Grenzen ihrer jeweiligen konfessionellen Lebens- und Arbeitswelt. In gewisser Weise konnten bei den katholischen Siedlern der erlangte Reichtum, der höhere Bildungsstand und der erfolgreiche Tabakanbau über die verlorene politische Mitsprache und über das Verbot zur öffentlichen Religionsausübung hinwegtrösten. Die Jesuiten in Maryland, die dort nicht für den Orden, sondern als Privatpersonen Grund und Boden erhalten hatten, widmeten sich neben der Bewirtschaftung ihrer Tabakplantagen der Seelsorge unter den ansässigen katholischen Familien des Landadels sowie der Missionierung der afrikanischen Sklaven wie auch der angrenzenden Indianerstämme.[20] In Maryland konzentrierten die Jesuiten ihre Missionsarbeit seit dem ausgehenden 17. Jahrhundert auf einzelne Manors, die im Besitz von Jesuiten waren und wo sie frei und ungestört von protestantischen Anfeindungen Gottesdienste feiern und Kinder unterrichten konnten. Mehrere Versuche waren gescheitert, eine eigene Schule öffentlich zu errichten, etwa in St. Mary, der größten Siedlung der Kolonie und einstige Landeplatz der ersten Siedler um Leonard Calvert. Es fehlte weniger an dem notwendigen Kapital zur Errichtung eines Schulgebäudes als an der wohlwollenden Unterstützung der protestantischen Obrigkeit und dem Durchhaltevermögen mancher Katholiken, die sich in ihren Bemühungen um eine Schule allzu leicht von antikatholischen Stimmen einschüchtern ließen.

Ende des 17. Jahrhunderts existierte für einige Jahre am Newtown Manor eine Elementarschule unter jesuitischer Leitung, an der die Kinder wohlhabender Siedler und Plantagenbesitzer wohl auch auf den Besuch eines Colleges vorbereitet werden sollten.[21] Neben dem Katechismus, dem Lesen, Schreiben und Rechnen wurde dort auch schon Latein und Griechisch unterrichtet. 1681 machten die Jesuiten in ihrem jährlichen Missionsbericht an den Leiter der englischen Ordensprovinz deutlich, dass sie bereits vor vier Jahren eine Schule errichtet hätten, in denen auch die antiken Sprachen gelehrt werden würden („humaniorum litterarum schola"). Auch hätten sie zwei Absolventen, die aus Maryland stammten, bereits an das Kolleg von St. Omer nach Flandern geschickt, wo sie im Wettstreit mit den europäischen Schülern die besten Leistungen vorgewiesen hätten. Man hoffe, sie für den Orden und

19   Vgl. Hoffman, Princes of Ireland, S. 36-97.
20   Vgl. Starr, Continental Ambitions, S. 531-534; Carey, Catholics in America, S. 10 f.
21   Vgl. Burns, The Catholic School System, S. 89-104.

die Mission bald gewinnen zu können.[22] Trotz vielversprechender Aussichten erlag auch diese Schulgründung, wie eine weitere in New York, schon nach kurzer Zeit den Folgen des politischen Wandels, der zu einer frühzeitigen Aufgabe dieses Schulprojektes führte.

Um die Mitte des 18. Jahrhunderts wurde dann Herman's Manor – einst stattlicher Besitz des deutschstämmigen Großkaufmanns August Hermann aus Böhmen – zum Standort einer weiteren Schulgründung ausgewählt. Das Landgut lag in Cecil County und damit im äußersten Nordosten von Maryland in unmittelbarer Nähe zu Delaware und Pennsylvania. In diesem Umfeld wollten die Jesuiten ebenfalls um Unterstützer für ihr Schulprojekt werben und erhofften sich entsprechende Sponsoren aus den vermögenden Familien vor Ort. Auch diese Schule orientierte sich ohne Zweifel an dem Bildungskonzept der Jesuiten und war ganz darauf ausgerichtet, den Kindern den Katechismus zu lehren und die elementaren Kenntnisse (Lesen, Schreiben, Rechnen) zu vermitteln sowie je nach Bedarf daran anknüpfend die Grundlagen der alten Sprachen zu unterrichten. Das Schulgeld belief sich auf dreißig Dollar für den Elementarbereich oder auf vierzig Dollar, sofern der betreffende Schüler an ein europäisches Jesuitenkolleg geschickt werden sollte, wo er das Lateinische und Griechische für das Studium der Philosophie und Theologie vorzuweisen hatte.[23] Für die Kolonialzeit kann Maryland keine erfolgreiche katholische Schulgründung verzeichnen, die längere Zeit bestand hatte. Einfacher Unterricht fand zwar überall dort statt, wo die Jesuiten Gottesdienste feierten und die Sakramente spendeten, allerdings konnte dies viele Jahrzehnte nur im Verborgenen und zurückgezogen von der protestantischen Öffentlichkeit geschehen, was die Versuche zur Institutionalisierung und Errichtung eines Schulgebäudes ungemein erschwerte. Die Jesuiten mussten sich daher mit einer nur unstetigen Bildungsarbeit begnügen, die mehr schlecht als recht die katholische Jugend auf höhere Bildungswege vorbereitete.

Die Entstehung und Entwicklung der Kolonie Maryland war stets mit den wirtschaftlichen Ambitionen der Familie Calvert verbunden. Der Gedanke, dass ökonomischer Wohlstand zu gesellschaftlicher Stabilität und

---

22 Vgl. Annual Letter (1681), in: Hughes, History of the Society of Jesus, Bd. 1.1, Nr. 8, H²: „Marilandica missio floret: quam ibi fecerunt patres nostri sementem, in copiosam segetem excrescit et amplam olim messem pollicetur. Ante quadriennium aperta illic a nostris, in media barbarie, humaniorum litterarum schola, quam duo regunt, et juventus illic nata, supra modum litteris dedita, proficit. Duos illa missio, illa recens nata schola Audomarum transmisit, qui paucis Europaeis ingenio cedant, cum suae classis primis de palma contendant. [...] Submissi eo hoc anno duo, qui laborantes in illa amplissima Domini vinea sublevent."

23 Vgl. Burns, Catholic School System, S. 110 f.

Ordnung führen würde, zerschlug sich, als sich Calvert die überkommene agrarisch-feudale Eigentums- und Gesellschaftsordnung aus England zum Vorbild nahm, der allerdings der überwiegende Teil der Siedler in der Neuen Welt entsagen wollte. Die sozialen und ökonomischen Unterschiede entluden sich über den frappierenden konfessionellen Gegensätzen, die das Kolonisationsprojekt von Anfang an belastete, da es keine geeigneten Mittel und Wege für einen Ausgleich der Kräfte bereithielt. Die Calverts waren keine Visionäre oder Idealisten, sondern vor allem nüchterne Pragmatiker, denen es um die Konsolidierung ihrer politischen und wirtschaftlichen Vormachtstellung als Eigentümer ging und die daher keine riskanten gesellschaftlichen Experimente in ihrer Kolonie wagen wollten. Selbst wenn Cecil Calvert die bemerkenswerte Idee oder eine „Vision einer säkularen Gesellschaft"[24] umtrieb, in der Glaube und Frömmigkeit nur noch im privaten Umfeld eine Berechtigung finden sollten, so kann dies nur schwerlich als Zeichen konfessioneller Freiheit und religiöser Toleranz gedeutet werden.[25] Ein Refugium für verfolgte Katholiken ist Maryland dadurch nicht geworden.

2.2 Pennsylvania – Ein „Holy Experiment"

William Penn verfolgte hehre Ziele. In den 1660er Jahren hatte er sich der „Religious Society of Friends" angeschlossen, einer religiösen Erweckungsbewegung, die sich in England zur Mitte des 17. Jahrhunderts formiert und positioniert hatte. Ihre Anhänger wendeten sich gegen die starre Orthodoxie des Protestantismus und setzten sich für eine Erneuerung des Glaubens, für Spiritualität und stille Andacht ein. Von den Anglikanern wurden sie daher verfolgt. Zunächst prägte sich die Bezeichnung „Quäker" („Zitterer") als Spottname ein, da sie in ihren Gottesdiensten voller Ergriffenheit vor dem Wort Gottes zu zittern begannen. Doch schon bald wurde der Begriff zu einer geläufigen Selbstbezeichnung. Außerhalb von England fanden sie ihre Brüder im Geiste in den gemäßigten und radikaleren christlichen Gemeinschaften, etwa im französischen Jansenismus oder auch im deutschen Pietismus, die ähnlichen Frömmigkeitsformen nachhingen.[26] Bereits im August 1677 reiste William Penn, der wohl bekannteste Quäker seiner Zeit und „die intellektuelle Speerspitze der Bewegung"[27], über Rotterdam nach Deutschland, um dort für

---

24 Wellenreuther, Niedergang und Aufstieg, S. 296.
25 Vgl. Krugler, English and Catholic.
26 Vgl. Lehmann/Schrader/Schilling, Jansenismus; Juterczenka, Quäkermission.
27 Schmidt, Penn, S. 37.

sein Projekt zu werben. Als Sohn eines verdienstvollen Admirals zur See besaß Penn gute Kontakte zum Hof des englischen Königs Jakob II. (1633-1701), bei dem er zur Tilgung einer Schuldenlast, die der König gegenüber Penns verstorbenen Vater besaß, einen Freibrief zur Errichtung einer Kolonie in Amerika bewirken konnte. Penn besuchte auf seiner Deutschlandreise zahlreiche Fürstentümer und Handelsstädte des Reiches, um Siedler und Geldgeber für seine Kolonie zu gewinnen. Seine Reise führte ihn und seine Begleiter rheinaufwärts durch die Niederlande, entlang der weltlichen und geistlichen Fürstbistümer an Rhein, Mosel und Main bis nach Heidelberg, Trier und Frankfurt.

Die Quäker traten dort in Dialog mit Gläubigen und schufen Kontakte und Netzwerke mit den Gemeinden und Familien vor Ort, die sie für das „Holy Experiment" – wie Penn sein Kolonisationsprojekt zu bezeichnen pflegte – interessieren konnten. So stand keinesfalls eine amerikanische Quäkerkolonie auf dem Plan, sondern eine religiös-konfessionell vielfältige Gesellschaft, die sich allerdings zu der friedensethischen Orientierung der Quäker bekannte und jegliche Formen von politischem Aktivismus, religiöser Radikalisierung, Fanatismus und gegenseitiger Unterdrückung ablehnte. Diese Vortragsreise durch Deutschland zeigte Penn die Vorzüge eines föderativ verfassten Reiches auf, das sich – ungeachtet der immer wiederkehrenden konfessionellen Spannungen – durch ein ausbalanciertes Miteinander aller Glaubensrichtungen auszeichnete. Die Stabilität und der Religionsfriede im Reich war überdies erst 1648 mit dem Westfälischen Frieden erneut bekräftigt worden.[28] Der Besuch katholischer und gemischtkonfessioneller Regionen und Städte, die Penn auf seiner Reise durch die Niederlande und Deutschland passieren musste, hatte ihm ebenso vor Augen geführt, dass selbst Katholiken und Protestanten einvernehmlich und versöhnlich zusammenleben konnten.[29]

Den 1681 gewonnenen Landstrich zwischen New York, West Jersey und Maryland pries William Penn als das Land, in dem Milch und Honig fließen.[30] Nach dem Namen seines Vaters und der landschaftlichen Beschaffenheit kreierte Penn den Namen der Kolonie, denn Pennsylvania bedeutet so viel wie „Penns Waldland". In der Tat bot die Region mit seinen dicht bewaldeten Höhenzügen, den feuchten Niederungen an den Küsten des Delaware, Schuylkill und Susquehanna sowie mit seinem allgemein milden Klima recht verheißungsvolle Grundlagen für einen Neuanfang, doch die paradiesischen Aussichten ergaben sich für potentielle Siedler vielmehr aus Penns Versprechen, in seiner

---

28   Vgl. Overhoff, Penn, S. 50-56.
29   Vgl. Starr, Continental Ambitions, S. 513-515.
30   Vgl. einf. Klepp, Encounter and Experiment, S. 47-100; Brogan, History of the USA, S. 93-95.

Kolonie frei, selbstbestimmt und friedlich leben zu können. Den Entwurf für eine mögliche Verfassung hatte Penn schon in England angefertigt und sich hierüber mit den Staatsphilosophen Algernon Sidney und John Locke beraten.[31] Seine Forderungen nach Gewissensfreiheit und Toleranz ergaben sich letztlich aus der grundlegenden Annahme der Quäker, dass nämlich jede religiöse Gläubigkeit und Spiritualität eine individuelle Erkenntnis voraussetzt und daher auch niemand zur Annahme eines bestimmten Bekenntnisses bekehrt oder gezwungen werden könne.[32] Dieses Denken überführte Penn in die politische Praxis und machte Toleranz, Religions- und Gewissensfreiheit zum zentralen Dreh- und Angelpunkt der Verfassung Pennsylvanias:

> I do hereby declare for me and myn and establish it for the first fundamentall of the Goverment of my Country, that every Person that does or shall reside therein shall have and enjoy the Free Possession of his or her faith and exercise of worship towards God, in such way and manner as every Person shall in Conscience believe is most acceptable to God.[33]

Allein bis 1775 ließen sich etwa einhunderttausend Deutsche in Pennsylvania nieder.[34] Viele von ihnen stammten aus dem Rheinland und der Pfalz, wo Penn einst um Siedler geworben hatte, andere kamen auch aus entfernteren Regionen des Reiches, die von Pennsylvania gehört oder gelesen hatten. Auch deren konfessionelle Zugehörigkeit war vielfältig und umfasste etwa neben lutherischen Pietisten, Reformierten und Mennoniten auch kleinere radikal-reformatorische Gemeinden, wie die Herrnhuter, Schwenkfeldianer, Amische, Waldenser und Schwarzenauer, denen nur geringe Entfaltungsmöglichkeiten in ihrer Heimat gewährt wurden oder gar Verfolgung drohte.[35]

---

31 Zu den Gemeinsamkeiten und Unterschieden von Penn und Locke vgl. grundl. Murphy, Liberty, S. 234-239.

32 Vgl. Schmidt, Penn, S. 37-40.

33 The Fundamentall Constitutions of Pennsilvania ..., 1681?, in: Dunn/Dunn, Papers of William Penn, Bd. 2, S. 140-157, hier 143.

34 Der Begriff „deutsch" bzw. „Deutsche" meint hier und im Folgenden alle deutschsprachigen Siedler und schließt daher ebenso diejenigen aus der Schweiz und dem Elsass mit ein.

35 Vgl. Fogleman, Hopeful Journeys, S. 168-172. Die *Herrnhuter Brüdergemeine* (lat.: Unitas Fratrum; engl.-amerik.: Moravians) widmeten sich in Nordamerika insbesondere der Indianermission. Sie wurde von dem lutherischen Pietisten Nikolaus Ludwig von Zinzendorf 1727 in Herrnhut/Oberlausitz gegründet. Zu den einzelnen Gruppierungen vgl. hier und im Folgenden Goertz, Religiöse Bewegungen, S. 20-58. *Schwenkfeldianer*: Eine nach dem schlesischen Reformator Kaspar Schwenckfeld benannte protestantisch-spiritualistische Bewegung; sie standen in Nordamerika in engem Kontakt zu Herrnhutern, Quäkern und Täufergemeinden. Die Wurzeln der *Amischen* liegen in der Täuferbewegung der Reformationszeit. Sie trennten sich 1693 von den Mennoniten, die

Einige katholische Familien aus Deutschland mischten sich ab etwa 1720 recht unbehelligt unter das breite protestantische Spektrum der Einwanderer, während wesentlich früher noch keine deutschen Katholiken in Pennsylvania nachweisbar sind. Die wenigen katholischen Siedler, die sich jedoch schon zu William Penns Lebzeiten in Pennsylvania niederließen, strömten aus den benachbarten Kolonien Maryland, New York und New Jersey herbei und waren einst aus England oder vor allem Irland dorthin ausgewandert.[36] Das Siedlungsgebiet der Katholiken umfasste, außerhalb der 1681 gegründeten Hauptstadt Philadelphia, die grenznahen Countys Chester, Lancaster und Bucks, wo Penn in den 1680er Jahren noch eigenhändig Ländereien an befreundete Katholiken veräußert hatte. Darüber hinaus zählten zu Pennsylvania ebenso einige Siedlungen am Delaware, die einst zur Kolonie Nieuw Nederland gehört hatten. Auch die dort immer noch ansässigen puritanischen und reformierten Gemeinden skandinavischer und niederländischer Herkunft galt es für Penn in die neue Kolonie zu integrieren.

Penn legte die politische Verfassung Pennsylvanias 1682 im Frame of Government nieder, der beinhaltete, inwiefern die Regierung und Verwaltung der Kolonie auf einen möglichst breiten Konsens der Siedler gestützt werden sollte.[37] Doch behielt er sich noch gegenüber dem Kolonialparlament, der Assembly, das alleinige Recht vor, dass Gesetzesvorschläge nur von ihm als Gouverneur zusammen mit seinen Ratgebern, dem Council, vorgebracht werden durften. Erst mit der Charter of Privileges (1701) wurde den Siedler das volle Mitspracherecht gewährt.[38] Die Quäker, die mit Presbyterianern und deutschen Sektierern für die ersten Jahre eine politische Koalition bildeten, mussten dadurch ihre Dominanz in Pennsylvania einbüßen. Dass Penn dem Versprechen umfangreicher politischer Partizipation aller Siedler anfangs nicht gerecht wurde, sollte sich als ein geschickter Schachzug erweisen, denn es half ihm und seinen Mitstreitern, die Besiedlung der Kolonie noch einige Zeit umsichtig zu kontrollieren und zu steuern.[39] Die Quäker gaben ihre politische Mehrheit keinesfalls freiwillig auf, obwohl ihnen durchaus bewusst war, dass

---

1683 nördlich von Philadelphia die Siedlung Germantown (*Deitscheschteddel*) gegründet hatten. Die *Waldenser*, benannt nach dem frz. Prediger Pierre Valdes, wurden seit dem Hochmittelalter häretisch verfolgt. Um 1700 siedelten einige Gemeinden in Baden, Hessen und Württemberg. Die *Schwarzenauer Brüder* („Brethren") waren eine pietistische Täuferbewegung, auch bezeichnet als Dunkers oder Baptisten. Eine erste Gruppe der Tunker erreichte Pennsylvania aus Krefeld im Jahr 1719.

36 Vgl. Heinz, Catholicism.
37 Vgl. hierzu The Frame of Government of the Province of Pennsylvania and Laws agreed upon in England, in: Dunn/Dunn, Papers of William Penn, Bd. 2, S. 211-220.
38 Vgl. Beck, Koloniegründung.
39 Vgl. Schmid, Amerikanisierung, S. 30-32.

andere Gruppen stärker repräsentiert werden müssten. Vielmehr war es das Ergebnis langwieriger politischer Diskussionen und stufenweiser Reformen, bis endlich ein Konsens gefunden wurde. Im Gegensatz zum benachbarten Maryland war dies allerdings kein Aushandlungsprozess, der sich wirklich zum Nachteil einer Konfession entwickelte. So gewährte es auch den Katholiken grundlegende Rechte, etwa zum Landerwerb oder zur öffentlichen Religions- ausübung. Zwar folgten die Kolonisten bei der politisch-administrativen Organisation der Kolonie den traditionellen englischen Regularien und Gesetzen, dennoch schuf Penn mit den in der Charter festgeschriebenen Privilegien die wesentlichen Voraussetzungen dafür, dass konfessionelle Differenzen in den politischen Verhandlungen und Angelegenheiten nur noch eine untergeordnete Rolle spielten.

Pennsylvania war nicht nur ethnisch und konfessionell vielfältiger als Mary- land oder andere englische Kolonien. Auch hinsichtlich der Sozialstruktur gab es unter den katholischen Siedlern deutliche Unterschiede. Während in Maryland vor allem die wohlhabenden Plantagenbesitzer, ihre Bediensteten und Sklaven dem katholischen Glauben angehörten, waren die Katholiken in Pennsylvania entweder einfache Bauern, die ihr eigenes Feld bestellten, oder selbstständige Handwerker, Kaufleute, Seefahrer, Tagelöhner und Bedienstete und gehörten damit zur breiten Masse der Bevölkerung, die vom geschäftigen Treiben in und um der florierenden Hafenstadt Philadelphia profitierte.[40] Sklaverei gab es in Pennsylvania praktisch nicht, zumal sie von den Quäkern strikt abgelegt wurde.[41] Schwarze Sklaven stellten daher gerade einmal zwei Prozent der Bevölkerung dar und kamen vorwiegend als Hausbedienstete zum Einsatz, zumal in Pennsylvania keine Plantagenwirtschaft wie in Maryland oder Virginia möglich war. Dass sich Katholiken recht ungehindert unter die Protestanten mischten, blieb allerdings nicht frei von Kritik, gerade unter den Vorzeichen des aufziehenden französisch-britischen Krieges Anfang der 1750er Jahre. Es schürte die Befürchtungen, dass vermeintliche Papisten den freiheit- lichen und toleranten Geist der Kolonie vergiften würden, zumal sich einige Jesuiten unbeschränkt in den pennsylvanischen Wäldern aufhielten, welche die Indianer dort offenbar missionierten und mit katholischen Franzosen und Frankokanadiern gemeinsame Vorbereitungen für einen Aufstand treffen würden.[42] Um einen derartigen „popish plot" zu verhindern, wurde den

---

40   Vgl. Starr, Continental Ambitions, S. 538 f.
41   Vgl. Depkat, Amerikabilder, S. 54 f.
42   Die Frankokanadier, oder auch Akadier (frz.: „Acadiens"), stammten aus der frz. Kolonie Akadien (Nova Scotia), die 1713 mit dem Frieden von Utrecht den Briten zugesprochen wurde. Die frz. Siedler wurden vertrieben und suchten in den südlicheren Kolonien, etwa in Pennsylvania, Zuflucht und Heimat, vgl. Faragher, A Great and Noble Scheme.

Katholiken 1757 das Tragen von Waffen verboten.[43] Selbst wenn der Anteil der Katholiken gering war, hatten sie offenbar eine kritische Masse erreicht, die vor allem die Anglikaner beunruhigte, während die Vorbehalte der deutschen Lutheraner gegenüber den Katholiken weitaus geringer waren.

Zu dieser Zeit zählte die stark wachsende Stadt Philadelphia 17.485 Einwohner[44], davon waren 228 deutsche Katholiken und 150 irische Katholiken. Der kommandierende General der nordamerikanischen Streitkräfte und Gouverneur von Virginia, John Campbell, Vierter Lord Loudoun, hatte ihre Zählung für ganz Pennsylvania veranlasst, um die Zahl möglicher Reservisten ermitteln zu können. Befragt wurden die vier ansässigen Priester in den katholischen Kerngebieten Pennsylvanias – Robert Harding (Philadelphia), Theodor Schneider (Goshenhoppen), Ferdinand Farmer (Lancaster) und Matthias Manners (Conewago), die Angaben über die Anzahl, Herkunft und das Geschlecht ihrer Kommunikanten lieferten.[45] Kinder unter zwölf Jahren wurden folglich nicht berücksichtigt. Die Katholiken in Philadelphia ausgenommen, zählten die Priester in den umliegenden Countys Chester, Berks, Northampton, Bucks, Cumberland, Lancaster, Montgomery und York 987 Katholiken, von denen knapp siebzig Prozent deutscher Abstammung waren. Insgesamt lebten in Pennsylvania 1.365 Katholiken, davon waren 673 Frauen, 692 Männer.[46] Weitere Siedler wurden nicht erfasst, die zwar ebenfalls katholisch waren, ihren Glauben jedoch entweder nicht praktizierten oder fernab siedelten, sodass sie von der nur unzureichend ausgestatteten Seelsorge nicht erfasst wurden. Der Zensus von 1763, also nur etwas sechs Jahre später, ermittelte in der schnell wachsenden Kolonie rund 8.000 Katholiken bei einer Gesamtbevölkerung von 280.000 Einwohnern.[47]

Wie in der Kolonie Maryland bestimmten die Jesuiten auch das katholische Leben in Pennsylvania, wobei ihnen dort größere Gestaltungsfreiheiten zum Aufbau ihrer Mission gewährt wurden. Seit 1730 gab es in Philadelphia mit der St. Joseph's Church eine kleine katholische Gemeinde, deren Kirchengebäude bis 1750 durch einen größeren ersetzt werden musste. 1763 wurde am selben Straßenzug auf der gegenüberliegenden Seite eine zweite katholische

---

43   Vgl. Hennesey, American Catholics, S. 50.

44   Vgl. Klepp, Demography in Early Pennsylvania, S. 104.

45   Harding war ein englischer Jesuit. Schneider, Farmer und Manners stammten aus Deutschland, wobei Farmer und Manners englischsprachige Namen angenommen hatten. Ihre Geburtsnamen lauteten Steinmeyer bzw. Sittensperger. Kurze biographische Skizzen finden sich zusammenfassend bei Schmid, Amerikanisierung, S. 179-182; auch Schrott, Pioneer German Catholics.

46   Vgl. Schmid, Amerikanisierung, S. 33.

47   Vgl. Marie, The Catholic Church, S. 255; Farrelly, American Identity, S. 399.

Kirche, Holy Trinity, errichtet, die mehrheitlich von deutschen Katholiken besucht wurde.[48] Die Missionsstationen Conewago (Adams County) und Goshenhoppen (Berks County) im näheren Umland von Philadelphia wurden Anfang der 1730er Jahre ebenfalls von deutschen Jesuiten gegründet. Die Errichtung einer Blockhauskirche sowie eines einfachen Schulgebäudes, die dem katholischen Gemeindeleben wieder einen festen Mittelpunkt gaben, wurde häufig von den ansässigen Siedlern finanziell mitgetragen. Neben Philadelphia, Conewago und Goshenhoppen bildete Lancaster (Hanover County) ab 1740 einen vierten Missionsstandort, der die Entwicklung der katholischen Kirche in Pennsylvania während der Kolonialzeit mitbestimmte.[49]

Zwischen 1754 und 1763 wütete auf dem nordamerikanischen Kontinent der Krieg der britischen Truppen gegen die Franzosen und die mit ihnen verbündeten Indianerstämme.[50] Auch der Westen der Kolonie Pennsylvania, insbesondere das französische Fort Duquesne (später Fort Pitt) im britisch-französischen Grenzgebiet, wurde zum Schauplatz dieses verhängnisvollen Konflikts, der in Europa parallel als Siebenjähriger Krieg zwischen preußisch-kurhannoversch-britischen und österreichisch-russisch-französischen Allianzen ausgefochten wurde.[51] Pennsylvania hatte selbst keine Kolonialarmee, die es entsenden oder auch nur zur Verteidigung einsetzen konnte, denn die Quäker lehnten jede Form von Gewalt ab. Genauso wie viele der in Pennsylvania siedelnden reformatorisch-täuferischen Gemeinden orientierten sie ihr friedensethisches und philanthropisches Bewusstsein an der biblischen Botschaft des Gewaltverzichts und der Feindesliebe. Es fanden sich schließlich noch rund 2.700 Freiwillige, die mit den britischen und übrigen amerikanischen Streitkräften in den Kampf zogen. Pennsylvania wurde von diesem Krieg gezeichnet. Rund 3.000 Kolonisten starben, andere litten erbärmlich unter der Verwüstung ihrer Siedlungen und Ackerflächen.[52] Die Grausamkeiten des Krieges hatten zudem dazu geführt, dass sich das Verhältnis zwischen Siedlern und Indianern zunehmend verschlechterte.[53] Auch gegenüber den

---

48   Vgl. Wickersham, History of Education, S. 113-117, hier 115; zur Schule vgl. Murphy, Schools
      and Schooling, S. 111-113. Die Kirchengebäude liegen an der vierten Straße, zwischen
      Walnut und Spruce Street, unweit vom Pennsylvania State House (heute: Independence
      Hall) und der St. Peter's Church (Episkopalisten).
49   Vgl. ebd., hier S. 115 f.
50   In der brit.-amerik. Historiographie auch bezeichnet als „French and Indian War" oder
      „Great War for the Empire", vgl. grundl. Externbrink, Einleitung, S. 9-23; Anderson,
      Crucible of War; Anderson, War; De Bruyn/Regan, Culture of the Seven Years' War;
      Wellenreuther, Ausbildung und Neubildung, S. 265-298.
51   Vgl. Füssel, Siebenjähriger Krieg, S. 57-67.
52   Vgl. Pencak, Promise of Revolution, S. 110-115.
53   Vgl. hierzu ausführlich Pencak/Richter, Friends and Enemies; Merritt, Crossroads.

Katholiken wurden die Vorbehalte der mehrheitlich protestantischen Bevölkerung keinesfalls geringer. Immerhin hatte sich der Krieg zwischen katholischen Franzosen, katholisch missionierten Ureinwohnern und vorwiegend protestantischen Briten und Amerikanern entschieden. Der Krieg hatte weitreichende Konsequenzen für die britischen Kolonien in Nordamerika. Durch die völlige Zurückdrängung der Franzosen war der „wesentliche Druck des äußeren Feindes weggefallen"[54], der die enge Beziehung zwischen Großbritannien und den Kolonien in besonderer Weise ausgezeichnet hatte. Die transatlantischen Beziehungen wurden ab 1765 zusätzlich durch eine rigorose Wirtschafts- und Steuerpolitik von Seiten der britischen Krone belastet, welche durch zusätzliche Einnahmen die Kosten für Krieg und Verwaltung begleichen wollte. Auf die heftigen Proteste und Boykotte der amerikanischen Siedler – hier verbanden sich recht unterschiedliche Forderungen, Interessen und Erwartungen miteinander – folgten ab 1775 erste kriegerische Auseinandersetzungen mit den Engländern. Dies sollte sich als Beginn der Amerikanischen Revolution erweisen, in der die Stimmen eines politischen Umschwungs und eines völligen Losreißens vom britischen Mutterland immer lauter wurden, um wirkliche Souveränität, Autorität und Legitimität gewinnen und nachhaltig sichern zu können. Doch dies wurde nicht nur von den Führungspositionen in den Kolonien angestrebt, sondern auch von den Repräsentanten niederer gesellschaftlicher Schichten, die sich ein Mitspracherecht einräumten. Es drängten sich wieder einmal die bereits zum Teil erfolgreich in die politische Praxis überführten und erprobten demokratischen Prinzipien in den Vordergrund, die es weiter zu verfolgen galt.[55] Zunächst strebten die Kolonisten allerdings eine Versöhnung mit dem Mutterland an, um die schwer erodierten politischen Strukturen zu kitten. 1774 bis 1776 fanden in Philadelphia Kontinentalkongresse statt, an denen die Vertreter aller britischen Kolonien teilnahmen, um die drängenden Fragen über die zukünftige Rolle der britischen Krone in Amerika gemeinsam zu erörtern. Der Verleger Thomas Paine (1737-1809), ein Quäker, englischer Einwanderer, Korsettmacher und aufgeklärter Denker, plädierte mit seinem Pamphlet „Common Sense" erstmals 1776 lautstark für eine Loslösung von der tyrannischen Herrschaft der englischen Krone und warb für die Gründung der Vereinigten Staaten von Amerika.[56] Paines Worte beflügelten die Gedanken

---

54   Reinhard, Unterwerfung der Welt, S. 567.
55   Vgl. Depkat, Geschichte Nordamerikas, S. 211-217.
56   Vgl. Reinhard, Unterwerfung der Welt, S. 566-580. Die Geschichte der Amerikanischen Revolution kann an dieser Stelle nicht in allen Einzelheiten wiedergegeben werden, zur Politik- und Kulturgeschichte vgl. grundl. Hochgeschwender, Amerikanische Revolution;

der Befürworter einer Unabhängigkeit, die im Kontinentalkongress bald eine Mehrheit fand.

Zur gleichen Zeit vollzog sich auch in Pennsylvania ein innenpolitischer Wandel, der im Wesentlichen durch den unfreiwilligen Abzug der Quäker aus dem Kolonialparlament bewirkt wurde. An ihre Stelle traten vor allem Presbyterianer und Anglikaner, die der recht wohlhabenden Kaufmannschaft Philadelphias entstammten und den Einfluss kleinerer Denominationen zur Sicherung ihrer eigenen Vormachtstellung zurückzudrängen versuchten. Auseinandersetzungen über die Rolle des Eigentümers in der Kolonie waren hier, ganz im Gegensatz zum benachbarten Maryland, allerdings kein Thema. Vielmehr repräsentierte Philadelphia nach wie vor die Stadt der ‚brüderlichen Liebe', für die ihr Gründer William Penn den Grundriss entworfen und die Prinzipien der Gewissensfreiheit und Toleranz fest eingeschrieben hatte. Philadelphia wurde zum Ort und Symbol der Amerikanischen Unabhängigkeit. Auf ihrem Fundament gründete die erste Verfassung (1781) sowie ihre zehn Zusatzartikel, die Bill of Rights (1789/91), die allen Amerikanern, ungeachtet ihres konfessionellen Bekenntnisses oder ihrer ethnischen Zugehörigkeit, Religions- und Redefreiheit sowie den Schutz ihres Privateigentums zusicherten.

2.3   Transatlantische Verflechtungen

Vom Ende des Siebenjährigen Krieges bis zur Mitte des 19. Jahrhunderts reichte der amerikanische Emanzipationsprozess von der britischen Krone, der sich sowohl für die Siedler als auch für die „founding fathers" – die Vordenker der Unabhängigkeit und Gründerväter der amerikanischen Nation – als Revolution darstellte.[57] Die Verkündigung der Unabhängigkeitserklärung war am 4. Juli 1776 der symbolische Akt, mit dem die Kolonisten der Souveränität der britischen Krone entsagten, während erst 1781 mit der endgültigen Kapitulation der Briten und durch die Verfassung der Articles of Confederation das „faktische Wendejahr"[58] dieses Prozesses darstellte. Es besteht zwar kein Zweifel daran, dass Philadelphia der Hauptschauplatz dieses Umbruchs war und auch die Wurzeln dieser Revolution in den britischen Kolonien selbst zu suchen sind. Ideengeschichtlich betrachtet, bildete allerdings die Aufklärung den Nährboden aller atlantischen Revolutionen, die jene Epochenschwelle

---

Brogan, History of the USA, S. 135-166; Wellenreuther, Ausbildung und Neubildung, S. 504-604.

57   Vgl. Depkat, Geschichte Nordamerikas, S. 211.
58   Osterhammel, Verwandlung, S. 750.

markieren, für die sich der Begriff der „Sattelzeit"[59] durchgesetzt hat.[60] Die Revolutionen und Reformen dieser Zeit hatten diesseits und jenseits des Atlantiks „Diskurslandschaften"[61] gemeinsam, die den transatlantischen Austausch von und über Ideen der Freiheit und Selbstbestimmung vorantrieben. Dies geschah durch persönliche Begegnungen, durch Korrespondenzen sowie insbesondere durch den rasant wachsenden Markt an Druckschriften, Büchern, Pamphleten und Zeitschriften.[62] In der Aufklärung des späten 18. Jahrhunderts rückte das koloniale Amerika, das schon seit seiner frühneuzeitlichen Entdeckung[63] mit Europa in einer immer engen Beziehung stand, ins Licht dieser neuen Öffentlichkeit, die sich in literarisch-philosophischen Freundeskreisen, Salons, Lesegesellschaften und Akademien, in Kaffee- und Teehäusern oder auch durch einen gemeinsamen kultivierten Briefwechsel zusammenfand, um das aufklärerische Projekt der amerikanischen Staatsbildung zu verfolgen und zu diskutieren.[64]

Die Aufklärung hatte eine ganze Reihe philosophischer und staatstheoretischer Denker hervorgebracht, deren Ideengut in diesen transatlantischen Diskurslandschaften zirkulierte. Neben Montesquieu gehörte John Locke mit Abstand zu den wirkmächtigsten Vordenkern, der die Gewissensfreiheit des Individuums, den Schutz seines Eigentums und religiöse Toleranz zu den Eckpfeilern eines sicheren und geordneten Gemeinwesens erhob. Doch auch die schottischen Moralphilosophen Francis Hutcheson, Adam Ferguson, David Hume oder Adam Smith fanden Beachtung, ebenso Rousseaus politische und pädagogische Schriften, ferner Ideen von Voltaire oder später auch von dem Genfer Rechtsgelehrten Jean-Louis Delolme (1740-1806), um nur die wichtigsten Köpfe zu nennen.[65] Die europäische Aufklärung schuf die ideengeschichtliche Basis, auf die sich die amerikanischen Gründerväter berufen konnten. Die „Aufklärung war europäischen Ursprungs, und ihre Wirkungen jenseits des Atlantiks müssen zunächst einmal als ein riesiger Vorgang des Mitnehmens und der Rezeption beschrieben werden", so der Historiker Jürgen Osterhammel zur Amerikanischen Revolution.

---

59   Koselleck, Einleitung, S. XIII-XXVII.

60   Zum „revolutionären Atlantik" bzw. zum „atlantischen Zusammenhang nationaler Revolutionen", s. Osterhammel, Verwandlung, S. 747-777, hier insb. 770. Vgl. schon Palmer, Democratic Revolution.

61   Hochgeschwender, Amerikanische Revolution, S. 75-101.

62   Vgl. Maurer, Kommunikationsraum, hier insb. 16.

63   Hier ließe sich auch von einer „Erfindung Amerikas" durch die Europäer sprechen, vgl. O'Gorman, La invención.

64   Vgl. Dippel, Deutschland und die amerikanische Revolution, S. 1-33; Hochgeschwender, Amerikanische Revolution, S. 76-79.

65   Vgl. Bailyn, Ideological Origins, S. 22-54, hier insb. 27.

Immer wieder waren es Eindrücke und Erfahrungen aus persönlichen Begegnungen, die Reisende aus Amerika in Europa sammelten und in die Neue Welt brachten. Benjamin Franklin, Thomas Jefferson und John Adams – jene „großen Virtuosen der amerikanischen Aufklärung"[66], wie sie Bernard Bailyn bezeichnete – hielten sich allesamt längere Zeit in Europa auf, besuchten die europäischen Metropolen und Nachrichtenbörsen London, Paris oder Den Haag und ließen sich dort von den unterschiedlichen und miteinander konkurrierenden Strömungen der Aufklärung inspirieren.

Einige von ihnen erkundeten auch das Alte Reich. Die föderale Struktur des deutschen Reiches beeindruckte die amerikanischen Besucher so sehr, dass es sich in der Ausgestaltung ihrer eigenen Verfassung als wichtigstes Referenzsystem erwies, um auf jene Mängel aufmerksam zu werden, „die dafür verantwortlich sind, dass die Hoffnungen, die wir hinsichtlich unseres eigenen Systems gehegt haben, bisher enttäuscht wurden"[67]. Mit großem Interesse erschlossen sich James Madison und Alexander Hamilton die föderale Struktur des Reiches, das sich durch eine bemerkenswerte Stabilität und durch einen Ausgleich seiner konstituierenden Kräfte auszeichnete. Gerade der Religionsfriede zwischen Katholiken und Protestanten sicherte hier den Zusammenhalt des Reiches, wie sie etwa im Vergleich zur Schweiz oder zu den Niederlanden konstatierten. Beide Länder boten in dieser Hinsicht im Unterschied zu Deutschland offenbar kein geeignetes Vergleichsobjekt.[68] Schon Montesquieu, der das Alte Reich seit seiner Deutschlandreise in den Jahren 1728/29 kannte, hatte Entsprechendes hierüber berichtet, jedoch ebenso eindringlich davor gewarnt, derartige Strukturen und Gesetze nicht blind über die Grenzen der Nationen hinweg zu übertragen, sondern immer auf die Verhältnisse und den Geist des jeweiligen Landes hin anzupassen. Die Beobachtungen und Erkenntnisse aus einer eingehenden Auseinandersetzung mit dem Alten Reich boten Wege und Möglichkeiten für eine angemessene Reflexion über die politischen, gesellschaftlichen und verfassungsrechtlichen Gemeinsamkeiten und Unterschiede sowie über die Perspektiven, die sich hieraus für die Ausgestaltung der amerikanischen Verfassung eröffneten.

Dies erkannte auch John Carroll. Der spätere amerikanische Bischof entstammte der weit verzweigten, wohlhabenden katholischen Familie Carroll aus Maryland und wurde 1748 als Zwölfjähriger, als er die Schule von Bohemia Manor verlassen hatte, an das Jesuitenkolleg von St. Omer in die Österreichischen Niederlande geschickt. Dieses Kolleg bildete nicht nur ein bedeutendes

---

66   Bailyn, Ideological Origins, S. 27.
67   Hamilton/Madison/Jay, Federalist Papers, S. 150.
68   Vgl. ebd., S. 141-146; hierzu auch Krasner, Compromising Westphalia; im Vergleich dazu Deudney, Philadelphian System.

Zentrum für die englischsprachigen Katholiken in Europa, sondern war auch die erste Wahl für die Katholiken in Maryland und Pennsylvania, die ihren Söhnen eine katholische Erziehung ermöglichen wollten.[69] Dort trat Carroll dem Jesuitenorden bei, wurde 1761 zum Priester geweiht und lehrte anschließend Philosophie am Jesuitenkolleg von Liège, später kurze Zeit auch in Brügge. In den Jahren 1771 und 1772 unternahm er als Begleiter des jungen, englischen Lords Charles Stourton (1752-1816) eine ausgedehnte Reise durch Europa, die sie auch längere Zeit durch das Alte Reich führte. Vom Elsass aus bereisten sie die Rhein-Main-Gegend und besuchten Mainz, Mannheim und Heidelberg. Flussabwärts gelangten sie zunächst bis nach Köln, dann zurück und in den Süden des Reiches, wo sie sich in den Städten Augsburg, München und Innsbruck aufhielten, bevor sie nach Tirol und Norditalien weiterreisten. Immer wieder wird in Carrolls Reisejournal deutlich, dass ihn die konfessionelle Vielfalt innerhalb des Alten Reiches besonders beeindruckte, zumal sie nicht nur verfassungsrechtlich fixiert war, sondern auch der gelebten Ordnung und den konkreten konfessionskulturellen Lebenswelten der Katholiken und Protestanten entsprach, die in ganz unterschiedlich konfessionell geprägten Fürstentümern und Städten lebten.[70] Beinahe bis zu seinem vierzigsten Lebensjahr hielt sich Carroll in Europa auf, bevor er nach Amerika zurückkehrte. Seine vielseitigen Eindrücke und Erfahrungen in Europa sowie seine amerikanische Herkunft machten ihn zu einem geeigneten Anwärter um das Amt des Vorstehers der katholischen Missionen in den Vereinigten Staaten, zu dem er schließlich 1785 ernannt wurde.

Dass das transatlantische Beziehungsgeflecht überaus vielschichtig war, ist oft bemerkt worden, auch dass die Mobilität von Ideen, Personen und Waren schon im 18. Jahrhundert beträchtlich war, die zugleich die Etablierung von Strukturen, Netzwerken und Institutionen für einen noch zuverlässigeren und nachhaltigeren Austausch dieser Ideen und Nachrichten förderte.[71] Spätestens seit den 1770er Jahren verbanden der Adel und das Bürgertum im deutschsprachigen Raum mit den amerikanischen Freiheitskämpfern das gemeinsame Interesse an einen stärkeren Austausch. Hiervon versprachen sich beide Seiten gewiss auch wirtschaftliche Vorteile. Im deutschen Bürgertum war die Begeisterung für die Neue Welt der wahre Auslöser für eine regelrechte Amerika-Euphorie, die nach der Unabhängigkeit sowie in der Revolution nicht abriss. Dies äußerte sich in der gestiegenen Nachfrage der bürgerlich-intellektuellen Kreise an endlich gesicherten Informationen über die topographische Beschaffenheit sowie die politische und kulturelle

---

69 Vgl. Whitehead, Jesuit Secondary Education, S. 34-36.
70 Vgl. Journal of European Tour, in: JCP I, S. 6-25.
71 Vgl. grundl. Lachenicht, Europeans Engaging the Atlantic.

Entwicklung der ehemaligen britischen Kolonien. Schon die grundlegenden Kenntnisse vom amerikanischen Kontinent waren nach wie vor prekär oder fehlten gänzlich.[72] Andererseits sahen auch die Amerikaner in dem Austausch mit deutschen Denkern und Politikern immer wieder die Gelegenheit, ihre Sicht auf die Unabhängigkeit zu vermitteln und auf einen breiteren gesellschaftlichen Konsens zu stellen, um schließlich auch die Anerkennung der Vereinigten Staaten von Amerika voranzutreiben. Das föderativ verfasste deutsche Reich stellte für die amerikanischen Verfassungsväter unverändert ein überaus anregendes Beobachtungsfeld dar. Dass ein Großteil der amerikanischen Siedler ursprünglich aus dem deutschen Sprachraum stammte, ließ den engen und beständigen deutsch-amerikanischen Austausch in vielerlei Hinsicht als sinnvoll und notwendig erscheinen.

In Deutschland brachten sich Personen und Institutionen in recht unterschiedlicher Weise in diese deutsch-amerikanischen Diskurslandschaften ein, wofür ein mehr oder weniger großes Interesse an den Vorgängen jenseits des Atlantiks verantwortlich war. Bereits an anderer Stelle ist darauf hingewiesen worden, dass die föderale Struktur des deutschen Reiches die Entstehung verschiedener Kommunikationslandschaften[73] begünstigte, in denen Universitäten, Akademien, Residenzen und Städte wirkungsvolle intellektuelle bzw. kulturelle Zentren darstellten, die die Verbreitung von Ideen und Konzepte über den vorhandenen Buch- und Zeitschriftenmarkt vorantrieben und kontrollierten.[74] Die Wahrnehmung der konfessionellen Vielfalt und Verschiedenartigkeit war hier die Ursache für markante „Kommunikationsschwelle[n]"[75], die den Austausch erschwerten und erst im Laufe der Aufklärung allmählich zu verblassen schienen. Das Amerikabild zur Zeit der großen atlantischen Revolutionen und Reformen, die den fortschreitenden Emanzipationsprozess der Vereinigten Staaten von Amerika begleiteten und unterstützten, unterlag in Deutschland eben diesen regionalen und konfessionellen Eigengesetzlichkeiten des Buch- und Zeitschriftenmarktes, der die neue Öffentlichkeit des aufstrebenden Bürgertums auszeichnete. Dieser Zusammenhang war dafür bezeichnend, dass das deutsche Amerikabild und die Vorstellung davon, welchen Stellenwert Freiheit, Gleichheit und Toleranz einnahmen, recht unterschiedlich ausfielen. Dies betraf nicht

---

72   Vgl. grundl. Dippel, Deutschland und die amerikanische Revolution, S. 1-61.

73   Vgl. Krenz, Konturen.

74   Der Begriff „Kommunikationslandschaft" richtet den Blick auf die raumbildenden Prozesse, die durch unterschiedliche Formen und Medien kommunikativer Verflechtung und Verdichtung vorgetrieben werden, während „Diskurslandschaften" die Reichweite und Frequenz grenzüberschreitender Austauschvorgänge von bestimmten, durchaus veränderbaren Diskursen und Ideen beschreiben.

75   Weigl, Schauplätze, S. 24.

nur den Diskurs zu politischen und verfassungsrechtlichen Entwicklungen, sondern auch denjenigen über die religiösen und kulturellen Verhältnisse in der Neuen Welt, über die man sich zu verständigen suchte. Während Maryland bei dem deutschsprachigen Lesepublikum in Europa eine verhältnismäßig geringe Beachtung fand, rückte Pennsylvania mit seinen überwiegend deutschstämmigen Einwohnern und seiner philanthropischen Grundordnung schon eher in den Mittelpunkt des deutschen Interesses. Dies galt gleichermaßen für das protestantische wie für das katholische Lesepublikum, wobei die jeweiligen Nachrichten, Beobachtungen und Annahmen der konfessionsspezifischen Wahrnehmungsmuster der jeweiligen Rezipienten entsprechend gefiltert, geprägt und neu gedeutet wurden. Der Historiker Rainald Becker hat diese Vielfalt der Amerikabilder aus regionalgeschichtlicher Perspektive für den süddeutschen Raum ausführlich erläutert. Konkurrierende Deutungskonzepte bestanden dort zwischen Jesuiten, Benediktinern und Pietisten, wobei sich ebenso reichsstädtische und aufklärerische Deutungsmuster erkennen lassen.[76]

Mit dem Zeitpunkt, als die Europäer den nordamerikanischen Kontinent als bevorzugten Ort für ambitionierte Kolonisationsunternehmungen und neue Gesellschaftsentwürfe entdeckten, wurde das transatlantische Beziehungsnetzwerk zu einem entscheidenden Faktor für die politische, gesellschaftliche, konfessionskulturelle und wirtschaftliche Entwicklung des kolonialen Amerikas. Im großen Stil bedienten sich dann im ausgehenden 18. Jahrhundert die amerikanischen Freiheits- und Unabhängigkeitskämpfer an den Ideen der Aufklärung, die in ihrer ganzen Vielfalt und globalen Wirkmächtigkeit auf europäische Wurzeln zurückgingen. Der revolutionäre Schritt des völligen Losreißens von der britischen Krone ebnete schließlich den Weg für einen beispiellosen Neuanfang als Vereinigte Staaten von Amerika, der allerdings nicht in einem radikalen Entsagen der Alten Welt, ihrer Traditionen und Strukturen bestand, sondern in ihrem kritischen Hinterfragen und Weiterentwickeln, um auf ein neues und zukunftsfähigeres verfassungsrechtliches Fundament bauen zu können.[77] Pennsylvania wurde mit Philadelphia zu dem intellektuellen Knotenpunkt dieser Entwicklung. Nicht nur die Gedanken und Konzepte der Aufklärung und der beständige transatlantische Austausch über sie, sondern auch die in den amerikanischen Kolonien selbst gewonnenen Einsichten schufen die notwendige Grundlage dafür, dass Freiheit, Gleichheit und Toleranz sowie die Gewährung essentieller Menschenrechte einen hohen Stellenwert erhielten.

---

76   Vgl. Becker, Nordamerika, S. 333 f.
77   Hierzu vgl. auch Brenner, Paradies Amerika, S. 251-289.

„Fathers at the Frontiers of Faith" – Die katholischen Siedler und ihr Missions- und Bildungswesen in Maryland und Pennsylvania in der Ära von John Carroll

Die Überfahrt mit der „Jane" von Rotterdam nach Baltimore dauerte zehn Wochen und drei Tage, ehe Demetrius von Gallitzin und Franz Xaver Brosius am 28. Oktober 1792 das Ufer der Neuen Welt betraten. Starke Westwinde und tückische Strömungen machten jede Atlantiküberquerung in den Herbstmonaten zu einem riskanten und zeitlich unberechenbaren Unterfangen. Hinzu kam, dass auch die Lage an Bord mit ihrer oftmals schlechten Nahrungs- und Trinkwasserversorgung eine häufige Ursache für die Ausbreitung von Krankheiten war, die bisweilen noch auf hoher See zum Tod führen konnten. Über die Art und Weise, wie Gallitzin und Brosius die Reise überstanden und wie sie ihre Ankunft in Amerika erlebten, ist nichts Genaueres bekannt. Erst aus einem Brief des Bischofs John Carroll an die Fürstin Gallitzin vom 13. Dezember 1792 geht hervor, dass die beiden Reisenden in Baltimore schon recht bald den Bischof aufgesucht hatten. Demetrius von Gallitzin überreichte ihm das Schreiben, in dem seine Mutter voller Sorge um die Erziehung ihres Sohnes ihre Gedanken zum Zweck und Verlauf der Bildungsreise festgehalten hatte. Im Vorfeld war keine Zeit geblieben, sich mit Carroll über ihre Pläne und Vorschläge beraten zu können, noch genauere Kenntnisse über die Möglichkeiten einer derartigen Bildungsreise durch Amerika einzuholen.

John Carroll wurde 1789 zum Bischof von Baltimore und damit zum ersten Bischof der Vereinigten Staaten von Amerika gewählt. Die errichtete Diözese umfasste alle Gebiete östlich des Mississippis und wurde im Norden in den Gegenden um Detroit durch die Diözese des französischen Bischofs mit Sitz in Quebec, im Süden durch die des Bischofs von Havanna begrenzt, dem auch Florida und New Orleans unterstanden.[1] Rasch antwortete der Bischof auf das Schreiben der Fürstin und teilte ihr mit, dass er ihren Wünschen nicht nachkommen könne. Es fehle überall in Amerika an geeigneten Priestern, die gut Englisch sprechen könnten, weshalb er Brosius nicht als Priester und Missionar

---

1 Vgl. Hammer, Die katholische Kirche, S. 136; für einschlägige Biographien zu Carroll vgl. Shea, Life and Times; Guilday, Life and Times; Melville, John Carroll of Baltimore.

© VERLAG FERDINAND SCHÖNINGH, 2020 | DOI:10.30965/9783657704255_010

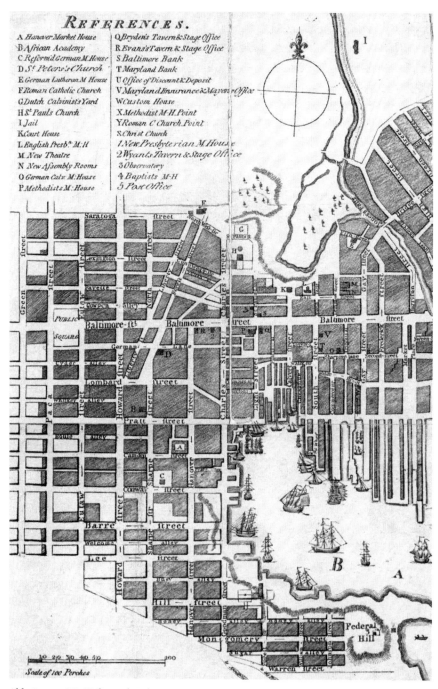

REFERENCES.

A *Hanover Market House*   Q *Bryden's Tavern & Stage Office*
B *African Academy*   R *Evans Tavern & Stage Office*
C *Reformed German M. House*   S *Baltimore Bank*
D *St. Peter's Church*   T *Maryland Bank*
E *German Lutheran M. House*   U *Office of Discount & Deposit*
F *Roman Catholic Church*   V *Maryland Ensurance & Mayor's Office*
G *Dutch Calvinist's Yard*   W *Custom House*
H *St. Pauls Church*   X *Methodist M.H. Point*
I *Jail*   Y *Roman C Church. Point*
K *Court House*   S *Christ Church*
L *English Presb.n M.H*   1 *New Presbyterian M. House*
M *New Theatre*   2 *Wyants Tavern & Stage Office*
N *New Assembly Rooms*   3 *Observatory*
O *German Calv M. House*   4 *Baptists M-H*
P *Methodists M: House*   5 *Post Office*

Abb. 6   Die Hafenstadt Baltimore, um 1800

missen wolle. Dieser befände sich schon auf ausgedehnten Reisen durch das
Land, um die weit verstreuten katholischen Gemeinden aufzusuchen und den
Aufgaben eines Missionars nachzukommen. Daher habe ihr Sohn Demetrius
seine wissenschaftlichen Studien nicht unter Brosius' Aufsicht fortsetzen
können.[2] Die Wege der beiden Reisenden trennten sich bereits kurz nach ihrer
Ankunft in Amerika. Brosius wurde direkt in die Mission geschickt und mit
ersten pastoralen Aufgaben betraut. Bereits am 5. November 1792 und damit
nur eine Woche nach seiner Ankunft in Amerika zelebrierte dieser in der
Bischofskirche St. Peter in Baltimore seinen ersten Gottesdienst in Amerika.
Kurze Zeit später wurde er von Carroll zur Missionsstation Conewago, York
County, geschickt, wo er seine Tätigkeit als Missionar aufnehmen sollte.[3]
Gallitzin blieb vorerst noch in der Obhut des Bischofs und zog zunächst in
das katholische Seminar von Baltimore, das erst 1791 von französischen
Sulpizianern gegründet worden war.

3.1   „L'amour de l'Étude et de la Retraite" – Gallitzin bei der Kongregation St. Sulpice in Baltimore

Die Compagnie des Prêtres de Saint-Sulpice wurde 1642 von dem Franzosen
Jean-Jacques Olier (1609-1657), dem Pfarrer von St. Sulpice in Paris, als
Weltpriesterkongregation gegründet. Hervorgegangen aus den inneren Er-
neuerungsbestrebungen der katholischen Kirche in Frankreich während des
17. Jahrhunderts, setzten die Sulpizianer auf eine spirituelle Revitalisierung des
geistlichen Lebens, insbesondere im Rahmen der Priesterbildung. Sie forderten
eine stärkere Orientierung am tridentinischen Priesterideal, die bescheidene
und leistungsfähige Geistliche für die Seelsorge hervorbringen sollte. In ihrer
Gemeinschaft entwickelten sie dafür unterschiedliche Gebetsmethoden und
Frömmigkeitspraktiken, die sie etwa für die Verehrung der Eucharistie und des
Kreuzes als angemessen und würdig erachteten.[4] Sie verfolgten eine strenge

---

2   John Carroll an A. v. Gallitzin, 13.12.1792, in: AAB, Carroll Papers, 9a12: „Vous avez désiré,
    Madame, qu'il put être constamment avec Monsr Brosius, mais cela n'est pas possible.
    Celui-ci est placé à la compagne loin de toutes les occasions où Monsr Schmidt pourrait
    se perfectionner dans les sciences. Non seulement il est á la campagne, mais ses courses
    continuelles, soit pour aller auprès des congrégations éloignées les unes des autres, soit pour
    la visite des malades, et pour les fonctions innombrables de la vie Apostolique, je me serais
    bien prête à votre désir, et audois substitué quelque prêtre à la place de Monsr Brosius, pour
    qu'il put être toujours avec votre fils."
3   Vgl. den entsprechenden Eintrag im Trauregister der Kirche St. Peter in: Middleton, St. Peter's
    Church, S. 48; vgl. auch Reily, Conewago, S. 57 f.
4   Vgl. Greshake/Weismeyer, Quellen, S. 155-160.

Erziehung zur Spiritualität, zur inneren Erweckung und Einkehr durch tägliche Gebete und spirituelle Übungen, durch die Lektüre und Verinnerlichung von Andachts- und Erbauungsschriften sowie durch die beständige Suche nach individuellen mystischen Erfahrungen und Eingebungen. Die geistliche Begleitung der Seminaristen geschah meist durch die charismatische Führung des Seminarvorstehers. Aus einer derartigen spirituellen Bildung und Erziehung, die auf die Ausformung einer „esprit ecclésiastique" abzielte, wie sie Jean-Jacques Olier bezeichnete, sollten die Priester letztlich geistliche Stärke und Durchhaltevermögen für die Seelsorge schöpfen.[5]

Als die Gemeinschaft 1790 in Frankreich verboten wurde, zählte sie 155 Mitglieder und unterhielt mehrere Seminare in ganz Frankreich sowie seit 1658 eine erste amerikanische Niederlassung im kanadischen Montreal. Jacques-André Emery (1732-1811) und François-Charles Nagot (1734-1816) waren die Vorsteher des Pariser Seminars und erhielten in dieser Zeit über den Apostolischen Nuntius in Paris die Nachricht von der Errichtung einer Diözese in Baltimore und von dem dortigen Mangel eines Priesterseminars.[6] Da Frankreich den Sulpizianern ohnehin kein sicheres Umfeld mehr bot, wurde dem dortigen Bischof Carroll das Angebot zur Gründung eines Seminars vorgelegt. Seit seiner Zeit in Europa kannte Carroll aus dem Umfeld der Jesuitenkollegs von St. Omer, Brügge und Liège die Kongregation St. Sulpice wie auch deren besondere Pflege der Spiritualität im Rahmen der Priesterausbildung. Mit den Sulpizianern verband Carroll die Hoffnung, eine geeignete Lösung gefunden zu haben, um möglichst zügig und effizient die pastorale Versorgung in seiner Diözese bewerkstelligen zu können. Darüber hinaus spielte für Carroll sicher auch der Gedanke eine Rolle, sich die weitreichenden Eigenständigkeiten zum Vorbild nehmen zu können, die die Katholiken in Frankreich gegenüber Rom behaupteten und noch immer selbstbewusst verteidigten.[7] Auch Carroll wollte sich dafür einsetzen, den Einfluss der römischen Kurie auf die amerikanische Ortskirche möglichst gering zu halten, um sich und den Katholiken in Amerika die größtmöglichen Freiheiten und Selbstbestimmungsrechte zu sichern.

Carroll nahm das Angebot der Sulpizianer bereitwillig an, sodass Nagot und mit ihm neun weitere Priester und Seminaristen am 8. April 1791 nach Amerika aufbrachen.[8] Doch bereits kurz nach ihrer Ankunft in Baltimore wurden erste

---

5   Vgl. ebd.; auch Pasquier, Fathers on the Frontier, S. 3-42.

6   Vgl. Noye, Saint-Sulpice; John Carroll an Jacques-André Emery, 3.9.1790, in: JCP I, S. 457 f.; John Carroll an Nagot, 14./18.9.1790, in: JCP I, S. 462 f. Vgl. grundl. Ruane, Beginnings, S. 12-36.

7   Vgl. Kauffman, Tradition and Transformation, S. 55-67; Spalding, Premier See, S. 21-65; Ulshafer, Nagot, S. 59-69.

8   Die Gruppe setzte sich zusammen aus den drei Sulpizianer-Priestern Antoine Garnier, Jean Tessier und Michel Levadoux, den fünf jungen Seminaristen Francis Tulloch, John Floyd,

Abb. 7   John Carroll als Erzbischof von Baltimore, 1812

Unterschiede spürbar, die zwischen den Erwartungen des Bischofs und den Vorstellungen der Sulpizianer bestanden. Schon die opulente liturgische Ausgestaltung der Messfeier, die alles andere als nüchtern und sachlich war, erwies sich für amerikanische Verhältnisse als ungeeignet. Carroll riet

Pierre Joseph Perrineau, John Edwards Caldwell und Jean-Édouard de Mondésir und einem engen Freund Nagots namens Louis-César DeLavau, vgl. Ulshafer, Nagot, S. 67-69.

den Sulpizianern zu mehr Besonnenheit und Nachsicht, dass sie, wie er es metaphorisch ausdrückte, das Mehl für „das Brot des Wortes Gottes" doch mit „einem Scheffel Eifer und neun Scheffeln Vorsicht"[9] mischen sollten. Auch der süßlich-fromme Gesang der Franzosen stieß bei den deutsch- und englischsprachigen Katholiken auf taube Ohren, wie der Seminarist Mondésir in seinen Erinnerungen ferner berichtet.[10] Dieser trat zudem dadurch unangenehm in Erscheinung, dass er stets öffentlich in der Soutane auftrat und sich ungeachtet möglicher Provokationen als Priester zu erkennen gab.[11]

Die einschneidenden Erfahrungen der Revolution und das neue gesellschaftliche Umfeld nach der Emigration, wie es sich den Sulpizianern in Maryland und Pennsylvania eröffnete, trugen nur sehr langsam dazu bei, dass sie sich auf die neuen Begebenheiten einließen. Ihre spirituellen Praktiken boten ihnen auch weiterhin eine nützliche Bewältigungsstrategie, um auf die demoralisierenden Erfahrungen der amerikanischen Mission reagieren zu können.[12] Auch die Pflege bewährter Frömmigkeitsformen und Gebetsmethoden schuf ihnen zusätzlichen Schutz und Halt. Die vermeintliche Engstirnigkeit und der Missionseifer der Sulpizianer sorgte allerdings schon nach wenigen Jahren für ernsthafte Spannungen zwischen Carroll und dem Generalsuperior Emery, zumal das Seminar in Baltimore gegen Ende der 1790er Jahre immer mehr in Konkurrenz zum Georgetown College trat.[13] 1800 forderte sogar Carroll, Emery möge das Seminar in Baltimore aufgeben und die Professoren und Seminaristen nach Paris zurückrufen, da er ihrer Unterstützung nicht länger bedürfe.[14]

Gallitzin verbrachte von 1792 und 1795 knapp drei Jahre im Priesterseminar der Sulpizianer. Carroll hatte ihn nach seiner Ankunft in Baltimore dorthin geschickt, als er keinen anderen sicheren Aufenthaltsort für den jungen Reisenden ausmachen konnte. Dass Nagot das Vertrauen des Bischofs in der Weise dazu ausnutzen würde, den jungen Gallitzin für die Gemeinschaft der Sulpizianer gewinnen zu wollen, ahnte Carroll noch nicht, als er der Fürstin

---

9   Mondésir, Souvenirs, S. 27: „A notre arrivée à Baltimore, Monseigneur [Carroll] nous reçut, il se hâta de dire à Mr. Nagot, que pour rompre aux Américains le pain de la parole de Dieu, il fallait faire de *la mouture* avec un boisseau de zèle, sur neuf boisseaux de prudence. [...] Un jour Mr. Nagot obtint enfin de Monseigneur qu'on chanterait la grande messe en plain chant. Tour Baltimore s'y trouva. Malheureusement l'exécution ne répondit pas à l'attente du public."

10 Ebd.., S. 27 f.

11 Vgl. Curran, Bicentennial History, S. 33.

12 Vgl. ebd., S. 56; Pasquier, Fathers on the Frontier, S. 39.

13 Vgl. McDonald, Seminary Movement, S. 12-20; Schmid, Amerikanisierung, S. 165-167.

14 Vgl. die Briefe von Carroll an Nagot und Emery, in: JCP II, 313-314; auch Spalding, John Carroll, Nr. 39.

Gallitzin von seinem Plan berichtete. Er schrieb ihr einen langen Brief und nahm darin zu den Empfehlungen und Wünschen ausführlich Stellung, die sie ihm in ihrem Empfehlungsschreiben unterbreitet hatte. Carroll konnte ihren Vorstellungen nicht gerecht werden, doch mit dem Seminar der Sulpizianer schien Carroll vorerst eine adäquate Alternative gefunden zu haben, die zumindest der religiös-moralischen Erziehung ihres Sohnes gerecht werden konnte. Das Seminar unter der Leitung des Franzosen Nagot sei, wie Carroll zu berichten wusste, mit „den besten Lehrern" ausgestattet und es herrsche dort „eine hervorragende Ordensfrömmigkeit" und eine ausgesprochene „Liebe zum Studium und zur inneren Einkehr". Dies gebe ihrem Sohn genügend Zeit für seine Gewissenserforschung, sodass ihm für seine Faulheit und Nachlässigkeit, wovon ihm die Fürstin berichtet hatte, keine Zeit bliebe. In den Frühlingsferien werde er ihren Sohn zudem nach Philadelphia und zu weiteren wichtigen Orten der Vereinigten Staaten schicken, vielleicht sogar in der Gesellschaft von Brosius.[15] Der Bischof selbst machte keine Andeutungen davon, was zu dieser Zeit den jungen Gallitzin schon umtrieben haben muss.

Anfang 1793 gelangten dann einige Briefe nach Münster, die Gallitzin erst an seinen Beichtvater, den Franziskaner und Theologieprofessor Kasimir Schnösenberg, dann auch an seine Mutter richtete. In ihnen gab er zu verstehen, dass er sich „mit Leib und Seele, mit Hab' und Gut sich dem Dienste Gottes, zum Heile seines Nächsten in Amerika" widmen wolle, wozu ihn „das dringende Bedürfnis nach Arbeitern im Weinberg des Herrn bestimmt"[16] habe. Nach nur wenigen Wochen in Amerika hatte sich Gallitzin dazu entschlossen, nicht mehr nach Europa zurückkehren zu wollen und Priester zu werden. Die unterwartete Nachricht löste bei seiner Mutter große Bestürzung aus, da ein derartiger Entschluss nicht leichtfertig getroffen werden sollte, sondern allenfalls nach reiflicher Überlegung, eingehender Gewissensprüfung und gemeinsamer Beratschlagung. Die Fürstin zweifelte an der Eignung ihres Sohnes für die beschwerlichen und aufopferungsvollen Aufgaben eines Missionars und vermutete, dass der Plan nicht sein eigener, freier Entschluss gewesen

---

15   John Carroll an A. v. Gallitzin, 13.12.1792, in: AAB, Carroll Papers, 9a12: „Il est bien pourvu d'excellents professeurs; la piété la plus grande régularisé, l'amour de l'étude et de la retraite y règnent au même degré … J'ai remis Monsr Schmidt entre ses mains pour la direction de sa conscience; et sûrement il ne peut être mieux placé pour répondre aux vues que la providence semble avoir sur lui. Je tâcherai qu'il soit employé de manière à n'avoir pas un moment à donner à la nonchalance ou à la paresse. Pendant les vacances de la belle saison, il visitera Philadelphie & les principaux endroits des Etats-Unis; mais toujours avec un compagnon; & peut-être on pourra donner quelquefois à Monsr Brosius assés de relâche pour l'accompagner."

16   D. v. Gallitzin an K. Schnösenberg, Ende 1792/Anfang 1793, zit. n. Giesebrecht, Schulmeisterin, S. 171.

war. Die aufgebrachte Mutter verlangte gesicherte Kenntnisse über die Entscheidung ihres Sohnes, sodass sie sich direkt an den Seminarleiter Nagot wandte.[17] Auch Fürstenberg und Overberg forderte sie auf, ihrem Sohn zu schreiben, um Gewissheit über seine Pläne einzuholen und ihn um einen Aufschub seiner Entscheidung zu bitten. Nur gegenüber ihrem Gatten, der weiterhin an eine zweijährige Bildungsreise zur Vorbereitung der Zukunft seines Sohnes als russischer Offizier glaubte, verschwieg sie noch einige Zeit die neuen Pläne und legte auch ihrem Sohn nahe, gegenüber seinem Vater in dieser Angelegenheit ebenso zu verfahren.[18]

Währenddessen setzte Gallitzin unbeirrt von der Intervention seiner Mutter seine Studien fort, die er zum einen im Seminar der Sulpizianer, zum anderen im Privatunterricht bei Carroll betrieb. Auch Reisen gehörten zu seiner Ausbildung, die ihn gelegentlich zum Georgetown College führten. Am 25. September 1793 berichtete er von dort an seine Mutter:

> Gestern habe ich in Baltimore einen Brief an Dich geendigt und heute fange ich in George-Town einen neuen an. [...] Gestern Nachmittag um 2 Uhr bin ich von Baltimore angeritten, um die 6 oder 7wöchige Reise mit dem Bischof anzutreten. Er wird er morgen oder übermorgen nachkommen. Ich bin vorausgeritten, um mich ein paar Tage hier aufzuhalten und die Merkwürdigkeiten in Augenschein zu nehmen, davon ich auch meinem Vater ein paar Worte schreiben will [...] Ich wohne hier in einem catholischen Collegium, daß vor zwey Jahren hier aufgerichtet worden ist und da die Lehrer aus den Seminaristen ausgesucht werden, so habe ich das Glück, hier zwey gute Freunde zu finden.[19]

Zur Beruhigung der Mutter hegte Gallitzin, wie im weiteren Verlauf seines Briefes deutlich wird, wieder einige Zweifel an seiner Berufung zum Priesterstand. Allerdings waren diese nicht so groß, als dass sie etwas an seiner schon gefestigten Entscheidung änderten. Das Verfassen eines geistlichen Tagebuchs, womit er in jener Zeit begann, wurde für ihn zu einem geeigneten Mittel der Gewissenserforschung und stellte eine Methode dar, deren Anwendung und Nutzen er über viele Jahre im Kreis seiner Familie in Münster kennengelernt

---

17 Vgl. Katerkamp, Denkwürdigkeiten, S. 216-218.

18 Nach eingehenden Recherchen in Münster und den USA müssen diese Briefe heute bis auf wenige Ausnahmen als verschollen gelten. Allerdings zitiert Theodor Katerkamp fragmentarisch aus diesen Briefen, vgl. Katerkamp, Denkwürdigkeiten, S. 209-269. Ihm fiel nach dem Tod Bernhard Overbergs 1826 der Nachlass der Fürstin Gallitzin zu. Heute befinden sich diese Dokumente allerdings nicht mehr im Gallitzin-Nachlass der ULB.

19 D. v. Gallitzin an A. v. Gallitzin, 25.9.1793, AS Darfeld, AVc146, S. 56 f. Die beiden Freunde waren der Engländer John Floyd – dieser starb bereits 1797 an einer Geldfieber-Infektion – und der Franzose Jean Edouard de Mondésir, Lehrer am Georgetown College für Französisch, Griechisch und Philosophie; dieser kehrte 1802 nach Europa zurück.

hatte. Seiner Mutter berichtete er allerdings nicht nur von den Fortschritten
in seiner religiösen Erziehung und Bildung, sondern auch von seinen wissenschaftlichen Studien, die er in gleicher Weise absolvierte. Auch Nagot teilte
der Fürstin mit, dass der Bischof, „Rücksicht nehmend auf die seiner Reise
vorgeschriebene Bestimmung", dafür Sorge trage, dass sich bei ihrem Sohn
die „Kenntnis amerikanischer Einrichtungen und Staatsverfassungen"[20] ver-
mehre. Hiervon hatte Gallitzin selbst in einem vorausgegangenen Brief an
seine Mutter berichtet:

> Ich habe Ferguson und die amerikanische Verfassung mit auf der Reise, der
> Bischof hat sie mir verschafft. Ich habe schon gestern Abend im Wirthshause,
> wo ich unterwegs schlafen mußte, den ersten zu studieren angefangen und ich
> hoffe im Winter einen Auszug von beyden aufgeschrieben zu haben.[21]

Parallel dazu zeigte Carroll der besorgten Mutter die Fortschritte ihres Sohnes
auf und verwies dabei nicht nur auf die Bemühungen von Nagot, der sich um
seine religiöse Erziehung kümmere, sondern auch auf die staats-, gesellschafts-
und naturkundliche Studien, die Gallitzin unter seiner Leitung betrieb:

> Ich lasse ihn unsere Verfassung studieren, unsere Gesetze, Sitten, die Geographie
> unseres Landes und die Schönheiten der Natur, die man dort findet. Um ihm
> dieses Studium zu erleichtern, nahm ich ihn als Begleiter auf eine Visitation, die
> ich in einem beträchtlichen Teil meines Bistums unternommen habe. Er wurde
> in die vornehmsten Familien eingeführt und hatte dabei die beste Gelegenheit,
> die Wesensart des Amerikanischen zu beobachten.[22]

Das Schreiben ihres Sohnes nahm die Fürstin zum Anlass für einen längeren
Brief, mit dem sie das Vertrauen ihres Sohnes zurückgewinnen wollte. Diesem
legte sie einige Zeitungen sowie die „Betrachtungen über die Bekanntmachung
der Menschenrechte" von Matthias Claudius bei. Die Schriften hatte sie bei
ihrem Besuch in Wandsbek erst im Sommer 1793 erhalten.[23]

---

20 Nagot an A. v. Gallitzin, 1793?, zit. n. Katerkamp, Denkwürdigkeiten, S. 218.

21 D. v. Gallitzin an A. v. Gallitzin, 25.9.1793, in: AS Darfeld, AVc146, S. 56 f.

22 John Carroll an A. v. Gallitzin, 19.11.1793, in: AAB, Carroll Papers, 9a12: „Je l'engage à étudier
notre constitution, nos lois, mos mœurs, la géographie de notre pays et ses beautés na-
turelles qu'on y trouve. Pour lui faciliter cette étude je l'ai pris avec moye pour m'accompagner dans une visite que j'ai faite d'une partie considérable de mon diocèse. Il a été
introduit dans les familles les plus distinguées, et a eu la plus belle occasion d'observer le
caractère américain."

23 Die Schrift ist ein Kapitel in Matthias Claudius, Über die neue Politik, in: Perfahl, Werke,
S. 416-443; vgl. Lemcke, Gallitzin, S. 106-108.

Die Arbeit über die Menschenrechte war das Ergebnis von Claudius' eingehender Auseinandersetzung mit dem revolutionären Frankreich, dessen Schattenseiten sich nunmehr im Grande Terreur äußerten und allen Anlass zu Kritik boten.[24] Claudius wandte sich gegen eine jede demokratische Gesellschafts- und Staatsverfassung, die der göttlichen Ordnung widersprach und nicht auf den Grundfesten des christlichen Glaubens gegründet war. Den Rationalismus der Aufklärung und alles, was dieser hervorbrachte, lehnte Claudius entschieden ab. Die Fürstin Gallitzin schickte ihrem Sohn den Aufsatz nicht aus dem Grund, um ihn zur blinden Annahme von Claudius' Vorstellungen zu bewegen, sondern um ihm eine Grundlage für eine ihrer Meinung nach angemessene Reflexion über die Menschenrechte zu geben. Die Amerikanische Revolution hatte sich im Gegensatz zu der Französischen Revolution anders entwickelt, zumal in Amerika die Religiosität in ihrer ganzen konfessionskulturellen Vielfalt jeden allzu starken Rationalismus in seine Schranken zu weisen vermochte. Während Fragen der Freiheit und Gleichheit in Deutschland zu dieser Zeit schon aufmerksam diskutiert wurden, war die Idee der Menschenrechte ein noch recht neues Thema. Erst mit der Französischen Revolution hielt es ab 1789 Einzug in den breiteren öffentlichen Diskurs, allerdings ohne allzu deutliche Bezüge zur Amerikanischen Revolution aufzuweisen.[25]

In Westfalen machte sich zu dieser die Französische Revolution durch zahlreiche Revolutionsflüchtlinge bemerkbar. Nach dem Sturz der Monarchie emigrierten aus Frankreich rund ein Viertel des Klerus und ein Zehntel des Adels sowie mit ihnen viele Bedienstete, Handwerker und Künstler, aber auch ehemalige Hofmeister, Sprachlehrer und Erzieher aus den französischen Adelshäusern.[26] Aus Angst vor politischen Repressalien oder auch vor der Guillotine setzten einige Franzosen, die vormals zu den führenden Köpfen des Landes gehört hatten, nach Amerika über und suchten dort, etwa im freiheitlichen Philadelphia, das Exil.[27] Auch bei der Niederlassung der Sulpizianer in Baltimore hatte die Revolution eine Rolle gespielt und die Septembermorde 1792 machten deutlich, dass das Seminar in Baltimore die richtige Entscheidung gewesen war. Emery, der in Paris als Generalsuperior zurückgeblieben war, schloss noch in jenem Monat das Pariser Seminar und damit das Mutterhaus der Kongregation, nachdem zahlreiche Seminaristen und

---

24   Vgl. Martens, Claudius, S. 50-54; auch vgl. Erhardt-Lucht, Ideen, S. 52-54.
25   Vgl. Dippel, Deutschland und die amerikanische Revolution, S. 133-136; vgl. hierzu auch
      Wilson, Goethe-Tabu; Depkat, Amerikabilder, S. 289-301.
26   Vgl. Rance, L'Historiographie, S. 355-368, hier 358; Carpenter, Emigration, S. 330.
27   Vgl. Furstenberg, United States.

Professoren von aufständischen Jakobinern massakriert und ermordet worden waren.[28] Der überwiegende Teil der französischen Emigranten verließ nicht aus politischen Gründen, sondern aufgrund von Hunger, Verwüstung und Furcht das Land und suchte in benachbarten Fürstentümern das Exil. Allein 2.600 Geistliche, darunter auch einige Bischöfe und hohe Prälaten, ließen sich bis 1796 in Münster nieder.[29] Die Bewohner des Fürstbistums nahmen in jener Zeit die französischen Geistlichen bereitwillig auf. Sie wurden darin maßgeblich von Franz von Fürstenberg bestärkt, der für eine entsprechende Flüchtlings- und Aufnahmepolitik auch in anderen katholischen Fürstbistümern warb.[30] Seit 1795 hatte auch die Fürstin Gallitzin einen Priester aus der Diözese Amiens in ihrem Haushalt wohnen.[31] In der Gefolgschaft des Bischofs von Metz, Louis-Joseph de Montmorency-Laval (1724-1808), war im selben Jahr auch der junge Sulpizianer-Seminarist Guillaume-Aubin de Villèle (1770-1842) nach Münster gekommen.[32] Dieser hatte am Pariser Seminar studiert und unterhielt noch immer Kontakte zu Emery und Nagot. In Münster lernte Villèle bald die Fürstin Gallitzin und ihren Freundeskreis kennen. Hierüber gibt ein Antwortschreiben von Nagot an Villèle näheren Aufschluss:

> Ich hatte den Trost, mein lieber Villèle, Ihren kleinen lieben Brief vom 20. September des letzten Jahres im Umschlag der Fürstin Gallitzin erhalten zu haben und es ist der gleiche Weg, auf dem ich Ihnen antworte, in dem rechten Glauben, dass mein Brief euch noch in Münster erreichen wird. Ich sehe [...], dass die Verfolgung Sie weit fortgetrieben hat, wie viele andere, aber Sie finden überall den Gott Ihres Herzens und ich bewundere, dass seine Hand Euch in dieselbe Stadt Deutschlands geschickt hat, in der ich einen Briefwechsel führe, und zwar einen sehr besonderen Briefwechsel.[33]

---

28 Vgl. Méric, Histoire de M. Émery, S. 226-256.

29 Vgl. Brachin, Le Clerce, S. 125.

30 Franz v. Fürstenberg an Franz Egon v. Fürstenberg, 20.7.1794, in: AS Stammheim, Fürstbischof Franz Egon v. Fürstenberg, Kps. 23, Nr. 85; hierzu vgl. auch die „Aufforderung an die Münsterländer zur Unterstützung verbannter französischer Priester", in: Schlüter, Briefwechsel, I, S. 95 f.

31 Die Listen der sich noch in den Jahren 1804/06 in Münster befindlichen französischen Emigranten geben Name, Herkunft, Ort und Dauer ihres Aufenthaltes in Münster wieder, vgl. StAM, Ratsarchiv, Landessachen, A XV, Nr. 147, hier Nr. 18.

32 Villèle wurde 1824 Erzbischof von Bourges. Zur Biographie von Villèle vgl. Boullée, Biographies, S. 229-233. Zu seinem Kontakt mit Émery vgl. Méric, Histoire de M. Émery, S. 70 f.

33 Nagot an Villèle, 20.2.1797, in: APSS, Matériaux pour la Vie de Monsieur Émery, Bd. 9: Correspondance. Lettres diverses, S. 9218 f.: „J'ai eu la consolation, mon cher Villèle, de recevoir votre chère petite lettre de 20 7ième dernier sous le pli de Mᵃ la princesse de Galitzin, et c'est pour la même voie que je vous réponse, croyant bien que ma lettre vous trouvera encore à Munster. Je vois, mon cher enfant, que la persécution vous a jeté au loin

Wie rege der Austausch zwischen der Fürstin Gallitzin und dem geflüchteten Sulpizianer Villèle war, lässt sich nicht mehr rekonstruieren. Dennoch bildete er für jene Jahre, in denen auch die Fürstin in Kontakt mit Nagot stand, ein zusätzliches Bindeglied im transatlantischen Informations- und Wissensaustausch zwischen dem Gallitzin-Kreis und Amerika. Auch ist anzunehmen, dass der persönliche Kontakt und gemeinsame Austausch zwischen der Fürstin Gallitzin und dem Franzosen Villèle dazu beitrug, dass sie Nagot „allmählich würdigen lernte"[34], wie es Theodor Katerkamp in seinen „Denkwürdigkeiten" berichtet. Ergänzt wird diese Beziehung durch weitere Kontakte, die Nagot mit geflüchteten französischen Geistlichen in Westfalen unterhielt, etwa zu dem Trappisten Dom Augustin de Lestrange (1754-1827).[35] Auch die Trappisten verkehrten häufig im Kreis der Fürstin Gallitzin und wurden von ihr und Fürstenberg hoch geschätzt und finanziell gefördert.[36]

Der blutige Verlauf der französischen Terrorherrschaft und die Erfahrungen der Emigration schürten vielerorts ernsthafte Vorbehalte gegenüber einer Revolution, wie sie in Frankreich ausgeufert war. Im Fürstbistum Münster übten die französischen Emigranten mit ihren Revolutionserlebnissen eine „immunisierende Wirkung"[37] aus, der sich auch Fürstenberg schon bewusst war. Die Emigranten beugten jede allzu große Begeisterung für eine Revolution im Fürstbistum vor und leisteten somit einen nicht unerheblichen Beitrag zum Erhalt der Ruhe und Ordnung im geistlichen Staat. Erfahrungen von Revolutionen und Migrationen waren auch verantwortlich für „spirituelle Impulse", die zur „geistlichen Bewältigung [...] einschneidende[r] Erfahrungen"[38] beitragen konnten. Die Historiker Friedemann Pestel und Matthias Winkler verstehen das Exil daher als „Instrument und ‚Ort' der inneren Erneuerung"[39],

---

comme beaucoup d'autres, mais vous retrouvez partout le Dieu de votre cœur, et j'admire que sa main vous ait conduit dans la seule ville d'Allemagne, où j'ai une correspondance, et une correspondance très particulière."

34   Zum Briefwechsel zwischen der Fürstin Gallitzin und Nagot, vgl. Katerkamp, Denkwürdigkeiten, S. 211-241, hier 218.

35   Vgl. die Briefe von Lestrange an Nagot über die Niederlassungen der Trappisten in Westfalen (Kloster Marienfeld, Kloster Darfeld-Rosenthal), vgl. AASUS, SS Prov., Rev. François C. Nagot, Letters from Trappists, RG 52, Box 2, 11.3.1795/1.5.1806; hierzu vgl. Laffay, Dom Augustin de Lestrange, S. 167-175; Knoll, Trappistenniederlassung.

36   Hiervon berichtet Overberg an D. v. Gallitzin, vgl. Lemcke, Gallitzin, S. 198; hierzu auch Möhring, Trappisten, S. 287 f. Möhring liegt gewiss falsch in der Annahme, dass Demetrius von Gallitzin unter französischen Siedlern in Kanada wirkte.

37   Pestel/Winkler, Provisorische Integration, S. 155; Bahlcke, Zurückweisung; Kröger, Exilklerus, S. 60 f.

38   Pestel/Winkler, Provisorische Integration, S. 156.

39   Ebd., S. 157.

die jedoch nicht nur die Emigranten selbst erfuhren, sondern auch die Frömmigkeit und Spiritualität der aufnehmenden Gesellschaften beeinflussen konnten. Da die französischen Geistlichen im Fürstbistum Münster nicht nur in die Seelsorge der Gemeinden vor Ort eingebunden wurden, sondern auch in den Privathäusern eine Unterkunft fanden, lässt auf eine hohe Integrationsbereitschaft der Aufnahmegesellschaft schließen. Demgegenüber sind die Ansichten der Franzosen jedoch nur schwer abzuschätzen.

Toleranz, Anpassungsbereitschaft und der Umgang mit kultureller Ambiguität entschied bei Fremden und Einheimischen gleichermaßen darüber, wie mit konfessionskulturellen Konkurrenzsituationen und fremden Frömmigkeitspraktiken umzugehen war.[40] Dies galt für Franz von Fürstenberg und die Aufnahme französischer Emigranten im Fürstbistum Münster in ganz ähnlicher Weise wie für den Bischof John Carroll und den Einsatz der Sulpizianer in der amerikanischen Priesterbildung. Allerdings nahmen sich die Sulpizianer in Amerika den Herausforderungen der Neuen Welt nur sehr langsam an und fanden zunächst Sicherheit und Beständigkeit in der Rückbesinnung auf ihre Traditionen.[41] Carroll pflegte mit den Sulpizianern zusehends ein unbequemes Verhältnis. Deutliche Vorbehalte gegenüber den spirituellen Höhenflügen der Sulpizianer hegte auch Demetrius von Gallitzin, der mit der Zeit auf Distanz zu ihrem Vorsteher Nagot und dessen spiritueller Praxis ging. Vor diesem Hintergrund war Carroll nahezu empört, als Nagot ihm gegenüber behauptete, Gallitzin fühle sich den Sulpizianern zugehörig:

> Ich weiß nichts von Mr. Smith's Veranlassung, ein Sulpizianer werden zu wollen und ich zweifle nicht an der Wahrheit Ihrer Aussage ihn betreffend; aber ich nehme mir die Freiheit hinzuzufügen, dass Sie dazu angehalten wurden, Ihren Anspruch auf eine Verbindung mit ihm aufzugeben, denn er hat, wie Sie mir oft erzählt haben, den Geist ihrer Gemeinschaft niemals aufgesogen.[42]

Ungeachtet seiner regelmäßigen Reisen mit John Carroll durch das Bistum, verbrachte Gallitzin knapp drei Jahre im Umfeld der Sulpizianer. Am 18. März 1795 wurde er von Carroll zum Priester geweiht und war damit einer der ersten Geistlichen, der in den Vereinigten Staaten sowohl seine Ausbildung absolvierte

---

40   Hierzu auch die Studie von Winkler, Emigranten.

41   Vgl. Kauffman, Tradition and Transformation, S. 31.

42   Carroll an Nagot, 29.4.1800, in: AAB, Carroll Letterbook, III, S. 15 f.: „I know nothing of Mr. Smith's inducements to make himself a Sulpician, & doubt not of the truth of your declaration concerning him; but I must take the liberty of adding, that you were induced to relinquish your claim to a connection with him, because as you often told me he never imbibed the spirit of your Society." Hierzu vgl. auch der Hinweis in dem Brief Carrolls an Emery, in: AAB, Carroll Letterbook, III, S. 19-25; vgl. Spalding, John Carroll, Nr. 42.

als auch die Weihesakramente empfing. Am Ende seiner Studienzeit bei den Sulpizianern zeigt sich deutlich, wie überdrüssig Gallitzin des beengten und einseitigen Studiums war. Er sehnte sich nach Freiheit, Unabhängigkeit und Abwechslung, ehe er endlich in der Mission eingesetzt werden würde. Die „Liebe zum Studium und zur inneren Einkehr", die Carroll dazu bewegt hatte, den jungen Gallitzin in das Seminar der Sulpizianer zu schicken und die bei dessen Mutter Zustimmung und Vertrauen hervorrufen sollten, hatte nur sehr wenig mit dem abwechslungsreichen und vielseitigen Unterricht gemeinsam, den Gallitzin im Umfeld seiner Mutter kennen und schätzen gelernt hatte. Dies betraf letztlich ebenso die Frömmigkeit der Sulpizianer, die nur sehr wenig mit der aufklärerischen Religiosität gemeinsam hatte, die er, seine Mutter und weitere Mitglieder des Kreises vor seiner Abreise nach Amerika vertraten.

3.2   „Open to Students of Every Religious Profession" – Das Georgetown College

Bevor Gallitzin seinen Dienst als Missionar antrat, gewährte ihm Carroll eine Erholungsreise nach Georgetown, wo er nicht nur einige Freunde besuchen, sondern auch das anstehende Osterfest verbringen durfte. Die betriebsame Hafenstadt bot in vielerlei Hinsicht ein attraktives Reiseziel. Schon bei der Standortfrage für das zu errichtende College, das aufgrund der noch fehlenden staatlichen Anerkennung die ersten Jahre als ‚Academy' bezeichnet wurde, hatten drei Standortvorteile eine Rolle gespielt, die für Georgetown sprachen.[43] An erster Stelle pries Carroll die gesundheitsfördernde Lage des Standorts, die besondere Heilsamkeit der Luft – „Salubrity of Air" –, die er dort auf dem Hügel direkt am Ufer des Potomac River bemerkte, wo das neue College errichtet werden sollte. Auch die Größe der angrenzenden Stadt entsprach Carrolls Vorstellung. Sie sollte nicht zu groß und nicht zu klein sein, um bequem ins Gespräch mit Anderen treten zu können, und an bereits vorhandene Kommunikationsnetze angebunden sein („Convenience of Communication"). Schließlich waren auch die günstigen Lebenshaltungskosten („Cheapness of Living") dafür verantwortlich, dass Georgetown im Jahr 1789 zum Standort des ersten katholischen Colleges in Amerika wurde.[44]

Die Errichtung und der Betrieb eines neuen Kollegs waren für den Jesuitenorden stets mit enormen Kosten verbunden und diese Herausforderungen

---

43   Für die Frühgeschichte des Colleges vgl. grundl. Curran, Bicentennial History.
44   Vgl. Proposal for Establishing an Academy at George Town, Potowmack River, Maryland, in: Guilday, John Carroll, S. 458 f., hier 458.

GEORGETOWN COLLEGE, IN THE DISTRICT OF COLUMBIA.

Abb. 8   Georgetown College am Potomac River, um 1829

galt es für Carroll nun auch bei der Gründung des Georgetown College zu be-
wältigen. Nicht in weitgehender Abgeschiedenheit, sondern inmitten urbaner
Räume und politisch-kultureller Zentren errichteten die Jesuiten traditionell
ihre Kollegs und Seminarhäuser, um Einfluss und Unterstützung zu gewinnen.
Carroll hoffte, dort einige Sponsoren und Förderer für sein Projekt zu finden,
um von den zukünftigen Schülern ein angemessenes, doch bestenfalls geringes
Schulgeld verlangen zu können.[45] Gerade den weniger wohlhabenden
Familien, die sich für ihre Söhne kein Studium in St. Omer, Brügge oder Liège
erlauben konnten, wollte er an einem in vielerlei Hinsicht günstigen Standort
eine nützliche und ebenbürtige Bildungseinrichtung schaffen.

Allerdings sollte das neue College keinesfalls nur den Katholiken vorbehalten sein. Vielmehr gab Carroll von Anfang an zu verstehen, dass „in
Übereinstimmung mit den freiheitlichen Grundsätzen unserer Verfassung
das Seminar für Studenten jedes religiösen Bekenntnisses geöffnet werden
wird"[46]. Zudem betonte er, allen Nicht-Katholiken die freie Religionsausübung

---

45   Vgl. ebd.: „The Price of Tuition will be moderate; in the Course of a few Years it will be
      reduced still lower, if the System formed for this Seminary, be effectually carried into ex-
      ecution. Such a Plan of Education solicits, and, it is not Presumption to add, deserves
      public Encouragement."
46   Ebd.: „Agreeably to the liberal Principle of our Constitution, the Seminary will be open to
      Students of Every Religious Profession."

gewähren zu wollen, unter der Voraussetzung, sie verhielten sich entsprechend diszipliniert.[47] Diesen Schritt hatte Carroll nicht leichtfertig unternommen, sondern er war Ergebnis einer zähen Auseinandersetzung, die
er mit Jesuiten vor Ort und in Europa führte. Der Vorschlag wurde zwar von
mehreren Seiten kritisch beurteilt, zumal es schon immer zu Problemen geführt hatte, aus den Schulgeldern der protestantischen Schüler die Ausbildung
katholischer Priester mitzufinanzieren. Doch für Carroll war die Öffnung der
Schule für alle Konfessionen unumgänglich und sinnvoll, um von katholischer
Seite ein klares Signal der Ökumene und Religionsfreiheit zu setzen. Darüber
hinaus stand grundsätzlich zur Debatte, inwiefern sich Katholiken in der
protestantischen Mehrheitsgesellschaft in Amerika abgrenzen oder integrieren
sollten. Eben dieser Aufgabe hatten sich allerdings nicht nur die Katholiken
zu stellen, sondern auch die vielfältigen Denominationen des Protestantismus, die gleichermaßen ihre denominationsspezifische Identität zu bewahren
versuchten.[48] Carroll warf dementsprechend die Frage auf:

> Wenn wir an Gleichheit und Toleranz teilhaben, müssen wir uns nicht an
> öffentlichen Maßnahmen beteiligen und es vermeiden, uns von der Gemein-
> schaft abzugrenzen? Werden wir sonst nicht als Außenseiter gebrandmarkt,
> wenn wir andere Vorstellungen haben und werden wir sonst nicht Abneigungen
> hervorrufen, die sehr unangenehme Konsequenzen für uns nach sich ziehen
> könnten?[49]

Carroll war selbst zwar glühender Verfechter republikanischer Ideale, doch
das College war nicht auf eine staatsbürgerliche Erziehung ausgerichtet, wie
es etwa in den öffentlichen Staatsschulen des Landes der Fall war. Im Mittelpunkt stand für Carroll die Ausbildung von jungen Katholiken zu Priestern,
die nach jesuitischem Vorbild in Hausgemeinschaften in dem College unter-
gebracht wurden. Mit ihnen wollte Carroll einen amerikanischen Klerus auf-
bauen, der mittelfristig den zu beklagenden Priestermangel schmälern sollte.
Erste Schüler zogen Ende 1791 in das Georgetown College, mit 69 Schülern
wurde dann im Januar 1792 der Lehrbetrieb offiziell aufgenommen. Als erste
Lehrkräfte rekrutierte Carroll einige Seminaristen der Sulpizianer, da eigenes

---

47   Vgl. ebd.: „They, who in this Respect differ from the Superintendents of the Academy, will
     be at Liberty to frequent the Place of Worship and Instruction appointed by their Par-
     ents; but with Respect to their moral Conduct, all must be subject to general and uniform
     Discipline."
48   Vgl. Sarna, Interplay.
49   John Carroll an Ferdinand Farmer, Dezember 1784, in: JCP I, S. 155-158, hier 158; dt. Übers.
     n. Schmid, Amerikanisierung, S. 158.

Personal noch nicht zur Verfügung stand und die zudem geringer bezahlt werden konnten.

Die Schüler mussten für den Eintritt in das College zum einen das Mindestalter von acht Jahren erreicht haben, zum anderen sollten sie schon ihre eigene Muttersprache lesen können. Hinsichtlich des Lehrplans setzte Carroll einen klaren Schwerpunkt auf den Sprachunterricht, nämlich auf eine Kombination der humanistischen Fächer Latein und Griechisch mit Englisch und Französisch. Der Unterricht bestand dabei in der Verbesserung der vorhandenen Lese- und Schreibfertigkeiten, der englischen Grammatik sowie in den Grundkenntnissen des Französischen. Die englische Sprache und Literatur sollte besonders gefördert werden und neben dem Lateinischen und Griechischen ebenbürtig unterrichtet werden. Der die jesuitische Pädagogik auszeichnende Rhetorikunterricht war nur für die höheren Klassen vorgesehen, die als Seminaristen das Priesteramt anstrebten und gut predigen und argumentieren lernen sollten.[50] Zum Erlernen der alten Sprachen gehörte grundsätzlich auch das eingehende Studium der antiken Philosophie und Kultur und bedurfte für Carroll ebenso keiner näheren Erläuterung wie die religiöse Unterweisung in den katholischen Katechismus, die als selbstverständlich und elementar angesehen wurde.

Der Mangel an ausgebildeten Lehrkräften wirkte sich vor allem auf das Angebot naturwissenschaftlicher Fächer aus, die von den Sulpizianern aufgrund fehlender oder nur geringer Kenntnisse nicht bedient werden konnten. Hier konnte Carroll nicht an die Errungenschaften der Jesuiten anknüpfen, die etwa am Kolleg von Liège bedeutsame Schriften zur Mathematik und Astronomie veröffentlicht hatten und zur anschaulichen Betrachtung und Beweisführung sogar einige mechanische Apparate und Sonnenuhren im Garten ihres Kollegs aufstellen ließen. Mit ihren wissenschaftlichen Schriften traten zahlreiche Jesuiten in Erscheinung, die sie auch öffentlich selbstbewusst verteidigen konnten. Während sich einzelne Denkfiguren und Versatzstücke der Aufklärung adaptieren ließen, kam es allerdings nie zu einem vollständigen Einklang aufklärerischen Gedankenguts mit der jesuitischen Bildungstradition.[51] Das jesuitische Verständnis von Gelehrsamkeit, Bildung und Wissenschaft blieb in der Synthese von Späthumanismus und Spätscholastik verhaftet, wie sich in der Ratio atque Institutio Studiorum Societatis Jesu ausdrucksstark manifestierte. Dies wandelte sich nur unwesentlich, als 1773 nach der Aufhebung des Ordens in den ehemaligen Jesuitenkollegien nur mit großer Vorsicht aus eigenem Antrieb entsprechende Anpassungs- und Erweiterungsprozesse

---

50   Vgl. The Government of Georgetown College, 1791, in: JCP I, S. 482-487, hier 484.
51   Vgl. Friedrich, Die Jesuiten, S. 334-341.

im Lehr- und Studienplan vorgenommen werden konnten.[52] Der Mangel
an ausgebildeten Lehrkräften war schließlich dafür verantwortlich, dass am
Georgetown College physikalische und astronomische Studien vorerst nicht
realisiert werden konnten. Immerhin fanden in dem provisorischen Lehrplan
Fächer wie Mathematik, Arithmetik und Geographie einen festen Platz. Diese
sollten den Schülern anhand praktischer Beispiele Kenntnisse der Landver-
messung oder Buchhaltung vermitteln.[53] Gerade für die Großgrundbesitzer,
die in Maryland Plantagen bewirtschafteten, oder auch für Kaufleute, deren
die Waren auf dem transatlantischen Markt veräußert wurden, waren solche
Inhalte unverzichtbar.

Neben den curricularen Vorgaben erläuterte Carroll auch seine klaren
Vorstellungen hinsichtlich des erwünschten tugendhaften Benehmens der
Schüler als auch des Belohnens und Strafens. Die strenge Erziehung zur Pünkt-
lichkeit, Gehorsamkeit, Sauberkeit und Ordnung diente dabei voll und ganz
der Disziplinierung der Schüler. Das Tragen von gut sichtbaren Erkennungs-
zeichen an der Kleidung sollte sie zudem dazu anhalten, sich zu dem schul-
internen Kanon wünschenswerter Tugenden auch in der Öffentlichkeit zu
bekennen und zu unterwerfen. Dies zog zugleich eine subtile Pädagogisierung
und Disziplinierung des gesellschaftlichen Umfelds der Schule nach sich. Für
die Schüler galt es, in jeder Hinsicht schlechte Gesellschaft, Trunkenheit und
Glücksspiel zu vermeiden, wobei sie sich den Annehmlichkeiten in der nahen
Hafenstadt Georgetown keinesfalls entziehen noch persönliche Begegnungen
und Gespräche scheuen sollten. Bei unerwünschtem Verhalten und bei jeglicher Missachtung der Schulregeln drohten harte Strafen.[54]

Solche Züchtigungen waren zwar keine Erfindungen des ausgehenden
18. Jahrhunderts, standen jedoch auch nicht mehr in der Tradition frühneu-
zeitlicher, stark ritualisierter Formen der Bestrafung.[55] In der sich entfaltenden
bürgerlichen Gesellschaft traten an ihre Stelle nunmehr die Möglichkeiten
einer Schulzucht, die den bildungsfähigen und stets auch belehrungs-
bedürftigen Schüler zu erziehen, zu disziplinieren und dafür entsprechend
‚abzurichten' versuchte.[56] Daher waren Maßnahmen der Disziplinierung nützlich und notwendig, um sich der geltenden Prinzipien, Regeln und Ordnungsvorstellungen zu vergewissern, diese zu bestätigen und weiter auszuformen.
Doch das Strafen war bei weitem nicht die einzige Form der Disziplinierung.

---

52   Am Beispiel Liège zeigt dies Whitehead, English Jesuit Education, S. 127-130; Whitehead,
      Jesuit Secondary Education, S. 37-40.
53   Vgl. ebd.
54   Vgl. ebd., S. 485.
55   Vgl. zur Disziplinlosigkeit bei den Jesuiten auch Friedrich, Die Jesuiten, S. 301 f.
56   Vgl. Foucault, Überwachung und Strafen.

Michel Foucault führt in seiner Theorie zur Disziplinargesellschaft neben
„normierende[n] Sanktionen" ebenfalls „hierarchische Überwachung" und
Prüfungen als weitere Instrumente einer „guten Abrichtung"[57] an. Gerade
die jesuitische Pädagogik scheint hierfür beispielhaft zu sein. Die Jesuiten
waren Vorreiter in der Einteilung von Klassen nach dem individuellen Lern-
fortschritt der Schüler, legten hohen Wert auf eine klare und strukturierte
Vermittlung des Lernstoffs und erhoben die öffentlichen Leistungskontrollen
mit ihren rigorosen Prüfungsformen und Wettkämpfen zum wöchentlichen,
monatlichen und jährlichen Ritual.[58] Auch Carroll sah derartige Prüfungs-
und Kontrollpraktiken für das Georgetown College vor, wobei sein gesamtes
Disziplinarsystem („System of Discipline"[59]) letztlich zur Effektivität des
Unterrichts beitragen sollte, der wiederum den Erfolg des College langfristig
gewährleisten und steuern konnte.[60]

Hinsichtlich der Lehrinhalte knüpfte Carroll zwar an die humanistische
Bildungstradition der Jesuitenkollegien an, ergänzte diese jedoch durch an-
wendungsorientierte Fächer und Inhalte, die ihm praktisch-nützlich erschienen. Auch wenn ein Schwerpunkt des Unterrichts weiterhin auf der
Vermittlung gelehrten Wissens lag, wollte Carroll die Schüler keineswegs
von ihrer Außenwelt abschirmen. Vielmehr erhoffte er sich positive Effekte
einerseits durch die gesundheitsfördernde Lage des Colleges und seiner Einordnung in die naturbelassene, offene Landschaft am Potomac River und
andererseits durch die Kontakte und Beziehungen nach Georgetown – selbst
wenn diese einer strengen Kontrolle bedurften. Das Jesuitenkolleg von Liège,
das nach seiner Auflösung und Umwandlung in eine Académie anglaise
immer noch eine viel beachtete Bildungseinrichtung für die Kinder der
katholischen Familien Marylands darstellte, diente Carroll für seine Planung
seines Georgetown College als Vorlage.[61] Mittelfristig sollte sich das College
allerdings zu einer bevorzugten Alternative zu Einrichtungen wie St. Omer
oder Liège entwickeln, zumindest für all jene, die als Priester künftig in den
Vereinigten Staaten wirken wollten. In dieser Hinsicht stellte die Gründung
einer eigenen Schule ein weiterer Schritt dar, mit dem Carroll die Unabhängigkeit der Kirche in Amerika gegenüber europäischen Strukturen und unmittelbaren Einflüssen behaupten und zum Ausdruck bringen wollte. In den 1790er

---

57 Ebd., S. 220-250. Hierzu vgl. auch Foucault, Überwachung und Strafen, S. 187 f.
58 Vgl. Friedrich, Die Jesuiten, S. 293-306.
59 Proposal for Establishing an Academy at George Town, Potowmack River, Maryland, in:
    Guilday, John Carroll, S. 458 f., hier 458.
60 Vgl. The Government of Georgetown College, 1791, in: JCP I, S. 486.
61 Vgl. Whitehead, English Jesuit Education, S. 124-136; Whitehead, Jesuit Secondary
    Education, S. 37-40.

Jahren besuchten 277 Schüler das College, von denen mehr als zwei Drittel englischer, schottischer oder irischer Abstammung waren und Englisch sprachen. Nur rund jeder fünfte Schüler stammte nicht aus Maryland oder dem nahen Umland. Das katholische College wurde auch von protestantischer Seite angenommen. Von den 227 Schülern, deren konfessionelle Zugehörigkeit bekannt ist, waren immerhin zwanzig Prozent protestantisch und stammten aus angesehenen amerikanischen Familien.[62]

Carrolls hohe Erwartungen an den schnellen Aufbau und Erfolg der Einrichtung wurden dadurch getrübt, als innere Konflikte um Führungsrollen und Zuständigkeiten entbrannten und die von Carroll eingesetzte Leitung des Colleges entgegen seiner Pläne eine viel stärkere monastische Ausrichtung und Abgrenzung nach außen bevorzugte. Hinzu trat zur selben Zeit die Gründung des von Carroll befürworteten Seminars der Sulpizianer in Baltimore, das nach seiner staatlichen Anerkennung und Öffnung für protestantische Schüler in Konkurrenz zum Georgetown College trat und die Schülerzahlen dort stagnieren ließ.[63] Carroll strebte die staatliche Anerkennung des Georgetown College vorerst nicht an, da er es für unzulässig hielt, dass Studieninhalte und -abschlüsse von staatlicher Seite genehmigt werden müssten, zumal er sich in erster Linie neue Priester erhoffte, die aus dem College hervorgehen und nur ihm als Bischof unterstehen sollten. Den Einfluss des Staates wollte er hingegen eher ausschließen, um keine Überlagerung staatlicher und kirchlicher Befugnisse und Zuständigkeiten zu riskieren, die auch seine bischöfliche Autorität hätte aushöhlen können. Ungeachtet der schwierigen Ausgangslage, der prekären finanziellen Situation, des Mangels an Lehrkräften und ausreichenden Schülern hielt Carroll an seinem Plan fest, die weitgehende Autonomie des Georgetown College unter allen Umständen erhalten und festigen zu wollen. Eben diese konnte die Institution sogar noch bewahren, als der Weg zur staatlichen Anerkennung für den Fortbestand der Schule unumgänglich wurde. Der Bildungshistoriker Jürgen Herbst bezeichnete das Georgetown College daher zurecht als „privateste unter den privaten Colleges"[64] in den Vereinigten Staaten.

Gallitzin wurde nie Schüler am Georgetown College. Als er in der Neuen Welt 1792 ankam, wurde er bald 22 Jahre alt und seine Erziehung und Bildung war vielseitiger und weiter fortgeschritten als es auch bei manchem Seminaristen der Kongregation St. Sulpice der Fall war. Dies galt etwa für Jean-Edouard Mondésir, der bereits im Oktober 1791, nur wenige Monate nach

---

62   Vgl. Curran, Bicentennial History, S. 34-39, 408; Warner, Catholics, S. 15-32.
63   Vgl. Curran, Bicentennial History, S. 397.
64   Jürgen Herbst, Crisis to Crisis, S. 202.

seiner Ankunft in Amerika, als Seminarist zum Lehrer für Griechisch, Philosophie und Französisch ernannt worden war. Als er dann 1795 von Gallitzin in Georgetown unmittelbar nach dessen Priesterweihe besucht wurde, hatte sich an Mondésirs Situation noch nichts geändert. Allein der englischen Sprache war er immer noch nicht ausreichend mächtig, um zum Priester geweiht werden zu können. Auch Gallitzin hätte Carroll sicherlich als Lehrer in Georgetown anstellen können, doch über etwaige Überlegungen oder Pläne geben die zeitgenössischen Briefe keine Auskunft. Vielmehr sollte ihm der Aufenthalt in Georgetown nur eine kurze Zeit der Erholung bieten, ehe ihm die beschwerliche und kräftezehrende Missionsarbeit aufgebürdet werden sollte.

Lange hielt sich Gallitzin aber nicht in Georgetown auf, zumal ihm mittlerweile völlig fremd war, seine freie Zeit faul und untätig abzusitzen. Jede sommerliche Reise hatte schon in seiner Jugendzeit immer einem bestimmten Zweck gedient, vorzugsweise der Bildung und der Pflege von Beziehungen. Zur täglichen Erholung genügte ihm häufig schon ein kühles Bad. Dies hatte ihm seine Mutter gelehrt, als sie bei einem Besuch in Göttingen mit ihren Kindern in der Leine täglich baden ging.[65] Auch die Lage des Georgetown College am Potomac bot entsprechende Möglichkeiten, zumal auch Gallitzin die Vorzüge des Badens zu schätzen wusste, wie er seinem Freund Caspar Max noch vor seiner Abreise erläuterte:

> Du kannst nicht glauben, wie wohl mir jetzt ist, denn ich komme soeben vom Schwimmen, und nichts in der Welt ist angenehmer bey solchem Wetter, wiederum ein neuer Vorteil, der nur dem Lande eigen ist, und den ich nicht für den geringsten Vorteil halte, wenn du Dich auch ganz abgemattet hast und gehest nur ein paar Minuten ins Wasser, so bist Du wieder ganz hergestellt.[66]

Doch ohne weitere Absprachen zu treffen, kehrte Gallitzin von Georgetown aus nicht zum vereinbarten Zeitpunkt nach Baltimore zurück, sondern ritt weiter bis nach Port Tobacco in den Süden Marylands, wo die Jesuiten das St. Thomas Manor an der Grenze zu Virginia bewirtschafteten. Den Wunsch, dort als Priester tätig zu werden, wies der Bischof zurück, da er ihn bereits an der Missionsstation Conewago als Priester und Missionar einsetzen wollte.[67]

---

65 Vgl. Kratz-Ritter, (Mentalitäts-)Geschichte, S. 167-169.

66 D. v. Gallitzin an C. M. Droste z. Vischering, Sommer 1792?, in: AS Darfeld, AVe19, 5-6.

67 Vgl. John Carroll an D. v. Gallitzin, 17.4.1795, in: Brownson, Gallitzin, S. 96-98, hier 97: „Till very lately you attributed your indisposition to a sedentary life in the seminary, and expressed a wish of living in exercise and wholesome climate of Conewago; which, it is my full conviction, would soon restore your health, if, as I would direct, you should not be employed in hard service till you recovered your strenght. [...] In my opinion your present weakness was brought on by your undertaking the long rides from Baltimore to

3.3   „Nicht gar zu eifrig" – Die Missionsstation Conewago

Im Jahr 1796 wurde Gallitzin als Missionar in Conewago stationiert, rund siebzig Kilometer nördlich von Baltimore, an der südlichen Grenze Pennsylvanias zu Maryland.[68] Hier wirkte bereits seit 1792 Franz Xaver Brosius unter der Leitung von Jacob (James) Pellentz (1727-1800), einem deutschstämmigen Jesuitenpater. Dieser war nach dem Tod des langjährigen Vorstehers der Missionsstation Jacob (James) Frambach (1723-1795) dessen Nachfolger geworden und wurde im Zuge der ersten Diözesansynode, des First Council of Baltimore (1791), mit den Aufgaben eines Generalvikars für das ganze Bistum betraut.[69] Ihm oblag die Aufsicht über die katholische Mission in Pennsylvania in den Regionen westlich des Flusses Susquehanna und für den Nordwesten Marylands. Conewago wurde bereits 1730 von deutschen Jesuiten gegründet und seitdem hatte sich das Missionsgebiet stetig erweitert. Schon Anfang des 18. Jahrhunderts hatten sich in der Region einige wenige englische Katholiken aus der Kolonie Cecil Calverts angesiedelt, während der überwiegende Teil der neuen Siedler aus Irland und dem deutschsprachigen Raum stammte.[70] Während die Sprachen Deutsch und Englisch von den Siedlern daher in gleicher Weise verstanden wurden, war Deutsch die vorherrschende Sprache unter den Missionaren. Dies bestätigte auch der Franzose Mondésir in seinen Erinnerungen an einen Besuch in Conewago:

> Conewago war der Mittelpunkt einer großen deutschen Mission, die der Bewunderung der Menschen und der Engel würdig war. Obwohl man dort auch Englisch kannte, sprach man fließend Deutsch, man predigte und verhandelte auf Deutsch. Die Zeitungen wurden in derselben Gegend gedruckt. Wir haben den Rosenkranz auf Deutsch gebetet. [...] Die Missionare dieses Standortes, vier oder fünf an der Zahl, waren natürlich alle Deutsche.[71]

Georgetown, and thence to Port Tobacco, during Lent, and with the risk of meeting poor diet on your journey, and above all, by your great imprudence in persisting to leave St. Tho's manor on such a day as you parted from it."

68   Vgl. Minardi, German Catholic Architecture.

69   Vgl. Pastors of Conewago, S. 144-146. Ausführlich zu dieser ersten Generation deutscher Jesuiten in Pennsylvania vgl. Schmid, Amerikanisierung, S. 177-210; vgl. den Bericht zur ersten Diözesansynode, 7./10.11.1791, in: JCP I, S. 526-541; hierzu Guilday, History of the Council, S. 53-71.

70   Der Name Conewago leitet sich ab aus der Sprache der Mohawk („Caughnawaga") für „Stromschnellen". Zur Frühgeschichte vgl. Reily, Conewago, S. 30-37; Keffer, Conewago.

71   Mondésir, Souvenirs, S. 54: „Conoago était le chef-lieu d'une grande mission allemande digne de l'admiration des hommes et des anges. Quoiqu'on y sût l'Anglais, on n'y parlait couramment que l'Allemand, on prêchait, on plaidait en Allemand. Les journaux même de la contrée s'imprimaient. Nous y disions le chapelet en Allemand. [...] Les

Vor diesem Hintergrund ist es nicht verwunderlich, dass die Missionare von Conewago in erster Linie in Deutschland um neue Priester warben. In der Mainzer Monatsschrift von geistlichen Sachen erschien 1786 der Beitrag „Vom katholischen Religionswesen und Mangel der Priester in den nordamerikanischen Freistaaten", den der Jesuit und Küster Paul Müller (Millar) aus verschiedenen Dokumenten, Stellungnahmen und eigenen Eindrücken zusammengetragen hatte.[72] Müller bemühte sich um ein möglichst authentisches Abbild der Verhältnisse vor Ort, ohne die Lage in Amerika unnötig zu beschönigen. Damit folgte er dem üblichen Muster jesuitischer Berichterstattung, das auch für den Briefwechsel mit der deutschen Ordensleitung typisch war. Er berichtet, dass in Pennsylvania zwar „jetzt völlige Religionsfreiheit"[73] herrsche, doch „in seinem Ordens-Habit gewöhnlich zu erscheinen, so wäre dieses doch deswegen nicht räthlich, weil derlei Tracht den Leuten daselbst, der Jugend und besonders den vielen, gar verschiedenen Religionsparteien sehr fremd und wunderlich vorkommen müßte"[74].

Die älteren Missionare von Conewago, unter ihnen auch Pellentz, der noch zur „ersten Generation"[75] der in Maryland und Pennsylvania wirkenden deutschen Jesuiten zählte, hatten noch während des Siebenjährigen Krieges die antikatholische Stimmung auf ihrem Höhepunkt erlebt, als Kirchen in Brand gesetzt und Katholiken als vermeintliche Kollaborateure der verfeindeten Franzosen und Indianer verfolgt wurden. Die Lage hatte sich seit der Revolution zwar entspannt, doch antikatholische Vorbehalte waren immer noch so tief im Bewusstsein der Protestanten verankert, dass viele Katholiken lieber auf Distanz zu ihren protestantischen Nachbarn gingen und offene Provokationen zu vermeiden suchten.[76]

Zudem wird in der Anzeige der Mainzer Monatsschrift auf „mancherlei Hindernisse"[77] hingewiesen, die ein Missionar überwinden müsse, ehe er seinen Dienst in Amerika überhaupt antreten könne. Allenfalls die Anreise bis zur Hafenstadt Amsterdam könne, wie Müller weiter beschrieb, von Amerika aus bezahlt werden, da Gläubige vielerorts genügend Spenden zusammentragen würden. Darüber hinaus müsse ein jeder Missionar berücksichtigen, dass sein Sold äußerst gering sei und zeitweise gänzlich wegfallen könne.

---

missionnaires de cette résidence, au nombre de quatre ou cinq, étaient comme de raison tous allemands."

72 MaiMgS 2 (1786), S. 448-464.
73 Ebd., S. 458.
74 Ebd., S. 453.
75 Vgl. Schmid, Amerikanisierung, S. 177-184.
76 Vgl. Häberlein, Practice of Pluralism, S. 155-166, hier insb. 159 f.
77 MaiMgS 2 (1786), S. 448-464, hier 453.

Auch solle man bedenken, dass die Schulbildung der Katholiken überhaupt so schlecht sei, dass die Kinder, „obschon sie von katholischen Eltern erzogen sind, wissen dennoch auch in sehr erwachsenem Alter noch nicht einem das Kreuz zu machen, vielweniger zu beten; denn Leute, welche sehr entfernt von einer Kirche wohnen, bekommen in vielen Jahren keinen Geistlichen zu sehen"[78]. Jeder Priester war willkommen, wenn er sich als Missionar berufen fühlte, Gestaltungswillen und Durchhaltevermögen besaß sowie den körperlichen Anstrengungen gewachsen war.

Nicht zufällig wurde Mainz als Erscheinungsort des Beitrags gewählt. Aus dem Rheinland stammten nicht nur zahlreiche deutsche Siedler, auch existierte im Kurfürst-Erzbistum Mainz ein großes Priesterseminar und eine Universität.[79] Friedrich Karl Joseph von Erthal, der mainzische Kurfürst-Erzbischof und Reichserzkanzler, trat in den 1780er Jahren durch seine aufklärerische Reform- und Bildungspolitik in Erscheinung, wozu ebenso die Restauration der Universität zählte.[80] Das Angebot, Kandidaten aus Amerika für die Mission auszubilden, hatte Carroll schon 1783 abgelehnt. Zu groß waren die Befürchtungen, dass sich die Ansichten und Ideen des eitlen Kurfürst-Erzbischofs und Reichserzkanzlers Erthal zum Ausbau einer deutschen Nationalkirche unter seiner Führung negativ auf die Haltung der Priester in der Mission auswirken würden.[81] Im selben Jahr hatte auch Benjamin Franklin als amerikanischer Botschafter in Paris bei dem dortigen Apostolischen Nuntius angefragt, ob katholische Priester in den leerstehenden französischen Benediktinerklöstern ausgebildet werden könnten, solange in Amerika noch keine Ausbildungsstätte existiere.[82] Doch der Vorschlag

---

78　Ebd., S. 459.
79　Vgl. Fogleman, Hopeful Journeys, S. 17.
80　Vgl. Blisch, Erthal.
81　Vgl. McDonald, Seminary Movement, S. 7; vgl. John Carroll an Leonardo Antonelli, Juli 1790, in: JCP I, S. 447-449, hier 448: „Meanwhile I lament that I lack, I do not say priests but suitable priests, in sufficient number, with the consequence that I feel constrained to admit some to the ministry from certain states in Germany who have introduced a new manner of thought and speech among our people. This is why when I was told some month ago that in the archiepiscopal seminary at Mainz a few Americans could be trained for the priesthood I thought it best to do nothing until I could learn more precisely what their theological opinions were." John Carroll hat auf seiner Europareise 1771/72 auch Mainz („Mentz") besucht, vgl. Journal of European Tour, in: JCP I, S. 6-25, hier 18.
82　Vgl. Benjamin Franklin an G. M. Doria Pamphili, vor 27.8.1783, in: Cohn, Papers of Franklin, Bd. 40, S. 516-518: „Il n'existe point non plus de Collége ni d'ètablissement public pour l'instruction nècessaire à un Ecclèsiastique Catholique, voila deux points ègalement essentiels à considerer. Il existe en France 4. Etablissemens de moins Anglois dont le revenue total peut se monter à 50 ou 60 mille livres. Ces Moines Son ten petit nombre. La disette de Sujets rend ceux qui restent au moins inutiles. Il Seroit possible que le Roi de

wurde vom Nuntius zurückgewiesen. Carroll wurde klar, dass Priester für die amerikanische Mission besser vor Ort ausgebildet werden sollten, da diese nur so später in ausreichendem Maße seinen Erwartungen gerecht werden könnten. Franklin kannte Carroll von einer diplomatischen Reise nach Kanada im Jahr 1776 und hatte dessen Ernennung zum Bischof in Rom aktiv unterstützt.[83]

Die Missionare leisteten in Amerika echte Pionierarbeit, weshalb sie zurecht als „pioneer fathers" oder auch „fathers on the frontier" bezeichnet wurden.[84] Während die Vielfalt der nordamerikanischen Frontiergesellschaft kaum geringer war als jene in den städtischeren Gebieten der Küstenregionen, blieben soziale Hierarchien auf dem Land flacher ausgeprägt als in der Stadt. Auch staatlich-administrative Strukturen wirkten nur schwach in die Peripherie hinein. Die Entscheidung, als Missionar an der Frontier tätig werden zu wollen, bedeutete nicht nur, ein freies und selbstbestimmtes Leben führen zu können, sondern auch größter Isolation und Abgeschiedenheit ausgesetzt zu sein, die Fleiß und Entbehrungsbereitschaft erfordern würden.[85] Bevor erste Gemeindestrukturen geschaffen sowie Kirchen und Schulhäuser errichtet werden konnten, reisten die Missionare häufig ohne festen Wohnsitz durch das Land, feierten die Messe, spendeten die Sakramente und verkündeten das Evangelium in den einfachen Scheunen und Blockhäusern der Siedler. Die Wegstrecken wurden auf dem Pferd oder zu Fuß zurückgelegt, denn die Entfernungen zwischen den verstreuten Siedlungen waren beträchtlich und die Pfade häufig unwegsam und voller Gefahren. Kontakte mit Andersgläubigen in den Wirtshäusern und Tavernen am Wegesrand konnten zu anregenden Diskussionen führen, aber auch Missverständnisse bis hin zu handfesten Auseinandersetzungen hervorrufen. Das Anforderungsprofil eines amerikanischen Missionars fasste der deutsche Jesuit Theodor Schneider folgendermaßen zusammen:

> Er muss essen, trinken, schlaffen und reiten können, auch nicht gar zu eifrig seyn. Essen, gemeine, grobe und schlecht zubereitete Speisen; dann ausser der Stadt, in den Missionibus, wo er sich die meiste Zeit des Jahrs aufhaltet, können ihm seine arme Pfarr-Kinder nichts bessers aufsetzen. Trinken: wenig,

France pour complaire à la Cour de Rome et resserrer les liens d'amitié avec les Etats unis permit que ces ètablissmens Servissent à former, instruire et faire Subsister en partie les Ecclesiastiques qui Seroient employès en Amériques."

83   Vgl. Boniface, Establishment.

84   Vgl. DePalma, Dialogue on the Frontier; Dichtl, Frontiers of Faith; Pasquier, Fathers on the Frontier; Hamilton, Significance of the Frontier.

85   Vgl. Depkat, Geschichte Nordamerikas, S. 77-79; ausführlich zu der *frontier*-These ihres Vordenkers Frederick J. Turner, vgl. auch Osterhammel, Verwandlung, S. 465-500.

oder gar keinen Wein, den Scider oder Apfel-Most; das saure leere Bier, welche
nicht viel geschmacker, als das Brunnen-Wasser ist. Schlafen: in schlechten Hüt-
lein, gemeiniglich auf dem Stroh, wo auch seine Schäflich rufen. Reiten: mit
gröster Unbequemlichkeit, sowohl, wegen der heissen Sommers- und rauhen
Winter-Witterung, als, denen übel gebahnten Wegen, fast ohne Ausruhung
muss er weger der Entlegenheit seiner Versammlungs-Plätzen, immer in der Bewegung und zu Pferd seyn muß. Nicht gar zu eifrig: in einer Landschaft, wo die
allgemeine Religions-Freyheit herrschet, und jeder, ungestraft, glaube, und lebt,
was und wie er will; dann der hitzig und unzeitig Eifer wurde bey Recht- und
Irrgläubigen nichts als: Haß, Verachtung, Eifersucht, Kleinmüthigkeit und Ver-
zweiflung nach sich ziehen.[86]

Die katholischen Missionare bildeten keine homogene Gruppe. Konflikte
und Konkurrenzsituationen um gemeinsame und geteilte Zuständigkeiten
entstanden zwischen Jesuiten und Sulpizianern, zwischen jenen, die schon
länger in Amerika wirkten und denen, die neu aus Europa eintrafen. Viele
von ihnen stammten aus unterschiedlichen Ländern und Regionen, hatten
in unterschiedlichen konfessionskulturellen Kontexten gelebt, studiert, gearbeitet und vertraten bisweilen recht unterschiedliche Ansichten davon, was
als rechtmäßig und als „wahrer" Katholizismus verstanden werden sollte. Die
Lage in Pennsylvania war dabei insgesamt unübersichtlicher als etwa im benachbarten Maryland, wo zwar mehr Katholiken lebten, ihre Verteilung sich
allerdings auf die einzelnen Plantagen stärker konzentrierte und daher besser
organisiert werden konnte.

Als sich Gallitzin für die Mission entschied, verschwieg er sein Vorhaben
gegenüber seinem Vater. Im Herbst 1793, als sein Entschluss schon feststand,
berichtete er ihm zunächst nur von seiner Reise mit dem Bischof von Georgе-
town nach Philadelphia.[87] Der Brief ist verschollen, doch aus der Antwort des
Vaters wird ersichtlich, dass das Reiseprojekt und der Bericht aus der Feder
seines Sohnes „sehr vernünftig" war und ihn „außerordentlich interessiert"
habe: „Ich bitte dich, damit fortzufahren, bis du wieder in unserer Mitte
zurückkehren wirst."[88] Es ist unverkennbar, dass er seinen Vater so lang wie
möglich über seine Pläne in Unwissenheit lassen wollte. Anfang 1794 drängte
dieser seine Gattin, dass ihr Sohn „so schnell wie möglich zurückkommen soll",

---

86   DNWBott, Bd. 5, T. 40 (1761), Nr. 785, S. 10-18, hier 18.
87   Vgl. M. v. Gallitzin an C. M. Droste z. Vischering, 7.8.1793, in: AS Darfeld, AVe17: „Brief von
      meinem Bruder und von Brosius; letzterer schickte beikommende Briefe für sie und ihre
      liebe Frau Mutter. Mitri befindet sich wohl, ist daran Ihnen zu schreiben und wird in den
      Vakanzen, welche dort im Juni angehen und wegen der Hitze 2 Monathe dauern, nach
      Philadelphia und andern Gegenden reisen; er hat uns auch einen Brief an seinen Vater
      geschickt."
88   D. v. Gallitzin (sen.) an D. v. Gallitzin, 28.1.1794, zit. n. Lemke, Gallitzin, S. 104 f., hier 104.

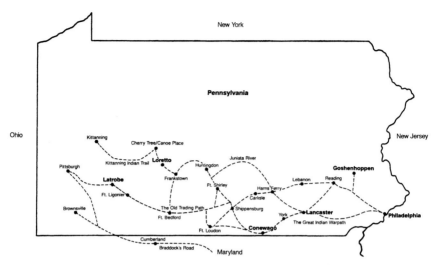

Abb. 9   Die sechs katholischen Missionsstationen in Pennsylvania bis zum Jahr 1800

um „ihn nach Rußland zu schicken" sowie „sogleich zum Gardeoffizier [zu]
machen"[89] und er zweifelte nicht daran, dass dies in naher Zukunft geschehen
werde. Dabei machte er ihr gegenüber deutlich, dass die erworbene Bildung
in Amerika zwar nicht geringzuschätzen sei, es jedoch bald in Russland viel
stärker auf die äußere Repräsentation und Konformität ankomme:

> Das Zeugniß des Bischofs von Baltimore über Mitri's Betragen macht mir übrigens
> große Freude. Gott gebe, daß er auch in meinem Vaterlande Leute finde, die ihn
> mit so viel Gerechtigkeit beurtheilen, denn dort wird Einfalt und Natur nicht
> so hochgehalten, wie in Amerika. Ich zittere, daß man ihn dort nur beurtheilen
> wird nach der äußeren Rinde, welche indeß jetzt wohl nicht mehr so rauh und
> knorrig sein wird, als sie vor seiner Abreise zu sein pflegte. Reisen bringen oft
> große Veränderungen im Betragen (manier d'être) junger Leute hervor. Am
> Ende kommt da doch nur Alles auf den Schneider und den Perrückenmacher
> an. Wenn er einmal die Nothwendigkeit einsieht, sich kleiden und frisieren zu
> lassen, wie Andere, so wird es ihm sehr leicht werden, sich zu produciren.[90]

Als er über die völlig anderen Pläne in Kenntnis gesetzt wurde, fiel seine Reaktion wider Erwarten verhältnismäßig nüchtern und sachlich aus. Der Fürst
missbilligte die Entscheidung seines Sohnes und führte ihm vor Augen, welche
Konsequenzen sich aus der Entscheidung seines Sohnes ergeben sollten. Als

---

89   D. v. Gallitzin (sen.) an A. v. Gallitzin, 16.2.1794, in: ebd., S. 115-117. Das frz. Original ist
      verschollen.
90   Ebd., S. 116 f.

Priester der katholischen Kirche würde ihm mit dem Zeitpunkt seiner Priesterweihe das väterliche Erbe nach russischem Erbrecht verwehrt werden und das
gesamte Vermögen seiner Schwester Marianne zufallen. Zumindest schlage
sein Sohn durch die Wahl eines einfachen Lebens als Missionar keine kirchliche Laufbahn im eigentlichen Sinne ein noch strebe er höhere klerikale Ämter
an, denn dies würde man nur „aus Feigheit" oder „aus ehrgeizigen Absichten"[91]
tun. Ein Missionar sei für solche Eitelkeiten nicht empfänglich, warnte ihn
der erfahrene Diplomat und fügte hinzu, dass ein Missionar tugendhaft und
pflichtbewusst seiner Aufgabe nachzukommen habe.

Zu dieser Haltung kam der Fürst, nachdem ihn seine Gattin und auch
Franz von Fürstenberg über die wirklichen Aufgaben und das Wesen eines
katholischen Missionars aufgeklärt hatten. Sie hatte ihrem Gatten deutlich
gemacht, dass ein Missionar weder das abgeschiedene Leben eines Mönchs
noch das eines Landpfarrers in Muße und Verschwendung führe, so wie es aufklärerische Stimmen häufig kritisch anmerkten, sondern einer überaus zweckmäßigen und ehrwürdigen Bestimmung nachgehe. Diese bestünde zudem
keinesfalls nur darin, den katholischen Glauben zu verbreiten, sondern auch
für eine rechtmäßige und gründliche Aufklärung Sorge zu tragen:

> Jene Männer für unnütze und der menschlichen Gesellschaft lästige Müßig-
> gänger zu halten, welche Eltern, Freunde, Reichthümer, Ehren, alles aus Liebe zu
> ihren Mitmenschen verlassen; sich den größten Entbehrungen, auf die Gefahr
> der ärgsten Mishandlungen, ja selbst auf Lebensgefahr preis geben, um bis in die
> Mitte eines unglücklichen Volkes von Wilden vorzudringen, die ohne Vernunft,
> ohne Gesetze, ohne Gott dahin leben, dieselbe zu unterrichten, und ihnen jene
> Glückseligkeit zu verschaffen, deren der Mensch nur insofern fähig wird, als er
> zum Gebrauch seiner Vernunft und zur Erkenntnis Gottes kommt.[92]

Auch seine Schwester Marianne, die weiterhin mit ihrer Mutter in der Grünen
Gasse in Münster wohnte, äußerte sich zu dem Entschluss ihres Bruders. Zwar
kritisierte sie die Art und Weise, mit welcher er sie alle über seinen plötzlich
gefassten Entschluss in Kenntnis gesetzt hatte, doch blieb ihr Ton versöhnlich.
In gewisser Weise erkannte seine Schwester, inwiefern ihn schon die Erziehung
der Mutter unmerklich auf das Leben eines Missionars vorbereitet hatte.

> Ich achte unendlich hoch den Eifer, die Arbeit der Missionare. [...] Ich achte die
> Thränen, welche sie oft über Jerusalem vergießen, aber auch die Mutter hat die

---

91   Vgl. D. v. Gallitzin (sen.) an A. v. Gallitzin, 12.1.1795, in: ebd., S. 125-130, hier 130; auch
      Overberg an D. v. Gallitzin, 1795/96, in: ebd., S. 131-140.

92   A. v. Gallitzin an D. v. Gallitzin (sen.), Sommer 1794, in: Katerkamp, Denkwürdigkeiten,
      S. 226.

ihren über Dich vergossen. Ihr Beispiel, ihre Liebe mußte eine große Wirkung
auf Dich ausüben. Bewandert, wie sie, [...] weihte sie Dich auf eine tiefe und einfache Weise in das ascetische Leben ein. Sicher sind die Einsamkeit, die Ordnung
und das Beispiel eines Seminars große, im geistigen Leben fortzuschreiten. Aber
ich glaube mit Schmerz zu sehen, daß Du Dich nur sehr unvollkommen dessen
erinnerst, was das Beispiel, die Lehrstunden, die Bemühungen, die Thränen, die
Du gekostet hast, für Dich sein sollten.[93]

Das Erziehungskonzept der Fürstin Gallitzin bot durch seine ganzheitliche
Orientierung an der Ausbildung der geistig-moralischen und körperlichen
Fähigkeiten und Fertigkeiten die bestmögliche Grundlage, um die heraus-
fordernden und entbehrungsreichen Tätigkeiten eines Missionars bewältigen
zu können, vor allem in den noch wenig erschlossenen und unwegsamen Gebieten Nordamerikas.

Über das Leben und Wirken der Missionare in der Neuen Welt gaben zahlreiche Druckschriften Aufschluss, die deutschen Jesuiten aus ihren über-
seeischen Missionen in China, Indien, auf den Philippinen und in Amerika
für das deutschsprachige Lesepublikum verfasst hatten und vorrangig der
Werbung neuer Priester galten. Hierzu zählte „Der Neue Welt-Bott" (1726-
1761), der die jesuitische Amerika-Rezeption innerhalb der oberdeutschen
Kommunikationslandschaft wesentlich mitbestimmte.[94] Auch all jene
Jesuiten, die aus der Neuen Welt in ihre Heimat aus unterschiedlichen Gründen
zurückkehrten, dürften von ihren vielfältigen Erfahrungen und Erlebnissen als
Missionar berichtet haben. Zu jener Gruppe der Rückkehrer gehörte Bernard
Middendorff aus Vechta, der aus bürgerlichen Verhältnissen stammte und in
Trier, Büren und zuletzt in Münster am Jesuitenkolleg studiert hatte. 1754 hatte
er Münster verlassen, um sich einer kleinen Gruppe fränkischer Jesuitenpatres
anzuschließen, die sich der Mission in Neuspanien widmen wollten. Zwei
Jahre später erreichte Middendorff die mexikanische Provinz Sonora, doch
nach erheblichen gesundheitlichen Problemen und jahrelanger spanischer
Gefangenschaft kehrte er bereits 1776, ohne sich der Mission gewidmet haben
zu können, nach Münster zurück. Middendorff wandte sich nach seiner Ankunft in Münster an die dortige Exjesuitenkommission, der auch Fürstenberg
als Generalvikar angehörte und bat um Pensionszulagen für seinen beschwerlichen Dienst als Missionar.[95] Middendorffs Berichte aus der Mission fanden
Eingang in den Neuen Welt-Bott und auch Abschriften aus seinem Tagebuch,
das er auf seiner Reise von Würzburg nach Mexiko verfasste, wurden im Laufe

---

93   Vgl. M. v. Gallitzin an D. v. Gallitzin, 1793?, in: Schlüter, Briefwechsel, I, S. 106-109.
94   Vgl. Becker, Nordamerika, S. 193-213; Classen, Early History, S. 73-84.
95   Vgl. LAM, Fürstbistum Münster, Studienfonds Münster, Nr. 4859, 7949, 7951.

des 19. Jahrhundert einem breiten katholischen Lesepublikum in Westfalen und im Rheinland bekannt gemacht.[96]

Sowohl für die iberoamerikanische Jesuitenmission als auch für jene in den vormals angelsächsischen Kolonien Pennsylvania und Maryland ist bezeichnend, wie sehr sich die Jesuiten darum bemühten, ihre Mission in die jeweiligen kulturellen Kontexte zu integrieren. In der nordamerikanischen Einwanderungsgesellschaft orientierte sich die Pastoral daher häufig eng entlang sprachnationaler Grenzen, wodurch sich die Missionare den Anliegen der Siedler vor Ort, einschließlich ihrer konfessionskulturellen Neigungen, gezielter annehmen konnten. Daher sollten all jene Priester, die in Conewago als Missionare stationiert wurden, im besten Fall die deutsche und englische Sprache beherrschen, um flexibel in deutsch- und englischsprachigen Gemeinden wie auch in gemischtsprachlichen katholischen Gebieten zum Einsatz kommen zu können. Auf diese Weise passten die Jesuiten ihre Mission der kulturellen Diversität der amerikanischen Siedlergesellschaft an. In den iberoamerikanischen Gebieten, wo der Jesuit Middendorff wirkte, kam diese Anpassungsbereitschaft dadurch zum Ausdruck, dass die Jesuiten ihre ganze Mission „in den spanischen oder portugiesischen Kulturkontext integriert[en]"[97], wobei es sich dort eben nicht um eine europäischstämmige Gesellschaft handelte, sondern um indigene Bevölkerungsgruppen, die zuvor keine Berührung mit dem Christentum hatten.[98]

Für das Verständnis ihrer Mission spielte dieser Unterschied keine wesentliche Rolle, denn in beiden Fällen ging es um den „Prozess der Erziehung zum rechten Christentum"[99], dessen beide Gesellschaften gleichermaßen bedurften. Allerdings verlangte dies in den jeweiligen Kulturkontexten entsprechende Strategien und Methoden für die pastorale Praxis und erforderte von den Jesuiten grundsätzlich große Offenheit gegenüber den vorherrschenden religiösen Ausdrucksformen, einschließlich unterschiedlicher Arten indigener Religiosität. Es hätte zudem dem christlichen Heilsplan widersprochen, einen Nicht-Christen oder „Wilden", wie ihn zeitgenössische Quellen bezeichneten, als grundsätzlich minderwertig anzusehen und zu behandeln, da auch er Teil der göttlichen Heilsgemeinschaft war, allerdings ohne den rechten Pfad

---

96   KMagWuL 1 (1845), H. 5: S. 740-798; H. 6: S. 21-54; 2 (1846), H. 1: S. 179-208, vgl. auch
     Treutlein, Missionary in Sonora, S. 184; Gardiner, Letter of Father Middendorff.

97   Becker, Nordamerika, S. 205.

98   Die überaus „flexible, nachgiebige und situativ angepasste Vorgehensweise" des Jesuiten-
     ordens verdeutlichte Markus Friedrich am Beispiel der Hamburgischen Jesuiten, vgl.
     Friedrich, Jesuiten und Lutheraner, S. 76.

99   Friedrich, Die Jesuiten, S. 450.

zum christlichen Glauben gefunden zu haben.[100] Für Gallitzin und die in
Pennsylvania und Maryland wirkenden Jesuiten spielte die Indianermission
praktisch keine Rolle, da die indigenen Bevölkerungsgruppen durch den ge-
waltsamen Vorstoß der europäischen Siedler im Wesentlichen hinter die Frontier zurückgedrängt worden waren. Am 7. Oktober 1797 schrieb Gallitzin aus
Conewago an seine Mutter und teilte ihr mit, dass das Leben eines Missionars
für ihn die richtige Wahl gewesen war. Emphatisch brachte er sein glühendes
Verlangen für die Mission zum Ausdruck:

> Du kannst völlig versichert sein, daß ich keinen andern Willen habe in dieser Welt
> und nichts anderes wünsche, als Erfüllung des göttlichen Willens, daß ich keinen
> anderen Zweck habe, als Gott zu gefallen, mich und meine Nebenmenschen
> ewig glücklich zu machen, und daß ich, um diesen Zweck zu erreichen, bereit
> bin, allem abzusagen, was mich in dieser Welt erfreuen kann. Du kannst ferner
> versichert sein, daß ich in nichts anderm dauerhaft Freude finde, als in meinen
> Berufsgeschäften, Umgange mit Gott, Lesen geistlicher Bücher u. s. f. und daß ich
> in keinem anderen Stand glücklich sein könnte, als in meinem gegenwärtigen.
> Das ist meine Denkungsart, der wahre Inhalt meiner Gesinnungen, die ich zu
> dem Richterstuhle Gottes zu bringen wünsche. [...] Ich will leben und sterben,
> ein Apostel Christi Jesu, und wollte Gott, ich könnte hinzusetzen, sterben
> ein Märtyrer des Glaubens oder der Liebe, ein Glück, welches einem meiner
> Mitcollegen am 8. September dieses Jahres zu Theil wurde. Er starb, ein Opfer der
> ansteckenden Krankheit, die alleweil noch in Baltimore wütet, und hörte nicht
> auf, seinen Nebenmenschen noch bis zum letzten Augenblick der Möglichkeit,
> allen Beistand zu leisten. Zwei Jahre und sechs Monate, die ich schon in dem
> Missionarius-Leben zugebracht, muntern mich auf, fortzufahren.[101]

Das anfängliche Projekt einer zweijährigen Bildungsreise durch Amerika, von
deren Nutzen und Vorteilen sich Amalia von Gallitzin und Franz von Fürstenberg viel erhofft hatten, wurde mit dem Entschluss, ein Priester und Missionar
zu werden, hinfällig. Allerdings sorgte John Carroll für ein alternatives
Bildungsangebot. Er ließ den jungen Gallitzin in das Seminar der Sulpizianer
einziehen und schickte ihn gelegentlich an das Georgetown College, das er in
jener Zeit als Ausbildungsstätte für den amerikanischen Priesternachwuchs
in Stellung brachte. Daneben setzte sich Carroll für eine staatskundliche

---

100 Vgl. ebd., S. 447-451; hierzu auch der ausführliche Bericht des deutschen Generalvikars
Friedrich Reese (1791-1871) über die Ottawa-Indianermission von Arbre Croche mit
dem Titel „Abriß der Geschichte des Bisthums Cincinnati in Nord-Amerika. Nach den
französischen Berichten der Jahrbücher des Vereins zur Weiterverbreitung des Glaubens"
(Wien 1829). Eine Studie über die protestantische Sicht auf die katholische Heidenmission
lieferte für das frühe 18. Jahrhundert zuletzt Markus Friedrich, Katholische Mission.
101 Der englische Sulpizianer-Seminarist John Floydn starb an einer Gelbfieberinfektion.
D. v. Gallitzin an A. v. Gallitzin (7.10.1797), in: Schlüter, Briefwechsel, I, S. 117-119, hier 117 f.

Erziehung von Gallitzin ein. Damit wollte er nicht nur den hohen Erwartungen der Fürstin Gallitzin gerecht werden, auch er selbst sah eine staatskundliche Bildung als wesentliche Voraussetzung an, die ein Priester für seinen zukünftigen Dienst als Missionar in Amerika erwerben sollte. Dass sich Gallitzin als Missionar berufen fühlte, war für Carroll in jedem Fall ein Gewinn, zumal er in ihm gute geistige und moralische Anlagen erkannte. Sicherlich spielte auch dessen adlige Abstammung eine Rolle, da die Aussicht auf eine großzügige finanzielle Unterstützung durch die Fürstin Gallitzin einen zusätzlichen Anreiz schuf. Allerdings hegte auch sie immer hohe Erwartungen an den Bischof, der – genauso wie der Seminarleiter Nagot – unter ihrer besonders kritischen Beobachtung stand. Als Gallitzin das Seminar in Baltimore verlassen hatte, brach der Kontakt zu Nagot bald ab. Die aufklärerischen Ansichten des jungen Gallitzin waren nur wenig mit den überbordenden Formen der französischen Spiritualität vereinbar, der sich die Sulpizianer hingaben. Mit Carroll pflegte Gallitzin hingegen fortan einen beständigen Austausch. Bis 1799 blieb Gallitzin bei den Jesuiten Pellentz und Brosius als Missionar in Conewago stationiert, bevor Carroll ihm eine neue Wirkungsstätte zuteilte und ihn mit neuen Aufgaben und Pflichten betraute.

3.4   John Carroll und die Katholische Aufklärung

Das katholische Missions- und Bildungswesen der Vereinigten Staaten war in den 1790er Jahren in einer entscheidenden Phase, als Gallitzin und Brosius die Neue Welt erreichten. Als „eine freie Kirche in einem freien Staat"[102] hat der Kirchenhistoriker Patrick W. Carey diese Zeitspanne zwischen 1776 und 1815 beschrieben, die einerseits von der Amerikanischen Unabhängigkeit, andererseits durch den Tod des Bischofs John Carroll gerahmt wird. Seit der Ernennung zum Superior of the Missions (1784), dann zum Bischof (1789) und Erzbischof (1808), ging es Carroll darum, gezielte Impulse zu setzen, die der Profilierung der katholischen Kirche in Amerika nach innen und außen dienen sollten. Die Umwandlung der Mission in eine stabile und zukunftsorientierte Kirchenorganisation, der fortlaufende Aufbau eines katholischen Bildungswesens und die bedarfsdeckende Seelsorge durch vor Ort ausgebildete Geistliche waren hierfür seine vorrangigen Ziele.

So formen- und facettenreich wie sich die Katholische Aufklärung in Europa und Nordamerika auch darstellte, ein eindeutiger Platz im breiten Feld dieser reformfreudigen Katholiken, die im ‚langen' 18. Jahrhundert – mal

---

102   Carey, Catholics in America, S. 17-25.

radikaler, mal gemäßigter – eine Erneuerung und Aufklärung von Theologie, Glaube und Kirche anstrebten, kann Carroll nur schwer zugewiesen werden. Carroll war kein Aufklärer im eigentlichen Sinn, wohl aber ein aufgeklärter Katholik, Jesuit und Bischof.[103] Vor diesem Hintergrund müssen seine weitsichtigen Bemühungen um eine Reform und Erneuerung des Glaubens und der katholischen Strukturen in Amerika gedeutet werden, die er im Zeitalter der Aufklärung als Mitglied des Jesuitenordens und als erster amerikanischer Bischof auf den Weg brachte. Carroll vertrat seit der Amerikanischen Revolution die freiheitlich-demokratischen Ideale der Republik. Als Bischof stärkte er das Mitbestimmungsrecht der katholischen Laien, das den Gemeindemitgliedern die treuhänderische Verwaltung des Kirchenpersonals, der Schulen und der Finanzen gewährte. Dieses System der Treuhandverwaltung („Trusteeism"[104]) ergab sich aus der rechtlichen Stellung der katholischen Kirche in den Vereinigten Staaten als Körperschaft bürgerlichen Rechts. Die Laienverwaltungsräte der Gemeinden waren nicht dem Bischof oder Ortspfarrer unterstellt, sondern wurden aus den Reihen der Gemeindemitglieder gewählt. Carroll lehnte es ab, den Laien auch die Wahl ihrer Pfarrer und Bischöfe zu gestatten, denn das Patronatsrecht gehörte traditionell zu den bischöflichen Rechten und war als solches noch auf dem Konzil von Trient bestätigt worden. Die treuhänderische Verwaltung durch Kirchen- und Pfarreiräte war kein Novum, doch fügte sich dieses System in die bürgerlich-aufklärerische Gesellschaftsordnung in der Weise ein, dass es den Forderungen nach Freiheit und Selbstbestimmung in vielerlei Hinsicht gerecht wurde. Carroll unterstützte diese Form der Mitbestimmung durch gewählte Laiengremien, wobei seine Autorität und sein Selbstverständnis als Bischof nicht angetastet wurde. Erst unter seinen Nachfolgern verhärteten sich die Fronten zwischen Klerikern, Laien und Treuhändern, als diese die unwillkommene Einmischung Roms provozierten.[105]

Carroll trat als Bischof für eine klare Trennung von Staat und Kirche ein, indem er sich gegen jede Einflussnahme staatlicher Obrigkeiten auf die Kirchenorganisation oder ihre Bildungseinrichtungen einsetzte. Auch staatskirchliche Ideen lehnte er strikt ab. Im Josephinismus erkannte er „die Ketten des Despotismus" und in dem römisch-deutschen Kaiser Joseph II. (1741-1790) einen „despotischen Tyrannen"[106]. Obwohl Carroll seine bischöfliche Autorität und geistliche Führungsrolle nicht nur gegenüber dem Staat verteidigte, sondern sie auch gegenüber der für die Mission zuständigen römischen

---

103   Vgl. O'Neill, John Carroll; Bang, John Carroll.
104   Vgl. Carey, Ecclesiastical Democracy.
105   Vgl. Schmid, Amerikanisierung, S. 66-71.
106   John Carroll an Charles Plowden, 26.9.1783, in: JCP I, S. 77-80, hier 78.

Kongregation De Propaganda Fide in Stellung brachte, hegte er nur wenig Sympathien für nationalkirchliche Reformbestrebungen, die die Autorität des Papstes zugunsten eigener Machtambitionen oder Führungsansprüche beschränken wollten. Seine Abneigung galt vor allem dem Febronianismus, die deutsche Variante des Episkopalismus, der von den Metropoliten der deutschen Reichskirche (Köln, Mainz, Trier, Salzburg) um den Trierer Weihbischof Johann Nikolaus von Hontheim (1701-1790) vorangetrieben wurde. Liberaler, aber keineswegs unkritisch, war Carrolls Haltung zu dem schon älteren französischen Episkopalismus und seinen gallikanischen Freiheiten, der die Eigenständigkeit des Bischofskollegiums sicherte und zugleich zur Durchführung regelmäßiger Konzilien verpflichtete. Eben diese Haltung teilte Carroll mit den französischen Sulpizianern, während er sich von ihrer allzu ausufernden Spiritualität zunehmend distanzierte.

Seine kompromisslose Auseinandersetzung mit den Sulpizianern macht deutlich, inwiefern er seine Deutungshoheit auch gegenüber solchen Fragen sichern und stärken wollte, die den „wahren" Glauben und die Beurteilung einer „vernünftigen" Religiosität betrafen. Dass die Sulpizianer dennoch in Amerika eine Zukunft hatten und sich ihr Seminar schon bald zu einer höheren Bildungseinrichtung entwickelte, erschließt sich aus ihrer Anpassungsbereitschaft in der amerikanischen Nation.[107] Die Zuwanderung von Priestern aus ganz Europa war zwar immer hilfreich und auch notwendig, allerdings war damit immer das Risiko verbunden, dass sich durch sie spirituelle Impulse und unerwünschte Ideen verbreiten könnten, die Carrolls Vorstellungen eines aufgeklärten Katholizismus widersprachen.

Für Carroll entschied sich die Tauglichkeit eines Priesters für die Mission eben nicht nur vor dem Hintergrund seiner praktischen Fähigkeiten in der Seelsorge, sondern schloss ebenso dessen religiös-weltanschaulichen Überzeugungen mit ein. Daher sollten zukünftige Priester vorrangig in Amerika und unter seiner Aufsicht studieren, damit sie durch eine entsprechende religiöse Erziehung und Bildung die hohen Ideale der Religionsfreiheit und Toleranz in vernünftiger Weise begreifen lernten. Mit dem Georgetown College wollte Carroll eine entsprechende Bildungseinrichtung schaffen, die dieser Zielsetzung voll und ganz verpflichtet sein sollte. Dabei zeigte sich bei der Gründung der Einrichtung, wie stark Carroll weiterhin dem traditionellen jesuitischen Verständnis von Erziehung, Bildung und Disziplin nachhing und inwieweit er dennoch aufklärerische Elemente integrierte. Diese fanden

---

107   Vgl. hierzu auch Kauffman, Tradition and Transformation, S. 31: „[The Sulpicians'] blend of idealism, realism, and Gallicanism was congruent with the Enlightenment Catholicism of John Carroll, and by the time of Carroll's death in 1816 most Sulpicians had internalized the traditions of the Anglo-American church and integrated them into their world view."

folglich weniger unter staatlich-utilitaristischen Gesichtspunkten Aufnahme in den Lehrplan als dass sie dem interkonfessionellen Dialog galten. Vor allem die Förderung der englischen Sprache und einer klaren Ausdrucksweise sollte Katholiken und Protestanten die gemeinsame Grundlage für einen vernünftigen Austausch bieten.

Gegenüber den vielfältigen Herausforderungen, die eine konfessionelle Mehrheitsgesellschaft an eine entsprechende Minderheit stellte, ist die Forderung nach freiheitlicher Selbstbestimmung und Toleranz leicht nachzuvollziehen und könnte rein pragmatisch begründet sein. Allerdings zeigen schon die frühen Korrespondenzen, die Carroll mit den konservativen Jesuiten Robert und Charles Plowden[108] oder mit dem aufgeklärten katholischen Schriftsteller Joseph Berington (1743-1827) führte, inwieweit er ein ausbalanciertes Miteinander der Konfessionen und deren wirkliche Gleichberechtigung fördern wollte. Carrolls Bemühungen um eine Aussöhnung der Konfessionen tragen dabei irenische Züge und können als protoökumenisch gedeutet werden.[109] Eben diese Haltung im Umgang mit religiöser Vielfalt bestätigt der Blick in seine Predigten und Hirtenbriefe, in denen er nicht nur inhaltlich, sondern auch in Sprache und Ausdruck auf aufklärerische Gedanken und Begriffe rekurrierte und sich damit gegen jede scholastisch-polemische Theologie und Kontroverspredigt aussprach.[110]

Die Prinzipien der Freiheit und Toleranz erschlossen sich ihm vor allem aus den zentralen Schriften von John Locke und denen einiger schottischer Common Sense-Philosophen, die auch während der Amerikanischen Revolution noch im Umfeld von Thomas Paine rezipiert wurden.[111] Ideengeschichtlich bedeutsamer sind allerdings die Bezüge zur Katholischen Aufklärung in England, deren prominentester Vertreter und Vordenker bereits seit den 1780er Jahren der katholische Schriftsteller Joseph Berington war. Die Verinnerlichung des Glaubens, die Reform der Liturgie, die Loyalität zum Papsttum, zugleich Anerkennung der weltlichen Obrigkeit sowie die Förderung des interkonfessionellen Dialogs und der Religionsfreiheit – all dies teilte Carroll mit Berington und anderen zisalpinen[112] Katholiken, mit denen er einen intensiven Austausch pflegte. Zugleich schuf der Kontakt mit Robert und

---

108 Robert Plowden (1740-1823), Jesuit, Theologe, Priester und Missionar; Charles Plowden (1743-1821), Jesuit, Erzieher und Lehrer, Verfasser polemischer Schriften, ab 1817 Vorsteher der englischen Jesuitenprovinz.

109 Vgl. hierzu Carroll an Berington, 10.7.1784, in: JCP I, S. 147-149.

110 Hierzu vgl. grundl. Chinnici, Living Stones, S. 5-11; O'Neill, John Carroll; Bang, John Carroll.

111 McShane, John Carroll.

112 Der Begriff „zisalpin" oder „cisalpine" (engl.) meint den von Rom aus gesehenen Bereich diesseits, also südlich der Alpen. Die „cisalpines" lehnten im Gegensatz zu den Ultramontanen das päpstliche Jurisdiktionsprimat jenseits der Alpen ab.

Charles Plowden ein entsprechendes Gegengewicht zu allzu aufklärerischen Reformentwürfen.[113] Sie standen als konservative Jesuiten für die strengere katholische Orthodoxie und widersprachen den liberalen Ansichten von Berington und seinen Anhängern.

Carroll wusste mit diesen Ideen und Ansichten kreativ, produktiv und zugleich kritisch umzugehen und durch sie gezielte Impulse für die katholische Kirche und ihr Bildungswesen in Amerika zu setzen. Daraus resultierte eine Synthese aus Altem und Neuen, ein Ausgleich der felsenfesten Traditionen der römisch-katholischen Kirche mit den anregenden Reformkonzepten, die eine Erneuerung von Theologie, Glaube und Kirche in Aussicht stellten. In diesem Spannungsfeld, das durch vielfältige europäische, amerikanische und letztlich auch globale Erfahrungen und Einflüsse gespeist wurde, lässt sich Carrolls Haltung als aufgeklärter Katholik, Bischof und Jesuit deuten. Es war eine gemäßigte katholische Reform, die Kontinuität wahren und den Wandel begünstigen wollte. Obwohl die mal stärker, mal schwächer ausgeprägten Parallelen zu den vielfältigen Reformbewegungen des 18. Jahrhunderts ersichtlich sind, wird gleichermaßen deutlich, dass Carroll sich zu keiner Zeit einer der großen innerkatholischen Reformströmungen vorbehaltlos anschließen wollte.

Einen möglichen Mittelweg zwischen den radikalen Jansenisten und den erzkatholischen „Zelanti" – jenen pflichteifrigen Apologeten des ‚wahren' römisch-katholischen Glaubens –, hat der französische Historiker Emile Appolis nachgezeichnet und als „dritte Partei" bezeichnet, die den europäischen Katholizismus des späten 17. bis zum Ende des 18. Jahrhunderts ebenso gekennzeichnet habe.[114] In seiner Studie – die, obwohl schon 1960 publiziert, bislang wenig rezipiert wurde – führt Appolis italienische und französische Gelehrte und Geistliche an, die er als aufgeklärte Katholiken („catholique éclairés") bezeichnete, welche einen eigenen Weg einer Erneuerung suchten. Dieser Gruppe können etwa die Italiener Ludovico Muratori[115] und Prosper Lambertini (Benedikt XIV.)[116] sowie die Franzosen Jean Mabillon[117] und

113   Vgl. grundl. Chinnici, Catholic Enlightenment, S. 3-14; Blanchard, Neither Cisalpine nor Ultramontane.

114   Vgl. Appolis, Tiers Parti.

115   Ludovico Muratori (1672-1750), Bibliothekar, Geistlicher, Universalgelehrter, vgl. Lehner, Katholische Aufklärung, S. 146-150; Braun, Reformprogramm, S. 707-717.

116   Prosper Lambertini (1675-1758), ab 1740 Papst Benedikt XIV., vgl. grundl. Appolis, Tiers Parti, S. 155-367; Wolf/Schmidt, Benedikt XIV., S. 109 f.; Johns, The Scholar's Pope.

117   Jean Mabillon (1632-1707), Benediktiner und Historiker, vgl. Appolis, Tiers Parti, S. 133.

Claude Fleury[118] zugerechnet werden, ferner aber auch der Engländer Joseph Berington[119] und der Schotte Alexander Geddes[120]. Schließlich spricht einiges dafür, auch dem amerikanischen Bischof John Carroll einen Platz in dieser Reihe zuzuweisen. Sie alle formierten nämlich keine Reformbewegung im üblichen Sinne, dass sie sich durch einen gemeinsamen Austausch auf Reformziele und -konzepte verständigt hätten, sondern sie teilten vielmehr eine gemeinsame Geisteshaltung, die ähnliche, miteinander kompatible Positionen und Ideen einer moderaten Katholischen Aufklärung hervorbrachte, wenn auch mit unterschiedlichen Motiven und Gewichtungen. Hierzu zählte der Abbau der polemischen Kontroverstheologie zugunsten einer positiven Theologie, die Bereitschaft zum interkonfessionellen Dialog, die Revitalisierung des Glaubens auch jenseits der ausschweifenden Frömmigkeitsformen des Barock, die Bemängelung der scholastischen Gelehrsamkeit vor dem Hintergrund eines verstärkt historisch-kritischen Wissenschaftsverständnisses, die Einsichten für den Nutzen einer klaren und verständlicheren Sprache, auch in der Liturgie, eine vom Konziliarismus und Gallikanismus beförderte gemäßigte demokratische Ekklesiologie, die grundsätzliche Loyalität gegenüber dem Papstamt und die Unterstützung der Bulle „Unigenitus Dei filius" (1713) in Abgrenzung zum radikalen Jansenismus. Vor diesem Hintergrund kann schließlich auch John Carroll als aufgeklärter Katholik bezeichnet werden, der einen derartig aufgeklärten Katholizismus auch für die Vereinigten Staaten vorsah. Auch der amerikanische Historiker Dale K. van Kley hat zudem deutlich gemacht, dass die Vertreter der Katholischen Aufklärung letztlich das anstrebten, was schon Appolis als ‚dritte Partei' zu bezeichnen pflegte.[121]

Demetrius von Gallitzin und weitere Katholiken, die in der Ära von John Carroll in Pennsylvania und Maryland als Missionare wirkten und in dieser Weise in der Siedler- und Frontiergesellschaft am Aufbau kirchlicher Strukturen und Institutionen beteiligt waren, wurden in vielfältiger Weise herausgefordert. Die Frontier als Raum sozialer Begegnungen, Alteritätserfahrungen, Identitätskrisen und neuer Identitätsbildung, als Raum von Konflikten und Verhandlungen um gesellschaftliche Integration und Anerkennung, von Aus- und Abgrenzungsprozessen zwischen ethnisch, kulturell und konfessionell unterschiedlichen Gruppen – all diese Vorgänge können nur schwerlich auf einer mit politischen Grenzverläufen vorgefertigten Landkarte

---

118   Claude Fleury (1640-1723), Religionspädagoge, Historiker, Prinzenerzieher, vgl. ebd., S. 11-13, 77 f., 133.
119   Vgl. Chinnici, Catholic Enlightenment, S. 3 f.
120   Alexander Geddes (1737-1802), Theologe und Übersetzer, vgl. Goldie, Alexander Geddes.
121   Vgl. Kley, Piety and Politics, S. 121.

abgebildet werden. Dennoch waren die Erfahrungen der Frontier an einen begrenzten Raum gebunden, in dem Kontaktsituationen und Austauschprozesse unvermeidbar waren und rechtliche Rahmenbedingungen sowie die politische Kultur keine anderen Formen eines gesellschaftlichen Ausgleichs vorsahen.

„Frontiers of Faith" – Glaubensgrenzen – werden nicht durch den allmählichen Vorstoß katholischer Siedler in die westlicheren Regionen eines Landes und die dortige phasenweise Erschließung neuer Missions- und Bildungsräume sichtbar. Es sind vielmehr die in diesen Räumen zustande kommenden Begegnungen, kulturellen Erfahrungen und Praktiken, die zu erkennen geben, wie im interkonfessionellen Austausch als auch innerhalb der konfessionellen Bekenntnisgrenzen unterschiedliche Vorstellungen und Überzeugungen von einem „wahren" Glauben und einer „vernünftigen" Religiosität aufeinanderprallten und in Konflikt gerieten. Hinter diesen Vorgängen stehen Bildungsprozesse, vor allem dann, wenn die Konfliktparteien nicht nur an verhärteten Fronten stritten und dies der Selbstvergewisserung eigener Positionen diente, sondern im Sinne der Aufklärung die Bereitschaft zum Dialog oder gar zu einer einvernehmlichen Aussöhnung gegeben war. Katholiken und Protestanten waren an der Frontier von Pennsylvania und Maryland nicht nur streitbare Konkurrenten, sondern zugleich „Komplizen"[122], sofern sie sich auf den Aushandlungs- und Verständigungsprozess einließen. Eben dies soll im folgenden Kapitel in den Mittelpunkt gerückt werden.

---

122 Bourdieu, Homo Academicus, S. 190-198.

Demetrius von Gallitzin und die „Backwoodsmen" – Handlungsfelder eines Missionars und Landpfarrers zwischen Aufklärung, Glaube und ländlicher Gemeinschaft

4.1 „Catholicks are gathering in from all quarters, upon the promise that I made, not to forsake them" – Gallitzins Anfänge in Loretto

Eine kleine Siedlung deutsch- und irischstämmiger Einwanderer im pennsyl-vanischen Hinterland wurde im Spätsommer 1799 zur neuen Wirkungsstätte für Demetrius von Gallitzin. Das McGuire's Settlement lag auf einem Höhen-zug der Alleghany Mountains, westlich von Huntington an einem abgelegenen Indianerpfad und war erst 1788 von dem irischstämmigen, amerikanischen Unabhängigkeitskämpfer Michael McGuire (1717-1793) errichtet worden. Brosius und auch Gallitzin hatten von Conewago aus bereits zwei Missions-reisen in diese entlegene Region unternommen, wo sich einige katholische Familien in weitgehender Abgeschiedenheit niedergelassen hatten. Von den Siedlern der Küstenregionen wurden die Pioniere in den entfernten Wäldern Pennsylvanias häufig abwertend als ‚Hinterwäldler' („backwoodsmen") be-zeichnet, da sie fernab von Philadelphia – dem intellektuellen Dreh- und Angelpunkt der amerikanischen Aufklärung – ein vermeintlich rückständiges, gesetzloses und bildungsarmes Leben führen würden. So entbehrungsreich und abgeschieden das Leben an der Frontier auch war, so bemerkenswert sind allerdings ihre Strukturen, die sie auf lokaler Ebene zur Selbstverwaltung ihrer Siedlungen und Gemeinden ausbildeten.[1]

---

1 Eine andere Einschätzung vertrat Schermerhorn, A Correct View, S. 4 f: „The [Pennsylvania West of the Allegany Mountains] is very broken and mountainous, with a light and com-paratively poor soil, and will not probably settle with any great degree of rapidity. In the ten counties, which this district comprises, is a population of only 21.255 souls, which must, necessarily, be very scattered. [...] I apprehend that nothing can be done here towards form-ing societies, because the people generally are indigent." Zur natürlichen Beschaffenheit der Region auch der Reisebericht von Baily, Journal of a Tour, S. 131: „The face of the country is very uneven, being a constant succession of hill and dale. Little towns or villages are scat-tered over the country at the distance of seven or eight miles, which communicate with each other by roads which are almost inaccessible during the winter and spring months."

Auch hinsichtlich des religiösen Glaubens und des konfessionellen Bekenntnisses prägten Vorurteile das Bild der Frontiergesellschaft. Wie ein zeitgenössischer Beobachter vermutete, könne „der einfache Waldansiedler, der in
den Wäldern des Westens auferzogen wurde", gar kein konfessionelles Bekenntnis besitzen, da er „von der Bibel gerade so viel weiß, daß sie ein gedrucktes
Buch ist"[2]. Zwar bestand durchaus die Gefahr, sich etwa aus Konformitätsdruck
einer anderen Denomination zuzuwenden oder in religiöse Indifferenz und
Aberglaube abzuleiten, doch dass dies auch in größerem Ausmaß geschah, ist
nicht belegt. Allerdings prägte diese Vorstellung das Selbstverständnis und das
missionarische Wirken der Priester an der Frontier, die, nach dem Leitbild des
guten Hirten handelnd, die verlorenen Gläubigen wie Schafe der Herde Christi
wieder auf den rechten Pfad führen wollten. Dies geschah vielfach durch eine
gezielte und beständige Missions- und Bildungsarbeit.[3]

Nach rund vierjähriger Missionstätigkeit in Conewago und einigen benachbarten Siedlungen äußerte Gallitzin schon im Frühjahr 1799 den Wunsch, in
den Wäldern der Alleghany Mountains sesshaft werden zu wollen, um sich
dort einer Gruppe katholischer Siedler als Priester anzunehmen. Anfang
März desselben Jahres erhielt er dazu die Zustimmung des Bischofs.[4] Die
Voraussetzungen für den Aufbau einer Gemeinde waren ausgesprochen gut.
Schon McGuire selbst hatte dem Bischof einige Jahre zuvor versichert, einem
katholischen Priester rund achtzig Hektar Land, ein gutes Pferd und ein jähr-
liches Einkommen von zehn Dollar gewähren zu wollen.[5] Dies nahm Carroll
als Sicherheit für die zu gründende Gemeinde, deren erster Pfarrer Gallitzin
wurde. Wenige Monate später, etwa im Oktober des Jahres, gab Gallitzin seine
Missionstätigkeit in Conewago endgültig auf, nachdem er schon erste Vorbereitungen in seiner Gemeinde getroffen hatte, und reiste in Richtung seiner
neuen Wirkungsstätte. In dem großen Zweispänner des Fuhrmanns Nicholas
Noël, eines elsässischen Siedlers, fand neben Gallitzins Begleiter Hans (John)
Feltz das Hab und Gut des jungen Priesters ausreichend Platz. Kaffee, Mess-
wein, Mehl, ein Bett, ein Schreibpult, ein Altartisch, liturgische Gewänder
und Gefäße sowie zahlreiche Bücher sollten den Neuanfang in der entlegenen
Waldregion erleichtern.[6] Vor Ort nahm Gallitzin sofort das Land in Besitz,
das für ihn als Priester vorgesehen war. Bald wurde das erste Kirchengebäude
fertiggestellt, das für die rund vierzig Familien der neuen Gemeinde bestimmt

---

2 Bromme, Gemälde von Nord-Amerika, Bd. 2, S. 262.
3 Vgl. Dichtl, Frontiers of Faith, S. 47 f.; zur Vorgeschichte vgl. Fellner, Phases of Catholicity.
4 John Carroll and D. v. Gallitzin, 1.3.1799, in: Brownson, Gallitzin, S. 111.
5 Vgl. AAB, Carroll Letterbook, II, S. 4.
6 Vgl. Sargent, Mitri, S. 124. Zu Feltz vgl. Strassburger/Hinke, Pennsylvania German Pioneers,
   Bd. 1, S. 482.

war. Am Weihnachtsabend 1799 wurde die Blockhauskirche eingeweiht und ihrer Bestimmung übergeben.[7] Wenige Woche später berichtete Gallitzin an Carroll von seinen ersten Fortschritten und erläuterte ihm die blühenden Aussichten, die von der Gemeinde ausgingen.

Für seine Gemeinde war Gallitzin nicht nur Pfarrer, sondern er übernahm auch die Rolle des Ortsvorstehers, des rechtlichen Beistands und wurde selbst bei Krankheit und finanzieller Not aufgesucht. Er gewährte Kredite und kontrollierte die Einnahmen und Ausgaben der Getreidemühle, die er unweit der Kirche für die Gemeinde errichten ließ. Auch eine Gerberei, eine Ziegelei, eine Sägemühle und eine Steinmauer, die für den Betrieb einer Mühle ausreichend Wasser anstaute, ließ er innerhalb der ersten zehn Jahre auf eigene Kosten errichten. Gallitzin erwirtschaftete selbst keine Gewinne und wollte auch nicht den einfachen Bauern den Weg aus der Subsistenzwirtschaft in eine gewinnbringende Marktwirtschaft aufzeigen. Vielmehr galten die Maßnahmen der unmittelbaren Förderung der landwirtschaftlichen Produktion in seiner Gemeinde, da die Erzeugnisse nunmehr direkt vor Ort verarbeitet werden konnten und nicht mehr meilenweit in benachbarte Gemeinden geschafft werden mussten.[8] Durch seine Investitionen in den Kirchenbau und in die Landwirtschaft erlangte die Siedlung, die zunächst noch ‚Clearfield', später dann ‚Loretto' genannt wurde, eine wirtschaftlich weitgehend autonome Stellung in der Region und lockerte insbesondere die ökonomische Abhängigkeit von den Mühlen, die sich östlich von Loretto in den vorwiegend presbyterianisch geprägten Siedlungsgebieten befanden.[9] Loretto zog immer neue katholische Familien aus den umliegenden Countys an, die von der beständigen Seelsorge eines katholischen Priesters sowie von den wirtschaftlichen Vorzügen des Standortes profitieren wollten. Gallitzin erwarb weiteres Land auf eigene Kosten, legte Straßenzüge an und veräußerte die einzelnen Parzellen an seine Gemeindemitglieder, allerdings zu niedrigeren Preisen und auf Kredit, da die meisten Siedler zu arm waren, eigenes Land zu erwerben.

---

7   Das Gebäude war 44 Fuß lang und 25 Fuß breit (ca. 100 qm) und wurde aus Kiefernholz gefertigt, vgl. D. v. Gallitzin an John Carroll, 9.2.1800, in: AAB, Carroll Papers, 8A-N2; vgl. Butler/ Engh/Spalding, Frontiers and Catholic Identities, Nr. 13.

8   Näheren Aufschluss über die wirtschaftsfördernden Maßnahmen gibt vor allem das sog. „Memorandum Book", vgl. Middleton, Memorandum Book.

9   Dass im Umfeld vor allem Presbyterianer siedelten, zeigen die zeitgenössischen Karten, vgl. wieder PAA, Melish-Whiteside Maps, Huntingdon County; auch Schermerhorn, A Correct View, S. 4 f.

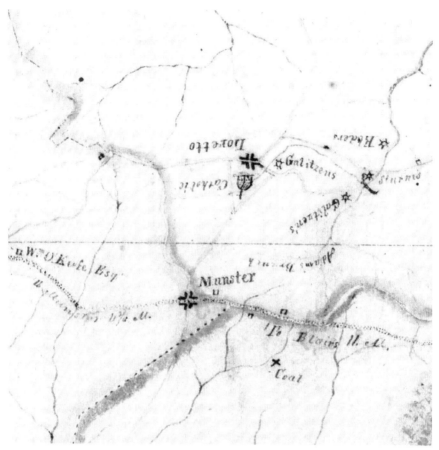

Abb. 10   Loretto und Umgebung, ca. 1816/21. Die Karte zeigt den Standort der Kirche, der
             verschiedenen Mühlen Gallitzins und der Staumauer

Andere Siedler nutzten die Generosität des Pfarrers auch schamlos aus, wie
Gallitzin mit Bedauern feststellen musste.[10]

---

10   Ein Farmer namens Elder hatte Gallitzin versprochen, nach Loretto zu ziehen und ihm
      ein Stück Land abzukaufen, das er mit seiner Familie bewirtschaften wollte. Vorher müsse
      er allerdings einen Käufer für sein altes Grundstück finden. Gallitzin hielt das betreffende
      Stück Land frei, errichtete ein Wohnhaus, schaffte Stühle, Betten, Spinnräder und einen
      Tisch an und ließ Getreide anbauen, um der Familie den Neuanfang zu erleichtern.
      Doch der Farmer entschied sich gegen Loretto und zog zwischenzeitlich nach Kentucky,
      ohne Gallitzin darüber in Kenntnis gesetzt noch die beträchtlichen Auslagen erstattet
      zu haben. Vgl. D. v. Gallitzin an J. Carroll, 9.2.1800, in: AAB, Carroll Papers, 8A-N2. Ein
      anderer Siedler namens Elder betrieb später eine Mühle in der Nähe von Loretto, vgl.
      Flick, Reminiscences, S. 227.

Die Kirche lag an exponierter Lage am südlichen Ende der neuen Siedlung und bildete ihr religiöses Zentrum. Das angrenzende Pfarrhaus wurde zum administrativen Mittelpunkt und die Getreidemühle in unmittelbarer Nähe kennzeichnete schließlich die enge Verflechtung von Religion, Dorfgemeinschaft und landwirtschaftlicher Produktion innerhalb der ländlich-dörflichen Lebenswelt. Gallitzins Bemühungen galten der Fürsorge und der Beglückung der Gemeindemitglieder und waren dabei der christlichen Wohlfahrt und dem ökonomischen Fortschritt der Dorfgemeinschaft verpflichtet. In dieser Hinsicht ist Gallitzin ein typischer Landpfarrer der Aufklärungszeit, der sich nicht nur um das Seelenheil seiner Gemeinde sorgte, sondern auch praktische Lebenshilfe bot.[11] In dem geschaffenen Ensemble aus Kirche, Pfarrhaus und Mühle wird buchstäblich sichtbar, das er sich als Pfarrer nicht mehr nur durch die Sakralität seines Amtes zu legitimieren und Autorität zu erwerben suchte, sondern vielmehr durch eine praktisch-zweckmäßige Leib- und Seelsorge. Gallitzin boten die Missionen der Jesuiten eindrucksvolle Vorbilder, die ihrerseits gerade in ländlichen Gebieten nicht nur auf die bloße Seelsorge und die religiöse Erziehung bedacht waren, sondern immer schon die Kultivierung der wilden Landschaft und die „Zivilisierung" der „wilden" Siedlergesellschaft und einheimischer Bevölkerungsgruppen miteinschloss. Auch Pennsylvania war hierfür ein interessantes Beobachtungsfeld, zumal Gallitzin an jesuitischen Gründungen gewirkt hatte und auch den altehrwürdigen Jesuitenpater Pellentz noch kennengelernt hatte. Dieser gehörte noch zu jener ersten Generation der in Pennsylvania und Maryland wirkenden Priester, die als Jesuiten ihren tridentinischen Seelsorgepflichten[12] nachgegangen waren. Gallitzin muss hingegen zu einer neuen Generation von Priestern gezählt werden, deren Erziehung und Ausbildung stark von den Ideen und Impulsen der Aufklärung beeinflusst worden war. Sie kannten auch die Möglichkeiten, Mittel und Vorzüge einer aufklärerischen katholischen Religiosität.

Der Mangel an staatlichen und kirchlichen Strukturen, an Aufsichts- und Kontrollmechanismen sowie an generellen Vorgaben zur Gemeindegründung und -verwaltung machte es Gallitzin möglich, weitgehend unabhängig, selbstständig und eigenverantwortlich handeln und das Gemeinwesen gestalten zu können. Die Gemeinde bildete in erster Linie eine Kult- und Sakralgemeinschaft, während sie in politisch-rechtlicher Hinsicht einen noch relativ losen Verband darstellte, der neben anderen Siedlungen und Dörfern in der administrativ dünn und hierarchisch flach organisierten Frontier- und Siedlergesellschaft existierte. Hieraus ergab sich die Notwendigkeit der Selbstverwaltung. Eine

---

11   Zur „Aufklärung an der Schwelle des Pfarrhauses" vgl. auch Freitag, Pfarrer, S. 346-354.
12   Vgl. Hallermann, Pfarrei, S. 48-62.

zentrale Funktion in den katholischen Gemeinden übernahmen die Pfarrer. Sie bewahrten und stärkten konfessionsspezifische Denk- und Deutungsmuster, Frömmigkeitspraktiken, förderten die wirtschaftliche Entwicklung ihrer Gemeinde, sorgten sich um die rechte Erziehung und Bildung der Jugend und unterstützten die sozialen und moralischen Bindungen der Gemeinde.[13]

Gestärkt wurde Gallitzin von den Trustees der Gemeinde, zu denen vor allem die begütertere katholische Familie McGuire gehörte. Da Gallitzin allerdings seine persönlichen Finanzen von denen der Kirchengemeinde nicht trennte, war die Zuständigkeit unklar, wenn neue Investitionen getroffen wurden. Dies gewährte Gallitzin letztlich größtmögliche Spielräume im Umgang mit dem Kirchenvermögen. In den ersten Jahren erhielt Gallitzin regelmäßig Geldsendungen aus Münster, während er überhaupt nur geringe finanzielle Unterstützungen von seiner Gemeinde erwarten konnte. Der Einfluss des Bischofs auf die Entwicklung der Gemeinde blieb marginal und wurde allein und nur indirekt durch den Pfarrer vermittelt und gesteuert. Auch die weitgehende Abgeschiedenheit des Ortes zu den dichter besiedelten und näher am Bischofssitz Baltimore gelegenen Regionen beförderte den Prozess der dörflichen Vergemeinschaftung der katholischen Siedler. Selbst wenn Gallitzin hinsichtlich seines Einflusses und seiner Stellung in der Gemeinde aus herrschaftssoziologischer Sicht durchaus als „charismatische"[14] Führungsfigur gesehen werden dürfte, so scheint im Hinblick auf seine pastoralen und pädagogischen Zielsetzungen als Leib- und Seelsorger sowie hinsichtlich seines missionarischen Sendungsbewusstseins eine pastoraltheologische Deutung zutreffender zu sein.[15] Gallitzin sah sich selbst nämlich kaum als Führungsfigur und beabsichtigte ebenso wenig die Akkumulation von Macht und Einfluss, sondern stellte seine Fähigkeiten und Fertigkeiten in den Dienst

---

13   Vgl. Dichtl, Frontiers of Faith, S. 48: „The priest, often with the encouragement of his parishioners, saw himself at the very core of community life in western settlements. His roles might vary from maintaining Catholic identity and religious practice amid a sea of Protestants and non-Catholics, to leading economic development, providing for the educational welfare of frontier youth, and bolstering the social and moral cohesion that held together Catholic communities."

14   Zur „charismatischen Herrschaft" vgl. grundl. Weber, Die drei Typen, S. 480-483. In dieser Hinsicht ist von Bedeutung, dass Gallitzin im Haus einer lutherischen Familie (Livingston) bei Martinsburg, Virginia, einen Exorzismus durchführte, vgl. Hannan, Prince Gallitzin's Experience; nach Greenblatt gehört ein solcher Exorzismus „zu den höchsten Manifestationen solchen Charismas innerhalb der römisch-christlichen Welt", durch den „mit den letzten, vitalen Quellen der Legitimität, Autorität und Sakralität eine direkte Verbindung" eingegangen werden würde, vgl. Greenblatt, Exorzisten, S. 94.

15   Zum Gemeindeaufbau als „charismatische Revitalisierungsbewegung" vgl. Kellner, Charisma als Grundbegriff, S. 112-129.

seiner Gemeinde. Er sah sich selbst, in Anlehnung an das biblische Gleich-
nis (Mt 20,1-16), als einfacher Arbeiter im Weinberg, seiner Gemeinde, die
ihm anvertraut war.[16] Dadurch, dass er in seinem Dienst mehrere Aufgaben,
Funktionen und Zuständigkeiten wahrnahm, machte er sich für die Gemeinde
unentbehrlich.[17]

Abb. 11   Kapelle und Pfarrhaus von Loretto, errichtet 1832

Als Gallitzin bereits im Herbst 1800 die Nachfolge des Priesters Louis de Barth[18]
als Pfarrer von Lancaster antreten sollte, lehnte Gallitzin dankend ab. Er wolle
in Loretto bleiben, wie er Carroll mitteilte, da mittlerweile aus allen Himmels-
richtungen Katholiken herbeiströmen würden, denen er versprochen habe,
vor Ort zu bleiben. Die Ansiedlung würde seiner Einschätzung zufolge kaum
länger als zwei Jahre Bestand haben, wenn kein Priester vorhanden sei, der sich
um die Gemeinde kümmern würde, und wenn diesem kein entsprechendes
Einkommen für seine umfangreichen Tätigkeiten in der Gemeinde gezahlt
werden könnte.[19] Zu groß waren seine Verpflichtungen in Loretto und zu eng

---

16   „... the Spiritual Vineyard entrusted to my care", vgl. D. v. Gallitzin an J. Carroll, 9.2.1800, in:
        AAB, Carroll Papers, 8A-N2.
17   Vgl. Nuesse, Social Thought, S. 134-140.
18   Louis de Barth (eigentl. Ludwig von Barth-Walbach), 1764-1844, Sohn des ehem. Land-
        vogts zu Hagenau/Elsass, wanderte im Zuge der Französischen Revolution nach Amerika
        aus, seit 1790 Priester, vgl. Foin, Barth.
19   Vgl. D. v. Gallitzin an J. Carroll, 5.2.1801, in: AAB, Carroll Papers, 8A-N4: „Catholicks are
        gathering in from all quarters, upon the promise that I made, not to forsake them, in as
        far as I had it in my power to make such a promise; the Plantation will hardly be able in

die Bindungen an seine Gemeinde. In Lancaster, der ältesten Stadt im Hinterland von Pennsylvania und zugleich deren Hauptstadt (1799-1812), hatten
sich seit ihrer Gründung 1730 zahlreiche Siedler unterschiedlichen Bekenntnisses angesiedelt und in Gemeinden zusammengeschlossen, die mehrheitlich deutschstämmig waren. Viele von ihnen waren deutsche Lutheraner und
Reformierte oder Anhänger der Herrnhuter Brüdergemeinde. Daneben gab
es einige wenige Anglikaner und Presbyterianer sowie eine geringe Zahl an
Juden. Die kleine katholische Gemeinde setzte sich aus deutschen und irischen
Siedlern zusammen.[20] Das Ergebnis war eine konfessionelle und ethnische
Vielfalt, wie sie sonst nur in Philadelphia beobachtet werden konnte, die tagtäglich neue Aushandlungsprozesse hervorbrachte und die gelebte Ordnung
des Gemeinwesens bestimmte. Lancaster war damit die größte Siedlung innerhalb der Vereinigten Staaten, die nicht an einem großen, schiffbaren Fluss lag,
aber wo sich gleich mehrere bedeutende Verkehrswege und Handelsrouten
kreuzten. Diese schnelllebige Stadt wurde dadurch zu einem bedeutenden
kulturellen Zentrum des pennsylvanischen Hinterlandes.[21]

Lancaster war kein einfaches Pflaster, wie Gallitzin selbst erfahren musste.
Nachdem ihm Carroll das Angebot der Pfarrstelle unterbreitet hatte, besuchte Gallitzin im April 1804 die Stadt und berichtete Carroll von dem „unglücklichen Missverständnis"[22], das sich am Fest Mariä Lichtmess und an
Aschermittwoch in der katholischen Gemeinde zutrug. Die Gemeinde war
völlig zerstritten, da der neue Pfarrer Fitzsimons, der anstelle von Gallitzin
die Gemeinde übernommen hatte, den Erwartungen der Katholiken nicht gerecht wurde. Der Deutsche Johann (John) Risdel, ein wohlhabender Katholik

---

two Years to maintain a Priest, unless there there is yearly as much money spent in the
improving o fit, as the Congregation's salary amounts to; how then could a Priest subsist
here, during that time, except it be one, that has some permanent income to depend
upon, independent of what the Congregation could make up. [...] Your Lordship knows
besides that I have always had a permanent Inclination to the Backwoods [...]; from all
which circumstances Y[ou]r Lordship may judge, that the disappointment would be very
great, if I had to exchange this place for Lancaster."

20 Im Jahr 1790 waren 72 Prozent der weißen Bevölkerung von Lancaster County deutscher
Abstammung bzw. Deutsche; vgl. Fogleman, Hopeful Journeys, S. 81; vgl. Häberlein,
Practice of Pluralism, S. 1-13.

21 Vgl. Friis, Humboldts Besuch, S. 183 f. Auch Alexander von Humboldt, den Gallitzin in
Hamburg kurz kennengelernt hatte, besuchte etwa zwei Monate später, im Juni 1804, die
Stadt Lancaster in Pennsylvania, zudem Philadelphia, Washington und Georgetown, vgl.
Casper, A Young Man; Rebok, Humboldt.

22 D. v. Gallitzin an J. Carroll, 21.2.1804, in: AAB, Carroll Papers, 8A-N5: „Coming hither on
business relating to our new County and County-Town [...] I found, a unhappy misunderstanding, and devision had taken place in the Congregation." Vgl. Häberlein, Practice of
Pluralism, S. 196-198.

und Vorsteher der Trustees, war der Rädelsführer des Aufruhrs. Er habe, wie
Gallitzin berichtete, den Pfarrer übel beschimpft und böswillig seinem Ansehen geschadet. Fitzsimons stammte aus Irland und war erst vor wenigen
Jahren mit nur geringen Deutschkenntnissen nach Lancaster gekommen.
Als dieser am Aschermittwoch den Gottesdienst auf Deutsch zu lesen begann, brach unter den anwesenden deutschen Katholiken der Gemeinde
schallendes Gelächter aus. Sie stürmten aus der Kirche und brachten dabei
ihren Unmut auch gegenüber einigen Protestanten lautstark zu Gehör.[23] Die
irischen Katholiken würden dagegen, so Gallitzin weiter, ihren Pfarrer unterstützen und wären einstimmig von seiner Frömmigkeit und Tatkraft überzeugt. Gallitzin schlug Carroll vor, den Pfarrer nach Loretto zu schicken, wo
eine Unterstützung in der Seelsorge ohnehin nötig und nützlich sei, zumal
derartige Auseinandersetzungen, wie sie in der Gemeinde von Lancaster vorhanden waren, nur sehr schwer von selbst beigelegt werden würden.[24] Einige
irische Katholiken aus Lancaster folgten Gallitzin nach Loretto, während
Fitzsimons der amerikanischen Mission den Rücken kehrte und nach Irland
zurückreiste.[25] Carroll konnte Gallitzin auch keine andere Unterstützung zuweisen. Der Mangel an geeigneten Priestern war nach wie vor groß.

Zum Gemeindeaufbau gehörte, neben der Errichtung einer Kirche, die Eröffnung einer Elementarschule. Allerdings ergaben sich bei diesem Projekt unerwartet größere Schwierigkeiten für Gallitzin. Zwar fand bereits im Winter
1799 in der Gemeinde von Loretto ein erster Unterricht statt, der von einem

---

23   D. v. Gallitzin an J. Carroll, 21.2.1804, in: AAB, Carroll Papers, 8A-N5: „It appears then
      plainly that Mr Risdel almost immediately after the appointment of Rev Mr Fitzsimons,
      formed within himself, and communicated to some of the Congregation unjust suspi-
      cious, against that Gentlemen [...]. Mr Risdel [...] spoke to him in the most insulting man-
      ner, after having given real Scandal to the whole Congregation, in presence of several
      Protestants by leaving the church abruptly, immediately after the first Gospel, trying to
      draw other Catholicks after him, calling Mr Fitzsimons publickly a lamp boy and staying
      away from his Church ever since; the Durch people who are all unanimous on Risdels side
      laughed publickly and walked out when Mr Fitzsimons attempted to read the Gospel in
      German."

24   Ebd.: „The Good Catholicks are unanimous in believing him to be a pious, holy, and very
      zealous Clergyman, which coincides with my humble opinion, however, it appears plainly
      to me, that he never will be happy here, as the Dutch party headed by Risdel (which ist
      he richest) is absolutely against him, and you know My Lord how difficult it is to remove
      their prejudices. A great many of those that remain faithful to their pastor, and some oft
      he ablest amongst them are preparing to move to Clearfield settlement very soon. Would
      y[ou]r Lordship please to gratify their, his, and my desire by allowing the Rev Mr Fitzsi-
      mons to move to that settlement in order to assist me there in the discharge of duties that
      are become to heavy, for my shoulders alone."

25   Vgl. Sargent, Mitri, S. 147 f.

Schulmeister namens O'Connor gehalten wurde. Doch dieser verließ offenbar schon im nächsten Frühjahr die Gemeinde aus unbekannten Gründen. Der harte Winter hatte Gallitzin zudem vor Augen geführt, wie untauglich die behelfsmäßige Scheune für den Schulunterricht war und wie notwendig die Errichtung eines zweckmäßigen Schulgebäudes war, das zum Lernen und Lehren besser geeignet war. Das Blockhaus, das aus Holz und Lehm im folgenden Jahr geschaffen wurde, erhielt einen steinernen Kamin, damit die Schulkinder auch im Winter, wenn die landwirtschaftliche Produktion ohnehin ruhte, unterrichtet werden konnten.[26]

Die Suche nach einer geeigneten Lehrkraft gestaltete sich schwer. Dass Gallitzin endlich eine gebildete, junge Frau namens Rachel White fand, die er für die Erziehung einiger junger Mädchen gewinnen konnte, weckte neue Hoffnungen. Deren Mutter, eine begüterte Witwe, die rund zwanzig Meilen östlich von Loretto lebte, hatte sich dafür eingesetzt, ihrer Tochter die denkbar beste Erziehung und Bildung zu ermöglichen, um die Chance auf eine gute Heirat zu erhöhen. Zwar sprach nichts gegen eine Tätigkeit ihrer Tochter als Lehrerin, doch der täglicher Umgang mit dem Pfarrer, bei dem sie ein beinah klösterliches Leben führte, schürte bei der Mutter zunehmend die Befürchtung, er wolle ihre Tochter für einen geistlichen Orden gewinnen.[27] Dies widersprach nicht nur den Vorstellungen der Witwe, sondern war an der Frontier, wo ohnehin mehr Männer als Frauen lebten, auch ökonomisch irrational. Über die Schwierigkeiten bei der Gründung einer Schule schrieb Gallitzin an Carroll, der wiederum den Pfarrer Helbron aus der nächstgelegenen Missionsstation Sportman's Hall bei Latrobe, Westmoreland County, nach Loretto schickte, um den vermeintlichen Skandal aufzuklären.[28] Der Verdacht bestätigte sich nicht und Helbron reiste nach einigen Wochen zurück in seine Gemeinde.[29] Gallitzin konnte sich in diesem Fall auf die Trustees seiner Gemeinde verlassen. Auch kurze Zeit später legten sie, vertreten durch Luke McGuire, den Sohn des verstorbenen Gründers der Siedlung, für Gallitzin beim Bischof Carroll ein gutes Wort ein, als erneut aus einer benachbarten Gemeinde unbegründet schwere Vorwürfe und Verleumdungen gegen Gallitzin drohten.[30]

Dem deutschen Kapuzinerpater aus Sportman's Hall, Peter Helbron (1739-1816), war an seiner vorherigen Wirkungsstätte ein ähnliches Schicksal wie

---

26   Vgl. Wickersham, History of Education, S. 117; Burns, Catholic School System, S. 174; zum Bildungsstand der Schulkinder vgl. Grubb, Educational Choice.
27   Vgl. Sargent, Mitri, S. 144-147.
28   Vgl. D. v. Gallitzin an J. Carroll, 4.6.1804, in: AAB, Carroll Papers, 8A-N6; hierzu auch Spalding, John Carroll, Nr. 96.
29   Vgl. Peter Helbron an J. Carroll, 7.7./26.7.1802, in: AAB, Carroll Papers, IV, E. 6 f.
30   Vgl. Luke Mc Guire u. a. an J. Carroll, 24.4./10.5.1807, in: AAB, Carroll Papers, 5D1-3.

Fitzsimons widerfahren. Helbron stammte aus Mainz und hatte zunächst in Goshenhoppen, danach als leitender Pfarrer in der deutschen Gemeinde von Philadelphia gewirkt. Dort hatten ihn die Trustees der Gemeinde nach kurzer Zeit abgesetzt und vertrieben, als sie von dem neuen Hilfspriester Johann Nepomuk Götz dazu angestiftet wurden, sich gegen das bischöfliche Patronatsrecht aufzulehnen und sich selbst das Recht einzuräumen, ihren Pfarrer zu bestimmen, den sie ohnehin aus eigenen Mitteln bezahlen würden. Götz wurde von den Trustees zum neuen Pfarrer gewählt, wodurch Helbron zum Bauernopfer dieser hitzigen Auseinandersetzung zwischen Bischof und Trustees wurde.[31] 1799 übernahm er daraufhin die Pfarrstelle von Sportman's Hall im Westen Pennsylvanias und unterstützte von dort aus gelegentlich Gallitzin in Loretto. Ein Problem blieben allerdings seine Sprachkenntnisse, da Helbron nur schlecht Englisch sprach, wodurch sich seine Seelsorge auf die deutschen Siedler beschränkte.[32] Seine Briefe an Carroll verfasste er hingegen vorzugsweise auf Latein.[33]

Die geschilderten Begebenheiten in Lancaster und Philadelphia führen vor Augen, inwiefern vor allem die deutschen Katholiken die treuhändische Gemeindeverwaltung als ein geeignetes Mittel ansahen, ihren Einfluss auf die Bestellung der Pfarrer und die Verwaltung des Kirchenvermögens gegenüber der Autorität des Bischofs zu behaupten. Diese Haltung zielte vor allem darauf ab, die eigene ethnische Identität zu stärken und konfessionskulturelle Traditionen zu bewahren. Es ist nicht verwunderlich, dass deutsche Gemeinden auch deutsche Pfarrer bevorzugten und dass sie einer gemischtethnischen Gemeinde, wie sie in Lancaster, aber auch in Philadelphia bis 1787 und in Baltimore bis 1796 existierte, ihr Mitspracherecht in der Gemeindeverwaltung einräumten und mit allen Mitteln ihre Stimmen verteidigten.[34] In städtischen Kirchengemeinden, in denen größere soziale Unterschiede vorhanden waren, etwa zwischen begüterten Kaufleuten einerseits und ärmeren Handwerkern andererseits, überschnitten sich ethnische und sozioökonomische Zugehörigkeiten und schufen neue Gruppenidentitäten, die miteinander konkurrierten.

---

31   Vgl. Fecher, A Study of the Movement, S. 35-41; Parsons, Early Catholic Americana, S. 38, 43. Zu der Reaktion des Bischofs vgl. JCP II, S. 194-207.

32   In Westmoreland County gab es einige Siedlungen deutscher Katholiken, vgl. Schermerhorn, A Correct View, S. 5. Um 1850 lebten allein in der Gegend um Pittsburgh etwa fünf bis acht Tausend deutsche Katholiken und annähernd ebensoviele in den weiteren Countys westlich der Alleghany Mountains, vgl. Rothan, German Catholic Immigration, S. 21 f.

33   Seine Korrespondenz wird erläutert und wiedergegeben bei Fellner, Trials and Triumphs, 195-261, 287-343; hier 288-334.

34   Vgl. Carey, Ecclesiastical Democracy, S. 140-146.

Die einfacheren und ökonomisch eher schlechter gestellten Gemeindemitglieder („low Germans") hatten dabei meist das Interesse, den Einfluss der
eingesessenen Eliten gegenüber der bischöflichen Autorität durch die Wahl
entsprechender Kandidaten zu Trustees zu schwächen, während die begüterten
Familien („high Germans") das Gegenteil anstrebten. Im 19. Jahrhundert wurde
die Zugehörigkeit der katholischen Deutschamerikaner zudem durch den
Einwanderungszeitpunkt mitbestimmt, als sich die deutschen Einwanderer
nach 1848 verstärkt antiklerikal, antiepiskopal und bürgerlich-demokratisch
positionierten und daher für die Rechte der Trustees eintraten.[35] Bei den
irischen und französischen Katholiken ergaben sich ähnliche Konfliktfelder,
Fraktionierungen und Auseinandersetzungen. Ihre Haltung wurde von
individuellen Herkunftsgeschichten geprägt wie auch von den bürgerlichen
Revolutionen und den einschneidenden Erfahrungen mit der Migration in
Europa und Nordamerika.

Gallitzin entschied sich bewusst für die ländlich-dörfliche Lebenswelt
der Frontiergesellschaft, die zwar ethnisch und konfessionell ebenso vielfältig war als manche Stadtgesellschaft, jedoch räumlich viel breiter gestreut
war. Während konfessionelle Grenzen in städtischen Gebieten schärfer
markiert wurden und spezifische Kirchlichkeitsstile auch innerhalb eines
konfessionellen Feldes demonstrativ zum Ausdruck kamen, entfaltete sich
die Religiosität und Frömmigkeit im Dorf weitgehend ungehindert und unberührt von äußeren Einflüssen, solange dies die staatliche und kirchliche
Obrigkeit gestattete. Sie blieb insgesamt der kleinräumlichen Wahrnehmung
seiner Gemeindemitglieder, ihrer religiösen Ökonomie und der weitgehenden
Autonomie des Dorfes verpflichtet.[36] Auf dieser Ebene vollzogen sich die Bemühungen des Pfarrers und Missionars um eine Aufklärung des Landvolkes. Dies
geschah zum einen – auch zur Vorbeugung einer konfessionell indifferenten
Volksfrömmigkeit – durch die Konsolidierung des katholisch-konfessionellen
Glaubens durch eine beständige Seelsorge, für die zunächst der Bau einer
Kirche kennzeichnend war, zum anderen durch die Verbesserung der Agrar-
verhältnisse, die Gallitzin durch die Förderung der landwirtschaftlichen
Produktion durch eine verbesserte Infrastruktur und Technisierung erreichen
wollte. Die Gründung einer Schule hatte dabei eine übergreifende Bedeutung

---

35   Vgl. ebd., S. 142; auch Zöllner, Washington und Rom, S. 63; Schmid, Amerikanisierung,
      S. 63; Graf, Wiederkehr der Götter, S. 47. Die Einteilung in *low* und *high Germans* existiert
      auch in der Beschreibung des Missionars Charles Nerinckx: „This nation is composed of
      Englishmen, Irishmen, Scotsmen, Frenchmen, high and low Germans etc.", vgl. Agonito/
      Wellner, Nerinckx's Pamphlet, S. 7.
36   Vgl. Holzem, Religiöse Erfahrung, S. 201-204.

und ganzheitliche Aufgabe, da in ihr die katechetisch-religiöse Unterweisung wie auch das Erlernen landwirtschaftlich-nützlicher Inhalte stattfand.

Als erster Schulmeister von Loretto ist Archibald Christy (1760-1838) bezeugt, ein eingewanderter Schotte, Veteran der Revolutionskriege, verheiratet mit der deutschstämmigen Mary Roudabush (Raudenbusch) und Vater von fünf Kindern.[37] Wodurch sich Christy für das Amt des Schulmeisters qualifizierte, ist nicht belegt, doch Gallitzin gewährte ihm ein regelmäßiges Einkommen, das seiner Tätigkeit offensichtlich über viele Jahre gerecht wurde. Je nach Bedarf und Verfügbarkeit, manchmal auch als Vorschuss, erhielt Christy kleinere Summen Bargeld, Getreidemehl, Holz oder Leder. Für Brennholz hatte Christy zudem nur den halben Preis zu zahlen.[38] Dies waren allesamt Güter und Rohstoffe, deren Produktion und Herstellung Gallitzin in Loretto koordinierte. Christy stammte aus dem schottischen Aberdeen und war bereits als junger Mann und Siedlerpionier in den Westen Pennsylvanias gekommen. Einer späteren Würdigung zufolge, war Christy „einer dieser tatkräftigen Schotten, der keine unüberwindbaren Schwierigkeiten kannte, der sich mit einer Energie an die Arbeit machte, wie man es von einem Schotten erwartete, der seine Farm bestellte und ein behagliches Zuhause für sich und seine Familie schuf."[39] Gallitzin wählte offensichtlich einen erfahrenen Pionier als Schulmeister, der zwar keine hinreichende pädagogische Ausbildung besaß, jedoch würdig sein Amt vertreten konnte. Aus eigener Erfahrung konnte Christy praktisch-nützliche Inhalte und Tugenden vermitteln, auf die es in der Frontiergesellschaft ankam, um, trotz allerlei Mühen, Lasten und Entbehrungen, ein hingebungsvolles, diszipliniertes und gottgefälliges Leben für die Familie und die Gemeinschaft zu führen und schließlich Glückseligkeit im Dies- und Jenseits zu erlangen.

---

37   Vgl. Sargent, Mitri, S. 184, 188; Kittell, Souvenir of Loretto, S. 104, 170, 229.
38   Vgl. Middleton, Memorandum Book, S. 10, 25, 28.
39   Vgl. Biographical and Portrait Cyclopedia of Cambria County, S. 361: „Archibald Christy was born in Aberdeen, Scotland, emigrated to this country when quite a young man, and was one of the pioneer settlers of western Pennsylvania. He located first in Butler county, Pennsylvania, and later removed to a farm in Allegeny township, which, at that time, was wilderness. But Mr. Christy was one of those sturdy Scotchmen who recognized no insurmountable difficulties, and he set to work with an energy characteristic of his race to clear his farm, and establish a comfortable home for himself and family. He served in the second war of Independence in 1812-14, and died in Allegheny township. [...] Francis Christy, [his son; Anm. A.O.], was born in Butler county, Pennsylvania, but his parents removed to Cambria county when he was but a boy. In 1818 he located in Gallitzin township, this county, where he was engaged as a farmer and lumber merchant. [...] Both he and his wife were devout members of the Roman Catholic church."

Gallitzin schuf innerhalb weniger Jahre die Voraussetzungen für die Entwicklung eines katholischen Gemeinwesens, das sich in den traditionellen Bahnen und Wertemustern einer ländlich-dörflichen Lebenswelt bewegte, wie sie auch in anderen ländlich geprägten Gesellschaften Europas existierte. Die abgeschiedene Lage an der Frontier erlaubte und erforderte zugleich, die in Amerika gewonnenen Freiheiten und die weitgehende Unabhängigkeit vor allzu starken obrigkeitlichen Einflüssen und Steuerungsversuchen zu schützen sowie für das Gemeinwohl und den gesellschaftlichen Fortschritt zu sorgen. Loretto stellte im westlichen Pennsylvania um 1800 die erste katholische Gemeinde dar, die sich auf diese Weise etablierte.[40] Im 19. Jahrhundert orientierten sich weitere deutsche Priester an Gallitzins Vorbild, indem sie sich in jenen ländlichen Regionen niederließen, in denen bereits Katholiken verstreut siedelten und zu Gemeinden zusammengeschlossen werden konnten. Hinsichtlich ihrer weitreichenden Selbstverwaltung als auch wirtschaftlichen Autonomie bildeten die Gemeinden letztlich recht eigenständige katholische Kolonien.[41]

Anders als in der vornehmlich von irischen Katholiken geprägten ländlichen Gemeinde von Loretto, wirkte sich in den dichteren Siedlungsgebieten weiter östlich der Allegheny Mountains der städtische Einfluss auf die Gemeindebildung aus. Das viel dichtere Nebeneinander von Katholiken mit unterschiedlichen ethnischen und sprachlichen Wurzeln, Herkunftsgeschichten und Emigrationserfahrungen, mit verschiedenartigen Vorstellungen, Erwartungen und Überzeugungen an die zu praktizierenden Glaubens- und Frömmigkeitsformen, setzte ungeahntes Konfliktpotential frei und führte bisweilen zur Spaltung in eine deutsch- und englischsprachige Gemeinde. Auch ein neuer Pfarrer konnte zum Problem werden, wenn dieser die gebräuchliche Umgangssprache nicht ausreichend beherrschte oder wenn Brauchtum und Frömmigkeitsformen, wie er sie in der Gemeinde pflegen wollte, den Bedürfnissen der Gläubigen nicht gerecht wurden, wenn der missionarische Eifer des Priesters so stark ausgeprägt war, dass seine Bemühungen um den rechten Glauben religiöse Intoleranz und Engstirnigkeit an den Tag legten, die dem Gemeinsinn, der Einheit und der innere Vielfalt seiner Gemeindemitglieder widerstrebten. Traf dieses zu, so wendeten sich die Trustees an ihren Bischof und forderten die Versetzung ihres Pfarrers, sofern sie sich das Recht der Abberufung und

---

40   Vgl. Conzen, Making Their Own America, S. 14.
41   Vgl. Rothan, German Catholic Immigration; auch Conzen, Immigrant Religion, S. 47:
      „During the 1830s, German priests like Peter Henry Lemcke in western Pennsylvania and
      Joseph Ferneding in Indiana sought to follow Gallitzen's example by drawing scattered
      Catholics into clustered colonies."

Neubesetzung nicht eigenmächtig einräumten. Auch Gallitzin wusste von solchen Vorgängen und Verlaufsformen, wie sie in Philadelphia oder Lancaster geschehen waren, doch die ländliche Gemeinschaft, die Ökonomie des Dorfes und die gemeinsam an der amerikanischen Frontier als hohes Gut verteidigte Freiheit und Unabhängigkeit wirkten dem unkontrollierten Auseinander-driften entlang sprachlich-ethnischer oder konfessionskultureller Konflikt-linien entgegen. Aus der Gemeinde von Loretto sind keine nennenswerten Konflikte überliefert, die auf dieser Ebene ausgetragen wurden. Nur einmal traf Gallitzin eine Vereinbarung mit seiner Gemeinde und dem benachbarten Pfarrer Heinrich Lemcke, mit der er seinen deutschsprachigen Gemeindemit-gliedern entgegenkam:

> Demetrius Augustinus Gallitzin, Pfarrer von der St. Michael-Kirche, verpflichtet sich, es dem deutschen Priester aus Ebenburg zu gestatten, jeden Monat an einem Sonntag nach Loretto zu kommen, um die hl. Messe in der St. Michael-Kirche zu lesen, Beichte zu hören und auf Deutsch zu predigen und verpflichtet sich zu-dem, an den besagten Priester jährlich 100 Dollar für seinen Dienst zu zahlen. Außerdem verpflichtet sich D. A. Gallitzin selbst, zumindest an einem Sonntag des Monats auf Deutsch, je nach Möglichkeit auch öfter, zu predigen.[42]

4.2 „Könntest du nicht etwas tun, für meine Mission?" – Die Unterstützung der Mission durch den Kreis von Münster

Als Gallitzin seine Tätigkeit als Pfarrer von Loretto aufnahm, tauschte er sich regelmäßig sowohl mit seiner Mutter als auch mit Fürstenberg und Overberg aus. Während nicht alle Briefe überliefert sind, so finden sich dennoch Hin-weise auf beständige Kontakte zwischen Münster und Pennsylvania in den Unterlagen und Notizen des Gallitzin-Kreises. Fürstenberg merkte etwa gegen-über der Fürstin an, wie ihn der Brief ihres Sohnes „sehr gefreuet"[43] habe und verwies auch an anderer Stelle auf „eine Annonce über Correspondenz nach America"[44]. Schon früher, wahrscheinlich 1793, hatte Fürstenberg auf einem Notizzettel zwischen allerlei zu erledigendem Schriftverkehr mit den Land-ständen und für das Generalvikariat die bemerkenswerte Frage notiert: „Wem habe ich die pensylvanischen Armenanstalten gegeben?"[45] Auch Overberg

---

42 Vereinbarung zwischen Gallitzin und Peter H. Lemcke (1835), in: Wirtner, Centenary of Saint Joseph's Church, T. 2, S. 240.

43 Fürstenberg an A. v. Gallitzin, 26.4.1799, in: ULB, Nachlass Gallitzin, Kps. 12, Nr. 71.

44 Fürstenberg an A. v. Gallitzin, 9.9.1800, ebd., Nr. 120.

45 Vgl. „Nota", in: BAM, Nachlass Fürstenberg, 195/1, Nr. 2. Hierüber konnten keine weiteren Einzelheiten ermittelt werden. Während zu diesem Zeitpunkt eher unwahrscheinlich ist,

erwähnte in seinem Tagebuch im Dezember 1793 anlässlich des 23. Geburtstag
des jungen Seminaristen, dass er an jenem Tag „erfreuliche Briefe aus America"[46]
erhalten habe. Neben den Aufzeichnungen von Amalia von Gallitzin – als wohl
wichtigste Korrespondentin in diesem transatlantischen Briefwechsel – sind
noch einige Briefe von Overberg, Stolberg und Franz Otto Droste zu Vischering
auf münsterscher Seite erhalten. Mit dem Tod von Amalia von Gallitzin am
27. April 1806 tritt deren Tochter Marianne stärker in den Vordergrund. Sie
alle zeigten ein lebhaftes Interesse an dem Schicksal des jungen Priesters und
Missionars und nahmen sich auch gelegentlich seiner finanziellen Not an. Denn
abgesehen von den Schwierigkeiten in der Einrichtung einer Elementarschule
bestimmten zunehmend die finanziellen Probleme die Briefe des Pfarrers
von Loretto, da die Kredite, die er seinen Gemeindemitgliedern anfangs noch
großzügig gewährte, später nur selten zurückgezahlt werden konnten. Wie aus
einem Brief von Marianne von Gallitzin an ihren Bruder deutlich wird, erhielt
er schon vor Oktober 1800 „von Stolberg 200 Thaler"[47], wobei ihm eine solche
Geldsendung hinsichtlich seiner beträchtlichen Schuldenlast nur wenig Ab-
hilfe schuf.

Die Verbindung mit Stolberg war zudem eher von einseitigem Interesse, zumal Gallitzin dem oldenburgisch-holsteinischen Grafen, Juristen und Literaten
nur einmal in Münster begegnet war. Stolberg hatte hingegen, soweit es möglich war, den Werdegang des katholischen Missionars und Priesters von Anfang an verfolgt[48] und beabsichtigte, auch bestärkt durch seine Konvertierung
zum Katholizismus, einen engeren Kontakt aufzubauen. Doch allein der tief
ergriffene und gefühlselige Schreibstil hatte bei Gallitzin, der sich stets klar
und nüchtern auszudrücken pflegte, wenig Interesse an einer eingehenden
Unterhaltung geweckt. Stolberg hatte ihm Folgendes mitgeteilt:

> Schon manchmal, liebster Mitri, habe ich an Sie schreiben wollen; schon zur
> Zeit, als ich noch in Eutin war. Da mir so viel Liebes, Unvergeßliches durch Ihre
> Mutter zu Theil ward, nachdem mich Gott mit einer Liebe, für die ich ihn ewig

---

dass Fürstenberg eine entsprechende Einrichtung in Pennsylvania unterstützte, liegt es
nahe, dass er sich im Rahmen der öffentlichen Preisfrage zur Einrichtung eines Armen-
instituts in der Stadt Münster über entsprechende Anstalten, etwa über Zeitschriften und
Korrespondenzen informierte: „Materialien zu einem zu errichtenden Armeninstitut.
Aus den eingegangenen Preisschriften gesammelt und dem Landesherrn und Bewohnern
Münsterlandes gewidmet" (Münster 1793). Zur Sozialpolitik und Armenfürsorge vgl. auch
Jakobi, Stiftungen; Küster, Alte Armut.

46   Vgl. DBM, Tagebücher Bernard Overberg, 1793, Nr. 2, 15.
47   M. v. Gallitzin an D. v. Gallitzin, Oktober 1800, in: Lemcke, Gallitzin, S. 187 f., hier 187.
48   Vgl. Fr. L. z. Stolberg an A. H. Droste z. Vischering, 20.8.1792, in: Menge, Stolberg, Bd. 2,
     S. 294 f.; Fr. L. z. Stolberg an A. v. Gallitzin, 31.8.1792, in: Schlüter, Briefwechsel, I, S. 104-106.

zu preisen, sowie dieser Liebe mich ewig zu erfreuen hoffe, mit ihr verbunden
hat, so wollte ich mit Ihnen von ihr reden und konnte den Gedanken nicht ertragen, daß ich dem geliebten Sohne dieser Mutter fremd werden sollte. [...] In-
dessen wußte ich, selbst ehe Ihre liebe Mutter mir voriges Frühjahr über meine
Frau und mich, als Sie unsern Uebergang zur Kirche erfuhren, geschrieben
hatten; ich wußte, was Sie nun für uns empfanden, und freuete mich auch Ihrer
Freude über das Heil, das Gott uns hat widerfahren lassen. [...] Und wenn ich
sie [die Mutter; Anm. A.O.] von Ihnen reden höre, wenn, indem sie von Ihnen
spricht, Sehnsucht, Liebe, Freude und Preis Gottes sich zugleich in den mütter-
lichsten Thränen ergießen, o liebster Mitri, da fühle ich mich mit Ihnen so nahe
verwandt, so innig verbunden. [...] Ich reiche Ihnen die Hand hinüber über Land
und Meer, liebster Mitri, und fühle mich Ihnen nahe in Liebe, welche sich durch
Zeit und Räume nicht hemmen noch stören läßt.[49]

Einen beständigen Austausch pflegte Gallitzin mit seiner Mutter und mit
Overberg, wobei ihm immer auch klar war, dass den weiteren anwesenden
Gästen im Umfeld seiner Mutter die Briefe nicht vorenthalten wurden – vor
allem nicht ihrem Seelenfreund Fürstenberg. Immerhin wusste er aus eigener
Erfahrung, wie seine Mutter die Lektüre von Büchern und Briefen in ihrem
Kreis zelebrierte, vor allem dann, wenn den Schriftstücken eine besondere Be-
deutung zugemessen wurde und man sich über deren Sinn und Bedeutung
im gemeinsamen Gespräch Klarheit verschaffen wollte.[50] Overberg brachte
seine Wertschätzung für den Dienst eines Missionars, ganz im Gegensatz zu
Stolberg, nicht nur mit größerer Besonnenheit zum Ausdruck, auch flossen
bei ihm aus dem Kreis der Familie und Freunde weitere Nachrichten in seine
Briefe mit ein.

1803 berichtete Overberg, dass sie die „Lettres édifiantes et curieuses, écrites
des mission étrangères" zum Gegenstand ihrer abendlichen Treffen auserkoren
hatten: „Es ist die Sammlung dieser Briefe, welche eine ansehnliche Menge
Bände ausmacht, ein vortreffliches Werk, welches auch Sie gewiß mit vielem
Vergnügen lesen würden, wenn Zeit und Umstände es Ihnen erlaubten."[51]
Diese Sammlung war die bekannteste Ausgabe von Briefen jesuitischer Patres
aus den weltweiten Missionen des Ordens. Die Schriftstücke waren für das
europäische Lesepublikum ausgewählt und arrangiert worden und erstmals
zwischen 1702 und 1776 in 34 Bänden herausgegeben worden. Auch Gallitzin
besaß in seiner reichhaltigen Bibliothek einige Bände einer späteren Pariser

---

49   Fr. L. v. Stolberg an D. v. Gallitzin, 27.3.1802, in: Lemcke, Gallitzin, S. 192-194.
50   Vgl. Bödeker, Lesen als kulturelle Praxis, S. 363. Einen Sonderfall bildet Gallitzins Brief
      an seinen ehemaligen Beichtvater Schnösenberg, der dem Beichtgeheimnis unterlag, vgl.
      Lemcke, Gallitzin, S. 95-97.
51   Vgl. B. Overberg an D. v. Gallitzin, 1803, in: Lemcke, Gallitzin, S. 196-202, hier 197.

Ausgabe.[52] Doch die Aufgaben eines Missionars und mögliche Herausforderungen in der Mission erschlossen sich die Mitglieder des Kreises nicht nur durch die Rezeption jesuitischer Lesestoffe, zumal diese nichts von den gegenwärtigen Missionen in Pennsylvania und Maryland beinhalteten. Vielmehr setzten sich Amalia von Gallitzin und ihr Kreis mit den akuten Problemfeldern auseinander, über die sie ihr Sohn in Kenntnis gesetzt hatte. Dies betraf einerseits seine finanzielle Notlage, andererseits die Schwierigkeiten bei der Gründung einer Elementarschule in Loretto. Diese Probleme hatten wenig mit dem zu tun, was sie selbst, Fürstenberg und Sprickmann von der Neuen Welt erwartet hatten. Die knappen Berichte, die der junge Pfarrer an seine Mutter sandte, stellten sie alle nunmehr vor vollendete Tatsachen und konfrontierten sie mit den ernüchternden Herausforderungen, die das katholische Bildungs- und Missionswesen in Pennsylvania mit sich brachte. Es ist nicht erstaunlich, dass die stets besorgte und fürsorgliche Mutter den Problemen ihres Sohnes ohne zu zögern nachkam.

Bevor dies geschah, sorgten unerwartete und folgenschwere Begebenheiten dafür, dass die zügige Unterstützung aufgeschoben werden musste. In eben jene Zeit fiel der plötzliche Tod des Vaters Dimitri Alexejewitsch Gallitzin, der am 17. März 1803 in Braunschweig starb und dort fünf Tage später in der katholischen St. Nikolaikirche beigesetzt wurde. Der russische Fürst, der sich nach seiner Entlassung aus dem diplomatischen Dienst vor allem als Mitglied mehrerer europäischer Akademien seinen wissenschaftlichen Studien und Korrespondenzen gewidmet hatte, hinterließ ein bemerkenswertes Vermögen, das nicht nur eine reichhaltige Bibliothek und einige mechanische und elektrische Apparaturen umfasste, sondern auch Güter und Ländereien in Russland.[53] Das Hab und Gut in Braunschweig wurde zunächst konfisziert,

---

52 Vgl. CHRC, Gallitzin Collection, Nr. 104a–z. Deutsche Übersetzungen dieser Jesuitenbriefe, vor allem von deutschstämmigen Missionaren aus Oberdeutschland, fanden anfangs auch Eingang in Stöckleins DNWBott.

53 Vgl. AS Dyck, Kps. 9b. Dieser Quellenbestand, wie auch die Kapseln 9a (Amalia Fürstin Gallitzin), 40 und 69 (beide: Marianne von Salm-Reifferscheidt-Krautheim, geb. Fürstin Gallitzin), war bislang weitgehend unbekannt. Der Bestand 9b umfasst mehrere Akten, hauptsächlich mit Unterlagen geschäftlicher Provenienz, Rechnungsbücher und Spendenquittungen aus den letzten Lebensjahren des Fürsten (1798-1803) sowie Zeitungsartikel aus der Nachlassverwaltung und ausführliche Inventarlisten (Möbel, Silber, Gold, Porzellan, Kleidung, wissenschaftliche Hausbibliothek). Diese Unterlagen gingen nach dem Tod des Fürsten zunächst an Amalia von Gallitzin, dann weiter an deren Tochter Marianne, die 1818 den Fürsten Franz Wilhelm zu Salm-Reifferscheidt ehelichte. Einige wenige Briefe, deren Bedeutungszusammenhänge nicht ermittelt werden konnten, befinden sich ebenfalls in diesem Bestand. Der überwiegende Teil liegt allerdings verstreut in den Archiven seiner Korrespondenzpartner, der europäischen Akademien

später größtenteils öffentlich versteigert und der Erlös dem Nachlass
zugeführt.[54] Als Verwalter waren die Brüder des Verstorbenen sowie ein Neffe
bestimmt worden, von denen das Vermögen, wie es Katerkamp berichtete, zunächst „in Beschlag genommen wurde"[55]. Amalia von Gallitzin nahm sich Zeit,
ehe sie ihren Sohn von dem Tod seines Vaters in Kenntnis setzte und wartete
zunächst die weiteren Schritte ab, die wegen der zu erwartenden Erbschaft ge-
tan werden mussten. Ihrem Gatten, von dem sie bereits seit 1774 getrennt lebte,
war sie gerne aus dem Weg gegangen, der es sich jedoch auch nicht nehmen
ließ, seine Familie in jedem Sommer für einige Tage in Münster zu besuchen.
Erst im Mai 1803 schickte Amalia von Gallitzin die Nachricht an ihren Sohn und
schilderte ihm zugleich das weitere Vorgehen, das nötig war, um die Erbschaft
anzutreten. Es erfordere von ihm eine Vollmacht, besser noch seine unmittel-
bare Anwesenheit vor Ort, weshalb er ohne Umwege nach Europa eilen sollte,
um die Erbschaftsangelegenheiten direkt mit seinem Onkel – dem einflussreichen Fürsten sowie Kammerherrn und Oberjägermeister des Zaren – Peter
von Gallitzin (1731-1810) zu klären. Allerdings ahnte die Mutter bereits, dass
ihr Sohn als katholischer Priester von seinem Erbteil ausgeschlossen werden
würde, wie es sein Vater bereits einige Jahre zuvor angekündigt hatte. Sie
wolle dennoch alles Erdenkliche tun, um seine Chancen zu erhöhen.[56] Auch
Overberg legte ihm nahe, sich dieser Möglichkeit nicht zu entziehen, zumal
er das Erbe für seine Gemeinde einsetzen könne, um Schulden zu tilgen und
neue Investitionen zu tätigen.[57]

Amalia von Gallitzin wandte sich nach dem Tod ihres Gatten an die zu-
ständige Braunschweiger Kommission, die das Erbe gesichert hatte und ver-
waltete. Hierbei erhielt sie juristischen Beistand durch den Domherrn Franz
Otto Droste zu Vischering und fand weitere Unterstützung durch den Fürstbischof Franz Egon von Fürstenberg. Monate vergingen ohne nennenswerte
Fortschritte, bis Amalia von Gallitzin endlich eine Antwort von ihrem Sohn
erhielt. Dies nahm ihr jede Hoffnung, seine baldige Rückkehr nach Europa erwarten zu können. Er teilte ihr nämlich in einem Brief mit, den er abgeschickt

---

sowie in den historischen Archiven Russlands: RGADA, F. 1263: Golitsyn, op. 1.1, Nr. 1111-
1125; op. 1.2, Nr. 4137-4281; RGIA, F. 789: Académie des Beaux-Artes, op. 1, Dok. 246, 1-9;
AVPRI, F. 50, op. 6, Nr. 173, 182, 183, 192, 208, 218; vgl. hierzu Dulac/Karp, Les Archives de
l'Est, Bd. 1, 55, 82. Im Rahmen der vorliegenden Arbeit konnte diese und weitere Akten
aus russischen Archiven gesichtet werden. Sie enthielten allerdings keine weiteren Unterlagen zum Leben und Wirken von Demetrius A. v. Gallitzin in Pennsylvania noch dessen
Briefwechsel mit seinem Vater oder der beiden Eheleute Gallitzin untereinander.

54   Vgl. StABr, H VIII A: 1235.
55   Katerkamp, Denkwürdigkeiten, S. 260.
56   Vgl. A. v. Gallitzin an D. v. Gallitzin, 26.3./16.5.1803, in: Lemcke, Gallitzin, S. 207-209.
57   Vgl. B. Overberg an D. v. Gallitzin, 1803, in: ebd., S. 196-202, hier 196 f.

hatte, noch bevor ihn die Nachricht vom Tod seines Vaters erreichen konnte, dass in Anbetracht seiner Pflichten, die er als Pfarrer wahrnehmen müsse und überhaupt aufgrund des nach wie vor zu beklagenden Priestermangels eine Reise nach Münster nicht mehr in Frage komme.[58] Betrübt von diesem festen Entschluss, glaubte Amalia von Gallitzin nicht mehr daran, die schwierigen juristischen Verhandlungen über den russischen Erbteil zu einem guten Ende führen zu können. Zudem hatte sie erfahren, dass nicht nur ihrem Sohn das Erbe vorenthalten werden könnte, sondern auch dass ihr selbst nur ein Viertel des Vermögens und ein Siebtel der russischen Ländereien zuständen sowie ihre Tochter wiederum nur die Hälfte ihres Anteils erhalten würde.[59]

Weitere Monate vergingen, in denen sich auch der Gesundheitszustand der Mutter merklich verschlechterte. Am 12. März 1805 wurde dann völlig unerwartet in der überregionalen französischen Zeitschrift „D'Abeille du Nord", die im dänischen Altona herausgegeben wurde, ein Schreiben veröffentlicht, das im Dezember 1804 in Moskau aufgesetzt worden war. Es war der vermeintliche Versuch der Nachlassverwalter, die Erben in Münster, allerdings viel zu spät, über die gesetzte Frist in Kenntnis zu setzen, in der das Erbe nach russischem Recht angetreten werden müsse. Auch stimmte es nicht, dass sich Amalia von Gallitzin mit den Brüdern ihres verstorbenen Gatten nicht in Verbindung gesetzt habe. Dies notierte und begründete die Fürstin ausführlich auf einer Abschrift der Zeitungsannonce.[60] Allerdings gab die Anzeige preis, dass ihr Sohn seinen Erbteil durch eine offizielle Erklärung ausschlagen könnte, wodurch das Nachlassverfahren wieder in Gang gesetzt werden könne. Ein entsprechendes Schreiben setzte Demetrius von Gallitzin am 24. September 1805 auf und übersandte eine Kopie an seine Mutter.[61] Nach deren unerwarteten Tod am 6. Mai 1806 übernahm seine Schwester Marianne die Verhandlungen über das russische Vermögen ihrer Eltern.[62] Am 1. Februar 1808 erhielt er schließlich die gemeinsame Nachricht der Nachlassverwalter seiner Mutter – von Fürstenberg, den Grafen Stolberg und Merveldt –, dass seine Schwester vom russischen Senat endlich als Alleinerbin des gesamten

58   D. v. Gallitzin an A. v. Gallitzin, 26.6.1803, in: Katerkamp, Denkwürdigkeiten, S. 234 f.

59   Vgl. A. v. Gallitzin an John Carroll, 28./31.7.1804, in: AAB, Carroll Papers, 8A-Q5.

60   Vgl. Avertissment, in: L'Abeille du Nord, 12.3.1805, Bd. 9, Nr. 21, S. 419 f.; AS Dyck, Kps. 9a.

61   Vgl. D. v. Gallitzin an A. v. Gallitzin, 24.9./5.10.1805, in: AS Dyck, Kps. 40. Auf die juristische Auseinandersetzung von Gallitzins Schwester Marianne mit ihrem Onkel Peter von Gallitzin in Moskau und dem Konferenzsekretär der Gesetzeskommission in St. Petersburg, Gustav Adolph von Rosenkampff (1764-1762), kann an dieser Stelle nicht eingegangen werden. Die Verhandlung kann allerdings durch die im Rahmen dieser Arbeit wiedergefundenen Quellen detailliert aufgearbeitet werden. Die entsprechenden Schriftzeugnisse befinden sich in den Beständen des AS Dyck, Kps. 9b und 69.

62   Vgl. Peter v. Gallitzin an Marianne v. Gallitzin, 14.5.1806, in: AS Dyck, Kps. 69.

Vermögens anerkannt und eingesetzt wurde. Nachdem Gallitzin auch das Erbe
seiner Mutter offiziell ausgeschlagen hatte[63], um weitere Komplikationen abzuwenden, konnte seine Schwester nunmehr frei über das Vermögen verfügen,
allerdings weder Anteile vererben noch verschenken. Ihrem Bruder versprach
sie einen jährlichen Anteil von 5.000 Rubel. Auch dem Bischof John Carroll
berichtete Marianne von Gallitzin noch aus St. Petersburg von dem Ergebnis
des Verfahrens.[64]

Diese langwierige juristische Auseinandersetzung war noch nicht abzu-
sehen, als Amalia von Gallitzin Ende Juli 1804 einen umfangreichen Brief an
John Carroll sandte. Sie teilte ihm mit, in welcher Lage sich ihr Sohn nunmehr
befände und dass dieser sich nun sicher sei, den geistlichen Stand unter keinen
Umständen aufgeben zu wollen. Die besorgte Mutter bat den Bischof um
Unterstützung und um seine größtmögliche Aufmerksamkeit für ihren Sohn
sowie für die prekären Verhältnisse in dessen Gemeinde:

> Er hat sich in der Einöde niedergelassen, wo er auf sich nahm, eine Kolonie zu
> bilden, die anfangs nur aus Armen bestand und die in den letzten Jahren ziem-
> lich beachtlich geworden ist, dass sie die Aufmerksamkeit der Staaten verdient,
> er hat seine Schulden nicht ausgeglichen, um Schulen und andere notwendige
> Einrichtungen für das Wohlergehen der neuen Bewohner zu gründen und sich
> verpflichtet, diese Einrichtungen zu unterhalten, bis die Kolonie allein dazu in
> der Lage wäre.[65]

---

63 Vgl. Cessions-Akt, in: ebd., Kps. 40. Hierzu auch D. v. Gallitzin an J. Carroll, September 1807,
    in: AAB, Carroll Papers, 8A-P3, 8A-P5.
64 Vgl. Fürstenberg/Stolberg/Merveldt an D. v. Gallitzin, Februar 1808, in: Lemcke, Gallitzin,
    S. 246 f. Dazu auch das Schreiben des russischen Botschafters in Philadelphia, Andrei
    Jakowlewitsch Daschkow, an den Außenminister Nikolai Petrowitsch Rumjanzew,
    20.12.1809, in: GARF, F. 907, op. 1, Nr. 57: Briefe von Daschkow an Rumjanzew, fol. 12v-13.
    Daschkow, der 1809 als erster russischen Konsul nach Amerika entsandt wurde, über-
    brachte auch die ersten 2.000 Rubel aus dem Erbe seines Vaters an Gallitzin, vgl. M. v.
    Gallitzin an J. Carroll, 8.8.1808, in: AAB, Carroll Papers, 3V10; J. Carroll an J. Peemans,
    5.9.1809, in: KUL, Conglomeraatsarchief met betrekking tot Pieter Jan De Smet S.J. en de
    Noord-Amerikaanse Jezuietenmissies, hier Nr. 16218: Stukken betreffende bisshop John
    Carroll S.J., auch in: JCP III, Nr. 96-101; D. v. Gallitzin an J. Carroll, 30.10.1809, in: AAB,
    Carroll Papers, 8A-Q1.
65 A. v. Gallitzin an J. Carroll, 28./31.7.1804, in: AAB, Carroll Papers, 8A-Q5: „Il [...] s'étant
    etabli dans les lieux deserts, où il a entrepris de former la colonie, qui composée d'abord
    de pauvres, est devenu, depuis quelques années assez considérable pour mériter [...] l'at-
    tention des états, il n'oit pas balancé de contracter des dettes, pour fonder des écoles
    et d'autres établissements nécessaires au bien-être d'un peuple nouveau et à s'engager de
    soutenir ces établissements, jusqu'à ce que la colonie fût en état de la faire, de ses propres
    moyens." Hierzu auch der Brief A. v. Gallitzin an J. Carroll, 24.7.1804, in: Lemcke, Gallitzin,
    S. 216-219.

Zur Förderung seiner Mission stellte Amalia von Gallitzin ein umfangreiches Paket mit Büchern zusammen, die für ihren Sohn und dessen ehemaligen Reisebegleiter Brosius bestimmt waren. In dem Brief erläuterte sie Carroll ausführlich den Sinn und die Bestimmung der Sendung. Das Paket enthielt eine Übersicht aller Werke Overbergs, die bislang erschienen waren, zwei Exemplare des dritten Teils seiner „Anweisung zum zweckmäßigen Schulunterricht für die Schullehrer im Hochstifte Münster" (1793) und den „Katechismus der christkatholischen Lehre" (1804). Amalia von Gallitzin erwähnte zudem, dass ihr Sohn und Brosius die ersten beiden Teile von Overbergs „Anweisung" schon mit einer früheren Sendung erhalten hatten und diese daher der Lieferung nicht beigelegt wurden. Schon 1803 hatte Overberg, im Zusammenhang mit den Schwierigkeiten um die Lehrerin Rachel White, in einem Brief an Gallitzin darauf hingewiesen, würdige Lehrer auszuwählen, die das Lehramt nicht geringschätzen, und merkte beiläufig einen Paragraphen aus seiner Anweisung an.[66] Vieles spricht daher dafür, dass Gallitzin auch nach seiner Abreise nach Amerika regelmäßig Büchersendungen aus Münster erhielt, die seine Mutter für ihn ausgewählt hatte und die ihm als Missionar, Seelsorger und Schulgründer zur Belehrung und Erbauung dienen sollten.[67] Hierfür steht allein Overbergs „Geschichte des alten und neuen Testaments zur Belehrung und Erbauung besonders für Lehrer, größere Schüler und Hauslehrer" (1799), ein Werk, das Gallitzin ebenfalls über den Postweg erhalten hatte.[68] Dem Bischof erläuterte die Fürstin den Hintergrund der Schriften Overbergs und unterbreitete ihm ein großzügiges Angebot:

> Ich nehme mir die Freiheit, mein Herr, an Sie [...] ein Paket mit folgendem Inhalt zu senden: Einen kompletten Überblick auf Deutsch, zusammengestellt aus allen Schriften von Herrn Overberg, Lehrer der hiesigen Normalschulen, Direktor aller Schulen des Landes und Schöpfer, sozusagen, einer Methode, der man heute nicht nur in ganz Deutschland folgt, sondern die schon teilweise von eifrigen geistlichen Emigrierten ins Französische übersetzt wurde [...]: mein Sohn, der sie hier in Gebrauch sah und dem Herr Overberg die Güte hatte, ihm eine vernünftige Beschreibung ihrer Anwendung zu übermitteln, kann Ihnen, mein Herr, einen genauen Bericht über die Vorzüglichkeit dieser Methode geben und wenn Sie anschließend darüber nachdenken, sie in Ihre deutschen Schulen

---

66   Vgl. B. Overberg an D. v. Gallitzin, 1803, in: Lemcke, Gallitzin, S. 196-202, hier 200; vgl. Steinhaus, Overbergs „Anweisung", S. 104.

67   Das Nachlassverzeichnis nennt 574 Bücher, zahlreiche lose Schriftstücke, Musiknoten, Schreibpapier, vgl. AASUS, SS Indiv., Demetrius Gallitzin, Estate inventory.

68   Vgl. Heuveldop, Leben und Wirken, S. 259 f.

einzuführen [...], brauchen Sie mir nur Ihre Bestellungen mitteilen und ich werde Ihnen auf meine Kosten eine große Zahl an Exemplaren besorgen.[69]

Außerdem legte sie dem Paket ein Altartuch, ein Priestergewand und ein Rochett bei, die ihre Tochter für ihren Bruder bestickt hatte sowie eine goldene Uhr, die sie für einen Missionar zwar etwas zu vornehm hielt („un peu trop élégante"), aber aus dem Nachlass des Vaters stammte. Außerdem erwarb sie in Münster zwei Dutzend schmale Hefte über die Mädchenerziehung[70] und mehrere Hundert Andachtsbilder, die in Baltimore verteilt werden sollten. Auch für die Ausgabe der „Zwo Schriften des heiligen Augustinus Von der wahren Religion und Von den Sitten der katholischen Kirche" (1803), die von Stolberg übersetzt und herausgegeben worden war, sollte Carroll einen entsprechenden Leser finden, obwohl sie es eigentlich nicht sonderlich schätzte.[71] Für ihren Sohn und für Brosius fügte sie jeweils ein Exemplar einer deutschen Ausgabe von „De imitatione Christi" von Thomas von Kempen, die Schrift „L'Écolier Vertueux" (1772) des Abbé Liévin-Bonaventure Proyart und „Kenntniß und Liebe des Schöpfers aus der Betrachtung der Geschöpfe" (1785) von Sebastian Mutschelle der Sendung hinzu sowie, ausdrücklich für den

---

69   Amalia v. Gallitzin an John Carroll, 28./31.7.1804, in: AAB, Carroll Papers, 8A-Q5: „Je prends la liberté, Monseigneur!, de vous addresser [...] un paquet contenant: Un ouvrage complet en allmand, composé de tout ce qu'a écrit Monsieur Overberg, professeur des écoles normales d'ici, directeur de toutes les écoles du payes et créateur, pour ainsi dire, d'une méthode suivie aujourd'hui, non seulement dans toute l'Allemagne, mais traduit déjà, partiellement en François, par de zélés ecclesiatiques émigrés [...]: mom fils, qui l'a vu employer lui-même ici, et auquel Monsieur Overberg a la bonté d'en envoyer une ex-plication rainsonnée de son usage, pourra vous rendre, Monseigneur!, un compte détaillé de l'excellence de cette méthode et si, d'après celà, vous jugez à propos e l'introduire dans vos écoles allemands [...] vous n'avez qu'à me donner vos ordres et je vous en fournirois à mes frais un aussi grand nombre d'exemplaires [...]."

70   Hier ist wohlmöglich eine Ausgabe von Fénelons „Traité de l'Éducation des Filles" ge-meint. Gallitzin besaß eine englische Ausgabe, vgl. CHRC, Gallitzin Collection, Nr. 1. Eine Auflistung der noch erhaltenen Bücher aus Gallitzins Hausbibliothek findet sich bei Griffin, List of Historical Treasures, S. 103-106.

71   Amalia von Gallitzin fand Stolbergs poetischen Schreibstil („le stile poétique") eigentlich nicht angebracht für eine solche Erbauungsschrift, doch sollte zumindest ein Exemplar des Buches in Baltimore vorhanden sein: „Je n'en envoie pas davantage, puisqu'habitué au stile poétique il a pris un vol du stile allemand presqu'un peu trop haut pour être aussi facilement compris de chaque lecteur qu'il seroit à désirer pour l'édification. [...] Mais il me semble bonpourtant qu'il existe une fois dans une ville comme Baltimore [...]." Das Exemplar befindet sich heute in den Resten der Gallitzin-Bibliothek: CHRC, Gallitzin Book Collection, Nr. 87.

Abb. 12   Priestergewand und Stola von Demetrius von Gallitzin, vermutlich gefertigt von
            Marianne von Gallitzin aus dem Hochzeitskleid ihrer Mutter

Privatbesitzt des Bischofs, ein Exemplar der „Lettres sur l'Ordre de la Trappe
écrites en 1802" (1803)[72] des venezianischen Adligen Léopold de Curti.

---

72   Die italienische Ausgabe dieses Werkes befindet sich in der Gallitzin-Bibliothek, vgl.
      CHRC, Gallitzin Book Collection, Nr. 93.

Die Auswahl dieser Werke war von der Fürstin wohldurchdacht und spiegelte die Entwicklung und geistig-spirituelle Entfaltung des Gallitzin-Kreises wider, wie er sich nach dem jähen Ende der Kindererziehung, durch die Erfahrungen der französischen Emigration und im Zuge der Konversion der holsteinischen Grafenfamilie Stolberg zum Katholizismus darstellte. Großen Wert legte die Fürstin auf religionsgeschichtliche und -pädagogische Werke, allen voran die umfassenden Schriften ihres geistlichen Beraters Overberg, die sie selbst intensiv studiert hatte, aber auch der ihrerzeit weitverbreitete Erziehungs-roman des Franzosen Abbé Proyart fand ihre Anerkennung. Geistliche An-regungen und Erbauung schöpfte der Kreis aus literarischen Werken, etwa aus denen der Mystiker Franz von Sales und Thomas von Kempen.[73] Wenn auch ab 1790 eine „eigentümlich katholische Strahlkraft"[74] vom Kreis auszugehen schien, so bestimmte, wie es Erich Trunz treffend beschrieb, die „dauernde Frage, was christlich sei über die Grenzen der Bekenntnisse hinweg"[75] die Abendunterhaltungen des Kreises und prägte zugleich ihre Suche nach Gleichgesinnten, etwa zu Hamann, Klopstock, Claudius, Jacobi und Stolberg. In diesen Zusammenhang gehört auch die Rezeption der Schriften des Moral-theologen, Bildungsreformers und Frühkantianers Sebastian Mutschelle (1749-1800), der mit seiner aufklärerischen, aber keinesfalls widerspruchsfreien, irenischen Schriften auf sich aufmerksam machte.[76] Zwar standen derartige Unionsbestrebungen im Kreis von Münster nicht zur Debatte, doch die Aus-einandersetzungen mit solchen Positionen und Texten zeigt deutlich, dass der eigene verinnerlichte Glaube, die gelebte Frömmigkeit und das konfessionelle Bekenntnis der Fürstin Gallitzin auch nach ihrer Konversion zum Katholizis-mus im Jahr 1787 weder bedenkenlos hingenommen noch als absolut an-gesehen wurde. Als Prozess der Selbstvergewisserung im interkonfessionellen Austausch, der zugleich die Existenz und Daseinsberechtigung anderer Konfessionen anerkannte, musste er immer gesucht und gestärkt werden. Während die Briefe an Carroll sowie ihre Büchersendungen weniger darauf abzielten, den Bischof als stetigen Korrespondenten zu gewinnen, so sollte er doch gemeinsam mit Brosius und ihrem Sohn an den im Kreis gelesenen Schriften Anteil nehmen und zur Lektüre und Reflexion angeregt werden.

Das gesamte Paket gab Amalia von Gallitzin in Amsterdam auf, wo sie sich im Sommer 1804 einige Tage aufhielt, da aufgrund ihrer finanziell

---

73 Vgl. Trunz, Briefe, S. XLI.
74 Heyer, Katholische Kirche, S. 98.
75 Trunz, Briefe, S. XLI.
76 Vgl. Heyer, Katholische Kirche, S. 31 f. Hierzu auch die Einschätzung zu Mutschelle und
    Sailer von Schäfer, Grundlage der Aufklärung, S. 55. Zu seiner Einschätzung zu Kant vgl.
    auch Lehner, Stattler, S. 186.

angespannten Situation – seit dem Tod ihres Gatten waren regelmäßige
finanzielle Zuwendungen ausgeblieben – eine Badereise nach Hofgeismar
oder Bad Driburg nicht mehr bezahlt werden konnte. Auf ärztlichem Rat entschied sie sich für eine mehrtägige Reise nach Amsterdam, wo sie den Priester
Charles (Karol) Nerinckx (1761-1824) aus Flandern treffen wollte. Dieser hatte
sich im Zuge der Französischen Revolution und nach seiner Vertreibung von
der Pfarrstelle in Meerbeek bei Leuven für die katholische Mission in Amerika
entschieden. Carroll hatte die Fürstin einige Jahre zuvor gebeten, dass sie geeignete Kandidaten für die Mission suchen solle, deren Tauglichkeit sie vor
dem Hintergrund der Erziehung ihres Sohnes und seiner klaren Eignung für
die Mission beurteilen könne. Auf Vermittlung des Geschäftsmanns Johann
Peemans aus Leuven, der sich für die katholische Mission einsetzte und in
Europa ein weites Korrespondenznetz unterhielt, fiel die Wahl der Fürstin auf
den Priester Nerinckx, der zwar schon etwas älter war, aber immerhin etwas
Englisch sprechen konnte.[77] Die Suche nach geeigneten Priestern in Europa gestaltete sich in Europa schwer, da Carroll von seinen zukünftigen Missionaren
ausreichend Kenntnisse in der deutschen oder englischen Sprache voraus-
setzte. Hierfür wurde Carroll gleich von mehreren Seiten kritisiert, da selbst
Jesuiten aus Russland, die dort noch nicht verboten worden waren, als
Missionare nicht infrage kamen.[78] Mit vielen guten Wünschen der Fürstin,
ihrer Empfehlung und dem umfangreichen Paket, das sie für ihren Sohn und
Brosius zusammengestellt hatte, stach Nerinckx am 14. August in See. Balti-

---

77   Vgl. A. v. Gallitzin an J. Carroll, 28./31.7.1804, in: AAB, Carroll Papers, 8A-Q5; A. v. Gallitzin
     an J. Carroll (31.7.1804), in: AAB, Carroll Papers, 8A-N1. Zu Nerinckx vgl. De Smet, Western
     Missions, S. 424-463.

78   Vgl. A. v. Gallitzin an J. Carroll, 28./31.7.1804, in: AAB, Carroll Papers, 8A-Q5; J. Peemans
     an Propaganda Fide, 22.10.1805, in: APF, SC Amer. Centr. 3, fol. 298r-299r: „J'ajouterai,
     Monseigneur, que S. A. S. Madame la Princesse de Gallitzin que réside à Munster et dont
     un fils est Missionaire en Amerique, m'a fait écrire recemment, qu'elle sait queles Jesuites
     de Russie n'attendoient qu'une response de Baltimore pour y envoyer des Sujets. Votre Emi-
     nence n'ignore pas qu'il est nésessaire qu'ils sachent au dumoins qu'ils puissent apprendre
     l'Allemand ou l'Anglais, pour pourvoir functionner dans ces Contrées." Als Marianne von
     Gallitzin 1808 in St. Petersburg war, lebte der Kontakt zwischen dem russischen General-
     oberen Tadeusz Brzozowski und der amerikanischen Kirchenleitung über Marianne von
     Gallitzin wieder auf, vgl. T. Brzozowski an J. Carroll, 17.8.1808, in: AAB, Carroll Papers,
     2C5: „Opportunitatem scribendi præsentem obtulit mihi religiosa ac pia Prinicipissa
     Galitzin soror Principis Galitzin Sacerdotis, qui in Diocesi Baltimorensi salutem curat
     animarum illarum." Den Inhalt dieses Schreibens griff Carroll in einem Brief an Leonard
     Neale auf (Baltimore, 24.8.1809), in: JCP III, S. 93 f. Zu dieser Verbindung auch noch zehn
     Jahre später: T. Brzozowski an J. Peemans, 22.12.1818, in: KUL, Congloomeraatsarchief
     met betrekking tot Pieter Jan De Smet S.J. en de Noord-Amerikaanse Jezuietenmissies,
     Nr. 12256: Brieven aan J. Peemans.

more erreichte er drei Monate später und traf dort auf Carroll. Dieser wies ihm die Mission in Kentucky zu, wohin er sich auf direktem Weg begab, ohne den Sohn der Fürstin persönlich getroffen zu haben.[79] Das Paket wurde von Carroll nach Loretto an Gallitzin weitergeleitet.

Der umfangreiche Brief, den Amalia von Gallitzin im Juli 1804 an John Carroll verfasste und in dem sie vom Tod ihres Gatten, vom Priester Charles Nerinckx und von der Büchersendung berichtete, zeigt deutlich, wie stark sie sich für die katholische Mission in Amerika einsetzen wollte. Es war nicht allein ihre mütterliche Fürsorge, die sie dazu antrieb, auch wenn die Sorge um das Wohl ihres Sohnes und seines Begleiters Brosius allen Anlass dazu gab. Hiermit verband sich vielmehr ihr grundsätzliches Interesse an der Förderung des katholischen Missions- und Bildungswesens in Amerika. Konkret wird dies durch ihre Initiative, eine umfangreiche Büchersendung an Carroll zu übermitteln und ihm das Angebot zu unterbreiten, weitere Bücher auf eigene Kosten für die Missionare und Lehrkräfte in Amerika in ausreichender Zahl stiften zu wollen. So wie Carroll allerdings Priester aus Amerika für die Mission bevorzugte, so skeptisch war er gegenüber den Schriften Overbergs, die ihm die Fürstin für die Mission nahelegte. Da sie auf Deutsch waren, konnte er sie noch nicht einmal selbst verstehen und sich von ihrer Eignung persönlich über-zeugen. Weder in seiner Antwort an die Fürstin noch in der Korrespondenz mit ihrem Sohn, ging Carroll auf das Angebot ein oder ließ weitere Auskünfte einholen. Größeres Interesse hatte Carroll an dem aussichtsreichen Missionar und Priester Charles Nerinckx. Für Demetrius von Gallitzin stand die Tilgung seiner enormen Schuldenlast im Mittelpunkt des Interesses.

Während sich Amalia von Gallitzin in Münster seit Mitte der 1790er Jahre immer wieder dem individuellen Schicksal einzelner französischer Emigranten annahm und je nach Bedarf kleinere Spenden auftrieb, musste sie sich für ihren Sohn anderen potentiellen Wohltätern zuwenden. In ihrem Brief an Carroll schilderte sie ihm ihre Idee, sich in dieser Sache nicht nur mit der Familie Gallitzin in Russland und mit ihrem Bruder in Berlin, Friedrich Wilhelm Carl

---

79   Vgl. J. Carroll an J. Peemans, 2.6.1807, in: JCP III, S. 23-27, hier 24; vgl. Sargent, Mitri, S. 155 f. Da Nerinckx und D. v. Gallitzin keinen persönlichen Kontakt pflegten, wird für das Leben und Wirken des „Apostle of Kentucky" an dieser Stelle auf die Literatur ver-wiesen: De Smet, Western Missions; Maes, Life of Rev. Nerinckx; Howlett, Life of Rev. Nerinckx; Magaret, Giant in the Wilderness; Wand/Owens, Documents; Agonito/Wellner, Nerinckx's Pamphlet; die in der betreffenden Literatur oftmals nur unzureichend belegten Schriftstücke sind noch in großer Zahl vorhanden, vgl. KUL, Conglomeraatsarchief met betrekking tot Pieter Jan De Smet S.J. en de Noord-Amerikaanse Jezuietenmissies, hier insb. der Brief von Nerinckx an seine Eltern, 16.5.1806, Nr. 16249: Dossier Karl Nerinckx; weitere Bestände nachgewiesen: AAB, Carroll Papers, 8A-T3 bis 8A-Y4 sowie UNDA, Francis P. Clark Collection, From the Archives of the Sisters of Loretto.

von Schmettau[80], in Verbindung setzen zu wollen, sondern auch mit ihrer alten Freundin Wilhelmine von Oranien (1751-1820), der Gattin des Erbstatthalters der Niederlande, zu der sie „einen sehr sichern u[nd] guten Canal"[81] pflegte. Beide kannten sich noch aus Berlin, denn Wilhelmine war eine Tochter des Generals August Wilhelm von Preußen, eines Bruders des Königs. Auch als sich Amalia von Gallitzin von ihrem Gatten in Den Haag 1774 trennte, hielten beide den Kontakt zueinander aufrecht. Ihre Kinder waren annähernd im selben Alter und Spielgefährten gewesen. Noch im Juni 1792 war Wilhelmine auf einen Besuch nach Münster gereist, wovon sie ihrer Tochter berichtete.[82] Die Fürstin teilte dem Bischof mit, dass sich die Prinzessin von Oranien für ihren Sohn Demetrius und ihre Verhandlungen in Russland, wo sie nicht ohne Einfluss sei, sehr interessiere.[83] Dass auch eine Spende für die Mission bewirkt werden konnte, ist nicht belegt. Sicher ist hingegen, dass ihr Sohn Wilhelm (1772-1843), der frühere Freund von Demetrius aus Kindertagen, später König der Niederlande wurde und 1819 die berühmte Gemmensammlung aus dem Nachlass der Fürstin Gallitzin erwarb. Amalia von Gallitzin starb am 27. April 1806 in Münster und wurde an der Pfarrkirche St. Agatha in Angelmodde beigesetzt.[84]

Die geschliffenen Steine waren nach dem Tod von Hemsterhuis in den Besitz der Fürstin Gallitzin übergegangen und wurde 1791 zunächst der Zarin Katharina II. zum Kauf angeboten, die jedoch ablehnte. Von ihr erhielt die Fürstin allerdings 1798 eine Spende in Höhe von 699 Talern für die französischen Emigranten in Westfalen.[85] Die Gemmen wurden dann an Goethe weitergereicht, als dieser sich bei seinem Besuch in Münster 1792 für die Sammlung

---

80 Eine Korrespondenz zwischen den Geschwistern konnte nicht ermittelt werden. Sie ist nicht im Bestand des GStA PK, Familienarchiv Schmettow/Schmettau, Nr. 102 (Amalia von Gallitzin), Nr. 103 (Fr. W. C. v. Schmettau) enthalten.

81 Vgl. A. v. Gallitzin an F. H. Jacobi, 17.2.1785, in: Sudhof, Briefe, Nr. 223.

82 Vgl. Wilhelmina v. Oranien an Friederike Luise Wilhelmine v. Oranien, 17.6.1792, in: Naber, Correspondentie, T. 1, Nr. 94.

83 Vgl. A. v. Gallitzin an J. Carroll, 28./31.7.1804, in: AAB, Carroll Papers, 8A-Q5: „... Madame la Princesse d'Orange, qui s'intéresse beaucoup à mon fils et au succès de nos affaires en Russie, où elle n'est pas sans influence ...".

84 Dort befindet sich noch heute ihre Ruhestätte. Am Tag nach ihrem Tod verfassten M. v. Gallitzin und Fr. L. zu Stolberg Briefe an D. v. Gallitzin, 28.4.1806, in: Lemcke, Gallitzin, S. 239-241. Sie wurden an Carroll geschickt, den Stolberg darum bat, Demetrius entsprechend auf die Nachricht vorzubereiten, vgl. Fr. L. zu Stolberg an J. Carroll, 28.4.1806, in: AAB, Carroll Papers, 7U11; dazu vgl. Brownson, Gallitzin, S. 213 f., vgl. ebenso die Antwort von D. v. Gallitzin an J. Carroll, 11.11.1806, in: AAB, Carroll Papers, 8A-O2.

85 Vgl. Zarin Katharina an A. v. Gallitzin, 29.3.1791, in: Kitzing, Mittheilungen, S. 173; Schlüter, Briefwechsel, II, S. 492-497. Bis 1795 sammelte die Fürstin 2.178 Taler, bis 1800 erneut 2.261 Taler.

Abb. 13   Nachantike Gemme (16. Jhd.) aus der Hemsterhuis-Gallitzinischen Sammlung,
               die von Amalia von Gallitzin als Siegelring verwendet wurde

mehr interessierte als für seine Gipsbüste, die im Studier- und Arbeitszimmer
der Fürstin aufgestellt war. Ihre gemeinsamen Gespräche und Briefwechsel mit
Goethe über das Schöne und Gute drehten sich um die antiken Steine und die
Fürstin gab sie ihm für ein gründlicheres Studium mit nach Weimar. Goethe
war begeistert und ließ Abgüsse anfertigen. Er bemühte sich vergeblich um
den Ankauf der Sammlung durch den Herzog Ernst II. von Gotha, sodass er
1797 die Gemmen nach Münster zurückschicken musste.[86] Die Fürstin ver-
machte sie Overberg für mildtätige Zwecke. Als dieser die große Not ihres
Sohnes in Amerika vernahm, überließ er 1819 dem Fürsten Franz Wilhelm von
Salm-Reifferscheidt-Krautheim (1772-1831) die Sammlung mit der Bitte, sie in
seinem Namen dem König Wilhelm der Niederlande zum Kauf anzubieten.
Der König willigte ein und der Erlös brachte rund zehntausend holländische
Dukaten, die Overberg für die amerikanische Mission einsetzte. Der Betrag
entsprach ziemlich genau dem Wert, den Hemsterhuis kurz vor seinem Tod
geschätzt hatte und übertraf den Preis, den die Fürstin zwischenzeitlich von
Goethe verlangt hatte, um das Doppelte.[87] Doch nur ein Teil des Erlöses wurde
vom Fürsten von Salm direkt nach Pennsylvania übermittelt. Gallitzin wartete
drei Jahre vergeblich auf ausstehende Zahlungen wie auch auf die jährlichen

86   Über die „Hemsterhuis-Gallitzinische Gemmen-Sammlung" (1823) berichtet auch Goethe,
      in: Trunz, Briefe, Nr. 299, auch ebd., S. XXIX, XXXIII.
87   Vgl. Schmettow, Schmettau, S. 194-208, hier 205 f. Vgl. Goethe an Herzog Ernst II. von
      Gotha, 11.1.1802, in: Trunz, Briefe, Nr. 245. Hemsterhuis schätzte sie auf 30.000 bis 40.000
      Gulden, vgl. ebd., Nr. 256 (Anm.). Eine holländische Dukate hatte etwa den Wert von etwa
      zwei Reichstalern und entsprach dreieinhalb bis vier Gulden; ein Rubel entsprach einem
      Gegenwert von etwa 0,19 Dollar (Spanische Thaler); ein Dollar entsprach wiederum ca. 1,3
      Reichstaler.

Zuschüsse seiner Schwester.[88] Gallitzin hatte den Gatten seiner Schwester, den verschuldeten Fürsten von Salm, in Verdacht, sich des Nachlasses bemächtigt und an dem Vermögen bereichert zu haben.[89] Marianne von Gallitzin hatte den Fürsten am 1. Mai 1818 im Alter von 49 Jahren geheiratet und war zu ihm nach Düsseldorf gezogen.

In diese Zeit fiel auch der ungewöhnliche Besuch eines Freiherrn A. von Plettenberg bei Gallitzin in Loretto. Gesicherte Angaben zu dessen Vornamen, Herkunft und Verwandtschaftsverhältnissen in der weit verzweigten westfälischen Adelsfamilie sind nicht mehr erhalten. Mehrere Briefwechsel bezeugen, dass er von November 1820 bis etwa Mai 1821 bei Gallitzin in Loretto lebte und ihn als Laie in der Seelsorge unterstützte. Es war offensichtlich eine Bildungsreise, auf die der junge Adlige geschickt wurde, der sich für keine berufliche Laufbahn hatte begeistern können. Hier spiegelt sich der soziale Wandel wider, der spätestens seit 1803 durch den Verlust von Privilegien und Prestige die Auflösung und den Zerfall der altständischen Ordnung in Westfalen eingeleitet hatte. Für den stiftsfähigen Adel war dies eine einschneidende Erfahrung und äußerte sich nicht unerheblich in einer kollektiven Bestimmungs- und Orientierungslosigkeit.[90] Auch Plettenberg sah sich konfrontiert mit manchen „traurigen Erfahrungen in dieser falschen Welt", die die „Revolutionszeiten"[91] mit sich gebracht hätten. Plettenbergs Protegé war Levin von Wenge (1772-1822), Domherr von Münster und Halberstadt, der 1812 unter Napoleon in das wieder eingesetzte Domkapitel von Münster aufgenommen wurde.[92] An ihn richtete Plettenberg zwei längere Briefe, in denen er ihm seinen Eindruck vom Stand der Mission von Loretto schilderte. Dass auch Franz Otto Droste zu Vischering von Wenge die Kopie des ersten Briefes erhielt und Brosius zudem seine Empfehlung für Plettenberg aussprach, deutet darauf hin, dass die Entscheidung zu der Reise des jungen Adligen auf einem breiteren Konsens

---

88   Vgl. D. v. Gallitzin an M. v. Gallitzin, 14.8.1822/14.9.-19.12.1822, in: AS Dyck, Kps. 69, dort auch in Kps. 40 die Notiz des Anwalts Robert Olivier (Baltimore) mit Brief von D. v. Gallitzin, 21.8.1821 sowie von demselben an Charles J. Pochon, 2.10.1823, abgedr. in: ACHR 20 (1903), S. 15-18.

89   AGrBadG 4 (1836), S. 189-193; hierzu auch D. v. Gallitzin an Ambrose Maréchal, 28.10.1823, in: AAB, Maréchal Papers, 21A-D1: „Il est vrai que ma Soeur qui hérite de tous les biens de mon Père s'etoit engagée de les partager avec moi, mais depuis son Marriage avec le Prince de Salm, elle semble vouloir retirer sa Promesse et ce qui pis est, elle a même détenu une bonne partie de la somme de 10,000 Ducats que la Roi de Hollange avoit payé pour mon compte il y a plus de trois ans. L'hyver passé je ne recus de cette somme que $11,500, ce qui laisse un déficit de près de $9,000."

90   Vgl. Reif, Adel, S. 431-435.

91   A. Plettenberg an L. v. Wenge, 6.2.1821, in: APF, SC Amer. Centr. 7, fol. 165r-166v.

92   Vgl. Keinemann, Domkapitel, S. 346.

beruhte, der für die Reise nach Amerika sprach. Den Lesern der Briefe Plettenbergs erschloss sich von der Situation in Loretto ein ernüchterndes Bild. Den
Erwartungen an die Mission des „edlen Prinzen"[93] wurde es nicht gerecht:

> Die elendeste Bauernhütte in unserem Lande ist ein schönes Haus gegen dessen
> Wohnung, und kein Bedienter in Deutschland würde ein gleiches Tuch an seiner
> Livree tragen, wie Hochderselben in seiner von der ganzen Welt verlassenen Lage
> tragen muß. Für so einen edlen Mann, der in Glanz, Fülle und Überfluß gebohren
> und erzogen ist, ist es in solcher Lage nur möglich, Trost und Beruhigung in den
> Grundsätzen unserer geheiligten Religion zu finden, wovon der fest überzeugt
> ist, dass andere in entfernte Rußische Lande, in seinen rechtmäßigen Eigenthum
> schwelgen, und sich gute Tage anthun. Die schöne Kirche, die Hochderselbe bei
> hiesiger Mission mit schweren Aufopferungen errichtet, […] bedarf noch sehr
> viele ganz unentbehrliche Sachen, z. B. eine Monstranz, Messkännchen, große
> Lampe, Weihrauchfaß und mehr – dann ist der Bau derselben bei weiten noch
> nicht vollendet, und nur eben so weit im Stande den sonntäglichen Gottesdienst
> darin zu verrichten, wenn es das ungestüme Wetter immer zulässt.[94]

Vom 6. Februar 1821 datiert der zweite Brief, in dem Plettenberg die Widrig-
keiten der Seelsorge und Mission beschrieb:

> Die Zeit der Zeit überkommenen häufigen Kirchengeschäfte, die sich in dieser
> wilden Gegend auf 20-30 und mehrere Meilen erstrecken, erforderten nun die
> volle Anstrengung der schwachen Gesundheitszustände des Fürsten (die durch
> das lange und öftere Fasten in den bedaurungswürdigsten Zustand sind) und
> seitdem hörte Hochderselbe bis zur Stunde noch nicht auf, in weit entlegene
> Gegenden Kranke zu besuchen, die Heiligen Sakramente auszuteilen und die
> Heilige Messe zu lesen. Ich habe das Glück, seit meiner hiesigen Anwesenheit
> Hochdenselben auf all diesen beschwerlichen Reisen, bei ungebahnten Wegen,
> bei fast unausstehlicher Kälte, Wind und Frost durch diese Wälde deren hundert-
> jährige Bäume jeden Augenblick dem Umsturz drohen zu begleiten, und bei
> Adminstierung der Heiliegen Sakramente an den Kranken zu helfen, und die
> Heilige Messe zu dienen.[95]

Mehrmals schrieb Gallitzin an Wenge und bat auch ihn um finanzielle Unterstützung für die Mission.[96] Dieser empfahl ihm, nach Münster zurückzu-
kehren[97] und auch Brosius zeigte sich bestürzt über den erbärmlichen Zustand

---

93   A. Plettenberg an L. v. Wenge, 29.11.1820, in: APF, SC Amer. Centr. 4, fol. 647r-648v; Kopie
      an Franz Droste zu Vischering in: AS Darfeld, AVf17.

94   Ebd.

95   A. Plettenberg an L. v. Wenge, 6.2.1821, in: APF, SC Amer. Centr. 7, fol. 165r-166v.

96   Aus dem Brief wird deutlich, dass sie mehrere Briefe gewechselt haben müssen, vgl. D. v.
      Gallitzin an L. v. Wenge, 6.12.1820, in: APF, SC Amer. Centr. 4, fol. 685r-686v.

97   Vgl. L. v. Wenge, 22.11.1822, in: AS Darfeld, AVf17; auch Max v. Marogna, im Namen von
      Wenge, an Propaganda Fide, 1822, in: APF, SC Amer. Centr. 7, fol. 583r-584r.

der Mission.[98] Gallitzin äußerte indes nur gegenüber seinem Jugendfreund
Franz Otto Droste zu Vischering[99], dem Domherrn von Münster und Hildesheim, seinen wahren Eindruck von Plettenberg:

> Was soll ich sagen von dem Herrn v[on] P[lettenberg]; seit dem Monath Mai
> 1821 streicht er durchs Land, ein Sistematischer Bösewicht, ein Mann ohne Gott,
> ohne Glauben, der sogar überall, wo er mich auf die Mission begleitete, heim-
> lich gegen die Religion, gegen Hölle und Himmel, Geheimnisse predigte, überall
> die Frauenzimmer zu verführen suchte usw., kurzum ein cosomirter Jakobiner.
> Er hat weit und breit erzählt, daß er das von Münster mitgenommene Geld
> größtentheils in Amsterdam und nachher in Baltimore mit Huren verpraßt hätte
> und hat in Gegenwart mehrerer Personen, die gute catholische Christen sind,
> auf beiden Knieen eine Haarlocke angebetet, und etliche von den Haaren ge-
> schluckt, die (wie er sagt) einer seiner ehemaligen Mätressen in Europa gehörte.
> Beinahe 5 Monathe hat er mich so vollständig hinter das Licht geführt, daß ich
> nicht den geringsten Verdacht hegte. Sobald ich aber seine wahren Gesinnungen
> ausfand, wurde es meine Pflicht, das Ungeheuer aus meinem Hause zu jagen.[100]

Gallitzin bedrückten jedoch nicht die widrigen Verhältnisse der Mission als
vielmehr das Verhältnis zu seiner Schwester und die Tatsache, um die Unterstützung der Mission beständig kämpfen zu müssen. Gegenüber Franz Otto
brachte Gallitzin in demselben Schreiben seine Niedergeschlagenheit und
tiefe Verunsicherung zum Ausdruck, die auch die Hochzeit seiner Schwester
mit sich gebracht hatte:

> Das völlige Stillschweigen meiner Schwester (die schon die 2 Jahre alle meine
> Briefe unbeantwortet läßt) betrübt und beunruhigt mich sehr. Hat sie mich und
> meine Noth ganz vergessen? Ist sie gegen ihren einzigen Bruder ganz gefühllos
> geworden? Hat sie ihr so oft wiederholtes Versprechen, alles mit mir zu theilen,
> gänzlich vergessen? Das kann ich kaum glaubenn. Nach ihrer Heirath gab sie mir
> die Versicherung, daß der P[rinz] von Salm ihr die völlige Freiheit über den Ge-
> braucht ihres russischen und deutschen Vermögens überlassen hätte, und daß
> ich wegen ihrer Heirath nicht den geringsten Verlust zu befürchten hätte.[101]

Den Kontakt zu seinem Jugendfreund hatte Gallitzin erst kurze Zeit zuvor
wiederaufgenommen, von dem er sich nicht nur gesicherte Nachrichten
über seine Schwester erhoffte, sondern vor allem schnelle Hilfe zur Tilgung
seiner Schulden. Am 6. März 1821 datierte Gallitzin den Brief, mit dem er beabsichtigte, „das Feuer der Liebe und Freundschaft, welches schier ausgelöscht

---

98   Vgl. Brosius an L. v. Wenge, 6.8.1824, in: AS Darfeld, AVf17.
99   Vgl. Keinemann, Domkapitel, S. 347 f.
100   D. v. Gallitzin an Franz Otto Droste z. Vischering, 16.4.1822, in: AS Darfeld, AVf17.
101   Ebd.

zu sein schien, wieder anzufachen"[102]. Am Ende des Briefes warf Gallitzin
dann die für ihn entscheidende Frage auf: „Könntest du nicht etwas tun, für
meine Mission?"[103] In Münster folgte auf die anfängliche Verwunderung über
die plötzliche Nachricht aus Amerika die Sorge um das Schicksal des alten
Freundes. Am 17. September 1821 berichtete ihm Franz Otto von mancher
Enttäuschung über seine nur wenigen und kurzen Briefe aus Amerika, aber
auch von ihrer aller Nachsicht, „daß deine wichtigen, dich ganz hinnehmende
Seelsorge-Geschäfte, deine ganze Stimmung und auch vielleicht die weite
Entfernung und der daraus entstehende langsame Gang der Correspondenz,
dir Zeit und Lust genommen hätten, dich deinen alten Freunden durch Feder
und Tinte mitzuteilen"[104]. Seinem Schreiben fügte er eine Spende von rund 80
Pfund Sterling zu, die Overberg und die Gräfin Sophie Charlotte zu Stolberg
(1765-1842) kurzfristig zusammentreiben konnten.[105] Franz Otto legte nicht
nur für Plettenberg ein gutes Wort ein, der „ein von Natur nicht übler Mensch"
sei, auch der Fürst von Salm habe „mit dem größten Eifer und tätigem Ernste
auf deiner Befriedigung bestanden" und wäre einfach „bei sonst vielen guten
Eigenschaften ein großer Verschwender"[106]. Zudem ließ er Gallitzin wissen,
dass Overberg schon nach Düsseldorf gereist sei, um sich persönlich der beträchtlichen Zahlung zu vergewissern, die der Fürst von Salm aus Russland erhalten und am 20. Juli 1821 für ihn angewiesen habe.[107]

Seinen Dank für die Spende über 80 Pfund Sterling übermittelte Gallitzin
an Franz Otto in seinem Brief vom 16. April 1822 und zeigte sich erleichtert von

---

102 D. v. Gallitzin an F. O. Droste z. Vischering, 6.3.1821, in: AS Darfeld, AVf17.
103 Ebd.
104 F. O. Droste z. Vischering an D. v. Gallitzin, 17.9.1821, in: AS Darfeld, AVf17.
105 Im Einzelnen zeugen hiervon auch drei Briefe Overbergs an Franz Otto Droste z.
     Vischering, 12.8./17.8./24.8.1821, in: AS Darfeld, AVf18.
106 Fr. O. Droste z. Vischering an D. v. Gallitzin, 17.9.1821, in: AS Darfeld, AVf17. Über den
     falschen Eindruck, den Gallitzin von dem Fürsten von Salm hatte, berichtet auch Luise
     Hensel, die von 1819 bis 1821 als Gesellschafterin in den Dienst von Marianne von Gallitzin
     und des Fürsten von Salm trat, vgl. Binder, Hensel, S. 110-145. Hensel bezieht sich auf die
     Briefe und Äußerungen Gallitzins, die von Lemcke (1861) wiedergegeben werden, vgl.
     Luise Hensel an Christoph Bernhard Schlüter, 18.6.1861, in: Nettesheim, Briefe, S. 215 f.,
     hier 215: „In dem Buch […] ist dem trefflichen Fürsten Salm sehr unrecht getan, und
     auch der Fürstin. H[err] Lemcke hat in Amerika die Verhältnisse vom Hörensagen ganz
     falsch aufgefaßt. Das Gut des Fürsten Demetrius hat seine Schwester keineswegs verzehrt,
     sondern nach Kräften ihn von ihrem eigenen unterstützt, da er durch die russischen
     Gesetze enterbt war. Ich lebte gerade damals im Salm'schen Hause, als Fürst Demetrius
     seine Not klagte und die Fürstin sich nun entschloß, den Schmuck der Mutter zu ver-
     kaufen, auf welchen 2.000 Taler sogleich als Anzahlung von Haag geschickt und diese
     darauf nach Amerika gesandt wurden, wie später noch mehrmals."
107 Vgl. Heyden, Memoir, S. 176 f.

der Sicherheit, die ihm die Zusage des Fürsten von Salm gegenüber Overberg
vermittelt habe:

> Tausend Dank Dir und allen Lieben, die sich meiner armen Mission erbarmt
> und mich aus der dringenden Noth zu helfen gesucht. Die 80 Pf[un]d Sterl[ing]
> habe ich erhalten und meinen Creditoren überlassen mit dem festen Entschluß
> solches meiner Mission zu restituieren sobald ich kann. Durch die äußerste Noth
> gezwungen haben ich auf den P[rinzen] v[on] Salm einen Wechsel für 22.500
> Rthl. ausgestellt, protestieren wird er ihn wohl nicht, weil er in seinem Brief an
> Herrn Overberg solche Summe für mich empfangen zu haben gesteht und so gar
> verspricht, daß ich noch vor dem 1ten Januar das Geld in meiner Hand haben
> soll. Ich hatte kein anderes Mittel, mich aus der Noth zu helfen, weil meine
> Creditoren in einer allgemeinen Versammlung beschlossen hatten, mich ge-
> richtlich anzuklagen, in welchem Falle alles, was ich schon diese 26 Jahre für die
> Mission gethan, in einem Tage vernichtet und ich selbst im Gefängnisse liegen
> müßte, bis der letze Heller bezahlt wäre.[108]

Doch die finanzielle Not war längst nicht gebannt. Kleine Spenden reichten
gerade einmal dafür aus, jährliche Zinsen und Zinseszinsen für die von der
Bank geliehenen Darlehen zu begleichen. Auch unsichere Währungskurse
machten gelegentlich Probleme und stifteten Verwirrung, wenn auch kein Fall
überliefert ist, bei dem der Geldwechsel und Transfer zwischen dem Londoner
Bankhaus Baring und Gallitzins Anwalt in Baltimore, Robert Olivier, einmal
scheiterte. Problematisch war vielmehr der Kursverlust des Rubels im Zuge des
napoleonischen Wirtschaftskriegs mit England, der sich beträchtlich auf den
Wechselkurs zwischen St. Petersburg, London und Philadelphia auswirkte.[109]
    Im August und September 1822 erhielt Gallitzin Briefe von seiner Schwester,
die ihn aufgrund einer fehlerhaften Adresse mit Verspätung erreichtet hatten.
Erneut setzte er zwei Briefe an seine Schwester auf, in denen er auf die letzten
Zahlungen hinwies, die sie ihm versprochen hatte.[110] Doch die Schwester
blieb ihm eine Antwort schuldig. Eine weitere Erinnerung sandte Gallitzin am
20. Januar 1824. Auch an Franz Otto Droste zu Vischering verfasste er einen
entsprechenden Brief:

> Schon diese 18. Monathe höre ich gar nichts mehr von Düsseldorf oder von
> Münster, bin in der äußersten Bedrängnis, müßte von Loretto weglaufen, weil
> ich gerichtlich gepackt zu werden bedroht wurde, bin noch ungefähr 9.000

---

108   D. v. Gallitzin an F. O. Droste z. Vischering, 16.4.1822, in: AS Darfeld, AVf17. Für die Aus-
      einandersetzung von D. v. Gallitzin mit seinen Gläubigern, vgl. AASUS, SS Prov., Rev.
      Jean-Marie Tessier, Letterbook, I, dort Nr. 56, 70, 86 und 108.
109   Vgl. D. v. Gallitzin an W. Orbison, Präsident der Bank von Huntingdon, 29.9.1813, in: PAA,
      MG 98: Orbison Family Papers: William Orbison, Business Correspondence, Nr. 49.
110   Vgl. D. v. Gallitzin an M. v. Gallitzin, 14.8.1822/14.9.-19.12.1822, in: AS Dyck, Kps. 69.

Span[ische] Thaler schuldig. Anno 1821 wurden 22.500 Berl[inische] Thaler versprochen. Ich bekam nichts. Anno 1822 im März schrieb mir meine Schwester, sie
habe 70.000 Rubel abgeschickt; nur 60.000 bekam ich im Januar 1823, welchem
etwa 11.500 Span[ische] Thaler eintrugen [...]. Alle Briefe an meine Schwester
blieben unbeantwortet; diese gibt mir den Verdacht, daß sie vielleicht von dem
Herrn Pr[inzen von Salm] aufgefangen und verbrannt wurden.[111]

Völlig unerwartet erhielt er von seinem Freund die Nachricht über den Tod
seiner Schwester, die „nach langer immer zunehmender Kränklichkeit und
Schwäche, christlich vorbereitet, mit den heiligen Sakramenten versehen,
ruhig und dem Willen Gottes ergeben, am 16. Dezember 1823 zu Düsseldorf
im Herrn entschlafen ist"[112]. Franz Otto machte ihm keine Hoffnungen, von
dem abermals verwitweten Fürsten – der Gatte von Marianne von Gallitzin
war bereits in zweiter Ehe mit ihr verheiratet – nochmal eine Geldsendung
zu erhalten, zumal seine verstorbene Schwester testamentarisch verfügt habe,
dass ihre eigenen beträchtlichen Schulden aus ihrem Nachlass getilgt werden
sollten. Franz Otto beschrieb, wie er zusammen mit seinen beiden Brüdern,
mit Overberg und dem Grafen Merveldt[113] daher „hin und her überlegt"[114]
haben, welchen Rat sie ihm nun geben könnten. Sie seien zu dem Ergebnis
gekommen, dass er sein gesamtes Hab und Gut verkaufen solle, um seine
Gläubiger endlich bezahlen zu können und eine Gefängnisstrafe zu umgehen:

> Kannst Du es, lieber Bruder, so wirst Du mir das offene Geständnis nicht übel
> deuten, daß dieses nach meiner Meinung eine Pflicht sey, die vor Deinen
> Pflichten gegen die Mission den Vorzug verdienen, indem sie auf strenge Ge-
> rechtigkeit gegründet scheint. Sey übrigens davon überzeugt, daß wir in den
> vergangenen Jahren bey anderen wohlthätigen Leuten auf alle mögliche Weise
> Hilfe gesucht haben.[115]

Gallitzin war noch immer nicht schuldenfrei und die Aussichten, neue Wohltäter in Münster und Westfalen finden zu können, standen nicht gut, denn die
früheren Mitglieder des Kreises, die sich um seine Mutter Amalia von Gallitzin
versammelt hatten, verstarben nacheinander, sodass sich bald kaum jemand
an den Missionar in Pennsylvania erinnerte. Fürstenberg war bereits im Jahr
1810 und Stolberg 1819 verstorben. Die zuletzt wichtigsten Korrespondenten,

---

111 D. v. Gallitzin an Fr. O. Droste z. Vischering, 20.1.1824, in: AS Darfeld, AVf17.
112 Fr. O. Droste z. Vischering, 24.5.1824, in: AS Darfeld, AVf17.
113 August Ferdinand Graf von Merveldt (1759-1834), erst Geheimrat der Kriegs- und
     Domänenkammer, Amtsdroste von Wolbeck, später in preußischen Diensten; seine
     Haltung zur Erziehung der Fürstin Gallitzin wurde dokumentiert von Reif, Adel, S. 327.
114 Fr. O. Droste z. Vischering an D. v. Gallitzin, 24.5.1824, in: AS Darfeld, AVf17.
115 Ebd.

Bernard Overberg und Franz Otto Droste zu Vischering, verstarben beide kurz
nacheinander im Herbst 1826 und auch der Erbdroste zu Vischering, der älteste
der Brüder, starb nur wenige Wochen später. Damit blieben nur noch Caspar
Max und Clemens August Droste zu Vischering, von denen der erste vom Weihbischof zum Bischof von Münster (ab 1825), der zweite, seit 1827 Weihbischof
von Münster, zum Erzbischof von Köln (ab 1835) ernannt wurde. Sie standen in
Amt und Würden und hatten in Münster und Köln mit den Herausforderungen
zu ringen, die sich für die katholische Kirche vor Ort und in Deutschland
unter der preußischen Regierungsgewalt abzeichneten.[116] Nach dem Tod von
Overberg und Franz Otto sind keine weiteren Briefe bezeugt, die Gallitzin nach
Münster schickte.

Abb. 14
Porträt von Demetrius von
Gallitzin als Priester im
fortgeschrittenen Alter

116   Vgl. Hänsel-Hohenhausen, Droste zu Vischering.

Dass er sein gesamtes Hab und Gut verkaufen und die Mission von Loretto damit aufgeben solle, war ein Vorschlag, der für Gallitzin keine Überlegung wert war. Obwohl die beständige Suche nach Wohltätern Kraft und Zeit kostete und es desillusionierend war, dass alle Bemühungen weniger auf die Förderung und den weiteren Ausbau der Gemeinde abzielten, sondern lediglich auf deren grundsätzlichen Fortbestand, zweifelte Gallitzin zu keiner Zeit daran, dass die frühzeitigen und kostspieligen Investitionen in den Gemeindeaufbau an einer derart abgeschiedenen Region vernünftig und zweckmäßig waren. Bestätigung erfuhr er durch die Menschen vor Ort. Längst waren es nicht mehr nur einfache Bauern, die sich in Loretto und im näheren Umfeld niedergelassen hatten. Während diese seine Bemühungen nur wertschätzen konnten, erhielt er von begüterten Familien regelmäßig kleine Spenden und andere Unterstützung. Hierzu zählten etwa die Richter des Countys, Hildebrand und Roberts, der Kaufmann Heyden aus Bedford, der Architekt Smith aus Huntingdon oder der Zeitungsredakteur und Verleger Canan aus Ebensburg. Selbst einige Nicht-Katholiken finden sich unter den Spendern, nämlich der genannte Richter Roberts als Kongregationalist sowie der Anwalt Benjamin R. Morgan, ein Quäker.[117] Den größten Teil trugen jedoch weiterhin die Familien aus Loretto, die eigenes Land als Großgrundbesitzer bewirtschafteten und in den Trustees der Gemeinde mitwirkten. Allerdings war auch ihr Beitrag zur Tilgung der Schuldenlast letztlich verschwindend gering.

Weitgehend auf sich allein gestellt, boten auch die für ihn zuständigen Bischöfe wenig Unterstützung. Als 1808 das Bistum Philadelphia gegründet wurde und Baltimore zum Erzbistum erhoben wurde, fiel Pennsylvania an den neuen Bischof von Philadelphia.[118] 1811 besuchte mit Michael F. Egan erstmals ein Bischof die Gemeinde von Loretto und spendete 193 Gemeindemitgliedern die Firmung.[119] Regelmäßige Visitationen in den Pfarreien und Missionen des ganzen Bistums, wie sie erst der Koadjutorbischof von Philadelphia, Francis P. Kenrick (1796-1863), unternahm, gehörten nicht nur zu den ureigenen pastoralen Aufgaben und Pflichten des Bischofs. Durch sie brachte

---

117   Vgl. Sargent, Mitri, S. 188 f.; D. v. Gallitzin an J. Carroll, 29.11.1809, in: AAB, Carroll Papers, 8A-Q2.

118   Der erste Bischof von Pennsylvania wurde mit der Gründung des Bistums Philadelphia im Jahr 1808 der Franziskaner Michael Francis Egan (1761-1814). Auf ihn folgte 1819 Henry Conwell (1748-1842), dem aufgrund seines fortgeschrittenen Alters Francis P. Kenrick als Koadjutor zur Seite gestellt wurde. Kenrick wurde 1842 Bischof von Philadelphia und 1851 Erzbischof von Baltimore.

119   Eine detaillierte Liste der Firmanden notierte Gallitzin in sein „Memorandum Book", vgl. Middleton, Gallitzin Memorandum Book, S. 11. Diese wird wiedergegeben bei Kittell, Souvenir of Loretto, S. 216-218.

er ebenso seine bischöfliche Amtsgewalt zum Ausdruck und nahm seine kirchliche Aufsichts- und Kontrollfunktion wahr. Das Spenden der Firmung war
darüber hinaus sichtbares Zeichen der Bemühungen um die Verbreitung des
Glaubens. Trotz dieser zentralen Funktion von Visitationsreisen, begab sich in
den ersten Jahren kaum ein Bischof auf den Weg in die entlegenen Missionen,
wie Gallitzin schon 1823 feststellte. Seinen Eindruck schilderte er dem Erzbischof von Baltimore, Ambrose Maréchal (1768-1828):

> Lassen Sie mich hinzufügen, dass noch kein Bischof in die abgelegenen
> Missionen von West-Pennsylvania vorgedrungen ist. Bischof Carroll war 1802 auf
> dem Weg. Aber eingeschüchtern von der schrecklichen Beschreibung, die er in
> Chambersburg über die Berge, die Wege etc. erhielt, ging er seinen Weg zurück.
> Bischof Egan dran nach Pittsburgh vor und in die umliegenden Gemeinden,
> aber nicht weiter. Bischof Conwell hat dies auch nicht gemacht. Es gibt viele
> Missionen, die nie einen Bischof jenseits der Berge gesehen habe und einen
> Bischof, der darauf achtet, die Aufgaben seines Amtes zu erfüllen, auf seine
> Kosten, ohne auf eine andere Belohnung zu warten als die des Himmels.[120]

Gallitzin schlug daher vor, für die Verbesserung der Seelsorge ein neues Bistum im Westen Pennsylvanias zu errichten, das sich über ein Gebiet von den
Alleghany Mountains im Osten bis nach Pittsburgh im Westen erstrecken
könnte. Loretto sollte zum neuen Bischofssitz gewählt werden, wo alle
Bildungsinstitutionen, die für ein Bistum notwendig waren, auf einem fruchtbaren Boden gegründet werden könnten.[121] Immer wieder hatte Gallitzin abgelehnt, Bischof werden zu wollen, da er hierdurch den Erhalt seiner Mission

---

120   Vgl. D. v. Gallitzin an A. Maréchal, 28.10.1823, in: AAB, Maréchal Papers, 21A-D1: „Permettez
       moi d'ajouter que jamais Evêque n'a encore pénétré dans les Missions reculées de la
       Pennsylvanie Occidentale. Mgr Carroll étoit en chemin en 1802. Mais effrayé de la descrip-
       tion horrible qu'on lui fit à Chambersburg des montages, chemins, &c; il retraça son che-
       min. Mgr. Egan pénétra jusqu'à Pittsburgh, et les Congrégations de sa dépendance, mais
       n'alla pas plus loin. Mgr. Conwell ne fit pas autant. Voilá donc bien des missions qui n'ont
       jamais vu d'Evêque au delà des Montages, et un Evêque qui veille bien remplir les devoirs
       de sa charge, jusqu'à ses propores dépens, sans attendre d'autre récompense que celles
       qui viendront d'en haut. J'espère que mon expérience de plus de 28 ans employés dans
       ces MIssions vous seroit un sûr garant que je parle d'après connoissance de cause, et que
       je suis animé désire sincère d'avancer l'Œuvre de Dieu."
121   Ebd.: „Depuis plusieurs années j'ai formé un plan pour le bien de la Religion, pour la
       réussite duquel je douaite d'employer tous les moyens à ma disposition lorsque le reste
       de mes Dettes seront payés. C'est de former un Diocèse pour la partie Occidentale de la
       Pennsylvanie. Quelle consolation pour moi si je pouvois voire ce Plan réussir avant ma
       mort, et Loretto devenir un Siège Episcopal, où l'Evêque par le moyen des terres attachées
       à l'Evêché, qui sont très fertiles, seroit indépendent où, à peu de frais, on pourroit ériger
       Collège, Séminaire, et tout ce qui est nécessaire pour un établissement Episcopale."

in Loretto gefährdet sah.[122] Stattdessen wurde Gallitzin 1827 zum „Vicar in Pontificalibus" ernannt, einem Generalvikar für bischöfliche Aufgaben, der für die westliche Hälfte des Bistums Philadelphia zuständig war.[123] Die Gründung des Bistums Pittsburgh im Jahr 1843 erlebte Gallitzin allerdings nicht mehr.

Der Koadjutorbischof Kenrick aus Philadelphia besuchte zu Gallitzins Lebzeiten viermal die Gemeinde von Loretto. In seinem Tagebuch hielt er seine persönlichen Eindrücke fest, die er sich von den Gemeinden, dem Kirchengebäude und dem ansässigen Priester machte und notierte die Zahl der Gläubigen, denen er die Firmung spendete. Als Kenrick 1830 die Gemeinde von Loretto das erste Mal besuchte, firmte er mehr als 100 Gläubige und merkte an, dass die Gemeinde aufgrund ihrer Größe eigentlich drei Priester benötige.[124] Abgesehen von der Besetzung von Pfarrstellen, blieb der Einfluss der Bischöfe auf die lokalen Gemeindestrukturen gering. Gallitzin wurde von Kenrick hochgeschätzt und sein Ansehen wurde auch über die Grenzen Pennsylvanias

---

122 Gallitzin war im Gespräch als Bischof von Bardstown, Detroit und von Philadelphia. Im Einzelnen vgl. Propaganda Fide an J. Carroll, 22.11.1806/17.6.1807, in: APF, SC Amer. Centr. 145, fol. 95*r*-97*v*, 110*r*-112*r*; A. Maréchal an Propaganda Fide, 4./28.4.1820, in: APF, ACTA 184, fol. 305*r*-308*v*; SC Amer. Centr. 4, fol. 637*r*-638*r*; J. Carroll an Propaganda Fide, 13.9.1815/21.7.1817, in: APF, Lett. e Decr. 296, fol. 245*r*-248*r*; 298, 354*r*-356*r*; Will of Fr. Gabriel Richard, 31.10.1821, in: UNDA, Archdiocese of Detroit, III-2-l; D. v. Gallitzin an Propaganda Fide, 5.1.1822, in: APF, SC Amer. Centr. 7, fol. 580*r*-582*r*; D. v. Gallitzin an A. Maréchal, 18.2.1823, in: AAB, Maréchal Papers, 17A9; hierzu auch Schauinger, Cathedrals in the Wilderness, S. 190-193.

123 D. v. Gallitzin an A. Maréchal, 28.10.1823, in: AAB, Maréchal Papers, 21A-D1.

124 Vgl. Diary and Visitation Record of the Rt. Rev. Francis Patrick Kenrick, S. 41: „October the twenty-ninth day we arrived at Ebensburg, and on the thirty-first day of the same month I gave the Sacrament of Confirmation to more than one hundred persons at Loretto. The Loretto congregatin is very large, and would require the strenuous labors of three priests at least. The pastor is Rev. Demetrius A. v. Gallitzin. He has now reached an age advanced in years through a life of the strictest integrity, and labors that are marvelous. This remarkable man, when still quite young, left the errors of the Greek, gave up his rights, and the dignity of a line of royal descent, and embraced the Catholic faith. There are two hundred acres of land adjoining the church, a wooden building, the gift of a certain McGuire. The heirs of McGuire have not, however, as made out a deed which will secure title to the property." Kenrick notierte 1832 in Loretto 223 Firmanden, 1835 waren es 99 und 1838 wieder 187, vgl. ebd., S. 80, 108, 164. Zu der Korrespondenz zwischen Kenrick und Gallitzin (1830-1840) vgl. CHRC, Bp. Kenrick's Journal, S. 5-8, 9, 11, 15, 23-27, 29, 34, 37, 47 f., 52 f., 56, 68, 74 78 f., 86 f., 93 f., 118, 120, 128, 136, 147, 154, 160 f., 181, 188. Dass Gallitzin von ihm hochgeschätzt wurde, zeigen dessen Berichte nach Rom und Lyon, vgl. Francis P. Kenrick an Propaganda Fide, 11.6.1830, in: APF, SC Amer. Centr. 10, fol. 388*r*–389*r*; Francis P. Kenrick an die Œuvres de la Propagation de la Foi in Lyon, 25.8.1838, in: AOPM, Lettres en Provenance des Missions d'Amérique du Nord: F113, 1833-1894, 3174, S. 1-4; auch in seinem Bericht über das Erzbistum Philadelphia äußerte sich Kenrick explizit zu Gallitzin, vgl. Report of the Situation and Condition of the Diocese of Philadelphia, S. 144-146.

hinaus nicht dadurch geschmälert, dass er sich hoch verschuldet hatte. Eine andere Meinung vertraten hingegen die Mitglieder des Gallitzin-Kreises, denen Gallitzin allzu oft sein Leid über die angeblich unrechtmäßige Enterbung und seine finanzielle Notlage klagte. Dass er nach dem Tod seiner Mutter im Jahr 1806 überhaupt noch Kontakt nach Münster hielt, war weniger auf die bloße Pflege alter Beziehungen und Freundschaften ausgerichtet – darin waren sich seine Jugendfreunde einig –, sondern vielmehr auf die Suche nach neuen Wohltätern und finanziellen Zuwendungen. Der Reisebericht von Plettenberg hatte die Vermutungen der Münsteraner nur noch bestätigt, während sich Gallitzin selbst trotz mancher Nachfragen in keinem seiner Briefe ausdrücklich zu seinen Lebens- und Arbeitsbedingungen äußerte. Darüber hinaus war der Gallitzin-Kreis wenig vertraut mit dem Selbstverständnis eines Missionars, mit dem Tätigkeitsfeld sowie mit den Herausforderungen und körperlichen Anstrengungen, die mit dieser Aufgabe einhergingen. In erster Linie zogen Amalia von Gallitzin, Overberg, Fürstenberg sowie die weiteren Teilnehmer ihrer Abendunterhaltungen ihre Kenntnisse und Schlussfolgerungen aus den erhältlichen Druckschriften jesuitischer Autoren, die in keiner Weise Rückschlüsse auf den inneren Zustand und die Entwicklung der katholischen Mission in Pennsylvania und Maryland zuließen. Fürstenberg und Sprickmann hatten zwar schon viel länger ein ernsthaftes Interesse an den Vereinigten Staaten, die Korrespondenzen überließen sie allerdings Amalia von Gallitzin, zumal auch sie die katholische Mission in Amerika kaum einschätzen konnten. Erst im Laufe der Jahre wurde das Wissen überholt und berichtigt, vor allem durch die Nachrichten von Demetrius von Gallitzin, aber auch durch die von John Carroll und François Nagot.

Aufgrund der räumlichen Entfernung und der langen Zeitspanne, die für einen Briefwechsel zwischen Münster und Loretto veranschlagt werden musste – selbst bei einer prompten Antwort des Empfängers konnte bis zu dem Empfang der Mitteilung ein halbes Jahr vergangen sein –, war es unmöglich, sich kurzfristig über akute Problemfälle auszutauschen und zu beraten, die sich aus der Seelsorge und Verwaltung der Gemeinde von Loretto ergaben. Wenn hierdurch die Korrespondenzen zwischen Westfalen und Pennsylvania auch oberflächlich blieben, ist demgegenüber die verhältnismäßig hohe Frequenz und geringe diskursive Streuung der Briefe sowie der zusätzliche Transfer pädagogischer und religiös-erbaulicher Schriften für die transatlantische Beziehungs- und Verflechtungsgeschichte nicht zu unterschätzen.

Gallitzin konnte auf eigene Initiative noch einige einflussreiche Wohltäter gewinnen, die sich der Mission von Loretto annahmen. Hierzu zählten etwa Charles Carroll of Carrollton (1737-1832), der einzige katholische Unterzeichner der Amerikanischen Unabhängigkeitserklärung und Bruder des verstorbenen

Erzbischofs, der Verleger Mathew Carey (1760-1839)[125], Bartolomeo Alberto Kardinal Cappellari (1765-1846), später Papst Gregor XVI. sowie der russische Diplomat und Dichter Friedrich Apollonius von Maltitz (1795-1857).[126] Größere Unterstützung versprach sich Gallitzin von der Leopoldinenstiftung in Wien, zu der er im Sommer 1834 eine erste Anfrage sandte, die ihm rund 3.000 Gulden einbrachte.[127] Weitere Zahlungen folgten in den Jahren 1836 und 1837, die ihn letztlich schuldenfrei machten.[128]

Die Leopoldinenstiftung war eine „für das Kaiserreich Österreich zur Unterstützung der amerikanischen Missionen"[129] im Jahr 1829 per kaiserlichem Erlass gegründete Stiftung. Ihr stand ab 1832 der Wiener Fürsterzbischof Vinzenz Eduard Milde (1777-1853) vor, der zuvor nicht nur erster Wiener Professor für Erziehungskunde war, sondern in dieser Zeit auch einen kurzweiligen, aber dennoch fruchtbaren Dialog mit Bernard Overberg gepflegt hatte.[130] Auf seiner Reise nach Wien im Jahr 1807 war Overberg dem Pädagogen Milde begegnet und hatte ihn schätzen gelernt, wie aus seinen Tagebuchaufzeichnungen ersichtlich wird.[131] In der Wiener Vorstadt traf Overberg auch den Pädagogen Franz Michael Vierthaler (1758-1827), der sich als Verfasser mehrerer Erziehungsschriften und als Leiter des dortigen Waisenhauses einen angesehenen Ruf erarbeitet hatte.[132] Overberg und Vierthaler waren einander bereits bekannt. Vierthaler hatte 1785 eine Stellungnahme zur Schulordnung abgegeben und sie als Herausgeber des Salzburger Intelligenzblatts in dessen ersten Ausgabe veröffentlicht.[133] Einige Jahre später erschien dort auch einer der wenigen Beiträge Overbergs über „Wunder in Münster. Eine Aufgabe für Theologen, Psychologen und Aertze"[134]. Erst 1807 kam es zur ersten persönlichen Begegnung der beiden Schulmänner. Das Urteil Overbergs ist eindeutig,

---

125 Vgl. Dolan, American Catholicism, S. 13-45.

126 Vgl. Kittell, Souvenir of Loretto, S. 219-222. Hierzu vgl. das Bittgesuch von D. v. Gallitzin an einen unbekannten Adressaten vom 5.12.1833, in: BSB, Autografen-Sammlung, Autograf Gallitzin; Henry Clay an Henry Middleton, 29.1.1827, in: Hargreaves/Hopkins, Papers of Henry Clay, Bd. 6, S. 132 f.

127 Vgl. DAW, Leopoldinenstiftung, Präsidialia T. 7, Nr. 27, 11.12.1834.

128 Vgl. D. v. Gallitzin an V. E. Milde, 27.6.1835/28.5.1836, in: DAW, Leopoldinenstiftung, Präsidialia T. 7, Nr. 30 und 65; D. v. Gallitzin an V. E. Milde und Stiftung, 28.8.1836, in: DAW, Leopoldinenstiftung, Karton 15, Fasz. 10, Briefe Pittsburgh, fol. 1rv, 3rv.

129 Vgl. Krebs, Pilgerfahrt, S. 210-212; Kummer, Leopoldinen-Stiftung; Blied, Austrian Aid; Thauren, Gnadenstrom.

130 Vgl. zu Milde schon: Kovács, Milde; zuletzt Breinbauer/Grimm/Jäggle, Milde revisited.

131 Vgl. Kuntze, Overbergs Reise.

132 Vgl. Zillner, Vierthaler.

133 Vgl. SalzIbl 1 (1785), S. 326.

134 SalzIbl 18 (1802), S. 577-583.

denn während er in seiner ganzen Bescheidenheit Vierthaler und Milde als
„die vortrefflichen Männer" bezeichnete, setzte er sich selbst ihnen gegenüber
als „elender Schulknabe"[135] herab. Der Austausch zwischen Wien und Münster
war daher gegeben, auch wenn die frühere Abneigung Fürstenbergs gegenüber
dem Wiener Hof und dem Josephinismus einen anderen Eindruck vermitteln
könnte. Die Schriften Overbergs, insbesondere seine „Anweisung zum zweckmäßigen Schulunterricht", wurde auch in Wien gelesen und adaptiert.[136]

Als Vinzenz Eduard Milde die Leitung der Leopoldinenstiftung übertragen
wurde, konnte er seiner neuen Aufgabe gleich in mehrfacher Hinsicht gerecht werden. Die Sammlung von Geld- und Sachspenden in den Diözesen
des Kaisertums Österreich galt der Unterstützung der Seelsorge und Bildungsarbeit der Priester und Missionare in Nordamerika, die sich in Bittgesuchen
an ihn wandten, und zwar nicht nur in seiner Position als Vorsitzender der
Stiftung und Erzbischof von Wien, sondern ebenso als Pädagoge. Gallitzin
konnte sich in seinen Briefen an Milde auf Overberg und die weiteren Mitglieder des Kreises berufen, aber auch seine Cousine Luise Amalie von
Schmettau (1781-1856), die ebenso im Gallitzin-Kreis aufgewachsen und erzogen worden war, betonte mit Nachdruck die Bedürftigkeit seines Cousins in
Pennsylvania.[137] Sie war 1807 in Wien der Kongregation der Salesianerinnen
beigetreten, wohin sie Overberg anlässlich seiner Reise nach Wien begleitet
hatte. Zum Noviziat und zur feierlichen Einkleidung schickte ihr Marianne
von Gallitzin aus Münster 1.000 Écu (1.500 Gulden).[138]

Anhand der Leopoldinenstiftung wird deutlich, wie sich ab den 1830er
Jahren durch Missionsvereine und Buchgesellschaften eine institutionelle
und „planmäßige Hilfe aus der deutschen Heimat"[139] formierte, die weitgehend auf Kontakte, Beziehungen und Netzwerke beruhte, die bereits zuvor
die transatlantische Mission bestimmt hatten. Fortan wurde sie mit anderen
wohltätigen Stiftungen und Missionsgesellschaften zu festen Institutionen

---

135   Zit. n. Kuntze, Overbergs Reise, S. 73. Die Darstellung stützt sich auf die Tagebücher
       Overbergs, die heute von der Diözesanbibliothek Münster als Teilnachlass Overberg
       verwahrt werden. Das Heft zum Jahr 1807 ist jedoch wie der überwiegende Teil seines
       Nachlasses seit dem Zweiten Weltkrieg verschollen oder zerstört. Auch das Bistums-
       archiv Münster (BAM) beherbergt in seinen Sammlungen nur dreizehn Akteneinheiten
       zu Overberg (D 057).

136   Vgl. Heuveldop, Leben und Wirken, S. 256 f.; Schmidt-Heinen, Pädagogik Overbergs,
       S. 177-185.

137   Vgl. L. A. v. Schmettau an V. E. Milde, 6.8.1836, in: DAW, Leopoldinenstiftung,
       Präsidialia, T. 7, Nr. 65; L. A. v. Schmettau an V. E. Milde, 15.8.1837, in: DAW, Leopoldinens-
       tiftung, Karton 15, Fasz. 10, Briefe Pittsburgh, fol. 4rv.

138   Vgl. den Beleg in AS Dyck, Kps. 40; Sudhof, Briefe, Nr. 310 (Anm.).

139   Krebs, Pilgerfahrt, S. 210.

des transatlantischen katholischen Bildungsraumes, die den wachsenden Bemühungen der Geistlichen in Amerika um einen flächendeckenden Aufbau
einer Ortskirche und eines katholischen Bildungswesens nachkamen und
finanzielle Unterstützung bereithielten. In Loretto widmete sich Gallitzin
dem kontinuierlichen Aufbau eines katholischen Gemeinwesens, der Wohlfahrtsförderung und der Verbesserung der Landwirtschaft, wobei finanzielle
Engpässe seine Initiativen bisweilen lähmten. Erst durch die Förderungen
der Leopoldinenstiftung wurde Gallitzin nach rund dreißig Jahren schuldenfrei. Als Generalvikar wurde er dann für alle katholischen Siedler westlich der
Alleghany Mountains zuständig und nahm dort in Vertretung des Bischofs von
Philadelphia entsprechende Aufsichtsfunktionen wahr. Auch publizistisch
brachte Gallitzin seine Haltung zu Glaube, Kirche und Aufklärung zum
Ausdruck und wird dadurch dem Bild des aufklärerischen Landpfarrers gerecht.[140] Er verfasste allerdings keine Erbauungsliteratur oder gemeinnützig-
volksaufklärerische Ratgebertexte im engeren Sinne, sondern veröffentlichte
umfangreiche Kontroversschriften. Diese dienten ihm und anderen Katholiken
dazu, sich gegenüber der antikatholischen Propaganda der protestantischen
Siedler in Stellung zu bringen und ihre gedachten und gelebten konfessionskulturellen Ordnungen innerhalb der amerikanischen Gesellschaft zu verteidigen und zu kräftigen.

---

140 Vgl. Freitag, Pfarrer, S. 346-354; Böning/Siegert, Volksaufklärung.

Demetrius von Gallitzin als Publizist – Zwischen protestantischer Kritik, katholischer Erneuerung und Beharrung

Die publizistische Tätigkeit, der sich Gallitzin ab 1815 widmete, geschah nicht losgelöst von seinem Wirken als Pfarrer, Missionar und Bildungsreformer in den westlich der Alleghany Mountains gelegenen Regionen des Bundesstaates Pennsylvania. Als pflichtbewusster Seelsorger sah er es als nützlich und notwendig an, in angemessener und vernünftiger Weise den antikatholischen Schmähschriften etwas entgegenzusetzen, die seit dem zweiten Unabhängigkeitskrieg ab 1812 auch in seinem Umfeld merklich zugenommen hatten. Seit der Amerikanischen Revolution und Unabhängigkeit bestimmten die untrennbar miteinander verwachsenen konfessionellen und ethnisch-kulturellen Spannungen die Entwicklung des gesellschaftlichen Zusammenlebens in Pennsylvania, die sich als Verständigungs- und Aushandlungsprozess darstellte und dabei zugleich den philanthropischen Idealen der freiheitlichen Selbstbestimmung und Toleranz verpflichtet blieb. Seit ihrer Gründung im Jahr 1681 stellte Pennsylvania ein Zufluchtsort für eine große Zahl von Siedlern aus Europa dar. Selbst den von vielen Protestanten verhassten und aus Europa vertrieben Katholiken hatte William Penn sehr weitgehende Rechte und Freiheiten innerhalb einer Kolonie im britischen Teil Nordamerikas eingeräumt. Vom rechtlichen Standpunkt aus betrachtet, genossen die katholischen Siedler in Pennsylvania noch immer eine einzigartige Stellung, zumal in den benachbarten Staaten der freien Entfaltung katholischen Lebens deutliche Grenzen gesetzt wurden.

Gesellschaftliche Krisenerfahrungen, wie sie etwa in den 1750er Jahren im Zuge des britisch-französischen Krieges und abermals ab 1812 das interkonfessionelle Zusammenleben in Pennsylvania belasteten, nutzten zahlreiche protestantische Prediger und Wortführer, die Katholiken als vermeintliche Täter oder zumindest als Mitschuldige öffentlich anzuprangern und an den Rand der Gesellschaft zu drängen. Stigmatisierungen wie diese schufen in der vorwiegend protestantisch geprägten Gesellschaft, wie sie in Pennsylvania vorherrschte, für viele Gläubige durchaus plausible Erklärungs- und Deutungsansätze, welche die Angst vor einem allzu ungebändigten Katholizismus wachhielten und zugleich die eigenen konfessionsspezifischen Überzeugungen und Glaubensprinzipien betonten. Vor diesem Hintergrund

© VERLAG FERDINAND SCHÖNINGH, 2020 | DOI:10.30965/9783657704255_012

erscheint die antikatholische und antirömische Propaganda im Licht der
intensiven Bemühungen um eine konfessionelle Homogenisierung und „rigide
Vereindeutigung des Glaubens"[1] vielmehr als Ausdruck zunehmender Verunsicherung der protestantischen Eiferer. Die verheißungsvollen Aussichten
größtmöglicher Freiheit, Selbstbestimmung und Toleranz schufen nämlich
immer das Risiko, dass Bekenntnisgrenzen aufgeweicht, leichtfertig über-
schritten sowie Glaubenssätze und Frömmigkeitspraktiken unterschiedlicher
Religionsparteien miteinander vermischt wurden, wodurch die gesamte
Gesellschaft einer religiösen Indifferenz erliegen könnte. Eben dies rief
konfessionelle Abwehrkräfte und Homogenisierungsbestrebungen vor allem
im vielfältigen protestantischen Lager auf den Plan, das sich in der Asservaten-
kammer des Konfessionellen Zeitalters bediente, um sich gegenüber seinem
traditionellen Gegenspieler, der katholischen Kirche, zu rüsten und in Stellung
zu bringen. Der Kirchenrechtler Martin Heckel hat dieses konfessionelle
Bewusstsein treffend zusammengefasst, das auch noch in den Zeiten gesellschaftlicher und konfessionskultureller Verunsicherung das gemeinsame
Debattieren über Religion, Glaube und Kirche im Laufe des 18. Jahrhunderts
beeinflusste:

> In [diesem konfessionellen Bewusstsein] ist die Tiefe der Theologie und des
> Glaubenslebens jeweils mit zeitbedingten Äußerlichkeiten zu einer typischen
> Einheit verwachsen, die auch sehr weltliche Züge konfessioneller Rechthaberei
> und Streitlust, Verhetzung und unflätiger Verketzerung aufwies. Zur Kontrovers-
> theologie und Kontroverjurisprudenz kam die Kontroverspropaganda. Sie
> wurden von den Obrigkeiten vielfältig angeheizt und eingesetzt auch vom
> Pöbel ausgetobt, der sich an Gottesdienststörungen und Gewaltdemonstrationen
> berauschte.[2]

Den konkreten Anlass dafür, dass Gallitzin in dieser ohnehin aufgeheizten
Stimmung die öffentliche Diskussion suchte, bildete eine Reihe polemischer
Zeitungsbeiträge in der Huntingdon Gazette, in denen sich der presbyterianische
Prediger John Johnston (1750-1823) aus dem von Loretto unweit entfernten
Huntingdon vehement gegen die weitere Duldung der Katholiken in Amerika
aussprach. Gallitzin entgegnete seinen Vorwürfen allerdings weder voreilig
noch ungehalten, sondern mit Ruhe und Besonnenheit und verfasste eine
ausführliche Entgegnung mit dem Titel „A Defence of Catholic Principles in a
Letter to a Protestant Minister", die sowohl in Einzelbeiträgen als auch parallel

---

1   Stollberg-Rilinger, Einleitung, S. 11.
2   Heckel, Deutschland, S. 225.

1816 in einer erweiterten Fassung in Pittsburgh herausgegeben wurde und rasch weite Verbreitung fand.[3]

Das Verfassen von Kontrovers- und Verteidigungsschriften zielte in erster Linie darauf ab, die eigene Deutungshoheit in Fragen nach dem „wahren" religiösen Glauben und Bekenntnis demonstrativ unter Beweis zu stellen und diente zugleich der Selbstvergewisserung der eigenen jeweils unumstößlichen konfessionellen Überzeugungen und Bekenntnisgrenzen. Gallitzins Entgegnung blieb nicht ohne Folgen, denn Johnston antwortete kurzerhand mit „A Vindication of the Doctrines of the Reformation, being a Reply to an Attack on the Protestant Religion, In a Letter from the Rev. Dr. Gallitzen, to a Protestant Minister" im Jahr 1817, in denen er einzelne Thesen Gallitzins widerlegte. Auf diese Schrift entgegnete dann Gallitzin wiederum mit zwei weiteren Pamphleten, die er beide bei dem katholischen Buchdrucker Canan in Ebensburg unmittelbar nacheinander veröffentlichen ließ, und zwar „An Appeal to the Protestant Public" (1819) und „A Letter to a Protestant Friend, on the Holy Scriptures, being a Continuation of the ‚Defence of Catholic Principles'" (1820). Gallitzins Spätwerk wurde schließlich „The Bible, Truth and Charity. A Subject of Meditation for the Editors of Certain Periodicals, Miscalled Religious Publications" (1836).[4]

In der öffentlich ausgetragenen Debatte zwischen Gallitzin und Johnston manifestiert sich eine lebendige Streitkultur, wie sie für die aufklärerische Publizistik kennzeichnend war.[5] Das Streiten stand für Gallitzin voll und ganz im Dienst der Aufklärung und war erwünscht, wenn nicht gar notwendig, um die Meinungsverschiedenheiten lösen und eine Eskalation des Konflikts

---

3 Vgl. Demetrius A. Gallitzin, A Defence of Catholic Principles in a Letter to a Protestant Minister (Pittsburgh 1816), in: Murphy, Gallitzin's Letters, S. 7-111. Eine deutschsprachige Edition der Werke Gallitzins existiert bislang nicht. Zuletzt wurde von der „Defence" nur eine unzureichende Übersetzung – da diese weder fehlerfrei noch vollständig ist – von einem nicht näher ermittelbaren Herausgeber (‚S. M. v. H–th') veröffentlicht. Sie trägt den Titel „Eine Vertheidigung katholische Grundsätze des Fürsten August Demetrius von Gallitzin in einem Briefe an einen protestantischen Prediger in Amerika. Aus dem Englischen" und erschien bei Burmeister in Berlin 1842. Eine französische Ausgabe ist wenig später bezeugt: „Un Missionaire Russe en Amérique Défense des Principes Catholiques Addressée a un Minister Protestant par le Prince Dmitri Galitzin Précédée d'une Notice sur la Vie et ses Vertus, Traduit de l'Anglais par le Prince Augustin Galitzin" bei Ch. Douniol, Paris 1856. Bereits bis 1828 wurden 6.000 Exemplare der „Defence" von der irischen Catholic Book Society in Dublin nachgedruckt (Dublin 1825) und verkauft, vgl. First Report of the Catholic Book Society, S. 12, 16, 19.

4 Der Aufsatz von Johnston ist ebenfalls selbstständig 1817/18 in Huntington erschienen. Eine Edition liegt derzeit noch nicht vor. Die Werke Gallitzins sind enthalten in Murphy, Gallitzin's Letters, S. 113-124 („An Appeal"); 125-224 („A Letter"); 251-291 („The Bible").

5 Vgl. Jürgens/Weller, Einleitung.

vorbeugen zu können. Diesen Zusammenhang brachte auch Gallitzin, unter Verwendung der typischen Aufklärungsmetaphorik, zum Ausdruck:

> Religiöse Kontroversen, wenn sie im Geist der Nächstenliebe und mit Aufrichtigkeit geführt werden, sind sicherlich von großem Nutzen, da sie dazu neigen, die Wolken des Irrtums zu zerstreuen, die die Wahrheit verdecken oder deformieren, und diejenigen zu vereinen, die eine Vielfalt an Meinungen widersprechen.[6]

Zu den Praktiken der Aufklärung gehörte folglich nicht nur das Publizieren und Diskutieren, sondern auch – wie die Germanistin und Kulturhistorikerin Stefanie Stockhorst aufzeigte – das „Provozieren, Polemisieren und Satirisieren", sofern es sich „gegen intellektuelle oder institutionelle Behaglichkeiten"[7] richtete und wahren Nutzen stiften wollte. Dies vermochte, die blinde Parteilichkeit und das „kontroverstheologische Gezänk"[8] des Konfessionalismus zu überwinden und idealerweise „gegen dogmatischen Starrsinn, eifernden Fanatismus und aggressiven Glaubenshass Toleranz als Inbegriff wahrer Humanität"[9] geltend zu machen. Das Streiten über Religion, Glaube und Kirche bildete bei Katholiken und Protestanten gleichermaßen eine überaus fruchtbare Grundlage, um sich über die Möglichkeiten einer Anerkennung und Tolerierung verständigen und eine innere Erneuerung und Revitalisierung des Glaubens jenseits verhärteter Bekenntnisgrenzen vorantreiben zu können. Dies waren Bildungsprozesse, die von den Konkurrenten grundsätzlich die Bereitschaft zum Dialog und zur Aussöhnung verlangten. Katholiken und Protestanten waren in ihrem gemeinsamen Ringen um gesellschaftliche Anerkennung insofern nicht nur streitbare Konkurrenten, sondern auch – in Anlehnung an Pierre Bourdieu – „Komplizen"[10], sofern sie die Praktiken der Aufklärung anerkannten, sich das kommunikative Verfahren des Streitens zu eigen machten und gemeinsam den Verlauf, die Dynamik und Intensität sowie die Bedeutung der Debatte bestimmten. Die in die Kolonialverfassung Pennsylvanias eingeschriebenen Voraussetzungen für ein friedliches, tolerantes und sicheres Zusammenleben aller Konfessionen stellten eben nicht nur hohe Erwartungen an jene, die das gesellschaftliche und

---

6   Gallitzin, An Appeal, S. 115: „Religious controversies, when carried out in the spirit of charity, and with candour, are certainly of great utility as they tend to dispel the clouds of error which obscure or deform the truth, and to unite those whom a diversity of opinion keeps at variance."

7   Stockhorst, Doing Enlightenment, S. 27; vgl. mit weiterer Literatur auch Füssel, Streitsachen, S. 157-162.

8   Unterburger, Rekurs auf die Reformation, S. 224.

9   Graf, Theologische Aufklärung, S. 55.

10   Bourdieu, Homo Academicus.

politische Leben aktiv mitgestalten wollten, sondern auch an die Pflege einer entsprechenden Streitkultur, die unerlässlich war, um nicht Hass und soziale Ausgrenzung hervorzurufen, sondern aufgeklärtere Einsichten zu vermitteln und gesellschaftlichen Fortschritt zu erwirken.

Auch Gallitzin musste allerdings feststellen, dass es unter den Katholiken und Protestanten immer Abweichler und religiöse Eiferer gab, die den Sinn und die Bedeutung der Debatte anders begriffen, sich lieber ihren überlieferten konfessionskulturellen Deutungsmustern hingaben und weder von einer Verhandlung auf Augenhöhe noch von der Geltung und Anerkennung des besseren Arguments ausgingen, wie es schließlich für einen „herrschaftsfreien Diskurs"[11] unentbehrlich war. Hierüber schrieb Gallitzin:

> Unglücklicherweise gehen religiöse Kontroversen jedoch aus Gründen der Religion nicht oft aus dem Geist der Nächstenliebe hervor und werden nur selten in den süßen Akzenten der harmonischen Schönheit ausgedrückt, in deren Folge der Bruch erweitert wird.[12]

Die Debatte von Gallitzin und Johnston bot Diskussions- und Lesestoff für zahlreiche Geistliche und gläubige Laien in Amerika, denen das Zusammenleben von Katholiken und Protestanten ebenfalls beschäftigte. Wie schon der Kirchenhistoriker Robert Gorman feststellte, repräsentierte Gallitzin in jener Zeit die erste Generation katholischer Priester, die in Amerika ausgebildet wurde und auf derartige Herausforderungen besser reagieren konnte als mancher Geistliche aus der Alten Welt.[13] Vieles spricht für diese Zuordnung, da Gallitzin ohne Zweifel seine theologischen Studien sowie seine praktisch-pastorale Ausbildung zum Priester in Baltimore als Protegé von John Carroll absolviert hatte. Allerdings bauten seine Studien ganz wesentlich auf das Erziehungsprogramm auf, das zuvor Amalia von Gallitzin für ihre Kinder entwickelt und mit großer Entschlossenheit und Fürsorge durchgesetzt hatte. Diese auf wissenschaftliche, sittlich-moralische und körperlich-asketische Bildung abzielende Erziehung in Kombination mit der katechetischen Unterweisung durch den Pädagogen und Priester Bernard Overberg bildeten ideale Voraussetzungen für die anspruchsvollen und kräftezehrenden Tätigkeiten eines Missionars. Dass Gallitzin zudem im Umfeld der aufklärerischen

---

11   Vgl. Habermas, Vorbereitende Bemerkungen.

12   Gallitzin, An Appeal, S. 115: „Unfortunately, however, for the cause of religion, religious controversies do not often proceed from a spirit of charity, and are but seldom expressed in the sweet accents of harmonious suavity, in consequence of which, the breach is made wider."

13   Vgl. Gorman, Catholic Apologetical Literature, S. 28.

Bildungsreformen im Fürstbistums Münster aufgewachsen und erzogen wurde, bildete schließlich einen wirkmächtigen Referenzrahmen, auf den er sich noch Jahrzehnte später in Amerika berufen konnte. Zwar konnte Gallitzin seine adlige Abstammung nicht leugnen, durch den Einfluss von John Carroll hatte er jedoch die Vorzüge eines republikanisch verfassten und den Grundsätzen der Aufklärung verpflichteten Gemeinwesens kennen und schätzen gelernt. Auch öffentlich trat Gallitzin für die föderalen Verfassungen der Vereinigten Staaten und Pennsylvanias ein.[14] Ihm waren die Grundzüge des Föderalismus durch seinen früheren Unterricht in der deutschen Geschichte bei dem münsterschen Rechtsgelehrten Sprickmann oder auch durch sein daran anschließendes Studium amerikanischer Verfassungstexte mehr als vertraut. Schon in seiner Kindheit und Jugend hatte Gallitzin auf Reisen und durch manchen Gast die Begegnungen und Erfahrungen mit Andersdenkenden und Andersgläubigen nicht als verstörend oder gar gefährlich wahrgenommen, sondern er war vielmehr dahingehend erzogen worden, dass konfessionelle Vielfalt immer eine Gelegenheit zum Austausch bieten konnte, um voneinander etwas lernen zu können.

In der vorliegenden Debatte richtet sich der Blick auf die von Gallitzin vorgebrachten Argumente, Begriffe und Ausdrucksweisen, die er den protestantischen Schmähschriften entgegensetzte. Hier drängt sich die Frage auf, inwiefern sich Gallitzin dabei zum einen inhaltlich auf aufklärerische Forderungen berief, zum anderen auf sprachlich-semantischer Ebene seiner Haltung Ausdruck verleihen konnte. Gallitzin war bei weitem nicht der einzige Katholik, der sich in Amerika als Priester und Publizist öffentlich gegen protestantische Schriften wendete.[15] Doch mit seiner „Defence" repräsentierte er einen neuen Typ innerhalb der traditionellen Kontroversliteratur. Er bekannte sich selbstbewusst als amerikanischer Katholik zur Verfassung und setzte sich für religiöse Freiheit und Toleranz an.[16] Dabei berücksichtigte er gebührend die politischen und gesellschaftlichen Entwicklungen seit 1776 und hatte stets den beständigen Aufbau einer amerikanischen Ortskirche vor Augen. In eben jene Zeitspanne zwischen 1776 und 1815, die der Kirchenhistoriker Patrick W. Carey als „freie Kirche in einem freien Staat"[17] betitelte, ist

---

14   Vgl. Gallitzin's Political Principles, in: Murphy, Gallitzin's Letters, S. 293-302, hier 298:
      „... I became a citizen of the United States, when in the most solemn manner I called upon
      the great God, the searcher of hearts, to witness my attachment and my future fidelity to
      the present Federal Constitution, and in particular to the Constitution of Pennsylvania."
15   Vgl. grundl. Parsons, Early Catholic Americana.
16   Vgl. Gorman, Catholic Apologetical Literature, S. 160.
17   Patrick W. Carey betitelte die Zeitspanne von 1776 bis 1815 mit „A Free Church in a Free
      State", vgl. Carey, Catholics in America, S. 17-26.

auch das Wirken von Franz Xaver Brosius einzuordnen, der als Reisebegleiter des gleichaltrigen Gallitzin im Jahr 1792 nach Amerika gelangte. Zwischen 1796 und 1797 geriet er als Missionar von Conewago – zur selben Zeit als Gallitzin dort wirkte – in einen Streit mit dem lutherischen Prediger Frederick Valentin Melsheimer (1749-1814).[18] Melsheimer war ein deutscher Einwanderer und stammte aus Braunschweig-Wolfenbüttel. Er hatte dort in den 1770er Jahren an der Universität Helmstedt studiert und war als Feldprediger des Dragonerregiments im Unabhängigkeitskriegs nach Amerika gekommen, wo er sich Ende der 1780er Jahre schließlich im pennsylvanischen Hanover niedergelassen hatte. Melsheimer gehörte den Trustees der von lutherischen und reformierten Protestanten um Gotthilf Heinrich Ernst Mühlenberg (1753-1787) in Lancaster gestifteten Deutschen Hohen Schule („College") und Frei-Schule an, die zu Ehren Benjamin Franklins nur Franklin College genannt wurde.[19] Dort predigte und lehrte Melsheimer die lateinische, griechische und deutsche Sprache. Größere Bekanntheit erlangte Melsheimer durch seine wissenschaftlichen Arbeiten, die er als enthusiastischer Insektenforscher veröffentlichte.[20]

Während Gallitzin und Johnston ihre Debatte vollständig auf Englisch führten und damit ein größeres Lesepublikum ansprachen, veröffentlichten Brosius und Melsheimer ihre Briefe und Schriften in deutscher Sprache. Zunächst erschien 1796 bei Samuel Saur in Baltimore eine knapp fünfzigseitige Schrift mit dem Titel „Brief eines Priesters der Römischen Kirche und die darauf ertheilte Antwort, von einem Prediger der Protestantischen Kirche in York-Caunty", die von Melsheimer herausgegeben wurde. Noch im selben Jahre folgte auf rund zweihundert Seiten, bei Johann Albrecht in Lancaster, Brosius' „Antwort eines Römisch-Catholischen Priesters an einen Friedensliebenden Prediger der Lutherischen Kirche". 1797 schrieb Melsheimer schließlich, gedruckt bei Wilhelm Daniel Lepper zu Hanover, seine fiktiven „Gespräche zwischen einem Protestanten und Römischen Priester" nieder.[21] Die Verbreitung ihrer Schriften beschränkte sich folglich auf den deutschsprachigen Buchmarkt in Pennsylvania.

---

18   Nicht sonderlich tiefgreifend ist die Arbeit zu Melsheimer von Wilson, Switching Sides.
19   Vgl. StAnz, Bd. 12 (1788), S. 471-480, hier 473.
20   Vgl. Melsheimer, A Catalogue; hierzu Snetsinger, Melsheimer, S. 1-18.
21   Von diesen Druckschriften sind nur noch wenige Exemplare erhalten. Von der letztgenannten ist nur noch ein Fragment bekannt, dass von der York County Historical Society aufbewahrt wird, vgl. An Early Religious Discussion, S. 179.

5.1   Aufklärerische Herzens- und Verstandesbildung:
       Gallitzins „Defence of Catholic Principles"

Schon zu seinen Lebzeiten erlangte Demetrius von Gallitzin durch seine Ver-
teidigungsschriften überregionale Bekanntheit. Während sein Wirken als Seel-
sorger und Missionar stets auf die Bedürfnisse und Notwendigkeiten seiner
Gemeinde von Loretto ausgerichtet war und blieb, richtete er sich mit seinen
Schriften – von denen die mit Abstand verbreitetste und bedeutendste seine
„Defence of Catholic Principles" war – an ein Lesepublikum, das nicht nur
Protestanten und Katholiken in Pennsylvania, sondern auch in den ganzen
Vereinigten Staaten ansprach. Gallitzin bezog Stellung zu den Vorwürfen
seines protestantischen Gegenspielers, des presbyterianischen Predigers John
Johnston aus Huntingdon. Schon in seinem Vorwort gab Gallitzin klar zu verstehen, dass Anfeindungen, wie sie die Katholiken in Amerika schon lange
Zeit erdulden mussten, „in diesem freiheitlichen Land sehr gewöhnlich"[22]
seien. Es beunruhigte ihn allerdings der Vorschlag, den Katholiken müsse das
amerikanische Bürgerrecht aberkannt werden, da sie angeblich un- oder abergläubisch auf dunklen Pfaden umherirren würden.[23] Dass das religiöse Bekenntnis folglich über die Duldung und das Bürgerrecht entscheiden sollte,
widersprach nicht nur Gallitzins aufklärerischen Überzeugungen, sondern war
ebenso mit der auf freiheitliche Selbstbestimmung und Toleranz gegründeten
Verfassung nur schwerlich vereinbar.

     Mit der „Defence of Catholic Principles" wollte Gallitzin den An-
schuldigungen und Vorwürfen der Protestanten keine harsche Widerlegung
entgegensetzen noch sich polemisch-belehrenden Zänkereien hingeben, die
das Zusammenleben und die ohnehin angespannte Lage nur zusätzlich belastet und die Bekenntnisgrenzen verhärtet hätten. Vielmehr unternahm er
den Versuch, sich mit Ruhe und Besonnenheit einer präzisen und ausführlichen Argumentation zu widmen, die Komplexität des Sachverhalts zweckmäßig zu reduzieren und zu strukturieren und dadurch die oftmals einfältige
und schwache Argumentation der Protestanten bloßzustellen. Allein die Tatsache, dass Gallitzin die bitteren Beschuldigungen gleich zu Beginn nicht
kurzerhand zurückwies, sondern unbeeindruckt von den „ganzen dunklen
Schattierungen der Böswilligkeiten" und „allerlei lächerlichen Formen

---

22   Vgl. Gallitzin, Defence, S. 11: „Attacks of that kind being so very common in this liberal
      country ...".

23   Vgl. ebd., S. 13: „Catholics as standing upon a level with heathens, to represent the whole
      of them as a superstitious set wandering in the paths of darkness, and finally to exclude
      the Catholics of the United States from their rank of citizens, cannot be considered by you
      as a trifling insult".

niederer Zuchtlosigkeit"[24] – bald kühn, bald nachsichtig – die Ursache des Streites in einem „Missverständnis der Begrifflichkeiten"[25] suchte sowie den Katholiken selbst manchen Fehler eingestand, macht deutlich, inwiefern er eine Debatte auf Augenhöhe und mit größtmöglicher sachlicher Bestimmtheit und sprachlicher Klarheit führen wollte. Keine erneute Aneinanderreihung von Vorurteilen, sondern eine stringente und aspektorientierte Reflexions- und Argumentationsweise mit stichhaltigen Belegen sollte die Grundlage für eine prinzipiell objektiv-vernünftige Auseinandersetzung bilden. Neben zahlreichen Verweisen auf die Bibel und auf Schriften der Kirchenväter führte Gallitzin ebenso einige Dichter und Denker aus neuerer Zeit als Autoritäten an, um seine eigenen Aussagen zu bekräftigen oder auch um Aussagen der Protestanten zu widerlegen. Die Verweise auf die Schriften von Voltaire, Locke, Hume, Leibniz, Luther, Melanchthon, der Dramatiker Fletcher und Dryden sowie einiger englischer Bischöfe und Kirchenmänner, spiegeln nicht nur das Wissen und die reichhaltige Bibliothek eines vielseitig interessierten und gebildeten Geistlichen wider, sondern zeigen eindrücklich, wie Gallitzin durch eine geschickte Argumentation und Beweisführung selbst überzeugte Gegner und Widersacher der katholischen Kirche zu ihren Fürsprechern machte und gleich im Vorfeld eine ganze Reihe zu erwartender Erwiderungen entkräftete.

Inhaltlich strukturierte Gallitzin seine „Defence" nach zehn Themenbereichen, mit denen er die wesentlichen Streitpunkte benannte und ausführte: die katholische Lehre insgesamt, die Beichte, die Eucharistie, das Opfer der Messe, die Kommunion unter einer Gestalt, das Fegefeuer und das Gebet für die Toten, die Verehrung der Heiligen, das Erbitten um ihre Fürsprache, die Verehrung von Bilder und Reliquien, der Papst, die Tolerierung. In den einzelnen Kapiteln verteidigte Gallitzin die katholische Lehre und zögerte dabei an keiner Stelle, ihren uneingeschränkten Wahrheits- und Geltungsanspruch gegenüber dem Protestantismus demonstrativ unter Beweis zu stellen und die interkonfessionelle Bekenntnisgrenze zu markieren. Darüber hinaus machte Gallitzin deutlich, dass der katholische Glaube mit Wissenschaft und Vernunft genauso vereinbart werden könne wie er auch mit den Prinzipien einer freiheitlichen und toleranten Gesellschaftsordnung in Einklang gebracht werden könne. Einzig die göttlichen Geheimnisse des Glaubens ließen sich weder rational verstehen noch erklären, da sich deren Erkenntnis dem menschlichen

---

24   Vgl. ebd., S. 35: „… the little knowledge which the Protestant possesses of our Religion is borrowed entirely from the declamations of pulpit violence, and the misrepresentations of interested prejudice. In general, Catholic principles are exhibited in all the dark colorings of malevolence, and in all the ludicrous shapes of low ribaldry."

25   Ebd., S. 13: „Many disputes originate altogether in the misunderstanding of words, and might entirely be avoided by first agreeing about the meaning of those words."

Verstand entziehen würde.[26] Die modernen Naturwissenschaften – die Natur-
philosophie, Physik, Anatomie, Astronomie und weitere Disziplinen – ermöglichten es allerdings, wie Gallitzin weiter ausführte, die Schönheit und
Vollkommenheit der sinnlich erfahrbaren Welt im Großen und Kleinen soweit
zu durchdringen und zu erforschen, dass daraus Kenntnisse über die Macht
und Weisheit ihres Schöpfers abgeleitet werden könnten:[27]

> Die allmähliche Verfeinerung unserer Fähigkeiten, der allmähliche, aber lang-
> same Erkenntnisfortschritt hat uns ermöglicht, in einige der Geheimnisse der
> Natur einzudringen. Jede Entdeckung hat den Weg zu neuen geebnet und sollte
> die Welt Millionen von Jahren überdauern, sollten wir noch mehr entdecken
> und doch müssen wir uns eingestehen, dass wir kaum einen Tropfen aus einem
> Ozean gewonnen haben.[28]

Grundsätzlich hatte Gallitzin ein positives Bild von den modernen Wissenschaften, die den christlichen Glauben weder erschüttern noch gänzlich
widerlegen, sondern ihm vielmehr zu neuer Glaubwürdigkeit verhelfen
könnten. Einem borniertem und dogmatisch verhärteten Rationalismus erteilte Gallitzin eine klare Absage wie auch einem jeden Philosophen der Aufklärung, der sich völlig blind und selbstgenügsam auf seinen Verstand und
die Vernunft allein verlassen würde. Die göttlichen Geheimnisse, worunter
Gallitzin vor allem die Sakramente des Glaubens fasste, könnten nämlich
gar nicht rational begriffen und beurteilt werden, da sie nicht den Verstand,
sondern das Gefühl ansprächen. Selbst ein kluger und gelehrsamer Denker mit
den vortrefflichsten Begabungen und der besten Allgemeinbildung („liberal
education"), so Gallitzin, würde sich daher nicht als Priester oder Seelsorger
eignen, da er nicht vom Heiligen Geist erfüllt wäre, sein Wissen aus der Gemeinschaft der Priester speisen könnte und sich voll und ganz seinem Herz

---

26 Vgl. ebd., S. 40: „... we must remember that to understand and explain divine mysteries is
    not the province of human reason. If we are justifiable in rejecting one mystery because
    it is beyond the limits of reason, then we may [...] to reject all divine mysteries as beyond
    the same limits."

27 Vgl. ebd., S. 15: „By the help of natural philosophy, physics, anatomy, astronomy and other
    sciences, many of the beauties and perfections of nature have been discovered which give
    us the most exalted idea of the power and wisdom of their Creator."

28 Ebd.: „The gradual development of our faculties, the gradual though slow progress of
    knowledge has enabled us to penetrate into a few of the secrets of nature. Every discovery
    has paved the way to new ones, and were the world to last millions of years, we should
    still discover more, and yet be obliged to own that we have scarcely got one drop out of an
    ocean."

und Verstand gleichermaßen unterwerfen würde.[29] Nur so würden Demut, Sittsamkeit, Gerechtigkeit und Nächstenliebe als höchste christliche Tugend ausgebildet werden.[30] Gallitzin räumte dabei ein, dass auch Papst und Klerus keinesfalls unfehlbar, sondern sündhaft und falsch handeln könnten, wenn sie ohne Verstand ein von menschlichen Leidenschaften verdorbenes Herz besäßen und Stolz, Ehrgeiz und Begehren sie leiten würde.[31] Das Herz sei, wie es die Literaturwissenschaftlerin Sibylle Schönborn treffend zusammenfasste, „Garant für die Nähe zu Gott" und „Voraussetzung für die Verständigung mit ihm", ein „Instrument praktisch-sinnlicher Erkenntnis, Sitz des freien Willens, der Leidenschaften, der Empfindungsfähigkeit und des moralischen Sinns"[32] und bilde insgesamt „die vielseitigste Metapher für die Selbsterfahrung des empfindsamen, aufgeklärten Christen"[33].

Gallitzin stellte damit der fahlen und allzu einseitigen Vernunftgläubigkeit den harmonischen Dualismus von Herz und Verstand gegenüber. Das vom Verstand geläuterte Herz war Sitz des moralischen Empfindens und Urteilens, der Dreh- und Angelpunkt des Gewissens und bildete schließlich den gesunden Menschenverstand, den auch Gallitzin als „Common Sense" bezeichnete.[34] Wichtigstes Instrument zur Ausbildung dieser kritischen Urteilsfähigkeit waren sinnliche Erfahrungen und Beobachtungen. Dies entsprach der aufklärerischen englischen und schottischen Moralphilosophie, wie sie von Hutcheson und Shaftesbury geprägt wurde, die ebenfalls von einem dialogischen Miteinander von Sinnlichkeit und Vernunft ausgingen. Zudem hat Frans Hemsterhuis, der bedeutende Philosoph und alte ‚Seelenfreund' der Amalia von Gallitzin, in seiner Lehre der Seelenvermögen – aus der sich für sie ein pädagogischer Auftrag ableitete –, das dynamische Zusammenspiel

---

29 Vgl. ebd., S. 28: „We readily grant that men, even the most learned, are fallible and subject to errors whilst depending upon their reason and their learning alone; and for this reason we believe that not even the most transcendent genius, improved by the most liberal education that can be obtained on earth, will ever alone qualify a man to be minister of Christ, a Pastor of souls, a spiritual guide to Heaven, to pilot us surely and securely through the raging billows of a tempestuous sea into the harbor of eternal peace. [...] The body of Pastors, then, being guided by the Holy Ghost, every individual pastor draws his knowledge from that Body, from the whole Church."

30 Vgl. ebd., S. 16: „... the most perfect submission of our heart and understandig practise humility, chastity, justice, and above all the most perfect charity."

31 Vgl. ebd., S. 93: „Any person possessing the least knowlege of the nature of man, and versed in the history of religion, will own that religious opinion have but too often originated in the passions and the corrupted heart of man, their dictates being too often mistaken for those of cool and impartial reason."

32 Schönborn, Buch der Seele, S. 67.

33 Ebd., S. 66.

34 Hierzu auch Gallitzin, Defence, S. 23, 78.

von Herz und Verstand vorausgesetzt, wobei nur das Herz als „organe morale"
die unbändige und willkürliche Entfaltung der Willens-, Verstandes- und
Einbildungskräfte mäßigen und kontrollieren könnte. Den Ausgleich der
Empfindungsvermögen gestalte sich nach Hemsterhuis als ein lebenslanger
Erziehungs-, Bildungs- und Vervollkommnungsprozess.[35] Für Demetrius
von Gallitzin war die aufmerksame Bildung des Herzens und die Bildung
des Verstandes eine unverzichtbare Grundlage für das Leben und Handeln
eines sowohl gläubigen als auch aufgeklärten Katholiken. Religiöse Bildungsprozesse und Frömmigkeitspraktiken galt es daher aus beiden Blickwinkeln
zu bewerten und zu prüfen, ob diese hinsichtlich des Herzens „erbaulich" („to
edify") und hinsichtlich des Verstandes „aufklärerisch" („to enlighten") seien.
Besonders deutlich zeigte Gallitzin dies anhand der Behauptung auf, dass
Katholiken religiöse Bildnisse anbeten würden. Er entgegnete:

> Religiöse Bildnisse sind geschickt berechnet, um sowohl aufzuklären als auch
> zu erbauen: aufzuklären, indem sie die bemerkenswertesten und bekanntesten
> Tatsachen hinsichtlich der Religionsgeschichte darstellen; zu erbauen, indem
> sie das Feuer der Andacht entfachen. Welcher Ort könnte also für religiöse Bild-
> nisse angemessener sein als die Kirche, das Haus Gottes, das Heiligtum, wo das
> höchste Opfer dargebracht wird und wo die Sakramente, die göttlichen Geheim-
> nisse gespendet werden. Dieser ist vor allen anderen der Ort der Andacht und er
> ist dafür da, um beim Hören des Wortes Gottes, beim Darbringen unserer Gebete,
> beim Nachsinnen über verschiedene religiöse Sachen, die durch unsere Bilder
> dargestellt werden, beim Nachdenken über die religiösen und moralischen
> Tugenden der Heiligen, deren Abbilder wir vor uns haben, vor allem beim Nach-
> sinnen über die großen Leiden Christi, dargestellt durch unsere Kruzifixe, über
> seine unermessliche Liebe für Sünder usw., dieser Ort ist dafür da, sage ich, dass
> auf diese Weise unsere Frömmigkeit sowohl aufgeklärt als auch entfacht wird.[36]

---

35   Vgl. Niehaus, Aufklärung und Religiosität, S. 129-149.

36   Gallitzin, Defence, S. 80: „Religious pictures in general are well calculated both to
      enlighten and to edify: To enlighten by exhibiting the most remarkable and prominent
      facts belonging to the history of religion; to edify by kindling up the fire of devotion. What
      place, then, could be found more proper for religious pictures than the church, the house
      of God, the sanctuary where the tremendous sacrifice is offered and where the sacra-
      ments, the divine mysteries are administered. That place, above all others, is the place of
      devotion, and it is there that by hearing the word of God, by offering up our prayers, by
      meditating on divers religious subjects represented by our pictures, meditating on the re-
      ligious and moral virtues of the saints whose images are before us, meditating especially
      on the great sufferings of Christi as represented by our Crucifixes, on His immense love
      for sinners, etc., it is there I say, and by such means, that our piety is both enlightened and
      inflamed."

Gallitzin wandte sich hiermit gegen jede im öffentlichen Raum zur Schau gestellte Frömmigkeit und wies ihr zugleich einen sicheren Platz im geschlossenen Kirchenraum zu, der durch bildliche und figürliche Darstellungen zum Gebet und zur Andacht einladen würde. Dort ließe sich ungestört, frei und selbstbestimmt mit Herz und Verstand über die heiligen Tugenden und Leiden Christi nachsinnen. Gallitzin spricht hier im Englischen treffender von „meditate" und stellt damit klar, dass er keine frömmelnden, eifernden und abergläubischen Gläubigen meinte, sondern aufgeklärte Katholiken. Denn wie schon der Verleger Zedler in seinem berühmten Universallexikon beschrieb, müsse jeder, der „meditieren" möchte, die richtigen Meditationstechniken anwenden, „einen guten natürlichen Verstand haben", „eine historische Wissenschafft von unterschiedlichen Sachen besitzen" sowie „sein vorhandenes Subjectum nach allen Umständen geduldig und fließig betrachten"[37]. Doch nicht nur Bilder, sondern auch Reliquien standen bei den Protestanten in Verruf, von Katholiken in abergläubischer Weise verwahrt und angebetet zu werden. Dass dies nur ein weiteres Vorurteil sei, konnte Gallitzin aus eigener Erfahrung versichern. Treffenderweise verwies er dabei auf die ihn prägenden Jugendjahre in Münster (1779-1792), die in jener Zeit von Fürstenbergs aufklärerischer Reformpolitik geprägt wurden: „Obwohl ich fünfzehn Jahre in einem katholischen Land lebte und mit einer Vielzahl von Katholiken, sowohl Klerikern als auch Laien, aus fast allen europäischen Ländern in Europa vertraut war, habe ich keinen so Dummen gekannt, der Reliquien verehren würde."[38]

Die Meinung der Protestanten, dass alle Katholiken grundsätzlich ungebildet, abergläubisch und einfältig seien und ihnen überhaupt jede Fähigkeit abgesprochen wurde, ihren Verstand nutzen zu können, missfiel Gallitzin. Denn gerade weil sie doch offenbar dieselben Anlagen, Begabungen und Fähigkeiten besäßen wie die Protestanten und sich diese doch bei jedem Menschen völlig unabhängig seines religiösen Bekenntnisses entwickeln und ausbilden würden, könnten sie auch ihren Glauben als vollkommen vernünftig und

---

37 Vgl. Zedler, Universal-Lexicon, Bd. 20, Sp. 132-126, hier 133.

38 Gallitzin, Defence, S. 84: „Yet, although I lived fifteen years in a Catholic country, and have been acquainted with numbers of Catholics, both of the Clergy and Laity from almost every Catholic country in Europe, I never knew one so stupid as to worship relics." Auch hatte Gallitzin dabei, wie er ebenfalls berichtete, ein konkretes Bild vor Augen, das er damals bei einem Besuch in der Düsseldorfer Gemäldegalerie gesehen hatte. Hierbei handelte es sich um das barocke Altargemälde „Die Himmelfahrt Mariä" (1638/39) des Bologneser Malers Guido Reni (1575-1642), vgl. ebd., S. 79. Das Gemälde befindet sich heute in der Alten Pinakothek in München (Inv.-Nr. 446).

glaubwürdig betrachten.[39] Dass jedoch immer noch den alten Vorurteilen, Anschuldigungen und Behauptungen uneinsichtig nachgeeifert werde, zeugte für
Gallitzin nicht von einem scharfen Verstand: „Der alte Mann", schrieb Gallitzin
über Johnston, „obwohl er in diesem aufgeklärten Zeitalter lebte, ist nicht
scharfsinnig genug, um den Unterschied zwischen alten und neuen Zeiten zu
verstehen."[40]

In dem Schlusskapitel seiner „Defence" widmete sich Gallitzin nunmehr
konkret der Frage nach der bürgerlichen Tolerierung der Katholiken in
Amerika. Hiermit richtete Gallitzin den Blick auf die eigentliche Schlüsselfrage
der Debatte, auf die alle strittigen Themen in der Auseinandersetzung über
das Fegefeuer, die Verehrung von Heiligen und Reliquien, die Eucharistie und
die Feier der heiligen Messe hinausliefen. Es betraf die Haltung der Katholiken
zur Toleranz, die über die Integrationsfähigkeit einerseits und die Anpassungsbereitschaft andererseits entschied. Bereits in der Einleitung der „Defence"
gab Gallitzin dabei zu verstehen, dass sich die christliche Nächstenliebe
aus seiner Sicht nicht allein auf die eigenen Gläubigen beschränke, sondern
vielmehr auf alle Menschen, „ohne Unterscheidung des Gläubigen vom Un-
gläubigen, des Christen, Juden, Mohammedaners oder Heiden."[41] Aus dieser
Annahme entwickelte Gallitzin allerdings keinesfalls sein Toleranzverständnis, denn eine kirchliche bzw. theologische Toleranz war – nicht nur aus der
Sicht der Katholiken – höchst problematisch.[42] Die katholische Kirche blieb
auch für Gallitzin die einzig wahre, von Jesus Christus gestiftete und durch ihn
legitimierte Kirche, während die völlige Anerkennung jeglicher Wahrheits-
ansprüche auch die geltenden Überzeugungen und Konfessionsgrenzen des
eigenen Glaubens in Gefahr bringen würde:

> Die uns vorliegende Frage betrifft die theologische Tolerierung, nämlich ob der
> allmächtige Gott so viele verschiedene Religionssysteme billigen kann, die wir
> auf der Erde gegründet finden; ob all diese unterschiedlichen Religionssysteme

---

39   Ebd., S. 67: „If the Protestants peremptorily decides that the belief in a purgatory is ab-
      surd, and the practice of praying for the dead ridiculous, we in our sober senses, as well
      as our good Protestant neighbours, enlightened by a liberal education as well as many
      of them, endowed with genius and talents, capable of the most profound disquisitions,
      in short, endowed – many of us – with all the perfections of the understanding which
      Nature can give or education improve, we answer that we find the belief in a place of
      temporal punishment, and the practice of praying for the dead, perfectly reasonable."

40   Ebd., S. 221: „The old man, although living in this Enlightened Age, had not sagacity
      enough to understand the distinction between old times and new times."

41   Ebd., S. 16: „... we be strictly just and charitable to all men, even to our enemies, without
      distinction of believer of unbeliever, Christian, Jew, Mahometan or Heathen."

42   Vgl. Lehner, Katholische Aufklärung, S. 59-85.

als so viele verschiedene Wege zum Himmel betrachtet werden können. Wenn
ja, sollten wir eine universelle Tolerierung befürworten. Die katholische Kirche
lehrt, dass Jesus Christus nur eine Kirche für die Errettung des Menschen gegründet hat und dass außerhalb von dieser einen Kirche keine Errettung zu erwarten ist.[43]

Die Debatte beschränkte sich daher auf die Frage nach der rechtlich-
bürgerlichen Tolerierung und Gleichstellung eines jeden Bürgers unabhängig
seines religiösen Bekenntnisses oder konfessioneller Überzeugungen. Gallitzin
sprach sich dabei eindeutig für die amerikanische Verfassung aus, die in
diesem Zusammenhang den wichtigsten Referenzrahmen lieferte:

> Wir werden als die intolerantesten Menschen auf Erden dargestellten. Die grau-
> samste, die unmenschlichste Intoleranz wird uns zur Last gelegt. Aber diese
> Anklage geht vermutlich wieder aus einem Missverständnis unserer Lehre zu
> diesem Thema hervor. Katholiken und Protestanten sind darin vereint, bürger-
> liche Tolerierung als einen unschätzbaren Segen zu betrachten, vor allem
> in einem Land wie dem unsrigen, wo es so viele unterschiedliche Glaubens-
> richtungen gab, als die Verfassung gebildet wurde. Wir alle stimmen in der
> Überzeugung überein, dass keine menschliche Autorität das Recht besitzt, das
> Gewissen der Menschen zu lenken.[44]

Ausführlich und präzise reagierte Gallitzin mit seiner „Defence" auf die Anschuldigungen des protestantischen Predigers Johnston und auf weitere
Vorurteile, die ihm aus anderen Schriften bekannt waren. Nicht polemisch-
belehrend wollte er die Vorwürfe abwehren, sondern eine gemeinsame Basis
für einen offenen und vorurteilsfreien Ausgleich schaffen. Er appellierte an
die Vernunft seiner protestantischen Leserschaft, durch die sie zu der Einsicht finden sollten, dass Katholiken die amerikanische Verfassung keinesfalls
hintergehen oder schaden würden, sondern ihr Glaube und die katholische

---

43 Gallitzin, Defence, S. 96: „The question before us is concerning theological Toleration, viz.
    whether Almighty God can approve of so many different religious systems which we find
    established upon earth; whether all these different religious systems can be considered as
    so many different ways to Heaven. If so, we ought to be in favour of universal Toleration.
    The Catholic Church teaches that Jesus Christ established but one Church for the salva-
    tion of man, and that out of that one church salvation is not to be had."

44 Ebd.: „We are represented as the most intolerant set of men upon earth. The most cruel,
    the most uncharitable intolerance is laid to our charge. But this charge again probably
    proceeds from a misunderstanding of our doctrine on that subject. Catholics and Prot-
    estants are united in considering civil toleration an invaluable blessing, especially in a
    country like ours, where there were so many different denominations at the time its con-
    stitution was formed. We all agree in believing, that no authority, merely human, pos-
    sesses any right of controlling the consciences of men."

Kirche in vielerlei Hinsicht mit den der Verfassung zugrundeliegenden Prinzipien der Aufklärung vereinbart werden könnten. Nicht der öffentliche Raum war der Ort, an dem sich die Katholiken offen zu ihrem Glauben bekennen und ausschweifenden Frömmigkeitsformen hingeben sollten. Dies würde nicht nur neue Irritationen und Provokationen hervorrufen und war für das gesellschaftliche Zusammenleben daher völlig irrational, auch konnte der Kirchenraum mit seiner spezifischen bildlichen und figürlichen Programmatik viel besser zur Erbauung des Herzens und zur Aufklärung des Verstandes beitragen. Mit dem beständigen Aufbau von Gemeindestrukturen und der Errichtung von Kirchen sollte die Religiosität der katholischen Siedler geregelt, diszipliniert und in kontrollierbare Bahnen gelenkt werden, sodass in absehbarer Zeit auch kein Gottesdienst mehr behelfsmäßig in den Häusern und Scheunen der Farmer stattfinden müsste. Dies sollte zur Erneuerung des Glaubens, zur Läuterung und Sensibilisierung der Gläubigen für angemessene Formen der Spiritualität, Andacht und Liturgie beitragen und entsprach dabei den Kernelementen einer Katholischen Aufklärung.

Deutlich treten vor diesem Hintergrund die Parallelen hervor, die zur aufklärerischen Empfindsamkeit bei Amalia von Gallitzin und im Kreis von Münster bestanden. Die Betonung des Gefühls gegenüber der nüchtern-rationalen Vernunftgläubigkeit sollte zu einem gemäßigten Ausgleich verhelfen und wandte sich dabei gegen jeden eifernden religiösen Fanatismus und ausschweifende Frömmigkeitspraktiken. Die Werke praktischer Menschenliebe, die Förderung des Gemeinwohls sowie die Forderungen nach mehr Toleranz zwischen Katholiken und Protestanten wurden dadurch zum moralischen Leitmotiv der Katholischen Aufklärung, die weder Bekenntnisgrenzen nivellieren noch die Lehrmeinung der Kirche aufkündigen wollte. Die Loyalität gegenüber dem Papst als rechtmäßigen Stellvertreter Christi ging dabei nicht mit einer Anerkennung von dessen Unfehlbarkeit einher. Vielmehr sahen Gallitzin und Fürstenberg, die beide an verschiedenen Orten und zu unterschiedlichen Zeiten als Generalvikare wirkten, die Stärkung der Bischöfe und deren Rechte und Pflichten, die Eigenverantwortlichkeit und Selbstständigkeit der Ortspfarrer sowie die notwendige Verbesserung der Priesterausbildung als unverzichtbar für eine innere Reform und Erneuerung der Kirche an.

Auch hinsichtlich des Schul- und Bildungswesens lassen sich – unter Berücksichtigung und Abwägung der völlig unterschiedlichen Voraussetzungen und Herausforderungen, die das westfälische Fürstbistum Münster einerseits und der amerikanische Bundesstaat Pennsylvania andererseits stellten – einige Schnittmengen hervorheben. So sind die allgemeinen aufklärerischen Annahmen, die bei Fürstenberg zur Reform des Schul- und Bildungswesens geführt haben, erstaunlich leicht auf die Haltung Gallitzins übertragbar, etwa

hinsichtlich Fürstenbergs Maxime, dass der „wahre Eifer der Religion ein Geist
der Liebe [sei], von Hass, Abneigung und Verfolgung weit entfernt"[45]. Auch
Fürstenbergs Beweggründe und Zielsetzungen, die er zuvor gegenüber dem
„Messias"-Dichter Klopstock in aller Prägnanz und Klarheit zum Ausdruck gebracht hatte, bildeten in ebenso eindrücklicher Weise eine auf Gallitzins Absichten völlig zutreffende Einsicht, dass „aufgeklärte Religion, warme thätige
erhabene Menschen- und Vaterlandsliebe, folglich richtige Begriffe von Recht,
Sitten, Freyheit, und Ehre, gemeinnützige Wissenschaften und Künste"[46]
die Voraussetzung für eine konfessionell übergreifende, freiheitliche und
tolerante Gesellschaft darstellten. Der konkrete Schulversuch, den Gallitzin in
Loretto unternahm, war demzufolge auf eine Herzens- und Verstandesbildung
ausgerichtet, während sich die körperliche Bildung im Umfeld der ohnehin
kräftezehrenden und körperlich anspruchsvollen Frontier-, Siedler- und Agrar-
gesellschaft erübrigte. Auch die von Bernard Overberg erarbeitete und 1782 erlassene provisorische Landschulverordnung für das Fürstbistum Münster hatte
für die Kinder der Landbevölkerung keine Leibesertüchtigung vorgesehen.[47]
Selbst der für Fürstenberg und durch den schulischen Geschichtsunterricht
zu fördernden Vaterlandsliebe wurde Gallitzin in gewisser Weise gerecht, indem er den ehemaligen amerikanischen Unabhängigkeitskämpfer Archibald
Christy als Schulmeister und Lehrer gewinnen konnte. Dieser vermittelte
nicht nur praktisch-nützliche Inhalte, sondern verkörperte auch die Tugenden
eines amerikanischen Patrioten und die republikanischen Ideale der föderalen
Verfassung.[48] Gerade für die Katholiken in Pennsylvania kam es darauf an, für
gesellschaftliche Krisensituationen gewappnet zu sein, gegenüber den zu erwartenden Anfeindungen der Protestanten ihre amerikanische Gesinnung
demonstrativ unter Beweis stellen zu können und sich mit den Grundwerten
der Verfassung identifizieren zu lernen.

Die „Defence of Catholic Principles" ist weit mehr als eine bloße Entgegnung
und Verteidigung des katholischen Glaubens gegenüber antikatholischen
Vorurteilen. Die Schrift legt vielmehr Gallitzins katholisch-aufklärerisches
Bildungsverständnis offen, das sich in seinen Grundzügen nicht wesentlich
von dem unterschied, wie es von Fürstenberg und Amalia von Gallitzin vor-
gedacht und im Kreis von Münster diskutiert wurde. Dem reinen Rationalismus setzten sie die gleichermaßen verstandes- wie gefühlsbetonende

---

45 Schulordnung 1776, S. 158.
46 Fürstenberg an Klopstock, 2.8.1775, in: Riege, Briefe, Nr. 16.
47 Vgl. Provisional-Verordnung die Landschulen betreffend, in: LAM, Fürstbistum Münster,
  Kabinettsregistratur, Nr. 2953; Faks.-Nachdruck bei Hanschmidt, Elementarschulverhältnisse, S. 2-14.
48 Vgl. Nuesse, Social Thought, S. 139.

aufklärerischen Empfindsamkeit entgegen, die sie sich aus der englischen und schottischen Moralphilosophie erschlossen. Dabei gingen sie von der allgemeinen Bildsamkeit und Erziehbarkeit des Menschen aus, der sich durch die individuelle Vervollkommnung seiner Verstandeskräfte, Empfindungsfähigkeit und moralischen Haltung zum gläubigen und rechtschaffenden Christen und tugendhaften Bürger entwickeln würde. Vor diesem Hintergrund erschienen Gallitzin die grundsätzlichen Annahmen und Vorurteile der Protestanten als haltlos, schwach und unreflektiert. Er nutzte in seiner „Defence" die Sprache und das Vokabular der Aufklärer und verlieh dadurch seinen Ausführungen die notwendige Klarheit, Präzision und Glaubwürdigkeit. In den folgenden Jahren bot Gallitzin interessierten Lesern noch einige weitere Schriften zur vertiefenden Lektüre an, die jedoch im Wesentlichen auf die Ausführungen seiner „Defence" gründeten und auch nicht die Verbreitung erfuhren, wie sie die „Defence" in kurzer Zeit in Amerika und einigen Ländern Europas erreichte.

5.2   Der „Federkrieg" zwischen Franz Xaver Brosius und dem Lutheraner Frederick Valentin Melsheimer

Während Gallitzin seine Schriften ausschließlich auf Englisch verfasste und öffentlichkeitswirksam verbreitete, publizierte Franz Xaver Brosius gemeinsam mit seinem Gegenspieler, dem lutherischen Prediger Frederick Valentin Melsheimer, ausschließlich in deutscher Sprache. Dadurch beschränkte sich der Wirkungskreis auf das Lesepublikum unmittelbar vor Ort.[49] Der Blick in Brosius' Schrift, die er 1796 unter dem Titel „Antwort eines Römisch-Catholischen Priesters an einen Friedensliebenden Prediger der Lutherischen Kirche"[50] veröffentlichte, führt vor Augen, dass Gallitzin mit seiner Antwort und Entgegnung auf die antikatholische Propaganda zwar kein Einzelfall war, sich jedoch mit viel größerer Bedachtsamkeit, Ausführlichkeit und sachlicher Bestimmtheit als Brosius den Anschuldigungen und Vorwürfen der Protestanten begegnete und sich für eine wirkliche Aufklärung der Kontroverse einsetzte.

Der Auslöser für diesen „Federkrieg"[51] – wie Brosius und Melsheimer ihre Debatte selbst rückblickend bezeichneten – war ein konkreter Anlass,

---

49   Vgl. Blied, Austrian Aid, S. 59-61.
50   Vgl. Parsons, Early Catholic Americana, S. 37; Gorman, Catholic Apologetical Literature, S. 10 f.
51   Melsheimer, Gespräche, S. 1.

nämlich jener „Vorfall", dass ein „Priester der Römischen Kirche einer be-
jahrten Frau, die bisher zu der Lutherischen Gemeine gehalten hatte, auf
ihrem Krankenbette das Abendmahl gegeben"[52] habe. Die Lage war brisant,
da der Schwiegersohn der älteren Frau katholischen Glaubens war und sich
dadurch der Verdacht erhärtete, sie sei von ihm zum Empfang der Kommunion
gedrängt worden. „Wer unter den Wölfen ist, der muß mit ihnen heulen"[53], soll
sie später gesagt haben und Melsheimer fügte in seiner Antwort an Brosius
noch hinzu, dass „Wölfe beissen und kratzen so lange, bis sie den, der nicht mit
ihnen heulen will, ganz von sich wegbeissen."[54] Melsheimer gab zu verstehen,
dass ein solches Verhalten eines Katholiken „weder nach göttlichen, noch
menschlichen Rechten" zu entschuldigen sei, „nicht nach göttlichen Rechten,
da es nicht eine Bekehrung, sondern Verkehrung ist; nicht nach menschlichen
Rechten, da die Gewissens-Freyheit, die wir geniessen, es uns zur Pflicht
macht, das Gewissen eines andern nicht zu kränken"[55]. Gerade deshalb verstand Brosius allerdings nicht, warum Melsheimer seine Vorwürfe derart auf-
blähte und nannte ihn daher, voller Ironie, einen „friedensliebenden Herrn"[56].
Denn immerhin hatte Melsheimer das Verhältnis zwischen Katholiken und
Lutheranern zuvor als friedlich und nachbarlich beschrieben, dass seine Gemeindemitglieder den Katholiken „zum Theil bey ihrem Kirchbau geholfen,
zum Theil mit zu ihrer Orgel unterschrieben, auch ihnen bey ihrem Gottesdienste nichts in den Weg gelegt, niemanden weder durch List noch durch
Zureden von ihrer Gemeine abwendig zu machen versucht"[57] hatten. Brosius
vermutete, dass die Anschuldigungen Melsheimers im Vorfeld in seiner Gemeinde für Unruhe gesorgt hatten:

> [Denn] wo war die Notwendigkeit, das Publikum mit einem Briefwechsel über
> einen solchen Vorfall zu unterhalten, und einen Nachbarn gegen den andern
> mit allerley Misverständnissen, einer solchen Begebenheit wegen, anzuhetzen.
> Es ist mir bekannt, daß einige, denen der Anfang der Sache nicht bewußt ist,
> mich dieser Verstörung wegen beschuldigen, da doch der ganze Lermen von

---

52   Melsheimer, Brief eines Priesters, Vorrede.

53   Ebd., S. 6. Dieses Sprichwort richtet sich gegen eine schlechte Gesellschaft, in der man
      genötigt ist, aus Konformitätsdruck deren Meinung anzunehmen, vgl. Heinsius, Wolf.

54   Melsheimer, Brief eines Priesters, S. 6.

55   Ebd., S. 6 f.

56   F. V. Melsheimer an F. X. Brosius, 1.2.1796, zit. n. Brosius, Antwort eines Römisch-
      Catholischen Priesters, S. 4.

57   Ebd. Im Jahr 1773 erwarb die katholische Gemeinde von dem deutschstämmigen Orgel-
      bauer David Tannenberg (Lancaster) eine Kirchenorgel. Tannenbergs Eltern waren als
      Anhänger der Herrnhuter Brüdergemeine aus der Oberlausitz nach Pennsylvania ge-
      kommen, vgl. Häberlein, Practice of Pluralism, S. 160.

dem friedenliebenden Herrn Melsheimer, der wie es scheint, einem jeden Ge-
schwätze gehör gibt, herrührt.[58]

Jegliche Anschuldigungen und Vorwürfe wehrte Brosius in seiner Antwort
an Melsheimer entschieden ab. Die ältere Frau zähle „zu den unsrigen", wie
er ihm mitteilte, „da sie das heil[ige] Nachtmahl von mir empfing, denn sie
hatte sich zuvor ungezwungener Weise, und freywillig vor mir und den ihrigen
zum catholischen Glauben bekent."[59] Mit Tinte und Feder gewappnet, machte
er Melsheimer klar, wie die Situation seiner Meinung nach zu beurteilen sei.
Brosius tat es Gallitzin gleich und berief sich in seiner Entgegnung ausdrücklich auf die verfassungsrechtlichen Grundlagen der Vereinigten Staaten, die
auch für ihn einen wichtigen Bezugspunkt darstellten. Er rief Melsheimer ins
Gedächtnis, dass „ein jeder Mensch die Freiheit habe zu glauben und zu thun,
was ihm nach wohlerwegten Bewegungsgründen zuläßig oder gar nothwendig
zu seyn scheinet." Dies gehöre, so Brosius weiter, „zu den menschlichen und
göttlichen Rechten [...], denn wir leben ja in einem Lande, in welchem das
Gesetz erlaubt, daß ich mich zu einem andern Glauben wende, und denselben
auch äusserlich bekenne, wenn es mich also gut dünket."[60] Brosius machte
deutlich, dass auch die Katholiken ihre in Amerika gewonnenen Freiheiten
nicht leichtfertig aufs Spiel setzen würden, dass auch die Hinwendung zu
einem anderen Bekenntnis vernünftig geprüft werden müsse und dass nicht
der Bekenntniswechsel grundsätzlich falsch oder verwerflich sei, sondern vielmehr der anhaltende und ungeklärte Zustand konfessioneller Gleichgültigkeit
und Uneindeutigkeit:

> Daß man aber verpflichtet sey nach dem wahren Glauben, nach der wahren
> Kirche Christi zu streben, und sich herzlich zu bemühen dieselben unter so
> vielerley Kirchen auszusuchen, zeigt die Vernunft selbst. Es ist also eine schwere
> Sünde, gleichgültig zu seyn in was für einem Glauben man lebe; wahre Religions-
> zweifel als Gewissensplagen in den Wind zu schlagen; den erkanten Religions-
> wahrheiten zu widerstreben.[61]

Die strenge Einhaltung der Konfessionsgrenzen und die ständige Vergewisserung der eigenen konfessionellen Überzeugungen sollte der Gefahr
synkretischer Vermischung von katholisch und protestantisch geprägten
Konfessionskulturen entgegenwirken sowie das eigene konfessionelle Profil
stärken. Melsheimer hatte aus diesem Grund bereits einige Jahre zuvor gegen

---

58   Brosius, Antwort eines Römisch-Catholischen Priesters, Vorrede.
59   F. X. Brosius an F. V. Melsheimer, 3.2.1796, zit. n. Melsheimer, Brief eines Priesters, S. 1.
60   Ebd., S. 1 f.
61   Brosius, Antwort eines Römisch-Catholischen Priesters, S. 63.

die universalistischen Tendenzen einiger Protestanten in Berks County ge-
wettert und die Auseinandersetzung ebenfalls zu Papier gebracht.[62] Nun
waren die Katholiken – mit ihnen der Missionar Brosius – durch einen unan-
genehmen Vorfall in den Mittelpunkt seines Interesses geraten. Melsheimer
schreckte nicht zurück, seiner Abneigung auch mit rhetorischer Schärfe Ausdruck zu verschaffen und seinem Unmut Luft zu machen. Er warf drei Fragen
auf, mit denen er Brosius und die katholische Lehre hinters Licht führen
wollte, ohne zur Beilegung des Vorfalls letztlich beizusteuern:

> Es komt dabei auf drey Fragen an. Erstlich, ist die römische Kirche die erste, und
> wahre Kirche? Zweytens, ist die römische Kirche ohnfehlbar? Drittens, ist es ein
> so grosser Vorzug, daß die römische Kirche ihre Priester und Bischöfe in einer
> ununterbrochenen Reihe bis zu den Aposteln hinaufzehlen kan?[63]

Brosius ließ sich auf die Fragen Melsheimers ein und berief sich in seiner Beantwortung und Entgegnung auf zahlreiche biblische Verweise, auf Schriftzeugnisse des frühen Christentums sowie auf Ereignisse und Konzile der
älteren und neueren Kirchengeschichte. Zwischen der Aneinanderreihung
von Belegen und Beispielen und der Ableitung von Lehrsätzen appellierte
er immer wieder an die Vernunft seines Kritikers, doch weder seine eigenen
Ausführungen noch jene von Melsheimer zeugen von einer eingehenden
Kenntnis, Anwendung und Einbindung aufklärerischen Gedankenguts in
die Diskussion.[64] Während für Gallitzin „kritisches Denken, systematisches
Beobachten und rationales Verknüpfen"[65] als grundlegende Operatoren
der freien Urteilsbildung selbstverständlich waren und diese ihm auch zu
neuen Einsichten im christlichen Glauben verhalfen, zogen Melsheimer
und Brosius ihre Erkenntnisse für Theologie, Glaube und Kirche aus der
herkömmlichen Ableitung und Betrachtung religiöser Glaubenssätze und
kirchengeschichtlicher Ereignisse. Dies konnte ihr konfessionelles Bewusstsein in der Weise bestärken, als dass es den freien Blick auf die gesamtgesellschaftlichen Chancen verschränkte, die eine weitgehende Aussöhnung
interkonfessioneller Differenzen und eine Überwindung der im alten Europa
verankerten Glaubenskämpfe bedeutet hätten.

---

62 Der Universalismus als Glaube an die zukünftige Erlösung der ganzen Menschheit
    etablierte sich in Nordamerika im späten 18. Jahrhundert, vgl. Lippy, Universalismus/
    Universalisten; vgl. Melsheimer, Eine Controversia oder Disputations-Schreiben; hierzu
    Wilson, Switching Sides, S. 200-223.
63 Melsheimer, Brief eines Priesters, S. 7.
64 Brosius, Antwort eines Römisch-Catholischen Priesters, S. 2.
65 Schmidt, Wandel durch Vernunft, S. 88.

Da Gallitzin nicht bloß die katholische Lehre verteidigte, sondern auch das „aufklärerische Grundvertrauen"[66] besaß, dass das gemeinsame Streiten und Kritisieren vielfältige Verbesserungen hervorbringen könnte, blieben bei Brosius und Melsheimer diese Einsichten hinter ihren polemisch-scholastischen Tendenzen – Streitlust, Rechthaberei und ausgefeilter Beredsamkeit – deutlich zurück. Forderungen nach freiheitlicher Selbstbestimmung und Toleranz, die Gallitzin in seinen Ausführungen in anerkennender Weise bedachte, wurden Brosius und Melsheimer nur soweit gerecht, wie sie die eigenen Gewohnheiten und Behaglichkeiten nicht einschränkten. Die Gedanken der Aufklärung schienen für Brosius und Melsheimer insgesamt nur sehr begrenzt zur Erneuerung und Läuterung des Glaubens beitragen und Antworten auf überkommene konfessionelle Grabenkämpfe liefern zu können. Sie fühlten sich stärker mit ihren jeweiligen konfessionskulturellen Traditionen verbunden als Gallitzin, der in seiner „Defence" auch vorführen wollte, inwieweit die oftmals zähen theologischen und dogmatisch verhärteten Kontroversen hinter die Betrachtungen des gelebten Glaubens und der religiösen Lebenserfahrungen zurückgestellt werden konnten.

Neben den vielfältigen Eindrücken und Ereignissen in Pennsylvania wurde ihre kompromisslose Haltung von ihren religiös-konfessionellen Bildungserfahrungen mitgeprägt. Während sich Melsheimer einen Ruf als lutherisch-orthodoxer Prediger erarbeitet hatte und damit seinem theologischen Studium an der Universität Helmstedt gerecht wurde, hatte Brosius an der Académie anglaise in Liège eine jesuitische Erziehung und Bildung erfahren. Melsheimer starb 1814 in Hanover, Pennsylvania. Brosius' Leben und Wirken sollte in den folgenden Jahrzehnten noch beachtliche Wandlungsprozesse erfahren. Den grundsätzlichen Ansichten der Gemeinschaft der Jesuiten, die der Aufklärung zunehmend mit Skepsis oder Ablehnung begegneten, blieb er zeitlebens verbunden. Nicht nur seine jahrelangen praktischen Erfahrungen aus der Mission, sondern wohl auch seine abgeklärte Haltung zu den Protestanten brachte ihm nach dem Tod des Missionsvorstehers Pellentz im Jahr 1800 die Leitung der Missionsstation von Conewago ein.[67]

Das wechselvolle Leben und Wirken von Brosius ist trotz fundierter Quellenlage noch weitgehend unbekannt und lässt daher kaum gesicherte Rückschlüsse auf seine aufklärerische Gesinnung zu. Allein sein überaus kurzer Aufenthalt im Kreis von Münster als auch sein breites wissenschaftliches Interesse können hier kaum als Indikatoren angeführt werden. Brosius blieb

---

66   Ebd., S. 89.
67   Pellentz setzte Brosius als Alleinerben ein, vgl. Will of James Pellentz, in: GUL, Maryland Province, Box 25, fol. 12; hierzu auch Reily, Conewago, S. 57, 80.

nur noch drei Jahre als Missionar in Conewago, als er aufgrund immer wieder-
kehrender gesundheitlicher Schwierigkeiten seinen Dienst als Missionar und
Leiter der Missionsstation aufgeben musste. 1804 wurde er von Carroll zum
Pfarrer der deutschen Katholiken von St. John in Baltimore ernannt, doch
die Trustees der Gemeinde setzten ihn nach kurzer Zeit wieder ab, da Carroll
nicht ihr Mitspracherecht eingefordert hatte.

Abb. 15   Kupferstich des Mount Airy Seminary, Germantown, das von
             F. X. Brosius gegründet wurde

Brosius verließ Baltimore und gründete 1807 ein Seminary for the Education
of the Youth[68] in Mount Airy bei Germantown. Dort setzte er auf einen Unterricht in den klassischen und modernen Sprachen, in Geschichte, Mathematik,
Geographie, einschließlich in den Umgang mit Karten und Globen, bei Nachfrage sollte auch Tanzen, Zeichnen und Musik vermittelt werden. Der Erfolg
ließ auf sich warten, denn als Brosius 1813 das Seminar verließ, wurde es in
eine militärische Bildungseinrichtung umgewandelt. Ab 1814 hielt sich Brosius
in Boston auf, um dort Mathematik zu lehren und wissenschaftlichen Studien
nachzugehen.[69] Bis 1815 wirkte er als Privatdozent („private instructor") für

---

68   Vgl. V. M., Early Catholic Secondary Education; S. 168-170; Hotchkin, Ancient and Modern
       Germantown, S. 363-370; Griffin, Brosius' Seminary. Vgl. auch GHS, Deeds and Indentures
       related to Mt. Airy College, 1807-1811.

69   Er veröffentlichte mehrere amerikanische Ausgaben von „The Elements of Natural or
       Experimental Philosophy" von Tiberius Cavallo (Philadelphia 1813, 1819 u. 1829) sowie als
       Autor „A New, Easy and Concise Method of Finding the Latitude by Double Altitudes of
       the Sun" (Cambridge, Ma. 1815).

Mathematik an der Universität Harvard und war damit erstes katholisches Mitglied der Fakultät.[70] Über seinen Unterricht wird berichtet, dass er als erster Lehrer und zur Verwunderung seiner Studenten die Kreidetafel im Mathematikunterricht eingesetzt haben soll.[71] In jenen Jahren gehörte auch George Ticknor (1791-1871) zu seinem Kreis von Studenten, der ihn von seinem Plan berichtete, bald nach Göttingen reisen zu wollen.[72]

Aufgrund seiner geschwächten Gesundheit entschloss sich Brosius im Jahr 1816, die Vereinigten Staaten zu verlassen und nach Deutschland zurück-zukehren.[73] Von 1820 bis 1833 wirkte er als Oberlehrer an dem ehemaligen Jesuitengymnasium in Düren, das 1826 preußisch reorganisiert wurde.[74] Er suchte und fand bald Anschluss zu den eher konservativ-ultramontanen katholischen Kreisen, die in der preußischen Rheinprovinz zunehmend politischen Widerstand gegenüber der antikatholischen Haltung der preußischen Regierung leisteten. Nach seiner Pensionierung zog Brosius im Jahr 1833 nach Aachen in die Pfarrei St. Jakob, wo er noch einige Zeit als Haus-lehrer eines Freundes, des Tuchfabrikanten Louis Fey, wirkte. Beide Söhne hatte er zuvor in Düren unterrichtet und einen der beiden, Andreas Fey (1808-1887), hatte Brosius 1825 bis 1828 für ein Theologiestudium an die Universität Münster geschickt.[75] Seitdem auch Luise Hensel 1827 von der Gräfin Sophie Charlotte zu Stolberg und Theodor Katerkamp, Theologieprofessor in Münster, als Lehrerin an die höhere Töchterschule St. Leonard nach Aachen vermittelt worden war, pflegte der Kreis von Münster mit dem Aachener Priesterkreis eine wechselseitige Verbindung und einen regen Austausch. Hensel war seit 1819 als Gesellschafterin von Marianne von Gallitzin, nunmehr Fürstin von Salm-Reifferscheidt-Krautheim, nach Münster gekommen und hatte dort mit Bernard Overberg ihren geistlichen Berater gefunden.[76] Auch Katerkamp reiste gelegentlich nach Aachen, um Franz Xaver Brosius und Andreas Fey zu treffen. Schließlich besuchte 1835 auch Clemens August Droste zu Vischering – als Erz-bischof von Köln – seinen ehemaligen Hauslehrer auf einer Visitationsreise

---

70   Vgl. HUA, Faculty Records, Bd. IX, 3.11.1814, fol. 8; Corporation Records, Bd. V, fol. 144
      (21.2.1814), Overseers Records, Bd. 6, 17.11.1814, fol. 107 f.; John Cheverus, Bischof von
      Boston, an John Carroll, 30.12.1812/18.3.1814, in: UNDA, Archdiocese of Baltimore, 1/21,
      1/23.

71   Vgl. Kidwell/Ackerberg-Hastings/Roberts, Tools, S. 24.

72   Vgl. Greensleet, George Ticknor, Bd. 1, S. 11; Adam/Mettele, Two Boston Brahmins.

73   John Cheverus an Joseph-Octave Plessis, Bischof von Quebec, 25.9.1815, in: AAQ,
      210A: Registre des Lettres, Bd. 8, fol. 360; Joseph-Octave Plessis an John Cheverus,
      30.10.1815/28.3.1816, in: AAQ, 7 CM, États-Unis, Vol. 2, fol. 25 f.

74   Vgl. Bogen, Statistische Mittheilungen, S. 4.

75   Vgl. Brecher, Oberpfarrer Nellessen, S. 86.

76   Vgl. Binder, Hensel, S. 110-145; 224; 226-256.

nach Aachen. Davon, dass Brosius in diesem Umfeld des alten münsterschen Freundeskreises von seiner Mission in Pennsylvania berichtete und dabei auch auf Gallitzin zu sprechen kam, darf hier sicherlich ausgegangen werden. Die rezeptionsgeschichtlich interessante Frage, mit welchem Interesse der Kölner Erzbischof auch eine deutsche Ausgabe von Gallitzins „Defence" erwarb und studierte, lässt sich indes nicht mehr beantworten.[77] Brosius' Schriften, die er vor mehr als vierzig Jahren verfasst hatte, gelangten zu dieser Zeit jedenfalls nicht mehr nach Europa. Er starb 1843 in Aachen.[78]

Wie der Historiker Jay P. Dolan ermittelte, verfolgten die Katholiken in den Vereinigten Staaten zwischen 1780 und 1820 zwei unterschiedliche, mitunter konkurrierende Strategien, um jene Herausforderungen bewältigen zu können, die eine freiheitliche und tolerante Gesellschaftsordnung an den religiösen Glauben und die Kirche als Institution stellte. Der eine Weg war in vielerlei Hinsicht darauf ausgerichtet, die essentiellen konfessionskulturellen Traditionen und Grundsätze der katholischen Kirche zu bewahren und zu verteidigen. Die Befürworter dieser traditionalistischen Variante des Katholizismus betonten die Schwäche und Sündhaftigkeit des Menschen, den Bedarf von entsprechenden Frömmigkeitsformen zur inneren Erbauung des Gläubigen, die Notwendigkeit strikter hierarchischer Kirchenstrukturen sowie die untergeordnete Rolle der Laien, für deren Seelenheil vor allem die Priester Sorge tragen konnten.[79] Der andere Weg zielte auf einen aufklärerischen Katholizismus ab, dem nicht nur Demetrius von Gallitzin nachging, sondern auch weitere Katholiken der jungen Vereinigten Staaten von Amerika, etwa der Bischof John Carroll oder der Buchdrucker Mathew Carey. Auch Gallitzin lässt sich schließlich dem größeren transatlantischen Kreis aufgeklärter Katholiken zuordnen, die Emile Appolis für den europäischen Raum als „dritte Partei" – zwischen den religiösen Eiferern einerseits und den radikalen Jansenisten andererseits – bezeichnete.[80]

Franz Xaver Brosius blieb zeitlebens den Traditionen und dem Selbstverständnis des Jesuitenordens treu und beharrte auf dem Gedanken eines universalen, weitgehend auf Rom zentrierten Einheitskatholizismus. Ihm blieben dadurch die Möglichkeiten verschlossen, eine Vereinbarung aufklärerischer Ideen mit individuellen Glaubensüberzeugungen oder auch mit den Bildungstraditionen des Ordens voranzutreiben. Brosius Einstellung zur Aufklärung

---

77   Hierüber geben Bucherwerbungslisten des Erzbischofs näheren Aufschluss, vgl. AS Darfeld, AV9455-457; vgl. auch Hänsel-Hohenhausen, Droste zu Vischering, S. 1178.

78   Vgl. Brecher, Aachener Priesterkreis, S. 137, 145; Lauenroth, Andreas Fey; hierzu auch Schrörs, Neue Quellen, S. 66 f.

79   Vgl. Dolan, Catholicism and American Culture, S. 63.

80   Vgl. grundl. Appolis, Tiers Parti.

war daher „zurückhaltend bis ablehnend"[81] und entsprach damit der grundlegenden Haltung, mit der schon viele Jesuiten, insbesondere in den letzten
beiden Jahrzehnten vor der Auflösung des Ordens im Jahr 1773, auf die aufklärerischen Forderungen und Gedanken reagiert hatten. Bis zum Ende des
18. Jahrhunderts erfuhren die Jesuiten eine „kulturelle Marginalisierung"[82], da
sie sich der Breitenwirksamkeit der Aufklärung weitgehend entziehen wollten
und zunehmend auf Distanz zu den aufklärerischen Erziehungs- und Bildungs-
vorstellungen gingen, die das traditionelle späthumanistisch-scholastische
Bildungskonzept des Ordens aushebelten.

Es wäre allerdings falsch, diese und weitere Katholiken, die den Vorstellungen eines aufklärerischen Katholizismus eher wenig abgewinnen
konnten, vorbehaltlos und kategorisch als religiöse Eiferer zu verurteilen
oder ihnen gar Intoleranz und Ignoranz vorzuwerfen. Verlustängste und Verunsicherungen gegenüber Veränderungen konnten nämlich genauso dafür
verantwortlich sein, dass manche ihren gewohnten Ansätzen und gebräuch-
lichen Praktiken zur konfessionellen Vereindeutigung des Glaubens mehr
abgewinnen konnten als dass sie den neuartigen Gedanken einer Aufklärung
ihren Glauben schenken wollten. Hierin unterschieden sich Katholiken und
Protestanten kaum voneinander, wenn auch der Protestantismus, der sich
seit der Reformation durch verschiedene theologische und kirchenpolitische
Differenzierungsprozesse in einer Vielzahl an Denominationen manifestierte,
seine innere Diversität an Konfessionskulturen und regionalen Besonder-
heiten weitgehend anerkannte und zu vereinen suchte. Gerade Pennsylvania
zeichnete sich dabei durch eine publizistische Vielstimmigkeit aus, die
daraus hervorging, dass Aushandlungs- und Verständigungsprozesse, die sich
zwischen den Konfessionen entzündeten, auch das eigene Meinen, Glauben
und Wissen auf den Prüfstand setzte und zum Anlass wurde für interne
Debatten über die Möglichkeiten und Grenzen einer inneren Erneuerung und
Aufklärung von Theologie, Glaube und Kirche.

---

81   Friedrich, Die Jesuiten, S. 340.
82   Ebd., S. 341.

Zusammenfassung und Ausblick

Die vorliegende Studie hatte zum Ziel, im Rahmen einer quellenkritisch fundierten Untersuchung erstmals eine zeitgemäße und aktualisierte Beschreibung und Deutung des Lebens und Wirkens von Demetrius von Gallitzin vorzulegen, die sein Aufwachsen, seine Erziehung und Bildung im Fürstbistum Münster und sein anschließendes Wirken als katholischer Missionar und Bildungsreformer in Pennsylvania in gleicher Weise berücksichtigt sowie zueinander in Beziehung setzt. Als bedeutsamer Akteur und Vertreter einer europäisch und transatlantisch wirksamen katholischen Aufklärungsbewegung, sollte mit dieser Studie zugleich ein Beitrag zur Erforschung der Katholischen Aufklärung geleistet werden, deren nordamerikanischen Bezügen und Verflechtungen bislang zu wenig Aufmerksamkeit geschenkt wurde. Unerlässlich war hierfür auch eine umfassende Darstellung der jeweiligen historisch gewachsenen politisch-rechtlichen, kirchlichen und gesellschaftlich-konfessionskulturellen Verhältnisse im Fürstbistum Münster und im Bundesstaat Pennsylvania, die nicht nur im Hinblick auf das Leben und Wirken von Demetrius von Gallitzin, sondern auch hinsichtlich der Genese und Geltung der Katholischen Aufklärung als Bildungsbewegung neue Deutungshorizonte für die bildungsgeschichtliche Forschung eröffnen. Zudem sollte gezeigt werden, dass anhand von grenzüberschreitenden Verflechtungen und Austauschvorgängen ein transatlantischer Bildungsraum bereits für das 18. Jahrhundert beschrieben werden kann. Eine besondere Herausforderung für die erfolgreiche Durchführung dieses Forschungsvorhabens war die Bewältigung des in großem Umfang in europäischen und amerikanischen Archiven vorhandenen Quellenmaterials, das der Forschung bislang weitgehend unbekannt war oder von ihr nur unzureichend erfasst und ausgewertet wurde. Für die vorliegende Arbeit stellte es eine unverzichtbare Grundlage dar.

Im Rahmen dieser Forschungsarbeit ist deutlich geworden, unter welchen Voraussetzungen sich Demetrius von Gallitzin als katholischer Missionar und Bildungsreformer den Ideen der Aufklärung annahm und wie er diese in seiner langjährigen Tätigkeit als Pfarrer und Publizist in Pennsylvania zum Ausdruck brachte. Er verstand sich selbst als aufklärerischer Katholik und grenzte sich im Spannungsfeld von Aufklärung und katholischer Frömmigkeit klar von den Befürwortern eines traditionalistisch-konservativen und romtreuen Katholizismus ab, die all jene Herausforderungen der Moderne und ihre Erfahrungen in der Neuen Welt mit Zurückhaltung und Abwehr zu bewältigen suchten. Gallitzin und andere aufklärerische Reformer wendeten

© VERLAG FERDINAND SCHÖNINGH, 2020 | DOI:10.30965/9783657704255_013

sich vor allem dem erzieherisch-karitativen Bereich zu, der Pastoral und dem Bildungswesen, und hielten sich weitgehend aus theologischen und kirchenpolitischen Debatten heraus. Sie strebten moderatere Lösungen an, die konkrete Verbesserungen und gesellschaftlichen Fortschritt versprachen. Einerseits richteten sie sich – anders als etwa die Jansenisten in Frankreich, Deutschland und der Schweiz – nicht grundsätzlich gegen den Papst, sondern vielmehr gegen den restriktiven Zentralismus der römischen Kurie, der ihrer Meinung nach die Ausbreitung und freie Entfaltung der Kirche, ihrer Seelsorge und ihrer Bildungsinitiativen in den Vereinigten Staaten nur schwächen und verlangsamen würde, als dass er als wahren Nutzen stiften könnte. Die Förderung föderativer Kirchenstrukturen und die Stärkung der Bischöfe vor Ort war allerdings nicht nur nützlicher als eine stärkere Bindung an Rom, sondern auch mit den Grundprinzipien der amerikanischen Verfassung in vielerlei Hinsicht besser vereinbar. Darin unterschieden sich die Anhänger der Katholischen Aufklärung von den katholischen Geistlichen, die andererseits eine stärkere Einmischung Roms befürworteten und dabei auch in der Auslegung der katholischen Lehre weitaus dogmatischer und kompromissloser vorgingen.

Diese beiden katholischen Strömungen – die einen, die sich als „Erneuerer" verstanden; die anderen, die als „Bewahrer" allzu große Zugeständnisse an die Aufklärung ablehnten – verfolgten durchaus ähnliche Ziele. Beide Seiten strebten nach der Selbstvergewisserung in der Glaubenslehre, der konfessionellen Vereindeutigung – bis hin zur Rekonfessionalisierung – und der Bereinigung von volksfrommem Aberglauben. Deutliche Unterschiede bestanden in der Art und Weise ihrer Umsetzung. Gallitzin strebte danach, durch eine innere Erneuerung und Aufklärung den katholischen Glauben zeit- und vernunftgemäß weiterzuentwickeln, dadurch im gesellschaftlichen Umfeld neue Glaubwürdigkeit zu gewinnen und geeignete Wege für ein friedliches und tolerantes Zusammenleben aller Konfessionen und Denominationen aufzuzeigen. Weitere reformwillige Geistliche, wie etwa der Buchdrucker Mathew Carey oder der Bischof John Carroll, vertraten eine ähnliche Haltung. Aus Sicht der Katholischen Aufklärung ging es darum, den blinden Traditionalismus zu überwinden, jegliche Formen überbordender Frömmigkeit abzuwenden, sich von dogmatischem Starrsinn und Ballast zu befreien sowie repressive Bekenntniszwänge und konfessionelle Homogenisierungsbemühungen abzuschwächen, denen religiöse Eiferer allzu häufig nachhingen, und fromme Humanität walten zu lassen. Toleranz war ohne Frage das Leitmotiv der Aufklärung und die aufklärerischen Katholiken verstanden sie als Inbegriff wahrer christlicher Menschenliebe. Die unterschiedlichen Formen einer verinnerlichten Frömmigkeit im interkonfessionellen und transreligiösen Kontakt zeigten ihnen zudem Wege auf, mit denen der eigene Glaube auf individuelle Erfahrungen gegründet und frei, selbstbestimmt und vernunftgeleitet entfaltet werden konnte.

Viele nach Amerika gekommene Geistliche sahen die Neue Welt häufig mit den Augen des ‚alten' Europa und versuchten, die mannigfachen Herausforderungen, die sich ihnen stellten, mit dem Wissen und Können zu bewältigen, das sie sich in ihrem früheren Wirkungskreis angeeignet hatten. Einschneidende Erfahrungen wie die der Emigration, Revolution, Verfolgung und Vertreibung konnten darüber hinaus für spirituelle Impulse verantwortlich sein, dass sich Geistliche wie auch einfache Gläubige nämlich zunächst ihren ganz eignen konfessionskulturellen Traditionen und Glaubensüberzeugungen vergewisserten, sich auch öffentlich zu diesen bekannten, bevor sie sich vorbehaltlos einer fremden Gesellschaft und Kultur öffneten. Es konnte gezeigt werden, dass dies der Fall bei vielen französischen Emigranten war, und zwar nicht nur bei den in Pennsylvania wirkenden Sulpizianern, sondern in ähnlicher Weise bei all jenen Geistlichen, die zur selben Zeit im Zuge der Französischen Revolution nach Westfalen emigrierten. Die Jesuiten in den außereuropäischen Missionen zeigten hingegen eine große Bereitschaft zur Anpassung an fremde Kulturen, zumal sie sich auch innerhalb Europas verhältnismäßig schnell mit dem Wandel äußerer Begebenheiten – etwa durch die vorübergehende Auflösung ihres Ordens – arrangierten. Die kulturelle Anpassung in der Mission war Teil ihres Selbstverständnisses, indem die Akkulturation die Grundlage für die Verkündigung der christlichen Heilsbotschaft schuf. Bis zuletzt begegneten sie der Aufklärung hingegen oftmals mit Vorbehalten, Skepsis oder Ablehnung.

Die Befürworter einer Katholischen Aufklärung wandten sich entschlossen gegen den kühlen, einseitigen und intoleranten Rationalismus der Aufklärung, den sie mit ihrem Glauben in keiner Weise in Einklang bringen konnten. Auch das schwierige Verhältnis von Offenbarung und Vernunft war und blieb eine Herausforderung. Erneuerung, Wachstum und Fortschritt versprachen sich die aufklärerischen Reformer von einer aufklärerischen Empfindsamkeit, die jedoch keine frömmelnden oder rührseligen Gläubigen hervorbringen sollte, sondern eine auf individuelle Erfahrungen beruhende zugleich verstandeswie gefühlsbetonende Frömmigkeit und Lebensführung. Die Aufklärung kannte daher nicht nur eine radikale religionskritische und kirchenfeindliche Variante. Eine vom Empirismus und Sensualismus inspirierte Aufklärung, die sich *mit* und *durch* Religion, Glaube und Kirche vollzog, setzte eine ebenso wirkmächtige Reform- und Erneuerungsbewegung in Gang, die jedoch keine revolutionäre Sprengkraft freisetzte. Die in sich ausgewogene Verstandes- und Herzensbildung wirkte sich auf die pädagogischen Konzepte und Bildungsprogramme reformfreudiger Katholiken aus, indem sie aus den gewonnenen Einsichten und Erkenntnissen schon bald Schulordnungen, Lehrpläne und Anweisungen formulierten und miteinander diskutierten. Einerseits galt es den *Verstand* durch entsprechende Lehrinhalte und durch neue Lernmethoden gezielt zu schärfen und auszubilden, andererseits das *Gefühl* durch eine moralische Bildung des Herzens zu kultivieren und dabei auch aufklärerische Tugendethiken zu verinnerlichen. Hinzu trat bald auch eine patriotisch-vaterländische Erziehung sowie eine an der jeweiligen bürgerlichen oder ländlich-dörflichen Lebenswelt der Zöglinge ausgerichtete Vermittlung praktisch-nützlicher Inhalte und Fähigkeiten, die sich an den modernen Wissenschaften orientierte.

Wie zu Beginn der Studie gezeigt werden konnte, war es Franz von Fürstenberg, der bereits im Jahr 1776 wohl am prägnantesten ein derartiges Bildungsreformkonzept mit der Schulordnung für das Fürstbistum Münster formulierte. Fürstenberg war nicht nur Premierminister und Generalvikar, sondern auch Aufklärer und gläubiger Katholik. Seine bildungspolitischen Initiativen zielten vornehmlich darauf ab, gesellschaftliche Wohlfahrt und wirtschaftlichen Aufschwung zu erreichen. Die Schulordnung war dabei integraler Bestandteil seines Bildungsreformkonzepts und dafür verantwortlich, dass sich Amalia von Gallitzin genau für diesen katholisch-aufklärerischen Bildungsraum entschied, in dem ihr Sohn aufwachsen und erzogen werden sollte. Rund dreizehn Jahre lebte Demetrius von Gallitzin in Münster – eine Zeit, die bei ihm sichtbare Spuren hinterließ. In Pennsylvania beeinflusste seine im Fürstbistum Münster genossene Erziehung und Bildung sein aufklärerisches Denken, Handeln und Glauben als Missionar, Publizist und Landpfarrer von Loretto. Der beständige Briefwechsel zwischen Münster und Pennsylvania gibt dabei zu erkennen, wie eng verbunden Gallitzin mit den Mitgliedern des Kreises von Münster blieb. Eingebettet in diese transatlantischen Korrespondenzen sind mehrere Büchersendungen aus Münster, die in der denkbar deutlichsten Form bezeugen, dass sogar ein Transfer von religionspädagogischen Schriften stattfand, die dem Missionar nicht nur zur eigenen Verwendung überlassen wurden, sondern auch konkret für den Aufbau eines katholischen Bildungswesens in Amerika bestimmt waren. Hierzu zählten vor allem auch die Werke des Priesters und Pädagogen Bernard Overberg, der sich an Fürstenbergs Seite für die Reform der Landschulen im Fürstbistum Münster und für die Ausbildung guter Lehrkräfte einsetzte. Die Frage, welchen konkreten Beitrag diese Büchersendungen an der Entwicklung des katholischen Bildungswesens in Nordamerika leisteten, lässt sich wirkungsgeschichtlich kaum noch beantworten. Es ist allerdings erstaunlich, dass Overberg – noch dazu weitgehend unabhängig von der bereits glühenden

Gallitzin-Erinnerung im amerikanischen Katholizismus – in der zweiten Hälfte des 19. Jahrhunderts als „pioneer in modern pedagogics"[1] auch in den Vereinigten Staaten weite Bekanntheit erlangte, selbst wenn er dabei immer stark von ultramontaner Seite vereinnahmt wurde.

Bereits zu Beginn der vorliegenden Studie wurde im Anschluss an die Studie von Bernard Plongeron die Frage aufgeworfen, worin die „Originalität" dieser amerikanischen Variante der Katholischen Aufklärung bestand. Tatsächlich konnte anhand des Wirkens von Demetrius von Gallitzin nachgewiesen werden, dass die konfessionelle und ethnisch-kulturelle Diversität der amerikanischen Einwanderungsgesellschaft gerade auch in Pennsylvania spannungsgeladene Konkurrenzsituationen hervorbrachte. Diese stellten die Katholiken vor neuen Herausforderungen, die sie in dieser Form aus dem alten Europa nicht kannten. Ihr Wirken in der Neuen Welt, ihr Aufbau von eigenen Kirchen- und Gemeindestrukturen mit Schulen, Seminaren und Kollegs wurde von der überwiegend protestantisch geprägten Gesellschaft immer kritisch betrachtet, zumal auch eine grundsätzlich antikatholische Haltung im ganzen protestantischen Spektrum in Amerika weit verbreitet war. Die Katholische Aufklärung war hierbei sicherlich nicht nur eine „Überlebensstrategie"[2], indem die katholischen Geistlichen und Publizisten ihre aufklärerische Gesinnung und ihre reformwilligen Absichten immer nur inszenierten und öffentlichkeitswirksam vermarkteten, als dass sie sich wirklich etwas von einer Reform und Erneuerung versprachen. Immerhin konnte am Beispiel von Gallitzins Wirken als Missionar und Landpfarrer deutlich gezeigt werden, inwiefern Ideen der Aufklärung auch bis an die Frontier getragen wurden und die ländlich-dörfliche Lebenswelt der katholischen Siedler merklich beeinflussten. Auch in seinen Schriften zeigte Gallitzin, dass er den Protestanten nicht nur Zugeständnisse machen wollte, sondern den produktiven Austausch suchte, der im Zeichen der Aufklärung nützlich und notwendig war. Er verteidigte seine katholisch-aufklärerische Haltung auch bei schwierigen Themen und bemühte sich stets selbst um einen vorurteilsfreien, toleranten und vernünftigen Austausch über Glaube und Kirche.

Im Spannungsfeld von Aufklärung und katholischer Frömmigkeit brachte das 18. Jahrhundert eine reiche Vielfalt unterschiedlicher, durchaus miteinander konkurrierender Reformbewegungen und Geistesströmungen hervor, die allesamt um Geltung und Anerkennung rangen. Wie deutlich gezeigt werden konnte, kann die Katholische Aufklärung in Europa und Nordamerika als eine Reformbewegung der gemäßigten ‚katholischen Mitte' verstanden werden,

---

1 Vgl. Alexander, Overberg.
2 Vgl. Dolan, Catholicism and American Culture.

indem sie sich gegen Formen religiös motivierter Radikalisierung, gegen
Fanatismus, Ausgrenzung und Unterdrückung richtete und sich stattdessen
für den inner- und interkonfessionellen Dialog und Ausgleich der Kräfte einsetzte. Dadurch, dass die Katholische Aufklärung, wie etwa in Nordamerika,
der Vielfalt und Toleranz grundsätzliche größere Zugeständnisse machte,
wendete sie sich gegen die dogmatisch verhärteten und allzu kompromiss-
losen Bemühungen zur Vereindeutigung des Glaubens und konfessionellen
Homogenisierung. Unangetastet blieben demgegenüber eigene Initiativen,
die vor religiöser Indifferenz bewahren und zur Selbstvergewisserung eigener
Überzeugungen beitragen sollten. Schon der Historiker Emile Appolis[3] hat die
Gruppe dieser aufklärerischen Katholiken aus diesem Grund zwischen den
religiösen Eiferern verortet, zwischen den radikalen Jansenisten einerseits und
den romtreuen „Zelanti" andererseits. Während Appolis seiner Studie noch
die katholische Kirche in Europa zugrunde legte, konnte im Rahmen der vorliegenden Studie diese katholisch-aufklärerische Haltung auch erstmals für
den nordamerikanischen Raum nachgewiesen werden.

Kürzlich wies der Arabist Thomas Bauer darauf hin, dass eine derartige
konfessionskulturelle Vielfalt auch auf katholischer Seite möglich war und
von den Katholiken ‚ertragen' wurde. Am Beispiel der weltweiten katholischen
Missionen des 17. und 18. Jahrhunderts zeige sich nämlich, wie Bauer erläutert,
dass die katholische Kirche „überraschend ambiguitätstolerant"[4] sei. Dadurch
wird sie überhaupt erst ihrem Selbstbild gerecht, als „katholisch" (griech.
καθολικός [katholikos]: das Ganze betreffend) zu gelten, indem es ihr gelinge,
die vielfältigen konfessionskulturellen Strömungen unter dem Dach der Kirche
zu vereinen. Dies setzt voraus, innere Vielfalt zu ertragen, Ambivalenzen
und Widersprüche zu dulden. Dieses Denken, Handeln und Glauben wird
bei den aufklärerischen Katholiken greifbar. So fristete die Katholische Aufklärung weder in Europa noch in Amerika ein Nischendasein, sondern bildete
vielmehr die unerlässliche Stütze, die zwischen Tradition und Erneuerung
vermittelte und dabei zwischen den traditionalistisch-konservativen und
jansenistisch-pietistisch-progressiven Kräften stand. Diese katholische Mitte
fand Antworten auf die drängenden Fragen der Zeit, nach Aufklärung und Erneuerung, und verlieh dem eigenen Glauben neue Glaubwürdigkeit. Als die
Katholische Aufklärung im späteren 19. Jahrhundert vorerst ein jähes Ende
fand, indem der ultramontane und antiaufklärerische Flügel der katholischen
Kirche stärkeren Aufwind erhielt, büßte der Katholizismus schließlich auch
seine Ambiguitätstoleranz ein:

---

3   Vgl. Appolis, Tiers Parti; hierzu auch Kley, Piety and Politics, S. 121.
4   Bauer, Vereindeutigung der Welt, S. 21.

Wenn Ambiguitätstoleranz schwindet, dann verliert Religion ihre Mitte, also den durch Zweifel domestizierten Glauben an etwas Transzendentes im Bewusstsein, dass Glaube kein sicheres Wissen vermittelt. Und dann verliert Religion auch die Gewissheit, dass religiöse Texte interpretiert werden müssen, um Antworten zu finden, die aber immer nur Wahrscheinlichkeit und vorübergehende Gültigkeit für sich beanspruchen können, nie jedoch absolute Wahrheit.[5]

Die Katholische Aufklärung war eine vielfältige und vielgestaltige Reform- und Erneuerungsbewegung, die sich mit all ihren Ambivalenzen und Widersprüchen grundsätzlich dem Fortschritt, der inneren Ausgewogenheit und der Ordnung in Gesellschaft, Staat und Kirche verpflichtete. Im 19. Jahrhundert geriet sie im Zuge revolutionärer Umbrüche und zunehmender Politisierungs- und Radikalisierungstendenzen der Kirchen und Konfessionen immer stärker unter Druck. Während das Zeitalter der Aufklärung dieser katholischen Reformbewegung eine fruchtbare Grundlage bereitet hatte, setzten sich im Zuge des „allgemeinen religionskulturellen Mentalitätswandels"[6] spätestens zur Mitte des 19. Jahrhunderts antimodernistisch-ultramontane Kräfte durch, die jegliches aufklärerische Denken und Wirken in Theologie, Glaube und Kirche vorerst ersticken sollten.[7] An ihre Stelle traten Bemühungen zur Vereindeutigung und Verschärfung konfessioneller Grenzen sowie zur bewussten Wiedererfindung und Revitalisierung konfessionskultureller Traditionen und Gebräuche.[8] Neben dem Ultramontanismus, der das Institutionelle und Dogmatische der katholischen Kirche in den Vordergrund rückte, zählte auch die Romantik „zur Wirkungsgeschichte von Aufklärung und Französischer Revolution"[9]. In ihr fanden all diejenigen ihre geistig-geistlichen Fluchtpunkte, die individuelle Selbstvervollkommnung suchten, eine Verbindung von Verstand und Gefühl anstrebten und die Vorstellungen einer empfindsamen Religiosität miteinander teilten. In gewisser Weise gründete dieser romantische Katholizismus auf derselben Empfindsamkeit, die schon für die katholischen Reform- und Erneuerungsbewegungen des 18. Jahrhunderts eine wichtige Rolle gespielt hatte. Daher zählt es auch zu den häufigen Fehldeutungen, dem Kreis von Münster allzu leichtfertig eine romantische Geisteshaltung zuzuschreiben, obwohl seine Anhänger um die Fürstin Amalia von Gallitzin bis zuletzt den Ideen und Vorstellungen eines aufklärerisch-empfindsamen Katholizismus nachhingen.[10]

---

5   Ebd., S. 37 f.
6   Speth, Katholische Aufklärung, Volksfrömmigkeit, S. 25.
7   Vgl. grundl. Speth, Katholische Aufklärung und Ultramontanismus, T. 1.
8   Vgl. Blaschke, Das 19. Jahrhundert; Holzem, Christentum, Bd. 2, S. 940-984.
9   Vgl., Holzem, Christentum, S. 970.
10   Vgl. ebd., S. 982 f.

Schließlich bleibt zu fragen, ob und in welcher Form sich das missionarische, pastorale oder publizistische Wirken von Demetrius von Gallitzin sowie die transatlantischen Verflechtungen, die sich über Jahrzehnte zwischen Pennsylvania und Münster ausgebildet hatten, noch auf das münstersche Bildungswesen niederschlugen. Während der direkte Kontakt nach dem Verschwinden der älteren Generation des Gallitzin-Kreises schon um die Mitte der 1820er Jahre zum Erliegen kam und auch die jüngere Generation – etwa Theodor Katerkamp und die Brüder Droste zu Vischering in Münster und Köln oder auch Franz Xaver Brosius in Aachen –, die transatlantischen Beziehungen offenbar nicht länger pflegten, lebten viele Jahre später die transatlantischen Verflechtungen zwischen Münster und Amerika wieder auf.

Der Benediktinerpater Heinrich Lemcke, den Clemens Brentano (1778-1842) für die amerikanische Mission gewonnen hatte und der als Hilfspriester viele Jahre bei Gallitzin wirkte, übernahm nach dessen Tod am 6. Mai 1840 das Pfarramt von Loretto als leitender Pfarrer.[11] 1859 reiste Lemcke nach Deutschland, um dort die erste Lebensbeschreibung über Demetrius von Gallitzin zu veröffentlichen. Er gab sie zwei Jahre später bei Coppenrath in Münster in den Druck. Das Buch, mit dem Lemcke auf die Mission der Benediktiner in Amerika aufmerksam machen wollte und dessen Erträge aus dem Verkauf für die Mission bestimmt waren, erregte „allgemeines Aufsehen im Münsterlande"[12], wie er selbst berichtete. In jenen Jahren wurde auch im münsterschen Pastoral-Blatt und im Sonntags-Blatt für katholische Christen immer wieder um die Entsendung deutschsprachiger Seelsorger in das außereuropäische Ausland geworben. Nach dem Vorbild des an der Universität Leuven errichteten Collège américain wollte auch der münstersche Priester Joseph Ehring (1830-1904) eine solche Bildungseinrichtung errichten, um Studenten „in wissenschaftlicher und sittlich-religiöser Beziehung zu tüchtigen und würdigen Weltpriestern für Amerika auszubilden"[13]. Mit der Erlaubnis des münsterschen Bischofs Johann Georg Müller (1798-1870) wurde 1865 in der Pfarrei St. Mauritz ein Collegium Amerikanum gegründet, das am Osterfest 1867 erstmals Studenten aufnahm. Noch im Sommer desselben Jahres besuchten die Bischöfe von Philadelphia, Alton (Illinois) und Natchez (Mississippi) das münstersche

---

11   Vgl. Mathäser, Lem(c)ke, S. 185 f.

12   Ausführlich schildet Lemcke seinen Besuch in Deutschland, der ihn auch nach Münster führte, vgl. Mathäser, Haudegen Gottes, S. 147.

13   Vgl. Collegium Amerikanum, S. 246. BAM, Generalvikariat, Altes Archiv, V A11, V A12. Der Bestand umfasst die Briefe, Statuten, Aufnahmebedingungen, Tagesordnung, Aufnahmegesuche und ein Verzeichnis über den Verbleib der Absolventen in den Vereinigten Staaten.

Kolleg und überzeugten sich von der Tauglichkeit des Instituts. Sie sagten Ehring auch finanzielle Unterstützung für minderbemittelte Studenten zu. Der vierjährige Kursus sah insbesondere den Besuch der philosophischen und theologischen Vorlesungen an der Akademie zu Münster vor sowie das Erlernen der englischen Sprache durch einen in Amerika ausgebildeten Sprachlehrer.[14] Bis 1877 konnten 68 Priester aus dem münsterschen Kolleg nach Amerika geschickt werden. Wie aus einer Erhebung von 1882 deutlich wird, verzeichneten die amerikanischen Bistümer in diesem Jahr 188 Priester, die ursprünglich aus dem Bistum Münster stammten und damit die größte Gruppe der aus deutschen Bistümern stammenden Priester ausmachten.[15]

Sicherlich dürfen hier Kontinuitäten und Wirkungszusammenhänge zum Wirken von Demetrius von Gallitzin in Pennsylvania nicht überzeichnet werden, doch es ist bemerkenswert, dass wiederum Münster und die dort schon vor vielen Jahrzehnten im Zeichen einer Katholischen Aufklärung begründeten Bildungseinrichtungen – das Gymnasium, die Universität und das Priesterseminar – für einige Jahre wieder eine bedeutende Stellung innerhalb des deutsch-amerikanischen Bildungsraumes einnahmen. Die Geschichte dieses Kollegs, die Rolle des Benediktinerpaters Lemcke und seiner Gallitzin-Biografie, die Motivation des Rektors Joseph Ehring und seiner Studenten für die amerikanische Kirche, das Interesse der amerikanischen Bischöfe an dieser münsterschen Bildungseinrichtung sowie die Umstände, die zur Schließung der Einrichtung im Jahr 1877 führten, sind von der Forschung bisher nicht zur Kenntnis genommen worden.

Grundsätzlich ist festzustellen, dass die Katholische Aufklärung eine grenzüberschreitende Erneuerungs- und Reformbewegung war, die in den jeweiligen Räumen und Regionen in unterschiedlichen Verlaufs- und Erscheinungsformen wirksam wurde. Das 18. und frühe 19. Jahrhundert war eine Zeit voller Energetisierungen – politisch, religiös, gesellschaftlich, pädagogisch – und viele dieser Bewegungen waren ineinander verzahnt. Sie brachten Reformen und Revolutionen hervor, Erziehung und Bildung erfuhr eine zentrale Bedeutung. Diese als Zeitalter der Aufklärung beschriebene Epoche kann überhaupt erst in ihrer Vielfalt und Vielgestaltigkeit begriffen werden, wenn auch ihre konfessionellen Spielarten in geeigneter Weise berücksichtigt werden. Im Spannungsfeld von Erneuerung und Tradition treten unerwartete Dynamiken

---

14 Die genauen Umstände der Schließung sind noch unerforscht. Zum Collegium Amerikanum vgl. Cleve, Collegium Americanum, S. 121-139; Lenhart, The Short-Lived American College, S. 58-60, 94-96, 130 f.; Gatz, Münster, S. 162.

15 Vgl. Bonenkamp/Jessing/Müller, Schematismus, S. 155 f.

zutage, deren Wirkungen oftmals erst im 19. Jahrhundert zum Ausdruck kamen, etwa im Verhältnis der Kirchen zur modernen Staatlichkeit und zur Wissenschaft. Die Erforschung solcher Wirkungszusammenhänge, ihrer Kontinuitäten und „Brüche", muss auch die Historische Bildungsforschung zukünftig stärker berücksichtigen.

Nachweise und Erläuterungen zu den Abbildungen

1. Titelseite der Münsterschen Schulordnung (1776) im Quartformat, wie sie an zahlreiche Literaten und Schulreformer in Deutschland zur Begutachtung verschickt wurde. Foto: ULB Münster.

2. Porträt von Franz von Fürstenberg, um 1780/1785, unbekannter Künstler, vermutlich Nicolas Monpeur. LWL-Landesmuseum Münster, Inv.Nr. 141. Dauerleihgabe des Westfälischen Kunstvereins (WKV). Foto: LWL-MKuK/Sabine Ahlbrand-Dornseif.

3. Petschaft der Amalia von Gallitzin als Titelvignette von Theodor Katerkamps Biografie „Denkwürdigkeiten aus dem Leben der Fürstinn Amalia von Gallitzin" (Münster 1828, hier 2. Aufl. 1839). Der Name des Kupferstechers ist unbekannt. Foto: ULB Münster.

4. Brustbild der Amalia Fürstin von Gallitzin als Frontispiz von Katerkamps Gallitzin-Biografie. Foto: ULB Münster.

5. „Die Fürstin von Gallitzin im Kreise ihrer Freunde auf ihrem Landsitz in Angelmodde" (1867/68), Stich von Paul Dröhmer nach dem gleichnamigen Ölgemälde des Historienmalers Theobald von Oer (1863/64). Foto: Museum Abtei Liesborn des Kreises Warendorf.

6. Ausschnitt einer Karte der Hafenstadt Baltimore (1804), nach Vorlage des französischen Kartographen A. P. Folie (1792). „Improved Plan of the City of Baltimore", Library of Congress, Washington, DC. Geography and Map Devision.

7. Porträt John Carroll (1735-1815), Stich von William Leney und Benjamin Tanner nach Gilbert Stuart, 1812. Foto: akg-images/bilwissedition.

8. „Georgetown College, in the District of Columbia", Kupferstich von William Harrison nach Salvador Pinistri, um 1829, erstmals abgedr. im Georgetown College Prospectus von 1831. Foto: Georgetown University Archives.

9. Karte mit der Lage der sechs katholischen Missionsstationen in Pennsylvania bis zum Jahr 1800 – Conewago (1730), Philadelphia (1733), Goshenhoppen (1741), Lancaster (1742), Latrobe/Sportman's Hall (1790) und Loretto (1799) – sowie die wesentlichen geographischen Wegmarken, welche die räumliche Erschließung nach Westen begünstigt haben. Aus: Edmund Adams/Barbara Brady O'Keefe: Catholic Trails West. The Founding Catholic Families of Pennsylvania, Bd. 1: St. Joseph's Church, Philadelphia (1733). Baltimore 1988 [Reprint 2004], S. vii („Pennsylvania's Six Early Mission Churches and the Principal Catholic Trails West").

© VERLAG FERDINAND SCHÖNINGH, 2020 | DOI:10.30965/9783657704255_014

Abdruck mit freundlicher Genehmigung der Clearfield Company und Genealogical Publishing Company, Baltimore, Maryland. Vergleichbare Kartierungen finden sich bei Keffer, Conewago, S. 18 und Fink, Jesuit Trails, S. 43.

10. Detail einer Karte von Cambria County, Pennsylvania. Melish-Whiteside Maps, 1816-1821. Records of the Land Office, Pennsylvania. Foto: Pennsylvania State Archives.

11. Undatierte Fotografie der Kapelle und des Pfarrhauses (errichtet 1832) von Loretto, Pennsylvania. Foto: Prince Gallitzin Chapel House, Loretto, Pennsylvania.

12. Fotografie des Priestergewands von D. A. Gallitzin während einer Ausstellung im „Gallitzin Room" im Mutterhaus der Sisters of St. Joseph of Baden, Pennsylvania (erste Hälfte 19. Jhd.). Heute befindet sich das Gewand neben weiteren Objekten von D. A. Gallitzin als Dauerleihgabe des Catholic Historical Research Center (CHRC), Erzbistum Philadelphia, im Prince Gallitzin Chapel House, Loretto, Pennsylvania. Foto: Sisters of St. Joseph of Baden Archives.

13. Nachantike Gemme (16. Jhd.) aus der Sammlung, die nach dem Tod von Frans Hemsterhuis in den Besitz von Amalia von Gallitzin überging. Die hier ausgewählte Gemme, gefasst in einem vergoldeten Kupferring, zeigt den hellenistischen König Ptolemäus I. Soter. Goethe studierte die rund 60 Gemmen fünf Jahre lang in Weimar, ließ sich Gipsabgüsse anfertigen und die Originale in zwei Ringkästchen einsortieren, bevor er sie nach Münster zurückschickte (Wokalek, Objekte, S. 415-417). Diesen Siegelring beschrieb er in seinem mit Heinrich Meyer erstellten Katalog als „Porträt-Kopf mit überzogener Löwenhaut", Amalia von Gallitzin soll ihn als Briefsiegel verwendet haben, vgl. Trunz, Briefe, S. 417-422, mit Tafel 17. Die erwähnten Abgüsse befinden sich heute im GSA, Weimar. Mit dem Verkauf an Wilhelm I., König der Niederlande (reg. 1815-1840), dessen Erlös größtenteils der katholischen Mission in Loretto zufloss, gelangte die Sammlung zurück nach Den Haag und wird heute in Leiden im Rijksmuseum van Oudheden/National Museum of Antiquities verwahrt (Inv.Nr. GS-10801). Foto: Rijksmuseum van Oudheden, Leiden.

14. Porträt von D. A. Gallitzin (1770-1840), Frontispiz aus Sarah M. Brownsons Biografie „Life of Demetrius Augustine Gallitzin, Prince and Priest" (New York 1873). Trotz intensiver Bemühungen und nach Rücksprache mit dem Verlag Friedrich Pustet – heute in Regensburg – war es nicht möglich, den Urheber und das genaue Alter dieses Stichs zu identifizieren.

15. Darstellung von F. X. Brosius' Mount Airy Seminary, Germantown, Pennsylvania, 1806-1813. Auch hier ist der Künstler des Stichs unbekannt. Aus: Griffin, Brosius' Seminary, S. 156.

Cover: Ausschnitt aus dem Ölgemälde „Die Fürstin von Gallitzin im Kreise ihrer Freunde auf ihrem Landsitz in Angelmodde" (1863/64) des Historienmalers Theobald von Oer, im Besitz des Bistums Münster, Generalvikariat, Abtlg. Kunst und Kultur, Foto: Stephan Kube, Greven.

Quellen- und Literaturverzeichnis

In diese Arbeit wurden ausschließlich Quellen und Forschungsliteratur berücksichtigt, die im Original eingesehen werden konnten. Das Verzeichnis der *Forschungsliteratur* und der *gedruckten Quellen* enthält alle Titel, die in den vorangegangenen Fußnoten als Kurztitel angeführt wurden. Da es den Beiträgen aus historischen Zeitschriften und Periodika (vor 1850) häufig an einem klaren Titel und an einer Nennung des jeweiligen Autors fehlt, wurden an diesen Stellen ausschließlich Siglen gesetzt, die über das Abkürzungsverzeichnis leicht aufgelöst werden können.

Bei den *ungedruckten Quellen* (Archivalien) wurde aufgrund ihres beträchtlichen Umfangs darauf verzichtet, die vollständigen Angaben erneut in ein Verzeichnis aufzunehmen. Stattdessen wird auf die jeweiligen Bibliotheks- und Archivbestände verwiesen. Die genauen Nachweise der Handschriften befinden sich jeweils an entsprechender Stelle in den Fußnoten.

A.   Hilfsmittel und Nachschlagewerke

Dulac, Georges/Sergueï Karp, Les Archives de l'Est et la France des Lumières. Guide des archives et inédits, 2 Bde., Ferney-Voltaire 2007.

Ebers, Johann (Hg.), The New and Complete Dictionary of the German and English Languages, composed chiefly after the German Dictionaries of Mr. Adelung and of Mr. Schwan, 3 Bde., Leipzig 1796-1799.

Escalante, Luis F. (Hg.), Demetrius A. Gallitzin. Complete Epistolary, Rom 2014 [Postulazione Servo di Dio Demetrius A. Gallitzin; 1].

Escalante, Luis F. (Hg.), Letters to or about Demetrius A. Gallitzin, 3. Aufl., Rom 2017 [Postulazione Servo di Dio Demetrius A. Gallitzin; 2].

Frisch, Johann Leonhard (Hg.), Nouveau Dictionnaire des Passagers François-Allemand et Allemand-François, oder neues Frantzösisch-Teutsches und Teutsch-Frantzösisches Wörterbuch, Leipzig 1739.

Hughes, Thomas u. a. (Hg.), History of the Society of Jesus in North America. Colonial and Federal, 4 Bde., London 1908-1917.

Kenneally, Finbar u. a. (Hg.), United States Documents in the Propaganda Fide Archives. A Calendar, 7 Bde., Washington, DC 1966-1981.

Merveldt, Dietrich v., Der „Nachlass Fürstenberg" im Archiv Darfeld, in: Westfalen 39 (1961), S. 112-118.

Meusel, Johann G., Lexikon der vom Jahr 1750 bis 1800 verstorbenen teutschen Schriftsteller, 15 Bde., Leipzig 1802-1816.

Richtering, Helmut (Hg.), Die Nachlässe der Gebrüder Droste zu Vischering, Münster 1986 [Westfälische Quellen und Archivverzeichnisse; 12].

Schneiders, Werner (Hg.), Lexikon der Aufklärung, München 2001.

Zedler, Johann Heinrich, Grosses vollständiges Universal-Lexicon aller Wissenschafften und Künste, 64 Bde., 2 Suppl.-Bde., Leipzig 1731-1754.

B.   Ungedruckte Quellen

AAB: Archives of the Archdiocese of Baltimore (Md.)
- Abp. John Carroll Papers, Letters (1786-1815).
- Abp. John Carroll Letterbooks, 3 Bde. (1784-1815).
- Abp. Ambrose Maréchal Papers, Letters (1803-1828).

AAQ: Archives de l'Archidiocèse de Québec
- 7 CM: États-Unis.
- 210A: Registre des Lettres.

AASUS: Archives of the Associated Sulpicians of the United States, Baltimore (Md.)
- SS, Individuals, Rev. Demetrius Gallitzin (1770-1840).
- SS, Provincials, Rev. François C. Nagot (1734-1816).
- SS, Provincials, Rev. Jean-Marie Tessier (1758-1840), Letterbooks.

AOPM: Archives d'Œuvre Pontificales Missionnaires, Lyon
- Lettres en Provenance des Missions d'Amérique du Nord: F113 (1833-1894).

APF: Archivio Storico di Propaganda Fide, Vatikanstadt/Rom
- Acta Sacra Congregationis (ACTA), 311 Bde. (1622-1938).
- Lettere e Decreti, 396 Bde. (1622-1892).
- Scritture riferite nei Congressi (SC), America Centrale, 59 Bde. (1673-1892).

APSS: Archives de la Compagnie des Prêtres de Saint-Sulpice, Paris
- Matériaux pour la Vie de Monsieur Émery, 12 Bde.

AS Darfeld: Archiv Schloss Darfeld, Familie Droste zu Vischering, Lüdinghausen
- AVc: Erdroste Adolf Heidenreich (1769-1826).
- AVe: Caspar Max, Bischof von Münster (1770-1846).
- AVf: Franz Otto, Domherr von Münster und Hildesheim (1771-1826).
- AVg: Clemens August, Erzbischof von Köln (1773-1845).

AS Dyck: Archiv Schloss Dyck – Sammlung zu Unterlagen und Angehörigen der Altgrafen und Fürsten Salm-Reifferscheidt-Bedburg und Dyck, Depositum Schloss Ehreshoven, Engelskirchen
- Kps. 9a: Amalia Fürstin Gallitzin (1748-1806).
- Kps. 9b: Dimitri Alexejewitsch Fürst Gallitzin (1734-1803).
- Kps. 40: Marianne von Salm-Reifferscheidt-Krautheim, geb. Fürstin Gallitzin (1769-1823).
- Kps. 69: Marianne von Salm-Reifferscheidt-Krautheim, geb. Fürstin Gallitzin (1769-1823).

AS Stammheim: Archiv Schloss Stammheim – Familienarchiv der Freiherren von Fürstenberg-Stammheim, Depositum Schloss Ehreshoven, Engelskirchen
- Nr. 23, 69-112: Franz Egon (1737-1825), letzter Fürstbischof von Paderborn und Hildesheim (1789-1802).

AVPRI: Arkiv Vneshnei Politiki Rossiiskoi Imperii/Archiv der Außenpolitik des russischen Kaiserreichs, Moskau
- F. 50: Snosheniia Rossii s Gollandiei/Russische Beziehungen mit Holland.

BAM: Bistumsarchiv Münster
- D 057: Sammlung Bernard Overberg.
- Generalvikariat, Altes Archiv.
- Nachlass des Ministers und Generalvikars Franz von Fürstenberg (1729-1810).

BJK: Biblioteka Jagiellonska, Krakau
- Autografen-Sammlung aus der ehemaligen Preußischen Staatsbibliothek zu Berlin, Autograf Anton Mathias Sprickmann.

BSB: Bayerische Staatsbibliothek, München
- Autografen-Sammlung, Autograf Demetrius Augustine Gallitzin.

CHRC: Catholic Historical Research Center, Archdiocese of Philadelphia (Pa.)
- Bp. Francis P. Kenrick's Journal.
- Rev. Demetrius Aug. Gallitzin Collection.

DAW: Archiv der Erzdiözese Wien
- Leopoldinenstiftung: Direktion.
- Leopoldinenstiftung: Präsidialia.

DBM: Diözesanbibliothek Münster
- Tagebücher Bernard Overberg.

FTB: Familienarchiv Teusner/Brosius, Essen
- Stammbuch der Familie.

GARF: Gosudarstvennyj Archiv Rossijskoj Federacii/Staatliches Archiv der Russischen
    Föderation, Moskau
- F. 907: Andrei Iakovlevich Dashkov.

GHS: Germantown Historical Society, Philadelphia (Pa.)
- Deeds and Indentures related to Mt. Airy College (1807-1811).

GSA: Goethe- und Schiller-Archiv, Weimar
- Johann Wolfgang v. Goethe, Akten.

GStA PK: Geheimes Staatsarchiv Preußischer Kulturbesitz Berlin
- Familienarchiv Schmettow/Schmettau.

GUL: Georgetown University Library, Special Collections, Washington, DC
- Archives of the Maryland Province of the Society of Jesus.

HHStAW: Haus-, Hof- und Staatsarchiv Wien
- Reichskanzlei (RK), Berichte aus dem Reich (1550-1806).

HUA: Harvard University Archives, Cambridge (Ma.)
- Records of the Immediate Government of Harvard College (Faculty Records)
- Records of Harvard Corporation.
- Records of Overseers.

KUL: Katholieke Universiteit Löwen – Documentatie- en Onderzoekscentrum voor
    Religie, Cultuur en Samenleving
- Archief Jezuieten, Prinvincia Belgica, Conglomeraatsarchief met betrekking tot
    Pieter Jan De Smet S.J. en de Noord-Amerikaanse Jezuietenmissies.

LAM: Landesarchiv NRW, Abt. Westfalen, Münster
- Fürstbistum Münster, Kabinettsregistratur.
- Fürstbistum Münster, Studienfonds Münster.
- Verein für Geschichte und Altertumskunde Westfalens, Abt. Münster, Nachlass
    Franz Caspar Bucholtz (1760-1812).

LTA: Landesmuseum für Technik und Arbeit, Mannheim („Technoseum")
– Magazin: Libri Rari.

PAA: Pennsylvania State Archives, Harrisburg (Pa.)
– MG 98: Orbison Family Papers (1750-1902).
– Records of the Land Office, RG 17: Melish-Whiteside Maps (1816-1821).

RGADA: Rossijskij Gosudarstvennyj Archiv Drevnich Aktov/Russisches Staatsarchiv
    alter Akten, Moskau
– F. 1263: Golitsyn.

RGIA: Rossiiskij Gosudarstvennyj Istoricheskij Arkhiv/Russisches Staatliches Histori-
    sches Archiv, St. Petersburg
– F. 789: Académie des Beaux-Artes.

StAA: Stadtarchiv Aachen
– Kirchenbuch St. Foillan

StABr: Stadtarchiv Braunschweig
– H VIII A: Personaliensammlung bürgerlicher und adliger Personen, Nr. 1235:
    Gallitzin.

StABS: Staatsarchiv Basel
– Privatarchiv Nr. 98: Nachlass von Isaak Iselin (1728-1782).

StAM: Stadtarchiv Münster
– Sammlung Handschriften.
– Firmenarchiv Regensberg.
– Ratsarchiv (Altes Archiv), Landessachen.

ULB: Universitäts- und Landesbibliothek Münster, Handschriftenabteilung
– Nachlass Amalia von Gallitzin (1748-1806), 37 Kps., 40 Bde.
– Nachlass Anton Mathias Sprickmann (1749-1833), 35 Kps. (literarischer Nachlass), 16
    Tagebücher, 50 Bde. Bibliothek, 110 Fasz. (wissenschaftlich-juristischer Nachlass)
– Bibliothek Fürstenberg-Stammheim, ca. 5.200 Bde.

UNDA: University of Notre Dame Archives, Notre Dame/In.
– Archdiocese of Baltimore Collection.
– Archdiocese of Detroit Collection.
– Francis P. Clark Collection.

C.   Gedruckte Quellen

Agonito, Joseph A./Magdeleine Wellner (Hg.), Reverend Charles Nerinckx's Pamphlet „A Look at the Present State of the Roman Catholic Religion in North Amerika", in: RACHS 83 (1972), S. 3-35.

Agricola, Johann, Fünfhundert neue deutsche Sprichwörter, Eisleben 1548.

Assézat, Jules/Maurice Tourneux (Hg.), Œuvres complètes de Diderot, Bd. 19, Paris 1876.

Baily, Francis, Journal of a Tour in Unsettled Parts of North America in 1796 & 1797, London 1856.

Barthélemy, Jean-Jacques, Voyage du jeune Anacharsis en Grèce, Paris 1788.

Beins, Ernst/Werner Pleister (Hg.), Justus Möser. Briefe, Hannover 1939.

[Berghaus, Heinrich], Wallfahrt durch's Leben vom Basler Frieden bis zur Gegenwart, 9 Bde., Leipzig 1862.

[Brosius, Franz Xaver], Antwort eines Römisch-Catholischen Priesters an einen Friedensliebenden Prediger der Lutherischen Kirche, Lancaster 1796.

Burkhardt, Karl August Hugo (Hg.), Goethes Unterhaltungen mit dem Kanzler Friedrich von Müller, Stuttgart 1870.

Büsch, Johann Georg, Abhandlung von dem Geld-Umlauf in anhaltender Rücksicht auf Staatswirthschaft und Handlung, Hamburg 1780.

Claudius, Matthias, Über die neue Politik, in: Jost Perfahl (Red.), Matthias Claudius: Werke in einem Band, München 1976, S. 416-443.

Cohn, Ellen R. (Hg.), The Papers of Benjamin Franklin, Bde. 36-42, New Haven [u. a.] 2002-2017.

Delolme, Jean-Louis, Die Staatsverfassung von England oder Nachricht von der englischen Regierung, worinn sie mit der republikanischen Form und gelegentlich mit den anderen Monarchien in Europa verglichen wird, Leipzig 1776.

Diderot, Denis, Observations sur la „Lettre sur l'homme et ses rapports" [1773], hg. v. Georges May, New Haven [u. a.] 1964.

Droste-Hülshoff, Annette v., Bilder aus Westfalen. Westfälische Schilderungen aus einer westfälischen Feder [1845], in: Annette v. Droste-Hülshoff, Die Judenbuche – Bilder aus Westfalen, Rudolstadt 1986, S. 67-111.

Droysen, Johann G. u. a. (Hg.), Die politische Correspondenz Friedrichs des Großen, 46 Bde., Leipzig 1879-1939.

du Halde, Jean-Baptiste/Charles le Gobien u. a. (Hg.), Lettres édifiantes et curieuses, écrites des mission étrangères, 34 Bde., Paris 1702-1776.

Dunn, Richard S./Mary Maples Dunn (Hg.), The Papers of William Penn, 4 Bde.: 1644-1718, Philadelphia 1981-1987.

Esch, Joseph, Franz von Fürstenberg, sein Leben und seine Schriften, Freiburg i. Br. 1891 [Bibliothek der katholischen Pädagogik; 4].

Fresco, Marcel F. (Hg.), Lettres de Socrate à Diotime. Cent cinquante lettres du philosophe néerlandais Frans Hemsterhuis à la Princesse de Gallitzin, Frankfurt a. M. 2007.

Galland, Joseph, Die Fürstin Amalie von Gallitzin und ihre Freunde, Köln 1880.

[Gallitzin, Augustin], Un Missionaire Russe en Amérique Défense des Principes Catholiques Addressée a un Minister Protestant par le Prince Dmitri Galitzin Précédée d'une Notice sur la Vie et ses Vertus, Traduit de l'Anglais par le Prince Augustin Galitzin, Paris 1856.

Gallitzin, Demetrius A., A Defence of Catholic Principles in a Letter to a Protestant Minister, Pittsburgh 1816.

Gallitzin, Demetrius A., A Letter to a Protestant Friend, on the Holy Scriptures, being a Continuation of the „Defence of Catholic Principles", Ebensburg 1820.

Gallitzin, Demetrius A., An Appeal to the Protestant Public, Ebensburg 1819.

Gallitzin, Demetrius A., Eine Vertheidigung katholische Grundsätze des Fürsten August Demetrius von Gallitzin in einem Briefe an einen protestantischen Prediger in Amerika. Aus dem Englischen, Berlin 1842.

Gallitzin, Demetrius A., The Bible, Truth and Charity. A Subject of Meditation for the Editors of Certain Periodicals, Miscalled Religious Publications, Ebensburg 1836.

Gardiner, Arthur D., Letter of Father Middendorff, S.J., dated from Tucson 3 March 1757, in: Kiva 22 (1957), H. 4, S. 1-10.

Gellert, Christian Fürchtegott, Leben der schwedischen Gräfin von G*** [1750], Stuttgart 1994.

Goethe, Johann Wolfgang v., Tag- und Jahres-Hefte als Ergänzung meiner sonstigen Bekenntnisse, in: Reiner Wild (Hg.), Autobiographische Schriften der frühen Zwanzigerjahre, München/Wien 1986 [Münchner Ausgabe: Sämtliche Werke nach Epochen seines Schaffens; 14], S. 7-323.

Greensleet, Ferris (Hg.), The Life, Letters, and Journals of George Ticknor, 2 Bde., Boston 1877.

Gronau, Wilhelm, Christian Wilhelm von Dohm nach seinem Wollen und Handeln. Ein biographischer Versuch, Lemgo 1824.

Gruner, Justus, Auf kritischer Wallfahrt zwischen Rhein und Weser. Justus Gruners Schriften in den Umbruchsjahren 1801-1803, bearb. v. Gerd Dethlefs/Jürgen Kloosterhuis, Köln 2009 [Veröffentlichungen der Historischen Kommission für Westfalen; 19: Westfälische Briefwechsel und Denkwürdigkeiten; 11].

Grywatsch, Jochen (Hg.), „... ewig in diesem Himmel die Hölle leiden". Anton Mathias Sprickmann – Heinrich Christian Boie. Briefwechsel 1775-1782, Bielefeld 2008 [Veröffentlichungen der Literaturkommission für Westfalen: Texte; 12].

GutsMuths, [Johann Christoph Friedrich], Gymnastik für die Jugend, Schnepfenthal 1793.

Häberlin, Carl Friedrich, Handbuch des Teutschen Staatsrechts nach dem System des Herrn Geheimen Justizrath Pütter. Zum gemeinnützigen Gebrauch der gebildeten Stände in Teutschland, mit Rücksicht auf die neuesten merkwürdigsten Ereignisse bearbeitet, 3 Bde., Berlin 1790-1797.

Häberlin, Carl Friedrich, Ueber die Güte der deutschen Staatsverfassung, in: Deutsche Monatsschrift (1793), T. 1, S. 1-33.

Hamilton, Alexander/James Madison/John Jay, Die Federalist Papers [1787/88], hg. u. übers. v. Barbara Zehnpfennig, München 2007.

Hanley, Thomas O. (Hg.), The John Carroll Papers, 3 Bde., Notre Dame/In. 1976.

Hargreaves, Mary W. M./James F. Hopkins (Hg.), The Papers of Henry Clay, 10 Bde., Lexington 1981.

Hauner, Norbert/Franz v. Kohlbrenner, Landshuter Gesangbuch. Der heilige Gesang zum Gottesdienste in der röm.-kath. Kirche, Landshut [u. a.] 1777.

Hegel, Georg Wilhelm Friedrich, Vorlesungen über die Philosophie der Geschichte [1837], hg. v. Friedrich Brunstäd, Stuttgart 1980.

Heinsius, Theodor, *Art.*: Wolf, in: Theodor Heinsius, Volksthümliches Wörterbuch der Deutschen Sprache mit Bezeichnung der Aussprache und Betonung für die Geschäfts- und Lesewelt, Bd. 4, Hannover 1822, 1671.

[Helvétius, Claude Adrien], De l'ésprit, Paris 1758.

Helvétius, Claude Adrien, Vom Geist, übers. v. Theodor Lücke, Berlin [u. a.] 1973.

Hemsterhuis, Frans, Lettre sur l'homme et ses rapports [Paris 1772], in: Jacob v. Sluis (Hg.), François Hemsterhuis Œuvres philosophiques, Leiden/Boston 2015, S. 180-317.

Henkel, Arthur (Hg.), Johann Georg Hamann. Briefwechsel, 7 Bde., Frankfurt a. M. 1955-1979.

Herder, Johann Gottfried, Briefe zur Beförderung der Humanität [1793], hg. v. Hans D. Irmscher, Frankfurt a. M. 1991.

Herder, Johann Gottfried, Die Torheit des Zeitalters [1774], in: Barbara Stollberg-Rilinger (Hg.), Was ist Aufklärung? Thesen, Definitionen, Dokumente, Stuttgart 2010, S. 109-111.

Hinterhäuser, Hans (Hg.), Denis Diderot. Briefe 1742-1781, Frankfurt a. M. 1984.

Hugo, Ludolf, Zur Rechtsstellung der Gebietsherrschaften in Deutschland [1661], übers. u. hg. v. Yvonne Pfannenschmid, Münster 2005.

Iselin, Isaak, Schreiben an Herrn Ulysses von Salis von Marschlins, königlich französ. Envoyee bey der Republic der Grauen Bünde, über die Philanthropinen in Dessau und in Graubündten, Basel 1775.

Jacobi, Georg Arnold, Eigenhändige Aufzeichnungen [1842], in: Cornelia Ilbig (Bearb.), „Im Allgemeinen und denkwürdig in historischer Beziehung". Georg Arnold Jacobis Lebenszeugnisse, Düsseldorf 2010, S. 7-144.

Jaeschke, Walter/Birgit Sandkaulen (Hg.), Friedrich Heinrich Jacobi: Briefwechsel. Gesamtausgabe, Reihe I: Text, bisher 12 Bde.; Reihe II: Kommentar, bisher 6 Bde., Stuttgart 1981 ff.

Jahn, Ilse/Fritz Gustav (Hg.), Die Jugendbriefe Alexander von Humboldts, 1787-1799, Berlin 1973.

Jansen, Heinz (Hg.), Aus dem Göttinger Hainbund: Overbeck und Sprickmann, Münster 1933.

Johnston, John, A Vindication of the Doctrines of the Reformation, being a Reply to an Attack on the Protestant Religion, In a Letter from Rev. Dr. Gallitzen, to a Protestant Minister, Huntingdon [1817/18].

Jonas, Fritz/Friedrich Wienecke (Hg.), Friedrich Eberhard von Rochows sämtliche Schriften, 4 Bde., Berlin 1910.

Kant, Immanuel, Aufsätze, das Philanthropin betreffend [1776/77], in: Vorkritische Schriften II. 1757-77, hg. v. d. Königlich Preußischen [jetzt: Berlin-Brandenburgischen] Akademie der Wissenschaften, Berlin 1905 [Gesammelte Schriften; Abt. 1; Bd. 2], S. 445-452.

Kant, Immanuel, Zum ewigen Frieden [1795], in: Abhandlungen nach 1781, hg. v. d. Königlich Preußischen [jetzt: Berlin-Brandenburgischen] Akademie der Wissenschaften, Berlin 1912 [Gesammelte Schriften; Abt. 1; Bd. 8], S. 341-386.

Katerkamp, Theodor, Denkwürdigkeiten aus dem Leben der Fürstinn Amalia von Gallitzin, 2. Aufl., Münster 1839.

Kitzing, Christian Ernst Theodor v. (Hg.), Mittheilungen aus dem Tagebuch und Briefwechsel der Fürstin Adelheid Amalie von Gallitzin nebst Fragmenten und einem Anhange, Stuttgart 1868.

Klenk, Ernst v., Philosophische Bemerkungen über die Republiken überhaupt und über die kaiserlichen freien Reichsstädte insbesondere. Aus dem ... Original des Herrn Serieux le Sonnant wörtlich übersetzt, Amsterdam 1787.

Klenk, Ernst v., Preisfrage: Da die Staaten der geistlichen Reichsfürsten Walstaaten und überdis größtenteils die gesegnetesten Provinzen von Teutschland sind, so solten sie von Rechtswegen auch der weisesten und glüklichsten Regierung geniesen; sind sie nun nicht so glüklich, als sie sein sollten, so ligt die Schuld nicht sowol an den Regenten, als an der inneren Grundverfassung. Welches sind also die eigentlichen Mängel? Und wie sind solche zu heben? Frankfurt a. M. [u. a.] 1787.

[Klopstock, Friedrich Gottlieb], Der Messias, 4 Bde., Halle 1751-1773.

Krabbe, Caspar Franz, Leben Bernard Overberg's, Münster 1831.

Lehndorff, Ernst Ahasverus Heinrich, Des Reichsgrafen E. A. H. Lehndorff Tagebücher und seine Kammerherrenzeit, Nachträge II, hg. v. Karl Eduard Schmidt-Lötzen, Gotha 1913.

Locke, John, Gedanken über Erziehung [1693], übers. u. hg. v. Heinz Wohlers, Stuttgart 1990.

Löffler, Jörg (Hg.), Anton Matthias Sprickmann. Erzählungen und autobiographische Prosa, Bielefeld 2005 [Veröffentlichungen der Literaturkommission für Westfalen: Texte; 2].

Materialien zu einem zu errichtenden Armeninstitut. Aus den eingegangenen Preisschriften gesammelt und dem Landesherrn und Bewohnern Münsterlandes gewidmet, Münster 1793.

Menge, Theodor (Hg.), Der Friedrich Leopold Stolberg und seine Zeitgenossen, 2 Bde., Gotha 1862.

Melsheimer, Frederick V., Eine Controversia oder Disputations-Schreiben zwischen einem lutherischen Prediger und etliche Handwerksleute welche die Lehre der Wiederbringung aller Dinge glauben, Hanover 1793.

Melsheimer, Frederick V., A Catalogue of Insects of Pennsylvania, Hanover 1806.

Melsheimer, Frederick V., Brief eines Priesters der Römischen Kirche und die darauf ertheilte Antwort, von einem Prediger der Protestantischen Kirche in York-Caunty, Baltimore 1796.

Melsheimer, Frederick V., Gespräche zwischen einem Protestanten und Römischen Priester, Hanover 1797.

Middleton, Thomas C., The Gallitzin Memorandum Book. 1804-1824, in: RACHS 4 (1893), S. 1-36.

Millot, Claude-François-Xavier, Abrégé de l'histoire ancienne, Paris 1777.

Millot, Claude-François-Xavier, Élémens de l'Historie d'Angleterre, Paris 1769.

Mondésir, Édouard de, Souvenirs [1842], hg. von Gilbert Chinard, Baltimore 1942.

[Montesquieu, Charles-Louis de], De L'esprit des Loix, Genf 1748.

Moser, Friedrich Carl von, Ueber die Regierung der geistlichen Staaten in Deutschland, Frankfurt a. M. [u. a.] 1787.

Moser, Johann Jacob, Von denen Teutschen Reichs-Ständen, der Reichs-Ritterschafft, auch denen übrigen unmittelbaren Reich-Glidern. Frankfurt a. M. 1767.

Möser, Justus, Patriotische Phantasien, 4 Bde., Berlin 1774-1786.

Murphy, Grace (Hg.), Gallitzin's Letters. A Collection of the Polemical Works on the Very Reverend Prince Demetrius Augustine Gallitzin (1770-1840), Loretto 1940.

Murray, John W. (Hg.), The Calvert Papers, 3 Bde., Baltimore 1889-1899.

Naber, Johanna W. A. (Hg.), Correspondentie van de Stadhouderlijke Familie, 5 Teile, 's-Gravenhage 1931-1936.

Nettesheim, Josefine (Hg.), Luise Hensel und Christoph Bernhard Schlüter. Briefe aus dem Biedermeier 1832-1876, Münster 1962.

Niehaus, Irmgard, „Versuchet es, ob meine Lehre göttlich sey!" (Joh 7,17). Aufklärung und Religiosität bei Amalia von Gallitzin und im Kreis von Münster, Diss. [mschr.], Bd. 3: Materialband. Abbildungen – Quellen, Münster 1998.

Niemeyer, August Hermann, Beobachtungen auf einer Reise durch einen Theil von Westphalen und Holland, Halle 1823.

Platon, Das Gastmahl [Symposion], in: Erich Loewenthal (Hg.), Platon. Sämtliche Werke in drei Bänden, Bd. 1, Darmstadt 2004, S. 657-727.

Prendergast, Edmond F. (Hg.), Diary and Visitation Record of the Rt. Rev. Francis Patrick Kenrick. Administrator and Bischop of Philadelphia 1830-1851, later Archbishop of Baltimore, Lancaster 1916.

Pufendorf, Samuel v., Die Verfassung des deutschen Reiches [1667], hg. v. Hans Maier/ Michael Stolleis, Leipzig 1994.

Pütter, Johann Stephan, Institutiones Iuris Publici Germanici, 5. Aufl., Göttingen 1792.

Pütter, Johann Stephan, Kurzer Begriff des Teutschen Staatsrechts, Göttingen 1764.

Pütter, Johann Stephan, Versuch einer academischen Gelehrten-Geschichte von der Georg-August-Universität Göttingen, 4 Teile, Göttingen 1765-1838.

Reichard, Heinrich August Ottokar, Der Passagier auf der Reise in Deutschland und einigen angränzenden Ländern, vorzüglich in Hinsicht auf seine Belehrung, Bequemlichkeit und Sicherheit. Ein Reisehandbuch für Jedermann, Weimar 1801.

[Reinermann, Joseph], Bernard Overberg, Münster 1829.

Rese, Friedrich, Abriß der Geschichte des Bisthums Cincinnati in Nord-Amerika. Nach den französischen Berichten der Jahrbücher des Vereins zur Weiterverbreitung des Glaubens, Wien 1829.

Riege, Helmut (Hg.), Friedrich Gottlieb Klopstock: Briefe 1776-1782, Berlin [u. a.] 1982 [Hamburger Klopstock-Ausgabe; Abt. Briefe; Bd. 7].

Rochow, Friedrich Eberhard v., Der Kinderfreund. Ein Lesebuch zum Gebrauch in Landschulen [1776/79]. 2 Bde., Faks.-Nachdruck, Berlin 2003/06.

Rochow, Friedrich Eberhard v., Der Kinderfreund. Ein Lesebuch zum Gebrauche in Landschulen. Mit Genehmigung des Herrn Verfassers für katholische Landschulen eingerichtet von einem katholischen Pfarrer, 2 Bde., Münster 1796/99.

Rousseau, Jean-Jacques, Emil oder Über die Erziehung, hg. v. Joseph Esterhues, 13. Aufl., Paderborn 1998.

Rousseau, Jean-Jacques, Extrait de Project de Paix perpétuelle de Monsieur l'Abbé de Saint-Pierre, [s. l.] 1761.

Salzmann, Christian Gotthilf, Ueber die heimlichen Sünden der Jugend, Leipzig 1785.

Schermerhorn, John F., A Correct View of that part of the United States which lies West of the Allegany Mountains, with Respect to Religion and Morals [Hartford 1814], in: Edwin S. Gaustad (Hg.), To Win the West. Missionary Viewpoints 1814-1815, New York 1972, S. 1-52.

Schlegel, Friedrich, Über die Diotima [1795], in: Ernst Behler (Hg.), Kritische Friedrich-Schlegel-Ausgabe, Bd. 1, München 1979, S. 70-115.

Schlüter, Christoph Bernhard (Hg.), Briefwechsel und Tagebücher der Fürstin Amalia von Gallitzin, 3 Bde., Münster 1874-76.

Schmid, Christian Heinrich, Anthologie der Deutschen, Leipzig 1770-1772.

Schmitt, Hanno u. a. (Hg.), Briefe von und an Joachim Heinrich Campe, Wiesbaden 2007.

Schnaubert, Andreas J., Ueber des Freiherrn von Moser's Vorschläge zur Verbesserung der geistlichen Staaten in Deutschland, Jena 1788.

Schreiber, Ilse (Hg.), „Ich war wohl klug, daß ich dich fand". Heinrich Christian Boies Briefwechsel mit Luise Mejer 1777-1785, München 1961.

Schumann, Hans (Hg.), Katharina die Große/Voltaire. Monsieur – Madame. Der Briefwechsel zwischen der Zarin und dem Philosophen, Zürich 2002.

Schwarz, Ferdinand (Hg.), Briefwechsel des Basler Ratschreibers Isaak Iselin mit dem Luzerner Ratsherren Felix Balthasar, in: BZGA 24 (1925), S. 242-244.

Sheldon, William F. (Bearb.), Justus Möser. Briefwechsel, Hannover 1992.

Sluis, Jacob v. (Hg.), François Hemsterhuis. Briefwisseling met overige Correspondenten, Berltsum 2017.

Sluis, Jacob v. (Hg.), François Hemsterhuis. Œuvres philosophiques, Leiden [u. a.] 2015.

Sluis, Jacob v. (Hg.), Lettres de Diotime à François Hemsterhuis, 4 Bde., Berltsum 2015-2017.

Smith, Adam, Untersuchungen der Natur und Ursachen von Nationalreichthümern. Aus dem Englischen übersetzt von J. F. Schiller und C. A. Wichmann, Leipzig 1776-1792.

Sökeland, Bernhard, Umgestaltung des Münsterschen Gymnasiums durch den Minister Franz Freiherrn von Fürstenberg, Münster 1828.

Spalding, Thomas W., (Hg.), John Carroll Recovered: Abstracts of Letters and Other Documents not found in the John Carroll Papers, Baltimore 2000.

Sperl, Joseph, Christliche Gesänge, vorzüglich für die öffentliche Gottesverehrung der Katholiken, Nürnberg 1800.

Sprickmann, Anton Mathias, Nachrichten aus Amerika, in: DMus (1776), 11. St., S. 992-1007.

Stöcklein, Joseph u. a. (Hg.), Der Neue Welt-Bott mit allerhand Nachrichten deren Missionarien Soc. Iesu. Allerhand Lehr- und Geist-Reiche Brief, Schrifften und Reis-Beschreibungen, Welche von den Missionariies der Gesellschaft Jesu Aus Beyden Indien, Und anderen Über Meer gelegenen Ländern ... in Europa angelangt seynd, 40 Bde., Augsburg [u. a.] 1726-1761.

Stolberg, Friedrich Leopold zu, Reise in Deutschland, der Schweiz, Italien und Sicilien, 4 Bde., Königsberg [u. a.] 1794.

Strodtmann, Adolf (Hg.), Briefe von und an Gottfried August Bürger, 4 Bde., Berlin 1874.

Stuve, Johann, Ueber das Schulwesen [1783], in: Hanno Schmitt (Hg.), Johann Stuve (1752-1793), Hohengehren 2002, S. 139-247.

Sudhof, Siegfried (Bearb.), Franz Freiherr von Fürstenberg: Schulordnung 22. Januar 1776 (Faks.-Nachdruck), Münster 1960.

Sudhof, Siegfried (Hg.), Der Kreis von Münster. Briefe und Aufzeichnungen Fürstenbergs, der Fürstin Gallitzin und ihrer Freunde. 1769-1788, Münster 1962 [Veröffentlichungen der Historischen Kommission Westfalens; 19: Westfälische Briefwechsel und Denkwürdigkeiten; 5].

Trapp, Ernst Christian, Vom Unterricht überhaupt. Zweck und Gegenstände desselben für verschiedene Stände ..., in: Allgemeine Revision des gesammten Schul- und Erziehungswesens (1787), T. 8, S. 1-210.

Treutlein, Theodor E. (Hg.), Missionary in Sonora. The Travel Reports of Joseph Och, S.J. 1755-1767, San Francisco 1965.

Trunz, Erich (Hg.), Goethe und der Kreis von Münster. Zeitgenössische Briefe und Aufzeichnungen, Münster 1971 [Veröffentlichungen der Historischen Kommission Westfalens; 19: Westfälische Briefwechsel und Denkwürdigkeiten; 6].

Wand, Augustin/M. Lilliana Owens (Hg.), Documents: Nerinckx – Kentucky – Loretto, 1804-1851 in Archives Propaganda Fide, Nerinx 1972.

Weigand, Kurt (Hg.), Jean-Jacques Rousseau. Schriften zur Kulturkritik, 5. Aufl., Hamburg 1995.

Wieland, Christoph Martin, Vorrede zu: Historischer Calender für Damen für das Jahr 1792 von Friedrich Schiller [10.10.1791], in: William Clark (Hg.), Wielands Gesammelte Schriften, Bd. 23, Berlin 1969, S. 389-472.

Willcox, William B. u. a. (Hg.), The Papers of Benjamin Franklin, Bde. 15-26, New Haven [u. a.] 1972-1987.

Zeumer, Karl, Quellensammlung zur Geschichte der Deutschen Reichsverfassung in Mittelalter und Neuzeit, 2. Aufl., Tübingen 1913.

D. Literaturverzeichnis

Adam, Thomas/Gisela Mettele (Hg.), Two Boston Brahmins in Goehte's Germany. The Travel Journals of Anna and George Ticknor, Lanham 2009.

Adams, Edmund/Barbara B. O'Kneefe (Hg.), Catholic Trails West. The Founding Catholic Families of Pennsylvania, Baltimore 1988.

Adams, Willi Paul, Die USA vor 1900, München 2009 [Oldenbourg Grundriss der Geschichte; 28].

Alexander, Joseph, Overberg: A Pioneer In Modern Pedagogics, in: Catholic World 56 (1893), S. 659-671.

An Early Religious Discussion in Pennsylvania, in: ACHR 20 (1903), S. 179.

Andermann, Kurt, Die geistlichen Staaten am Ende des Alten Reiches, Epfendorf 2004.

Andermann, Kurt, Die geistlichen Staaten am Ende des Alten Reiches, in: HZ 271 (2000), S. 593-619.

Anderson, Fred, Crucible of War: The Seven Years' War and the Fate of Empire in British North America. 1754-1766, New York 2000.

Anderson, Fred, The War that Made America: A Short History of the French and Indian War, New York 2005.

Appolis, Emile, Entre Jansénistes et Zelanti. Le „tiers parti" catholique au XVIIIe siècle, Paris 1960.

Aretin, Karl Otmar v., Das Alte Reich. 1648-1806, Bd. 3: Das Reich und der österreichisch-preußische Dualismus (1745-1896), Stuttgart 1997.

Aretin, Karl Otmar v., Das Reich. Friedensgarantie und europäisches Gleichgewicht 1648-1806, Stuttgart 1986.

Asbach, Olaf, Die Reichsverfassung als föderativer Staatenbund. Das Alte Reich in der politischen Philosophie des Abbé de Saint-Pierre und Jean-Jacques Rousseaus, in: Olaf Asbach u. a. (Hg.), Altes Reich, Frankreich und Europa. Politische, philosophische und historische Aspekte des französischen Deutschlandbildes im 17. und 18. Jahrhundert, Berlin 2000 [Historische Forschungen; 70], 171-218.

Assmann, Jan, Das kulturelle Gedächtnis. Schrift, Erinnerung und politische Identität in frühen Hochkulturen, München ⁵2005.

Assmann, Jan, Kollektives Gedächtnis und kulturelle Identität, in: Jan Assmann/Tonio Hölscher (Hg.), Kultur und Gedächtnis, Frankfurt a. M. 1988, S. 9-19.

Auderset, Juri, Transatlantischer Föderalismus. Zur politischen Sprache des Föderalismus im Zeitalter der Revolutionen, 1787-1848 [Ordnungssysteme. Studien zur Ideengeschichte der Neuzeit; 48], Berlin [u. a.] 2016.

Bachmann-Medick, Doris, Cultural Turns. Neuorientierung in den Kulturwissenschaften, 6. Aufl., Reinbek bei Hamburg 2018.

Bahlcke, Joachim, Landesherrschaft, Territorien und Staat in der Frühen Neuzeit, München 2012 [Enzyklopädie deutscher Geschichte; 91], S. 7-44.

Bahlcke, Joachim, Zwischen offener Zurückweisung und praktischer Solidarität: Vom Umgang mit französischen Revolutionsemigranten in Deutschland während des ausgehenden 18. Jahrhunderts, in: Joachim Bahlcke (Hg.), Migration als soziale Herausforderung: Historische Formen solidarischen Handelns von der Antike bis zum 20. Jahrhundert, Stuttgart 2011 [Stuttgarter Beiträge zur historischen Migrationsforschung; 8], S. 255-272.

Bailyn, Bernard, The Ideological Origins of the American Revolution, 2. Aufl., Cambridge 1992.

Bang, Carla, John Carroll and the Enlightenment, in: Raymond J. Kupke (Hg.), American Catholic Preaching and Piety in the Time of John Carroll, Lanham 1991, S. 107-136.

Bauer, Thomas, Die Vereindeutigung der Welt. Über den Verlust an Mehrdeutigkeit und Vielfalt, 9. Aufl., Stuttgart 2018.

Baum, Wilhelm, Franz Karl von Velbrück (1719-1784), Fürstbischof von Liège, in: DJ 57/58 (1980), S. 425-440.

Baumgart, Peter, Johann Ignaz von Felbiger (1724-88). Ein schlesischer Schulreformer der Aufklärung zwischen Preußen und Österreich, in: JSFWUBr 31 (1990), S. 121-140.

Baumstark-Schöningh, Adda, Das Haus in der Grünen Gasse, in: 800-Jahrfeier der Pfarrgemeinde St. Aegidii, Münster 1983.

Beck, Thomas, Koloniegründung als politisches Experiment: William Penns Verfassungsmodell für Pennsylvania (1682), in: Matthias Meyn u. a. (Hg.), Der Aufbau der Kolonialreiche, München 1987 [Dokumente zur Geschichte der europäischen Expansion; 3], S. 97-103.

Becker, Alexander, Die guten Wilden und die gute Natur: der „Nachtrag zu Bougainvilles Reise", in: Alexander Becker (Hg.), Denis Diderot. Philosophische Schriften, 2. Aufl., Berlin 2013.

Becker, Hans-Jürgen, Der Föderalismus als Konstante der deutschen Verfassungsgeschichte, in: Jörn Eckert (Hg.), Der praktische Nutzen der Rechtsgeschichte, Heidelberg 2003, S: 23-38.

Becker, Rainald, Nordamerika aus süddeutscher Perspektive. Die Neue Welt in der gelehrten Kommunikation des 18. Jahrhunderts, Stuttgart 2012 [Transatlantische Historische Studien; 47].

Behm, Britta L. u. a. (Hg.), Jüdische Aufklärung und aufklärerische Schulreform. Analysen zum späten 18. und frühen 19. Jahrhundert, Münster 2002 [Jüdische Bildungsgeschichte in Deutschland; 5].

Bellaigue, Christopher de, Die Islamische Aufklärung. Der Konflikt zwischen Glaube und Vernunft 1798 bis heute. Aus dem Engl. v. Michael Bischoff, Frankfurt a. M. 2018.

Bendel, Rainer/Norbert Spannenberger (Hg.), Katholische Aufklärung und Josephinismus. Rezeptionsformen in Ostmittel- und Südosteuropa, Köln [u. a.] 2015.

Benner, Dietrich/Herwart Kemper, Theorie und Geschichte der Reformpädagogik, T. 1: Die pädagogische Bewegung von der Aufklärung bis zum Neuhumanismus, 3. Aufl., Weinheim [u. a.] 2009.

Binder, Franz, Luise Hensel. Ein Lebensbild nach gedruckten und ungedruckten Quellen, 2. Aufl., Freiburg i. Br. 1904.

Biographical and Portrait Cyclopedia of Cambria County, Pennsylvania, comprising about Five Hundered Sketches of the Prominent and Representative Citizens of the County, Philadelphia 1896.

Bischof, Franz Xaver, Die Konzilien des abendländischen Mittelalters und der Neuzeit, in: Franz Xaver Bischof (Hg.), Einführung in die Geschichte des Christentums, Freiburg i. Br. 2012, S. 512-568.

Blanchard, Shaun, Neither Cisalpine nor Ultramontane: John Carroll's Ambivalent Relationship with English Catholicism. 1780-1800, in: USCH 36 (2018), H. 3, S. 1-28.

Blaschke, Olaf, Das 19. Jahrhundert: Ein Zweites Konfessionelles Zeitalter?, in: GG 26 (2000), S. 38-75.

Blied, Benjamin J., Austrian Aid to American Catholics 1830-1860, Milwaukee 1944.

Blisch, Bernd, Friedrich Carl Joseph von Erthal (1774-1802). Erzbischof – Kurfürst – Erzkanzler, Frankfurt a. M. 2005 [Mainzer Studien zur Neueren Geschichte; 16].

Bödeker, Hans Erich, Aufklärung als Kommunikationsprozeß, in: Aufklärung 2 (1987), H. 2, S. 89-111.

Bödeker, Hans Erich, Biographie. Annäherungen an den gegenwärtigen Forschungs- und Diskussionsstand, in: Hans Erich Bödeker (Hg.), Biographie schreiben, Göttingen 2003, S. 9-63.

Bödeker, Hans Erich, Der Buchhandel in Münster in der zweiten Hälfte des 18. Jahrhunderts, in: Frédéric Barbier u. a. (Hg.), L'Europe et le Livre. Réseaux et pratiques du négoce de librairie (XVIe-XIXe siècles), Paris 1996 [Cahiers d'histoire du livre; 1], S. 485-526.

Bödeker, Hans Erich, Der Kreis von Münster – Freundschaftsbund, Salon, Akademie?, in: Peter Albrecht u. a. (Hg.), Formen der Geselligkeit in Nordwestdeutschland 1750-1820, Tübingen 2003, S. 139-160.

Bödeker, Hans Erich, Lesen als kulturelle Praxis. Lesebedürfnisse, Lesestoffe und Leseverhalten im Kreis von Münster um 1800, in: Rudolf Vierhaus (Hg.), Frühe Neuzeit – Frühe Moderne? Forschungen zur Vielschichtigkeit von Übergangsprozessen, Göttingen 1992 [Veröffentlichungen des Max-Planck-Instituts für Geschichte; 104], S. 327-365.

Bogen, Wilhelm, Statistische Mittheilungen über das Gymnasium zu Düren, in: Gymnasium zu Düren. Festschrift zur fünfzigjährigen Gedenkfeier der am 13. November 1826 erfolgten öffentlichen Anerkennung des Gymnasiums, Düren 1877, S. 1-50.

Böhm, Manuela, Sprachenwechsel. Akkulturation und Mehrsprachigkeit der Brandenburger Hugenotten vom 17. bis 19. Jahrhundert, Berlin/New York 2010 [Studia Linguistica Germanica; 101].

Bolkhovitinov, Nikolai N., Beginnings of the Establishment of Scientific and Cultural Relations between America and Russia, in: SSH 5 (1966), H. 2, S. 48-59.

Bolkhovitinov, Nikolai N., Russian Diplomacy and the U.S. War of Independence of 1775-1783, in: SSH 3 (1964), H. 2, S. 31-46.

Bolle, Rainer, Jean-Jacques Rousseau. Das Prinzip der Vervollkommnung des Menschen durch Eduktion und die Frage nach dem Zusammenhang von Freiheit, Glück und Identität, Münster [u. a.] 2012.

Bonenkamp, W. u. a. (Hg.), Schematismus der deutschen und der deutschsprechenden Priester sowie der deutschen Katholiken-Gemeinden in den Vereinigten Staaten Nord-Amerika's, St. Louis 1882.

Boniface, Mary, The Establishment of the Catholic Hierarchy in the United States, in: RACHS 47 (1939), S. 281-291.

Börger, Wilhelm, Anton Wiggermann, der Reformer des Schulwesens im Vest Recklinghausen, Bottrop 1937.

Borja González, Galaxis, Die jesuitische Berichterstattung über die Neue Welt. Zur Veröffentlichungs-, Verbreitungs- und Rezeptionsgeschichte jesuitischer Americana auf dem deutschen Buchmarkt im Zeitalter der Aufklärung, Göttingen 2011 [Veröffentlichungen des Instituts für Europäische Geschichte Mainz: Abt. für Abendländische Religionsgeschichte; 226].

Bosse, Heinrich, Dichter kann man nicht bilden. Zur Veränderung der Schulrhetorik nach 1770, in: Heinrich Bosse, Bildungsrevolution. 1770-1830, Heidelberg 2012, S. 193-236.

Bosse, Heinrich, Die Erfindung der Bildung, in: Heinrich Bosse, Bildungsrevolution 1770-1830, Heidelberg 2012, S. 1-14.

Bosse, Heinrich, Die moderne Bildungsrevolution, in: Heinrich Bosse, Bildungsrevolution. 1770-1830, Heidelberg 2012, S. 47-160.

Boullée, Auguste Aimé, Biographies Contemporaines, Paris 1863.

Bourdieu, Pierre, Die biographische Illusion, in: Pierre Bourdieu, Praktische Vernunft. Zur Theorie des Handelns. Aus dem Frz. v. Hella Beister, Frankfurt a. M. 1998, S. 75-83.

Bourdieu, Pierre, Homo Academicus [1984]. Übers. v. Bernd Schwibs, Paris 1988.

Brachin, Pierre, Le Cercle de Münster (1779-1806) et la Pensée Religieuse de F. L. Stolberg, Lyon 1951 [Bibliothèque de la Société des Études Germaniques; 5].

Brandes, Helga, Art.: Freundschaft, in: Werner Schneiders (Hg.), Lexikon der Aufklärung, München 2001, S. 139-141.

Braubach, Max, Die Außenpolitik Max Friedrichs von Königsegg, Kurfürst von Köln und Fürstbischofs von Münster (1761-1784), in: AHVN 18 (1929), S. 330-353.

Braubach, Max, Die kirchliche Aufklärung im katholischen Deutschland im Spiegel des „Journal von und für Deutschland" (1784-1792), in: Max Braubach, Diplomatie und geistiges Leben im 17. und 18. Jahrhundert, Bonn 1969, S. 563-659.

Braubach, Max, Kurkölnische Miniaturen, Münster 1954.

Braubach, Max, Politik und Kultur an den geistlichen Fürstenhöfen Westfalens gegen Ende des alten Reiches, in: WZ 105 (1955), S. 65-81.

Braun, Bettina, Die geistlichen Fürsten im Rahmen der Reichsverfassung 1648-1803. Zum Stand der Forschung, in: Wolfgang Wüst (Hg.), Geistliche Staaten in Oberdeutschland im Rahmen der Reichsverfassung. Kultur – Verfassung – Wirtschaft – Gesellschaft. Ansätze zu einer Neubewertung, Epfendorf 2002, S. 25-52.

Braun, Bettina, Princeps et episcopus. Studien zur Funktion und zum Selbstverständnis der nordwestdeutschen Fürstbischöfe nach dem Westfälischen Frieden, Göttingen 2013 [Veröffentlichungen des Instituts für Europäische Geschichte: Abt. für Universalgeschichte; 230].

Braun, Karl-Heinz, Das Reformprogramm des katholischen Aufklärers Ludovico Antonio Muratori (1672-1750), in: Albrecht Beutel/Martha Nooke (Hg.), Religion und Aufklärung, Tübingen 2016 [Colloquia historica et theologica; 2], S. 707-717.

Brecher, August, Oberpfarrer L. A. Nellessen (1783-1859) und der Aachener Priester-kreis, in: ZAGV 76 (1964), S. 45-205.

Breinbauer, Ines Maria u. a. (Hg.), Milde revisited. Vincenz Eduard Mildes pädagogisches Wirken aus der Sicht der modernen Erziehungswissenschaft, Berlin [u. a.] 2006 [Austria. Forschung und Wissenschaft – Erziehungswissenschaft; 1].

Brenner, Peter J., Der Reisebericht in der deutschen Literatur, Tübingen 1990 [Internationales Archiv für Sozialgeschichte der deutschen Literatur; Sonderheft 2].

Brenner, Peter J., Paradies Amerika? Die Einverleibung Amerikas durch den alten Kontinent, in: Thomas Fuchs/Sven Trakulhun (Hg.), Das eine Europa und die Vielfalt der Kulturen. Kulturtransfer in Europa 1500-1850, Berlin 2003 [Aufklärung und Europa. Schriftenreihe des Forschungszentrums Europäische Aufklärung; 12], S. 251-289.

Brenner, Peter J., Reisen in die Neue Welt. Die Erfahrung Nordamerikas in deutschen Reise- und Auswandererberichten des 19. Jahrhunderts, Tübingen 1991.

Brogan, Hugh, The Penguin History of the USA, 2. Aufl., London 2001.

Bromme, Traugott, Gemälde von Nord-Amerika in allen Beziehungen von der Entdeckung an bis auf die neueste Zeit. Eine pittoreske Geographie für Alle, welche unterhaltende Belehrung suchen und ein Umfassendes Reise-Handbuch für Jene, welche in diesem Lande wandern wollen, 2 Bde., Stuttgart 1842.

Brownson, Sarah M., Life of Demetrius Augustine Gallitzin. Prince and Priest, New York 1873.

Bruford, Walter H., Fürstin Gallitzin und Goethe. Das Selbstvervollkommnungsideal und seine Grenze, Köln [u. a.] 1957.

Brückner, Wolfgang, Frömmigkeit und Konfession. Verstehensprobleme, Denkformen, Lebenspraxis, Würzburg 2000 [Volkskunde als historische Kulturwissenschaft].

Brühl, Heinrich J., Die Tätigkeit des Ministers Franz Freiherrn von Fürstenberg auf dem Gebiet der inneren Politik des Fürstbistums Münster 1763-1780, Münster 1905.

Brühl, Heinrich J., Franz von Fürstenberg als Mensch, in: Westfalen 3 (1911), S. 1-24.

Büld, Heinrich (Hg.), Rheine a. d. Ems. Chroniken und Augenzeugenberichte 1430-1950, Rheine 1977.

Bunson, Margret/Matthew Bunson, Apostle of the Alleghenies, Reverend Demetrius Augustine Gallitzin, Huntington 1999.

Burgener, Louis, Frankreich, in: Horst Ueberhorst, Geschichte der Leibesübungen, Bd. 5, Berlin 1976, S. 161-187.

Burkhardt, Johannes, Der Krieg der Kriege. Eine neue Geschichte des Dreißigjährigen Krieges, Stuttgart 2018.

Burkhardt, Johannes, Deutsche Geschichte in der Frühen Neuzeit, München 2009.

Burkhardt, Johannes, Vollendung und Neuorientierung des frühmodernen Reiches 1648-1763, 10. Aufl., Stuttgart 2006 [Gebhardt. Handbuch der deutschen Geschichte; 11].

Burns, James A., The Catholic School System in the United States. Its Principles, Origin, and Establishment, New York 1908.

Burson, Jeffrey D./Lehner, Ulrich L. (Hg.), Enlightenment and Catholicism in Europe. A Transnational History, Notre Dame/In. 2014.

Butler, Anne M. u. a. (Hg.), The Frontiers and Catholic Identities, Maryknoll 1999.

Carey, Patrick W., Catholics in America. A History, Lanham 2004.

Carey, Patrick W., People, Priests, and Prelates. Ecclesiastical Democracy and the Tension of Trusteeism, Notre Dame/In. 1987.

Carpenter, Kirsty, Emigration in Politics and Imaginations, in: David Andress (Hg.): The Oxford Handbook of the French Revolution, Oxford 2015, S. 330-345.

Caruso, Marcelo/Heinz-Elmar Tenorth, „Internationalisierung" vs. „Globalisierung": Ein Versuch der Historisierung, in: Marcelo Caruso/Heinz-Elmar Tenorth (Hg.), Internationalisierung: Semantik und Bildungssystem in vergleichender Perspektive, Frankfurt a. M. 2002, S. 13-34.

Casper, Gerhard, A Young Man from „ultima Thule" Visits Jefferson: Alexander von Humboldt in Philadelphia and Washington, in: PAPhS 155 (2011), S. 247-262.

Cassierer, Ernst, Die Philosophie der Aufklärung, Hamburg 2007 [Philosophische Bibliothek; 593].

Chinnici, Joseph P., Living Stones. The History and Structure of Catholic Spiritual Life in the United States, New York 1989.

Chinnici, Joseph P., The English Catholic Enlightenment. John Lingard and the Cisalpine Movement. 1780-1850, Shepherdstown 1980.

Christ, Günter, Geistliche Fürsten des ausgehenden 18. Jahrhunderts im Lichte der Wiener Diplomatie, in: AJGLKU 8 (1984), S. 289-310.

Classen, Albrecht, Early History of the Southwest Through the Eyes of German-Speaking Jesuit Missionaries. A Transcultural Experience in the Eighteenth Century, Lanham 2013.

Cleve, Walter T., Das Collegium Americanum in Münster i.W., in: Albert Büttner (Hg.), Festbuch zum 20jährigen Bestehen des Reichsverbandes für das katholische Deutschtum im Ausland, Berlin 1939, S. 121-139.

Coeverden, M. J. v., Bildergeschichte in Rheine und Benehmen des Richters 1791, in: Heinrich Büld (Hg.), Rheine a. d. Ems. Chroniken und Augenzeugenberichte 1430-1950, Rheine 1977, S. 173-180.

Conzen, Kathleen N., Immigrant Religion and the Republic: German Catholics in Nineteenth-Century America, in: GHI Bulletin 35 (2004), S. 42-56.

Conzen, Kathleen N., Making Their Own America. Assimitaion Theory and the German Peasant Pioneer, Oxford 1990.

Curran, Robert Emmett, The Bicentennial History of Georgetown University: From Academy to University, 1789-1889, 2 Bde., Washington DC 1993.

Cverava, Grant K., Dmitrij Alekseevič Golicyn. 1734-1803, Leningrad 1985.

Czarnecka, Mirosława, Breslau, in: Wolfgang Adam/Siegrid Westphal (Hg.), Handbuch
    kultureller Zentren der Frühen Neuzeit. Städte und Residenzen im alten deutschen
    Sprachraum, Berlin [u. a.] 2012, 197-238.

Czarnecka, Mirosława, Das „gelehrte" Frauenzimmer. Zur Erziehung und Bildung der
    Frau im 17. Jahrhundert am Beispiel Schlesiens, in: APH 74 (1996), S. 45-71.

Dahrendorf, Ralf, Die Angewandte Aufklärung. Gesellschaft und Soziologie in Amerika,
    München 1963.

Dainat, Holger, Die wichtigste aller Epochen: Geistesgeschichtliche Aufklärungs-
    forschung, in: Holger Dainat/Wilhelm Voßkamp (Hg.), Aufklärungsforschung in
    Deutschland. Heidelberg 1999 [Beihefte zum Euphorion; 12], S. 27-37.

D'Aprile, Iwan-Michelangelo, Aufklärung global – globale Aufklärungen. Zur Ein-
    führung, in: DAJ 40 (2016), H. 2, S. 159-164.

Das Collegium Amerikanum zu St. Mauritz bei Münster in Westphalen, in: Der
    Katholik 49 (1869), S. 246 f.

De Bruyn, Frans/Shaun Regan (Hg.), The Culture of the Seven Years' War. Empire,
    Identity, and the Arts in the Eighteenth-Century Atlantic World, Toronto [u. a.] 2014.

De Smet, Pieter Jan, Western Missions and Missionaries: A Series of Letters, New York
    1863.

Degn, Christian, Claudius und die Obrigkeit, in: Jörg-Ulrich Fechner (Hg.), Matthias
    Claudius 1740-1815. Leben – Zeit – Werk, Tübingen 1996, S. 19-28.

Demel, Walter, Der aufgeklärte Absolutismus in mittleren und kleinen deutschen
    Territorien, in: Helmut Reinalter/Harm Klueting (Hg.), Der aufgeklärte Absolutis-
    mus im europäischen Vergleich, Wien 2002, S. 69-112.

Demel, Walter, Reich, Reformen und sozialer Wandel 1763-1806, Stuttgart 2005
    [Gebhardt. Handbuch der deutschen Geschichte; 12].

DePalma, Margaret C., Dialogue on the Frontier. Catholic and Protestant Relations,
    1793-1883, Kent [u. a.] 2004.

Depkat, Volker, Amerikabilder in politischen Diskursen. Deutsche Zeitschriften von
    1789-1830, Stuttgart 1998 [Sprache und Geschichte; 24].

Depkat, Volker, Angewandte Aufklärung? Die Weltwirkung der Aufklärung im
    kolonialen Britisch Nordamerika und den USA, in: Wolfgang Hardtwig (Hg.), Die
    Aufklärung und ihre Weltwirkung, Göttingen 2010 [Geschichte und Gesellschaft;
    Sonderheft 23], S. 205-242.

Depkat, Volker, Das Alte Reich in den Verfassungsdebatten des kolonialen Britisch
    Nordamerika und den USA, 1750-1788, in: DTIEV-Online 1 (2003), S. 1-20.

Depkat, Volker, Die Neue Welt im regionalen Horizont: Amerikabilder im
    Hannoverischen Magazin, in: Sabine Doering-Manteuffel u. a. (Hg.), Pressewesen
    der Aufklärung: Periodische Schriften im Alten Reich, Berlin 2001 [Colloquia
    Augustana; 15], S. 269-294.

Depkat, Volker, Geschichte Nordamerikas, Köln 2008.

Descargues, Pierre, Die Eremitage, Berlin [u. a.] 1961.

Dethlefs, Gerd, Sinnbild milder Herrschaft. Politische Ikonographie an der fürst-bischöflichen Residenz zu Münster, in: Jürgen Overhoff/Andreas Oberdorf (Hg.), Katholische Aufklärung in Europa und Nordamerika, Göttingen 2019 [Das achtzehnte Jahrhundert – Supplementa; 25], S. 500-515.

Deudney, Daniel, The Philadelphian System: Sovereignty, Arms Control, and Balance of Power in the American States-union circa 1787-1861, in: IO 49 (1995), S. 191-228.

Dichtl, John R., Frontiers of Faith. Bringing Catholicism to the West in the Early Republic, Lexington 2008.

Dippel, Horst, Deutschland und die amerikanische Revolution. Sozialgeschichtliche Untersuchungen zum politischen Bewußtsein im ausgehenden 18. Jahrhundert, Diss. Köln 1972.

Dolan, Jay P., Catholicism and American Culture: Strategies for Survival, in: Jonathan D. Sarna (Hg.), Minority Faiths and the American Protestant Mainstream, Urbana/Chicago 1998, S. 61-80.

Dolan, Jay P., In Search of an American Catholicism. A History of Religion and Culture in Tension, New York 2002.

Donnert, Erich, Dmitrij Alekseevič Golicyn. Vom Geist der Ökonomisten. Russisches Beispiel eines europäischen Aufklärers, Frankfurt a. M. 2001 [Schriftenreihe der Internationalen Forschungsstelle Demokratische Bewegungen in Mitteleuropa 1770-1850; 30].

Dorschel, Andreas, Ideengeschichte, Göttingen 2010.

Douglass, Elisha P., Sturm und Drang: German Intellectuals and the American Revolution, in: Charles W. Toth (Hg.), Liberté, egalité, fraternité: the American revolution & the European response, Troy 1989, S. 48-63.

Duchhardt, Heinz, 1648. Das Jahr der Schlagzeilen. Europa zwischen Krise und Aufbruch, Wien 2015.

Duchhardt, Heinz, Das Fürstbistum Münster und die Niederlande in der Barockzeit. Zur Metamorphose einer schwierigen Nachbarschaft, in: ZNS 2 (1991), S. 9-20.

Duchhardt, Heinz, Die geistlichen Staaten und die Aufklärung, in: Kurz Andermann (Hg.), Die geistlichen Staaten am Ende des Alten Reiches. Versuch einer Bilanz, Epfendorf 2004, S. 55-66.

Ebeling, Gerhard, Die Toleranz Gottes und die Toleranz der Vernunft, in: ZThK 78 (1981), S. 442-464.

Ecarius, Jutta/Martina Löw, Raum – eine vernachlässigte Dimension erziehungswissenschaftlicher und sozialwissenschaftlicher Forschung und Theoriebildung, in: Jutta Ecarius/Martina Löw (Hg.), Raumbildung – Bildungsräume. Über die Verräumlichung sozialer Prozesse, Opladen 1997, S. 7-12.

Engelsing, Rolf, Deutschland und die Vereinigten Staaten im 19. Jahrhundert. Eine Periodisierung, in: DWG 18 (1958), S. 128-159.

Erhardt-Lucht, Renate, Die Ideen der Französischen Revolution in Schleswig-Holstein, Neumünster 1969.

Esser, Wilhelm, Franz von Fürstenberg, Dessen Leben und Schriften, Münster 1842.

Eßer, Raingard/Thomas Fuchs (Hg.), Bäder und Kuren in der Aufklärung. Medizinaldiskurs und Freizeitvergnügen, Berlin 2003.

Externbrink, Sven, Die Grenzen des „Kabinettskrieges": Der Siebenjährige Krieg 1756-1763, in: Thomas Jäger/Rasmus Beckmann (Hg.), Handbuch Kriegstheorien, Wiesbaden 2011, S. 350-358.

Externbrink, Sven, Einleitung, in: Sven Externbrink (Hg.), Der Siebenjährige Krieg (1756-1763): Ein europäischer Weltkrieg im Zeitalter der Aufklärung, Berlin 2011, S. 9-23.

Faragher, John M., A Great and Noble Scheme. The Tragic History of the Expulsion of the French Acadians from their American Homeland, New York 2005.

Farrelly, Maura Jane, American Identity and English Catholicism in the Atlantic World, in: D'Maris Coffman u. a. (Hg.), The Atlantic World, London [u. a.] 2015, S. 393-412.

Farrelly, Maura Jane, Anti-Catholicism in America. 1620-1860, New York 2018.

Fecher, Vincent J., A Study of the Movement for German National Parishes in Philadelphia and Baltimore (1787-1802), Rom 1955, S. 35-41.

Fechner, Jörg-Ulrich, „Die Fürstin Gallitzin im Kreise ihrer Freunde". Ein Historiengemälde von Theobald von Oër (1864), in: Petra Schulz/Erpho Bell (Hg.), Amalie Fürstin von Gallitzin. „Meine Seele ist auf der Spitze meiner Feder", Münster 1998, S. 122-140.

Fellner, Felix, Phases of Catholicity in Western Pennsylvania. During the Eighteenth Century, Latrobe 1942.

Fellner, Felix, Trials and Triumphs of Catholic Pioneers in Western Pennsylvania, in: RACHS 34 (1923), S. 195-261, 287-343.

Fink, Leo Gregory, Old Jesuit Trails in Penn's Forest. The Romance of Catholicism Told in the Footprints of the Pioneer Missionaries in Pennsylvania, 2. Aufl., New York 1936.

First Report of the Catholic Book Society, for the Diffusion of Useful Knowledge throughout Ireland, Dublin 1828.

Fischer, Ralph/Volker Ladenthin (Hg.), Homeschooling – Tradition und Perspektive, Würzburg 2006.

Flammer, Thomas u. a. (Hg.), Franz von Fürstenberg (1729-1810). Aufklärer und Reformer im Fürstbistum Münster, Münster 2012 [Westfalen in der Vormoderne. Studien zur mittelalterlichen und frühneuzeitlichen Landesgeschichte; 11].

Flick, Lawrence F., Reminiscences of John Elder, deceased, of Carrolltown, Cambria Co., Pa., one of the Pioneer Settlers of Prince Gallitzin's District, in: RACHS 13 (1902), S. 227-230.

Fogleman, Aaron Spencer, Hopeful Journeys. German Immigration, Settlement, and Political Culture in Colonial America, 1717-1775, Philadelphia 1996.

Foin, Jules C., Rev. Louis Barth: a Pioneer Missionary in Pennsylvania and an Administrator of the Diocese of Philadelphia, in: RACHS 2 (1886), S. 29-37.

Folkerts, Liselotte, Ein Vorgeschmack des Himmels. Johann Georg Hamann in Münster und im Münsterland, Berlin 2011.

Foucault, Michel, Archäologie des Wissens, 16. Aufl., Frankfurt a. M. 2013.

Foucault, Michel, Subjekt und Macht [1982], in: Hubert L. Dreyfus/Paul Rabinow, Michel Foucault. Jenseits von Strukturalismus und Hermeneutik, Frankfurt a. M. 1987, S. 243-261.

Foucault, Michel, Überwachung und Strafen. Die Geburt des Gefängnisses. Übers. v. Walter Seitter, Frankfurt a. M. 1976.

Fraenkel, Ernst, Amerika im Spiegel des deutschen politischen Denkens, Köln [u. a.] 1959.

François, Etienne, Die unsichtbare Grenze. Protestanten und Katholiken in Augsburg 1648-1806, Sigmaringen 1991.

François, Etienne, The German Urban Network between the Sixteenth and Eighteeth Centuries. Cultural and Demographic Indicators, in: Ad van der Woude u. a. (Hg.), Urbanization in History. A Process of Dynamic Interactions, Oxford 1990, S. 84-100.

Freist, Dagmar, Glaube – Liebe – Zwietracht. Religiös-konfessionell gemischte Ehen in der Frühen Neuzeit, Berlin [u. a.] 2017.

Freitag, Werner, Das Fürstbistum Münster in der zweiten Hälfte des 18. Jahrhunderts. Handlungsfelder Katholischer Aufklärung, in: BDLG 140 (2004), S. 27-44.

Freitag, Werner, Fromme Traditionen, konfessionelle Abgrenzung und kirchliche Strukturen: Religiosität als Faktor westfälischer Identität (16.-18. Jahrhundert)?, in: Wilfried Reininghaus/Bernd Walter (Hg.), Räume – Grenzen – Identitäten. Westfalen als Gegenstand landes- und regionalgeschichtlicher Forschungen, Paderborn 2013, S. 91-104.

Freitag, Werner, Pfarrer, Kirche und ländliche Gemeinschaft. Das Dekanat Vechta 1400-1803, Bielefeld 1998.

Freitag, Werner, Tridentinische Pfarrer und die Kirche im Dorf. Ein Plädoyer für die Beibehaltung der etatistischen Perspektive, in: Norbert Haag u. a. (Hg.), Ländliche Frömmigkeit. Konfessionskulturen und Lebenswelten 1500-1850, Stuttgart 2002, S. 83-114

Freitag, Werner, Tridentinische Refom(en)? Zum Profil katholischer Aufklärung in den Fürstbistümern Westfalens, in: Thomas Flammer u. a. (Hg.), Franz von Fürstenberg (1729-1810). Aufklärer und Reformer im Fürstbistum Münster, Münster 2012 [Westfalen in der Vormoderne. Studien zur mittelalterlichen und frühneuzeitlichen Landesgeschichte; 11], S. 43-57.

Freitag, Werner, Volks- und Elitenfrömmigkeit in der Frühen Neuzeit. Marienwall-
fahrten im Fürstbistum Münster, Paderborn 1991.

Fresco, Marcel F., Amalias Jahre in den Niederlanden. Ihre Freundschaft mit dem
Philosophen Frans Hemsterhuis, in: Petra Schulz/Erpho Bell (Hg.), Amalie Fürstin
von Gallitzin. „Meine Seele ist auf der Spitze meiner Feder", Münster 1998, S. 28-42.

Fresco, Marcel F., Platonismus bei Hemsterhuis. Drei Capita Selecta, in: Theo Kobusch/
Burkhard Mojsisch (Hg.), Platon in der abendländischen Geistesgeschichte, Darmstadt 1997, 170-182.

Freyh, Antje, Karl Theodor von Dalberg. Ein Beitrag zum Verhältnis von politischer
Theorie und Regierungspraxis in der Endphase des Aufgeklärten Absolutismus,
Frankfurt a. M. 1978 [Europäische Hochschulschriften, Reihe III: Geschichte und
ihre Hilfswissenschaften; 95].

Friedenthal-Haase, Martha, Alexis de Tocquevilles Amerika. Anmerkungen zum Ergebnis einer großen Reise aus der Perspektive des „Lebenslangen Lernens", in:
Karlpeter Elis (Hg.), Bildungsreise – Reisebildung, Wien 2004, S. 51-62.

Friedländer, Ernst, *Art.*: Schlieffen, Martin Ernst v., in: ADB 31 (1890), S. 516 f.

Friedrich, Markus, Der lange Arm Roms? Globale Verwaltung und Kommunikation im
Jesuitenorden 1540-1773, Frankfurt a. M. 2011.

Friedrich, Markus, Die Jesuiten. Aufstieg, Niedergang, Neubeginn, München 2016.

Friedrich, Markus, Jesuiten und Lutheraner im frühneuzeitlichen Hamburg.
Katholische Seelsorge im Norden des Alten Reichs zwischen Konversionen,
Konfessionskonflikten und interkonfessionellen Kontakten, in: ZHG 104 (2018),
S. 1-77.

Friedrich, Markus, Katholische Mission in protestantischer Deutung. Heiden-
bekehrung als interkonfessionelles Thema des frühen 18. Jahrhunderts, in: Klaus
Koschorke/Adrian Hermann (Hg.), Polycentric Structures in the History of World
Christianity – Polyzentrische Strukturen in der Geschichte des Weltchristentums,
Wiesbaden 2014 [Studies in the History of Christianity in the Non-Western World –
Studien zur Außereuropäischen Christentumsgeschichte; 25], S. 269-284.

Friedrich, Susanne, Drehscheibe Regensburg. Das Informations- und Kommunikations-
system des Immerwährenden Reichstags um 1700, Berlin 2007 [Colloquia Augustana;
23].

Friis, Hermann R., Alexander von Humboldts Besuch in den Vereinigten Staaten von
Amerika. Vom 20. Mai bis zum 30. Juni 1804, in: Joachim H. Schultze (Hg.), Alexander
von Humboldt. Studien zu seiner universalen Geisteshaltung, Berlin 1959, S. 142-195.

Fuchs, Eckhardt, Bildungsgeschichte als internationale und Globalgeschichte. Einführende Bemerkungen, in: Eckhardt Fuchs (Hg.), Bildung International. Historische
Perspektiven und aktuelle Entwicklungen, Würzburg 2006, S. 7-28.

Fulda, Daniel, Gab es „die Aufklärung"? Einige geschichtstheoretische, begriffs-
geschichtliche und schließlich programmatische Überlegungen anlässlich einer
neuerlichen Kritik an unseren Epochenbegriffen, in: DAJ 37 (2013), H. 1, S. 11-25.

Fulda, Daniel, Sattelzeit. Karriere und Problematik eines kulturwissenschaftlichen Zentralbegriffs, in: Elisabeth v. Décultot/Daniel Fulda (Hg.), Sattelzeit. Historiographiegeschichtliche Revisionen, Berlin 2016 [Hallesche Beiträge zur Europäischen Aufklärung; 52], S. 1-16.

Funk, Albert, Kleine Geschichte des Föderalismus. Vom Fürstenbund zur Bundesrepublik, Paderborn [u. a.] 2010.

Furstenberg, François, When the United States Spoke French, New York 2014.

Füssel, Marian, Der Siebenjährige Krieg: Ein Weltkrieg im 18. Jahrhundert, München 2010 [Beck Wissen; 2704].

Füssel, Marian, Einleitung: Gelehrtenrepublik, in: Aufklärung 26 (2014), S. 5-16.

Füssel, Marian, Streitsachen. Akteure, Medien, Öffentlichkeiten: Einleitung, in: Frauke Berndt/Daniel Fulda (Hg.): Die Sachen der Aufklärung, Hamburg 2012 [Studien zum achtzehnten Jahrhundert; 34], S. 157-162.

Ganzer, Klaus, Das Konzil von Trient und die Volksfrömmigkeit, in: Hansgeorg Molitor/ Heribert Smolinsky, Volksfrömmigkeit in der Frühen Neuzeit, Münster 1994 [Katholisches Leben und Kirchenreform im Zeitalter der Glaubensspaltung; 54], S. 17-26.

Gatz, Erwin, Münster, in: Erwin Gatz (Hg.), Priesterausbildungsstätten der deutschsprachigen Länder zwischen Aufklärung und Zweitem Vatikanischen Konzil, Rom [u. a.] 1994, S. 156-164.

Geier, Manfred, Aufklärung. Das europäische Projekt, Reinbeck bei Hamburg 2012.

Geier, Manfred, „Ein Sklave, der frei denkt." Der monströse Hamann: Ein philosophischer Intertext, in: Manfred Geier (Hg.), Die Schrift und die Tradition. Studien zur Intertextualität, München 1985, S. 56-89.

Geier, Manfred, Geistesblitze. Eine andere Geschichte der Philosophie, Reinbek bei Hamburg 2013.

Geisberg, Max (Bearb.), Die Stadt Münster, T. 4: Die profanen Bauwerke seit dem Jahre 1701, Münster 1935.

Genevois, Dominique, Un prélat éclairé. François Frédéric de Fuerstenberg de 1758 à 1782, Diss. [mschr.] Paris 1959.

Giesebrecht, Ludwig, Die Schulmeisterin aus Westfalen, in: Damaris (1864), S. 147-206.

Glaubitz, Gerald, Geschichte – Landschaften – Reisen. Umrisse einer historisch-politischen Didaktik der Bildungsreise, Weinheim 1997 [Schriften zur Geschichtsdidaktik; 6].

Gödden, Walter, Der Schwärmer. Die verschollene Lebensgeschichte des westfälischen Sturm-und-Drang-Dichters Anton Mathias Sprickmann, Paderborn [u. a.] 1994.

Gödden, Walter, „Eine gefüllte Rose auf einem wilden Stocke". Justus Möser und Anton Mathias Sprickmann, in: MF 1 (1989), S. 156-175.

Gödden, Walter u. a. (Hg.), „Es war ein Licht in Westphalen". Johann Moritz Schwager (1738-1804). Ein westfälischer Aufklärer, Bielefeld 2013 [Veröffentlichungen der Literaturkommission für Westfalen; 55].

Goertz, Hans-Jürgen, Religiöse Bewegungen in der Frühen Neuzeit, München 1993 [Enzyklopädie deutscher Geschichte; 20].

Goldie, Mark, Alexander Geddes (17371802): Biblical Criticism, Ecclesiastical Democracy, and Jacobinism, in: Jeffrey D. Burson/Ulrich L. Lehner, Enlightenment and Catholicism in Europe. A Transnational History, Notre Dame/In. 2014, S. 411-432.

Goldie, Mark, The Scottish Catholic Enlightenment, in: JBS 30 (1991), S. 20-62.

Goldstein, Jürgen, Georg Forster. Zwischen Freiheit und Naturgewalt, Berlin 2015.

Gorman, Robert, Catholic Apologetical Literature in the United States (1784-1858), Washington, DC 1939.

Götz, Carmen, Friedrich Heinrich Jacobi im Kontext der Aufklärung. Diskurse zwischen Philosophie, Medizin und Literatur, Hamburg 2008 [Studien zum achtzehnten Jahrhundert; 30].

Graf, Friedrich Wilhelm, Die Wiederkehr der Götter. Religion in der modernen Kultur, München 2007.

Graf, Friedrich Wilhelm, Theologische Aufklärung, in: ZIG 9 (2015), H. 2, S. 53-72.

Grau, Conrad, D. A. Golicyn und A. von Gallitzin. Wissenschaft und Literatur in deutsch-russischer Begegnung in den letzten Jahrzehnten des 18. Jh., in: JGsozLE 28 (1984), S. 109-126.

Grau, Conrad, Die Berliner Akademie der Wissenschaften und die Hugenotten, in: Sibylle Badstübner-Gröger u. a. (Hg.), Hugenotten in Berlin, Berlin 1988, S. 327-362.

Gravenkamp, Horst, Geschichte eines elenden Körpers: Lichtenberg als Patient, 2. Aufl., Wallstein 1992.

Greenblatt, Stephen, Shakespeare und die Exorzisten, in: Stephen Greenblatt, Verhandlungen mit Shakespeare. Innenansichten der englischen Renaissance. Aus dem Amerik. v. Robin Cackett, Berlin 1990, S. 92-122.

Greshake, Gisbert/Josef Weismeyer (Hg.), Quellen geistlichen Lebens, Bd. 3: Die Neuzeit, Mainz 2008.

Griffin, Martin I. J., List of Historic Treasures in the Museum of the American Catholic Historical Society, in: RACHS 44 (1933), Nr. 2, S. 97-117.

Griffin, Martin I. J., Rev. F. X. Brosius' Mount Airy Seminary, 1806-13, in: ACHR 5 (1888), S. 155-159.

Groeteken, Autbert, Die Professoren aus der sächsischen Provinz an der alten Universität Münster, in: Beiträge zur Geschichte der Sächsischen Franziskanerprovinz vom Heiligen Kreuze 1908, S. 119-121.

Grubb, Farley, Educational Choice in the Era Before Public Schooling: Evidence from German Immigrant Children in Pennsylvania, 1771-1817, in: JEH 52 (1992), S. 363-375.

Guilday, Peter, A History of the Council of Baltimore (1791-1884), New York 1932.

Guilday, Peter, The Life and Times of John Carroll. Archbishop of Baltimore (1735-1815), Westminster 1954.

Häberlein, Mark, Kommunikationsraum Europa und Welt. Einleitung, in: Johannes Burkhardt/Christine Werkstetter (Hg.), Kommunikation und Medien in der Frühen Neuzeit, München 2005, S. 295-299.

Häberlein, Mark, The Practice of Pluralism. Congregational Life and Religious Diversity in Lancaster, Pennsylvania. 1730-1820, University Park, Pa. 2009.

Habermas, Jürgen, Können komplexe Gesellschaften eine vernünftige Identität ausbilden?, in: Jürgen Habermas (Hg.), Zur Rekonstruktion des Historischen Materialismus, Frankfurt a. M. 1974, S. 92-126.

Habermas, Jürgen, Vorbereitende Bemerkungen zu einer Theorie der kommunikativen Kompetenz, in: Jürgen Habermas/Niklas Luhmann (Hg.), Theorie der Gesellschaft oder Sozialtechnologie. Was leistet die Systemforschung?, Frankfurt a. M. 1971, S. 101-141.

Hallermann, Heribert, Pfarrei und pfarrliche Seelsorge. Ein kirchenrechtliches Handbuch für Studium und Praxis, Paderborn [u. a.] 2004 [Kirchen- und Staatskirchenrecht; 4].

Hamilton, Raphael N., The Significance of the Frontier to the Historians of the Catholic Church in the United States, in: CHR 25 (1939), S. 160-178.

Hammacher, Klaus, Hemsterhuis und seine Rezeption in der deutschen Philosophie und Literatur des ausgehenden achtzehnten Jahrhunderts, in: ANTW 75 (1983), S. 110-131.

Hammann, Gustav, *Art.*: Agricola, Johann, in: NDB 1 (1953), S. 100 f.

Hammer, Bonaventura, Die katholische Kirche in den Vereinigten Staaten Nordamerikas, New York 1897.

Hammerstein, Notker, Aufklärung und katholisches Reich. Untersuchungen zur Universitätsreform und Politik katholischer Territorien des Heiligen Römischen Reichs deutscher Nation im 18. Jahrhundert, Berlin 1977 [Historische Forschungen; 12].

Hammerstein, Notker/Ulrich Herrmann (Hg.), Handbuch der deutschen Bildungsgeschichte, Bd. 2: 18. Jahrhundert. Vom späten 17. Jahrhundert bis zur Neuordnung Deutschlands um 1800, München 2005.

Hannan, Jerome D., Prince Gallitzin's Experience with Quasi-Spiritistic Phenomena, in: HRS 15 (1921), S. 35-44.

Hanschmidt, Alwin (Hg.), Elementarschulverhältnisse im Niederstift Münster im 18. Jahrhundert. Die Schulvisitationsprotokolle Bernard Overbergs für die Ämter Meppen, Cloppenburg und Vechta 1783/84, Münster 2000.

Hanschmidt, Alwin, 1773 bis 1815. Vom Jesuitengymnasium zum preußischen Gymnasium, in: Günter Lassalle (Hg.), 1200 Jahre Paulinum in Münster, Münster 1997, S. 43-98.

Hanschmidt, Alwin, Aufgeklärte Reformen im Fürstbistum Münster unter besonderer Berücksichtigung des Bildungswesens, in: Harm Klueting (Hg.), Katholische

Aufklärung. Aufklärung im katholischen Deutschland, Hamburg 1993 [Studien zum achtzehnten Jahrhundert; 15], S. 319-334.

Hanschmidt, Alwin, Bernard Overberg und die Reform des Elementarschulwesens im Fürstbistum Münster, in: Meinolf Peters (Hg.), Schulreform im Fürstbistum Münster im ausgehenden 18. Jahrhundert, Ibbenbüren 1992, S. 1-44.

Hanschmidt, Alwin, Das 18. Jahrhundert, in: Wilhelm Kohl (Hg.), Westfälische Geschichte, Bd. 1, Düsseldorf 1983, S. 605-685.

Hanschmidt, Alwin, Das Fürstbistum Münster im Zeitalter der Aufklärung. Die Ära Fürstenberg, in: Westfalen 83 (2005), S. 61-79.

Hanschmidt, Alwin, Die erste münstersche Universität 1773/80-1818. Vorgeschichte, Gründung und Grundzüge ihrer Struktur und Entwicklung, in: Die Universität Münster 1780-1980, i. A. des Rektors hg. v. Heinz Dollinger, Münster 1980, S. 3-28.

Hanschmidt, Alwin, Franz von Fürstenberg als Staatsmann. Die Politik des münsterschen Ministers 1762-1780, Diss. Münster 1969.

Hanschmidt, Alwin, Für „Glückseligkeit" und gegen „Regierungsstürmery". Ziele und Grundzüge der „Bildung des Volkes" bei Franz von Fürstenberg, in: Thomas Flammer u. a. (Hg.), Franz von Fürstenberg (1729-1810). Aufklärer und Reformer im Fürstbistum Münster, Münster 2012 [Westfalen in der Vormoderne. Studien zur mittelalterlichen und frühneuzeitlichen Landesgeschichte; 11], S. 19-41.

Hanschmidt, Alwin, Lehrerexistenz und Heils- und Gemeinwohlverantwortung. Zum Lehrerbild Bernard Overbergs, in: Willigis Eckermann/Karl Josef Lesch (Hg.), Dem Evangelium verpflichtet: Perspektiven der Verkündigung in Vergangenheit und Gegenwart, Kevelaer 1992, S. 67-84.

Hänsel-Hohenhausen, Markus v., Amalie Fürstin von Gallitzin. Bedeutung und Wirkung, Frankfurt a. M. 2006.

Hänsel-Hohenhausen, Clemens August Freiherr Droste zu Vischering. Erzbischof von Köln 1773-1845. Die moderne Kirchenfreiheit im Konflikt mit dem Nationalstaat, 2 Bde., Egelsbach bei Frankfurt a. M. 1991.

Hantzsch, Viktor, Art.: Heinrich Karl Berghaus, in: ADB 46 (1902), S. 374-379.

Hardewig, Heinrich, Die Tätigkeit des Freiherrn Franz von Fürstenberg für die Schulen des Fürstbistums Münster, Hildesheim 1912.

Hardtwig, Wolfgang (Hg.), Die Aufklärung und ihre Weltwirkung, Göttingen 2010 [Geschichte und Gesellschaft; Sonderheft 23].

Härter, Karl, Das Corpus Catholicorum und die korporative Reichspolitik der geistlichen Reichsstände zwischen Westfälischem Frieden und Reichsende (1663-1803), in: Bettina Braun u. a. (Hg.), Geistliche Fürsten und Geistliche Staaten in der Spätphase des Alten Reiches, Ephendorf 2008, S. 61-102.

Hasenkamp, Johannes, Anton Matthias Sprickmann. Juristischer Lehrer in Münster, Breslau und Berlin, in: Bernhard Grossfeld u. a. (Hg.), Westfälische Jurisprudenz. Beiträge zur deutschen und europäischen Rechtskultur, Münster 2000, S. 145-160.

Hasenkamp, Johannes, Sprickmann, Schwick und die Anfänge des münsterischen Theaters, in: Westfalen 33 (1955), S. 47-55.

Hatje, Frank, Johann Georg Büsch (1728-1800): Professor academicus et extra-academicus, in: Dirk Brietzke u. a. (Hg.), Das Akademische Gymnasium. Bildung und Wissenschaft in Hamburg 1613-1883, Berlin [u. a.] 2013 [Hamburger Beiträge zur Wissenschaftsgeschichte; 23], S. 109-137.

Hausberger, Karl, „Unterm Krummstab ist gut leben". Zur Situation der fürstbischöf-lichen Germania Sacra am Vorabend der Säkularisation, in: Peter Schmid/Klemens Unger (Hg.), 1803. Wende in Europas Mitte. Vom feudalen zum bürgerlichen Zeit-alter, Regensburg 2003, S. 35-52.

Heckel, Martin, Deutschland im konfessionellen Zeitalter, Göttingen 1983 [Deutsche Geschichte; 5].

Hegel, Eduard, Geschichte der katholisch-theologischen Fakultät in Münster 1773-1964, 2 Bde., Münster 1966 [Münsterische Beiträge zur Theologie; 30].

Heinz, Helen A., „We are all as one Fish in the Sea ..." Catholicism in Protestant Pennsylvania. 1730-1790, Diss. Philadelphia 2008.

Hennesey, James, American Catholics. A History of the Roman Catholic Community in the United States, Oxford 1981.

Hentig, Hartmut v., Rousseau oder Die wohlgeordnete Freiheit, München 2004.

Herbst, Jürgen, From Crisis to Crisis. American College Government. 1636-1819, Cambridge, Ma. 1982.

Herbst, Wilhelm (Hg.), Matthias Claudius der Wandsbecker Bote. Ein deutsches Still-leben, 4. Aufl., Gotha 1878.

Herrmann, Ulrich, Das „Pädagogische Jahrhundert", Weinheim 1981.

Hersche, Peter, Intendierte Rückständigkeit: Zur Charakteristik des geistlichen Staates im Alten Reich, in: Georg Schmidt (Hg.), Stände und Gesellschaft im Alten Reich, Stuttgart 1989 [Veröffentlichungen des Instituts für Europäische Geschichte Mainz; Beiheft 29], S. 133-149.

Hersche, Peter, Muße und Verschwendung. Europäische Gesellschaft und Kultur im Barockzeitalter, 2 Bde., Freiburg i. Br. 2006.

Heuveldop, Helene, Leben und Wirken Bernard Overbergs im Rahmen der Zeit- und Ortsgeschichte. Mit besonderer Berücksichtigung seiner Verdienste als Volks-bildner, Münster 1933.

Heyden, Thomas, Memoir of the Life and Character of the Reverend Prince Demetrius A. de Gallitzin, Baltimore 1869.

Heyer, Friedrich, Die Katholische Kirche von 1648 bis 1870, Göttingen 1963 [Die Kirche in ihrer Geschichte; 4].

Hirsch, Erhard, Kleine Schriften zu Dessau-Wörlitz, Dößel 2011.

Hochgeschwender, Michael, Die Amerikanische Revolution, München 2016.

Hocks, Paul/Peter Schmidt, Die Zeitschrift als literarische Gattung, in: Paul Hocks/ Peter Schmidt (Hg.), Literarische und politische Zeitschriften 1789-1805. Von der politischen Revolution zur Literaturrevolution, Stuttgart 1975, S. 1-5.

Hoffman, Ronald, Princes of Ireland, Planters of Maryland. A Carroll Saga, 1500-1782, Chapel Hill/London 2000, S. 36-97.

Hoffmann, Hans, Bernard Overberg. Sein Leben und sein Wirken in Zeit und Überzeit, München 1940.

Hogrebe, Josef, Die Reform des Gymnasiums zu Münster durch den Minister Freiherrn Franz von Fürstenberg in ihrem zeitgeschichtlichen Zusammenhange (1776), in: WZ 86 (1929), S. 1-58.

Holzem, Andreas, Christentum in Deutschland 1550-1850: Konfessionalisierung – Aufklärung – Pluralisierung, 2 Bde., Paderborn 2015.

Holzem, Andreas, Der Konfessionsstaat (1555-1802), Münster 1998 [Geschichte des Bistums Münster; 4].

Holzem, Andreas, Katholische Konfessionskultur im Westfalen der Frühen Neuzeit. Glaubenswissen und Glaubenspraxis in agrarischen Lebens- und Erfahrungsräumen, in: WF 56 (2006), S. 66-87.

Holzem, Andreas, Religiöse Erfahrung auf dem Dorf. Der soziale Rahmen religiösen Erlebens im Münsterland der Frühneuzeit, in: Norbert Haag u. a. (Hg.), Ländliche Frömmigkeit. Konfessionskulturen und Lebenswelten 1500-1850, Stuttgart 2002, S. 181-205.

Hömig, Herbert, Carl Theodor von Dalberg. Staatsmann und Kirchenfürst im Schatten Napoleons, Paderborn 2011.

Horkheimer, Max/Theodor W. Adorno, Dialektik der Aufklärung. Philosophische Fragmente, Frankfurt a. M. 2008.

Hornstein, Walter, Jugend in ihrer Zeit. Geschichte und Lebensformen des jungen Menschen in der europäischen Welt, Hamburg 1966.

Hotchkin, Samuel F., Ancient and Modern Germantown, Mount Airy and Chestnut Hill, Philadelphia 1889.

Howlett, William J., Life of Rev. Charles Nerinckx. Pioneer Missionary of Kentucky and Founder of the Sisters of Loretto and the Foot of the Cross, Techny 1915.

Im Hof, Ulrich, Isaak Iselin und die Spätaufklärung, Bern [u. a.] 1967.

Israel, Jonathan, Democratic Enlightenment. Philosophy, Revolution, and Human Rights 1750-1790, Oxford 2011.

Jacobs, Jürgen, Aporien der Aufklärung. Studien zur Geistes- und Literaturgeschichte des 18. Jahrhunderts, Tübingen [u. a.] 2001.

Jaeschke, Walter/Birgit Sandkaulen (Hg.), Friedrich Heinrich Jacobi. Ein Wendepunkt der geistigen Bildung der Zeit, Hamburg 2004.

Jäger, Hans-Wolf, Mönchskritik und Klostersatire in der deutschen Spätaufklärung, in: Harm Klueting (Hg.), Katholische Aufklärung. Aufklärung im katholischen Deutschland, Hamburg 1993 [Studien zum achtzehnten Jahrhundert; 15], S. 192-207.

Jakobi, Franz-Josef, Stiftungen und Armenfürsorge in Münster vor 1800, Münster 1996.

Janssen, Johannes, Friedrich Leopold Graf zu Stolberg, Freiburg i. Br. 1910, S. 70-82.

Jeismann, Karl-Ernst, Das preußische Gymnasium in Staat und Gesellschaft, Bd. 1, 2. Aufl., Stuttgart 1996.

Johns, Christopher M. S., The Scholar's Pope: Benedict XIV and the Catholic Enlightenment, in: Rebecca Messbarger u. a. (Hg.), Benedict XIV and the Enlightenment. Art, Science, and Spirituality, Toronto 2016, S. 3-14.

Johns, Christopher M. S., The Visual Culture of Catholic Enlightenment, University Park, Pa. 2015.

Johnston, Shona H., Papists in a Protestant World: The Catholic Anglo-Atlantic in the Seventeenth Century, Diss. Washington, DC 2011.

Jürgens, Henning P./Thomas Weller, Einleitung, in: Henning P. Jürgens/Thomas Weller (Hg.), Streitkultur und Öffentlichkeit im konfessionellen Zeitalter, Göttingen 2013 [Veröffentlichungen des Instituts für Europäische Geschichte Mainz; Abt. für Abendländische Religionsgeschichte; Beiheft 95], S. 7-14.

Jürgensmeier, Friedhelm, Geistliche Leitung oder nur Fürsten? Die Fürstbischöfe des Reichs im 17. und 18. Jahrhundert, in: Bettina Braun u. a. (Hg.), Geistliche Fürsten und Geistliche Staaten in der Spätphase des Alten Reiches, Ephendorf 2008, S. 13-30.

Juterczenka, Sünne, Über Gott und die Welt. Endzeitvisionen, Reformdebatten und die europäische Quäkermission in der Frühen Neuzeit, Göttingen 2008.

Kahle, August, Der erste Entwurf der Fürstenbergschen Schulordnung, in: Königliches Paulinisches Gymnasium. Festschrift zur Einweihung des neuen Gymnasialgebäudes am 27. April 1898, Münster 1898.

Kauffman, Christopher J., Tradition and Transformation in Catholic Culture. The Priests of Saint Sulpice in the United States from 1791 to the Present, New York [u. a.] 1988.

Keffer, John P., Catholic Colonial Conewago, York 1965.

Keil, Werner, Wie Johann Heinrich seine Kinder lehrt. Lebensgeschichte und Erziehung des Hans Jacob Pestalozzi (mit Quellenband), 2 Bde., Regensburg 1995.

Keinemann, Friedrich, Das Domkapitel zu Münster im 18. Jahrhundert. Verfassung, persönliche Zusammensetzung, Parteiverhältnisse, Münster 1967 [Veröffentlichungen der Historischen Kommission für Westfalen; Reihe 22: Geschichtliche Arbeiten zur westfälischen Landesforschung; 11].

Keinemann, Friedrich, Franz Friedrich Wilhelm von Fürstenberg, in: Norbert Andernach u. a. (Hg.), Die Geschichte des Geschlechtes von Fürstenberg im 18. Jahrhundert, Münster 1979 [Fürstenbergsche Geschichte; 4], S. 101-224.

Kellner, Dirk, Charisma als Grundbegriff der Praktischen Theologie: Die Bedeutung der Charismenlehre für die Pastoraltheologie und die Lehre vom Gemeindeaufbau, Zürich 2011.

Kesper-Biermann, Sylvia, Kommunikation, Austausch, Transfer, in: Esther Möller/ Johannes Wischmeyer (Hg.), Transnationale Bildungsräume. Wissenstransfer im Schnittfeld von Kultur, Politik und Religion, Göttingen 2013, S. 21-42.

Kesper-Biermann, Sylvia, „Praktische Wahrheit" und „anschauende Erkenntnis". Pädagogische Reisen und Wissenstransfer im 19. Jahrhundert, in: Eckhardt Fuchs u. a. (Hg.), Regionen in der deutschen Staatenwelt. Bildungsräume und Transfer-prozesse im 19. Jahrhundert, Bad Heilbrunn 2011, S. 251-271.

Kidwell, Peggy A. u. a., Tools of American Mathematics Teaching. 1800-2000, Baltimore 2008.

Kiefer, Jürgen, Die Rolle der gelehrten Zeitungen im Rahmen der europäischen Wissen-schaftskommunikation, in: Ingrid Kästner (Hg.), Wissenschaftskommunikation in Europa im 18. und 19. Jahrhundert, Aachen 2009 [Europäische Wissenschafts-beziehungen; 1], S. 191-211.

Kill, Susanne, Das Bürgertum in Münster 1770-1870. Bürgerliche Selbstbestimmung von Kirche und Staat, München 2001 [Stadt und Bürgertum; 12].

Kittell, Ferdinand, Souvenir of Loretto Centenary, 1799-1899, Cresson 1899.

Klamt, Johann-Christian, Der Schmetterling als Symbol der unsterblichen Seele, in: Christoph Fischer/Renate Schein (Hg.), O Ewich is so Lanch. Die Historischen Friedhöfe in Berlin-Kreuzberg, Berlin 1987, S. 221-228.

Klepp, Susan E., Demography in Early Pennsylvania, 1690-1860, in: PAPhS 133 (1989), H. 2, S. 85-111.

Klepp, Susan E., Encounter and Experiment. The Colonial Period, in: Randall M. Miller/ William Pencak (Hg.), Pennsylvania. A History of a Commonwealth, University Park, Pa. 2002, S. 47-100.

Kley, Dale K. v., Piety and Politics in the Century of Lights, in: Mark Goldie/Robert Wokler (Hg.), The Cambridge History of Eighteenth-Century Political Thought, Cambridge (UK) 2006, S. 110-146.

Klueting, Harm (Hg.), Katholische Aufklärung. Aufklärung im katholischen Deutsch-land, Hamburg 1993 [Studien zum achtzehnten Jahrhundert; 15].

Klueting, Harm, „Der Genius der Zeit hat sie unbrauchbar gemacht". Zum Thema „Katholische Aufklärung" – Oder: Aufklärung und Katholizismus im Deutschland des 18. Jahrhunderts. Eine Einleitung, in: Harm Klueting (Hg.), Katholische Auf-klärung. Aufklärung im katholischen Deutschland, Hamburg 1993 [Studien zum achtzehnten Jahrhundert; 15], S. 1-35.

Klueting, Harm, Geschichte Westfalens. Das Land zwischen Rhein und Weser vom 8. bis 20. Jahrhundert, Paderborn 1998.

Klueting, Harm, Tridentinischer Katholizismus – Katholizismus nach dem Konzil von Trient, in: Mariano Delgado/Markus Ries (Hg.), Karl Borromäus und die katholische Reform, Stuttgart 2010 [Studien zur christlichen Religions- und Kulturgeschichte; 13], S. 15-27.

Knapp, Lore/Eike Kronshage (Hg.), Britisch-deutscher Literaturtransfer 1756-1832, Berlin [u. a.] 2016.

Knoll, Wilhelm, 30 Jahre Trappistenniederlassung in Darfeld, 1795-1825. Ein Beitrag zur Kirchengeschichte im Kreis Coesfeld, Heimbach/Eifel 2015.

Kohl, Wilhelm, Das Bistum Münster, hg. i. Auftr. des Max-Planck-Instituts für Geschichte, Bd. 7: Die Diözese, 2 Teilbände, Berlin [u. a.] 1999/2002.

Köhler, Mathilde, Amalie von Gallitzin. Ein Leben zwischen Skandal und Legende, 2. Aufl., Paderborn [u. a.] 1995.

Kohlschein, Franz, Diözesane Gesang- und Gebetbücher in der katholischen Aufklärung (ca. 1770-1840). Eine Einführung, in: Franz Kohlschein/Kurt Küppers (Hg.), „Der große Sänger David – euer Muster". Studien zu den ersten diözesanen Gesang- und Gebetbüchern der katholischen Aufklärung, Münster 1993 [Liturgiewissenschaftliche Quellen und Forschungen; 73], S. 1-14.

König, Hans-Joachim/Stefan Rinke, Art.: Neue Welt, in: Friedrich Jaeger (Hg.), Enzyklopädie der Neuzeit, Bd. 9, Stuttgart/Weimar 2009, S. 102-125.

Kontler, László, Translations, Histories, Enlightenments. William Robertson in Germany, 1760-1795, New York 2014.

Koselleck, Reinhart, Einleitung, in: Otto Brunner/Werner Conze/Reinhart Koselleck (Hg.), Geschichtliche Grundbegriffe, Bd. 1, Stuttgart 1979.

Kovács, Elisabeth, Art.: Milde, Vinzenz Eduard, in: NDB 17 (1994), S. 506-508.

Kovács, Elisabeth (Hg.), Katholische Aufklärung und Josephinismus, Wien 1979.

Kranz, Gisbert, Herausgefordert von ihrer Zeit. Sechs Frauenleben, Regensburg 1976.

Krasner, Stephen D., Compromising Westphalia, in: International Security 20 (1995/96), H. 3, S. 115-151.

Kratz-Ritter, Bettina, „Manchmal ein wenig schmutzig"? Zur (Mentalitäts-)Geschichte des Flussbadens in Göttingen, in: GJB 62 (2014), S. 167-188.

Krebs, Engelbert, Um die Erde. Eine Pilgerfahrt, Paderborn 1928.

Kreins, Jean-Marie, La plume et la glaive. La résistance intellectuelle de Francois-Xavier de Feller (1735-1802) et Henri-Ignace Brosius (1764?-1840), Luxembourgeois et ultramontains, in: André Neuberg (Bearb.), À l'épreuve de la révolution: l'église en Luxembourg de 1795 à 1802, Bastogne 1996, S. 21-26.

Kremer, Stephan, Herkunft und Werdegang geistlicher Führungsschichten in den Reichsbistümern zwischen Westfälischem Frieden und Säkularisation. Fürstbischöfe – Weihbischöfe – Generalvikare, Freiburg i. Br. 1992 [Römische Quartalschrift Suppl.; 47].

Krenz, Jochen, Konturen einer oberdeutschen kirchlichen Kommunikationslandschaft des ausgehenden 18. Jahrhunderts, Bremen 2012.

Kröger, Bernward, Der französische Exilklerus im Fürstbistum Münster (1794-1802),
Mainz 2005 [Veröffentlichungen des Instituts für Europäische Geschichte Mainz;
203].

Kruchen, Gottfried, Die Bibel Bernhard Overbergs. Ein Beitrag zur Geschichte der
Religionspädagogik im Bistum Münster, Diss. [mschr.] Münster 1956.

Krugler, John D., Englisch and Catholic. The Lords Baltimore in the Seventeenth
Century, Baltimore 2004.

Krugler, John D., Lord Baltimore, Roman Catholics, and Toleration: Religious Policy in
Maryland during the Early Catholic Years, 1634-1649, in: CHR 65 (1979), S. 49-75.

Kummer, Gertrude, Die Leopoldinen-Stiftung (1829-1914). Der älteste österreichische
Missionsverein, Wien 1966.

Kuntze, Eugen, Overbergs Reise nach Wien im Jahr 1807, in: WZ (1929), S. 59-81.

Kurzweg, Martina, Presse zwischen Staat und Gesellschaft. Die Zeitungslandschaft
in Rheinland-Westfalen (1770-1819), Paderborn 1999 [Forschungen zur Regional-
geschichte; 32].

Küster, Thomas, Alte Armut und neues Bürgertum. Öffentliche und private Fürsorge
in Münster von der Ära Fürstenberg bis zum Ersten Weltkrieg (1756-1914), Münster
1995 [Quellen und Forschungen zur Geschichte der Stadt Münster; Reihe B; N.F. 17].

Lachenicht, Susanne (Hg.), Europeans Engaging the Atlantic. Knowledge and Trade,
1500-1830, Frankfurt a. M. [u. a.] 2014.

Lachenicht, Susanne, Hugenotten in Europa und Nordamerika. Migration und
Integration in der Frühen Neuzeit, Frankfurt a. M. [u. a.] 2010.

Laffay, Augustin-Hervé, Dom Augustin de Lestrange et l'Avenir du Monachisme, 1754-
1827, Paris 1998 [Histoire Religieuse de la France; 12].

Lahrkamp, Helmut, Unter dem Krummstab. Münster und das Münsterland nach dem
Westfälischen Frieden bis zum Sturz Napoleons, Münster 1999.

Lammers, Elisabeth/Wolf Lammers, Demetrius Augustinus Gallitzin. Eine Lebensgeschichte, Münster 2014.

Landgrebe, Christiane, Zurück zur Natur? Das wilde Leben des Jean-Jacques Rousseau,
Weinheim 2012.

Landsman, Ned C., Crossroads of Empire. The Middle Colonies in British North
America, Baltimore 2010.

Lauenroth, P. Chrysostomus, Andreas Fey. Ein Priester-Lebensbild von gestern für die
Tage von heute, Paderborn 1938.

Lehmann, Harmut u. a. (Hg.), Jansenismus, Quietismus, Pietismus, Göttingen 2002.

Lehner, Ulrich L., Benedict Stattler (1728-1797). The Reinvention of Catholic Theology
with the Help of Wolffian Metaphysics, in: Jeffrey D. Burson/Ulrich L. Lehner (Hg.),

Enlightenment and Catholicism in Europe. A Transnational History, Notre Dame/ In. 2014, S. 167-189.

Lehner, Ulrich L., The Catholic Enlightenment. The Forgotten History of a Global Movement, Oxford 2016.

Lehner, Ulrich L., Enlightened Monks. The German Benedictines 1740-1803, Oxford 2011.

Lehner, Ulrich L., Ghost of Westphalia: Fictions and Ideals of Ecclesial Unity in Enlightenment Germany, in: Ulrich L. Lehner, On the Road to Vatican II. German Catholic Enlightenment and Reform of the Church, Minneapolis 2016, S. 63-82.

Lehner, Ulrich L., Introduction. The Many Faces of the Catholic Enlightenment, in: Ulrich L. Lehner/Michael Printy (Hg.), A Companion to the Catholic Enlightenment in Europe, Leiden/Bosten 2010, S. 1-61.

Lehner, Ulrich L., Katholische Aufklärung. Weltgeschichte einer Reformbewegung, Paderborn 2017.

Lehner, Ulrich L., On the Road to Vatican II. German Catholic Enlightenment and Reform of the Church, Minneapolis 2016.

Lehner, Ulrich L./Printy, Michael (Hg.), A Companion to the Catholic Enlightenment in Europe, Leiden [u. a.] 2010

Lemcke, Heinrich, Leben und Wirken des Prinzen Demetrius Augustin Gallitzin. Ein Beitrag zur Geschichte der katholischen Missionen in Nordamerika, Münster 1861.

Lenhart, John M., The Short-Lived American College at Muenster in Westphalia, 1866-85?, in: SJR (1942), S. 58-60, 94-96, 130 f.

Lerg, Charlotte A., Amerika als Argument. Die deutsche Amerika-Forschung im Vormärz und ihre politische Deutung in der Revolution von 1848/49, Bielefeld 2011.

Lippy, Charles H., Art.: Universalismus/Universalisten, in: RGG, Bd. 8 (2005), S. 778 f.

Lockley, Philip, „With the Papists They Have Much in Common" Trans-Atlantic Protestant Communialism and Catholicism. 1700-1850, in: Crawford Gribben/ R. Scott Spurlock (Hg.), Puritans and Catholics in the Trans-Atlantic World. 1600-1800, New York 2016, S. 217-234.

Lüpke, Johannes v., „Über Protestantismus, Catholicismus und Atheismus", Konfessionelle Vielfalt und Einheit in der Sicht Hamanns, in: Manfred Beetz/Andre Rudolph (Hg.), Johann Georg Hamann: Religion und Gesellschaft, Berlin/Boston 2012 [Hallesche Beiträge zur Europäischen Geschichte; 45], S. 173-195.

M., V.: Early Catholic Secondary Education in Philadelphia, in: ACHR 59 (1948), S: 157-189.

Maes, Camillus P., The Life of Rev. Charles Nerinckx: with a Chapter on the Early Catholic Missions of Kentucky, Cincinnati 1880.

Magaret, Helene, Giant in the Wilderness. A Biography of Father Charles Nerinckx, Milwaukee 1952.

Marie, Blanche, The Catholic Church in Colonial Pennsylvania, in: Pennsylvania History 3 (1936), S. 240-258.

Marquardt, Ernst, Franz von Fürstenberg als Staatsmann. Eine Charakterstudie, in: Westfalen 31 (1953), S. 58-74.

Marquardt, Ernst, Fürstenberg über die politischen und militärischen Ereignisse seiner Zeit. Nach seinen Briefen an die Fürstin Gallitzin 1781 bis 1801, in: Westfalen 33 (1955), S. 55-73.

Martens, Wolfgang, Claudius und die Französische Revolution, in: Jörg-Ulrich Fechner (Hg.), Matthias Claudius 1740-1815. Leben – Zeit – Werk, Tübingen 1996, S. 43-65.

Martus, Steffen, Aufklärung. Das deutsche 18. Jahrhundert. Ein Epochenbild, Berlin 2015.

Mathäser, Willibald, *Art.*: Lem(c)ke, Heinrich, in: NDB 14 (1985), S. 185 f.

Mathäser, Willibald, (Hg.), Haudegen Gottes. Das Leben des P. H. Lemke, 1796-1882, von ihm selbst erzählt, Würzburg 1971.

Matuschek, Stefan, *Art.*: Über die Diotima, in: Johannes Endres (Hg.), Friedrich-Schlegel-Handbuch, Stuttgart 2017, S. 79-80.

Maurer, Michael, Europa als Kommunikationsraum in der Frühen Neuzeit, in: Klaus-Dieter Herbst/Stefan Kratochwil (Hg.), Kommunikation in der Frühen Neuzeit, Frankfurt a. M. [u. a.] 2009, S. 11-23.

Maurer, Michael, Konfessionskulturen. Die Europäer als Protestanten und Katholiken, Paderborn 2019.

Maziliauskas, Stasys, Pioneer Prince in USA: An Historical Account of Prince Demetrius Augustine Gallitizin and His Eminent Relatives, Troy 1982.

McDonald, Lloyd Paul, The Seminary Movement in the United States. Projects, Foundations and Early Development (1784-1833), Washington, DC 1927, S. 12-20.

McShane, Joseph, John Carroll and the Appeal to Evidence: A Pragmatic Defense of Principle, in: CH 57 (1988), H. 3, S. 298-309.

Mediger, Walther/Thomas Klingebiel, Herzog Ferdinand von Braunschweig-Lüneburg und die alliierte Armee im Siebenjährigen Krieg (1757-1762), Hannover 2011 [Quellen und Darstellungen zur Geschichte Niedersachsens; 129].

Melville, Annabelle M., John Carroll of Baltimore. Founder of the American Hierarchy, New York 1955.

Méric, Élie, Histoire de M. Émery et de l'Eglise de France pendant la Révolution, 5. Aufl., Paris 1895.

Merkle, Sebastian, Die katholische Beurteilung des Aufklärungszeitalters, in: Theobald Freudenberger (Hg.), Sebastian Merkle: Ausgewählte Reden und Aufsätze, Würzburg 1965, S. 361-413.

Merritt, Jane T., At the Crossroads. Indians and Empires on a Mid-Atlantic Frontier, 1700-1763, Chapel Hill [u. a.] 2003.

Merritt, Jane T., St. Peter's Church, Baltimore, Md., in: ACHR 14 (1897), S. 48.

Miersch, Martin, Das Bild des Electeur Soleil. Clemens August (1700-1761), Marburg 2007 [Quellen und Studien zur Geschichte des Deutschen Ordens; 65].

Minardi, Lisa, German Catholic Architecture and Material Culture in Early Pennsylvania, in: Jürgen Overhoff/Andreas Oberdorf (Hg.), Katholische Aufklärung in Europa und Nordamerika, Göttingen 2019 [Das achtzehnte Jahrhundert – Supplementa; 25], S. 480-499.

Mix, York-Gothart, Zucker, Menschenglück und Peitsche. Friedrich Schillers Mäzen Heinrich Ernst von Schimmelmann als Sklavenhalter und redlicher Mann am Hofe, in: Wolfgang Frühwald/Alberto Martino (Hg.), Zwischen Aufklärung und Restauration. Sozialer Wandel in der deutschen Literatur (1700-1848), Tübingen 1989 [Studien und Texte zur Sozialgeschichte der Literatur; 24], S. 317-336.

Möhring, Peter, Trappisten im Hochstift Paderborn. Sie trotzten der Französischen Revolution und der Säkularisation, in: WZ 150 (2000), S. 285-312.

Muller, Marie, Le baron métaphysicien. Eine Charakterschilderung des Freiherrn Franz von Fürstenberg aus dem Jahre 1778, in: Westfalen 39 (1961), S. 50-52.

Mulsow, Martin, Prekäres Wissen. Eine andere Ideengeschichte der Frühen Neuzeit, Berlin 2012.

Müller, Ralf, Frömmigkeit in pädagogischer Perspektive – ein historisch-systematischer Zugang zu einem religiösen Bildungsideal, in: Jochen Sautermeister/Elisabeth Zwick (Hg.), Religion und Bildung: Antipoden oder Weggefährten. Diskurse aus historischer, systematischer und praktischer Sicht, Paderborn 2019, S. 165-180.

Münkler, Herfried, Der Dreißigjährige Krieg: Europäische Katastrophe, deutsches Trauma 1618-1648, Reinbek bei Hamburg 2017.

Murphy, Andrew R., Liberty, Conscience, and Toleration, New York 2016.

Murphy, Julia N., Schools and Schooling in Eighteenth-Cnetury Philadelphia, Diss. [mschr.] Bryn Mawr 1977, S. 111-113.

Naas, Marcel, „Mit einer Methode zu welcher ein Lehrer nicht auferlegt ist, wird er gewiß nichts ausrichten". Isaak Iselins Ideal von Schule, Lehrern und Unterricht, in: SGEAJ 5 (2014), S. 73-100.

Namowicz, Tadeusz, Der Aufklärer Herder, seine Predigten und Schulreden, in: Gerhard Sauder (Hg.), Johann Gottfried Herder 1744-1803. Einheit und nationale Vielfalt, Hamburg 1987 [Studien zum achtzehnten Jahrhundert; 9], S. 23-34.

Nebel, Julian, *Art.*: Hausunterricht, in: KLE, Bd. 2 (2012), 27.

Neu, Tim, Inszenieren und Beschließen. Symbolisierungs- und Entscheidungsleistungen der Landtage im Fürstbistum Münster, in: WF 57 (2007), S. 257-284.

Neugebauer, Wolfgang, Kultureller Lokalismus und schulische Praxis. Katholisches und Protestantisches Elementarschulwesen besonders im 17. und 18. Jahrhundert in Mitteleuropa, in: Peter Claus Hartmann (Hg.), Religion und Kultur im Europa des 17. und 18. Jahrhunderts, 2. Aufl., Frankfurt a. M. 2006, S. 385-430.

Neuhaus, Helmut, Das föderalistische Prinzip und das Heilige Römische Reich Deutscher Nation, in: Hermann Wellenreuther/Claudia Schnurmann (Hg.), Die Amerikanische Verfassung und Deutsch-Amerikanisches Verfassungsdenken. Ein Rückblick über 200 Jahre, New York [u. a.] 1990 [Krefelder Historische Symposien: Deutschland und Amerika; 2], S. 29-53.

Niehaus, Irmgard, „Gott gebe uns Licht und Liebe". Die religiöse Dimension in der Freundschaft zwischen Franz von Fürstenberg und Amalia von Gallitzin, in: Thomas Flammer u. a. (Hg.), Franz von Fürstenberg (1729-1810). Aufklärer und Reformer im Fürstbistum Münster, Münster 2012 [Westfalen in der Vormoderne. Studien zur mittelalterlichen und frühneuzeitlichen Landesgeschichte; 11], S. 147-163.

Niehaus, Irmgard, „Versuchet es, ob meine Lehre göttlich sey!" (Joh 7,17). Aufklärung und Religiosität bei Amalia von Gallitzin und im Kreis von Münster, Diss. [mschr.], 3 Bde., Münster 1998.

Nipperdey, Thomas, Deutsche Geschichte 1800-1866. Bürgerwelt und starker Staat, 5. Aufl., München 2012.

Nötzoldt-Linden, Ursula, Freundschaft. Zur Thematisierung einer vernachlässigten soziologischen Kategorie, Opladen 1994 [Studien zur Sozialwissenschaft; 140].

Noye, Irénée, Art.: Saint-Sulpice (Compagnie des Prêtres de), in: Marcel Viller (Hg.), Dictionnaire de Spiritualité. Bd. 14, Paris 1990, S. 171-181.

Nuesse, Celestine J., The Social Thought of American Catholics 1634-1829, Westminster 1945.

O'Gorman, Edmundo, La invención de América [1958], Mexiko 1995.

O'Neill, Charles E., John Carroll, the „Catholic Enlightenment" and Rome, in: Raymond J. Kupke (Hg.), American Catholic Preaching and Piety in the Time of John Carroll, Lanham 1991, S. 1-26.

Oberdorf, Andreas, Faith, Education, Renewal. Amalia von Gallitzin (1748-1806), in: Ulrich L. Lehner (Hg.), Women, Enlightenment and Catholicism. A Transnational Biographical History, London [u. a.] 2018, S. 164-176.

Oberdorf, Andreas, Katholiken und Protestanten zwischen Konfessionalisierung und Aufklärung. Zum Wirken des katholischen Missionars Demetrius Augustinus von Gallitzin in Pennsylvania, in: Jürgen Overhoff/Andreas Oberdorf (Hg.), Katholische Aufklärung in Europa und Nordamerika [Das achtzehnte Jahrhundert – Supplementa; 25], Göttingen 2019, S. 131-148.

Oberdorf, Andreas, Von Münster nach Amerika: Das Leben und Wirken des Demetrius Augustinus von Gallitzin (1770-1840). Überlegungen zu einem transatlantischen „Bildungsraum" der Katholischen Aufklärung, in: David Käbisch/Michael Wermke (Hg.), Transnationale Grenzgänge und Kulturkontakte. Historische Fallbeispiele in religionspädagogischer Perspektive, Leipzig 2017 [Studien zur Religiösen Bildung; 14], S. 99-116.

Oelkers, Jürgen, Die Ästhetisierung des Subjekts als Grundproblem moderner Pädagogik, in: Jörg Petersen (Hg.), Unterricht. Sprache zwischen den Generationen, Kiel 1985 [Kieler Beiträge zu Unterricht und Erziehung; 1], S. 249-287.

Oer, Rudolfine v., Residenzstadt ohne Hof, in: Franz-Josef Jakobi (Hg.), Geschichte der Stadt Münster, Bd. 1, 3. Aufl., Münster 1994, S: 365-409.

Oestreich, Gerhard, Strukturprobleme des europäischen Absolutismus, in: Gerhard Oestreich, Geist und Gestalt des frühmodernen Staates, Berlin 1969, S. 179-197.

Oestreich, Gerhard/E. Holzer, Übersicht über die Reichsstände, in: Max Braubach/ Herbert Grundmann (Hg.), Von der Reformation bis zum deutschen Absolutismus, 9. Aufl., Stuttgart 1973, S. 769-784.

Oliver, Bette W., Jacques Pierre Brissot in America and France, 1788-1793. In Search of Better Worlds, Lanham 2016.

Olschewski, Ursula, Der Einfluß der geistlichen Gemeinschaften auf Volksfrömmigkeit und religiöses Brauchtum, in: Karl Hengst (Hg.), Westfälisches Klosterbuch, Bd. 3: Institutionen und Spiritualität, Münster 2003 [Veröffentlichungen der Historischen Kommission für Westfalen; 44: Quellen und Forschungen zur Kirchen- und Religionsgeschichte; 2], S. 403-434.

Opitz, Claudia, Aufklärung der Geschlechter, Revolution der Geschlechterordnung. Studien zur Politik und Kulturgeschichte des 18. Jahrhunderts, Berlin 2002.

Osterhammel, Jürgen, Die Verwandlung der Welt. Eine Geschichte des 19. Jahrhunderts, 2. Aufl., München 2016.

Osterhammel, Jürgen, Globalifizierung. Denkfiguren der neuen Welt, in: ZIG 9 (2015), H. 1, S. 5-16.

Osterhammel, Jürgen, Globalisierungen, in: Jürgen Osterhammel, Die Flughöhe der Adler. Historische Essays zur globalen Gegenwart, München 2017, S. 12-41.

Overhoff, Jürgen, Benjamin Franklin. Erfinder, Freigeist, Staatenlenker, Stuttgart 2006.

Overhoff, Jürgen, Die Frühgeschichte des Philanthropismus (1715-1771). Konstitutionsbedingungen, Praxisfelder und Wirkung eines pädagogischen Reformprogramms im Zeitalter der Aufklärung, Tübingen 2004 [Hallesche Beiträge zur Europäischen Aufklärung; 26].

Overhoff, Jürgen, Die Katholische Aufklärung als bleibende Forschungsaufgabe: Grundlage, neue Fragestellungen, globale Perspektiven, in: DAJ (2017), H. 1, S. 11-27.

Overhoff, Jürgen, Die transatlantischen Bezüge der hamburgischen Aufklärung (1757-1817). Von Blitzableitern, Kommerz und republikanischen Idealen, in: ZHG 103 (2017), S. 57-84.

Overhoff, Jürgen, Föderale Verfassungen als politische und religiös-konfessionelle Sicherheitsgarantien. Einführende Überlegungen zu einem bemerkenswerten Versprechen der frühneuzeitlichen Staatstheorie, in: Christoph Kampmann/Ulrich

Niggemann (Hg.), Sicherheit in der Frühen Neuzeit, Köln 2013 [Frühneuzeit-Impulse; 2], S. 175-180.

Overhoff, Jürgen, Friedrich der Große und George Washington. Zwei Wege der Aufklärung, Stuttgart 2011.

Overhoff, Jürgen, Immanuel Kant, die philanthropische Pädagogik und die Erziehung zur religiösen Toleranz, in: Dina Emundts (Hg.), Immanuel Kant und die Berliner Aufklärung, Wiesbaden 2000, S. 133-147.

Overhoff, Jürgen, Quentin Skinners neue Ideengeschichte und ihre Bedeutung für die Historische Bildungsforschung, in: JHB 10 (2004), S. 321-336.

Overhoff, Jürgen, Wie Montesquieu Deutschland bereiste und dabei den Föderalismus entdeckte, in: Jürgen Overhoff (Hg.), Charles-Louis de Secondat, Baron de Montesquieu. Meine Reisen in Deutschland 1728-1729, Stuttgart 2014, S. 11-35.

Overhoff, Jürgen, William Penn, der weltkluge Visionär, in: Jürgen Overhoff (Hg.), William Penn: Früchte der Einsamkeit. Reflexionen und Maximen über die Kunst und Lebensführung, Stuttgart 2018, S. 13-85.

Overhoff, Jürgen, „Zum Besten der Wissenschaften, der Jugend, und der Menschheit". Eine Erinnerung an Johann Stuve, den preußischen Schulreformer, der vor 250 Jahren in Lippstadt geboren wurde, in: LPHB 82 (2002), S. 169-176.

Overhoff, Jürgen/Andreas Oberdorf (Hg.), Katholische Aufklärung in Europa und Nordamerika, Göttingen 2019 [Das achtzehnte Jahrhundert – Supplementa; 25].

Overhoff, Jürgen/Anne Overbeck (Hg.), New Perspectives on German-American Educational History. Topics, Trends, Fields of Research, Bad Heilbrunn 2016 [Studien zur Deutsch-Amerikanischen Bildungsgeschichte; 1].

Overhoff, Jürgen/Hanno Schmitt, John Locke und der europäische Philanthropismus. Neue pädagogische Modelle nach englischem Vorbild im Zeitalter der Aufklärung, in: Mirjam Neumeister (Hg.), Die Entdeckung der Kindheit. Das englische Kinderporträt und seine europäische Nachfolge, Köln 2007, S. 59-73.

Palmer, R. R., The Age of the Democratic Revolution: A Political History of Europa and America, 1760-1800, Princeton 1959-1964.

Parsons, Wilfrid, Early Catholic Americana. A List of Books and other Works by Catholic Authors in the United States, 1729-1830, Boston 1939.

Parthey, Gustav, Die Mitarbeiter an Friedrich Nicolai's Allgemeinen Deutschen Bibliothek nach ihren Namen und Zeichen in zwei Registern geordnet, Berlin 1842.

Parthoens, Daphné, La politique intérieure du prince-évêque Francois-Charles de Velbrück (1772-1784), in: AHL 34 (2004), S. 1-174.

Pasquier, Michael, Fathers on the Frontier. French Missionaries and the Roman Catholic Priesthood in the United States, 1789-1870, New York 2010.

Pencak, William, The Promise of Revolution: 1750-1850, in: Randall M. Miller/William Pencak (Hg.), Pennsylvania. A History of a Commonwealth, University Park, Pa. [u. a.] 2002, S. 101-152.

Pencak, William/Daniel K. Richter (Hg.), Friends and Enemies in Penn's Woods. Indians, Colonists, and the Radical Construction of Pennsylvania, University Park, Pa. 2004.

Penning, Wolf D., Kurkölnischer Hofkammerpräsident und Koadjutor des Landkomturs. Der Aufstieg Caspar Anton von Belderbusch am Hofe Clemens Augusts und im Deutschen Orden von 1751-1761, in: AHVN 215 (2012), S. 17-71.

Pernau, Margit, Transnationale Geschichte, Göttingen 2011.

Pestel, Friedemann/Matthias Winkler, Provisorische Integration und Kulturtransfer. Französische Revolutionsemigranten im Heiligen Römischen Reich Deutscher Nation, in: Francia 43 (2016), S. 137-160.

Peter, Emanuel, Geselligkeiten. Literatur, Gruppenbildung und kultureller Wandel im 18. Jahrhundert, Tübingen 1999 [Studien zur deutschen Literatur; 153].

Petzmeyer, Heinrich, Sendenhorst. Geschichte einer Kleinstadt, Sendenhorst 1993.

Pfannenschmid, Yvonne, Ludolf Hugo (1632-1704). Früher Bundesstaatstheoretiker und kurhannoversche Staatsmann, Baden-Baden 2005 [Hannoversches Forum der Rechtswissenschaften; 27].

Pieper, Anton, Die alte Universität Münster, Münster 1902.

Pieper, Dietmar/Johannes Saltzwedel (Hg.), Der Dreißigjährige Krieg. Europa im Kampf um Glaube und Macht 1618-1648, München 2012.

Plonderon, Bernard, Was ist Katholische Aufklärung, in: Elisabeth Kovács (Hg.), Katholische Aufklärung und Josephinismus, Wien 1979, S. 11-56.

Pohlig, Matthias, Luthertum und Lebensführung. Konfessionelle „Prägungen" und das Konzept der Konfessionskultur, in: Bernd Jochen Hilberath/Andreas Holzem/ Volker Leppin (Hg.), Vielfältiges Christentum. Dogmatische Spaltung – kulturelle Formierung – ökumentische Überwindung?, Leipzig 2016, S. 69-88.

Pope, Peter E., Fish into Wine. The Newfoundland Plantation in the Seventeenth Century, Chapel Hill 2004.

Printy, Michael, Enlightenment and the Creation of German Catholicism, New York 2009.

Raab, Heribert, Bischof und Fürst der Germania Sacra zwischen Westfälischem Frieden und Säkularisation (1650-1803), in: Peter Berglar/Udilo Engels (Hg.), Der Bischof in seiner Zeit. Bischofstypus und Bischofsideal im Spiegel der Kölner Kirche, Köln 1986, S. 315-347.

Rance, Karine, L'Historiographie de l'Émigration, in: Philippe Bourdin (Hg.), Les Noblesses françaises dans l'Europe de la Révolution, Rennes [u. a.] 2010, S. 355-368.

Raßmann, Ernst, Nachrichten von dem Leben und den Schriften Münsterländischer Schriftsteller des achtzehnten und neunzehnten Jahrhunderts, Münster 1866.

Rebok, Sandra, Humboldt and Jefferson. A Transatlantic Friendship of the Enlightenment, Charlottesville [u. a.] 2014.

Reents, Christine/Christoph Melchior, Die Geschichte der Kinder- und Schulbibel. Evangelisch – katholisch – jüdisch, Göttingen 2011 [Arbeiten zur Religionspädagogik; 48].

Rehme-Iffert, Birgit, Friedrich Schlegel über Emanzipation, Liebe und Ehe, in: Athenäum 12 (2002), S. 111-132.

Reichard, Susanne, Bürgerliches Humanitätsideal und Schulwirklichkeit. Die pädagogischen Anschauungen Johann Gottfried Herders und sein Einfluß auf das Schulwesen des Herzogtums Sachsen-Weimar-Eisenach, Diss. [mschr.] Jena 1989.

Reif, Heinz, Westfälischer Adel. 1770-1860, Göttingen 1979 [Kritische Studien zur Geschichtswissenschaft; 35].

Reily, John T., Conewago. A Collection of Catholic Local History, Martinsburg 1885.

Reinhard, Ewald, Die Münsterische „Familia sacra". Der Kreis um die Fürstin Gallitzin: Fürstenberg, Overberg, Stolberg und ihre Freunde, Münster 1953.

Reinhard, Wolfgang, Die Unterwerfung der Welt. Globalgeschichte der europäischen Expansion. 1415-2015, 3. Aufl., München 2016.

Reininghaus, Wilfried, Fürstenberg und das Kommerzienkollegium 1764-1767. Wirtschaftspolitik im Fürstbistum Münster nach dem Siebenjährigen Krieg, in: Thomas Flammer u. a. (Hg.), Franz von Fürstenberg (1729-1810). Aufklärer und Reformer im Fürstbistum Münster, Münster 2012 [Westfalen in der Vormoderne. Studien zur mittelalterlichen und frühneuzeitlichen Landesgeschichte; 11], S. 59-80.

Reinking, Lars, Herrschaftliches Selbstverständnis und Repräsentation im geistlichen Fürstentum des 18. Jahrhunderts. Das Beispiel „Schloss Brühl" des Kölner Kurfürsten Clemens August, in: Bettina Braun u. a. (Hg.), Geistliche Staaten im Nordwesten des Alten Reiches. Forschungen zum Problem frühmoderner Staatlichkeit, Paderborn 2003 [Paderborner Beiträge zur Geschichte; 13], S. 117-137.

Report of the Situation and Condition of the Diocese of Philadelphia, given by the Rev. Peter R. Kenrick, in: ACHR 22 (1905), S. 144-146.

Reusch, Johann J. K., Germans as Noble Savages and Castaways: Alter Egos and Alterity in German Collective Consciousness during the Long Eighteenth Century, in: ECS 42 (2008), S. 91-129.

Ribhegge, Wilhelm, Franz Darup (1756-1836). Westfälischer Landpfarrer in revolutionären Zeiten, Münster 2003.

Rommé, Barbara (Hg.), Das Königreich der Täufer in Münster. Neue Perspektiven, Münster 2003 [Edition Kulturregion Münsterland; 4].

Rothan, Emmet H., The German Catholic Immigration in the United States (1830-1860), Washington, DC 1946.

Ruane, Joseph W., The Beginnings of the Society of St. Sulpice in the United States (1791-1829), Washington, DC 1935.

Rudolph, Harriet, Mildes Regiment? Strafrecht und Strafpraxis im geistlichen Staat, in: Bettina Braun u. a. (Hg.), Geistliche Fürsten und Geistliche Staaten in der Spätphase des Alten Reiches, Ephendorf 2008, S. 103-124.

Rüffer, Joachim, Die Disziplinierung des Glaubens. Frömmigkeitsempfinden im Grenzbereich zwischen geistlichen und weltlichen Territorien Westfalens um 1700, in: Bettina Braun u. a. (Hg.), Geistliche Fürsten und Geistliche Staaten in der Spätphase des Alten Reiches, Ephendorf 2008, S. 233-252.

Rutschky, Katharina, Einleitung, in: Katharina Rutschky (Hg.), Schwarze Pädagogik. Quellen zur Naturgeschichte der bürgerlichen Erziehung, 8. Aufl., München 2001.

Sahner, Wilhelm J., Die Fürstin Amalia von Gallitzin als Erzieherin und Schulmeisterin ihrer Kinder, Gelsenkirchen-Buer 1956.

Sargent, Daniel, Mitri, Or the Story of Prince Demetrius Augustin Gallitzin, New York 1945.

Sarna, Jonathan D., The Interplay of Minority and Majority in American Religion, in: Jonathan D. Sarna (Hg.), Minority Faiths and the American Protestant Mainstream, Urbana [u. a.] 1998, S. 1-11.

Sauder, Gerhard, Empfindsamkeit, Bd. 1: Voraussetzungen und Elemente, Stuttgart 1974.

Sauder, Gerhard, Theorie der Empfindsamkeit und des Sturm und Drang, Stuttgart 2003 [Reclams Universal-Bibliothek; 17643].

Schäfer, Philipp, Die Grundlage der Aufklärung in katholischen Beurteilungen der Aufklärung, in: Harm Klueting (Hg.), Katholische Aufklärung: Aufklärung im katholischen Deutschland, Hamburg 1993 [Studien zum achtzehnten Jahrhundert; 15], S. 54-66.

Schauinger, Joseph H., Cathedrals in the Wilderness, Milwaukee 1952.

Schilling, Heinz, Disziplinierung oder „Selbstregulierung der Untertanen"? Ein Plädoyer für die Doppelperspektive von Makro- und Mikrohistorie bei der Erforschung der frühmodernen Kirchenzucht, in: HZ 264 (1996), S: 675-691.

Schilling, Heinz/Stefan Ehrenpreis (Hg.), Erziehung und Schulwesen zwischen Konfessionalisierung und Säkularisierung. Forschungsperspektiven, europäische Fallbeispiele und Hilfsmittel, Münster [u. a.] 2003.

Schindling, Anton, Theresianismus, Josephinismus, katholische Aufklärung. Zur Problematik und Begriffsgeschichte einer Reform, in: WDGB 50 (1988), S. 215-224.

Schindling, Anton/Dennis Schmidt, Trient, die katholische Aufklärung und der Josephinismus. Anpassung und Ablehnung im Widerstreit, in: Peter Walter/Günther Wassilowsky (Hg.), Das Konzil von Trient und die katholische Konfessionskultur, Münster 2016 [Reformationsgeschichtliche Studien und Texte; 163], S. 461-486.

Schlögel, Karl, Im Raume lesen wir die Zeit. Über Zivilisationsgeschichte und Geopolitik, 5. Aufl., Frankfurt a. M. 2016.

Schmale, Wolfgang, Die Schule in Deutschland im 18. und frühen 19. Jh. Konjunkturen, Horizonte, Mentalitäten, Probleme, Ergebnisse, in: Wolfgang Schmale/Nan L. Dodde (Hg.), Revolution des Wissens? Europa und seine Schulen im Zeitalter der Aufklärung (1750-1825), Bochum 1991, S. 627-767.

Schmettow, Matthias G. v., Schmettau und Schmettow. Geschichte eines Geschlechts aus Schlesien, Büderich bei Düsseldorf 1961.

Schmid, Johanna, Amerikanisierung oder Gegenkultur? Jesuiten aus den deutschen Provinzen in Maryland und Pennsylvania. 1740-1833, Hamburg 2013.

Schmidt-Heinen, Anna Elisabeth, Die Pädagogik Bernard Overbergs, Diss. [mschr.] Aachen 1981.

Schmidt, Georg, Das frühneuzeitliche Reich – komplementärer Staat und föderative Nation, in: HZ 273 (2001), S. 371-399.

Schmidt, Georg, Einleitung: Integration im Alten Reich, in: Georg Schmidt (Hg.), Stände und Gesellschaft im Alten Reich, Stuttgart 1989 [Veröffentlichungen des Instituts für Europäische Geschichte Mainz; Beiheft; 29], S. 1-16.

Schmidt, Georg, Wandel durch Vernunft. Deutsche Geschichte im 18. Jahrhundert, München 2009.

Schmidt, Harald, William Penn (1644-1718): Verfassungsvater, Toleranzverfechter und Europäer, in: Markus Gloe/Tonio Oeftering (Hg.), Politische Bildung meets Politische Theorie, Baden-Baden 2017 [Votum. Beiträge zur politischen Bildung und Politikwissenschaft; 1], S. 31-45.

Schmidt, Heinrich Richard, Konfessionalisierung im 16. Jahrhundert, München 1992 [Enzyklopädie deutscher Geschichte; 12].

Schmitt, Hanno, Der sanfte Modernisierer. Friedrich Eberhard von Rochow (1734-1805): Eine Neuinterpretation, in: Hanno Schmitt, Vernunft und Menschlichkeit. Studien zur philanthropischen Erziehungsbewegung, Bad Heilbrunn 2007, S. 26-48.

Schmitt, Hanno, Die Anfänge des Schulsports im 18. Jahrhundert, in: Hanno Schmitt (Hg.), Vernunft und Menschlichkeit. Studien zur philanthropischen Erziehungsbewegung, Bad Heilbrunn 2007, S. 208-222.

Schmitt, Hanno, Pädagogen im Zeitalter der Aufklärung: die Philanthropen, in: Heinz-Elmar Tenorth (Hg.), Klassiker der Pädagogik, Bd. 1, München 2003, S. 119-143.

Schmitt, Hanno, Vom Naturalienkabinett zum Denklehrzimmer. Anschauende Erkenntnis im Philanthropismus, in: Hanno Schmitt (Hg.), Vernunft und Menschlichkeit. Studien zur philanthropischen Erziehungsbewegung, Bad Heilbrunn 2007, S. 224-243.

Schmuhl, Boje E. Hans (Hg.), Über den Klang aufgeklärter Frömmigkeit. Retrospektive und Progression in der geistlichen Musik, Augsburg 2014 [Michaelsteiner Konferenzberichte; 78].

Schneider, Bernhard, Katholische Aufklärung als Kommunikationsgeschehen. Überlegungen zur Entwicklung und Bedeutung der aufklärerischen Presse im frühen 19. Jahrhundert, in: Albrecht Beutel/Volker Leppin (Hg.), Religion und Aufklärung. Studien zur neuzeitlichen „Umformung des Christlichen", Leipzig 2004 [Arbeiten zur Kirchen- und Theologiegeschichte; 14], S. 215-227.

Schneider, Bernhard, „Katholische Aufklärung": Zum Werden und Wert eines Forschungsbegriffs, in: Revue d'Historie Ecclésiastique 93 (1998), S. 354-397.

Schneiders, Werner, Das Zeitalter der Aufklärung, 5. Aufl., München 2014.

Schönborn, Sibylle, Das Buch der Seele: Tagebuchliteratur zwischen Aufklärung und Kunstperiode, Tübingen 1999 [Studien und Texte zur Sozialgeschichte der Literatur; 68].

Schönemann, Bernd, Die Bildungsinstitutionen in der frühen Neuzeit, in: Franz-Josef Jakobi (Hg.), Geschichte der Stadt Münster, Bd. 1, 3. Aufl., Münster 1994, S. 683-733.

Schorn-Schütte, Luise, Priest, Preacher, Pastor: Research on Clerical Office in Early Modern Europe, in: Central European History 33 (2000), S. 1-39.

Schröder, August, Overberg und Fürstenberg in ihrer Bedeutung für die geistige und kulturelle Hebung der ländlichen Bevölkerung, Münster 1937 [Münstersche Beiträge zur Geschichtsforschung; Folge 3; 15].

Schröer, Alois, Die Kirche von Münster im Wandel der Zeit. Ausgewählte Abhandlungen, Aufsätze und Vorträge zur Kirchengeschichte und religiösen Volkskunde des Bistums und Fürstbistums Münster, Münster 1994.

Schrott, Lambert, Pioneer German Catholics in the American Colonies (1734-1784), New York 1933.

Schulte-Umberg, Thomas, Profession und Charisma. Herkunft und Ausbildung des Klerus im Bistum Münster 1776-1940, Paderborn 1999 [Veröffentlichungen der Kommission für Zeitgeschichte; Reihe B: Forschungen; 85].

Schultheis, Klaudia, Leiblichkeit – Kultur – Erziehung. Zur Theorie der elementaren Erziehung, Weinheim 1998.

Schulz, Petra/Erpho Bell (Hg.), Amalie Fürstin von Gallitzin. „Meine Seele ist auf der Spitze meiner Feder", Münster 1998.

Schulze, Winfried, Der Kampf um die „gerechte und gewisse matricul". Zur Problematik administrativen Wissens im Reich im 16. Jahrhundert, oder: die Suche nach Ständen, die „nicht dieses Reiches oder von dieser Welt", in: Arndt Brendecke/ Markus Friedrich/Susanne Friedrich (Hg.), Information in der Frühen Neuzeit, Berlin 2008 [Pluralisierung und Autorität; 16], S. 137-162.

Schweitzer, Friedrich, Religiöse Identitätsbildung, in: Peter Schreiner u. a. (Hg.), Handbuch Interreligiöses Lernen, Gütersloh 2005, S. 294-303.

Seibert, Ernst, Jugendliteratur im Übergang vom Josephinismus zur Restauration, Wien/Köln/Graz 1987 [Literatur und Leben; N.F. 38].

Seibt, Gustav, Mit einer Art von Wut. Goethe in der Revolution, München 2014.

Seiderer, Georg, Formen der Aufklärung in Fränkischen Städten. Ansbach, Bamberg und Nürnberg im Vergleich, München 1997 [Schriftenreihe zur Bayerischen Landesgeschichte; 114].

Shea, John G., The Life and Times of the Most Rev. John Carroll, New York 1888.

Siegert, Reinhart, Der Höhepunkt der Volksaufklärung 1781-1800 und die Zäsur durch die Französische Revolution, in: Holger Böning/Reinhart Siegert (Hg.), Volksaufklärung. Biobibliographisches Handbuch zur Popularisierung aufklärerischen Denkens im deutschen Sprachraum von den Anfängen bis 1850, 2 Bde., Stuttgart [u. a.] 2001.

Snetsinger, Robert, Frederick Valentine Melsheimer, Parent of American Entomology, University Park, Pa. 1973, S. 1-18.

Sorkin, David, The Berlin Haskalah and German Religious Thought, London 2000.

Sorkin, David, The Religious Enlightenment. Protestants, Jews, and Catholics from London to Vienna, Princeton [u. a.] 2008.

Spalding, Thomas W., John Carroll: Corrigenda and Addenda, in: CHR 71 (1985), S. 505-518.

Spalding, Thomas W., The Premier See. A History of the Archdiocese of Baltimore, 1789-1989, Baltimore [u. a.] 1989.

Speelman, Patrick J. (Hg.), War, Society and Enlightenment. The Works of General Lloyd, Leiden/Boston 2005 [History of Warfare; 32].

Speth, Volker, Katholische Aufklärung und Ultramontanismus, Religionspolizey und Kultfreiheit, Volkseigensinn und Volksfrömmigkeitsformierung. Das rheinische Wallfahrtswesen von 1826 bis 1870. T. 1: Die kirchliche Wallfahrtspolitik im Erzbistum Köln, 2. Aufl., Frankfurt a. M. 2015.

Speth, Volker, Katholische Aufklärung, Volksfrömmigkeit und „Religionspolicey" – Das rheinische Wallfahrtswesen von 1816 bis 1826 und die Entstehungsgeschichte des Wallfahrtverbots von 1826. Ein Beitrag zur aufklärerischen Volksfrömmigkeitsreform, Frankfurt a. M. 2008.

Stanwood, Owen, Catholics, Protestants, and the Clash of Civilizations in Early America, in: Chris Beneke/Christopher S. Grenda (Hg.), Religious Tolerance and Intolerance in Early America, Philadelphia 2011, S. 218-240.

Stapper, Richard, Art.: Bernard Overberg, in: Westfälische Lebensbilder, Bd. 1, Münster 1929, S. 258-274.

Starr, Kevin, Continental Ambitions. Roman Catholics in North America. The Colonial Experience, San Francisco 2016.

Steinhaus, Hubert, Bernard Overbergs „Anweisung zum zweckmäßigen Schulunterricht für die Schullehrer" (1793). Die Rezeption der Aufklärungspädagogik im Fürstbistum Münster, in: Westfalen 137 (1987), S. 89-129.

Steinhaus, Hubert, Schulreform aus dem Geist katholischer Aufklärung, in: Clemens Menze (Hg.), „Katholische Pädagogik" oder „Katholische Christen als Pädagogen"?, Münster 1989 [Münstersche Beiträge zu Themen der wissenschaftlichen Pädagogik; 6], S. 3-24.

Steinwascher, Gerd (Red.), Graf Wilhelm zu Schaumburg-Lippe (1724-1777). Ein philosophierender Regent und Feldherr im Zeitalter der Aufklärung, Bückeburg 1988.

Stelzmann, Arnold, Franz Carl Joseph von Hillesheim. Ein Beitrag zur rheinischen Geistesgeschichte des 18. Jahrhunderts, in: AHVN 149/150 (1950/51), S. 181-232.

Stockhorst, Stefanie, Doing Enlightenment. Forschungsprogrammatische Überlegungen zur „Aufklärung" als kulturelle Praxis, in: DAJ 42 (2018), H. 1, S. 11-29.

Stoll, Karin, Christoph Martin Wieland. Journalistik und Kritik. Bedingungen und Maßstab politischer und ästhetischer Räsonnements im „Teutschen Merkur" vor der Französischen Revolution, Bonn 1978.

Stollberg-Rilinger, Barbara, Des Kaisers alte Kleider. Verfassungsgeschichte und Symbolsprache des Alten Reiches, 2. Aufl., München 2013.

Stollberg-Rilinger, Barbara, Die Aufklärung. Europa im 18. Jahrhundert, 2. Aufl., Stuttgart 2011.

Stollberg-Rilinger, Barbara, Einleitung, in: Andreas Pietsch/Barbara Stollberg-Rilinger (Hg.), Konfessionelle Ambiguität. Uneindeutigkeit und Verstellung als religiöse Praxis in der Frühen Neuzeit, Göttingen 2013 [Schriften des Vereins für Reformationsgeschichte; 214], S. 9-26.

Stollberg-Rilinger, Barbara, „Ein Unding welches zu keinem Geschlecht gehört". Amalie von Gallitzin und die ständischen Geschlechterrollen im späten 18. Jahrhundert, in: Petra Schulz/Erpho Bell (Hg.), Amalie Fürstin von Gallitzin. „Meine Seele ist auf der Spitze meiner Feder", Münster 1998, S. 18-27.

Stollberg-Rilinger, Barbara, Maria Theresia. Die Kaiserin in ihrer Zeit, München 2017.

Strassburger, Ralph B./William J. Hinke (Hg.), Pennsylvania German Pioneers, 3 Bde., Norristown, Pa. 1934.

Sudhof, Siegfried, Fürstin Gallitzin und Claudius, in: Euphorion 53 (1959), S. 75-91.

Sudhof, Siegfried, Nachwort, in: Siegfried Sudhof (Bearb.), Franz von Fürstenberg: Schulordnung 22. Januar 1776 (Faks.-Nachdruck), Münster 1960, S. 1-16.

Sudhof, Siegfried, Klopstock und der „Kreis von Münster", in: Westfalen 34 (1956), S. 190-194.

Sudhof, Siegfried, Von der Aufklärung zur Romantik. Die Geschichte des „Kreises von Münster", Berlin 1973.

Teske, Gunnar, „Wenn wir von Westfalen reden, so begreifen wir darunter einen großen, sehr verschiedenen Landstrich". Westfalen im Verständnis westfälischer Eliten, in: Wilfried Reininghaus/Bernd Walter (Hg.), Räume – Grenzen – Identitäten. Westfalen als Gegenstand landes- und regionalgeschichtlicher Forschung, Paderborn 2013 [Veröffentlichungen der Historischen Kommission für Westfalen; N.F. 9], S. 55-90.

Thauren, Johannes, Ein Gnadenstrom zur Neuen Welt und seine Quelle. Die Leopoldinen-Stiftung zur Unterstützung der amerikanischen Mission. Ihr Werden und Wirken, Wien 1940 [Sankt Gabrieler Studien; 9].

The Pastors of Conewago, 1750-1880, in: RACHS 60 (1949), S. 144-146.

Tilgner, Hilmar, Lesegesellschaften an Mosel und Mittelrhein im Zeitalter des aufgeklärten Absolutismus. Ein Beitrag zur Sozialgeschichte der Aufklärung im Kurfürstentum Trier, Stuttgart 2001 [Geschichtliche Landeskunde; 52], S. 326-329.

Töpfer, Thomas, Bildungsgeschichte, Raumbegriff und kultureller Austausch in der Frühen Neuzeit. „Bildungslandschaften" zwischen regionaler Verdichtung und europäischer Ausstrahlung, in: Michael North (Hg.), Kultureller Austausch. Bilanz und Perspektiven der Frühneuzeitforschung, Köln [u. a.] 2009, S. 115-139.

Treitschke, Heinrich v., Deutsche Geschichte im Neunzehnten Jahrhundert, Bd. 1: Bis zum zweiten Pariser Frieden, Leipzig 1879.

Trepp, Anne-Charlott, Sanfte Männlichkeit und selbständige Weiblichkeit. Frauen und Männer im Hamburger Bürgertum zwischen 1770 und 1840, Göttingen 1996 [Veröffentlichungen des Max-Planck-Instituts für Geschichte; 123].

Trox, Eckhard, Märkisches „Pantheon" und Fürstenberg-Denkmal – Die Abkehr von der Konstruktion einer westfälischen Identität im ‚langen' 19. Jahrhundert, in: WF 52 (2002), S. 301-356.

Ulshafer, Thomas R., The Life and Times of François-Charles Nagot. Founding Superior of the Sulpicians in the U.S., Baltimore 2016.

Unterburger, Klaus, Der Rekurs auf die Reformation in der katholischen Aufklärung, in: Wolf-Friedrich Schäufele/Christoph Strohm (Hg.), Das Bild der Reformation in der Aufklärung, Heidelberg 2017 [Schriften des Vereins für Reformationsgeschichte; 218], S. 221-234.

Usbeck, Frank, Kampf der Kulturen? „Edle Wilde" in Deutschland und Amerika, in: Iris Edenheiser/Astrid Nielsen (Hg.), Tecumseh, Keokuk, Black Hawk: Indianerbildnisse in Zeiten von Verträgen und Vertreibung, Dresden 2013, S. 177-184.

Veddeler, Peter, Victor-François Duc de Broglie (1718-1804), Marschall von Frankreich und seine Verbindungen mit Westfalen, in: Westfalen 93 (2015), S. 47-138.

Vierhaus, Rudolf, Vom aufgeklärten Absolutismus zum monarchischen Konstitutionalismus. Der deutsche Adel im Spannungsfeld von Revolution, Reform und Restauration, in: Rudolf Vierhaus (Hg.), Deutschland im 18. Jahrhundert. Politische Verfassung, soziales Gefüge, geistige Bewegung, Göttingen 1987, S. 235-248.

Vierhaus, Rudolf, Was war Aufklärung?, Göttingen 1995 [Kleine Schriften zur Aufklärung; 7].

Warnecke, Hans Jürgen, Die westfälischen Vorfahren des preußischen Staats- und Finanzministers Johannes v. Miquel (1828-1901), in: AfS 53 (1987), S: 241-280.

Warner, William W., At Peace with All Their Neighbors. Catholics and Catholicism in the National Capital 1787-1806, Washington, DC 1994.

Weber, Max, Die drei Typen der legitimen Herrschaft, in: Johannes Winckelmann (Hg.), Max Weber: Gesammelte Aufsätze zur Wissenschaftslehre, 6. Aufl., Tübingen 1985, S. 474-487.

Weidner, Marcus, Landadel in Münster 1600-1760. Stadtverfassung, Standesbehauptung und Fürstenhof, 2 Bde., Münster 2000 [Quellen und Forschungen zur Geschichte der Stadt Münster; Reihe B; N.F. 18].

Weigl, Engelhard, Schauplätze der deutschen Aufklärung. Eine Städterundgang, Reinbek bei Hamburg 1997.

Weinhold, Karl, Anton Matthias Sprickmann, in: ZDKG 1 (1872), S. 261-290.

Weiss, Gisela/Gerd Dethlefs (Hg.), Zerbrochen sind die Fesseln des Schlendrians. Westfalens Aufbruch in die Moderne, Münster 2002.

Weitlauff, Manfred, Der Staat greift nach der Kirche. Die Säkularisation von 1802/03 und ihre Folgen, in: Manfred Weitlauff (Hg.), Kirche im 19. Jahrhundert, Regensburg 2008, S. 15-53.

Wellenreuther, Hermann, Ausbildung und Neubildung. Die Geschichte Nordamerikas vom Ausgang des 17. Jahrhunderts bis zum Ausbruch der Amerikanischen Revolution 1776, Münster 2001.

Wellenreuther, Hermann, Niedergang und Aufstieg. Geschichte Nordamerikas vom Beginn der Besiedlung bis zum Ausgang des 17. Jahrhundert, 2. Aufl., Münster 2004.

Wellenreuther, Hermann/Claudia Schnurmann (Hg.), Die Amerikanische Verfassung und Deutsch-Amerikanisches Verfassungsdenken. Ein Rückblick über 200 Jahre, New York [u. a.] 1990 [Krefelder Historische Symposien: Deutschland und Amerika; 2].

Wende, Peter, Das Britische Empire. Geschichte eines Weltreichs, München 2008.

Wende, Peter, Die geistlichen Staaten und ihre Auflösung im Urteil der zeitgenössischen Publizistik, Lübeck [u. a.] 1966 [Historische Studien; 396].

Whaley, Joachim, Das Heilige Römische Reich Deutscher Nation 1648-1806, 2 Bde., Darmstadt 2014.

Whitehead, Maurice, English Jesuit Education. Expulsion, Suppression, Survival and Restoration, 1762-1803, Farnham 2013.

Whitehead, Maurice, Jesuit Secondary Education Revolutionized: the Académie anglaise, Liège, 1773-1794, in: PH 40 (2004), S. 33-44.

Wickersham, James P., A History of Education in Pennsylvania, Lancaster 1886.

Wilson, Jonathan M., Switching Sides. A Hessian Chaplain in the Pennsylvania Ministerium, Diss. Chicago 2015.

Wilson, W. Daniel, Das Goethe-Tabu. Protest und Menschenrechte im klassischen Weimar, München 1999.

Winkler, Heinrich August, Geschichte des Westens. Von den Anfängen in der Antike bis zum 20. Jahrhundert, 5. Aufl., München 2016.

Winkler, Matthias, Die Emigranten der Französischen Revolution in Hochstift und Diözese Bamberg, Bamberg 2010 [Bamberger Historische Studien; 5: Veröffentlichungen des Stadtarchivs Bamberg; 13].

Wirtner, Modestus, Centenary of Saint Joseph's Church: Hart's Sleeping Place, 1830-1930, T. 2: The Missions, Carrolltown, Pa. 1930.

Wohlmuth, Josef (Hg.), Dekrete der ökumenischen Konzilien, Bd. 3: Konzilien der Neuzeit, Paderborn 2001.

Wokalek, Marie, Objekte der Erinnerung, Unterhaltung und Bildung. Goethe zu Hemsterhuis' Gemmensammlung in „Campagne in Frankreich", in: Frauke Berndt/ Daniel Fulda (Hg.), Die Sachen der Aufklärung, Hamburg 2012 [Studien zum achtzehnten Jahrhundert; 34], S. 413-420.

Wolf, Edwin/Kevin J. Hayes, The Library of Benjamin Franklin, Philadelphia 2006.

Wolf, Hubert, Katholische Aufklärung?, in: Albrecht Beutel/Martha Nooke (Hg.), Religion und Aufklärung, Tübingen 2016 [Colloquia historica et theologica; 2], S. 83-95.

Wolf, Hubert/Bernward Schmidt, Benedikt XIV. und die Reform des Buchzensurverfahrens. Zur Geschichte und Rezeption von „Sollicita ac provida", Paderborn 2011 [Römische Inquisition und Indexkongregation; 13].

Ziche, Paul/Peter Bornschlegell, Überregionale Wissenschaftskommunikation um 1800. Briefe und Reise einer Jenaer Wissenschaftsgesellschaft, in: Holger Zaunstöck/Markus Meumann (Hg.), Sozietäten, Netzwerke, Kommunikation. Neue Forschungen zur Vergesellschaftung im Jahrhundert der Aufklärung, Tübingen 2003 [Hallesche Beiträge zur Europäischen Aufklärung; 21], S. 251-268.

Zillner, Franz, Art.: Vierthaler, Franz Michael, in: ADB 39 (1895), S. 679-682.

Zimmermann, Harro, Die Menschen sind Brüder und gleich. Aufklärung und Revolution bei Matthias Claudius, in: Harro Zimmermann (Hg.), Aufklärung und Erfahrungswandel. Studien zur deutschen Literaturgeschichte des späten 18. Jahrhunderts, Göttingen 1999, S. 147-174.

Zimmermann, Paul, Art.: Sextro, Heinrich Philipp, in: ADB 34 (1892), S. 77-79.

Zöllner, Michael, Washington und Rom. Der Katholizismus in der amerikanischen Kultur, Berlin 1995 [Soziale Orientierung; 9].

Zumhof, Tim, Der pädagogische Rousseau, in: Ursula Reitemeyer/Tim Zumhof (Hg.), Rousseau zur Einführung, Berlin 2014, S. 23-59.

Personenregister

402   PERSONENREGISTER

Ortsregister